한국(韓國)의 전통법(傳統法)에서
세계(世界)의 법(法)으로의 여행(旅行)

류 승 훈 교수의
# 法으로 풀어 가는
# 역사기행

법률출판사

# 프롤로그

 원시시대부터 인류가 발전을 거듭해 오면서 인류는 나름의 행동 준칙을 마련하여 규범생활을 해왔던 것으로 보이는데, 즉 각 시대별로 그 시대의 특성과 현실을 반영하는 규범 내지 행동의 준칙이 있었을 것이다. 법(法)은 원시적 공동체에서는 주술이나 무격과 연관된 종교적 형태로서, 부족국가 시대 이후에는 강제성을 띤 규범의 형태로서 존재하였다. 때론 종교가 사회·정치이념이 되어 사회 전반에 영향을 미치기도 하였고 정치와 종교의 분립으로 민간의 생활을 지도하는 생활규범으로 존재하기도 하였다.

 법 역시 도덕(道德)·윤리(倫理)·예(禮)·종교(宗敎) 등의 규범과 마찬가지로 인간 생활의 지침을 제시해 주는 사회규범으로서 기능해 왔다. 사회규범은 그 시대의 자화상이고 그에 맞는 생활 척도가 기준이 되어 그 사회를 이끌어 가게 마련이다. 법은 사전적 의미로는 국가의 강제력을 수반하는 사회규범으로 국가나 지방자치단체 등이 제정한 법률·명령·조례·규칙 따위를 일컫는다. 법은 일정한 테두리 안에서 사회 구성원들에 대한 구속력을 가지며, 경우에 따라서는 공권력을 통해 구성원들을 통제하고 억압할 수 있다는 점에서 타 사회규범과 구별된다. 법은 또한 재판이라는 형식을 통해 공동으로 합의된 질서를 위반하는 행위를 공공의 이름으로 시시비비를 가리게 되며 결과적으로 처벌에까지 이르게 된다.

본서는 원시시대부터 근대에 이르기까지의 규범문화의 변천과정 그리고 당시의 규범 내지 법생활을 그 대상으로 한다.[1] 규범 내지 법생활은 규범피계층이나 일반민중 등의 실생활 속의 언어와 행위에 의하여 외부에 드러나게 되는데 이들이 융합해서 혹은 독자적으로 시대를 움직이는 힘으로 작용하게 된다. 우리 민족도 기록상으로는 부족국가시대부터 규범생활을 해왔고 법(실정법)을 통치의 기본 수단으로써 존중하며 집행해 왔으며, 각 시대에 따라 각기 색깔이 있는 법사상을 가지고 있었다. 근대에 이르러서는 서구의 법과 법사상을 수용하였는데, 이들 법과 법사상 역시 외형적으로는 우리의 전통 법문화와는 무관해 보이지만, 실제로는 실생활 속에서 어우러져 우리의 법제도 및 법문화에 담겨져 있다고 하겠다.

그렇다면 우리의 현재의 사법 시스템과 법생활은 우리의 전통적 법사상 내지 법정신과 얼마나 연계성을 갖고 있는 것일까? 우리만의 관행과 전통이 계속 이어져 내려와 현재의 우리의 법문화에 어우러져 있

---

1) 김상용, 한국법사와 법정책(2014), 서울: 피엔씨미디어, 12면 이하; 김상용 교수는 한국 전통법의 개념을 서양의 기독교 사상에 터잡아 형성, 발전된 서양법의 영향을 받지 않은 한국 고유의 법을 의미하는 것으로 정의내리고 있다. 시대적으로는 상고시대부터 구한 말 서양법을 계수하기 이전까지의 기간이며, 여기에는 국가가 제정한 국가법은 물론 관습법으로 존재하여 전해오는 한민족의 삶 속에서 생성, 발전되어 온 민중법을 망라한다.

을 것이고 우리의 법 시스템을 아우르는 법사상도 전승되어 오고 있을 것인데 현재의 우리 법학교육에서 조차 이러한 부분은 감추어져 있다.

본서의 저술은 다음의 필요성에 기인하고 있는데, 즉 현재의 법 시스템에 있어서 우리나라 고대로부터의 법사상 및 법규범의 내용이 어느 정도로 반영되고 있으며, 그 한계는 무엇인지 살펴보는 데에 있다. 이를 통해 현재의 우리 법 시스템의 전통성 및 정체성 찾기가 나름 가능해 질 것이다.

차 례

제1장    규범 및 규범 문화의 탄생 ·······································13


제2장    세계 4대 문명 발상지에서의   법문화의 발전 ··············25

　　제1. 개 관 ····················································································26

　　제2. 중 국 : 상(商)·주(周)의 법 그리고 법가사상 ············28

　　제3. 메소포타미아 : 우르 남무 법전과 함무라비 법전의 탄생 ·····34

　　제4. 이집트 : 정의의 여신 '마아트(Maat)'와 십계명 ···········44

　　제5. 인더스 : 다르마(dharma)와 Manu법전 ·······················47

## 제3장  부족 및 고대국가 시대의 법이야기 ·······51

### 제1. 개 관 ·······52

### 제2. 부족국가 시대의 규범 문화 ·······54

### 제3. 고대 국가의 법생활 및 법문화 ·······57
  Ⅰ. 고조선 ·······57
  Ⅱ. 부여 · 옥저 · 동예 · 삼한 ·······70

### 제4. 비슷한 시기의 동 · 서양의 법 ·······82
  Ⅰ. 그리스 신화와 고대 그리스의 사법제도 ·······82
  Ⅱ. 고대 로마의 사법제도 및 법률 ·······92
  Ⅲ. 중국의 법 ·······105


## 제4장  삼국 시대의 법이야기 ·······113

### 제1. 개 관 ·······114

### 제2. 고구려 ·······117
  Ⅰ. 개 관 ·······117
  Ⅱ. 법과 법생활 ·······121

### 제3. 백 제 ·······124
  Ⅰ. 개 관 ·······124

Ⅱ. 법과 법생활 ·················································126

　제4. 신 라 ·······················································129
　　Ⅰ. 개 관 ······················································130
　　Ⅱ. 법제도 및 법생활 ········································133

　제5. 발해와 후삼국 ···········································139
　　Ⅰ. 발 해 ······················································139
　　Ⅱ. 후삼국 ····················································141

　제6. 종교가 규범생활에 미친 영향 ·····················142
　　Ⅰ. 불교의 전래와 역할 ····································143
　　Ⅱ. 유교의 전래와 역할 ····································146

　제7. 비슷한 시기의 동·서양의 법 ······················152
　　Ⅰ. 중국의 법 ·················································152
　　Ⅱ. 일본의 법 ·················································155
　　Ⅲ. 게르만의 법 ··············································158


제5장　고려의 법이야기 ·······································165
　제1. 개 관 ·······················································166
　제2. 법의식 및 법문화의 특징 ····························171
　제3. 법제도 ······················································176

## 제4. 민사 및 형사 사법제도 ·····185
  I. 수사 및 재판 담당 기구 ·····185
  II. 민사재판 절차 ·····202
  III. 수사 및 형사재판절차 ·····207
  IV. 범죄와 형벌의 종류 ·····222
  V. 행형제도 ·····230

## 제5. 개별적인 법생활 및 법문화 ·····236
  I. 토지제도 및 토지의 소유권 ·····236
  II. 가족제도 ·····239
  III. 신분제도 ·····240
  IV. 재산상속제도 ·····243
  V. 여성들의 지위 ·····246
  VI. 분경(엽관운동)과 상피제 ·····247
  VII. 종교가 규범생활에 미친 영향 ·····249

## 제6. 비슷한 시기의 동·서양의 법 ·····252
  I. 중국의 법; 송(宋)·원(元) ·····252
  II. 이슬람의 법; 샤리아(sharī'a) ·····256
  III. 중세시대 유럽의 법사상 및 재판제도 ·····260
  IV. 바이킹의 법 ·····268

제6장  조선의 법이야기(436) ·················271

  제1. 개 관 ·················272

  제2. 법제도 및 법문화 ·················274
    I. 법의식 및 법문화의 특징 ·················274
    II. 법제의 변천과 법전의 편찬 ·················285
    III. 법사상 및 법사상가 ·················293

  제3. 민사 및 형사 사법제도 ·················303
    I. 재판제도 개관 ·················303
    II. 소송의 종류 – 옥송과 사송 ·················332
    III. 민사재판절차 ·················334
    IV. 수사 및 형사재판절차 ·················347
    V. 범죄와 형벌의 종류 ·················387
    VI. 행형제도 ·················406

  제4. 개별적인 법생활 및 법문화 ·················412
    I. 토지제도 및 토지의 소유권 ·················412
    II. 서명 및 문서제도 ·················420
    III. 가족제도 ·················427
    IV. 신분제도 ·················428
    V. 재산상속제도 ·················435
    VI. 여성의 법적 지위 ·················439
    VII. 종교가 규범생활에 미친 영향 ·················447
    VIII. 민간 규범의 기능과 역할 ·················450

제5. 비슷한 시기의 동·서양의 법 ·········454
　Ⅰ. 대륙법계와 영미법계의 법 ·········454
　Ⅱ. 중국의 법 ·········464
　Ⅲ. 일본의 법 ·········468
　Ⅳ. 기 타 – 이슬람의 법 ·········473


# 제7장　근대의 법이야기 ·········475

## 제1. 근대법의 형성과 발전 ·········476

## 제2. 근대에 들어서의 한국 사법제도의 변천 ·········482
　Ⅰ. 개 관 ·········482
　Ⅱ. 연대 별로 본 사법제도의 변화 ·········484

## 제3. 각 제도 및 분야 별 변화 ·········494
　Ⅰ. 변호사제도 ·········494
　Ⅱ. 경찰제도 ·········497
　Ⅲ. 행형제도 ·········498


에필로그 ·········503
[주요 참고문헌] ·········505
[용어정리] ·········509

# 제1장
# 규범 및 규범 문화의 탄생

- 원시시대의 규범 및 규범생활 -

"법(法)이란 보편적이고 초월적인 명령이 아니라
한 나라의 자연·풍토·풍속·종교·가치관 등에 의해 결정되고,
개별적인 여러 현상 내지 제 조건과 관련된
필연적인 관계로부터 비롯한다"
- 몽테스키외의 '법의 정신'에서 -

세계사에서의 시대 구분은 대체로 BC(Before Christ; 기원전)는 구석기시대(100만 년 전)[1]·신석기시대(8천 년 전)·청동기시대(20C)·철기시대(5C)로,[2] AD(Anno Domini; 기원후)는 고대(1C)·중세(10C)·근세(14C)·근대(19C)로 나뉜다. 이러한 시대적 구분을 통해 살펴본다면 우리나라에서의 고대의 발전사는 구석기시대(무리사회)·신석기시대〈씨족(부족)사회〉·청동기 및 철기시대〈부족 내지 군장(족장)국가〉·철기시대(부족연맹국가)·고대국가로의[3] 발전단계로 나누어 볼 수 있다.

구석기시대(舊石器時代)는 석기시대 초기를 말하는데, 우리나라에서의 구석기시대는 지금으로부터 대략 70만 년 전(단양 금굴)으로 거슬러 올라가며

---

1) http://terms.naver.com/entry.nhn?docId=1388335&cid=50361&categoryId=50361(한국학중앙연구원, 한국민족문화대백과).
2) 19세기 초반 덴마크의 C.J.톰센이 인류의 과거를 석기·청동기·철기시대로 나눈 삼시대법을 창안한 뒤, 영국의 J.러벅이 석기시대를 다시 구석기(Paleolithic Age)와 신석기시대(Neolithic Age)로 세분하였다;http://terms.naver.com/entry.nhn?docId=1066166&cid=40942&categoryId=33370(한국학중앙연구원, 한국민족문화대백과).
3) 각 국가마다의 건국 및 발전 시기에 차이가 있어서 시기별로는 중복되는 경우가 발생하게 된다. 고대국가는 절대 왕권이 그 중심에 있는 것으로 그 예로는 고조선, 부여 등 그리고 고구려, 백제, 신라 등의 초기시기를 들 수 있다.

대체로 1만 년 전을 구석기시대의 끝으로 보고 있다.[4] 나무나 골각기 등을 포함하여 돌을 깨서 만든 뗀석기(타제석기)를[5] 도구로 사용했던 시기이다. 불을 사용했던 것으로 보이며 소수의 사람들이 동굴이나 막집에 살면서 모여 군락 생활을 하였으며, 식물이나 과일의 채집·수렵 등이 행하여졌다.

신석기시대(新石器時代)는 석기시대 후기 시기로서 강가나 바닷가에 움집을 짓고 집단으로 정착 생활을 하였고, 돌을 갈아 만든 간석기(창·활·예리한 칼 등)와 질그릇(토기)을 도구로 사용하여 식량 생산 단계에 이른 시대를 말한다. 우리나라의 신석기시대는 한반도와 만주 일대에서 고대 한국인이 활동한 시기인 기원전 10000년~기원전 4000년까지의 시기이며, 대표적인 유물로는 빗살무늬토기를 들 수 있다.[6] 농경생활을 하면서 밭농사(조·피·수수 등 잡곡류를 경작함)를 주로 하였지만 어로와 사냥도 병행하였으며, 토기를 만들어 음식을 조리·저장하였으며, 가락바퀴와 뼈바늘을 이용해 물품을 생산하기도 하였다. 연장자나 경험이 많은 사람이 부족을 이끄는 부족 사회였으며(부족과 씨족으로 구성된 150명에서 많게는 2000명 정도의 규모), 다른 씨족과의 혼인(족외혼)이 행하여졌다. 또한 이 시기에 애니미즘·샤머니즘·토테미즘·영혼숭배·조상숭배 등의 원시 신앙이 생겨나게 된다.

이러한 발전단계에 비추어볼 때 무리사회(구석기시대)에서 씨족(부족)사회

---

4) 1977년에 경기도 전곡(한탄강)에서 발견된 전곡리 유물은 전기 구석기시대 가운데에서도 후기라 할 수 있는 27만~26만 년 전의 것으로 추정되고 있다. 그 밖의 구석기시대의 대표적인 유적지로는 상원 검은 모루 동굴, 공주 석장리 등이 있다.
5) 뗀석기는 짐승의 가죽을 벗기거나, 사냥을 하거나, 공구 등으로 매우 다양하게 쓰였다. 그 종류로는 용도에 따라 밀개·찍개·주먹도끼·뚜르개·새기개·긁개 등이 있다.
6) 우리나라 신석기시대 대표적 유적지로는 고산리 자구내 유적·양양 오산리 유적·서울 암사동 유적·부산 영도 동삼동 유적 등을 들 수 있다.

(신석기시대)까지를 원시사회의 범주에 넣을 수 있을 것이다. 역사적 유물 등으로 접근이 가능한 우리나라 신석기시대는 혈연을 중심으로 하는 씨족공동체를 이루어 생활하는 원시사회였으며 아직 국가생활에 들어가기 전의 시대이다. 과연 이러한 원시사회에도 규범 그리고 규범생활이 존재했었을까? 규범(規範)이란 인간이 사회생활을 하는데 있어 구속(拘束)되고 준거(準據)하도록 강요되는 일정한 행동양식 또는 특정의 사회에 있어서 채용된 행위의 평가기준을 말한다. 일반적으로 규범은 사회적 규범으로서 존재하며 그 강제의 강도(强度)에 따라서 다음의 3가지 단계, 즉 관습(일반적 관행) · 도덕적 관습 · 법으로 나눌 수 있다. 관습에 반한 경우에는 비웃음 · 따돌림 등의 제재를 받게 되고, 도덕적 관습을 위반한 때에는 공동 절교 등의 물리적인 제재를 받는다. 만약 법에 반하는 경우라면 재판 등을 통한 공적 제재가 행하여진다.

　이러한 강제력의 측면과는 다른 규범의 형태로서, 전통 · 도덕 · 제도 등을 들 수 있다. 이들은 규범이 개개인의 내부에 내재화(內在化)되어 가는 경우의 매개체 역할을 담당한다. 이 경우 규범은 이를 따름으로써 사회생활의 통로가 열리는 일정한 형식으로서 기능하게 된다. 이러한 여러 가지 규범의 내용은 각 사회의 문화 · 종교 · 이념 등의 영향 하에서 규정지어 지는데, 이러한 차이가 문화의 차이로 나타나게 되고 특정한 민족적 성격이나 사회적 성격의 형성에 영향을 미치게 된다. 이 경우 계급사회에서는 권력에 의한 일정한 이데올로기 내지 가치관의 주입이 제도 또는 교육에 의하여 이루어져서 일상적 규범의 내용을 정하게 된다. 이로써 규범의 사회통제적 기능이 확대되어 생활상의 욕구 충족과 모순 · 대립을 초래하게 되는데 그 모순 · 대립을 해결하려는 노력이나 새로운 이념 및 가치 의식의 도입과 성립에 따라 규범의 질적인 내용에 변화를 가져오게 된다.

원시시대의 사회생활을 규율하는 규범은 주술이나 관습으로부터 분화되지 않은 상태로 매우 단순하고 종교적인 것이었다고 할 수 있다. 이 시기의 규범은 자연 및 정령 숭배에 기초한 그리고 우주의 만물에 영혼이 깃들어 있다고 믿는 유령관(有靈觀)인 애니미즘과[7] 연결되어 있었고 토테미즘이나[8] 금기(禁忌; Taboo)의[9] 관념 자체 또한 규범이었다. 이와 함께 당시에는 샤머니즘, 즉 무격신앙(巫覡信仰)도[10] 널리 퍼져 있었는데, 씨족원에게 해를 입힌다고 생각되는 악귀를 주술적 방법으로 물리침으로써[11] 어떠한 재난에서도 구제받을 수 있다고 믿었다. 이처럼 원시시대에는 신비적·주술적인 심리상태에서 단순하고 감정적인 규범의식을 가지며 생활하였다고 할 수 있다. 따라서 그 이상의 보다 고차원적인 사회결합의 수단은 생

---

[7] 인간은 물론 산·강·바다·바위·나무도 영혼을 가지고 있으며 그 영혼은 불멸의 것이라고 믿었다. 따라서 자손들은 시체를 신앙과 관습에 따라 보호함으로써 조상의 영혼으로부터 보호를 받는다고 믿었다.

[8] 토테미즘(totemism)이란 토템 신앙에 의해 형성되는 사회체제 및 종교 형태를 말한다. 여기서의 '토템'이라는 말은 북아메리카 인디언인 오지브와족(族)이 어떤 종류의 동물이나 식물을 신성시하여 자신이 속해 있는 집단과 특수한 관계가 있다고 믿고 그 동·식물류(독수리·수달·곰·메기·떡갈나무 등)를 토템이라 하여 집단의 상징으로 삼은 데서 유래한다; http://terms.naver.com/entry.nhn?docId=1153199&cid=40942& categoryId=31536(한국학중앙연구원, 한국민족문화대백과).

[9] 금기(禁忌; 종교적 관습에서 어떤 대상에 대한 접촉이나 언급이 금지되는 일)를 범한 자에게는 제재를 가하였다는 점에서 이 역시 당시에는 종교이자 법이라 하겠다.

[10] 샤머니즘 내지 무격신앙은 초자연적인 존재와 직접적으로 소통하는 샤먼을 중심으로 하는 주술이나 종교와 관련되어 있다. 샤먼(shaman)이라는 말은 시베리아의 퉁구스어로 망아(忘我)상태 중에 지식을 얻는 종교적 능력자를 의미하는 '사만(saman)'에서 유래한다; http://terms.naver.com/search.nhn?query=%EC%83% A4%EB %A8%BC&searchType =text&dicType=&subject(한국학중앙연구원, 한국민족문화대백과).

[11] 당시에 이를 행할 수 있는 능력을 가진 것으로 믿는 주술사를 두었다. 주술사는 노래와 춤·북·방울 등을 사용하여 종교의식을 행하였고, 병을 고치고 고기잡이나 사냥이 잘 되도록 하고 농사를 순조롭게 하여 행복을 부르고 불행을 제거하는 주재자의 역할을 하였다. 고조선의 단군(檀君), 한(韓)의 천군(天君), 신라의 고유한 왕호였던 차차웅(次次雄)·자충(慈充) 등의 명칭은 주술사나 무(巫)를 말한다.

각할 수 없었던 것으로 보인다.

관습이란 가족·민족 또는 사회공동체와 같은 자연적·역사적인 집단 속에서 사람이 서로 모방함으로써 자연히 형성되는 사실로서의 생활준칙인데, 원시사회의 경우 관습 또한 오늘날의 법과 같은 구속력과 강제성을 가졌을 것이다.[12] 이러한 규범에 근거하여 씨족사회에서의 분쟁에 대한 재판은 씨족장의 주재로 또는 부락공동체에서 부락원 공동의 의사에 의해 재판을 하였던 것으로 보인다. 그런데 공동체 구성원 간의 이해(利害)의 대립이 커지고 사회의 규모가 커지고 복잡해지면서 종교나 도덕과 같은 신(神)에 대한 두려움이나 가슴 속의 양심에 주로 호소하는 사회규범만 가지고는 사회의 질서유지와 통제가 제대로 이루어지기 어렵게 되었다. 이에 일정한 질서를 지킬 것을 명령하고 그것에 따르지 않을 경우에는 가슴에 손을 대고 뉘우치게 하는 데 그치지 않고, 한 걸음 더 나아가 외부에서 강제적으로 제재를 가할 수 있는, 오늘날의 법규범에 해당하는 존재의 필요성이 대두케 된 것이다.

---

[12] 관습도 사회생활에서 하나의 준칙이지만, 법처럼 국가와 같은 조직적 정치권력에 의하여 인정되고 그 실천이 보장되는 것은 아니다. 그에 위반한 경우에도 사회로부터의 비난을 받는 정도에 그치고, 국가의 강제에 의하여 그 실천이 강제되지는 않는다. 이와 같이 관습은 현실생활에서 무의식적으로 발생하는 사회생활의 준칙이며 역사적 전통을 근간으로 하여 사실에 입각한 것으로 사실을 규범으로 높인 것이다.
오늘날 법과 관습을 개념적으로 구별하기는 쉬운 일이 아니다. 법은 만들어지는 것이고 관습은 생성되는 것이라 쉽게 구별할 수는 있지만 관습을 무시하고 법을 만든다는 것은 생각할 수 없는 일이다.

## 법의 탄생과 타 사회규범과의 구별

　법은 어떻게 만들어진 것일까! 법의 탄생(誕生)과 관련하여 학자들은 법을 자연 법칙의 일부분이라고도 하고, 혹은 신(神)의 의사라고도 하고 또는 인간의 본성에 합치하는 그 무엇이라고도 설명하기도 한다. 몽테스키외(Montesquieu)는 그의 저서 '법의 정신(De l'esprit des lois)'에서 인간생활은 자연환경과 아울러 다양한 사회적이고 도덕적인 환경 하에 놓여 있으며 그 복합적 관계의 결과로서 법이 출현하게 된다고 보았다. 이는, 즉 법(法)이란 보편적이고 초월적인 명령이 아니라 한 나라의 자연·풍토·풍속·종교·가치관 등에 의해 결정되고, 개별적인 여러 현상 내지 제 조건과 관련된 필연적인 관계로부터 비롯한다는 의미일 것이다. 생각건대 인류의 법의 역사 내지 유래는 인류가 무리를 지어 살면서, 즉 인류의 집단생활을 그 토대로 하여 실생활 속의 습속·종교·가치관 등의 제 요소의 복합적 관계를 통해 비롯한다고 하겠다.

　법 역시 문화의 일부분이므로 다른 분야의 문화와 마찬가지로 역사적 산물이다. 따라서 법 제정의 역사, 즉 법의 역사는 문명의 발전과 밀접한 관련성을 갖는다.[13] 즉 법은 어느 순간 갑자기 나타난 것이 아니라 오랜 시간을 거쳐 공동체생활에서의 반복된 과정을 거쳐 만들어

---

13) 법을 역사적 사회현상으로서 고찰하여 법의 형성·발전·소멸의 법칙성을 추구하는 법학의 한 분야가 법사회학(sociology of law, 法社會學)이다. 그 대표적 학자로는 오스트리아의 에를리히, 독일의 베버, 칸토로비츠, 프랑스의 귀르비치, 미국의 파운드 등이 있다.

지게 된 것이다. 법이 만들어지기 이전의 시기에는 종교 등이 어우러진 규범이 존재하였고 그 기능과 역할은 오늘날의 법과 비슷하였을 것이다. 법은 인간생활을 규율하는 하나의 규범으로서 종교·관습·도덕과 같은 다른 사회규범들과 밀접한 관련성을 가진다. 원시 내지 고대사회의 경우 한 개의 사회규범으로도 그 목적을 충분히 달성할 수 있었으나, 이후에는 법·관습·도덕·종교 등이 합체된 서로 미분화된 상태에서의 혼합된 규범이 사회질서 유지의 기능을 하였을 것이다. 사회가 점차 발달하고 사회생활이 복잡화되면서 이들 규범 상호간에 분화현상을 가져오게 되었고, 결국에는 상호 독특한 이념과 독립적 위치를 갖고 각각 서로 다른 가치기준을 추구하는 사회규범으로 자리잡게 되었던 것이다.[14]

사회규범은 인간에 대하여 일정한 목적가치를 전제로 「……을 하지 말라」 혹은 「……를 하라」라는 생활기준을 나타내는 당위(當爲)를 포함하는 것이고, 이 당위의 관계를 나타낸 명제를 규범(規範)이라 한다. 이에 비해 자연법칙이란 특정한 원인이 있으면 반드시 특정한 결과가 생긴다고 하는 인과율(因果律)을 나타내는 존재의 법칙으로 필연의 법칙을 말한다.[15] 이처럼 마땅히 그래야만 된다는 당위(當爲)를 말한 것이 규범이요, 인과적(因果的) 사실(事實)을 말한 것은 자연법칙이라는 점에서 양자는 구별된다.

현대 사회에 있어서 법의 제정은 사회 구성원들 간의 갈등을 해결하기 위해 각 세력들 간의 타협과 조율을 통해 이루어지게 된다. 이렇게

---

14) 오늘날에도 이 같은 사회규범들은 엄격하게 분리하여 존재하는 것은 아니고 서로 밀접한 관계를 맺고 공존하고 있기에 그 차이점을 구분하는 것 또한 법학에서의 어려운 문제 가운데 하나이다.
15) 예로서 '춘·하·추·동의 사계절 변화', "물은 100도에서 끓는다" 등을 들 수 있다.

만들어진 법은 적용과정에서 당시의 사회적 상황에 따라 다른 모습으로 나타나기도 하는데, 즉 적용대상과 사회적 흐름·갈등 세력들 간의 정치적 역학 구조에 의해 축소 또는 확대되어 적용되기도 한다. 이는 법이 적용되는 사회적 세력의 지형에 따라 반영되기도 하고 때론 왜곡되어 적용될 수도 있음을 말하는 것으로, 이를 두고 법을 절대적이면서도 상대적인 규범이라고 일컫기도 한다.

일반적으로 법은 인간의 사회공동생활에 있어서 행위의 준칙으로서 국가에 의하여 강제되는 사회규범이라고 정의내려지고 있다. 그렇다면 법과 타 사회규범과는 어떠한 차이가 있는 것일까?16) 먼저, 법과 종교의 차이를 살펴보면, 기능적인 측면에서 종교는 성속(聖俗)의 가치 대립을 통하여 그 대립을 극복하고 현실 긍정의 기능을 가져오게 하는 데 대하여, 법은 일정한 기준에서 정(正)·부정(不正)의 대립을 추구한다. 또 종교는 궁극적으로 신(神)이라는 절대자에게 귀의한다는 일종의 신비적인 세계에로의 몰입을 논하나, 법은 국가 중심의 권력을 통하여 현실적으로 강제되는 것을 논한다는 점이다. 또한 법은 국가라고 하는 권력단체에 의하여 인정되고 지지되며 그 실천이 보장되지만, 종교는 사회의식 속에 절대자에 대한 신앙에 그 본질을 둔다. 즉 법은 외부에 나타나는 사람의 행위를 규율하지만, 종교는 어떤 절대자에 대한 마음속으로부터의 귀의를 요구한다. 종교도 사람의 외부적인 행위를 규율하기도 하지만, 내면적인 규범성이 더 강조된다는 점에서 법과는 구별된다.

법과 관습을 개념적으로 구별하는 것 역시 쉽지 않다. 법은 만들어지는 것이고 관습은 생성되는 것이라 쉽게 말할 수는 있지만 관습을

---

16) 류승훈 외(공저), 현대 법학의 이해, 서울: 법문사(2008); http://ko.wikipedia.org/wiki/%EB%B2%95.

무시하고 법을 만든다는 것은 생각할 수 없는 일이다. 물론 관습도 사회생활에서 하나의 준칙이지만, 법처럼 국가와 같은 조직적 정치권력에 의하여 인정되고 그 실천이 보장되는 것은 아니기 때문이다. 즉 관습은 가족·민족 또는 사회공동체와 같은 자연적·역사적인 집단 속에서 사람이 서로 모방함으로써 자연히 형성되는 사실로서의 생활준칙에 불과하며, 그에 위반한 경우에도 사회로부터의 비난을 받는 정도에 그치고, 국가에 의해 그 실천이 강제되지는 않는다. 이와 같이 관습은 현실생활에서 무의식적으로 발생하는 사회생활의 준칙이며 역사적 전통을 근간으로 하여 사실에 입각한 것으로 사실을 규범으로 승화시킨 것이다.

마지막으로 법과 도덕의 경우는, 사회생활이 단순했던 시대에는 도덕규범만으로 충분히 사회질서를 유지해 왔으나 사회생활이 발달하고 복잡해짐에 따라 도덕규범에서 법규범이 서서히 독립, 분리되었다. 법이 독자적인 영역과 역할을 가진 이후에도 법은 도덕을 실현시키는 수단이며 법의 구속력의 근거는 도덕에 있다는 인식은 계속 유지되었다. 도덕은 선을 명하고 악을 금하는 사회규범으로서 법과 밀접한 관계를 가지고 사회의 질서를 유지하는 데 불가분의 협력관계에 있다. 그러나 법과 도덕은 그 성격을 달리하는 규범으로서 그 지배영역이 반드시 동일한 것은 아니다.

그렇다면 법과 도덕은 어떠한 차이가 있으며 또 어떤 관계에 있는 것일까? 양자는 외면성과 내면성·타율성과 자율성·사회생활규범과 개인생활규범·행위의 적법성과 행위의 도덕성·양면성과 단면성·강제성과 비강제성 등의 여부에 의해 그 구별이 행하여지고 있다. 그 가운데에서도 강제성과 비강제성 여부에 따른 구별이 어느 정도 설득력을 갖고 있다.[17] 즉 법은 권력을 배경으로 하는 외적인 물리적 강제를 가능하게 함에 대하여 도덕에서의 강제력은 정신적 내지 심리적 과정을 매개로 한다는 점에 차이가 있다. 생각건대 법에 강제성이 있다는 의미는 법은 국가권력을 통한 강제를 의미한다고 한다면 법과 도덕의 구별이 보다 명확해 질 것이다.

법과 도덕은 개념상으로는 구별이 가능하지만, 양자는 사회생활의 행위규범을 이루는 데 있어 그 내용에 있어서는 구별이 쉽지 않다.[18] 양자의 관계는 서로 보완적인 입장에서 사회질서를 유지하려는 것이므로, 이 같은 협력관계를 무시하고 어느 한 쪽만을 과신하면 안 될 것이다. 법의 목적은 도덕의 실현 가능성에 두어지며, 따라서 도덕은 법의 타당성의 근거로 기능한다. 그러기에 '법은 도덕의 최소한'이라고 하며, 한편으론 법은 도덕의 요구를 사회생활에 넓게 미치게 한다는 의미에서 '도덕은 법의 최대한'이라고도 한다.[19]

---

17) 법은 외부적 행위에 대해 강제의 효과를 가할 수 있으나, 도덕은 내면적 양심의 문제에 대한 것으로 강제의 효과를 꾀할 수 없지 않느냐 하는 것이다.
18) 이와 같이 법과 도덕은 서로 분리될 수 없고 다만 구별될 수 있을 뿐이다. 그 한 예로 「선량한 풍속 기타 사회질서에 위반한 법률행위」(민법 제103조)나 「신의 성실」(민법 제2조)등의 법조문에서 보듯이, 윤리적인 것과 얼핏 보아 관련이 없는 것으로 보이는 기술적 규범 등도 자세히 살펴보면 도덕과 무관하지 않음을 알 수 있다.
19) 그러나 유념하여야 할 것은 법은 강제가 가능하고 또한 실현 가능한 것이어야 하므로 설령 도덕상으로는 요구되더라도 법으로서의 효력을 미칠 수 없거나 오히려 보다 큰 해악(害惡)을 가져오는 경우에는 법규화할 것이 아니다. 특히 다원적으로 서로 다른 여러 도덕관이 공존하고 있는 현대사회에서는 이 점에 유의할 필요가 있다.

# 제2장
# 세계 4대 문명 발상지에서의 법문화의 발전

## 제1. 개 관

"인간생활은 자연환경과 더불어 다양한 사회적이고
도덕적인 환경 하에 있으며
그 복합적 관계의 결과로서 법이 출현하게 된다"
- 몽테스키외의 '법의 정신'에서 -

인류의 문명화 단계는 인간의 집단생활이 가능해지면서 점진적으로 발전을 거듭해 온 것으로 보인다. 세계 각 지역에서는 고조선의 건국(기원전 2333년) 보다 앞서 다양한 문명이 나타나기 시작했다. 문명의 성립이란 일반적으로 국가·청동기·문자의 성립 등을 그 요소로 하는데, 이러한 요소들을 기준으로 하여 문명의 발상시기로 인정하고 있다.[20] 세계의 문명 발상지로서 4개의 지역이 손꼽히는데, 중국 요하지역의 요하문명과 황하 및 장강을 근거로 하는 황하 및 장강 문명, 인더스강 유역의 인더스 문명, 나일강 유역의 이집트 문명, 티그리스·유프라테스강 유역의 메소포타미아 문명 등이 바로 그것이다. 이들 문명 발상지들의 특징을 보면 모두 큰 강을 끼고 북반구에 위치하고 있었으며, 대부분이 기후가 온화하고 기름진 토지를 지닌 지역들이다. 이처럼 기후·교통·토지 등의 제반 여건이 고대 농업 발달에 유리하게 작용하였다는 점에서 문명 발생의 주된 근거가 되고 있다.

먼저, 중국의 경우 요하(遼河)문명과 황하(黃河) 및 장강문명(長江文明)은 만주 요하지역을 중심으로 한 지역과 황하강 중·하류 및 장강(양쯔강)지역

---

[20] 본문에서의 각각의 문명 발상 시기는 이러한 기준으로 추정된 시기이다.

에서 발생한 문명들을 일컫는다. 요하문명의 경우는 그 시원이 기원전 17000년경으로 거슬러 올라가게 되며, 요하문명의 꽃이라 일컬어지는 홍산문화(紅山文化) 시기는 기원전 4500년부터 기원전 3000경까지의 시기라고 추정된다.[21]

황하 문명 역시 그 시원은 기원전 7000년경까지로 거슬러 올라가게 된다. 황하(黃河) 강 유역의 신석기 문화는 크게 양사오 문화(仰韶文化)와 그로부터 발생한 룽산 문화(龍山文化)로 나눌 수 있다. 당시에는 좁쌀·기장 등이 재배되었고 개·돼지 등도 사육하였던 것으로 보인다. 장강(양쯔강) 문명의 시원은 기원전 14000년 전으로 거슬러 올라가며, 대표적인 문화로서 하모도 문화(河姆渡文化)를 들 수 있다. 하모도 문화(河姆渡文化)는 저장성(浙江省) 위야오 시(余姚市)에서 발견된 유적으로 기원전 5000년경에서 기원전 4000년경의 유적으로 추정된다. 당시 하류 지역에서는 벼농사나 수렵 등이 행하여졌고 돼지를 가축으로 사육하였던 것으로 보인다.

기원전 6000년경부터 시작되어 이후 농경, 목축이 시작된 메소포타미아 문명은 수메르에서 일어난 세계 최고(最古)의 문명을 모체로 하여 형성되었다. 티그리스와 유프라테스의 두 강 유역에서 발달하였는데 두 강 유역은 이민족의 침입이 잦은 지역으로 국가의 흥망과 민족의 교체가 빈번하였기에 이 지역에 전개된 문화는 그 성격이 개방적이고 능동적이었다. 또한 외부와의 잦은 교류에 의해 정치·문화적 색채가 복잡하였다. 메소포타미아 문명은 좁게는 바빌로니아·아시리아 문명을 가리키나, 넓게는 서남아시아 전체의 고대 문명을 지칭하는 경우도 있다.

인더스문명은 기원전 3300년 중엽부터 약 1000년 동안 인더스강 유역에서 청동기를 바탕으로 번영하였다. 대표적 유적은 당시의 2대 도시였던

---

[21] 이 시기는 신석기와 청동기가 병용되었던 시기로 추정된다.

하라파와 모헨조다로이다.22)

　기원전 3200년경부터 비롯한 이집트문명은(기원전 332년까지 약 3천 년 동안 존재) 나일강 하류의 비옥한 토지에서 이루어졌다. 나일강과 주변의 기름진 토양을 바탕으로 일찍 농경이 발달하였고 태양력·기하학·건축술·천문학이 발달하였다. 이집트는 사막과 바다로 둘러 싸여 지리적으로 폐쇄적이어서 외부의 침입 없이 2000년 동안 고유문화를 간직할 수 있었다. 따라서 메소포타미아 문명에 비하여 정치·문화적 색채가 단조롭다.

　그렇다면 이들 문명 발상지에서의 법생활 내지 법문화는 어떠했을까? 이하에서 좀 더 자세히 살펴보기로 한다.

## 제2. 중 국 : 상(商)·주(周)의 법 그리고 법가사상(法家思想)

"법(法)은 갑골문에 물 수(氵), 해태 채(廌),
갈 거(去)가 결합된 형태로 기록, 灋"

"삼가야 한다. 삼가야 한다.
형벌을 행할 때는 가엾게 여겨야 한다(欽哉欽哉 惟刑之恤哉)."
-'사기(史記)' '오제본기(五帝本紀)'-

　중국은 전설시대인 삼황(三皇)23)·오제(五帝)24)의 시기를 거쳐,25) 하

---

22) 최초로 고고학적 조사를 받았던 하라파 유적의 이름을 따서 고고학적으로는 하라파 문화라고 부른다.
23) 중국 고대 전설에 나타난 3명의 임금. 천황씨, 인황씨, 지황씨. 혹은 복희씨(伏羲氏)·신농씨(神農氏)·황제씨(黃帝氏)를 일컫는 말이다.

(夏; 기원전 2070?~기원전 1600?)26) · 상(商; 은나라라고도 함; 기원전 1600?~기원전 1046?) · 주(周; 기원전 1046?~기원전 256) 왕조의 3대 시기가 계속되었다고 전해진다. 당시에도 공동생활을 영위하면서 구성원 간에 크고 작은 갈등 내지 분쟁이 발생하였을 것이고 이들을 해결하고자 하는 노력 역시 있었을 것이다. 전설의 제왕 황제(黃帝)는 해태(채; 廌)를 이용해서 판단하기 어려운 일들을 공평하게 처리했다고 전해진다. 해태는 외뿔 사슴처럼 생긴 전설 속의 동물로서 해치(獬豸) · 독각수(獨角獸) · 신양(神羊)으로도 불렸다. 어디선가 싸우는 소리가 들리면 달려가 선악(善惡)과 곡직(曲直), 즉 시시비비(是是非非)를 가려 악인을 쫓아냈다고 한다.27) 법(法)이란 글자의 유래도 해태와 관련이 있는데, 법(法)은 원래는 갑골문에 물 수(氵) · 해태 채(廌) · 갈 거(去)가 결합된 형태(灋)로 기록되어 있는데, 그 내용인즉 시비선악(是非善惡)을 가릴 줄 아는 해태가 옳지 않은 사람을 뿔로 들이받거나 입으로 물어서 제거(去)함으로써 흐르는 물(氵)과 같이 순리대로 매사를 풀어 가게 한다는 의미라 하겠다. 이는 또한 법이란 물 흐르듯 순리대로 운용되어야 함과 그 궤를 같이 한다. 글자의 유래에서도 보듯이 고대시대에서도 법이 어떠해야 하는지 그리고 법이 어떠한 기능과 역할을 해야 하는지를 두고 고민했음을 상징적으로 보여주는 예일 것이다.

---

24) 상고 시대 중국의 다섯 임금, 즉 황제(皇帝) · 전욱(顓頊) · 제곡(帝嚳) · 요(堯) · 순(舜)을 말한다. 또 다른 이설(異說)에 따르면, 오제(五帝)는 소호(少昊) · 전욱(顓頊) · 제곡(帝嚳) · 요(堯) · 순(舜)이라고도 한다.
25) 전설에 따르면 원시 사회 말기에 황하 유역에는 많은 부락이 분포하고 있었고, 그 중에서 삼황(三皇) · 오제(五帝)의 마지막인 황제(黃帝)를 우두머리로 하는 부락이 비교적 강대하고 문화도 비교적 선진적이었다. 중국은 황제(黃帝)를 중화민족의 시조로 하고 있다.
26) 하(夏)나라는 중국 역사상 최초의 국가로 건국 후 약 500년 후에 멸망하였다고 하나 고고학적으로는 실증되어 있지 않다.
27) 우리나라에서도 조선시대 사헌부 관원들이 해치관(獬豸冠)을 썼었고, 현대에 들어서도 해태(채; 廌)는 사법(司法)의 상징으로 여기지고 있다. 현재 여의도 국회의사당 앞에도 해태상이 놓여 있다.

또 성군(聖君)으로 이름 높은 요순(堯舜) 시대의 순(舜) 임금은, "삼가야 한다. 삼가야한다. 형벌을 행할 때는 가엾게 여겨야 한다(欽哉欽哉 惟刑之恤哉)"고 하여〈'사기(史記)' '오제본기(五帝本紀)'〉일찍이 형정(刑政)에 임하는 자세가 어떠해야 하는지를 몸소 실천하였다. 이는 형벌을 가볍게 해야 태평성대(太平聖代)를 이룰 수 있다는 의미로도 해석된다.

순(舜) 임금의 신하였던 고요(皐陶)는 법리(法理)에 통달하여 법을 세워 형벌을 제정하였고, 옥(獄)을 만들었다고 전해진다.

함무라비 법전이 적용되던 비슷한 시기의 고대 중국의 법으로는 상(商)과 주(周)나라의 법을 들 수 있다. 상나라(은나라)의 건국 시기는 기원전 1600년경으로 추정되는데, 상나라의 후기 도읍지인 은(殷)의 유적, 즉 은허(殷墟)가[28] 발굴되면서 상(商)나라의 실체가 밝혀지게 되었다. 상나라는 역사적으로도 아주 오랫동안 마지막 도읍지 은(殷)의 이름으로 불렸다. 은허(殷墟)에서 발견된 것 중 의미가 큰 것으로 갑골문과[29] 청동기를 들 수 있다. 특히 은허에서 갑골문 다음으로 찬탄의 대상이 된 것이 바로 세계 최고 수준의 청동기들이다.[30] 상나라는 청동무기로 무장하고 지배력을 주변지역으

---

[28] 은허(殷墟)는 고대 은나라의 수도로서 지금의 하남성(河南省) 안양시(安養市) 소둔촌(小屯村) 일대를 말한다.
[29] 갑골문(甲骨文)은 거북의 껍질이나 소의 어깨뼈 등에 새겨진 것으로 현재 중국 한자(漢字)의 원형이다. 지금까지 발견된 갑골편은 약 16만여 편에 달하고 여기 사용된 글자 수는 모두 5000여 자이다. 현재까지 그 뜻이 확실하게 밝혀진 글자는 1000여 자 정도라고 한다. 갑골문에서는 '상(商)'이라고 새겨진 선명한 글자가 확인되었다. '상(商)'의 왕은 국가의 중요한 일을 결정할 때 항상 점을 쳐서 길흉을 판단하였는데, 이는 '신의 뜻'을 묻는 것이었다. 갑골의 뒷면에 구멍을 내어 단상에 올려놓고 제사를 지낸 다음, 이곳을 불로 지지면 균열이 생기게 되는데 이때 균열의 형태나 수, 주변의 색깔 등으로 신의 뜻을 판단했다. 정인(貞人)이라고 불렸던 점술사는 점을 친 후, 언제 누가 무엇에 대해 점을 쳤으며 그 결과는 어떠했는지를 갑골 위에 기록했는데 이것이 바로 갑골문이다.
[30] 청동기는 왕과 왕족, 그리고 귀족들, 즉 지배층의 독점물이었고 그들에 의해 무기나 제기(祭器)로만 사용되었다. 당시의 청동기 제작기술은 흔히 서양의 르네상스기에 비견되는데, 특히 청동제기의 정교함과 세련미는 으뜸으로 평가된다.

로 확대해 나갔으며, 신(神)의 후예임을 자처하면서 화려한 제사의식으로 백성들 위에 군림하였다.

당시 상나라 생산 활동의 중심에는 '중인(衆人)'이라 불렸던 하층 계급이 있었는데, 이들이 왕과 귀족에 예속되어 사회적 부(富)를 창출하였다. 이러한 부의 창출은 백성들에 대한 가혹한 수탈을 통해서만 가능한 것이었다. 최하위 계층은 전쟁 포로였는데 그들은 귀족의 노예로서 신체의 자유를 박탈당한 채 사고 팔리거나 죽임을 당했다. 주인이 죽은 뒤 순장되거나 제물로 바쳐졌다. 왕은 백성들을 통제하기 위해 감옥을 짓고 잔인한 형벌로 공포감을 주어 야만적으로 다스렸다. 당시에는 목을 베거나 배를 가르고, 코나 발꿈치를 자르며, 살을 베어내 잘게 다지는 등의 온갖 잔혹한 형벌이 자행되었다.[31] 포격〈포락(炮烙)이라고도 함〉은 상나라 주왕이 행한 가혹한 형벌로 유명한데, 기름을 칠한 구리기둥 아래에 숯불을 피워 놓고 죄인에게 그 위를 걷게 하여 떨어지면 불에 타 죽게 하는 형이었다.[32]

상나라 마지막 왕인 주왕(紂王)은 성질이 포악하였고 세금과 형벌을 무겁게 하여 백성들을 괴롭혔는데, 이에 제후들이 주나라의 무왕을 도와 상나라를 멸망시키고 그를 죽였다고 한다. 주왕이 행한 형벌의 잔혹성에 대해서는 다음과 같이 전해진다.

"주왕은 충성스런 신하인 구후와 악후를 죽여 포를 뜨고 소금에 절여 젓을 담갔다. 그리곤 그것을 제후들에게 보내 맛보게 했다. 또한 기름 바른 구리 기둥 밑에 불을 지핀 뒤 그 기둥 위에 죄인을 걷게 했다. 미끄러진 죄인들은 불에 떨어져 죽었다"〈사기(史記)' '은본기(殷本紀)'〉

---

[31] http://terms.naver.com/entry.nhn?docId=1832967&cid=42976&categoryId=42976(한국학중앙연구원, 한국민족문화대백과).
[32] '사기'(은본기)에 주왕이 주지육림(酒池肉林)에 빠진 행동 때문에 "백성들의 원망이 높아가고 배신하는 제후들이 나타나자, 주왕은 형벌을 강화시켜 포격이라는 형벌까지 만들었다"라는 기록이 있다.

"주나라 시대에는 5가지 형벌
즉 묵(墨)·의(劓)·비(剕)·궁(宮)·대(大)가 있었다"
- '상서(尙書)' '여형(呂刑)' -

　주(周) 나라(기원전 1050년 건국) 때는 사형(司刑)이라는 관리가 있어서 5형(五刑)의 법을 관장하였다. 당시의 형제(刑制)에 신체에 가하는 육형(肉刑)으로서33) 묵벽(墨辟)·의벽(劓辟)·비벽(剕辟)·궁벽(宮辟)·대벽(大辟) 등 오형(五刑)이 있었다. 여기에서의 벽(辟)은 형벌(刑罰)을 의미한다. 먼저, 묵벽(墨辟)에 해당하는 죄를 묵죄(墨罪)라고 하였는데, 묵벽(墨辟)은 죄인의 얼굴(이마) 살을 따고 홈을 내어 먹물로 죄명을 찍어 넣는 형벌(刺字)로서 이를 묵경(墨黥)·묵형(墨刑) 또는 경형(黥刑)이라고 한다.34)

　의벽(劓辟)은 의형(劓刑)이라고도 하였는데 죄인의 코를 베는 형벌로서 가혹한 형벌로 여겨져 금지되었다.35) 귀를 베는 이형(耳刑)도 있었다.

　비벽(剕辟)은 월형(刖刑)이라고도 하며 발뒤꿈치를 쪼개는 형벌이다.36) 이와 비슷한 형으로 종지뼈(쓸개골)를 도려내는 빈형(臏 = 髕刑)도 있었다.

　궁벽(宮辟)은 죄인의 생식기를 거세하는 형벌로서 탁형(椓刑)·부형(腐刑)이라고도 한다. 남자는 고환을 제거하고, 부녀는 곤봉으로 배를 때려 자궁이 빠지게 하는 참혹한 형벌이다. 궁형은 최초에는 음란(淫亂)죄를 지은

---

33) 육형(肉刑)은 그 잔인함으로 인하여 후대로 내려올수록 거의 사용되지 않았다.
34) '서경(西經)' '여형(呂刑)'에 "묵형에 해당하는 죄가 의심스러운 경우 묵형을 용서하여 벌금으로 대신할 수 있으니 그 죄를 잘 조사하라."는 기록이 있다. 우리나라 고려 시대에 행하였던 묵벽(墨辟)은 특히 섬에 유배보낼 경우에 사용하기도 하였다.
35) '서경(西經)' '여형(呂刑)'에 "劓辟疑赦, 其罰倍差"라는 구절이 있다. 코를 베는 죄로서 의심스러운 것은 용서하고 벌금으로 이를 대신할 수 있으나, 벌금은 묵형의 두 배라는 뜻이다.
36) '주례(周禮)'에서는 이를 월형(刖刑)이라고 하였다.

사람에게 시행하였지만 점차 그러한 제한이 없어졌다.37)

대벽(大辟)은 죄 중에서 가장 무거운 형벌인 사형(死刑)을 총칭하는 개념이다. 대벽(大辟)의 종류로는 참수(斬首) · 단두(斷頭) · 수사(殊死; 목을 베는 형) · 요참(腰斬; 작두판 위에 눕혀 놓고 허리를 자른 잔혹한 형) · 효수(梟首; 머리를 베어 사람들이 보도록 높은 곳에 매단 형) · 기시(棄市; 거리에서 사형을 집행하고 그 시체를 그대로 내버려둔 형), 차(거)열(車裂; 죄인의 사지와 머리를 다섯 대의 마차에 나누어 묶고 찢어 죽인 혹형) · 능지(陵遲; 칼로 살점을 한 점 한 점 베어냄으로써 고통을 못 이겨 죽게 한 형) · 육시(戮屍; 중죄를 지어 이미 죽은 사람의 무덤을 파 관을 열고 시체를 꺼내어 참형을 가한 형) 등이 있었다.

이 5가지 형벌에 해당되는 죄는 무려 3,000여 가지에 달했다고 한다. 주나라 5대 왕인 목왕(穆王; 기원전 10세기 경 혹은 기원전 976 ?~922 ?)은 서방(西方)의 견융(犬戎)을 토벌하려다가 실패하여 제후의 이반(離反)을 초래하자 형법을 제정하였다. 그에 따르면, "경형(묵형)과 의형에 속하는 죄가 각각 1,000 가지, 비형에 속하는 죄가 500 가지, 궁형에 속하는 죄가 300 가지, 대벽에 속하는 죄가 200 가지이다. 그러니 오형에 속하는 법조항은 모두 3,000 가지이다."라고 전해진다〈'사기' '주본기'〉.

5형은 은(殷) · 주(周)대로부터 시행하였지만 시대가 흐르면서 그 내용이 바뀌었다. 즉 당(唐)대에 태(笞) · 장(杖 ) · 도(徒) · 유(流) · 사(死)의 5형(刑)을 정식으로 규정한 뒤로는 이후 청(淸)대에까지 이어지게 된다.

---

37) '한서(漢書)' '형법지'에는 당시 궁형에 해당하는 죄목이 500 가지에 달한다고 전하고 있다. 전한(前漢)시대의 역사가로서 '사기'의 저자로 유명한 사마천(司馬遷: 135?~93? B.C.)은 태사령이 되자 아버지 사마담(談)의 유언에 따라 역사의 저술에 착수하게 되었다. 그러나 흉노의 이릉(李陵)을 변호했다 하여 한나라 무제의 미움을 사게 되어 궁형에 처해지게 된다.

## 제3. 메소포타미아 : 우르 남무 법전(Code of Ur-Nammu)과 함무라비 법전 (Code of Hammurabi)의 탄생

메소포타미아(Mesopotamia)는 '두 강 사이의 땅'이란 뜻으로 비옥한 반달 모양의 서아시아 티그리스강과 유프라테스강 사이의 지역 일대를 가리키는 명칭이다. 현재의 이라크를 중심으로 시리아의 북동부·이란의 남서부가 포함된다. 이라크의 수도 바그다드 부근을 경계로 하여 북부의 아시리아〈홍적대지(洪積臺地)〉와 남부의 바빌로니아(충적 평야)로 나누어지며, 바빌로니아는 다시 북부의 아카드와 남부의 수메르로 나뉘어진다.

고대 메소포타미아에서 공동체의 문제를 해결하는 기구로서 민회가 있었는데, 여기에서 오늘날의 행정 업무·의회 기능·재판 업무 등을 담당하였다. 당시의 니푸르 민회는 배심원제로 운영되었던 것으로 보인다.[38]

수메르 문명에[39] 속한 우르 제국의 왕 우르 남무(Ur-Nammu)는 현존하는 최초의 법전으로 알려지고 있는 우르 남무 법전(Code of Ur-Nammu)을 편찬한다. 우루카기나(Urukagina) 법전과[40] 같은 초기의 법전이 존재한다고 알려져 있기는 하지만 **우르 남무 법전**은 현존하는 가장 오래된 법전으로서 바빌로니아의 함무라비 법전보다 약 300년 앞선 기원전 2100

---

38) http://shindonga.donga.com/docs/magazine/shin/2012/08/22/201208220500008/201208220500008_1.html.
39) 수메르(Sumer) 문명은 현재의 이라크 지방에 해당하는 바빌로니아 남부에 존재했던 문명이다. BC 5000년경부터 농경민이 정주하였고, BC 3000년경에는 오리엔트 문명을 창조하였다.
40) 수메르의 도시 국가 라가시(Lagash)의 우르카기나(Urukagina) 왕이 편찬한 우르카기나(Urukagina) 법전은 기원전 2350년경에 반포되었으나 다른 문헌에서 인용될 뿐 현재 전해지지는 않는다.

년에서 기원전 2050년 사이에 수메르어로 기록·편찬된 것으로 보인다.

〈수메르의 시대상을 보여주는 벽화〉

우르 남무 법전에 등장하는 당시의 범죄 유형으로는 살인죄·상해죄·절도죄·(어린이)납치죄·권리침해죄·강간죄(겁탈죄)·간음(통)죄·무고죄·위증죄 등으로 매우 다양한 종류의 범죄유형이 담겨져 있다.

이러한 범죄에 대한 형벌로서는 생명형인 사형과 재산형이 주를 이룬다.

우르 남무 법전에 담긴 주요 내용은 다음과 같다.

- 살인을 저지른 사람은 사형되어야 한다.
- 절도를 하면 사형될 것이다.
- 어린이를 납치하면 그는 수감되고 은 15 쉐켈을 지불하여야 한다.
- 노예가 노예와 결혼하면 그는 해방되고 가사일을 떠나지 않는다.
- 노예가 원주민(자유인)과 결혼하면 그(그녀)는 장남을 그 주인에게 보내야 한다.
- 또 다른 이의 권리를 침해하고, 젊은이의 처녀 아내를 겁탈하면 그들은 그 남자를 죽일 것이다.
- 남의 아내가 다른 이를 따르고 동침하면, 그들은 그녀를 처형하지만 그 남자는 놓아줄 것이다.
- 완력으로 다른 이의 처녀 노예를 겁탈하면 5 쉐켈의 은을 지불해야 한다.
- 남자가 그의 첫 아내와 이혼하면 1 미나(60쉐켈)의 은을 지불해야 한다.
- 그가 이혼하는 이가 이전에 과부였다면 그는 반 미나를 지불해야 한다.
- 남자가 과부와 계약 없이 동침하면 그는 은을 지불할 필요가 없다.
- 만약 남자가 마법으로 고소되는 그는 고난의 수행을 해야 한다. 만약 그가 무고하는 고소자는 3 쉐켈을 지불해야 한다.
- 만약 남자가 아내를 간통으로 고소하고 그녀의 시련이 그녀의 무고를 증명하면 그는 1/3 미나를 보상해야 한다.
- 예정의 사위가 그의 미래의 장인 집에 들어갔으나 후에 그의 딸을 다른 이에게 주면 장인은 가져간 선물의 두 배를 돌려주어야 한다.
- 노예가 도시 한계를 넘어 도주하였으나 누군가가 그를 돌려보내면

주인은 그에게 2 쉐켈을 지불해야 한다.
- 다른 이의 눈을 상해하면 은 1/2 미나를 지불해야 한다.
- 다른 이의 다리를 상해하면 10 쉐켈을 지불해야 한다.
- 난투 중에 곤봉으로 다른 이의 수족을 치면 그는 1 미나를 지불해야 한다.
- 다른 이의 코를 구리 칼로 심하게 하면 그는 은 2/3 미나를 지불해야 한다.
- 다른 이의 이빨을 부러뜨리면 은 2 쉐켈을 지불해야 한다.
- …… 만약 그가 노예가 없다면 은 10 쉐켈을 지불해야 한다. 은이 없다면 그에 속한 다른 것을 주어야 한다.
- 여자 노예가 그녀의 여주인과 자신을 비교하며 무례하게 말하면 그녀의 입에 1쿼트의 소금이 문질러 질 것이다.
- 증인이 위증을 하면 은 15 쉐켈을 지불해야 한다.
- 증인이 맹세를 철회하면 그는 소송의 경우의 가치 한도에 따라 벌금을 내야 한다.
- 다른 이의 땅을 몰래 개간하고 그가 불평하지만 거절되면 이 사람은 그 비용을 잃을 것이다.
- 다른 이의 땅에 홍수를 내면 그는 땅 이쿠 당 3 쿠르의 보리를 주어야 한다.
- 경작 가능한 땅을 다른 이에게 경작시켰으나 그가 그것을 경작하지 않아 쓸모없는 땅이 되면 그는 땅 이쿠 당 3 쿠르의 보리를 주어야 한다.

**함무라비 법전**(Code of Hammurabi)은 현존하는 고대의 법 체계[41] 가운데 가장 완성된 형태의 법전으로 유명한데, 이는 고대 바빌로니아 제1왕조의 제6대 왕인 함무라비왕(Hammurabi; 기원전 1792~기원전 1750)이 그의 말년인 기원전 1750년에 만든 성문법이다. 함무라비는 이를 통해 법치주의에 의한 중앙집권체제를 강화하였다. 함무라비법은 수메르법과 아카드법을 절충·종합하여 제정한 것으로 후세의 쐐기문자법(바빌론법·아시리아법)에 큰 영향을 미쳤다.[42] 함무라비 법전이 전반적으로 '눈에는 눈·이에는 이'식의 형벌체계를 따르고 있는 데 반해, 우르남무 법전은 가급적 금전적으로 배상하도록 한 것이 특징이다.

> "법전이란 강한 자가 약한 자를 모욕하지 않게 하고,
> 고아와 과부가 머물 곳을 갖게 해 주는 것이다.
> 손해 입은 자가 정의를 펼칠 수 있게 하는 것이다"

함무라비 법전은 1901년 말 프랑스 학자 드 모르갱에 의해 서부 이란의 페르시아 만 수사에서 2.25미터 높이의 원기둥 형태의 섬록암으로 발견되었는데,[43] 그 돌 비석에는 쐐기문자(楔形文字 설형문자)로 전(서)문·후(발)

---

41) 이 법 체계는 수메르 문명의 법 체계를 계승한 것으로 알려져 있다.
42) 아시리아는 아슈르나씨르팔 2세(Ashur-Nasir-Pal Ⅱ, 기원전 883~859) 이후 점차 강성하여 아슈르바니팔(Ashur-Bani-Pal, 기원전 668~625) 때에는 국력이 절정에 달하였으나 기원전 605년에 이르러서는 그 자취를 감추게 된다. 아시리아 법은 수메르의 설형문자 법 및 바빌로니아의 법과 매우 비슷하지만, 그 이전의 법들보다 더 야만적인 것으로 평가된다. 귀와 코를 자르는 것이 보편적으로 행하여졌으며 살인자에게는 사형이 선고되었고, 그 처형은 가족에 의해 행하여졌다.
43) 기둥에 새겨진 왕이 샤마슈 신(神)에게서 법전을 받는 그림으로 여겨지는 돋을새김이 있음으로써 이를 통해 당시의 법신수사상(法神授思想)의 존재를 엿볼 수 있

문 이외에 282개 조의 규정이 새겨져 있다. 함무라비 법전 상부의 조각에는 옥좌에 앉아 왕에게 법전을 수여하는 샤마수 신의 모습이 새겨져 있는데, 샤마수 신은 고대 바빌로니아에서 믿었던 태양신이며 정의와 율법의 신을 말한다. 법전은 바빌로니아의 국신(國神)인 마르둑(Marduk)의 신전에 세워져 있었으며 현재는 프랑스 루브르 박물관에 전시되어 있다.

함무라비 법전은 전문만도 약 8,000자로 이루어져 있어, 그 무렵의 법전으로서는 매우 방대한 양이었다. 함무라비 법전은 위증 등 공적인 거짓말을 엄하게 다스렸으며, 원시 수렵사회에는 없었던 '소유'의 개념이 최고의 가치로 자리 잡았음을 알 수 있다. 금·은·노예·가축 등은 당시 사람들이 소중히 여긴 재산이었는데, 특히 노예를 재산으로 여긴 엄격한 신분사회였음을 알 수 있다.

본 법전에 등장하는 범죄 유형으로는 살인죄·상해죄·존속폭행죄·무고죄·절도죄·장물죄·간음(통)죄 등이다. 이러한 범죄에 대한 형벌로는 사형과 재산형(배상)이 주를 이룬다.

〈점토판에 쐐기문자로 새겨진 함무라비 법전의 일부〉

다. 법문의 배열은 엄밀하지는 못하나 대체로 체계적이라 하겠다.

〈함무라비 법전이 새겨진 비석〉

함무라비 법전의 주요 내용은 다음과 같다.44)

An eye for an eye, a tooth for a tooth.
눈에는 눈, 이에는 이

"만일 어떤 자가 평민의 눈을 상하게 했을 때는
그 자의 눈도 상해져야 한다
- 제196조 -"

"만일 어떤 자가 평민의 이를 상하게 했을 때는
그 자의 이도 상해져야 한다
- 제200조 -"

---

44) http://terms.naver.com/entry.nhn?docId=1161582&cid=40942&categoryId=31720(한국학중앙연구원, 한국민족문화대백과).

- 타인을 고소하고 소송을 제기했으나 사실을 입증하지 못하면, 고소인은 처형당한다.
- 재판에 증인으로 나왔는데 그의 증언을 입증하지 못했고 그 재판이 사람의 목숨에 관한 것이라면, 그는 처형당한다.
- 신전이나 왕궁의 재산을 훔친 자는 처형당한다. 장물을 인도받은 자도 처형당한다.
- 황소나 양·나귀나 돼지 혹은 배를 훔쳤는데 그것이 신전 또는 왕궁의 것이라면 30배로 갚아야 하며, 타인의 것이면 10배로 갚아야 한다. 만일 갚을 것이 없는 자라면 처형당한다.
- 아내를 맞이하면서 계약서를 만들지 않았다면, 그 여자는 아내가 아니다.
- 자신의 아내가 다른 남자와 동침하다가 잡혔다면, 두 사람을 묶어 물에 빠뜨릴 것이다.
- 자식을 낳지 못한 본처와 이혼할 경우, 신부 값으로 충분한 금액을 주며 그녀의 아버지에게서 받은 지참금도 되돌려 준다.
- 자식이 자기 아버지를 때렸다면, 그의 손을 잘라 버린다.
- 다른 사람의 자식의 눈을 상하게 했다면, 그의 눈을 상하게 한다.
- 타인의 뼈를 부러뜨렸다면, 그 사람의 뼈를 부러뜨린다.
- 다른 사람의 종의 눈을 상하게 했거나 뼈를 부러뜨렸다면, 그 가치의 절반을 지불한다.
- 누군가 그와 동등한 지위인 사람의 이빨을 부러뜨렸다면, 그의 이빨을 부러뜨린다.
- 남의 자식을 죽게 한 자는 그 사람의 자식을 사형에 처한다.

- 옥수수·모직·기름 등 물건을 주면 그에 해당하는 영수증을 받고, 이 영수증을 제시하면 보상을 받는다.
- 금·은·노예·가축을 주인의 동의 없이 가져간 사람은 절도로 간주, 사형에 처한다.
- 남녀 노예를 성문 밖으로 데려간 사람은 사형에 처한다.
- 노예가 주인에게 반항하면 귀를 자른다.
- 허술하게 지은 집이 무너져서 사람이 깔려 죽으면 그 집을 지은 사람을 사형에 처한다.

함무라비 법전의 특징으로는 계급적 법제도·신판(神判)·동해보복형(同害報復刑 탈리오의 법칙: **눈에는 눈, 이에는 이**) 등의 고대적 잔재가 남아있었음은 물론,45) 농업사회의 법규정,46) 운송·중개 등 상사규정, 관세·무역·통상 등 경제와 관련한 규정,47) 혼인·이혼 등과 관련된 규정, 폭행·절도 등 형법 관련 규정, 노예 및 채권·채무 등과 관련된 규정 등이 두루 담겨 있다. 특히 실체법 규정, 즉 사법(私法) 규정이 대부분이었고 절차적 규정이 극히 적었다는 점 그리고 종교적 색채의 규정이 적었다는 점 등은 고대법에 비해 진보된 내용을 담고 있음을 보여준다.

당시의 신분에서 지배 계층은 대를 이은 귀족들이었고, 일반 서민 계층은 상인과 농민들이었으며 하층 계층은 노예들이었다. 함무라비 법전은 각 계층에 따라 각기 달리 적용되었는데, 먼저, 같은 계층끼리는 평등하게 적용되었다. 예로서 귀족이 다른 귀족의 눈을 멀게 한 경우에는 상대의 눈을 멀게 하는 벌을 주었다. 그러나 귀족이 다른 계층을 해한 경우에는 벌금으

---

45) 함무라비 법전은 동해보복법(同害報復法), 즉 같은 피해에는 같은 방법으로 보복을 한다는 원시적 잔재가 남아 있는 것으로 잘 알려져 있다. 그러나 자세히 살펴 볼 때 오히려 사적인 복수·약탈혼·혈족 간의 집단적 복수 등은 인정하지 않았을 뿐 아니라 귀족의 권력 남용을 제한한 내용이 담겨 있는 문명화된 법전이었다.
46) '함무라비 법전'에는 자연재해로 농사에 피해가 발생하면 농지 임차료를 면제받을 수 있다는 규정이 있다(제48조). 땅을 빌리고 빚을 내 농사를 짓는 소작농은 수확물의 일부를 농지 주인에게 바침으로써 임차료를 대신하는데, 그런데 태풍이나 가뭄과 같은 자연재해로 농사를 망쳤을 때는 농지 주인에게 임차료를 내지 않아도 된다는 것이다. 임차료에는 농지를 빌리는 수수료와 아울러 보험의 요율이 함께 포함되어 있다는 것이 그 근거라고 한다.
47) '함무라비 법전'에는 상인이 사업 대리인에게 투자 목적으로 돈을 맡겼을 때의 의도치 않은 상황에 대해서도 규정하고 있다. 대리인은 상인에게 투자 원금을 돌려주어야 하지만 사업을 하러 가는 도중에 도적이나 해적을 만나 물건을 다 빼앗긴 경우는 이야기가 다르다. 물건이나 돈을 빼앗긴 사실에 거짓이 없음을 신에게 맹세하면 그 손실을 상인에게 보상해주지 않아도 된다. 이는 고의가 아닌 우연의 불가항력으로 인한 피해에 대한 책임을 면제받는 제도로 보험의 개념과 일치한다.

로 대신하였다. 즉 귀족이 평민의 눈을 멀게 하였거나 뼈를 부러뜨렸다면 은 1 미나의 벌금을, 귀족이 노예의 눈을 멀게 하거나 뼈를 부러뜨렸다면 은 1/2 미나의 벌금을 내면 되었다.48)

또한 여자도 재산을 소유할 수 있었고 노예도 돈으로 자유의 몸이 될 수 있었던 것 역시 당시 법제도의 특징이라 하겠다.

## 제4. 이집트 : 정의의 여신 '마아트(Maat)'와 십계명(十誡命)

이집트 문명의 경우 상고 왕국 시대(Old Kingdom; 기원전 2700?~기원전 2200?)49)에는 신정국(神政國)이어서 신왕(神王)의 권력이 매우 크고 위신이 드높았다. 이 시대의 이집트인들은 신·공동체 및 자연 등을 모두 신성한 우주의 구성요소로 보았기 때문에 종교적인 것과 세속적인 것의 구분은 따로 없었다. 왕은 곧 신이며 국가였기 때문에 왕 이외의 어떠한 다른 권위도 상상할 수 없었다. 즉 신왕의 개인적 권위가 절대적이어서 메소포타미아 문명에서처럼 특별한 법의 제정이 필요하지 않았고, 간단히 그의 명령만으로 나라를 다스렸다. 왕은 신이기에 그의 권력은 영원한 것으로 믿어졌으며, 그 상징으로 만들어진 것이 바로 피라미드이다. 그 구조와 형태는 태양신의 숭배 의식을 나타내고 있다.

이집트 신화에는 정의의 여신 '마아트(Maat)'가 등장하는데50). 마아트는

---

48) 또한, 예를 들어 외과의사가 수술에 실패하여 자유인을 사망케 하거나 실명케 한 경우에는 외과의사의 손을 잘랐다. 반면에 노예에게 피해를 준 경우에는 다른 노예로 배상하였다.
49) 당시에 피라미드를 많이 세웠다 하여 피라미드 시대(Pyramid Age)라고도 한다.
50) 고대 이집트에서 '마아트'는 '진실'과 '정의'를 의미하는 말이었다. 마아트 여신은 진리에 따라 우주를 지배하는 존재로서 마아트는 태양신 라의 딸로서 태양신이

정의뿐 아니라 진리와 질서를 함께 상징하는 포괄적인 의미를 갖는다. 이집트의 왕 파라오는 마아트의 뜻에 따라 법을 정했고, 마아트의 위엄과 권위에 의해 통치하였다. 당시의 재판관을 '마아트의 사제'라고 부를 만큼 마아트의 영향력은 대단했으며 마아트가 정한 도덕률은 이후 성서에까지 영향을 미쳤다고 한다.[51] 이집트인들은 사후세계(死後世界)를 믿었는데 때문에 사후(死後)에도 그 혼(魂)은 죽지 않는다고 믿었다. 또한 모든 사자(死者)는 죽음의 신 오시리스 신의[52] 심판을 받는 것으로 알았다. 그러나 심판을 받기 전 사자(死者)를 안내하고 실제로 심판을 집행하는 신은 오시리스가 아닌 마아트였다. 따라서 마아트의 법을 지키면서 살다가 죽은 후에 정의로운 것으로 판정받은 사자(死者)는 성스러운 술을 받고 마심으로써 성자(聖者)가 되어 사후의 세계에서도 행복하게 살아갈 수 있다고 믿었다.[53]

이집트의 경우 기원전 13세기 경(람세스 2세 시대) 모세의 율법을 참고할 필요가 있다. 모세는 시나이산(山)에서 야훼로부터 십계명(十誡命; Ten Commandments)을 받고, 하느님과 이스라엘 백성 사이의 계약(契約)의 중개자가 되었다.[54] 이때 받은 십계명은 후대 이스라엘의 모든 율법의 기초로서 이

---

하늘을 가로지르는 배에 탈 때 반드시 뱃머리에 서 있었다고 한다.
[51] 마아트는 지상(地上)만이 아니라 천계(天界)와 명계(冥界)의 법도 정했다. 이 때문에 마아트는 천계(天界)의 여신, 지상(地上)의 여신, 명계(冥界)의 여신이라는 세 가지 신격을 동시에 가진 신으로도 알려져 있다.
[52] 이집트 신화의 대표적인 이야기라고 할 수 있는 '오시리스 신화'는 사실 그리스의 저술가 플루타르코스가 이집트의 신화를 바탕으로 저술한 것이다.
[53] 사자(死者)의 심장을 저울의 한쪽 위에 올려놓고, 다른 한쪽에는 마아트를 상징하는 타조의 깃털을 올려놓아 양쪽의 균형이 맞으면, 그 사자(死者)는 정의로운 것으로 판정하였다. 이처럼 혼(魂)이 사후세계로 가는 과정이나 사자(死者)의 신(神) 오시리스 앞에서 선악(善惡) 판정의 저울에 올려지는 과정은 '사자(死者)의 서(書)'라는 종교적 문서에 기록되어 오늘날까지 전해지고 있다.
[54] 모세는 이스라엘의 종교 지도자이자 민족 영웅으로 알려지고 있는데, 모세가 활동한 정확한 시기나 그와 관련된 일들을 완전한 역사적 사실로 받아들일 것인가에 대해서는 아직 논란의 여지가 있다. 십계명은 구약성서의 출애굽기 20장(1~17), 34장(14~33), 신명기 5장(6~21) 등에서 전해진다.

스라엘 민족의 생활규범으로 자리잡게 되었고 초대 교회 이후 오늘날까지도 모든 그리스도인들의 기본 생활규범이 되고 있다.

십계명의 주된 내용은 다음과 같다.

- 야훼 이외의 다른 신을 섬기지 말라.
- 우상을 섬기지 말라.
- 하느님의 이름을 망녕되이 부르지 말라.
- 안식일을 거룩히 지키라.
- 너희 부모를 공경하라.
- 살인하지 말라.
- 간음하지 말라.
- 도둑질하지 말라.
- 이웃에게 불리한 거짓 증언을 하지 말라.
- 네 이웃의 재물을 탐내지 말라.

당시의 율법을 통해 살인죄·간음죄·절도죄·위증죄 등의 범죄가 있음을 짐작케 한다. 고대 히브리법은 출애굽기에서 비롯하는 것으로 추정되는데, 히브리(헤브라이)법은 구약에 나오는 고대 히브리법의 집합으로서 중동의 고대 왕조에 의해 선포된 법과 매우 유사하다.

## 제5. 인더스 : 다르마(dharma)와 Manu법전

고대 인도의 규범생활에 있어 힌두교가 미친 영향은 가히 절대적이라 할 수 있다. 힌두교의 영향범위는 시기적으로 기원전 2500년경의 인더스 문명에서부터 아리안족의 침입(기원전 2000~기원전 1500?) 이후 형성된 브라만교 시대 및 그 이후의 시대를 아우르고 있다. 힌두교의 근본 경전은 '베다(Vedas, véda)'와[55] '우파니샤드(Upanisad)'[56]이며 그 외에도 '브라흐마나'[57]·'수트라'[58] 등의 문헌이 있다. 이들은 인도의 종교적·사회적 이념의 원천이 되고 있다. 힌두교 사회에서 도덕 관념의 기초는 브라만교의 법전에 규정되어 있는 다르마(dharma: 법·의무)이다.[59]

---

[55] 베다(Vedas, véda)는 브라만교의 성전(聖典)을 총칭하는 말로도 쓰이며, 고대 인도의 종교 지식과 제례 규정을 담고 있는 문헌을 일컫는다. 사전적 의미로는 넓게는 '기록될 가치가 있는 지식 전체'를, 좁게는 '성스러운 지식이나 종교적 지식'을 의미한다. 구전되어 오던 내용을 기원전 1500~1200년에 산스크리트어로 편찬한 것으로 추정되며 고대 인도의 종교·철학·우주관·사회상을 보여주는 자료로서 그 의미가 크다.

[56] 우파니샤드(Upanisad)는 고대 인도의 철학서로서 브라만교의 성전 〈베다〉의 4부문 중 최종 부문에 해당하기 때문에 〈베단타, Vedānta(베다의 말미)〉라고도 불리기도 한다. 우파니샤드는 주로 대화·문답형식으로 쓰여져 있으며 우파니샤드의 중심 사상으로 후세에 가장 큰 영향을 미친 것은 '범아일여(梵我一如)'의 사상이다.

[57] 브라흐마나는 인도 힌두교 성전(聖典)인 '베다'의 해설서로서 네 가지 '베다'에 나오는 제식(祭式)을 설명하고 있다.

[58] 수트라는 고대 인도에서 '베다'의 이해를 위한 보조학의 강요(綱要)를 암송용으로 압축한 독특한 산문체에 의한 단문의 규정 및 그와 같은 문체로 편찬된 강요서(綱要書)를 말한다.

[59] 힌두교에서는 신전·신상이 예배의 대상이 되고 인격신이 신앙되는데 비해, 고대 브라만교는 베다에 근거하고 있으며 희생제를 중심으로 하며 신전이나 신상(神像) 없이 자연신을 숭배하는 데에서 그 차이가 있다; http://terms.naver.com/entry.nhn?docId=1156793&cid=40942&categoryId=31601(한국학중앙연구원, 한국민족문화대백과).

베다 시대(Vedic Age; 기원전 1500~기원전 600)에는[60] 리타(rta; '자연', 또는 '인륜'을 의미함)가 세계 질서의 근원이라고 보았는데, 리타는 고대 인도 신화에서의 하늘의 법칙을 말하며 천칙(天則)이라 번역되기도 한다. 이는 준엄한 율법신(律法神)인 바루나에 의해 보호를 받는 규칙으로서, 그 영역에 따라 자연률(自然律)·제식률(祭式律)·도덕률(道德律) 등을 뜻하며, 자연계나 인간계 그리고 신들까지도 이 일관된 천칙(天則)에 따르지 않으면 안 된다고 보았다.

마우리아 왕조(기원전 322~기원전 185)의 아소카 왕(기원전 265~기원전 238 또는 기원전 273~기원전 232)은 칙령들을 정교하게 돌에 새겨 전국 각지에 비문으로 남겼는데, 이 비문은 판독이 가능한 가장 오래된 고문서이다. 아소카 왕은 모든 인간이 지켜야 할 윤리인 다르마(dharma)에 의한 정치를 이상(理想)으로 삼고 이를 실현하는 데 진력하였다.[61] 아소카 왕은 부모나 어른에의 순종, 살생을 삼가는 등의 윤리를 백성들에게 장려하였고, 이를 관리들에게 독려토록 하였다.

고대 인도의 법전인 마누 법전은 가장 권위 있는 힌두 법전으로 알려져 있으며 산스크리트어의 운문(韻文)으로 쓰여졌으며 전체 12장 2684개 조(條)로 이루어져 있다. 이 법전에는 마누(Manu; 인도 신화에 나오는 인류의 시조)의 이름이 붙어 있으며, 현존하는 법전은 기원전 200년에서 서기 200년 사이에 완성된 것으로 보인다. 국왕이나 종성(種姓; 인도의 세습적 계급 제도인

---

60) 고대 인도에서 아리아인의 침입부터 16대국 병립 이전까지의 시대를 말하며, 힌두교의 가장 오래된 성스러운 경전인 베다가 쓰인 시대이다
61) 다르마가 힌두 교도에게 있어 의미하는 것은 베다 성전의 권위를 인정하고, 브라만, 크샤트리아, 바이샤, 수드라라는 네 개의 계급(바루나)과 학생기(學生期), 가주기(家住期), 임서기(林棲期), 유행기(遊行期)라는 네 개의 생활단계(아슈라마)마다 정해진 사회적 의무를 수행하는 것이고, 아울러 베다 성전 등에 의해서 정해진 제식을 올바른 순서에 따라서 진행하는 것을 말한다. 따라서 다르마가 올바르게 지켜지지 않을 때, 인간사회는 혼란에 빠지고 허위와 부정의가 횡행한다고 믿었다.

카스트를 일컬음)의 의무·민법이나 형법·의례나 제사·일상 행사 등 인도인의 생활 전체를 규정하고 있다.62)

---

62) 마누 법전은 4종성(種姓) 제도에 입각한 사회를 유지하고 최고 계층인 브라만의 특권을 지키려고 하는 의도로 쓰여진 것으로 보인다. 마누 법전은 과거 2000년 간 존중되어 왔으며, 동남아시아 각국에 많은 영향을 미쳤다.; http://ko.wikipedia.org/wiki/%EB%A7%88%EB%88%84_%EB%B2%95%EC% A0%84.

# 제3장
# 부족 및 고대국가 시대의 법이야기

## 제1. 개 관

삼국시대 이전의 우리나라 고대에서는 천신(天神)과 조상에 대한 숭배와 제사가 널리 행하여졌다. 특히 조상에 대한 제사의 습속은 당대의 사회생활 및 질서유지에 중요한 기능을 담당하였다고 할 수 있다. 삼한 중 마한에서는 천신을 제사하기 위하여 천군이라는 제관을 두었고, 소도(蘇塗)라는 별읍(別邑; 마한의 여러 소국(小國)에 있던 제사지내는 지역을 말함)을 설치하여 역시 천신을 제사지냈다. 특히 소도(蘇塗)에는 부도라 하여 인간의 소행에 대한 선악을 구별하는 일종의 행위규범이 설정되어 있던 것으로 알려지고 있다. 이러한 천신 또는 조상제사의 사상은 당시 사회생활의 지도원리가 되어 공동생활의 질서유지에 크게 기여하였다.

고대에 있어서 재판제도의 발전과정은 한편으로는 왕권강화의 측면에서 형벌권의 국유화와 함께 재판권의 중앙집권화의 측면이고, 다른 한편으로는 심급제도로의 발전의 측면으로 볼 수 있다. 행형(行刑)은 인류가 집단생활을 시작할 때부터 있었다고 추측된다. 왜냐하면, 사회가 있는 곳에는 그 사회의 안녕질서를 유지하기 위하여 규범이 있고, 그 규범에 위반한 자의 제재를 위한 행형이 있기 마련이기 때문이다. 특징적인 성격은 제정일치시대인 고대사회일수록 형벌은 준엄하고 가혹했으며 형벌의 목적 또한 응보에 두었다. 근대·현대에 이르면서 형벌은 완화되고 형벌의 목적도 교화개선·범인의 재사회화를 도모하는 쪽으로 바뀌게 된 것이다.

삼국시대가 성립하여 중국식 법체계가 정비되기 이전의 초기 부족국가시대에는 부족집회나 씨족의 장에게 재판권이 있었다. 부여의 영고(迎鼓)·

고구려의 동맹(東盟)·동예의 무천(舞天)·삼한의 5월과 10월의 집회(季節祭) 등은 부족들의 연중대회로 가무와 향연을 즐기며, 제천의 종교행사와 아울러 부족적 중대사를 결정하였다.

고조선의 재판제도와 관련한 기록은 없으나 특정지역을 기반으로 하는 세력이 존재하였고 이들이 왕을 보좌했던 것으로 보인다. 따라서 이들이 각 지역 또는 부족의 재판을 주재했을 가능성이 높다. 즉 각 지역이나 부족이 독자적으로 재판권을 행사하였고 그 형태는 고구려의 제가회의처럼 지도자들이 재판하는 형식이었을 것이다.

부여(夫餘)는 은(殷) 정월(12월)에 영고(迎鼓)라는 제천행사를 열었는데 이때 부족에 공통되는 법을 만들거나 형옥(刑獄)을 심판하고 죄수들을 풀어 주었다. 고대의 공동체사회에서의 범죄는 오늘날의 형사 사건 뿐 아니라 민사사건의 경우도 집단 전체의 질서를 파괴하는 것이라면 형옥의 대상이 되었다. 따라서 영고에서는 부족 또는 제가(諸家) 사이의 채권·채무 문제나 영역 다툼사건도 그 심판의 대상이 되었을 것이다. 그러나 영고의 특성을 고려컨대 모든 사건을 여기에서 다룰 수는 없었을 것이고 중대 사건은 영고에서 그리고 대부분의 일반사건은 지역 별 내지는 부족 별로 처리하였을 것이다.[63]

동예(東濊)에는 고대 게르만 사회의 민회와 유사한 재판기구가 있었을 것으로 추측된다.[64]

이처럼 우리 역사에서 처음으로 등장하는 사법시스템 내지는 재판제도는 초기에는 각 지역 별로 그 지역의 지도자 또는 공동체에서 재판하는 것이 기본적인 모습이었다. 이것이 확대되면서는 제가회의나 화백회의 등 각 공

---

[63] 지역에서 재판할 때에는 그 사회의 규모나 지도자의 세력 정도에 따라 제가가 직접 재판하거나 민회 형식을 취하는 경우도 있었을 것이다.
[64] 유성국, 삼국시대 재판제도, 법사학연구(제24호), 2001. 10, 19면.

동체의 지도자들로 구성된 회의체에서 심판하는 모습이 되었다. 회의체에서 중요사건을 다루던 재판제도는 이후 왕권이 강화되고 중앙집권화가 진행되면서 형옥 및 재판업무를 다루는 기구 또는 관리가 생겨나면서부터는 점차 사라지게 되었고 그 기능은 이러한 전문기구로 옮겨가게 된다. 이후 왕권강화와 중앙집권화가 진행되면서 오늘날과 유사한 제도 내지 시스템이 구축되었을 것이다.

## 제2. 부족국가 시대의 규범 문화

금속문화의 유입은 노동생산력의 증대와 함께 원시적 씨족공동체 내부의 계급분화를 촉진케 하였고, 사유재산제의 도입은 씨족 간의 경쟁과 투쟁을 불러일으켰으며 결국에는 씨족공동체의 해체를 가져오게 되었다. 이를 통해 씨족공동체가 담당하고 있던 여러 가지 공적 기능 중 일부는 부족공동체로, 일부는 가족공동체로 옮겨지게 된다. 부족국가 중에는 다시 발전하여 부족연맹국가를 형성하기도 하였고 이는 다시 왕제국가(王制國家; 세습 군주가 다스리는 나라)로 발전하게 된다.

먼저, 부족 국가 내지 군장(족장)국가는 각각 개별적인 군장(족장)이 지역을 다스리는 형태를 말한다.[65] 부족연맹국가는 왕(선출)이 각각의 군장들에게 자치보장을 인정하고, 외교·군사 분야에서만 왕권이 그 역할을 하였던 것으로 보인다.[66] 부족연맹국가에서는 부족평의회를 개최하였는데,[67]

---

[65] 부족국가의 경우 청동기시대(고조선; 우리나라에서의 청동기 시대의 기원은 기원전 10세기로 봄)와 철기시대(부여, 옥저, 동예, 삼한)로 나눌 수 있다. 우리나라에는 기원전 4세기 경 부터 중국 계통의 철기가 유입되기 시작하였는데 철기시대와 청동기 시대가 명확하게 구분되지는 않는다.

이러한 회의체는 왕제국가로 발전한 뒤에도 전제적 왕권이 확립될 때까지 존속하여 왕(부족연맹의 장)이나 재상의 선출·파면·재판 기타 중요한 국사를 결정하는 역할을 수행하였다. 그 뒤 관료제적 조직이 정비되어 가면서부터 일반적 재판업무는 관료제 조직의 일정한 기관에서 담당하게 되었다. 대체로 율령체제 초기에는 중죄 아닌 사건을 도사(道使)·성주(城主)·군태수(郡太守) 등 지방관이나 촌락공동체에서 고래의 관습법에 따라 재판권을 행사했을 것이며, 율령체제가 확립된 뒤로는 국왕을 정점으로 하는 질서 있는 조직을 통하여 행사되었을 것으로 추정된다.

부족국가 시대는 시기적으로는 대략 기원전 2000년에서 기원전 100년까지의 시기로 우리나라의 경우는 그 성립 및 발전 시기에 있어서 차이가 있어 획일적으로 나눌 수는 없으나, 고조선·부여·초기의 고구려 등이 그 영향력을 확대해 가면서 존립기반을 닦아 나가던 시기라 할 수 있다. 거의 대부분의 부족국가에서는 원시시대의 신앙이나 규범의식이 기층에 깔려 있음은 물론 보다 세련되게 의식화(儀式化)되었다. 그렇다면 부족국가 시대의 규범의식 내지 규범의 토대가 된 사상은 무엇이었을까? 이는 다음의, 즉 경천사상(敬天思想)·조상숭배사상(祖上崇拜思想)·엄법주의사상(嚴法主義思想)·응보사상(應報思想) 그리고 서천사상(誓天思想) 등으로 나누어 볼 수 있다. 먼저, 경천사상(敬天思想)은 하늘(天)을 두려워하고 공경하며 하늘의 뜻에 따라 살아가고자 하는 사상을 말한다. 두려움과 외경(畏敬)의 대상으로서의 하늘은 우주만물을 천지자연의 이치로 만들어 기르는 근본이면서 제 규범의 표준으로 이해한다.

---

66) 부여의 사출도〈마가(馬加)·우가(牛加)·저가(豬加)·구가(狗加)〉·고구려·목지국(삼한)·가야 등을 그 예로 들 수 있다.
67) 신라의 화백〈和白; 진골(眞骨) 귀족 출신의 대등(大等)으로 구성된 신라의 합의체 회의기구〉이 그 대표적인 예이다.

둘째로는, 조상숭배사상(祖上崇拜思想)이다. 이는 살아 있는 사람들의 운명이나 생활이 죽은 조상들의 영혼에 의해 영향을 받으므로 죽은 조상이 영혼을 숭배하여야 한다는 사상을 말한다. 부여 등에서 시체를 상하지 않게 하고 중히 여기며 순장(殉葬)을 하였던 경우를 대표적 예로 들 수 있다.68)

셋째로는, 엄법주의사상(嚴法主義思想)이다. 엄법주의란 통치질서 내지 사회질서에 반하는 행위는 엄벌로 다스리는 것을 말한다. 당시의 부족국가들의 경우 원시시대의 신앙이나 규범의식이 기층에 깔려 있었고 보다 세련되게 의식화(儀式化)되었다. 당시에는 형법이 법의 주류를 차지하고 있었는데 종래의 민중적·관습적인 것으로부터 국가적 법제로 발전하여 통치질서 내지 사회질서에 반하는 행위는 엄벌로 다스리는 엄법주의로 바뀌게 된다. 이는 지배 계급의 필요에 따른 것으로 부족장 내지 왕권의 유지 및 강화를 위한 것이었다.

넷째로는, 응보사상(應報思想)이다. 응보사상이란 형벌은 죄에 대한 정당한 보복을 가하는 데 그 목적이 있다고 보는 사상을 말한다. 당시 복수 본능에서 나온 응보사상의 기초 하에 속형(贖刑 물품이나 금전을 바치고 형을 면하는 것)이나 형벌노비제도(刑罰奴婢制度)가 등장하게 된다.

마지막으로, 서천사상(誓天思想)인데, 서천(誓天)은 하늘을 외경(畏敬)하고 하늘의 섭리의 절대성을 확신하여 하늘에 맹세하고 서약이나 맹세를 위반한 행위에 대해서는 책임을 지겠다는 것을 말한다. 여기에는 천벌(天罰)이라는 종교적 처벌에 대한 확신과 서약이나 맹세를 위반한 행위를 명백한 죄로 인식하였던 당시의 의식이 기저에 자리잡고 있음을 알 수 있다. 하늘

---

68) 경천사상(敬天思想)과 조상숭배사상(祖上崇拜思想)은 영고(迎鼓)·동맹(東盟)·무천(舞天)과 같은 공동제전(共同祭典) 내지 제천의식(祭天儀式)이나 후장(厚葬)·순장(殉葬) 등으로 표현되었다.

을 외경하고 하늘의 섭리의 절대성을 확신하는 의식은 씨족사회나 부족사회 이래로 계속 이어져 내려온 것으로, 신의(信義)가 정착되었던 사회였음을 추정케 하는 예라 하겠다. 신라의 남산신성비(南山新城碑)·임신서기석(壬申誓記石) 및 울진신라비(蔚珍新羅碑) 등이 그 대표적인 예이다. 이는 어떤 행위의 실현 혹은 질서의 유지를 하늘에 맹세하고 그 맹세가 허위로 되어 그 행위가 실현되지 못한 경우에는 자기의 몸에 천벌(天罰)이 내릴 것을 승인한 것이라고 보여진다.

## 제3. 고대 국가의 법생활 및 법문화

### I. 고조선

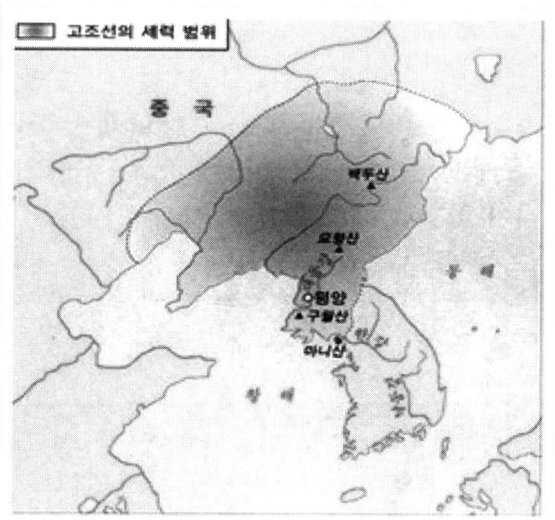

- 살인자는 즉시 사형에 처한다 -
(相殺, 以當時償殺)
- 남의 신체를 상해한 자는 곡물로써 배상한다 -
(相傷, 以穀償)
- 남의 물건을 도둑질한 자는 소유주의 집에 잡혀 들어가 노예가 됨이 원칙이나, 자속(自贖 배상)하려는 자는 50만 전을 내놓아야 한다 -
(相盜, 男沒入爲其家奴, 女子爲婢, 欲自贖者人五十萬)
- 漢書 地理志 -

## 1. 개 관

고조선(古朝鮮)은 기원전 2333년에 세워져 기원전 108년까지 요동과 한반도 서북부 지역에 존재한 한국 최초의 국가이다. 고조선의 시조(始祖)와 관련해서는, 천제(天帝) 환인의 아들 환웅이 3,000명을 거느리고 내려와 인간이 되길 바라는 곰과 호랑이 중 인간이 된 곰(토테미즘)을 만나 낳은 이가 단군(제사장) 왕검(정치)인데69) 그가 바로 고조선의 시조(始祖)이다.70)

고조선이 처음 역사서에 등장한 시기는 기원전 7세기 초이다.71) 고조선은 요령 지방을 중심으로 성장하여 점차 대동강, 한반도까지 그 세력범위를 넓혀갔는데, 고인돌과 비파형 동검의 출토 분포를 통해 이를 확인할 수 있다. 고조선은 청동기 시대와 철기시대로 나누어 볼 수 있는데 청동기 시

---

69) 이는 제정(祭政)이 일치되었음을 보여주는 예이다.
70) 삼국유사를 쓴 일연(一然)이 단군신화에 나오는 조선(朝鮮)을 위만조선(衛滿朝鮮)과 구분하려는 의도에서 '고조선'이란 명칭을 처음 사용하였고, 그 뒤에는 이성계(李成桂)가 세운 조선과 구별하기 위해서 이 용어가 널리 쓰였다. 지금은 단군이 건국한 조선과 위만조선을 포괄하여 고조선이라고 부른다.
71) 이 무렵에 저술된 '관자(管子)'에 '발조선(發朝鮮)'이 제(齊)나라와 교역한 사실이 기록되어 있고 '산해경(山海經)'에는 조선이 보하이만(渤海灣) 북쪽에 있던 것으로 나타난다. 고조선도 인접국인 연(燕)나라와 동시에 왕을 칭하였다고 한다.

대는 기원전 2333의 단군 조선(조선 동국통감), 기원전 12세기의 기자 조선 (기자는 주나라 무왕 때 우리나라에 온 인물로 선진 문물을 가져다 준 성인으로 여김)으로 나눠 볼 수 있다. 철기시대를 대변하는 것으로 기원전 194년 건국된 위만 조선을 들 수 있다.[72)]

한(漢)은 기원전 109년 육군과 수군을 동원하여 수륙 양면으로 고조선을 공격하였고, 고조선은 총력을 다하여 이에 저항하였다. 전쟁이 장기화되면서 고조선 지배층 내부가 분열·이탈되었다. 이러한 내분의 와중에서 우거왕이 살해되고 왕자 장(長)까지 한군에 투항하였다. 대신(大臣) 성기(成己)가 성안의 사람들을 독려하면서 끝까지 항전하였으나, 결국 기원전 108년에 왕검성이 함락된다. 한은 고조선의 영역에 낙랑·임둔·현도·진번 등 4군을 설치하게 되는데, 이때 상당수의 고조선인들이 남쪽으로 이주하였고, 그들은 삼한(三韓) 사회의 발전에 지대한 영향을 미치게 된다.

고조선 사회의 사회구성은 귀족·촌락의 일반민·노비로 나누어 볼 수 있다. 귀족은 노예와 토지·재화 등 자신의 경제적 기반을 따로 지니고 있으면서, 한편으로는 촌락 공동체를 대표하는 수장으로서의 면모도 함께 지니고 있었다. 일반민은 기본적인 생산활동을 담당했으며 일반 촌락 구성원이나 친족집단들 간에는 공동체적 유대가 강하게 작용하였다. 노비도 상당수 존재했으나 대규모 노비 경영은 발달하지 않았던 것으로 보인다.

### 2. 법과 법생활

고조선의 법생활에 있어서는 건국이념인 홍익인간(弘益人間) 사상에 주

---

72) 시대 별로 정리해 보면, 단군 조선은 기원전 2333년에 건국하여 기원전 108년에 멸망하였다. 기자 조선은 기원전 1100년경 건국하여 기원전 195년에 멸망하였고, 위만 조선은 기원전 194년에 건국하여 기원전 108년에 멸망하였다.

목해야 한다. 홍익인간(弘益人間)이란 널리 인간 세상을 이롭게 한다는 의미로서 고조선 건국의 이념을 담고 있다. 홍익인간 사상은 또한, 재세이화(在世理化; 세상에 있으면서 다스려 교화시킨다)·이도여치(以道與治: 도로써 세상을 다스린다)·광명이세(光明理世: 밝은 빛으로 세상을 다스린다) 등의 이념과 함께 국가를 다스리는 데에 있어서의 기본 원칙을 천명하고 있다. 이러한 정신에 터잡아 일상생활에서의 준칙을 제시하였고 당시의 법생활의 기본원칙으로 기능하였던 것이다. 홍익인간 사상에 대한 평가에 있어 '25시'의 작가로 유명한 노벨 문학상 수상자인 루마니아의 작가 게오르규는,

"홍익인간이라는 단군의 통치이념은 지구상에서 가장 위대하고 완벽한 법률이다. …… 21세기 세계를 이끌어갈 철학이 될 것이다."라고 극찬을 아끼지 않았다.[73]

생각건대 우리나라의 법사상 내지 법정신의 원류는 고조선의 홍익인간(弘益人間) 사상에서 찾을 수 있다. 이후의 역사적 발전과정 속에 이를 구체화 한 것이 애민사상(愛民思想)이고 민본사상(民本思想)이고 흠휼사상(欽恤思想)인 것이다. 애민사상(愛民思想)은 삼국시대로부터의 정치사상이자 법사상이며, 조선 초기 정도전의 민본사상(民本思想) 역시 이와 다르지 않다. 흠휼사상에는 죄인을 처벌할 때 죄는 미워할지라도 그 사람은 불쌍히 여겨야 한다는 생각으로 사건의 전말을 신중히 다루어 억울한 형벌을 받지 않게끔 하라는 뜻이 담겨있다. 이렇듯 홍익인간 사상은 인간을 최고의 가치를 지닌 존재로서 존중하는데 의미가 있다. 즉 세상 만물의 중심적 존재

---

73) http://ko.wikipedia.org/wiki/%ED%99%8D%EC%9D%B5%EC%9D%B8%EA%B0%84.

인 인간을 인간이라는 그 자체만으로도 존중받아야 한다는 인간존중(人間尊重)의 사상이 근저에 깔려 있는 것이다.

고조선 건국 당시의 시대상을 보면, 삼국유사 단군신화에서는 환웅이 무리 3천을 거느렸고 그 중에는 풍백(風伯)·우사(雨師)·운사(雲師)의 직책을 가진 신하들이 있었는데, 이는 당시 상하의 계급과 지배관계가 있었음을 보여주는 것으로 중앙 집권 체제의 모습을 갖추었음을 알 수 있다(왕 밑에는 비왕·경·대부 등의 관직을 두었다). 또한 환웅은 천부인(天符印) 3개를 가지고 내려왔다고 하는데 천부인(天符印)은 고대사회 초기에 주술의 도구이자 권위의 상징이기도 했던 청동단검·청동거울·청동방울이나 옥 등과 같은 상징물로 추정된다. 환웅이 인간사 360여 가지의 일을 다스렸다고 전해지며 이 중에서 가장 중요한 것이 곡식·생명·질병·형벌·선악의 다섯 가지였다. 당시에 주명(명령)·주형(형벌)이란 명칭도 사용하였다고 전해진다.

고조선에는 '팔조지금법(八條之禁法; 이하 팔조금법이라 함)'이라는 법이 시행되었음이 기록으로 전해지고 있는데, 이는 원시법(原始法)으로서[74] 부여와 위만조선, 그리고 삼국시대 성문율이 제정되기까지 삼국의 관습률로서 오랜 전통을 계승하여 왔다. 단군 조선시대의 팔조금법의 시행시기와 관련하여서는 기원전 1282년 무렵에 단군조선 전역에서 시행되었다고 보고 있다.[75]

현재 3조목만 전해지고 있는 8조금법(八條禁法)의 주된 내용은 다음과

---

74) 원시법(原始法)이란 미개사회에서의 생활을 법적으로 질서있게 하는 사회규범을 말한다. 원시사회에 있어서의 인간의 사회생활은 모든 사회규범의 복합체에 의하여 규제되고 있었고, 대개의 경우 도덕·종교·주술 등의 사회규범과는 미분화된 상태였다. 당시에는 여러 계층 집단이 법적으로 규제된 장소를 가지며, 선례(先例)와 관습(慣習)에 따라 질서를 유지하였으며, 대부분 강제적 형벌에 의하기보다는 공동의식에 바탕을 둔 전통의 힘으로 분쟁을 해결·처리하였다.
75) 이에 대해 팔조금법은 기원전 1122년경 은나라 기자가 조선으로 망명한 후 자신이 이끌고 온 패군과 난민 들에게 적용하였다는 주장도 있다.

같다.

- 살인자는 즉시 사형에 처한다(相殺, 以當時償殺).
- 남의 신체를 상해한 자는 곡물로써 배상한다(相傷, 以穀償).
- 남의 물건을 도둑질한 자는 소유주의 집에 잡혀 들어가 노예가 됨이 원칙이나, 자속(自贖: 배상)하려는 자는 50만 전을 내놓아야 한다(相盜, 男沒入爲其家奴, 女子爲婢, 欲自贖者人五十萬).

팔조금법의 내용을 통해 당시의 시대상을 엿볼 수 있는데, 먼저, "사람을 죽인 자는 즉시 죽인다"는 조목은 사람의 생명(생명존중)과 노동력을 중시하였음을 짐작케 한다.

둘째로, "남에게 상처를 입힌 자는 곡식으로 갚는다"는 조목은 당시의 농업의 발달을 보여주고 있으며, 상해죄를 범한 경우 속죄하려면 50만 전을 갚아야 한다는 속형(贖刑; 돈으로 죗값을 대신 치르던 형벌)이 인정된 점은 사유재산제(私有財産制)가 인정되었고 아울러 가부장적 가족제도가 발달된 사회였음을 짐작케 한다.

마지막으로, "도둑질을 한 자는 노비로 삼는다"는 조목은 형벌노비(刑罰奴婢)의 존재를 보여주는 것으로 사유 재산의 성립과 계급 분화를 보여주는 것으로 지배층의 기득권을 유지하기 위한 방편으로 이용되었던 것으로 보인다.

기록을 통해 전해지는 팔조금법 시행 당시의 고조선의 시대상을 보면,
"백성들은 도둑질 따위는 하지 않았으며 문을 닫거나 잠그는 일도 없었고 부녀자들은 정숙하여 음란하지 않았다. 밭이나 들·도읍지를 막론하고 음식을 바쳐 제사 올리니 어질고 겸양하는 풍속이 가득했다"는 기록을 살펴볼 수 있다.[76]

---

76) 해동역사(海東歷史) 제24권 형지(刑志) 형제(刑制); 태백일사 삼한관경본기 번한

"옛날에 기자가 은(殷)나라의 운수가 쇠해져 가는 것을 피하여
조선 땅으로 피난하였다. 처음엔 그 나라의 풍속에 대해 알려진 바가
없었으나, 기자가 팔조의 금법을 시행하여 사람들로 하여금
해서는 안 될 것을 알게 하였다.
그러자 마침내 그 읍락(邑落)에 음란한 행동과 도둑질이 없어져서
밤에도 문을 잠그지 않았으며,
완악하고 야박한 풍속이 바뀌어 너그럽고 간략한 법이 시행되어
수백 년 동안 행하여졌다.
그러므로 동이족(東夷族) 전체가 부지런함과 유순함으로 교화되어
삼방(三方)의77) 풍속과는 다르게 되었으니,
참으로 정교(政敎)가 창달되면 도의(道義)가 생기게 마련인 것이다"
- 해동역사 제24권 형지(刑志) 형제(刑制) -78)

이러한 내용은 팔조금법 시행을 통해 백성들의 규범의식이 상당한 수준으로 향상되었음을 보여준다. 그러나 해동역사(海東繹史)에는 다음과 같은 글귀가 있는데, 즉 "그 뒤 풍속이 점차 각박해져서, 지금은 범금(犯禁)이 많이 불어나 60여 조에 이른다"라는 기록을 보면 이후에는 다양한 유형의 범죄가 많이 저질러졌고 아울러 그에 대한 법적 제재도 상당하였음을 가히 짐작케 한다.

---

세가 상. 해동역사(海東繹史)는 조선 후기의 실학자 한치윤(韓致奫)이 편찬한 기전체(紀傳體)의 한국통사이다. 책은 한치윤이 죽기 10여 년 전부터 착수해 본편 70권만 이루고 죽었다. 미처 마무리 짓지 못한 '지리고(地理考)' 15권은 한진서가 속편으로 완성하였다. 편찬 방법은 고대에서 고려까지의 왕조를 '세기(世紀)'로 삼고, '지(志)'와 '전기(傳紀)'를 덧붙였는데, 전기(傳紀)는 '인물고(人物考)'라 했다.
77) 삼방(三方)이란 중국에서 말하는 네 오랑캐, 즉 사이(四夷) 가운데 동이(東夷)를 제외한 서융(西戎)·남만(南蠻)·북적(北狄)을 말한다.
78) http://db.itkc.or.kr/index.jsp?bizName=MK.

"기자(箕子)가 조선으로 가서 그곳의 백성들에게
범금팔조(犯禁八條)를 가르쳤는데,
살인한 자는 그 즉시 목숨으로 보상하고,
상해를 입힌 자는 곡식으로 배상하고,
도적질한 자는 남자의 경우는 몰수하여 노(奴)로 삼고
여자는 비(婢)로 삼으며,
속바치기를 원하는 자는 한 사람당 50만 금으로 속하게 하였다.
그 뒤 풍속이 점차 각박해져서,
지금은 범금(犯禁)이 많이 불어나 60여 조에 이른다"

그렇다면 고조선 시대의 범죄를 지은 자들에 대한 재판은 어떻게 행하여졌을까? 아마도 초기에는 각 지역공동체의 지도자가 독자적으로 심판했을 것으로 보여지는데, 고대 게르만사회의 민회(民會; 고대 그리스·로마의 도시 국가에 있었던 정기적인 시민 총회)처럼 민중이 직접 심판에 참여했을 수도 있다.

재판에 적용되던 법규범인 팔조금법의 주요 내용에 대해 좀 더 구체적으로 살펴보면, 범죄로서 살인죄·상해죄·절도죄·소도훼손죄(蘇塗毁損罪)·무례죄(無禮罪)·근로해태죄(勤勞懈怠罪)·음란죄(淫亂罪)·사기죄 등을 규정하고 있다. 그러나 이밖에도 간음죄·강간죄·독신(瀆神; 신을 모독함)죄·가해주술죄(加害呪術罪) 등이 있었을 것으로 추정된다. 소도훼손죄〈蘇塗毁損罪; 소도(蘇塗)는 천신(天神)을 제사지낸 지역을 말함〉는 당시 단군 조선시대는 제천행사가 활발하였던 시대였으므로 제천장소인 신성한 소도(蘇塗)를 훼손하는 범죄에 대하여 처벌하였던 것으로 보인다. 무례죄(無禮罪)는 본시 단군조선이 공자가 말하였듯이 군자의 나라로 예의를 지키는 나라였다는 점에서 예의를 잃은 자, 즉 무례(無禮)한 자에 대하여 처벌로서 군에 복무하게 하였던 것으로 보인다. 또한 근로해태죄(勤勞懈怠罪), 즉 불근로죄(不勤勞罪)는 당시 단군 조선시대가 정전제(井田制)를79) 실시하여 공동 생산활동을 하던 시대적 배경의 산물이라 보여진다.

이러한 범죄에 대해서는 사형·태형·배상형·노비형 등이 가해졌다. 즉 살인자는 즉시 사형에 처해졌고 신체를 상해한 자는 곡물로써 배상하도록 하는 배상형을 인정하였다. 남의 물건을 도둑질한 자는 소유주의 집에 잡혀 들어가 노예가 되도록 하는 노예형으로 다스렸다. 아울러 자속(自贖: 배상)하려는 자에게 50만 전을 내놓도록 하는 속형(贖刑)을 인정하였다. 그밖에 소도(蘇塗)를 훼손시키는 자는 가두어 두며, 예의를 잃은 자는 군에 복무하게 하였다. 근면하게 노동하지 않는 자는 부역을 시키며, 음란한 행동을 하는 자는 태형으로 다스렸고, 사기치는 자는 훈계 방면하나 스스로 속죄하려 하면 공표하여 여러 사람들에게 알리는 것은 면하여 주었다.

"후에 법조목이 60여 조목으로 늘어났다"라는 기록으로 미루어 보건대, 그 당시에 지금 우리가 아는 규정보다 더 자세한 죄명과 처벌규정이 있었던 것으로 추정된다.80) 그 외의 죄의 유형은 현대 형법에 규정된 죄의 유형과 유사하다고 보여지며 단지 처벌형태가 다를 뿐이다. 이는 단군 조선시대는 종교적 윤리를 정치적 수단으로 사용하던 시대이고 또한 계급사회였으므로 현재의 사회형태와는 달랐기 때문이다. 그러나 상해죄에 대하여는 곡식으로 배상한다는 규정으로 보아 탈리오의 법칙에서 한층 더 발전된 법임을 알 수가 있다. 이 상해죄는 오늘날의 처벌규정과 비교하여도 손색

---

79) 정전제(井田制)는 토지의 한 구역을 '정(井)'자로 9등분하여 8호의 농가가 각각 한 구역씩 경작하고, 가운데 있는 한 구역은 8호가 공동으로 경작하여 그 수확물을 국가에 조세로 바치는 토지제도이다.
80) 고준환, 하나되는 한국사, 범우사, 1992; 이승휴 저/ 박두포 역, 제왕운기, 을유문화사, 1987; 일 연 저/ 이민수 역, 三國遺事, 삼성미술문화재단, 1987; 임승국 번역(주해), 한단고기, 정신세계사, 1987.

이 없는 규정이라고 본다. 또 사기죄를 범한 자는 훈방하고 속죄하는 자는 공표를 면하게 한다는 규정은 훈방한다는 측면에서는 오늘날의 사기죄에 비하여 처벌정도가 가벼우나 공표 즉 일반에 공개를 하므로 그만큼 명예가 실추되어 사회생활을 하는 데 많은 제약이 따른다고 볼 때 처벌이 가벼운 것만도 아닌 것 같다. 그리고 백성들이 죄를 지은 자와 혼인하는 것을 수치스럽게 여겨서 혼인도 하지 않았던 것으로 보인다.

## 1. '한서(漢書) 지리지(地理志)'의 '팔조금법(八條禁法)'

" …… 은(殷)나라의 도(道)가 쇠해지자 기자(箕子)가 조선(朝鮮)으로 가서 그 백성들을 예의에 힘쓰고 농사짓고 누에 쳐서 길쌈 하도록 가르쳤다. 또 낙랑(樂浪)의 조선(朝鮮) 백성들에게 금하는 법 8조목을 만들었다. 그것은 대개,

- 사람을 죽인 자는 즉시 죽이고,
- 남에게 상처를 입힌 자는 곡식으로 받는다.
- 도둑질을 한 자는 그것이 남자일 경우에는 그 집 남자 종을 만들고 여자일 경우에는 역시 여자 종을 만든다. 자기가 용서받고자 하는 자는 한 사람 앞에 50만 냥을 내게 한다.

비록 용서를 받아 보통 백성이 될 때에도 풍속에 역시 그들은 부끄러움을 씻지는 못한다. 아내를 얻는 데는 원수를 가리지 않는다. 이렇게 해서 그 백성들은 종시 도둑질을 하지 않아서 대문을 닫고 자는 법이 없었다. 여자들은 모두 정조를 지키고 신용이 있어 음란하지 않고 편벽된 짓을 하지 않았다.

……

지금에 와서는 법으로 금하는 것이 더 많아져서 60여 조목이 되었으니 어질고 착한 것의 감화야말로 귀한 것이다. 그러나 동이(東夷)는 천성이 유순해서 …… 그런 때문에 공자(孔子)가 올바른 도가 행해지지

못한 것을 슬퍼하여 바다를 건너 구이(九夷)에 살고자 한 것이 까닭이 있다……."


## 2. '태백일사(太白逸史) 삼한관경본기(三韓管境本紀) 번한세가(番韓世家)' 상의 '팔조금법(八條禁法)'[81]

" …… 이때부터 백성들에게 예의·누에치기·베짜기·활쏘기·글 등을 가르쳤으며 백성들을 위하여 금팔법을 만들었으니,
- 남을 죽이면 같이 죽여서 다스리고,
- 남을 다치게 하면 곡식으로 배상케 하고,
- 남의 것을 도둑질 하면 남자는 신분을 무시해 버리고는 그 집의 노예가 되게 하고 여자는 계집종이 되게 하며,
- 소도를 훼손시키는 자는 가두어 두며,
- 예의를 잃은 자는 군에 복무하게 하고,
- 근면하게 노동하지 않는 자는 부역을 시키며,
- 음란한 행동을 하는 자는 태형으로 다스리고,
- 사기 치는 자는 훈계하여 방면하나 스스로 속죄하려 하면 공표하여 여러 사람들에게 알리는 것은 면하여 주지만, 백성들이 오히려 수치스럽게 여겨서 결혼도 할 수 없었던 듯하다.

---

81) '태백일사(太白逸史)'는 이맥〈李陌(1455~1528); 조선 연산군과 중종 때의 학자〉이 편찬한 책으로, '환단고기(桓檀古記)'의 중심을 이루고 있다. 원시 국가 시대로부터 고려 시대에 이르는 내용을 담고 있다. '환단고기'(桓檀古記; '한단고기'라고도 함)는 한국 상고사에 대한 책으로서 1911년에 계연수(桂延壽)가 편찬하였다. 삼성기(三聖記), 단군세기(檀君世記), 북부여기(北夫餘記), 태백일사(太白逸史)를 하나로 묶어 편찬하였다.

이로써 백성들은 끝내 도둑질 따위는 하지 않았으며 문을 닫거나 잠그는 일도 없었고 부녀자들은 정숙하여 음란하지 않았다. 밭이나 들·도읍지를 막론하고 음식을 바쳐 제사 올리니 어질고 겸양하는 풍속이 가득했다"

## II. 부여 · 옥저 · 동예 · 삼한

- 살인자는 사형에 처하고, 그 가족은 노비로 삼는다 -
- 절도자는 12배의 배상을 물린다 -
- 간음한 자는 사형에 처한다 -
- 부인이 질투하면 사형에 처하되, 그 시체는 산 위에 버리며,
그 시체를 가져가려면 소, 말을 바쳐야 한다 -
- 삼국지 위지 동이전 (三國志 魏志 東夷傳) -

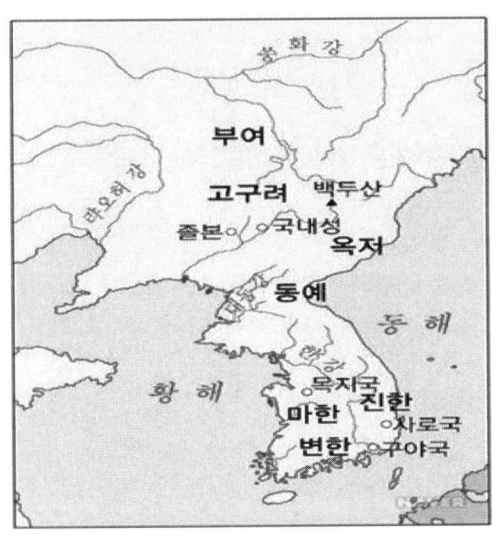

### 1. 부 여

부여(夫餘)는 기원전 2세기 경부터 494년(고구려 문자왕 3)까지 북만주지역에 존속했던 예맥족의 국가로서 '북부여'라고도 한다.[82] 왕 아래로는 마가

(馬加)·우가(牛加)·저가(豬加)·구가(狗加) 등의 관리가 있었다.83) 가(加)는 사출도(四出道)를 다스리는 족장인데 가축의 이름을 본떠 벼슬 이름을 만들었고 대사자·사자와 같은 관리도 있었다. 부여는 정치적으로는 5부족 연맹체로서 전국을 5개 지역으로 나누어 통치하였다. 즉 수도(首都)를 중심으로 동·서·남·북의 방위에 따라 지방을 4개 구역으로 나누었는데 이를 사출도(四出道)라고 하였다. 당시 부여사회는 공동체적 질서가 잔존해 있는 가운데 사회분화가 진전되어 가고 있었다. 당시에 취수혼(娶嫂婚; 형이 죽으면 동생이 형수를 취하는 제도)이 선호(選好)하는 결혼풍속으로 널리 행해지고 있었음은 당시 부여사회에서 친족집단의 공동체적 성격이 강하게 유지되고 있었음을 보여주는 일례이다.84) 이는 정치체제에서도 연맹체적 성격이 강하게 나타나는 가운데서 왕권이 점차 강화되어가는 추세와 서로 연관되는 것이다.

　서기 2세기 후반에서 3세기 전반의 부여의 사회는 제가층(諸加層; 제가(諸家)는 부여의 관직명인 마가(馬加)·우가(牛加)·저가(豬加)·구가(狗加) 등을 통틀어 이르는 말로서 이들은 부여의 행정 구역으로 알려진 사출도(四出道)를 다스렸음)·호민층(豪民層; 호민은 촌락에 거주하는 유력한 민(民)을 의미하는 말임)·스스로 무장할 수 있는 읍락민(邑落民)·빈한한 읍락민(邑落民)·노비(奴婢) 등 대략 다섯

---

82) 서기 346년에 선비족 모용씨가 세운 전연(前燕)의 공격을 받아 대타격을 입게 되었고 이 때 국왕 현(玄) 이하 5만여 명이 포로로 잡혀가게 된다. 그 뒤 쇠약해진 부여는 마침내 고구려에 복속된다. 북옥저 방면에 정착했던 부여인들은 본국과 분리되어 점차 자립하게 되었다. 이를 고구려인들이 동부여라고 했고, 길림 및 장춘·농안 방면의 부여를 북부여라고 불렀다(동부여는 410년 광개토왕에 의해 병합됨).
83) 옛 부여의 풍속에는 홍수와 가뭄이 들어서 오곡(五穀)이 영글지 않으면, 그 허물을 왕에게로 돌려서 "왕을 바꾸어야만 한다"고 하거나, "왕을 죽여야만 한다"고 하였다.
84) 해동역사 제28권 풍속지(風俗志) 잡속(雜俗); http://db.itkc.or.kr/index.jsp?bizName=MK. 당시 고구려에서도 취수혼이 성행하였는데 부여의 상황과 비슷한 면을 지녔다.

계층으로 이루어졌다고 볼 수 있다. 부여국의 국가구조에서 기본 단위를 이루었던 것이 읍락(邑落)인데, 각 읍락에는 우두머리(渠帥; 거수, 우두머리란 의미로 고대국가로 발전하기 이전 단계 집단의 수장이나 유력자를 뜻하는 말)인 호민(豪民)이 있었으며 그 밑에 일반민인 읍락민이 있었다. 읍락민 내에서도 자영농민층과 빈농층의 분화가 이루어 졌는데, 전쟁 때에는 스스로 무장해 참전했던 이들과 그렇지 못해 양식을 운반하는 노무부대로 참가하는 이들로 나뉘었다. 빈한한 읍락민 중 일부는 이후 가(加)나 호민(豪民)의 예속민으로 전락해 갔던 것으로 보인다. 읍락을 수개 내지 수십 개를 지배했던 것이 가(加)들인데,85) 가(加)들과 그 일족은 지배계급으로서 왕의 일정한 통제를 받았으나 각기 지배 하에 있는 읍락들을 자치적으로 통할했으며, 이들 읍락으로부터 징수한 공납으로 생활하였다.

일반민인 읍락민 아래에는 노비 층이 존재하였는데, 여기에는 전쟁포로 출신뿐 아니라, 형벌(刑罰)노예와 부채(負債)노예도 있었다.

부여는 목축업을 중시하는 반농반목의 형태를 취하였다. 추수가 끝난 뒤 섣달 그믐에는 영고(迎鼓)라는 축제를 거행하였는데 이는 추수에 대해 하늘에 감사하는 제사를 지내는 것이다. 섣달 그믐인 12월은 본격적인 사냥철이 시작되는 시기로서 이때에 축제를 행하는 것은 공동수렵을 행하던 전통을 계승한 것이다. 축제 때에는 노예나 외래민을 제외한 전 부여의 읍락민들이 참여했고 축제기간 중 밤낮으로 술 마시고 노래하며 춤을 추고 즐기면서 서로 간의 결속을 도모하였다. 이 때 죄수들에 대한 재판과 처벌을 단행하였는데, 일부 가벼운 죄를 범한 자들은 석방하였다. 부여에서 영고

---

85) 가(加)들과 호민(豪民)들은 상당수의 노예를 소유했던 것으로 보인다. 장례에 때로는 백 수십 명을 죽여 순장(殉葬)을 하기도 하였다. 순장된 노예는 전쟁포로 노예가 많았을 것이나 가내노예 역시 많았을 것으로 보인다.

때 여는 재판은 판결과 집행에 모든 인민이 직접 참여하는 민회(民會) 형식이었을 것으로 보인다.

삼국지(三國志) 위지(魏志) 동이전(東夷傳)에 따르면, 옥저·맥·부여 등에서도 고조선과 같이 준엄한 형벌이 응보(應報)를 바탕으로 이루어졌음을 알 수 있다. 이같은 내용은 촌락민이 서로 경계를 침범하면 중벌에 처했고, 살인자는 사형에 처했다는 기록으로 보아 당시에 엄한 형벌이 존재했음을 짐작하게 한다.

'삼국지(三國志) 위지(魏志) 동이전(東夷傳)'에는 부여의 4조목 법과 관련하여 다음과 같은 내용이 전해진다.

"- 살인자는 사형에 처하고, 그 가족은 노비로 삼는다.
- 절도자는 12배의 배상을 물린다(1책 12법).
- 간음한 자는 사형에 처한다.
- 부인이 질투하면 사형에 처하되, 그 시체는 산 위에 버리며, 그 시체를 가져가려면 소·말을 바쳐야 한다."

이를 통해 당시 부여에서의 범죄 유형을 살펴볼 수 있는데, 살인죄·절도죄·간음죄·투기(妬忌)죄 등이 많이 발생하였던 것으로 보인다. 부여는 응보주의(應報主義)를 기본으로 하였기에 사람을 죽인 경우에는 살인을 저지른 본인을 죽이는 것이 원칙이었고 그 집을 모두 적몰(籍沒; 중죄인의 재산을 몰수하고 가족까지도 처벌하던 일)하였다(가족은 노예로 삼음; 연좌형의 인정). 그리고 절도를 할 경우에는 12배로 배상하게 하였으며(1책 12법: 12배 배상),[86] 변상이 여의치 않으면 노예로 삼았다.[87] 남녀가 간음을 하거나 부인이 질

---

86) 절도의 경우 재산형을 과한 것은 고조선의 형률과는 공통되면서도 사유재산제도가 보다 발달하였음을 보여주는 예이다.
87) 노예에는 전쟁포로 출신뿐 아니라, 형벌노예와 부채노예도 있었다.

투를 하면 모두 죽였다. 특히, 부인의 질투에 대해서는 죽인 뒤 시체를 나라의 남산(南山) 위에다가 내버려 두어 썩도록 하였는데, 여인의 친정에서 딸의 시체를 거두어 가려면 남자 집으로 소와 말을 보내야 했다.[88]

    부여의 4조목 법은 지배 계급의 강력한 사회 질서 유지를 통한 국가통제에 그 목적이 있었으며, 보복적인 성격을 갖고 사유 재산을 중시 여겼다는 점에 그 특징이 있다. 즉 1책 12법(一責十二法) 제도는 당시 사회가 사유 재산을 엄격히 보호하였음을 보여주는 예이고, 간음이나 투기를 처벌한 것은 당시에 사회적으로 가부장적 권위가 존재하였음을 보여주는 예이다.

---

88) 부여에서는 혼인을 할 때에 남자 집에서 여자 집에 혼납금(婚納金)으로 소와 말을 보내는 관습이 있었는데, 이는 혼인 때의 혼납금(婚納金)을 다시 돌려주는 것이라 하겠다.

## 감옥의 유래

부여의 풍속으로 제천 행사인 '영고'가 열렸는데 이때 옥(獄)을 열고 죄인을 풀어 주었다는 내용에 비춰보면 우리나라의 감옥의 유래는 이때부터인 것으로 보여진다. 감옥이라 불린 것은 근대에 들어서이며 그 이전에는 옥(獄)이라 불렀다. 당시에는 원형의 옥을 축조하였다고 전해진다. 고구려 역시 제천행사를 나라 가운데 큰 모임(국중대회; 國中大會)으로 열었는데, 이때에 감옥에 갇힌 죄인들을 풀어주어 화합을 도모하였다는 기록이 보인다.[89] 감옥(監獄)은 죄인을 가두어 두는 곳으로 뇌옥(牢獄)이라고도 하는데 고대 이집트에도 이미 감옥이 있었다. 현대에는 징역형(懲役刑)과 금고형(禁錮刑)의 판결이 확정된 자, 즉 기결수(旣決囚)의 형(刑)의 집행장(執行場)으로서의 교도소(矯導所)를 말한다. 서양의 경우는 중세 시대에 성(城) 주위의 해자(垓字; 성곽이나 고분의 둘레를 감싼 도랑)에 가설한 도개교(跳開橋; 배가 통과 할 수 있도록 교체(橋體)의 한 끝 또는 양쪽 끝이 들리게 된 구조의 다리)를 건너서 성문 바로 안의 중정(中庭) 한가운데에 세운 감시탑(監視塔)의 지하에 감옥을 만드는 것이 일반적이었다.

역사상 유명한 감옥으로는 영국 런던의 런던탑과 프랑스 파리의 바스티유 감옥을 들 수 있다.

---

[89] 그러나 '삼국지(三國志) 위지(魏志) 고구려전(高句麗傳)'에 "감옥이 없었으니 죄인이 있으면 제가가 의논하여 죄인을 죽이고 처자를 몰수하여 노비로 삼았다"는 기록이 있는 것으로 보아 어느 정도까지의 고구려 시기까지는 감옥이 없었던 것으로 보인다. http://terms.naver.com/entry.nhn?docId=2060121&cid=47322&categoryId=47322;http://terms.naver.com/entry.nhn?docId=1061196&cid=40942&categoryId=31694(한국학중앙연구원, 한국민족문화대백과).

## 2. 옥저

옥저(沃沮)는 기원전 2세기 이전부터 서기 5세기에 함경남도 북부에서 두만강 유역 일대에 걸쳐 있었던 나라이다.[90] 옥저는 호수(戶數)는 5,000호 정도였고 왕의 칭호를 사용하는 지배자가 없었다. 즉 강력한 정치적 통합체를 형성하지 못하였고 각 읍락의 족장들이(이들 족장을 읍군이나 삼로라 불렀음) 자체적으로 읍락을 다스렸다. 사람들의 성품은 소박·정직하며 굳세고 용감하였다고 전해진다. 소와 말의 생산이 적어 싸울 때는 창을 가지고 보병전을 잘했으며, 언어·음식과 거처·의복·예절은 고구려와 흡사했다.

옥저는 고대국가의 단계로 성장하지 못하고 주변 강대국들에게 예속되었는데, 위만조선이 성했을 때는 위만조선의 예속을 받았으며, 한군현이 설치된 이후에는 현도군의 일부로 편입되기도 했다. 현도군이 고구려군의 공격으로 요동으로 옮겨가자 옥저는 다시 낙랑군 소속이 되었다가 고구려 세력이 개마고원을 넘어 팽창하게 되면서 고구려의 예속 하에 놓이게 된다. 고구려는 옥저에 대해 족장을 사자(使者)로 삼아 공납을 징수하는 등 간접적인 통치방식을 썼다. 옥저에는 민며느리제라는[91] 독특한 풍속이 있었으며 장례풍속도 사람이 죽으면 가매장을 했다가 뼈만 추려 다시 가족공동묘에 묻는 골장제(骨葬制)가 유행하였다.

---

90) 옥저는 동옥저와 북옥저로 나뉘는데, 함흥 일대를 중심으로 한 집단을 동옥저, 두만강 유역의 집단을 북옥저라 한다. 옥저는 서기 56년경 고구려에 복속되었다.
91) 여자가 남자 집에 미리 가서 살다가 결혼하는 제도로서 예부제(豫婦制)라고도 하였다.

## 3. 동 예

동예〈東濊; 예(濊)라고도 함〉는 지금의 원산·안변 일대에서부터 경상북도 영덕에 이르는 동해안 지역과 강원도 북부지방에 거주했던 고대 종족이다. 동예는 남으로 진한, 북으로 고구려·옥저와 접해 있으며, 동으로는 큰 바다와 연해 있었다. 호수(戶數)는 2만 정도였다. 건국시기에 대한 기록은 없으나 처음 위만조선(衛滿朝鮮)에 복속되어 있었고, 기원전 108년 위만조선이 멸망하고, 한나라가 원산·안변 일대를 중심으로 임둔군(臨屯郡)을 설치하자 동예의 북부지역이 그 지배하에 들어가게 되었다.

동예의 정치제도는 왕은 없었고 여러 마을의 지도자들인 후(侯)·읍군(邑君)·삼로(三老) 등이 자기 부락을 통치되었다. 동예인들은 스스로를 고구려와 같은 족속이라고 생각하였던 것으로 보이는데 실제로 의복만 약간 달랐을 뿐 풍속과 언어는 고구려와 같았다. '삼국지 위지 동이전'에서 전하는 2세기 후반에서 3세기 전반에 걸친 시기의 동예의 사회상을 보면, "예의 사람들은 성품이 조심스럽고 진실하며 욕심이 적고 염치가 있었으며 주옥(珠玉)을 보배로 여기지 않았고 호랑이를 섬겨 신으로 여겼다"고 전해진다.[92]

또한 같은 성(姓)끼리는 결혼하지 않았으며, 꺼리는 것이 많아 가족 중 한 사람이 질병으로 사망하면 곧 살던 집을 버리고 새 집으로 옮겨갔다.[93] 여기서 말하는 성(姓)이란 곧 씨족을 뜻하는 것으로, 족외혼(族外

---

92) http://terms.naver.com/entry.nhn?docId=544469&cid=46620&categoryId=46620(한국학중앙연구원, 한국민족문화대백과).
93) 병으로 사람이 죽었을 때 곧 살던 집을 버린다는 것은 터부(taboo)에 따른 것이지만, 아울러 당시 동예인들의 집이 매우 소박한 것이었으며, 부(富)의 축적도 별로 많지 않았음을 말해준다.

婚: exogamy)의 풍속을 말한다. 10월에는 하늘에 제사 지내고 밤낮으로 마시고 춤추고 노래 부르며 즐겼는데, 이 축제를 '무천(舞天)'이라 하였다. 족외혼의 풍속에 따른 혈족 간의 유대와 호랑이를 신으로 섬기는 등의 신앙 및 무천(舞天)과 같은 공동의 축제와 의식(儀式)은 공동체적 유대를 강하게 지탱해 주었던 것으로 보인다. 당시 동예의 읍락에는 노예도 있었으나, 전체적으로 보아 사회 분화가 크게 진전되지는 않았던 것으로 여겨진다.

　당시의 주된 범죄로는 살인죄와 경계침범죄를 들 수 있으며, 당시에는 도적은 별로 없었던 것으로 보인다. 이에 대한 형벌로서 살인자는 죽였고 경계침범자의 경우는 배상형에 처해졌다. 산과 하천을 경계로 하여 구역이 나뉘어 있어 함부로 다른 읍락의 구역에 들어갈 수 없었는데, 만약 다른 읍락민이 구역 내로 침범하면 이에 대해 생구(生口: 노예)나 소·말 등으로 배상토록 하였다. 이는 읍락(邑落) 전체적 측면에서의 연대 책임의 성격으로 노예와 우마(牛馬)를 보내는 것은 씨족 공동체 상호 간의 복수관습(復讐慣習)에서 유래하는 것으로 볼 수 있다. 이처럼 공동체지역의 경계를 침범한 측에게 과하던 벌칙을 책화(責禍)라 하였는데 이러한 공유지의 존재와 경작지에 대한 읍락의 관할권은 읍락 전체의 공동체적 결속의 물질적인 토대가 되었다. 책화(責禍)와 같은 법속(法俗)은 비단 동예사회에서만 시행된 것은 아니고 씨족을 단위로 생활권을 정하는 단계의 사회에서는 이같은 사회풍속이 매우 흔하였다. 그 이유는 농경·사냥 등의 제 활동 범위를 서로 제한함으로써 이웃 씨족 집단과의 갈등을 줄이려 했기 때문으로 보여진다.

## 4. 삼 한

상고시대(上古時代; 기원전 100년경부터 서기 300년경까지의 약 400년간의 기간)에 한반도 남부에 자리잡고 있던 3부족사회(三部族社會)인 마한(馬韓)·진한(辰韓)·변한(弁韓)을 말한다(원삼국 시대라고도 함).94) 본래 이 지역에는 목지국(目支國)의 군장〈君長: 보통 진왕(辰王)이라고 하며 마한 시대에는 신지(臣智)라 함〉의 세력 하에 진국(辰國)이라는 부락연맹체(部落聯盟體)가 자리잡고 있었다. 또한 이곳은 고조선의 마지막 임금 준왕(準王)이 위만(衛滿)에게 나라를 빼앗겨 남으로 망명하여 정주한 곳이기도 하다.

삼한(三韓)의 부족사회는 북쪽에 비해 발전이 더뎌 오랫동안 신석기시대에 머물러 있었다. 정치적으로는 왕은 없었고, 신지(臣智)·읍차(邑借)라 불리는 군장(君長)과 천군〈天君·제사장; 천군이 소도(蘇塗)를 관할함〉이 있었던 것으로 보아 제정(祭政)이 분리된 사회였음을 알 수 있다. 삼한에는 소도〈蘇塗 ; 삼한시대(三韓時代)에 천신(天神)을 제사지낸 지역의 명칭〉라고 불리는 특별구역이 있었는데 이곳에는 큰 나무를 세우고 악기의 구실을 하는 방울과 북을 달아 강신에 대한 안내 또는 신의 영역의 표지로 삼았다. 소도(蘇塗)는 신성지역으로 법률의 힘이 미치지 못하여 죄인이 그 안으로 도망가더라도 그를 붙잡아 가지 못하였다. 때문에 도둑이 성행했다고 한다. 특히 소도에는 부도라 하여 인간의 소행에 대한 선악을 구별하는 일종의 행위규범

---

94) 후한(後漢) 말 대방군(帶方郡)이 새로 설치될 무렵에 진한(辰韓)과 아울러 마한(馬韓)·변한(弁韓)이라는 명칭이 나타나게 되었다고 한다. '위지(魏志)' 및 '후한서(後漢書)' 등에 따르면 진한은 동쪽에 있었고 마한은 서쪽에 있다고 그 위치를 적고 있다. 따라서 마한은 경기·충청남북도·전라남북도, 진한은 지금의 경상남북도, 변한은 낙동강 유역에서 전라남도의 동부에 이르는 지방으로 추측된다.
　마한(馬韓)은 서기 8년에 온조왕이 다스리는 백제에 의해 병합되었고, 9년에 멸망하였다고 하며(삼국사기 기록에 따름). 진한(辰韓)은 신라에 의해 통합되고, 변한(弁韓)은 후에 가야국이 된다.

이 설정되어 있던 것으로 알려지고 있다. 이러한 천신 또는 조상제사의 사상은 당시 사회생활의 지도원리가 되어 공동생활의 질서유지에 크게 기여하였다.

진한·변한에서는 길 가던 사람들이 서로 길을 사양하였다 하니 풍속의 순후함을 알 수 있으며, 혼인 등 예절에는 남녀의 구별이 있었고 법과 형벌은 일반적으로 엄하였다고 전해진다.

당시 삼한에서도 부여나 동예와 마찬가지의 계절제가 10월에 거행되었다. 부여의 영고(迎鼓)·고구려의 동맹(東盟)·동예의 무천(舞天)·삼한의 계절제(季節祭) 등의 제천의례(祭天儀禮)는 부여·고구려·동예 등의 중국으로부터의 독립성과 관련하여 중요한 의미를 갖는다. 즉 당시에 제천의례는 황제나 이에 견줄 수 있는 왕이 하늘에 제사지낼 수 있는 것이어서 제후가 주관할 수 있는 것이 아니었다. 따라서 이들 나라들은 중국의 제후국이 아니라 독자적인 정치체제를 가진 국가였음을 미루어 짐작케 하는 대목이라 하겠다.

## 읍 루(挹婁)

오늘의 목단강 유역과 두만강·러시아 연해주 지방에 살던 고대종족으로 기원전 2세기부터 부여에 예속되었다. 물길 또는 말갈족이 이들의 후예일 것으로 추측된다. 중국의 기록에 의하면 그들의 언어는 부여와 달랐고, 주민들은 움집에서 생활했다. 돼지를 길러 고기를 먹었으며, 겨울에는 돼지기름을 몸에 두껍게 발라 추위를 막았고, 돼지를 순장하는 풍습이 있었다. 여름에는 옷을 입지 않고 척포(尺布)로 몸을 가렸다는 등 생활 상태는 아주 원시적이었다고 한다. 남녀의 기강은 문란했으며, 남자가 혼인을 청할 때는 여자의 머리에 꽃을 꽂아주었고 여자는 그 남자가 마음에 들면 꽃을 가져가서 예를 치르고 혼인했다.

법은 엄격하여 도둑이 없었다고 하는데, 읍루족은 절도자의 경우 절취물의 다과(多寡)를 불문하고 모두 죽였다고 한다.

## 제4. 비슷한 시기의 동·서양의 법

### I. 그리스 신화와 고대 그리스의 사법제도

'정의(正義)의 여신(女神)'

'테미스(Themis)'·'디 케(Dike)'·'아스트라이아(Astraea)'

**1. 정의의 여신; 테미스(Themis)·디케(Dike)·아스트라이아(Astraea)**

〈정의의 여신상(디케)〉

고대 그리스 신화에는 '질서'·'율법'이라는 단어가 등장하며 이를 관장하던 신들도 등장한다. 그 대표적인 신(神)이 제우스 신이다. 제우스는 정의(正義)와 법(法)의 신으로서 인간사회의 질서 유지자로서 묘사된다. 아울러 여러 명의 정의(正義)의 여신(女神)이 등장하는데 그 중에서도 테미스(Themis)·디케(Dike)·아스트라이아(Astraea)가 우리에게 잘 알려져 있다. 먼저, **테미스**(Themis)는 그리스어로 '질서(秩序)'·'율법(律法)'을 뜻한다. 때문에 '율법의 여신'이라고도 불린다. 하늘의 신 우라노스와 땅의 여신 가이아 사이에서 태어난 12명의 티탄(Titan)95) 가운데 하나이다. 제우스의 두 번째 아내가 되어 계절의 여신 호라이와 운명의 여신들인 '모이라', 정의의 여신 '아스트라이아' 등을 낳았으며, 프로메테우스가 그의 아들이라는 설도 있다. 올림포스 산에서 신들의 회의를 소집하고 연회를 주관하였다고 한다.

**디케**(Dike)는 질서와 계율의 상징인 테미스(Themis)의 딸로서,96) 오늘날의 정의의 개념에 가장 가까운 여신이다. 그리스어로 '정의(正義)' 또는 '정도(正道)'를 뜻한다. 디케는 정의의 여신으로서 고대 그리스에서 모든 사람들에게 숭배되었으며, 아스트라이아와 동일시되기도 한다. 디케(Dike)는 저울을 들고 있는 모습으로 상상되었는데, 이는 고대 그리스 시인 바킬리데스(Bacchylides)의 시에 표현된 이미지이다. 세상이 처음 창조되었을 때

---

95) 티탄(Titan)은 그리스 신화에서 올림포스 신족이 등장하기 이전에 세계를 지배하던 거인족의 신을 말하며 티탄은 그 영어음이다. 통례적으로 오케아노스, 코이오스, 크리오스, 히페리온, 이아페토스, 크로노스의 6주의 남신과 테이아, 레아, 테미스, 므네모시네, 포이베, 테티스의 6주의 여신을 말하며, 모두 우라노스(〈하늘〉)와 가이아(〈땅〉)의 자식들이다. 이들 이름의 일부는 그리스어로는 설명되지 않는 점에서 선주민족에서 계승된 것이라고 생각되며, 또한 일부는 추상명사의 의인화이다. 신화에서는 상기 12신의 막내인 크로노스가 아버지 우라노스의 양물을 잘라서 천지의 지배권을 빼앗았는데, 그를 우두머리로 하는 티탄신족은 결국 크로노스의 막내 제우스를 맹주로 하는 올림포스신과의 10년간에 걸친 싸움(티타노마키아 ; Titanomachia)에서 패하고 땅 속 먼 타르타로스에 유폐되었다고 한다. 또한 히페리온과 테이아의 자식인 태양신 헬리오스, 이아페토스의 자식 아트라스, 프로메테우스 등도 가끔 티탄이라는 이름으로 불린다.
96) 신들의 계보를 체계적으로 서술한 헤시오도스의 '신통기'에 따르면, 제우스와 율법의 여신 테미스 사이에서 태어난 딸이며 '질서'를 뜻하는 에우노미아와 '평화'를 뜻하는 에이레네의 자매이다. 이 세 자매를 계절의 여신 호라이라고 하며, 계절과 자연의 질서를 상징한다. 한편 디케는 새벽의 여신 에오스와 아스트라이오스의 딸이라고도 한다.

를 황금시대라고 하는데, 이때에는 신과 인간이 지상에서 함께 살았다. 디케 역시 황금시대에서 은(銀)의 시대를 거쳐 청동시대에 이르기까지 인간 세상에서 함께 살았으나, 인간들의 타락이 극에 달하자 하늘로 올라가 처녀자리가 되었다고 한다.

**아스트라이아**(Astraea)는 '별처녀'라는 뜻으로 제우스와 테미스 사이에서 태어났다. 호라이의[97] 하나로서 '정의' 또는 '바른 길'을 뜻하는 디케와 동일시되기도 한다. 디케와 마찬가지로 후에 하늘로 올라가 처녀자리가 되었다고도 하고 한 손에 선과 악을 가리는 저울을 들고 있는 천칭자리가 되었다고도 한다.

## 2. 그리스의 사법제도; 아고라(Agora) · 민 회(Ekklesia)

고대 그리스 역사에서 많이 등장하는 단어가 아고라(Agora)와 민회(Ekklesia)이다. 아고라(Agora)는 '모이다(아게이로)'라는 그리스 동사에서 나온 말로 민회가 열리는 장소인 '시장'을 의미한다. 아테네 시민들의 총회인 민회(Ekklesia), 즉 에클레시아는 'ek(밖으로)'와 'caleo(부르다)'의 합성어로 '어떤 문제를 결정하기 위해 부름 받은 자들의 모임'이라는 뜻이다. 민회에서는 재판을 포함한 국가의 주요 정책들에 대해 결정을 하였다. 당시에는 민회에서 선출한 6,000명의 심판인 중, 사건 때마다 201~701명의 심판인(審判人)이 재판을 하였다. 정무관(政務官)은 진행자에 지나지 않았으며 판결은 구두변론 · 증거조사 등을 거친 후 심판인이 투표로 결정하였다.

그리스어로 현재의 대법원을 '아레이오스 파고스(Areios Pagos)'라 부르

---

[97] 호라이는 계절의 여신으로 제우스와 테미스의 딸들을 말한다. 빛(光)과 비(雨)를 내리기 위하여 천문(天門)을 개폐하고 기후를 감시하며, 풍요 · 평화 · 정의를 관장한다.

는데 이는 '아레스의 언덕'이란 뜻이다. '아레이오스 파고스(Areios Pagos)'는 고대 그리스의 가장 오래된 법정이고 아테네 시민 12명이 인권과 정의를 세우기 위해 첫 배심원 재판을 열었다고 알려지는 곳이다. 그리스인들에게 있어 배심원 제도에 의한 재판은 신성한 것이었는데, 이는 올림포스 신들이 솔선수범해서 보여준 제도였기 때문이다. 그리스 신화에는 '아레이오스 파고스' 언덕에서 올림푸스 열 두 신이 모여 바다의 신 포세이돈(Poseidon)의 아들 할리로티오스(Halirrothios)의 피살 사건에 대해 첫 판결을 내린 사건이 등장한다. 포세이돈은 죽은 자기 아들의 살인범으로 전쟁의 신 아레스(Ares)를 고발하게 되는데, 이 사건을 올림푸스의 열 두 신이 아레이오스 파고스에 모여 재판을 하게 된 것이었다.[98]

그리스인들은 오래 전부터 이 배심원 제도를 이용해 재판을 하였고, 배심원 수가 많을수록 개인의 편견이 적게 들어가 공정하다는 믿음을 가지고 있었다. 그리스의 재판권은 원로 귀족들의 모임인 '아레이오파고스회(Council of Areiopagos)'에서 행사하다가 이후 민중의 법정인 헬리아이아(Heliaia)로 넘어가게 된다(기원전 462년).[99] 솔론이 창설한 법원이란 아테네의 민회를 말하며, 그 민회가 재판 목적으로 열릴 경우 그것을 헬리아이아(Heliaia)라고 하였다. 최고 법원인 헬리아이아(Heliaea)에서는 살인과 반역죄

---

[98] 사건의 개요는 전쟁의 신으로 알려져 있는 아레스(Ares)가 자신의 딸 알키페(Alkippe)를 겁탈하려는 것을 보고 가해자를 그 자리에서 죽여버리고 자신의 딸을 구하게 되는데, 그 강간범은 다름아닌 바다의 신 포세이돈(Poseidon)의 아들 할리로티오스(Halirrothios)였다. 거의 제우스에 버금가는 권력을 가진 2인자인 포세이돈은 자기 아들을 죽였다는 이유로 아레스를 살인죄로 고발한다. 올림푸스 열 두 신들은 이 언덕에 모여 역사상 처음으로 재판을 하게 되는데, 신들은 오랜 고민을 거듭한 끝에 아레스의 행위가 정당함을 인정하고 아레스에게 무죄 판결을 내리게 된다.
[99] 그러나 신성 모독에 관련된 재판과 살인사건은 계속 아레이오스 파고스가 맡았는데, 이는 살인을 단순히 인간 사이의 문제가 아니라 신의 영역을 침범한 것으로 보았기 때문이다.

를 제외한 모든 범죄에 대해 공개로 재판을 진행하였다.100) 헬리아이아(Heliaia)는 시민이 아무런 구별 없이 모두 재판관으로 행동하는 것이 허용된 최초의 민중법원이었고 법원의 이용은 무료였다.

### "민주주의(民主主義)는 배심(陪審)에 의해 실현된다"

그리스의 정치이론에서는 사법(司法)에 적극적으로 참여하는 사람이 아니면 진정한 시민으로 보지 않았는데,101) 이는 민주주의(民主主義)는 배심(陪審)에 의해 실현된다고 보았기 때문이었다. 그렇기에 배심제도가 정착될 수 있었다. 재판관·검찰·변호사가 따로 없었고 시민이면 누구나 그 모든 역할을 담당할 수 있었다. 배심원은 시민 가운데 제비뽑기로 매년 6,000명을 선출하였고, 10개의 법원에 각각 500명씩 배치되었다. 나머지 1,000명은 예비인 셈이다. 배심원의 자격은 30세 이상의 시민이면 되었고 임기는 원래는 1년이었으나, 기원전 4세기에 이르러서는 시민이라면 누구나 희망하기만 하면 종신 배심원이 될 수 있었다.

그럼 구체적으로 당시 그리스에서 행하여졌던 재판 과정을 재연해 보기로 하자. 재판은 피고나 피고인의 증인을 구두로 소환하는 것으로 시작되었다. 누구나 고소를 하는 것이 가능했고, 원고나 고발자는 공익(公益)에 관한 소송일 경우에는 그 고발 이유, 사익(私益)에 관한 소송일 경우에는 그 청구원인을 법적 기초와 함께 서면으로 작성해 5일 이내에 담당 아르콘

---

100) 공개재판의 형태 중 가장 완성된 형태라 하겠다.
101) 아리스토텔레스는 국가에 있어서의 공공 문제의 결정에 참여하고 법률의 적용을 감시할 수 있는 사람, 즉 민회에서의 입법 정책의 결정과 재판의 임무에 종사할 수 있는 사람만이 진정한 시민이라고 보았다.

(archon; 집정관)에게 보내야 했다. 소환된 피고 또는 피고인은 자유롭게 자신의 주장을 펼 수 있었다.

이후에는 법적 쟁점을 담당 아르콘 앞에서 명확하게 밝히는 구두변론이 공판 전의 예심절차로 행해졌다. 여기서 공판 준비로서 아르콘이 소송당사자를 심문하고 증명 방법을 선택하는 것을 도왔다. 예비심문 절차가 종료되면 아르콘이 구두변론과 공판의 기일을 지정해 10개의 배심법원 가운데 하나의 법원에 그 사건을 회부하였다.

구두변론과 공판을 하는 날에 소송당사자는 증인과 지지자를 데리고 법정에 출두하였다. 법정의 정리가 공개절차의 개시를 선언하면, 법원의 서기가 당사자의 소장〈또는 반소장(反訴狀)〉을 낭독하고, 그 후 양 당사자는 높은 대(臺) 위에 서서 자기의 주장을 펼 수 있었다. 이때 시간제한이 있었으나, 공법상 소송인 경우에는 사법상 소송의 경우보다 변론시간이 좀 더 주어졌다.

당사자의 변론이 끝나면 배심원이 사실문제·법률문제·형평문제에 관해 투표로 평결을 하는데, 평결은 배심원의 과반수로 결정되었다. 동수로 표가 나뉠 경우에는 피고의 승소 또는 무죄로 결정되었다. 배상액이나 양형이 법률상 정해지지 않은 사건이면 양 당사자가 주장하는 배상액이나 양형 중 하나를 배심원이 투표로 선택했다. 배심원은 추첨으로 선발됐기 때문에 소송당한 사람은 사전에 배심원의 구성을 전혀 알 수 없었으며, 배심원 또한 자신이 맡은 사건을 미리 알 수 없었다. 그리고 투표의 비밀이 보장됐기 때문에 권력자가 배심원을 협박하거나 수뢰하는 것이 사실상 불가능했다. 또 사적인 분쟁은 반드시 중재를 거쳐 재판에 회부됐던 점도 민중재판의 발달된 모습 가운데 하나로 평가된다.

그러나 민중재판의 문제점 또한 다음과 같이 지적되었는데, 즉 i) 대규모의 배심원단은 개인의 책임감을 떨어뜨릴 수 있다는 점, ii) 배심원은 사건에 대한 주관적인 1회적 결론만을 내렸기 때문에 객관적이고 지속적인 법적 추론의 축적을 저해하였다는 점, iii) 데마고그〈demagogue; 자극적인 변설(辯舌)과 글을 바탕으로 감정적·정서적으로 대중을 기만하여 정치적으로 동원하는 웅변술이 좋은 선동가〉의 선동에 의해 정치적인 도구로 악용될 수 있다는 점, iv) 법정변론에 의해 정치적 편견이나 감정의 호소에 치우치게 된 점, v) 사법작용이 여러 국가활동에 부정적으로 영향을 미친다는 점, vi) 소송비용이 무료인 데 따른 소송의 남발 등이 문제점으로 지적되기도 하였다.

또한 고대 아테네에는 '디카스테리아(Dikasteria)' 또는 디카스테리온〈dikasterion; (영)dicastery 디카스테리아의 복수형〉이라 불리는 사법기구가 있었다. 이는 클레이스테네스(Kleisthenes; 기원전 570 ?~508 ?)가 민주개혁을 단행했을 때(기원전 508~507) 헬리아이아의 부속 기구로 생겨난 시민법정이었다. 각 부족마다 500명 이상이 디카스타이〈dikastai; (영) dicast 심판인 또는 배심원〉102)로 뽑혀 재판을 처리했는데, 소송당사자들은 보통 스스로를 변호할 수 있었고 변호인들이 피고를 대신해 변론할 수도 있었다. 재판장은 단지 소송절차 업무만 관장했고 디카스타이들이 사실심(事實審)과 법률심(法律審)을 다 맡아서 토의 없이 표결에 붙여 결정하였다. 즉 구두변론과 증거조사를 거친 후 디카스타이들이 투표로 결정하였으며 재판장인 정무관(政務官)은 진행자에 불과했다. 다수평결제도를 채택했으며, 투표 결과가 동수일 때는 무죄로 결정하였다. 일단 판결이 내려지면 그에 대한 상소나 수정은 허용되지 않았다.103)

---

102) 디카스타이(dikastai)란 재판관 자격이 있는 자(심판인 또는 배심원)를 뜻하는 것으로 그리스 아테네에서 30세 이상의 남자로서 제비뽑기로 재판관으로 선출될 자격이 있는 6,000명 시민 중의 한 사람을 말한다. 당시 아테네에서는 민회에서 선출한 6,000명의 심판인 가운데 사건 때마다 201~701명의 배심원이 재판을 담당하였다.

## 3. 그리스의 법사상

고대의 법사상 중에서 역사적으로 보존·전승되어 현대의 법사상[104])에까지 영향을 미치고 있는 것은 그리스·로마법사상인데, 법사상이 처음으로 주목할 만한 이론적 형태를 취한 것은 그리스 아테네로부터의 법사상이었다. 그리스도 처음에는 왕정(王政)에서 출발하였으나 아테네에서는 비교적 짧은 기간에 귀족정치·참주정치(僭主政治)[105])·민주정치로의 정체(政體)의 변천을 겪었다. 기원전 6세기에 귀족과 평민과의 대립을 계기로 솔론의 입법이 이루어졌고, 기원전 5세기에 들어서는 소피스트(Sophist)들에[106]) 의해서 법의 유래와 권위에 대한 비판적 입장에서 매우 근본적인 법철학적 논의가 진행되고 있었다. 소피스트들 가운데에는 법이 정의를 구현한다고 생각하는 전통적 사상에 대해 비판적 입장을 취하기도 했는데, 즉 법이란 강자가 약자를 지배하기 위해 만들어진 것이라든지, 법은 약자가 강자의 억압에 대항하기 위해 정한 것이라고 주장하기도 하였다. 아울러 소피스트들은 현실의 법은 제정자의 이해에서 나온 것이므로 자기 이익에 위배되는 경우에는 법을 침해해도 좋다고 주장하여 법의 구속력을 부정하였다.[107]) 이러한 그들의 논의는 대체로 파괴적인 면에 치우치고 있었으

---

103) http://preview.britannica.co.kr/bol/topic.asp?mtt_id=21374.
104) 현대의 법사상은 근본적으로는 서양 법사상이며, 그 원류는 그리스·로마에서 비롯한 것이다.
105) 참주정치(僭主政治)란 하층 민중의 불만을 이용하여 그들의 지지를 얻어 무력으로 정권을 장악한 후 독재 정치를 펴는 것을 말한다. 참주정(僭主政) 시기는 전기와 후기로 나눌 수 있는데 시기에 따라서는 폭정(暴政)만이 판쳤던 것은 아니었고 선정(善政)이 행하여지기도 하였다.
106) 소피스트란 그리스어로 지혜로운 자 또는 지혜를 만들어내는 사람이라는 뜻으로, 기원전 5~4세기의 그리스의 철학자들을 말한다.
107) 그러나 그들은 한편으로 '자연'에 입각한 보편타당한 정의(正義) 내지는 법의 존부(存否)에 대한 문제를 제기하고 몇몇 사람들은 인간의 자연적 평등을 바탕으로

나, 법·윤리·정치의 여러 문제를 처음으로 비판적 고찰의 대상으로 삼았다는 점에서 나름의 중요한 의미를 갖는다.

소크라테스(기원전 470~기원전 399)는 이러한 소피스트들의 피상적인 비판적 주장에 대해, 올바른 개인적 자각의 입장에서 공공생활을 위해 노력하는 것이 도덕의 근본이라고 주장하며 비판하였다. 이후 소크라테스의 사상은 플라톤(기원전 428~기원전 348)·아리스토텔레스(기원전 384~기원전 322)에 의해 계승·발전되어 이 후 서양 법사상의 초석이 되었다. 아리스토텔레스의 정의론은 오늘날에도 보편적으로 인용되고 있는데, 아리스토텔레스는 정의를 일반적 정의·평균적 정의 그리고 배분적 정의로 나누어 설명하고 있다. 일반적 정의란 사회에 있어서 개인권리의 상호적 존중을 규정하고, 개인이 단체의 일원으로서 공동생활의 일반원칙에 대하여 의무를 다하는 것을 말한다.108) 평균적 정의란 이해 득실을 평균화하고 조정하는 가치로서 인정된 것이다.109) 배분적 정의란 개인적 능력 및 공적에 상응하는 명예나 재화 기타 이익을 배분하는 데 있어서 비례적 평등을 추구하는 기하학적(비례적) 정의를 말한다.110)

이렇게 발전된 그리스 법사상은 이후 로마의 철학과 법학 그리고 그리스도 교회의 사회사상에도 지대한 영향을 미치게 된다.111) 기원전 4세기에

---

하여 노예제의 부인(否認)까지도 포함하는 혁명적인 평등자연법을 주창하였다.
108) 일반적 정의는 모든 사람에게 요구되는 필요한 모든 조치, 즉 덕을 시행할 의무의 내용이 법에 의하여 규정되기 때문에 법적 의무라고도 한다.
109) 서로 공정한 균형을 유지하기 위하여 절대적 평균을 그 내용으로 하고 있다.
110) 즉 '같은 것은 같게, 다른 것은 다르게' 취급하는 것을 말하며, 공법관계에서의 평등을 말한다.
111) 그러나 그리스 사상의 전통적·지배적인 입장은 노예제를 자연의 사리에 맞는 것으로 보았고, 또한 자유인에 대해서도 이를 단지 국가의 공민(公民), 공적 질서의 한 부분으로 파악하고 있었을 뿐 개인 인격의 원리는 확립되어 있지 않았다〈사법(私法)·사권(私權)의 미발달〉. 또한 사회윤리의 전체계(全體系)로써 법으로 삼는 법·도덕의 미분상태(未分狀態)에 머물고 있었다.

그리스 여러 나라가 알랙산더 대왕(Alexander the Great)에 의해 정복되고 다시 로마의 속주(屬州)가 되기까지의 약 2세기에 걸친 헬레니즘 시대가112) 전개되는데 이 기간 동안 그리스 사상은 근본적인 변질을 가져오게 된다. 법사상사(法思想史)에서 볼 때 특히 주목할 일은 스토아학파(Stoa學派)에113) 의해서 만인 평등의 세계주의 내지 사해동포(cosmopolitan; 세계의 모든 인류가 같은 형제라는 의미)적인 휴머니티의 원리에 입각한 자연법론(自然法論)이114) 주창된 것이다.

---

112) 역사가들은 일반적으로 그리스의 제 도시의 동맹군이 케로니아 전쟁(기원전 338년)에서 마케도니아군에게 패배하고 로마의 속령이 되기까지의 2세기쯤의 시대를 특히 헬레니즘(Hellenismus)의 시대라고 칭해 그 이전의 헬레넨툼(Hellenentum)의 시대와 구별하고 있다; http://terms.naver.com/entry.nhn?docId=1397414 &cid=41978&categoryId=41980.
113) 스토아학파(Stoicism)는 기원전 3세기에서 시작되어 기원후 2세기까지 이어진 그리스 로마 철학의 한 학파이다. 창시자는 스토아학파의 제논으로 불리는 키티온의 제논(Zeno of Citium)이다. 유물론과 범신론적 관점에서 금욕과 평정을 행하는 현자를 최고의 선으로 보았다. 파네티우스(Panaetius of Rhodes), 포시도니우스(Posidonius of Apameia), 세네카(Lucius Annaeus Seneca), 마르쿠스 아우렐리우스(Marcus Aurelius) 등이 대표적 학자이다.
114) 자연법론(自然法論 theory of natural law, Naturrechtslehre)은 자연법(自然法)이 실정법(實定法)의 기반이 되어야 한다는 법이론을 말한다. 자연법(自然法)이란 자연(自然) 내지 이성(異性)을 전제로 하여 존재하는 법을 말하며, 이는 고대 그리스 시대부터 연구의 대상이 되었으며, 특히 플라톤과 아리스토텔레스에 의하여 이론화되었다. 그 후 스토아학파를 거쳐 중세 스콜라 학파, 특히 토마스 아퀴나스(T. Aquinas)에 이르러 가톨릭 신학과 종교철학을 기반으로 하여 이론적 체계가 완성되는데, 이때의 것을 전통적 자연법론이라고 한다.

## II. 고대 로마의 사법제도 및 법률

"사회가 있는 곳에 법이 있다"

Ubi societas ibi ius

"합의는 준수되어야 한다"

Pacta sunt servanda

"내 서명이 아니다"

Non est factum

"법이란 선과 정의의 기술이다"

Jus est ars boni et aequi

"법은 엄하지만 그래도 법이다"

Dura lex, sed lex

### 1. 로마법의 기원과 발전

로마 신화에도 정의(正義)와 덕(德)을 다스리고 서약(誓約)과 법률(法律)을 지키는 신(神)이 등장하는데, 그가 바로 그리스 신화에서의 제우스에 해당하는 유피테르(Jupiter; 영어식 발음으로는 쥬피터)이다.[115] 또한 정의와 법

---

[115] 로마의 신들은 다음과 같이 그리스의 신들과 대응되는데, 유노(유피테르의 아내)는 헤라, 넵투누스(바다의신)는 포세이돈, 미네르바(지혜와 기술을 주관하는 신)는 아테나, 마르스(이탈리아 기원의 신으로 농업과 전쟁의 신)는 아레스, 베누스(일명 비너스, 사랑과 미의 여신)는 아프로디테, 디아나(사냥의 여신, 야생동물과 숲, 달을 관장하는 여신)는 아르테미스, 불카누스(불의 신; 유피테르와 유노 사이에서 태어난 신)는 헤파이스토스, 베스타(화로의 신, 로마 국가 수호신)는 헤스티아, 메르쿠리우스(상업의 신 또는 교역의 신)는 헤르메스, 케레스(곡물의 여신)는 데메테르 등에 대응하는 신이라 할 수 있다. 그리스에 대응하는 신을 갖지 않은 유일한 신은 앞뒤로 향한 두 개의 머리를 가진 모습으로 표현되는 야누스

을 담당하는 여신으로 유스티티아(Justitia)가 있는데, 오늘날 정의를 의미하는 Justice는 Justitia에서 비롯한 것이다.

고대 로마(로마의 건국; 기원전 753)에서도 법은 다른 사회규범과 일체가 되어 있었으나 비교적 빠른 시일 안에 서로 분리·독립되었다. 로마인은 법철학적 고찰에서는 그리스인에 비해 크게 발전을 이루지는 못하였지만 실제의 법제도의 형성·해석·운용 면에서는 탁월한 능력을 발휘하였다. 다양한 생활관계를 명확하고 합목적적(合目的的)인 법 형식 안에서 치밀하게 파악하여 이후 막대한 법규범(法規範)의 보고(寶庫)를 남기게 되는데, 그 대표적인 것이 기원전 5세기 중엽의 '십이표법(十二表法)'과 6세기 중엽의 '유스티니아누스 법전' 등의 편찬이다.

로마법(Ius Romanum)은 고대 로마의 다양한 법(法) 및 법문화(法文化)를 의미하는데, 로마 건국 초기에 로마 시민에게 적용되었던 시민법(市民法)과 로마가 지배했던 이민족에 대하여 적용되었던 만민법(萬民法)을 통틀어 이르는 말이다. 도시국가 로마의 고대법(古代法)은 민족적 색채가 짙은 형식주의적인 엄격한 법으로 관습법(慣習法)을 주(主)로 하였다.

"실로 지나치게 심하지만 그것이 기록된 법이다"116)
Hoc quod quidem perquam durum est, sed ita lex a est

로마법은 역사적으로는 세 단계를 거쳐서 발전하게 된다.117) 첫 단계는 건국 초부터 기원전 3세기까지, 즉 로마가 대두하여 지중해 세계의 패자

---

〈문(門)의 수호신〉이다.
116) 이는 흔히 "악법도 법이다"로 알려져 있는 것으로 3세기 경 페니키아 출신의 고대 로마의 법학자인 도미티우스 울피아누스(Domitius Ulpianus, 170?~228)가 한 말이다.
117) 김상용, 서양법사와 법정책(2014), 서울; 피엔씨미디어, 30면 이하.

(覇者)가 되기까지의 시기로서, 토착성이 강한 형식주의·엄격주의의 시대였다. '십이표법(十二表法; lex duodecim tabularum)'은 바로 이 시대의 산물로서, 로마 최고(最古)의 성문법(기원전 451~기원전 450)으로 12동판법(銅板法)이라고도 한다.118) 법에 관한 지식과 공유지 사용을 독점하였던 귀족이 평민의 반항에 타협한 결과의 산물이었다. 그때까지 비밀로 되어왔던 관습법과 판례법의 일부가 성문화되어 공시되었다는 점에 그 의의를 두고 있고 후에 모든 공사법(公私法)의 원천으로서 중요시되었다. 여기에는 민사소송법·사법·형법·제사법·가족법·상속법 등이 들어 있는데, 특히 불충분한 거래법·수확물에 대한 저주의 금지·탈리오(同害報復)의 승인·엄격한 상린관계(相隣關係)의119) 규정 등이 포함된 고대 농업사회의 법이었다. 귀족층이 주도권을 갖고 제정하였기에 여전히 가혹한 채무(債務) 관련 법 규정이나 귀족과 평민과의 통혼(通婚) 금지 규정 등이 포함되어 있었고 평민의 불만이 충분히 해소되지 않아 귀족과 평민과의 다툼이 다시 전개되는 결과를 초래하였다.

두 번째 단계는 서기 3세기 말엽까지의 시기로서 로마의 전성기에 해당한다. 프라이토르(praetor 법무관)의 실제 경험의 축적이 중요한 역할을 하였고,120) 로마 시민과 비(非)시민에게 적용되는 '만민법(萬民法)'이 발달한

---

118) 로마가 기원전 4세기 갈리아의 공격을 받았을 때 12표법의 원본이 소실되어 후세의 단편적인 사료(史料)로써 재구성하였다. 따라서 12표법이 동판에 새겨졌는지, 상아(象牙)나 목판(木板)에 새겨졌는지의 여부도 불확실하다.
119) 상린관계(相隣關係)란 인접한 토지의 소유자가 자기 토지의 이용에 관한 내용을 어느 정도 제한하여 상대방의 토지 이용을 원활케 하도록 하는 관계를 말한다.
120) 기원전 3세기 경부터 법무관은 취임 초기에 소송지휘권의 행사와 당사자의 자격 또는 쟁송해결의 승인 등에 대한 지침을 정한 고시(edictum)를 발포하는 것이 관습으로 되었으며, 법무관은 필요에 따라 재직 중에도 고시를 반포하였다. 법무관의 이러한 고시권은 신의의 원칙 또는 의제 등을 이용하여 시대에 뒤떨어진 법률·관습을 비롯하여 만민법(ius gentium)에 이르기까지 규정된 사항을 그대로 실현·형성하거나, 규정된 사항을 수정하거나, 규정에 없는 사항을 보충하였다. 이들이 공포하는 재판규범은 이후 로마법의 기초가 되었다.

시기이다. 또 공법·사법 어느 것에나 제1인자들(프린켑스)의 권위가 존중되었다. 2세기 무렵은 법학의 전성기였다고 할 수 있는데, 당시 법무관법(法務官法; ius praetorium)은 명예법(ius honorarium)의 중심을 이루었고, 로마법은 이를 통해 세계법으로 발전하였다. 법무관법은 로마 시대에 법무관의[121] 고시에 의하여 형성된 법을 말하는데 법무관을 포함한 정무관들의 고시에 의하여 발달한 법의 일체를 명예법(ius honorarium)이라고 한다. 이에 대하여 종래의 제정법과 관습법을 시민법(ius civile)이라고 한다.

그러나 입법기관에 의한 엄격한 의미의 법은 시민법뿐이며, 법무관법은 시민법을 창설·개폐하여 실질적으로 변경하는 것이 아니라 단지 소송상 변경을 가하는 체계인데 불과했다. 따라서 법무관법을 비롯한 명예법은 서기 130년경에 하드리아누스(Hadrianus: 76~138) 황제의 명에 의하여 '영구고시록(永久告示錄; Edictum Perpetuum)'이 편찬된 뒤, 황제만 수정증보권을 갖도록 함으로써 그 발달의 정체를 가져오게 된다.[122]

마지막 세 번째 단계는 유스티니아누스 1세 때(재위 527~565)까지로, 제국(帝國)이 변질하여 해체되는 시기이다. 이때 테오도시우스 2세·유스티니아누스 1세에 의해서 로마법대전의 편찬이 이루어졌다. 유스티니아누스 법전(Corpus Juris Civilis)은 529년에서 534년까지 비잔틴 제국의 유스티니아누스 1세 때 편찬된 법령집으로 로마 대법전(정식 명칭은 시민법대전이라 함)이라고도 불린다. 모두 12권으로 구성되어 있으며, 공법과 사법을 분리

---

법무관은 집행기관이므로 법률에 위반하는 고시를 반포할 수 없었으나, 실제로 심판절차를 담당하는 심판관은 권위 있는 학설에 근거하고 시대의 요구에 부응한 고시를 무시하는 판결을 내릴 수 없었다. 또한 고시는 그것을 발포한 법무관의 임기 중에만 유효한 것이었지만, 유용한 고시는 후임자에게 답습되었으며, 그 과정을 통하여 일련의 법규가 정립되었다. 법무관 이외에 고등안찰관·속주 장관·재무관 등도 고시권을 행사하였다.

121) 법무관(praetor)은 정무관으로서 전문적 소양 및 도덕적 자질을 갖춘 자로서 법률가의 학술적 자문에 의하여 권한을 행사하였다.
122) 김상용, 서양법사와 법정책, 34면 이하.

하여 편찬하였고 이후 근대 법정신의 원류가 되었다. 이 법전의 내용은 네 가지로 이루어져 있는데, 먼저, 칙법집(칙법휘찬; 勅法彙纂)은 534년에 칙법을 정리한 것이다. 둘째, 학설집(학설휘찬; 學說彙纂)은 1세기부터 3세기까지의 법학자들의 학설을 편집한 것이다. 셋째, 법학제요(法學提要)는 533년 이후의 칙법집으로, 이는 황제가 죽은 뒤 편찬되었다. 마지막으로, 신칙법(新勅法)에는 533년부터 565년까지의 칙법이 수록되어 있다.

이후 로마법은 중세 유럽으로 계승되어 각국에 영향을 미쳤으며, 근대 시민법의 형성에 결정적인 영향을 주었다.

로마법으로부터 전래되어 지금도 법원칙으로 영향을 미치고 있는 격언들을 소개하면,

"lex spectat naturae ordinem"는 "법은 자연의 질서를 존중한다"는 의미이다.

"Ubi societas ibi ius"는 "사회가 있는 곳에는 법이 존재한다"는 의미이다.

"Pacta sunt servanda"는 "합의된 내용은 준수되어야 한다"는 의미이다.

"Non est factum"는 "내 서명이 아니다"라는 의미로 자신의 서명이 아니라는 이유로 계약을 무효화 할 수 있다는 법리를 말한다.

"idem per idem"는 평등이란 무엇인가와 관련한 것으로 "같은 것은 같게, 다른 것은 다르게" 취급하는 것이 평등이라는 의미이다.

"lex specials derogat legi generali"는 오늘날에도 유효한 법원칙으로 "특별법은 일반법에 우선한다"는 의미이다.

"법은 자연의 질서를 존중한다"

lex spectat naturae ordinem


"같은 것은 같게, 다른 것은 다르게"

idem per idem

(like for like, unlike for unlike)


"특별법은 일반법에 우선한다"

lex specials derogat legi generali

## 정의(Justice)의 의미

유스티티아(Justitia)는 정의와 법을 담당하는 로마 신화에 등장하는 여신으로, 고대 그리스의 법과 질서·정의의 여신인 테미스(Themis)에 대응된다. 법률제도 하에서 도덕적인 힘을 우의적(寓意的)으로 의인화한 것으로, 오늘날 정의를 뜻하는 '저스티스(Justice)'는 유스티티아(Justitia)에서 비롯하였다. 즉 정의의 디케(Dike)에 형평성의 개념이 추가되면서 오늘날 정의의 여신인[123] 유스티티아(Justitia)가 탄생된 것이다.[124]

정의의 여신상은 대개 한 손에 저울을, 다른 한 손에는 칼을 쥐고 있다.[125] 여기서 저울은 개인 간의 권리 관계에 대한 다툼을 해결하는 것을 의미하고, 칼은 사회 질서를 파괴하는 자에 대하여 제재를 가하는 것을 의미한다. 선악(善惡)을 판별하여 벌을 주는 정의의 여신상은 대개 두 눈을 안대로 가리고 있는데, 이는 정의를 실현하기 위해서는 어느 쪽에도 기울지 않는 공평무사(公平無私)한 자세를 지녀야 함을 의미한다.

---

123) '정의의 여신'을 지칭하는 디케(Dike)·아스트라이아(Astraea) 또는 유스티티아(Justitia : 로마신화) 등은 모두 같은 의미이다.
124) 그리스에서의 법(Dike)과 정의(Dikaion), 로마에서의 법(Ius)과 정의(Iustitia)의 관계에서 알 수 있듯이 서구(西歐)에서는 정의의 여신상을 법을 대표하는 상징물로 여기고 있다.
125) 디케(Dike)는 미술 작품에서 칼을 들고 있는 모습으로 그려졌고, 유스티티아(Justitia)는 여기에 형평을 지킨다는 의미에서 저울이 더해졌다.

## 2. 로마의 사법제도

고대 로마 초기 로마의 재판권은 왕에게 있었으나(왕정시대; 기원전 753~기원전 509), 공화정시대(기원전 508~27)에는[126] 집정관(執政官 콘술)에게[127] 옮겨졌고, 공화정 체제 하에서 민회(民會)[128]는 정무관의 선출·법령의 제정·사형의 집행 등 여러 중요한 역할을 담당하였다. 기원전 367년에 법무관(法務官)이 설치되면서는 법무관(法務官)이 시민들의 사건을 담당하였다.

기원전 306년에 집정관(執政官)과 더불어 명령권을 지닌 프라이토르 우르바누스(都市法務官 praetor urbanus)가 설치되어 로마에서의 재판을 관장하였다(임기 1년·정원 2명). 이들은 로마의 재판권 외에 집정관(執政官)을 보좌하고, 그의 부재 시에는 원로원(元老院)과 병원회(兵員會: 코미티아)를 소집하였으며, 입법권(立法權)도 행사하였다. 기원전 242년에는 다시 외국인 문제를 담당하는 프라이토르 페레그리누스(praetor peregrinus)를 두어 로마시민과 외국인 간의 분쟁 문제를 담당하였다. 이 후 정원이 8명으로 늘었고, 이들이 로마에 상주하며 법정을 열어 부당취득·살인·반역죄에 대한 재판권을 행사하였다. 그러나 법무관은 제정기(帝政期)에 이르러 권한이 점차 축소되어 명예직으로 전락하게 된다.

---

[126] 로마 공화정 체제 하에서 로마의 시민과 민회(民會)는 궁극적인 주권의 원천이었다.
[127] 집정관(Consul, Console)은 로마 공화정시대 정무관 중 최고의 관직으로서 정원은 2명이고 임기는 1년이었다. 병원회(兵員會: 코미티아)에서 선출하였고, 행정 및 군사의 대권을 가졌으며 원로원과 합하여 민회를 소집하는 권한을 가졌다.
[128] 로마인들은 국가의 중요 문제들에 대해서는 반드시 로마 시민들의 모임, 즉 '코미티아(Comitia)'에서 결정하였다〈코미티아는 'coeo(같이 모이다)'에서 나온 말로 '코미티움'의 복수형이다〉. 로마인들은 서로 다른 투표 단위인, 쿠리아, 켄투리아, 트리부스(인민회, 평민회)의 민회들을 가졌다; http://terms.naver.com/entry.nhn? docId=1386316&cid=43020&categoryId=43020(한국학중앙연구원, 한국민족문화대백과).

고대 로마에서의 민사재판제도는 시기 별로 12표법 이전의 시기 · 로마 시민법(市民法) 시기(12표법이 중심이 됨) · 공화정(共和政) 시기 · 원수정(元首政) 시기 · 전주정(專主政) 시기로 나눠볼 수 있다. 먼저 12표법 이전 시기에는 개인 · 씨족 · 부족에 의한 자력구제 또는 각자가 선정한 중재인의 조정으로 분쟁을 해결하는 임의중재의 방법이 이용되었다. 12표법을 중심으로 하는 로마 시민법(市民法) 시기에는 당사자자 합의한 사인인 심판인에 의한 강제중재제도가 중심이 되었다. 공화정(共和政) 시기의 경우, 전기에는 법률(法律)소송이 행하여졌는데, 법률소송은 12표법에서 규정한 엄격한 방식의 소송제도이다. 법률소송은 엄격한 형식주의가 지배하여 요식행위의 이행이나 법정 문언의 근소한 오차에도 불구하고 패소의 위험이 따랐고 과도한 편협함으로 인해 소송당사자는 법률소송을 혐오하기까지에 이르렀다. 이러한 법률소송은 공화정 후기 말인 기원전 17년 율리우스법(lex Iulia)에 의해 전면 폐지된다.[129] 공화정 후기에 들어서는 방식서(方式書 formula) 소송이 일반적으로 이용케 되었고, 원수정(元首政 principatus 기원전 27~서기 284) 시기에는 방식서소송이 최고도로 발전하게 된다. 그러나 전주정(專主政 dominatus 284년 이후) 시기에 들어서는 특별심리소송절차가 시행되었고 342년 콘스탄티누스 대제의 칙령에 의하여 방식서소송제도는 마침내 사라지고 만다.[130]

법률소송과 방식서소송에서의 민사재판의 절차(강제중재재판절차)는 법정절차(法廷節次)와 심판절차(審判節次)의 두 단계로 나뉘었다. 법정절차는 원고의 청구가 법적 보호를 받을 수 있는지를 결정하고 심판인에게 판결을

---

129) 김상용, 서양법사와 법정책, 48~51면.
130) 제정(帝政; 황제가 다스리는 군주 제도의 정치)이 되면서 정무관(政務官)이 직권으로 재판을 담당하는 특별심리절차가 추가되었으나, 디오크레티아누스 황제 때에 이르러 황제를 정점으로 한 관리의 특별심리절차만이 행하여지게 되었다.

하도록 지시하는 소송준비절차로서 법무관(praetor)은 이 법정절차를 담당하며 당사자의 선임·법의 선언·재정(裁定)에 따른 권리부여 등의 소송지휘권을 행사하였다. 심판절차는 법무관으로부터 판결을 하도록 지시받은 사인인 심판인이 판결지침서인 소송방식서(formula)에 따라 사실조사와 증거조사를 한 후 최종적으로 판결을 하는 절차이다.

법률소송과 방식서소송 양자의 구체적인 차이는 다음과 같다.[131] 먼저, 법률소송에서는 법무관에 의해 진행되는 법정절차에서는 법무관이 심판인(審判人)에 미치는 영향이 거의 없었다. 그러나 방식서소송에서는 소송방식서를 통해 법무관의 심판인(審判人)에 대한 영향이 더욱 강화되었다.

둘째로, 법률소송에서는 소송대리가 인정되지 않았으나, 방식서소송에서는 소송대리가 자유롭게 인정되었다. 따라서 변호인의 조력을 받을 수 있었다.

셋째로, 법률소송의 경우는 구술방식이었으나, 방식서소송에서는 서면방식이 주가 되었다.

넷째로, 방식서소송에서는 피고의 항변(exceptio)이 인정되었다.[132]

---

[131] 김상용, 서양법사와법정책, 48면.
[132] 그러나 양자 모두 상소가 허용되지 않았다.

## 3. 고대 로마 시대의 형벌

'십자가형'·'청동소 형벌'
'톱 질(Sawing)형'
'푸스투아리움(Fustuarium)'·'십분의 일형(decimatio)'

고대의 형벌은 지극히 잔인한 것이 많았다. 잔인함으로 손꼽히는 것으로 동양에선 살아있는 상태의 사람의 생살을 발라내는 중국에서의 과형(능지형)이 이미 널리 알려져 있다. 서양의 경우에는 고대 로마 시대의 십자가형과 청동소 형벌을 들 수 있다. 십자가형은 기독교 박해의 상징으로 인해 많이 알려졌는데 비해, 청동소 형벌은 상대적으로 잘 알려지지 않았다. 청동소 형벌은 고대 그리스에서도 집행되었던 형으로, 살아있는 사람을 청동으로 만든 소 안에 집어넣은 뒤 밑에서 불을 때는 것이다. 이때 청동이 빨갛게 달궈질 정도로 불을 때는데 질식해서 죽는 것을 막기 위해 그 소의 입에는 관이 내부로 연결되어 있어 호흡이 가능하도록 되어 있다. 이때 달구어진 청동소 안에 들어있는 사람은 열기로 인해 끔찍한 비명을 지르게 되는데 이는 특수한 구조로 외부로 연결되어 있는 관을 통해 소의 울음소리로 바뀌어 전해졌다. 따라서 외부에서는 청동소가 우는 소리로 들렸을 것이고 사람들은 이를 여흥 삼아 그 옆에서 식사를 하였으며 탈 때 나는 냄새는 수많은 향초를 이용하여 지웠다고 한다.[133]

또 다른 형벌로서 톱질(Sawing) 형이 있었는데 이는 고대 로마 3대 황제(재위 37~41)인 칼리굴라의 즉위 당시 행해졌던 형벌로서 폭군 칼리굴라

---

133) http://mirror.enha.kr/wiki/%ED%98%95%EB%B2%8C.

는 형장에서 식사를 하면서 이를 지켜봤다고 전해진다. 죄인을 거꾸로 매달아 놓고 큰 톱으로 반 토막을 내는 것인데 사타구니에 칼을 넣어 머리까지 반으로 쪼갠다. 톱은 마지막에 두개골을 통과하기 때문에 죄인은 엄청난 양의 피를 쏟아내면서도 살아있는 채로 고통을 느끼게 된다.[134]

이 외에도 고대 로마 군대는 파수(把守)를 게을리 한 군인이나 탈주한 병사에 대해 푸스투아리움(Fustuarium; 가지나 채찍을 의미)이라고 하는 형을 가하였다. 부대를 탈영해 동료들의 신뢰를 배반하여 벌을 받는 사람은 로마군에 어울리지 않는다고 여겼고 따라서 동료들의 손에 의해 가지나 채찍으로 죽을 때까지 맞았다. 또 십분의 일형(decimatio)이라 하여 군단(軍團) 전체에 대한 형벌로서 군단 10명 중 1명이 선택되어 남는 10분의 9가 선택된 10분의 1을 둘러싸고 곤봉 등으로 죽을 때까지 때리도록 강요하는 형(刑)이 있었다.

---

[134] 후에 아시아에서도 비슷한 형이 생겨났는데 직립 상태에서 머리부터 사타구니까지 자르는 방식이었던 점에서 서양의 톱질 형과는 구별된다고 하겠다.

So enjoy your own rights as not to injure those of another.
타인의 권리를 해치지 않을 정도로 자신의 권리를 행사하라.

Law is the dictate of reason.
법은 이성의 명령이다.

No one is above the law.
어느 누구라도 법 위에 있는 자는 없다.

A reasonable custom is to be obeyed like law.
합리적인 관습은 법과 함께 준수해야 한다.

Custom is the best exponder of the law.
관습은 법의 최량의 해석자이다.

Nothing is law that is not reason.
조리가 아닌 것은 법이 아니다.

Ex oriente lux, ex occidente lex
From the east the light, from the west the laws
빛은 동방으로부터, 법은 서방으로부터

## III. 중국의 법

"백성을 법으로 다스리면 무슨 일을 저질러도 부끄러워 하지 않는다.
도덕으로 다스릴 때 백성들은 부끄러움을 알고 바른 길로 간다"
-'사기(史記) 혹리열전(酷吏列傳)'-[135]

고대 중국에서의 법전(法典)은 언제부터 만들어졌을까? 중국 법전의 연원(淵源)을 살펴보면, 춘추(春秋)시대(기원전 770~기원전 403)에 법전을 공시(公示)한 형정(刑鼎)이[136] 주조된 바 있고, 전국(戰國)시대(기원전 403~기원전 221)에는 중국 최초의 성문법이라는 평가를 받는 이괴(李悝)의[137] '법경(法經)'이 편찬된 것으로 알려지고 있다(기원전 4세기 경). '법경(法經)'은 '도법(盜法)'·'적법(賊法)'·'수법(囚法)'·'포법(捕法)'·'잡법(雜法)'·'구법(具法)'의 6편으로 이루어졌으며, 현재 원문은 전해지지 않는다.

한(漢)나라(기원전 202~서기 220) 건국 이전에는 '진율(秦律)'이 존재했었다. 진(秦; 기원전 221~기원전 206)이 여러 나라들을 통일하기 전에 각국은 각기 다른 법률을 시행하고 있었는데, 여기에 상앙(商鞅)의 변법을 보충하고 수정하여 전국적으로 통일시켰다〈진율(秦律)의 제정(制定)〉.[138]

---

135) http://news.khan.co.kr/kh_news/khan_art_view.html?artid=2014120211
    44141&code=960201.
136) 정(鼎)의 사전적 의미는 세발솥으로 다리가 세 개 달린 솥을 말한다. 이와 관련해서는 중국 하나라의 우왕이 만든 아홉 개의 솥이 있었는데 처음에는 음식을 익히거나 죄인을 삶아 죽이는 데 쓰였다고 전해진다.
137) 이괴(李悝; 기원전 455~395)는 전국(戰國)시대의 유명한 정치가이자 법가 사상가이며, 개혁가이자 모략가였다. 그는 위(魏)나라 문후(文侯) 때 재상을 지내면서 전국적으로 변법개혁을 추진하였다.
138) 1975년에 호북 운몽(雲夢)에서 출토된 '진률죽간(秦律竹簡)'은 상앙(商鞅)이 제정한 진률(秦律)은 물론 그 이후에 수정된 내용을 포함하고 있어 진(秦)의

한(漢) 대에는 '한율(漢律)'이 확립되었다(기원전 2세기 경). 한(漢) 대에는 진(秦) 대에 이루어진 통일 제국과 황제 중심의 중앙 집권 체제를 바탕으로 하여 유가와 법가사상이 함께 한(漢)의 국가질서를 유지하는 지도이념으로서 자리잡게 된다.

## '法 三 章'
### '세 조목의 법'

중국 한(漢)나라 고조(高祖) 유방(劉邦)과 관련해서는 '법삼장'(法三章; 세 조목의 법)에 대한 고사일화(故事逸話)가 전해진다.139) 유방과 항우가 서로 세력을 다투던 시절 당시의 진(秦)나라는 법이 가혹하고 번잡하기로 유명하였다. 기원전 206년 유방이 진나라 왕 자영(子嬰)의 항복을 받고 관중(關中)에 들어서서 진나라의 백성들에게 간단 명료한 세 조목의 법을 시행하겠다고 선포하였는데 이것이 바로 법삼장(法三章)이다. 그 내용은, 첫째는, 사람을 죽인 자는 사형에 처하는 것, 둘째는, 사람에게 중상을 입힌 자와 도적질하는 자에게는 그에 합당한 벌을 내리는 것, 마지막으로, 진나라의 모든 법을 폐지하는 것이었다. 이에 진나라의 백성들이 크게 기뻐하였다고 전해진다.

한나라 효문제(孝文帝)는 사람의 몸을 훼손하는 이른바 육형(肉刑)을 없애면서(기원전 168),

"육형(肉刑)이 있어도 간악함이 멈추지 않으니 그 잘못은 어디에 있는가. 지금 사람들에게 잘못이 있으면 교화를 베풀지 못하고 형벌부터 먼저 가하니

---

역사와 진률(秦律)을 연구하는 데 중요한 자료가 되고 있다.
139) '사기(史記)' '고조본기(高祖本紀)'.

…… (중략) ……

무릇 형벌이란 사지를 잘라버리고 피부와 근육을 도려내 죽을 때까지 고통이 그치지 않으니 얼마나 아프고 괴로우며 부덕한 것인가. 육형(肉刑)을 없애도록 하라."고 하였다.140)

전한(前漢) 시대 중기인 한 무제 시대에 동중서(董仲舒 기원전 179~기원전 104)에 의해 비롯하는 것으로 '춘추결옥(春秋決獄)'〈'경의결옥(經議決獄)'이라고도 함〉이 있었다. 당시 유학자인 동중서는 어려운 안건들을 잘 해결하기로 유명하였는데, 유가의 경전인 '춘추'에 있는 죄와 형량을 정하는 원칙을 인용해 판결을 하였다.141) 이를 정리해 놓은 것을 '춘추결옥(春秋決獄)'이라고 하는데, 이때부터 한나라에서는 춘추결옥이 사법 판결의 기준으로서 그 역할을 하였다.

'춘추결옥(春秋決獄)'은 당대(唐代)에 이르러142) '당률소의(唐律疏義)'의 편찬과 함께 율령제가 확립되면서 없어지게 된다.

고대 중국에서의 여러 사상 중 법가(法家)는 춘추전국시대(春秋戰國時代 기원전 770~기원전 221)의143) 제자백가(諸子百家; 중국 춘추전국시대에 활약한 학

---

140) '사기(史記)' '효문제본기(孝文帝本紀)'.
141) 이는 유학 사상을 법률체계의 위에 둔 것으로 범죄의 동기가 유학사상에 부합하는 경우에는 가벼운 처벌을 내리거나 또는 죄를 사면해 주기도 하였고, 범죄의 동기가 유학 사상에 어긋나는 것으로 드러나는 경우에는 결과에 상관없이 중죄로 처벌하기도 하였다. 이처럼 사법관의 임의에 따른 결정이 내려지게 됨으로써 그에 따른 폐해도 많이 나타나게 되었다.
142) 영휘(永徽) 3년(652).
143) 춘추전국시대(春秋戰國時代)는 중국 역사상 가장 오랜 기간의 분열기였으나, 철기가 보급되고 제자백가(諸子百家)의 사상이 만개했던 시기이기도 하다. 춘추(春秋) 시대는 주(周)가 수도를 옮긴 기원전 770년부터 기원전 403년 사이의 시기이며, 전국(戰國) 시대는 기원전 403년부터 진(秦)이 중국을 통일한 기원전 221년까지의 시기이다. 제·진·초·오·월 등을 춘추 5패라 하고, 진·초·제·한·위·조·연 등을 전국 7웅이라 한다.

자와 학파의 총칭)의 주요 유파 중의 하나이다.[144] 법가(法家)는 춘추시대의 패도〈覇道; 인의(仁義)를 가볍게 여기고 무력이나 권모술수로써 공리(功利)만을 꾀하며 나라를 다스리는 일〉에 부응해서 일어났는데, 전제 지배체제를 지향하는 군주에 의해 받아들여져 진나라·한나라의 중앙집권적 고대 제국의 형성에 대한 이론적 기초를 제공함으로써 크게 중용되고 융성하였다. 그러나 전한(前漢)의 무제(武帝) 이후 유가(儒家)가 국가의 관학으로 정통시되면서부터는 유가가 중국 사상계의 주류가 되었고 법가는 독자적인 발전에 제동이 걸리게 된다.

천하를 다스리는 원리에 대해, 유가(儒家)가 인(仁)·의(義)·예(禮)와 같은 덕치주의(德治主義)가 근본이라고 보았음에 비해, 법가(法家)는 보다 엄격한 법치주의가 근본이라고 보았다. 법가(法家)는 천하를 다스리는 원리는 법(法)과 술(術)이라고 주장하였는데 여기서 법(法)은 군주가 정하는 규범을 뜻하며, 술(術)은 법을 행하는 수단을 말한다. 또한 술(術)의 핵심은 명(名: 군주의 명령)과 형(形: 신하가 이루어낸 실적)의 일치·불일치에 따른 시비의 판단이라고 보았다. 법가(法家)는 법(法)의 엄중한 이행을 통해 부국강병을 이룰 수 있다고 보았으며 전제적 군주 권력의 확립을 꾀하였다.

---

144) 나머지는 공자의 유가(儒家), 노자의 도가(道家) 그리고 묵자의 묵가(墨家) 등이다.

## '道不拾遺(도불습유)'
## "길에 떨어진 것을 줍지 않는다"

대표적인 법가(法家) 사상가로는 상앙(商鞅)·신불해(申不害)·한비(韓非)·이사(李斯) 등이 있다. 먼저, 전국시대 때 진(秦)나라의 상앙(商鞅; 기원전 395?~기원전 338)은[145] 법가로 알려진 사람이고 엄벌주의자이다. 상앙은 변법에 대한 반대자는 용서치 않았고 변법을 어길시 강력한 엄벌주의로 대처하였다. 상앙(商鞅)에 대한 고사일화(故事逸話)를 소개하면,[146] 진나라의 효공(孝公)은 상앙을 중용하여 부국강병의 정책을 추진하였다. 상앙은 혹독한 신법을 집행하게 되는데, 태자가 이 법을 범하여 사죄(死罪)에 해당하는 죄를 지었다. 이에 상앙은 태자라 하더라도 법을 어긴 이상 피해갈 수는 없다고 하여 태자를 벌하는 대신 보육관(保育官)인 공자 건(虔)을 비형(鼻刑; 코를 베는 형)에 처하고, 사부인 공손가(公孫賈)는 자자형(刺字刑)에 처하였다. 이처럼 법을 위반하였을 때는 지위 고하에 상관없이 예외가 없다는 것을 보여주어 일각에서는 이를 열렬히 환영하였다. 상앙이 법을 시행한 후 오랜 동안 진나라에는 길에 떨어진 물건을 줍는 자도 없었으며 산에는 도적이 없었다고 전해진다. 이를 "길에 떨어진 것을 줍지 않는다" 하여 도불습유(道不拾遺)라고 한다.

상앙(商鞅)은 거열형〈車裂刑; 죽은 시체나 생명이 있는 상태에서 사지와 목을 오거(五車)에 따로따로 매달고 말을 달리게 하여 찢어서 토막 내는 형벌〉의 창시자로도 알려지고 있는데, 아이러니하게도 후일 그 자신이 거열형의 희생자가 되고

---

145) 상앙(商鞅)은 위(韋)나라의 귀족 출신으로 위앙(韋鞅) 또는 공손앙(公孫鞅)이라고 불렸다.
146) 사기(史記) 상군전(商君傳).

만다. 상앙(商鞅)의 기록을 통해 당시에 코를 베는 형벌과 거열형이 있었음을 알 수 있다.

둘째로, 신불해(申不害; ?~기원전 337)는 한(韓)나라의 명재(名宰; 명 재상)로서 형명지학(刑名之學)의 대가였으며 법가 사상 중 술(術)을 강조하였다. 사기(史記)에 "신자(申子: 신불해를 높여 부른 말)의 학문은 황로〈黃老: 黃帝·老子 등을 교조(敎祖)로 하는 도교(道敎)〉에 근거를 두고 형명(刑名: 한비가 주장한 학설로 형벌의 종류와 명칭을 말함)을 주로 하였다"라는 기록이 있다.

셋째로, 한비(韓非; 기원전 280?~기원전 233)는 일찍이 형명과 법술을 익혀 중앙집권적 제국의 체제를 적극적으로 창도한 법가 이론의 집대성자 정도로 알려져 있다(사마천의 '사기'). 한비는 스승인 자궁과 순자의 견해를 계승하여 인간은 본질적으로 사악한 존재이며 교육과 법으로 인간을 교화·통제해야 된다고 주장했다. 또한 문인과 각국의 제왕들에게 공자의 이상향을 실현하기 위해서는 강력한 제도가 뒷받침되어야 한다고 주장하였다. 한비의 법가 사상은 실용적인 정치 철학으로서 그의 문하들은 그의 사후 법가라는 유교의 새로운 학파를 계승해 나갔다. 한비에 의하면, 법(法)은 군주가 백성을 통제하는데 사용하는 공개적이고 자세한 규칙을, 세(勢)는 백성과 신하를 굴복시키는 힘을, 술(術)은 법(法)을 행하는 수단, 즉 신하들을 이끌어가는 방식을 말한다. 한비자(韓非子)는 중국 전국 시대에 한비 등이 법가 사상을 집대성한 책으로 총 55편으로 이루어져 있다. 이 책은 중국 고전시대의 다른 많은 책들처럼 집단적 저작물이다.

마지막으로, 이사(李斯; ?~기원전 208)는 유학자였으나 법치주의에 그 사상적 기반을 두었고 도량형의 통일·분서(焚書; 책을 불살라 버림) 등을 실시하여, 진시황을 도와 진의 법치주의 기반을 확립하는 데 큰 기여를 하였다. 순자에게서 배웠지만 줄곧 법가사상을 밀고나가면서 엄격하고 가혹한 형법을 주장하였다. 시황제의 사후, 조고와의 권력 싸움에 패하고 살해되었다. 생전에는 유학자를 자처하였으나 사후 법가로 분류되었다.

이사(李斯)가 말년에 획책했던 이른바 '독책술(督責術)'은 이사가 호해(胡亥)를[147] 위해 설계한 엄격하고 가혹한 형법이자 독재를 통한 군왕의 통치대책이었다. '독책술'은 이사가 말한 대로 가벼운 죄라도 중벌을 주어 사람들에게 형벌이 무서워 함부로 경거망동하지 못하도록 하자는 것이었다. 이사는 또 군주는 독단적으로 신하들을 부려야 신하에게 영향을 받아서는 안 된다고 주장하였는데 이렇게 해야만 군주는 자기 멋대로 할 수 있고, 신하들과 백성은 감히 대항하거나 반항하지 못하게 되어 군왕의 지위는 오래도록 안정될 것이라 생각했다. 그런데 이러한 이사의 독책술 이론은 법가사상에 근거를 둔 것이었다. 요참형(腰斬刑)은 고대 중국의 사형방법의 하나로서 허리를 잘라 죽이는 형벌인데 이사(李斯)는 이 형에 처해진 것으로 알려진다.

> "법령이란 다스림의 도구일 뿐이다.
> 진(秦)나라 때 법망은 치밀했지만
> 간사함과 거짓은 싹이 움트듯 일어났다.
> 관리들이 불은 그대로 둔 채 끓는 물만 식히려 했기 때문이다.
> 
> 법망은 배를 집어삼킬만한 큰 고기도 빠져나갈 수 있을 정도로
> 너그러워야 한다"
> - '사기(史記)' '혹리열전(酷吏列傳)' -

---

147) 진시황(秦始皇)의 둘째 아들로 진(秦)의 2대 황제(재위; 기원전 210~207)이다. 그의 악정(惡政)으로 인해 나라를 잃게 되었다.

# 제4장
# 삼국 시대의 법이야기

"우리나라에서의 형벌(刑罰)의 종류는
삼국시대 이전에는
사형(死刑)·배상형(賠償刑)·노비형(奴婢刑) 등
비교적 단순하였다.

고구려·백제·신라 등 삼국시대에 있어
형벌의 목적은 응보(應報)에 있었기에
형벌은 준엄하였고 또한 가혹했었다.

삼국은 다 같이 특사(特赦) 제도를 두었는데
이는 행형(行刑) 제도의 특징적인 면이다"

## 제1. 개 관

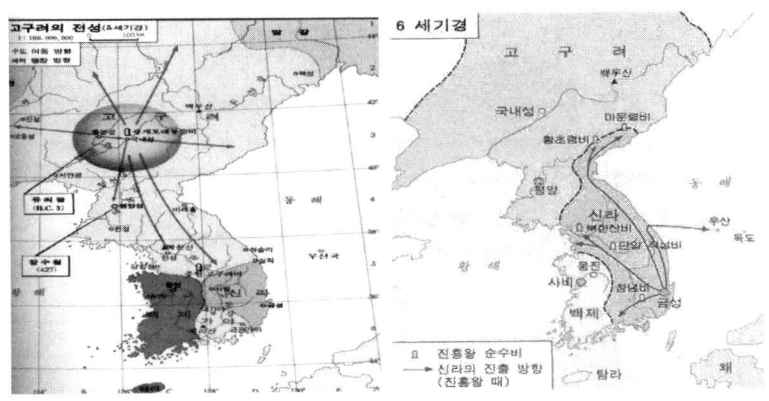

삼국시대의 범주는 신라의 건국시기인 기원전 57년부터 통일신라시대를 포함하여 고려가 통일하기까지의 남북국 및 후삼국 시대까지의 시기를 망라하여 생각해 볼 수 있다.[148] 당시 중국은 한나라 이후 당나라가 치세를 떨치던 시기이다. 고구려·백제·신라의 삼국이 형성되면서 왕권의 강화와 함께 성문제정법 시대로 이행되었는데 부족법 이래의 고유법사상이 그 기반이 된다. 이와 함께 중국으로부터 율령법사상을 계수하면서 율령정치의 발전을 꾀하게 되는데,[149] 고구려·백제·신라는 4세기 말 또는 6세기 초에 율령을 반포하게 된다.

고구려 소수림왕 3년(373)에 우리 민족 최초로 성문율을 제정하였는데 이는 중국 율령의 영향을 받은 것이었다. 삼국시대는 고구려의 율령 공포

---

148) 본 서에서는 내용 구성 상의 체계를 고려하여 이 시기를 삼국시대의 범위에 포함시켜 서술하고자 한다.
149) 중국에서는 진(秦)·한(漢)·위(魏)·진(晉)·남북조를 거쳐 수·당 시대에 율령 제도가 정착되었다.

를 기점으로 하여 통일신라시대에 이르기까지 율(律)·령(令)·격(格)·식(式)이 지배한 성문제정법시대(成文制定法時代)를 열게 된다. 통일신라시대에는 당나라의 율령이 수용되면서 율령사상은 더욱 심화되었고 율령정치를 꽃피우게 된다.

삼국시대 형벌제도의 기저에는 노예소유자경제가 자리잡고 있었으며 이 시기의 법의 특징은 고대법에 공통되는 응보사상(應報思想)의150) 기초 위에 사유재산제와 가부장적 가족제도 등에 의한 형벌관이 가미되어 있었으며, 형법은 이미 민중법의 영역을 넘어서 지배자계급의 존재 필요성을 대변하고 있었다. 삼국이 왕제국가(王制國家)로 발전하면서는 전통적 형률사상(刑律思想)에 바탕을 두면서도 속형(贖刑)이 보편화되었고, 동시에 왕권의 유지 및 강화에 필요한 형률이 추가되었다. 그리고 대개의 경우 씨족법시대의 종교적·주술적 성격도 계승하였다. 사유재산제도와 가족제도에서 싹튼 민사관계법은 새로운 사회경제의 변화에 대응하면서 주로 관습법으로 존재하였다. 신라가 삼국을 통일한 후에는 전제국가로서의 면모를 갖추게 되었고 재판기관도 정비되었다.

고구려·백제·신라 등 삼국시대에 있어 형벌의 주된 목적은 응보에 있었기에 형벌은 준엄하고 또한 가혹했다. 집행방법도 조직화되지 못하고 인격을 무시한 비인도적인 원시적 뇌옥으로서 투옥된 자는 완전히 인간성을 상실하며 범인의 개과천선 여부는 조금도 고려되지 않았다. 신라의 근

---

150) 형벌의 본질을 범죄에 대한 정당한 응보(應報)라고 이해하는 사상으로 절대적 응보주의와 상대적 응보주의로 나뉜다. 절대적 응보주의는 형벌에는 응보 이외에 범죄예방과 같은 목적이 존재할 수 없고 오직 응보 그 자체를 그 목적으로 한다는 이론이다. 상대적 응보주의는 형벌은 행위자 본인이나 사회일반인의 규범의식을 각성·강화시키고 범죄행위로 나아가지 않도록 동기를 부여하기 위하여 가해지는 것으로 형벌의 범죄억제력을 강조하는 이론이다. 삼국시대 당시에는 절대적 응보주의를 사상적 기초로 하였고, 상대적 응보주의는 최근에 들어서의 사상이다.

대적 법률형태는 제25대 법흥왕 때에 이루어졌으며 제28대 진덕여왕 5년, 즉 651년에는 좌이방부(左理方府)라는 사법기관을 설치하여 율령(律令)을 관장하게 하였다가 667년(문무왕 7)에 우이방부(右理方府)로 하여금 관장하게 하였으니 이때 비로소 행형제도가 제도화한 것이다. 당시 대사(大赦)와 감면(減免) 등이 행하여졌던 것으로 보아 어느 정도 법률체계가 갖추어졌음을 알 수 있다.

발해(渤海)는 698년부터 926년까지 228년간 한반도 북부와 만주·연해주에 존속하며 통일신라와 함께 남북국을 이루었던 고대국가이다. 발해는 독자적인 정치체계를 갖추고 있었는데 3성(省)〈정당성(政堂省)·선조성(宣詔省)·중대성(中臺省)〉가운데 집행을 전담하던 정당성(政堂省)에 소속된 예부(禮部)에서 법률 및 형법 관련 업무·죄인의 심판·형률 관리·천민 관리·반란을 다스리는 일 등을 관장하였다. 또한 중정대(中正臺; 대중정)라고 하는 형법(刑法)·전장(典章; 제도와 문물을 아울러 이르는 말)에 관한 일과 관리들의 비리를 감찰하는 기구도 두었는데, 이는 고려시대에 두었던 어사대(御史臺)의 전신이다.

후삼국시대는 10세기경 후백제·후고구려 그리고 신라가 서로 대립하던 시기를 말한다. 후고구려(태봉)는 독자적인 관부·관직체계를 갖추고 있었는데, 당시 형부(刑部)의 기능을 담당하였던 것이 의형대(義刑臺 : 형부)이다. 이러한 태봉의 관직 체계는 후에 고려 태조 왕건의 제도 정비 때에 큰 영향을 미치게 된다. 그러나 태봉과는 달리 견훤이 세운 후백제는 독자적인 정치체계를 갖추지 못하였으며 관부와 관직도 신라의 것을 그대로 답습하여 운용하였다.

## 제2. 고구려

"초기 고구려 사회의 경우 제가회의(諸家會議)는 국가의 최고 법원이었고,
사소한 사건은 씨족회의에서 씨족장의 주재로 또는 부락공동체에서
단체적으로 재판을 하였다.

고구려 사회는 법률이 엄하여 모반과 반역죄를 지은 자는 많은 사람을
모아서 횃불을 들고 서로 앞 다투어 지지게 하여
온몸이 짓무른 뒤에 목을 잘랐다"
- '주서(周書)' '이역전(異域傳)' -

## I. 개 관

고구려는 졸본(卒本) 지방〈압록강 지류인 동가강(佟佳江) 유역〉에서 일어나 한반도 북부와 중국 동북(東北) 지방을 무대로 하여 발전한 고대국가로서 그 성립은 기원전 37년경으로 보고 있으며 그 멸망은 668년이다. 고구려는 산악지방에 위치한 지리적 불리를 극복하면서 동시에 주변 제국, 즉 한 군현 세력과의 항쟁 속에서 성장하였다.151) 3세기 경 고구려의 총 호수는 3만 호, 지배계급

---

151) 중국 지안(集安)에 위치한 고구려 28대왕〈보장왕(寶藏王) 재위: 642~668〉 박람관 안내문에는 버젓이 최근 중국에서 불거지고 있는 동북공정의 결론을 밝히고 있어 심히 우려된다. 그에 따르면, 고구려는 중국 변방에 존재했던 중국의 소수 민족정권이었고, 고구려의 멸망은 필연적인 것이어서 중국의 소수민족의 정권인 고구려(제후)가 중앙정부인 당나라에 대항해서 벌어진 국내전쟁(내전)의 결과일 뿐이라고 설명하고 있다. 이는 고구려의 역사를 중국 변방의 소수 민족의 역사로 보아 중국 역사의 일부로 보고자 하는 의도에 따른 결과물이다. 그러나 주지하듯이 고구려는 독자적인 연호를 사용하였고〈광개토대왕은 영락(永樂), 장수왕은 연가(宴嘉)라 하였음〉, 광개토대왕 비문에 쓰여져 있는 '천제지자(天帝之子)'나 모두루 묘지명〈고구려 광개토왕 때의 지방관직인 북부여수사(北夫餘守事) 모

수가 1만여 명에 달했고, 고구려 멸망 전에는 총 호수가 69만 7,000호이고, 성곽 수는 176개에 달하였다. 신분적인 구조는 왕족·관료·농민·노비로 나눌 수 있는데, 지배층인 왕족과 관료는 정치·군사·교육 등을 담당하고 생산에 종사하지는 않았다. 피지배층인 농민·노비 등은 하호(下戶)라고 하여 생산에 종사하였다.152)

고구려는 왕족을 포함한 고구려 정치조직의 주축이 된 5개의 부족으로 이루어졌는데, 5부족은 부여의 경우와 같이 고구려 형성에 주축이 된 씨족 집단이다. 5부족의 명칭은 소노부(消奴部)·계루부(桂婁部)·절노부(絶奴部)·관노부(灌奴部)·순노부(順奴部)이다. 처음에는 5부족 중 가장 우세한 소노부에서 왕위를 계승하였으나, 6대 태조왕(太祖王) 때부터 계루부의 고씨(高氏)가 왕위를 이었으며, 절노부는 왕실과의 혼인을 통하여 왕비족으로 고정화되었다.

전 왕족(前王族)인 소노부·왕족인 계루부·절노부의 대가(大加)에게는 고추가(古雛加)라는 특별 칭호를 주었는데, 이들의 세력도 막강하였다.

고구려는 대대로(大對盧)·태대형(太大兄)·주부(主簿)·태대사자(太大使者)·조의두대형·대사자(大使者)·대형(大兄)·발위사자(拔位使者)·상위사자(上位使者)·소사자(小使者)·소형(小兄)·예속·선인(先人)·자위(自位) 등의 14관등(官等)을 두었다. 이들의 정확한 역할에 대해서는 알려지지 않는다. 다만 상위 5관등만이 최고 무관직인 대모달에 임명될 수 있었다. 또한 그들만이 국가의 기밀을 다루고 정사를 도모하고 병사를 징발하고 관작

---

두루의 묘지(墓誌)를 말함; 장수왕 대에 건립됨〉에 쓰여진 '일월지자(日月之子)' 등의 표현은 황제 또는 독자적인 왕만이 쓸 수 있는 표현이라는 점에서 당시 고구려는 중국과는 다른 독자적 정치체제를 유지하고 있던 외국의 나라였음을 알 수 있다.
152) 고리대금업이 성행하여 평민을 노비로 몰락시키는 폐단이 생기자, 194년 고국천왕은 이를 막고자 을파소(乙巴素)를 등용하여 진대법(賑貸法)을 마련하여 빈민 구제에 힘썼다.

을 줄 수 있었다. 이를 통해 고구려 사회에서 고위 귀족관료에 의한 합좌제도가 시행되었음을 알 수 있다.

고구려는 고국천왕(제9대 왕; 재위 179~197). 때에 중앙 및 지방의 행정조직을 수도와 지방을 각각 5부로 하고 그 밑에 성(성주: 처려근지 · 도사)을 두었다. 또한 특수행정기구로서 3경을 두었다(국내성 · 평양성 · 한성). 중앙에서 사법사무를 전담했던 기구가 무엇이었는지는 전해지지 않으나, 후기에 접어들면서 지방에서는 욕살(褥薩)이 수사 및 재판 등 사법(司法) 관련 사무를 처리했던 것으로 보인다. 욕살(褥薩)은 고구려 시대의 지방관으로서 군주(軍主)라고도 하였고 그 지역의 행정과 군사의 양면을 관장하는 군정적(軍政的) 책임을 지고 있었다.

고구려는 지방통치조직을 대성(大城)153) · 성(城) · 소성(小城)의 3단계로 나누고, 여기에 중앙관리를 파견하였는데, 이 중 대성(大城)의 장관을 욕살(褥薩 · 耨薩 · 辱薩)이라고 하였다.

고구려의 수취제도는 고구려 초기 연맹체적인 부체제(部體制) 단계에선 피복속 읍락들을 단위로 공납(貢納)을 징수하는 형태였으며 공납물은 집단을 단위로 부과 · 징수되었다.154) 그러나 후기에는 조세제도(租稅制度)로 바뀌었는데, 곡식으로 매호(每戶)에서 받는 조(租)와, 베(布)나 곡식으로 개인에게서 받는 인두세(人頭稅)가 있었다.

고구려에서의 법이란 단순히 형벌만을 의미하는 것이 아니라, 국가의 여러 가지 기준도 포함하므로 관청의 조직은 어떻게 만들고, 물건의 크기를 재는 도량형은 어떤지 등 사회의 기준이 되는 것이 다 법으로 정해질 수가

---

153) 고구려의 대성(大城)은 군(郡) 규모의 여러 성(城)을 통할하는 커다란 행정구역이다.
154) 구체적인 공납물은 각 읍락의 산출물에 따라 차이가 있으나 옥저의 읍락에선 해산물 등이, 그 밖의 경우에는 미녀들이 공납에 포함되기도 하였다.

있었다.155) 이러한 고구려의 법은 신라에도 큰 영향을 주게 되는데 신라가 만든 단양 적성비·울진 봉평비 등에도 각각 법령이 기록되어 있다. 이처럼 고구려는 철저히 법에 의해 집행되고 관리되는 나라였고 과거와 달리 대충 감으로 일이 처리되는 것이 아니라, 분명한 기준과 원칙에 따라 일 처리가 진행되었다. 소수림왕(제17대 왕; 재위 371~384)의 율령(律令) 반포는 고구려 발전의 큰 계기가 되었는데, 소수림왕이 율령을 반포함에 따라 각 지방 별로 달리 집행되던 법의 집행이 통일되었고, 그 결과 같은 죄를 지었음에도 누구는 가볍게, 누구는 무겁게 처벌을 받는 일은 사라지게 되었다.156)

---

155) 그 예로서 하나의 물건의 크기와 무게를 재는 도량형이 통일돼 물건을 거래할 때 보다 편리하게 되었고 국가적인 행사의 절차와 의미 등에 대해서도 하나의 기준이 생겨 전국적으로 같은 행사를 치룰 수 있게 되었다. 이를 통해 중앙과 지방의 문화적 격차도 줄어들게 되었다. 또한 국가가 세금을 징수하거나, 요역(徭役)을 부과하는 경우에도 보다 체계적으로 집행할 수 있게 되었고 각 관리들의 높고 낮음과 봉급을 주는 것, 각자 맡은 업무도 명확하게 규정되어 보다 책임 있게 일을 할 수 있게 되었다.

156) 소수림왕의 조카인 광개토대왕의 무덤의 비문을 보면 전체의 1/3이 무덤을 지키는 수묘인에 대한 법 규정으로 되어 있다. 비문에는 광개토대왕이 몸소 잡아온 한인과 예인 220호만으로 자신의 무덤을 지키라고 명령했는데, 비를 세운 장수왕은 한인과 예인이 무덤을 관리하는 예법을 잘 모를 것을 걱정해 경험 있는 110호를 더 데려왔다는 내용이 담겨있다. 이처럼 묘를 지키고 청소하고, 수시로 제사 지내는 일은 다양한 절차와 격식이 규정되어 있는 쉽지 않은 일이었음을 짐작케 한다. 비문에는 또한 수묘인을 배출할 지역과 그 숫자를 구체적으로 기록하고 있고, 법령 위반 시에는 형벌이 가해진다는 것이 기록되어 있다.

## II. 법과 법생활

### 1. 재판기구

고구려에서는 부족장회의인 제가회의(諸家會議)를 두었는데 제가회의(諸加會議)는 고구려 때 주요 국사를 논의하고 심의·의결하던 귀족회의로, 부족국가 시대이던 고구려 초기부터 존재해 왔다. 초기 고구려의 정치는 5부족 연맹체인 나부체제(那部體制)에 의해 행해졌는데, 이들 나부(那部)가 고구려 연맹체의 지배층을 이루었다. 따라서 국가의 중요한 일을 논의할 때는 여러 부족의 장(長: 大加·小加)들이 모여 중대사를 결정하였는데, 제가회의는 바로 이들 부족장들이 모여 국가의 정책을 심의·의결하던 최고 회의기구이다. 회의의 의장은 초기에는 제가들의 입장을 대변하는 상가(相加)가 맡았고, 후대로 가면서 국상(國相: 고구려 초기의 최고 관직)이 상가를 대신하였다. 주요 기능은 왕권 견제와 관련된 왕위 계승 문제·대외 전쟁이나 정복 활동·국가의 안위와 관련된 국사범들에 대한 평의(評議)·귀족 또는 관리들 사이에 발생한 사건·몇 개 부에 걸친 것이라 어느 한 부에서 다루기 곤란한 사건·기타 국가의 중대사에 관한 심의·의결 등이다.

제가회의(諸家會議)는 국가의 최고 법원이었고, 범죄자는 제가회의의 의결로 즉결처분하였던 것으로 전해진다. 신라의 화백회의(和白會議)·백제의 정사암회의(政事巖會議) 등도 이와 비슷한 성격을 가지고 있었던 것으로 보인다. 5세기 무렵 국왕 중심의 중앙집권적 통치체제가 구축되고 제가들도 점차 중앙귀족으로 편입되면서 제가회의의 기능이 약화되기는 했지만, 668년 고구려가 멸망할 때까지 제가회의 체제는 계속 유지되었다.

고구려의 재판제도와 관련하여 사소한 사건은 씨족회의에서 씨족장의 주재로 또는 부락공동체에서 자체적으로 재판을 하였다. 고구려 초기부터 행하여졌던 제의〈祭儀; 동맹제(東盟祭)〉는157) 제천의례인 동시에 국조신(國祖神)에 대한 공식적인 의례로서의 공회(公會)적인 성격을 띠고 있다. 국왕이 제의를 주관함으로써 왕권의 위엄을 보임과 동시에 수직적인 지배구조를 과시하는 것으로 지배 이데올로기적 성격을 갖고 있다. 제사의례 중에 재판과 형벌이 집행되는 것으로 보아 당시에는 재판기구로서의 역할을 하였던 것으로 보여진다.

## 2. 범죄와 형벌의 종류

부족별로 발전해 온 관습에 따라 또는 수시로 만든 법을 기준으로 법을 집행해 오던 고구려는 373년 소수림왕이 이를 정비해 율령(律令; 국가의 공식적인 법)을 반포하기에 이른다. 즉 율령(律令)을 반포함으로써 국가통치와 사회질서 유지를 위한 규범의 틀을 갖추게 된다.

고구려에서의 범죄 유형은 모반죄 · 모역죄 · 항패죄(降敗罪) · 살인죄 · 행겁죄(行劫罪) · 살우마죄(殺牛馬罪) · 강도죄 · 절도죄 등을 들 수 있다. 이 중 특이한 것이 우마(牛馬)를 죽인 자를 노비로 삼았는데 당시 소는 농사 짓는 데, 말은 전쟁에 반드시 필요한 귀한 동물이었고 강한 나라가 되려면 소와 말이 많아야 하기 때문에 이를 범죄로 하여 처벌한 것으로 보인다.

고구려의 형벌의 종류는 사형(死刑; 화형 · 육시형 · 참형) · 태형(笞刑) · 족형(族刑; 연좌형을 말함) · 노비형 · 배상형 등이 있었으며 당시에 자유형은 존재

---

157) 고구려인들은 돼지를 인간계(人間界)와 영계(靈界)를 이어주는 신성한 동물로 여겨 하늘에 제를 올릴 때에 희생물로 사용하였다. 이는 오늘날에도 무속 제사와 각종 공사 관련 제사 등에 돼지 머리를 제상에 올리는 습속으로 남아있다.

하지 않았다.158)

　상무적이고 정복적인 고구려인의 기질은 행형에도 그대로 표현되어 형벌이 매우 준엄하였다. 고구려 초기에는 범죄자가 생기면 부족의 지도자들이 회의를 통해 사형을 시키고, 부인과 자식들은 전부 노예로 삼았다. 또한 모반과 반역죄를 지은 자는 많은 사람을 모아서 횃불을 들고 서로 앞 다투어 지지게 하여 온몸이 짓무른 뒤에 목을 잘랐으며159) 또한 그 가산을 몰수하였다. 살인자와 전쟁에 패한 자 그리고 강도는 목을 잘랐다. 아울러 도둑질을 한 자는 12배의 배상을 물렸고(1책 12법: 12배 보상) 만약 그것을 갚을 수 없다면 그와 그의 자식들을 노비로 삼아서 배상토록 하였다.

　고구려의 행형은 범죄행위에 대한 제재라는 관념이 확립되지 못하여 수사단계에서 일시 구금해 놓은 것이나 고문을 가하는 것도 모두 형(刑)으로 생각하였다. 따라서 재판에 따라 집행한 형과 법 외의 형이 있었으므로 고구려에 구금시설이 있었음을 짐작할 수 있다.

---

158) 기록상으로는 고구려는 범죄가 적고 감옥이 없었다는 사실을 무척이나 놀라운 일로 기록하고 있다. 고구려 사람들은 길거리에 떨어진 것도 함부로 줍지 않았다고 전해진다.
159) '주서(周書) 이역전(異域傳)'에 따르면 "모의급반역자 선이분소 연후 참수(謀議及 反逆者 先以焚燒 然後 斬首)"라 하여 반역 및 역모한 자에게는 육형(肉刑)과 사형(死刑)을 함께 과하였다; http://terms.naver.com/ entry.nhn?docId=1133161&cid=40942&categoryId=31694(한국학중앙연구원, 한국민족문화대백과).

## 제3. 백 제

백제 다루왕(多婁王) 2년(29)에,
"모든 현의 사죄(死罪)는 곧 판결하지 말고 모두 서울로 이송하여 충분히
심리를 마친 뒤 임금께 아뢰어 재결을 받고, 사형은 5번 아뢴 다음에
집행하도록 하라"는
칙령을 내렸다.160)

"부인으로서 간음(姦淫)을 한 자는 적몰(籍沒)하여 남편 집의 비(婢)로
삼았고, 부인을 범간(犯姦)한 자는 남편집의 노예가 되게 하였다"

## I. 개 관

백제는 기원전 18년에 부여족(扶餘族) 계통인 온조(溫祚) 왕을 중심으로 하여 현재의 서울 지역을 중심으로 건국되었다. 4세기 중반에는 북으로 황해도에서부터 경기도·충청도·전라도 일대를 영역으로 하여 전성기를 누렸다. 그러나 660년에 나당 연합군(羅唐聯合軍)에 의해 멸망하였다.

백제의 중앙 및 지방의 행정조직은 수도를 5부로, 지방을 5방(장관: 방령/ 달솔 임명)으로 하고 그 밑에 군(장관: 군장/ 덕솔 임명)을 두었다. 특수행정지역으로 22 담로제(擔魯制; 웅진 시대 정비된 왕족을 파견한 지방통치 정책)를 시행하였다. 관직으로는 왕 밑에 6좌평(佐平 백제 16관등 중 하나로서 제1품을 말함)을 두었다〈고이왕(제8대 왕) 27; 260〉. 즉 내신좌평(內臣佐平; 좌평의 우두머리;

---

160) 증보문헌비고(서울: 명인당, 1981), 133권 1장, 중 533면.

왕명의 출납)·내두좌평(內頭佐平; 물자와 창고, 즉 재정 업무)·내법좌평(內法佐平; 예절 및 의식)·위사좌평(衛士佐平; 숙위(숙직하여 지킴) 및 시위(왕 호위) 담당)·조정좌평(朝廷佐平; 형벌 및 송사)·병관좌평(兵官佐平; 군무)이 있었다. 그리고 그 밑에 16품을 두었고, 내관 12부(왕과 왕족의 가정사 등 궁중 사무 담당)와 외관 10부(일반 국무 집행)를 두었다.

백제의 신분은 크게 지배신분 층·평민 층·천인 층으로 나뉘며 지배신분층도 몇 개의 층으로 나뉘었다. 지배층인 왕족 및 귀족의 지배를 받은 피지배층의 주류는 신분적으로는 자유민인 일반 농민이었다. 농민은 소규모 토지보유자로서 농업·공업·상업에 종사했으며 국가 수취의 주된 대상이었다. 그 밑에는 최하층의 신분으로서 천민신분 층인 천인과 노비가 있었다. 이들은 정복전쟁과 통일전쟁의 전개과정에서 피정복민들이 천민 집단으로 또는 노예로 전락되면서 성립되었다.161) 노비는 물건과 같이 취급받는 비자유인이었고 전쟁포로·부채노비·형벌노비와 노비소생자를 노비로 삼는 세습노비 등으로 나누어 볼 수 있다. 또한 국가 또는 관청에 예속된 관노(官奴)와 개인에게 예속된 사노(私奴)로 나누기도 하였다.162)

토지제도는 국유(國有)가 원칙이고 토지의 측량방법은 두락제(斗落制; 파종량을 기준으로 하는 토지측량단위)를 썼다. 상부 특권층에 의한 토지지배로는 국가·왕실의 직속지, 귀족들에 대한 사전(賜田), 사원전(寺院田) 등이 있었다. 농민의 경우는 농민이 개별적으로 보유하고 있는 소규모의 경작지가 있었다. 백제는 철제의 농기구·토목용구(土木用具)를 사용함에 따라 농업

---

161) 전쟁에서의 승리를 통해 적지 않은 수의 포로를 얻기도 하였는데 포로는 주로 노예가 되었다. '삼국사기'에는 백제가 전투에서 승리를 거둔 뒤 포로를 장병들에게 나눠주었다는 기록이 보인다.
162) '북사(北史)'·'구당서' 등의 중국 기록에 따르면, 백제에서는 혼인한 여자가 간통을 하면 남편 집의 노예로 삼았고, 국가에 반역한 사람의 가족 역시 노예로 삼았다고 한다. 또, 살인한 사람은 노비 3명을 내면 죄를 용서해주었다는 기록도 있어 노예 매매가 이루어졌음을 알 수 있다.

생산력이 발전하면서 사적 소유가 진전되었다. 이에 따라 경작지에 대한 공동체적 소유가 소멸되어 점차 개별적인 토지사유가 가능하게 되었다. 이렇듯 개별 농가가 농업경영 단위로 성장함으로써 개별 농가에 의한 토지소유가 촉진되고, 농민층의 다양한 계층분화를 가져오게 되었는데, 빈번한 전쟁에의 동원 등으로 농토를 상실한 농민은 노비로 전락하거나 남의 농토를 용작(傭作; 품팔이를 고용하여 농사 짓는 것을 통칭하는 말)하기도 하였다. 토지 경작은 소규모의 경작지를 보유한 자유 농민에 의해 주로 이뤄졌으며 노예 노동도 행해졌던 것으로 보인다. 15세 이상의 일반 백성은 성인으로 분류되어 매년 각종 세금을 내야 했고, 또한 병역과 부역에도 종사하였다. 조세는 조(租)는 쌀로, 세(稅)는 포·비단·삼베 등으로 바쳤다. 세금은 그 집의 생활 정도에 따라 차등을 두었으며, 남자와 여자 사이에도 차이가 있었다.

## II. 법과 법생활

### 1. 재판기구

백제는 일찍부터 중국의 남조(南朝)와[163] 활발히 교류하였고, 특히 북위의 사법제도로부터는 어느 정도의 영향을 받았을 것으로 보인다. 백제는 중국식의 제도를 도입하여 공권력에 의한 형벌을 집행함으로서 법치를 중요시하였고, 5세기 후반부터는 사죄(死罪)에 대해서는 점차 중앙의 재가를

---

163) 남조(南朝)는 420년에 동진(東晉)이 망한 후 진(陳)나라가 망한 589년까지의 남방에 차례로 세워진 송(宋)·제(齊)·양(梁)·진(陳)의 네 왕조를 아울러 이르는 칭호이다. 당시 북방은 북제(北齊)·북위(北魏)·북주(北周) 등의 왕조가 통치하고 있었는데 이를 남조(南朝)와 구별하여 북조(北朝)라 한다.

받는 방향으로 발전하였다. 백제의 재판제도는 초기에는 부(部) 또는 지역 중심으로 독자적으로 재판권을 행사하였는데, 아마도 고구려의 제가회의와 비슷한 회의체인 '남당(南堂)'과 같은 기구에서 심판했을 것으로 보인다. 이후 지방조직이 정비되면서 지방은 각각이 재판권을 행사하되, 사건이 몇 개 지방에 걸쳐 재판권이 중복되거나, 중요 사건 그리고 귀족들 간의 다툼은 중앙에서 처리하였다.

다루왕(多婁王 제2대 왕; 재위 28~77) 2년(29)에 다음과 같은 칙령을 반포하는데,

"모든 현의 사죄(死罪)는 곧 판결하지 말고 모두 서울로 이송하여 충분히 심리를 마친 뒤 임금께 아뢰어 재결을 받고, 사형은 5번 아뢴 다음에 집행하도록 하라"는 내용이다. 이는 당시의 사법제도와 법집행의 신중함을 살펴볼 수 있는 대목이다.

백제에서 형벌을 관장하던 기구로는 사구부(司寇部)와 조정좌평(朝廷佐平)을 들 수 있다. 먼저, 사구부(司寇部)는 그 명칭에 있어서 중국 고대의 '주례(周禮)'를[164] 본뜨고 있는데 이는 유교적 이념에 따른 것으로 보인다. 사비 시대 백제의 중앙관제는 내관(內官) 12부와 외관(外官) 10부의 22개 부로 구성되어 있는데, 사구부는 백제 제8대 고이왕 때(250년 전후) 상좌평(上佐平)에 소속되어 외관(外官)의 하나로 형벌관계의 업무를 담당한 관서

---

[164] 주례(周禮)는 주(周)나라의 모든 관직 명칭과 그 직무의 범위를 총망라해 놓은 책이다. 유가(儒家)에서 중시하는 십삼경(十三經) 중의 하나로 '의례(儀禮)', '예기(禮記)'와 함께 삼례(三禮) 중의 하나이다. 십삼경(十三經)은 13종의 경서(經書)를 총칭하는 말로서, '역경(易經)'·'서경(書經)'·'시경(詩經)'·'주례(周禮)'·'예기(禮記)'·'의례(儀禮)'·'춘추좌씨전(春秋左氏傳)'·'춘추공양전(春秋公羊傳)'·'춘추곡량전(春秋穀梁傳)'·'논어(論語)'·'효경(孝經)'·'이아(爾雅)'·'맹자(孟子)' 등의 13종을 말한다.

였다.

조정좌평(朝廷佐平)은 6좌평 가운데 하나로서 1품 관원으로 형벌과 송사에 관한 업무를 관장하였다. 삼국사기에는 조정좌평의 설치를 260년(고이왕 27)으로 기록하고 있으나, 그의 완비는 사비 시대에 와서 이루어진 것으로 보인다.

지방에서는 방령(方領)이 수사 및 재판 등 사법(司法) 관련 사무를 처리하였다. 방령(方領)은 백제시대의 지방장관으로서 지방행정조직인 방(方)의 행정 및 군사최고책임자이다. 방(方)에는165) 각기 6·7개(많게는 10개)의 군(郡)이 소속되어 있었다. '주서(周書)' '백제전'에는 5방(五方)의 명칭과 조직에 대해 기록하고 있는데, 5방에는 각각 달솔(達率)의166) 관등을 가진 방령(方領) 1명이 있었고 보좌관으로 방좌(方佐) 2명을 두었다.

### 2. 범죄와 형벌의 종류

백제에서의 범죄의 유형으로 반역죄·살인죄·퇴군(退軍)죄·간음죄·관인수뢰(官人受賂)죄·도(盜)죄 등의 범죄가 문헌상에 나타나고 있다. 형벌로는 참형·유형·재산형·족형·노비형·종신금고형 등이 있다. 반역·살인·퇴군·간음 등의 범죄에 대한 처벌은 당률(唐律)의 영향을 받았고 고구

---

165) 백제의 지방 지배는 한성시대(漢城時代) 이래 시행되어온 담로제〈擔魯制; 이는 백제의 지방지배조직으로서, 왕족 출신의 자제 종족이 중심이 된 지방관이 파견되었다. '양서(梁書)' 백제전에 따르면 전국적으로 22개의 담로가 존재하였음을 알 수 있다. 담로는 지방지배의 거점으로서의 성을 의미하는 동시에, 그 것을 중심으로 하는 일정한 통치영역을 의미한다고 하겠다〉가 웅진시대(熊津時代) 후기에 와서 점차 오방제(五方制)의 형태로 바뀌게 되었다. 그리하여 사비천도(泗沘遷都) 후에는 전국을 크게 다섯 구역으로 나누어 통치하는 오방제(五方制)가 정착되었다.
166) 백제 시대의 관직으로 16관등의 하나로서(품은 2품, 정원은 30명), 수도 5부 및 지방 오방(五方)의 장인 방령(方領)에는 달솔의 관등을 가진 자가 임명되었다.

려와 비슷하였다. 전쟁에서 후퇴한 자 및 살인을 한 자에 대해서는 참수(斬首)하였는데 살인한 자는 노비 3명으로 속죄가 가능하였다. 반역자는 사형(斬首)에 처하였고 그 가족은 적몰(籍沒; 중죄인의 재산을 몰수하고 가족까지도 처벌하던 일)하였으며, 비록 속죄하였어도 노비를 면치 못하였다. 도둑질한 죄에 대하여는 유배 보냄과 동시에 물품의 2배를 물도록 하였다. 그리고 관리가 뇌물을 받거나 국가의 재물을 횡령했을 때는 3배를 배상하고, 죽을 때까지 금고형(禁錮刑)에 처하였다.[167] 부인으로서 간음(姦淫)을 한 자는 적몰(籍沒)하여 남편 집의 비(婢)로 삼았고, 부인을 범간(犯姦)한 자는 남편 집의 노예가 되게 하였다.

백제의 행형제도는 전제왕국으로서의 면모를 갖추었는데 형옥 관련 사안은 조정좌평이 관장하였고 형옥을 영어(囹圄; 감옥)라고 하였다. 수금시설로서 형옥(刑獄)이 있었으나 이는 독립된 기관으로서가 아니라 관사(官司)의 소속기관으로 존재하였다.

## 제4. 신 라

"신라는 중국의 발달된 율령제도(律令制度)를 받아들이면서
장(杖)·유(流)·사(死)의 3형(刑) 제도가 정립되었다.

신라에서의 실제적인 사형의 집행은 개국 초기부터
참수형과 사약형(賜藥刑)이 주로 행하여졌다"

---

[167] 이는 관리들의 기강을 세우기 위해 고이왕 29년인 262년에 왕명에 의해 정해진 것으로, 이때의 금고(禁錮)는 거소(居所)를 제한하고 출입을 금지시키는 정도에 그쳤으므로 오늘날의 금고형과는 성격이 다르다 하겠다.

## Ⅰ. 개 관

신라는 기원전 57년(혁거세거서간 1)부터 935년(경순왕 9)까지 56대 992년간 존속했던 고대 왕조이다. 660년에 백제를, 668년에 고구려를 멸망시키고 마침내 삼국을 통일하였다. 신라는 지리적 특성과 토착부족 중심의 보수성으로 인하여 가장 늦게 고대국가로서의 발전을 이룩하였지만, 부족 간 공동체로서 친화력이 높았고 고유한 사회적 풍습을 오래 견지하면서 거의 1000년을 존속하였다.

신라의 중앙 정치 조직은 법흥왕 3년(516)에 병부(兵部)가 따로 설치되면서 분화·발달하기 시작하면서 531년에 최고위 관직인 상대등(上大等)이 설치되었다. 진평왕(眞平王) 대에 이르러 조부(調部)·예부(禮部)·위화부(位和府) 등 7개 중앙관서와 내성(內省)이 갖추어지게 된다. 진덕여왕(眞德女王) 때에는 중앙의 최고기관으로 존속하던 품주(稟主)를 집사부(執事部)로 개편하였고 창부(倉部)와 이방부(理方府)를 두게 된다. 통일된 이후 남북국 시대에는 집사성(執事省)을[168] 중심으로 그 아래에 13부를 두었다. 이조(吏曹)에 해당하는 위화부(位和部), 호조(戶曹)에 해당하는 조부(調部)와 창부(倉部), 예조(禮曹)에 해당하는 예부(禮部)와 영객부(領客府), 병조(兵曹)에 해당하는 병부(兵部), 형조(刑曹)에 해당하는 좌이방부(左理方府)와 우이방부(右理方府), 공조(工曹)에 해당하는 공장부(工匠府)·예작부(例作府)·승부(乘府) 그리고 사정부(司正府)와 선부(船府)를 두었다.

---

168) 집사성(執事省)은 국가 기밀과 정무(政務)를 맡아보던 최고의 행정 부서로서, 진덕여왕 5년(651)에 품주(稟主)를 집사부(執事部)로 고쳤다가, 흥덕왕 4년(829)에 집사성(執事省)으로 바꾸었다.

지방의 행정조직은 수도를 6부로, 지방을 5주(장관: 군주)로 하여 그 밑에 군(장관: 군주)과 촌(장: 촌주)을 두었다. 특수행정구역으로 2소경(장관: 사신)을 두었다〈동원경(강릉)·중원경(충주)〉. 통일 이후에 신라는 지방조직을 정비하게 되는데, 지방을 9주(장관: 총관·도독)로 하고 그 밑에 군(장: 태수)·현(장: 현령)·촌(장: 촌주)을169) 두었다. 지방관의 명칭이 도독으로 바뀌면서 행정적 성격이 강화되었다. 신라·고구려·백제 지역에 각각 3주씩을 두어 9주를 완성하였다. 특수행정구역으로 5소경(小京), 즉 북원경(北原京 원주)·서원경(西原京 청주)·중원경(中原京 충주)·남원경(南原京 남원)·금관경(金官京 김해)을 두었는데 통일 전 2소경을 새롭게 5소경으로 편성하였고, 특수 천민집단으로 향(鄕)과 부곡(部曲)을 두었다.

신라의 신분제도에서 골품(骨品)제도가 갖는 의미는 지대하다. 골품제는 원래 8등급, 즉 성골(聖骨)·진골(眞骨)·6두품(頭品)으로 구분되어 있었으나, 이후 성골이 소멸하고 또한 평민들의 등급 구분이 없어지게 된 결과 진골·6두품·5두품·4두품·백성(평민)의 5등급으로 정리되었다. 평민이라고 하더라도 일단 골품제도에 편입된 사람들은 왕경(王京)에 사는 사람만으로 제한되어 있었던 만큼 지방의 촌락민과는 다른 그들 위에 군림하는 지배자적 존재였다. 지방민은 노예나 부곡민(部曲民) 등 천인 계층과 더불어 골품제도에 포섭되지 않는 이른바 탈락 계층이었다.

신라의 토지제도는 기본적으로 국유제이다. 6세기 이래 중앙집권적인 귀족국가로 발전하면서 중국 고대의 이른바 왕토사상(王土思想), 즉 "전국의 모든 국토는 왕토(王土)요, 모든 국민은 왕신(王臣)이다"라고 하는 사상의 수용을 통해 모든 토지와 국민을 국왕에게 예속시켰다. 그러나 모든 토지

---

169) 촌주는 지방의 토착 세력으로 중앙에서 파견된 현령의 통제를 받았으며 촌주 1명이 여러 촌을 관할하였다.

가 국왕에 의해 독점된 것은 아니었는데, 관직과 군직을 독점한 귀족들은 국가에 대한 공로로 식읍(食邑)·사전(賜田) 등의 명목으로 많은 토지를 받았고 이후에는 그들이 사적으로 소유하는 토지의 면적은 급증하였다. 고급 관료들의 경우에는 녹읍(祿邑)을 지급받았는데, 녹읍(祿邑)은 관료(官僚)들에게 관직(官職) 복무의 대가인 녹(祿)을 지급함에 있어 일정한 지역, 즉 읍(邑)을 내려 경제적 수취(收取)를 허용해 준 제도를 말한다. 수급자가 토지로부터 일정한 양의 조(租)를 받을 뿐 아니라, 그 지역에 거주하는 주민들을 노역에 동원할 수 있는 특권도 용인되었다.

이를 다시 연대 별로 정리하면, 통일 전에는 전공(戰功)에 따라 지급된 식읍(食邑)과 관복무의 대가로 받은 녹읍제가 발전하였고, 능위전(陵位田)170)·사전(寺田) 등이 있었다. 통일 후에 신라의 토지제도는 크게 변화하였는데, 조세는 생산량의 1/10로 줄였고 촌락단위 특산물을 징수하였다. 또한 16세부터 60세까지의 남자에게 군역(軍役)과 요역(徭役; 국가가 백성의 노동력을 무상으로 징발하는 수취제도)을 부과하였다. 신문왕(제31대 왕; 재위 681~692) 때인 687년에 관료들에게 관료전(官僚田)을171) 지급하였고, 689년부터는 녹읍을 폐지하는 대신 수조권(收租權)만 인정하는 직전(職田: 官僚田)과 세조(歲租)를 주는 제도로 바뀌었다. 성덕왕 때에는 정남(丁男)에게 정전(丁田)을 지급하여(722),172) 국가에 조세를 바치게 했다. 8세기 중엽에 이르자, 귀족 세력이 전제왕권에서 벗어나려는 움직임이 나타나면서, 그 결과 757년(경덕왕 16) 직전과 세조는 폐지되고 녹읍이 다시 부활되었다.

농민의 생활은 일본 쇼소인(正倉院)에서 발견된 서원경 지방(지금의 청주

---

170) 왕과 왕비의 분묘(墳墓)를 능(陵)이라 하는데, 이에 딸린 논밭을 말한다.,
171) 관료전은 다만 조(租)의 수취만을 허락한 것으로 보이며, 관직에서 물러나면 국가에 반납해야 하는 성질의 토지였던 것으로 보인다.
172) 정전제도는 종래 식읍이나 녹읍을 경작하던 농민을 국가가 지배한다는 뜻으로 해석된다.

지방)의 장적(帳籍; 전근대사회에서 국가가 백성들을 파악하고 조세를 부과하기 위해 조사, 작성되던 모든 종류의 문서를 말함)을 통하여 그 실태를 어느 정도 추측할 수 있는데, 이와 같은 통계는 농민들로부터의 정확한 조세징수와 노력동원의 편리를 위하여 조사 작성된 것이다. 이 장적(帳籍)은 3년마다 자연촌락단위로 촌세(村勢)를 중앙정부에 문서로써 보고한 것으로, 당시 촌(村)은 10호 정도의 혈연집단이 거주하는 자연부락을 기준으로 3~4개의 촌을 관장하는 촌주(村主)가 중앙의 통치를 대행하였다. 장적에는 촌의 구역·호(戸)와 인구의 수·소와 말의 수·토지의 면적·뽕나무·잣나무·호두나무의 수효·호구의 감소와 소·말·뽕나무·잣나무·호두나무의 감소상황을 기록한 것이다. 호(戸)의 등급은 9등급으로, 연령의 등급은 6등급(小子女·追子女·助子女·丁男女·除公母·老公母)으로 나누었다.

## II. 법제도 및 법생활

### 1. 법 제

신라는 법흥왕(제23대 왕; 재위 514~540) 7년인 520년에 율령을 반포하고 중앙집권적인 국가체제를 갖추었으나 고구려나 당제를 그대로 모방하지 않고 독자적인 고유성과 조화를 이루었다. 신라는 율(律; 형벌 법규)·령(令; 행정법적 규정)·격(格; 수시 칙(勅)의 명령을 모은 법전으로서 율령을 보충, 변경하는 역할을 함)·식(式; 율령을 시행하는 데 필요한 세칙(細則)을 정한 규정)의 법제도를 두었는데, 율(律)은 형(刑). 죄(罪)로 구분되었으며, 령(令)은 관위령(官位令) 외에 총 13가지가 있었다. 격(格)은 654년(태종 무열왕 1) 이방부격(理方府格) 60조를 책정한 데서 비롯되었는데, 이방부격은 형률(刑律) 담당관서인 이방부를 설치하면서 520년(법흥왕 7)에 공포된 최초의 율령 이래의 것과 수·당의 율령 등을 자세히 살펴서 만든 것으로, 율령을 보충한 입법이라는 뜻에서 중요성을 가진다. 식(式)에 대한 자료는 자세하지 않으나 문무왕(661~681)의 유조(遺詔: 임금의 유언)에 율령격식(律令格式)의 용어가 있는 것으로 보아, 당시에 식(式)의 형식을 갖춘 법률도 있었던 것으로 추정된다.

7세기 말 또는 8세기 초에는 신라에도 심급제도가 도입되었을 것으로 보인다. 이는 율령체제의 정비와 함께 중앙집권화에 따라 사법절차도 점점 중앙으로 집중하였을 것으로 추정할 수 있기 때문이다. 이후 8세기 중반에 율령전이라는 기구가 등장하고 율령박사를 두었다는 것을 보면 율령제도의 정착과 발전을 가늠해 볼 수 있다.[173]

### 2. 사법 및 재판 기구

신라 초기의 재판은 6부가 각기 독자적으로 행사하였을 것으로 보인다. 즉 6부의 지도자들로 구성된 회의체(남당) 또는 화백회의에서 국왕의 임석 하에 중요한 사항을 논의하거나 재판도 하였다. 이후에도 사법전담기구가 설치되기 전까지는 일반적인 사건은 각 지방관장이 재판하고, 수시로 염찰사(廉察使)를 파견하여 재판사무를 감시하였다. 특별히 중대한 사안이나 다른 관할에 걸친 사건·귀족들 사이의 다툼·중앙의 사건 등은 남당에서 재판하였고, 특히 중대한 죄는 왕의 재가를 얻도록 하였다.

신라는 초기에는 형벌의 내용으로 보아 고대국가의 특색을 면치 못하였

---

173) 7세기 말부터 9세기 초에 이르는 시기는 율령정치가 가장 성하였던 시기였다. 율령은 변방의 말단행정단위인 촌에 이르기까지 충분히 침투되어 실효를 거두고 있었는데, 이러한 사실은 일본 나라(奈良)의 쇼소인(正倉院)에서 발견된 당시의 촌행정보고서인 이른바 신라장적(新羅帳籍)을 통해 알 수 있다.

다. 당시의 형법을 담당하던 사법기구로는 좌이방부(左理方府)와 우이방부(右理方府)가 있었다. 좌이방부(左理方府)는 제28대 진덕여왕 때(651)에 설치된 형률사무를 담당하였던 기구였고, 우이방부(右理方府)는 667년(문무왕 7)에 설치된 형률관계의 업무를 담당하던 부서이다. 본래 형률관계를 담당하는 기관으로 좌이방부가 있었는데, 그 뒤 통일전쟁의 막바지에 들어서면서 형률업무가 폭주하자 이를 효율적으로 처리하기 위해서 우이방부를 설치한 것으로 보여진다.174)

그밖에 외사정(外司正)과 율령전(律令典)이라는 기구가 있었는데, 외사정(外司正)은 외관직으로서 지방 관리들을 감찰하는 기구로서 문무왕 13년(673)에 설치되었고 지방 관리들의 비행을 살펴 규탄하는 일을 주로 하였다.175) 율령전(律令典)은176) 율령(律令)과 관련한 하급 실무관리의 교육·양성을 담당하던 기구이다.

통일 이후 지방의 경우에는 소경(小京)의 사신〈仕臣; 신라 때 지방의 특별행정구역인 소경(小京)에 파견한 지방장관〉이 사법행정을 관장하였다. 통일 신라는 고구려와 백제의 옛 땅을 합하여 구주(九州)의 행정구역을 설정함과 함께 정치상·군사상 중요한 지방에 왕경(王京: 서울)인 경주 외에 5개소의 작은 서울을 설치하였는데 이것이 바로 소경(小京)이다. 신라의 5소경은 김해(金官小京; 金海小京; 金海)·충주(國原小京; 中原京)·원주(北原小京; 北原京)·청주(西

---

174) 관원으로는 영(令)·경(卿)·대사(大舍)·사(史)가 있었는데, 영은 정원이 2인이며, 경은 처음에는 1인이었다가 678년에 1인이 증원되어 2인이 되었다. 대사는 정원이 2인이고, 사는 10인이었다.
175) 각 주(州)에 2인, 군(郡)에 1인씩 모두 1백 33인을 두었으나, 그 관등은 분명치 않다.
176) 율령전(律令典)은 하급 실무관리의 교육·양성을 담당하던 관서인데, 여기에는 율령격식을 교수하는 율령박사(律令博士)가 배치되었다. 신라통일기에 들어와 당나라의 제도를 본뜬 율령정치(律令政治)가 강화됨에 따라서 율령의 제정 및 운영에 대한 전문가가 필요하였기에 두게 된 것으로 보인다. 758년(경덕왕 17) 4월에 2인이 배치되었고 후에 6인을 두었다.

原小京; 西原京)·남원(南原小京; 南原京) 등을 말한다.

## 3. 범죄와 형벌의 종류

신라에서의 범죄의 유형으로는 모반죄(謀反罪; 국가나 군주를 전복할 것을 꾀한 죄)·모대역죄(謀大逆罪; 나라의 종묘·산릉·궁궐 등을 파괴하거나 그렇게 하려고 음모하는 죄)·요언혹중죄(妖言惑衆罪; 인심을 혼란하게 만드는 요사스러운 말로 백성들을 미혹케 하는 죄)·사병이직죄(詐病離職罪; 병을 사칭하여 직무에서 이탈하는 죄)·배공영사죄(背公營私罪; 직권남용죄)·역사불고언죄(逆事不告言罪; 불고지죄)·적전부진죄(敵前不進罪; 적 앞에서 나아가지 않은 죄)·살인죄·상해죄(상해치사죄)·도죄(盜罪) 등을 들 수 있다.

형벌로는[177] 장형(杖刑)·유형(流刑)·사형(死刑)의 3형이 있었던 것으로 보인다. 도형(徒刑)이 있었다는 기록은 없다. 장형(杖刑)은 매를 때리는 형이고, 유형(流刑)은[178] 멀리 유배(流配)를 보내는 형이다. 사형(死刑)은 목숨을 빼앗는 형이다. 반역자는 거열형(車裂刑)에 처하였고 그 일족을 멸하였다. 전쟁에서 패퇴하거나 항복한 경우도 사형에 처하였다. 당시의 사형(死刑)의 집행방법을 보면, 거열형(車裂刑; 수레에 머리와 사지를 묶어 몸을 찢어 죽이는 형. 거열형(車裂刑)이라고도 함)·사지해형(四肢解刑; 사지를 베어 죽이는 형)·참형(斬刑; 칼로 목을 베어 죽이는 형)·자진형(自盡刑; 스스로 목숨을 끊도록 하는 형)·기시형(棄尸刑; 시장 또는 길거리에서 사람들이 보는 가운데 공개적으로 처형하는 형)·육시형(戮屍刑; 묘에서 시체를 파내어 다시 참수하는 형) 등이 있었다.

---

[177] 신라는 고구려율을 이어받았으므로 고구려율과 마찬가지로 중국의 수·당 이전의 형벌 계통에 속한다.
[178] 유형(流刑)은 원래 수·당의 형벌로서 그 이전의 사변형(徙邊刑)이 지양된 것이며, 신라에서는 이 사변형에 해당하는, 즉 섬에 가두는 입도(入島) 또는 투기원도형(投棄遠島刑)이 있었다.

교형(絞刑; 목을 매어 달아 죽이는 형)이 있었는지는 확실하지 않다.

그러나 신라에서의 실제적인 사형의 집행은 개국 초기부터 참수형과 사약형(賜藥刑; 왕이 독약을 보내 자살하게 하는 사형 방법)이 주로 행하여졌고,[179] 열지형(裂肢刑; 사지를 찢어 죽이는 형)과 같은 잔인한 형에 대한 기록이 거의 없는 것으로 보아 완화된 형벌의 집행이었음을 알 수 있다.

형의 집행과 관련한 당시의 기록을 살펴보면,

i) 3대 유리왕(재위 24~57) 2년에 왕이 시조의 묘에 참배 시에 관내의 수인(囚人)에 대하여 대사령(大赦令; 죄의 종류를 정하여 그에 해당하는 모든 죄인에 대하여 형을 사면하는 명령)을 내렸다는 기록이 있다.

ii) 5대 파사왕(재위 80~112)은 "행위가 사형에 처할 자를 제외하고는 각자에게 차이가 없는 형을 집행하라"고 하였다.

iii) 10대 내해왕(재위 196~230)때에는 심한 한해(寒害)를 당하여 옥수(獄囚)의 고통을 덜어주기 위하여 죄수들을 석방했다는 기록이 있다.

iv) 13대 미추왕(재위 262~284)은 "시어머니가 며느리를 치사(致死)케 한 것에 대하여 존속(尊屬)이 비속(卑屬)을 때리는 것은 이를 싸움으로 볼 수 없으니 그 죄를 감하여 사형에 처하지 말라"고 하였다. 이 구절 등을 통해 형률이 이미 정비되고 제도상의 형정이 이루어지고 있었던 것을 가늠할 수 있다.

v) 30대 문무왕(재위 661~681)은 삼국통일을 이룩한 후 영어(囹圄; 감옥)

---

179) 증보문헌비고(增補文獻備考)에 의하면 제13대 미중왕 5년(266)의 칙령(勅令)에 '尊毆卑, 非鬪也, 減死論'이라는 규정이 있다. 이것은 살인죄에 관한 예외규정으로서 존속이 직계비속을 구타하는 것은 싸움으로 볼 수 없으니, 그 죄를 멸(滅)하여 사형에 처하지 말라고 한 것으로 보아 그 당시 살인죄는 사형에 처하고 있었음을 알 수 있으며, 사면제도(赦免制度)와 감형제도(減刑制度)가 있었던 것으로 보인다.

에 햇빛을 보지 못하고 낙루(落淚)하는 수인(囚人)들에게 대사령(大赦令)을 내린 바 있는데 이로 미루어 보아 행형시설로서 감옥을 운영하고 있었음을 알 수 있다.[180]

신라시대 법의 특징을 정리해 보면, 먼저, 신라는 지리적 특성과 토착부족 중심의 보수성으로 인하여 가장 늦게 고대국가로서의 발전을 이룩하였지만 고유한 사회적 풍습을 오래 견지하면서 특히 부족 간 공동체로서 친화력이 높았다.

둘째로, 법흥왕은 율령반포를 통해 중앙집권적인 국가체제를 갖추었으나 고구려나 당제를 그대로 모방하지 않고 독자적인 고유성과 조화를 이루었다.

셋째로, 반역자·퇴각자 등은 엄단하고, 살인자는 사형에 처하며, 절도자는 배상을 물게 하였는데 이는 대체로 고구려의 형률보다는 완화된 것이며 백제의 제도에 가까웠다고 할 수 있다.

---

180) 우리나라의 행형제도에 관한 기록은 삼국시대부터 찾아볼 수 있다.

## 제5. 발해와 후삼국

"발해는 예부(禮部)에서 법률·형법 관련 업무, 죄인 심판, 형률 관리, 천민 관리 등을 관장하였고, 중정대(中正臺)라는 감찰기구도 두었다"

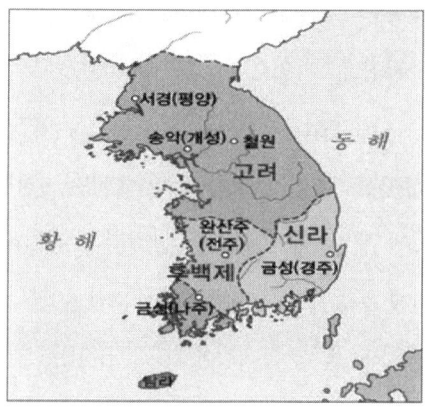

## I. 발 해

발해(渤海)는 698년부터 926년까지 228년간 한반도 북부와 만주·연해주에 존속하며 통일신라와 함께 남북국을 이루었던 고대국가이다.181) 고구려(高句麗) 별부(別部) 출신의 대조영(大祚榮)이 고구려 유민(遺民)과 말갈족들을 모아 옛 고구려 땅인 동모산(東牟山: 지금의 돈화현 오동성으로 추정)에서 진국(震國)이란 국호로 건국하였는데, 당(唐)나라에서 대조영(발해를 세운 고왕; 재위 698~719)을 '발해군왕(渤海郡王)'으로 봉(封)하면서 발해로 불리게 되었다(712). 발해는 중국이 해동성국(海東盛國)이라 부를 만큼 융성했으며

---

181) 진국(振國) 또는 진국(震國)이라고도 불리었다.

당과 일본과의 교류 또한 활발했다.182)

　발해는 고구려 계통이 지배층을 형성하였고 하부 층은 말갈족이 주류를 이루었다.　3대 문왕 이후 당의 문물과 제도를 적극 수용하여 국가의 정치 체제를 확립하였다. 발해는 중앙에 3성(省) 6부(部)·1대(臺)·7시(寺)·1원(院)·1감(監)·1국(局)을 두었다.　3성(省)〈정당성(政堂省)·선조성(宣詔省)·중대성(中臺省)〉 가운데 집행을 전담하던 정당성(政堂省)에 소속된 예부(禮部)에서 법률 및 형법 관련 업무·죄인의 심판·형률 관리·천민 관리·반란을 다스리는 일 등을 관장하였다. 관원으로는 장관에 해당하는 경(卿) 1인과 차관인 소경(少卿) 1인·낭중(郎中) 1인·원외랑(員外郞) 약간 명 등을 두었다.

　또한 중정대(中正臺; 대중정)라고 하는 형법(刑法)·전장(典章; 제도와 문물을 아울러 이르는 말)에 관한 일과 관리들의 비리를 감찰하는 기구도 두었는데, 이는 고려시대에 두었던 어사대(御史臺)의 전신이라 할 수 있다.

　지방의 경우 영토가 점차 확대됨에 따라 5경(京; 전략적 요충지)·15부(府; 지방 행정의 중심: 도독)·62주(州; 자사)를 두어 관리하였다. 5경은 정치·군사·경제의 중심지로서 발해의 세력이 확대됨에 따라 국토를 효과적으로 관리하기 위하여 주요 지역에 설치한 것이다.183) 주 밑에는 현(현승)과 촌락(촌장)을 두었는데, 행정 조직의 최말단에 있는 촌락은 토착 세력에 의해 운영되었는데 부족 단위로 살아가는 말갈의 전통적 조직이 그대로 유지되었다(주로 말갈족으로 구성되었으며 추장이 지배함).

　발해의 경우 중국의 동북공정에 의해 고구려와 마찬가지로 역사 왜곡이 행하여지고 있는 대표적 예이다. 중국의 주장에 따르면 발해는 당나라의

---
182) 이 시기 강역(疆域; 강토의 구역)은 '방오천리(方五千里)'로 동쪽은 동해, 북쪽은 송화강·흑룡강, 서쪽은 장춘·심양·압록강구, 남쪽은 함경도 용흥강 지역에 이르렀으며 호(戶)가 10여 만에 달했다고 한다.
183) 5경은 상경(上京; 용천부)·중경(中京; 현덕부)·동경(東京; 용원부)·남경(南京; 남해부)·서경(西京; 압록부)으로 이루어졌다.

지방정권에 불과한 속말말갈의 정권이며, 당나라의 문물과 제도를 받아들여 해동성국이 되었다는 것이다. 더더욱 발해를 세운 대조영조차 속말말갈 출신이고 주민 대다수가 말갈인이었음을 주장하면서 발해와 고구려와의 상호 관련성이 미미함을 애써 강조하고 있다. 그러나 대조영이 고구려 유민임은 주지의 사실이라 할 것이고 발굴된 비문이나 출토된 문물을 통해 발해가 중국과는 독립된 정치세력임과 동시에 고구려를 계승한 국가임이 밝혀지고 있다.184)

## II. 후삼국

후삼국시대는 10세기 경 후백제·후고구려 그리고 신라가 서로 대립하던 시기를 말한다. 후백제는 견훤이 완산주(전주)에서 건국한 나라이고(900년에 건국, 936년에 고려에 멸망함), 후고구려(태봉)는185) 궁예가 송악(지금의 개성)에서 건국하였다(901년에 건국, 918년에 멸망함). 신라는 경순왕(56대 마지막 왕; 재위 927~935)이 935년에 고려에 투항함으로써 오랜 역사의 끝을 보게 된다. 후고구려는 고구려의 부흥을, 후백제는 백제의 부흥을 기치로 하여 신라에 맞서고 있었고 그 세력 또한 점차 신라를 위협할 정도로 크게 성장하였다. 전성기 때의 후고구려의 영토는 지금의 경기·강원·황해·충청북도의 대부분에 이를 정도로 커졌고, 후백제 또한 지금의 전주(全州; 당시에

---

184) 872년에 최치원이 당나라 예부상서에게 보낸 상소(고운집 '與禮部裵尚書瓚狀')를 보면, "고구려의 미친 바람이 잠잠해 진 뒤 잔여세력이 나타나 남은 찌꺼기를 거두어 모아 …… 옛날의 고구려가 지금의 발해로 바뀌었습니다"란 내용이 담겨 있다; http://leekihwan.khan.kr/362.
185) 901년에 궁예가 후고구려를 세운다. 5년 뒤에 국호를 마진으로 바꾸고 강원도 철원으로 수도를 옮기게 된다. 911년에 국호를 마진에서 태봉으로 바꾼다.

는 완산주)를 중심으로 한 전라도 북부 지역, 광주〈당시에는 무진주(武州)〉와 진주〈당시에는 강주(康州)〉를 비롯해 북으로는 금강 이남, 남으로는 영산강 상류 이북, 동으로는 낙동강 서쪽 지역에 달할 정도였다.

후고구려(태봉)는 904년에 중앙관제를 정했는데 최고관부로서 광평성(廣評省)을 설치하고 그 수장으로 광치나(匡治奈 : 고려 때의 시중에 해당)를 두었다. 아울러 그 밑에 여러 관직을 두었는데 당시 형부(刑部)의 기능을 담당하였던 것이 의형대(義刑臺 : 형부)이다. 이러한 제도는 태봉이 당시에 독자적인 관부·관직체계를 갖추었음을 보여주는 예이다. 태봉의 관직 체계는 후에 태조 왕건이 고려의 제도를 정비할 때에 큰 영향을 미치게 된다.

그러나 태봉과는 달리 견훤이 세운 후백제는 독자적인 정치체계를 갖추지 못하였고 관부와 관직도 신라의 것을 그대로 답습하여 운용하였다.

## 제6. 종교가 규범생활에 미친 영향

삼국시대에 우리나라에 전래된 불교와 유교는 실생활 속에 깊이 스며들며 일반 백성들의 규범생활에도 많은 영향을 미쳤다. 불교는 왕실을 비롯하여 일반 백성들에게 신앙의 형태로 다가와 일상생활 속에 스며들게 된다. 유교 역시 왕을 정점으로 한 지배층의 통치철학으로서 삼강오륜의 구현 및 신분제를 바탕으로 하는 충효의 실현으로 이어졌다. 하층계급에 대한 통치정책은 이러한 예교적(禮敎的) 사회질서를 유지하며, 체제 유지를 위한 질서를 바로잡는데 기여하였다.

## I. 불교의 전래와 역할

불교는 기원전 5세기 경 인도의 고타마 붓다(석가모니; 釋迦牟尼)가 이 세상의 고통(苦痛)과 번뇌(煩惱)를 벗어나 부처가 됨을 궁극(窮極)으로 하며, 죽어서 극락세계(極樂世界)로 가는 것을 이상(理想)으로 하여 창시한 종교이다. 부처의 가르침을 법(法)이라고 하므로 불교를 불법(佛法)이라고도 하고, 부처가 되는 길이라는 뜻에서 불도(佛道)라고 부르기도 한다. 불교의 내용은 석가모니가 35세에 보리수 아래에서 달마(達磨, dharma : 진리)를 깨침으로써 불타(佛陀, Buddha : 깨친 사람)가 된 뒤, 80세에 입적할 때까지의 기간 동안 여러 곳을 다니면서 여러 계층의 사람들을 교화할 목적으로 말한 교설이다. 교리(敎理)에 따라 대승(大乘)인 북방(北方) 불교(佛敎)와 小乘(小乘)인 남방(南方) 불교(佛敎)로 나뉘어 동양(東洋) 여러 나라에 퍼지게 되었다.

오랫동안 아시아를 중심으로 전파된 불교에는 많은 종파가 있어 모두를 아우르는 정의를 찾기는 쉽지 않다. 그러나 불교는 일반적으로 개조(開祖)로서의 부처·가르침으로서의 법 그리고 이를 따르는 공동체인 승(僧)의 삼보(三寶)로 대변된다. 불교의 수행의 궁극적인 목표 내지 1차적인 목표는 깨달음(반야·보리)에 도달하는 것인데, 깨달음에 도달하는 것은 열반(涅槃)에 도달하는 것과 동일하며 이는 곧 불성(佛性)을 깨치는 것과 같다.

한국으로의 불교의 전래 시기는 서기 4세기와 5세기경 삼국 시대(三國時代)에 동진 시대(317~420)와 남북조 시대(439~589)의 중국을 거쳐 들어온 것으로 알려지고 있다. 불교는 한국 민족과 더불어 자라온 중요한 종교 사상의 하나로서, 불교의 수용 배경으로서는 종래의 원시 종교로써는 초부족적으로 확대된 사회(중앙집권 국가)를 이끌어 갈 수 없었기 때문으로 보인다. 한국에 처음 불교가 전래된 시기는 고구려를 비롯한 삼국에서 중앙 집권 국가 체제가 정비될 무렵이다. 그 시기를 각 국가 별로 살펴보면, 고구려 소수림왕(小獸林王) 2년(372)에 전진(前秦)의 순도(順道)가 불상과 불경(佛經)을 전한 것에서 비롯된다.[186] 374년에는 아도(阿道)가 들어왔다. 소수림왕은 초문사와 이불란사를 창건해 각각 순도(順道)와 아도(阿道)를 머물게 하였는데 이것이 우리나라 불교의 시작이라 하겠다. 고구려 불교의 특징으로는 삼론종(三論宗)의[187] 발달을 꼽을 수 있다. 이처럼 고구려에서의 불교의 확산과 함께 점차 불교적 윤리관이 퍼져나갔고 이는 내세관의 변화와도 연결되었다. 불교 수용 후 종전의 지배적 내세관이었던 계세적 (繼世的; 현생의 삶이 죽어서도 계속 이어진다는 것을 일컬음) 내세관이 점차 바뀌어졌다. 내세는 현세의 삶이 무대를 바꾸어 이어지는 것이 아니며, 죽은 자는 현세에서 저지른 자신의 업(業)과 쌓은 공덕(功德)에 따라, 즉 현세에서의 자신의 행위에 대한 불교적 윤리관에 의한 평가에 의해 내세의 삶이 주어진다고 여기는 전생적(轉生的) 내세관이 퍼져나갔다. 이로 인해 일반 백성들이 계율에 맞게 생활하게 되면서, 불교적 가치관과 윤리의식이 일반인의 생활 속에 널리 자리 잡게 되었다.

백제의 불교는 침류왕(枕流王 15대 왕; 재위 384~385) 1년(384)에 인도의 승려 마라난타(摩羅難陀)가 동진(東晋)에서 백제로 들여옴으로써 최초로 전

---

[186] 기록 상 최초의 불교 전래는 고구려 소수림왕 때로 알려져 있으나, 실제로는 소수림왕 전 시기에 불교가 상당 부분 고구려 각처에 퍼져있었던 것으로 보인다.
[187] 쿠마라지바(중국 육조시대의 불전 번역가; 344~413) 말년의 역서(譯書)인 용수(나가르지나; 인도의 대승불교를 연구하여 그 기초를 확립하여 놓아 대승불교를 크게 선양하였음)의 '중론(中論)', '십이문론(十二門論)' 및 제바(용수의 제자로 3세기경의 인도 대승불교의 철학자)의 '백론(百論)'의 삼론(三論)을 주로 연구·강의하고, 또한 그 철학에 의거해서 선관(禪觀)을 실천하는 학승 등의 학통을 말한다.

래되었고 처음 불교를 공인하였다. 최초의 절로 아불난사를 지었다고 한다. 율종(律宗)이188) 발달하였고 6세기 중엽에는 일본에 불교를 전파하였다.

신라에 불교가 처음 전래된 것은 신라 눌지왕(마립간)(19대 왕; 재위 417~458) 24년인 440년이고, 528년인 법흥왕 때(재위 15)에 불교를 처음 시행하였다.189) 이차돈의 순교(524) 후 공인되어 통치사상의 기반으로 삼았다. 신라는 불교의 영향으로 불교식 왕명을 사용하게 되었다. 교단도 조직되었고, 원광법사(555(진흥왕 16)~638(선덕여왕 7)경)의 세속5계(世俗五戒)는 사회적인 규범의 역할을 하게 되었다. 세속5계는 '화랑오계(花郞五戒; 신라시대 화랑이 지켜야 했던 다섯 가지 계율)'라고도 하는데 사군이충(事君以忠; 임금을 섬김에 있어서는 충성으로써 함)·사친이효(事親以孝; 어버이를 섬김에 있어서는 효로써 함)·교우이신(交友以信; 벗을 사귐에 있어서는 신의로써 함)·임전무퇴(臨戰無退; 전쟁에 임해서는 물러서지 말 것)·살생유택(殺生有擇; 살아 있는 것을 죽일 때에는 가려서 함) 등 다섯 가지 계율을 말한다.190)

대덕 자장율사(慈藏律師; 590~658)는 '화엄경(華嚴經)'의191) 강의를 통해 불교를 널리 퍼뜨렸는데, 이와 함께 계율(戒律)을 정하여 일반 백성들도 불법(佛法)을 받들게 하였다.

경덕왕은 신라문화의 황금시대를 연 왕으로 알려지고 있는데, 불교 중흥에도 힘을 기울여 황룡사의 종을 주조하였고, 굴불사를 비롯하여 영흥사·원연사·불국사 등의 절을 세웠고 석굴암도 축조하였다.

삼국의 불교는 왕실(불교 수용에 선도적 역할을 함)과 귀족 중심으로 발전하

---

188) 율종(律宗)은 계율을 닦아 익히는 것을 위주로 하는 불교의 한 종파를 말한다.
189) 그러나 삼국유사에는 신라불교의 기초를 마련한 사람으로 260년 대(미추왕 대)의 고구려 사람 아도를 들고 있다.
190) 원광법사(圓光法師)가 600년(진평왕 22)에 중국 수나라에서 돌아와 운문산(雲門山) 가실사(嘉瑟寺)에 있을 때 사량부(沙梁部)에 사는 귀산(貴山)과 추항(箒項) 두 사람이 평생의 경구로 삼을 가르침을 청하자 이를 가르치게 된 것이다.
191) 불교 화엄종(華嚴宗)의 근본 경전을 말한다.

였다. 토착 신앙과 융합하여 샤머니즘적 성격을 갖게 되었고 대승 불교가 주류를 형성하였다. 아울러 불교를 통해 서역과 중국의 문화가 전달됨으로써 고대 문화 발달에 공헌하였고, 이를 통해 중앙집권 강화에도 큰 역할을 하게 되었다. 이렇듯 불교는 일반 백성들의 실생활 속에 깊숙이 파고들어 인간 사회의 갈등이나 모순을 보다 높은 차원에서 해소하는 데에 기여하였고 규범생활을 하는 데에 있어서도 지침으로서의 기능과 역할을 하였다.

## II. 유교의 전래와 역할

"반드시 소송이 없도록 하라(必也使無訟也)"
- '논어(論語)' -

"소송을 끝까지 밀어붙이면 흉하게 된다(終凶 訟不可成也)"
- '역경(易經)' -

유학 사상의 전래는 한자의 전래와 더불어 우리나라에 들어왔다. 유가(儒家)의 시조이며 대표적 학자로 꼽히는 공자(孔子; 기원전 551~기원전 479)는 춘추시대 당시 노(魯)나라에서 태어났으며 이름은 구(丘), 자는 중니(仲尼)이다.192) 공자는 최초의 민간사상가로서 주대(周代)의 관학(官學)으로부터 학문을 해방하고 처음으로 사학(私學)을 창시하여 중국사상사의 기초를 이루었고 아울러 오랫동안 중국의 지배사상이 된 유교의 골격을 쌓았다는 점에서 중국 철학사에서 차지하는 비중이 크다. 공자가 태어난 춘추 말기

---

192) 공자는 처음에는 노(魯)나라에서 정치를 담당하였지만, 실권자와 충돌한 이후에는 주변의 여러 나라를 돌아다니며 제후들에게 자기의 사상을 설파하였다. 그러나 뜻을 얻지 못하자 만년에는 노나라로 돌아와 제자들의 교육과 고전 편찬에 열중하였다.

는 시대적으로 농민·수공업자·상인 등의 신흥계급이 출현하던 시기였고 씨족적 혈연사회와 그 예제(禮制)가 붕괴하는 과정에 있었기에 씨족 귀족이 그 지위를 지키기가 어려웠었다. 공자는 이러한 상황 속에서 예(禮)의 질서와 씨족 귀족 중심의 질서의 붕괴를 막으려고 애썼다. 이를 위해 '덕(德)'에 기초한 정치와 '인(仁)'에 바탕을 둔 위정자의 자기개조를 강조하였다.[193]

'克己復禮(극기복례)'
"스스로의 욕망(慾望)을 제어하여 예(禮)로 돌아가는 것을 말한다"

논어(論語) 안연(顏淵) 편에 안연이 공자에게 인(仁)에 대해 묻는 장면이 나온다. 공자에게 인(仁)이 무엇이냐고 묻자,

공자는, "내 몸의 욕망을 삼가 예(禮)로[194] 돌아가는 것이 인(仁)이다. 하루라도 몸을 삼가 예의규범으로 돌아가면 천하가 모두 인의 덕(德)을 지닌 사람에게 돌아올 것이다. 인(仁)의 덕(德)을 행하는 것은 자신에게 달렸다"고 답하였다.

안연이 이에 요점을 알려주기를 청하자, 공자는,

"무릇 예(禮)에 어긋나는 것은 보지 말 것이다. 예(禮)에 어긋난 것은 듣지를 말 것이며, 예(禮)에 어긋난 것은 말하지 말며, 예(禮)에 어긋난 것은 행하지를 않는다"고 화답한다.

공자가 말하는 인(仁)은 극기복례(克己復禮)이다. 이는, 즉 스스로의 욕

---

193) 덕이란 '인'이고, '인'이란 사람을 사랑하는 것이며, "자신이 원하지 않는 바를 남에게 베풀지 않는다"는 것이고, 그러기 위해서는 자기를 극복하여 예(禮)로 돌아가지 않으면 안 된다고 설명한다. 이 '인'의 수양법으로 예(禮)가 '극기'의 규범이 되고 "예가 아니면 보지 말고, 듣지 말고, 말하지 말고, 움직이지 말라"고 하였다.
194) 예(禮)란 사회의 질서를 위해 만들어진 유교적 윤리규범을 말한다. 넓은 의미로는 풍속이나 습관으로 형성된 행위 준칙·도덕 규범 등 각종 예절을 뜻한다.

망을 제어하여 예(禮)로 돌아간다는 것이다.

또한 논어(論語) 위정편(爲政篇) 3장(章)에는 다음과 같은 구절이 있다.

"子曰 道之以政하고 齊之以刑이면 民免而無恥니라
道之以德하고 齊之以禮면 有恥且格이니라"[195]

이는, 즉 "군주가 법률과 형벌만으로 백성을 다스리려고 한다면, 백성은 그것을 빠져나가 부끄러움(恥)을 모르게 되고 점점 종래의 질서를 혼란시키기 때문에 군주는 '덕(德)'을 바탕으로 정치를 하고 백성을 이끌지 않으면 안 된다"는 의미이다.

고구려를 비롯한 삼국이 각기 왕제국가로 발전하면서 먼저 유교를 수용함으로써 발전을 꾀하게 되는데, 우리나라에의 유교의 전래는 유교 경전의 보급과 태학이나 국학 등의 교육기관의 설립으로 대표된다. 이러한 유교사상의 수용은 바로 율령정치의 사상적 기반으로서 가부장적 통치이념과 윤리관을 받아들이는 것을 말한다. 유교사상은 삼국시대에 오경사상(五經思想)을 중심으로 하여 정치이념이 되었다. 아울러 실생활 속에서 백성들의 생활방식을 인도하는 생활규범으로서 지침을 제시하였고, 기본적 규범의 덕목으로서 일반 사회생활이나 관습의 형성에도 작용하게 된다.[196]

시기적으로 유교가 가장 앞서 전해졌다고 하는 고구려의 경우는 372년

---

195) 이를 풀이하면, 공자께서 말씀하시기를 "다스리기를 법령(法令)으로써 하고, 질서 잡기를 형벌로써 한다면 백성들이 형벌만 면하려 하고 부끄러움이 없을 것이다. 다스리기를 덕(德)으로써 하고 질서 잡기를 예(禮)로써 한다면 백성들이 부끄러움을 알 뿐만 아니라 또 선(善)에 이를 것이다."
196) 신라시대에는 화랑도의 '세속오계(世俗五戒)'가 생활규범이기도 하였는데, 그 내용은 사군이충(事君以忠), 사친이효(事親以孝), 교우이신(交友以信), 임전무퇴(臨戰無退), 살생유택(殺生有擇)이다. 이는 원광법사(圓光法師)의 세속오계(世俗五戒), 즉 충(忠)·효(孝)·신(信)·용(勇)·살생유택(殺生有擇)과 그 궤를 같이 한다.

(소수림왕 2)에 우리나라 최초의 국립대학격인 태학(太學)을 세워 자제를 교육하였는데 여기에서는 오경(五經)197)·삼사(三史)198)·삼국지(三國志)·문선(文選)199) 등을 가르쳐 한학(漢學) 교육이 발달하였음을 알 수 있다. 또한 지방 곳곳에 사립학교인 경당(經堂)을 두어 청년들에게 유교 경전(經典)과 기마(騎馬)·궁술(弓術) 등의 무술을 가르쳤다. 이는 당시에 유교의 경전과 6예(六藝)로써200) 국민교육을 실시하였음을 말한다.201)

백제의 경우에는 근초고왕(13대 왕; 재위 346~375) 때의 아직기(阿直岐)와 근구수왕 (14대 왕; 재위 375~384). 때의 박사 왕인(王仁)이 일본으로 '논어(論語)'와 '천자문(千字文)'을 전수하였다는 사실로 보아 유교 경전을 연구하는 기관이 설치되었고, 유학사상이 널리 보급되었음을 짐작할 수 있다. 백제의 교육기관에 대하여는 명확한 기록이 없어 잘 알 수 없으나 오경박사(五經博士)·의박사(醫博士)·역박사(易博士) 등이 있었던 것으로 보아 한학의 수준이 매우 높았음을 짐작케 한다.202)

---

197) 오경(五經)은 유교의 5가지 경서인 '시경(詩經)'·'서경(書經)'·'역경(易經)'·'예기(禮記)'·'춘추(春秋)'를 말한다.
198) 삼사(三史)는 사마천의 '사기(史記)'·반고의 '한서(漢書)'·범엽의 '후한서(後漢書)'를 말한다.
199) 양(梁)나라의 소명태자(昭明太子) 소통(蕭統)이 진(秦)·한(漢) 이후 제(齊)·양(梁) 대의 대표적인 시문을 모아 엮은 책으로 '소명문선(昭明文選)'이라고도 한다. 30권으로 되어 있다.
200) 6예(六藝)는 중국 주대(周代)에 행해지던 교육과목이다. 예(禮)·악(樂)·사(射)·어(御)·서(書)·수(數) 등 6종류의 기술이다. 예(禮)는 예용(禮容), 악(樂)은 음악, 사(射)는 궁술(弓術), 어(御)는 마술(馬術), 서(書)는 서도(書道), 수(數)는 수학(數學)을 말한다.
201) 한학의 보급과 발달로 국사(國史)가 편찬되었는데, '유기(留記)'(편찬자·연대 미상) 100권과, 600년(영양왕 11)에 태학박사(太學博士) 이문진(李文眞)의 '신집(新集)' 등이 편찬되었으나 전하지 않는다.
202) 한자가 광범위하게 사용된 증거로는 472년(개로왕 18) 북위(北魏)에 보낸 국서(國書)가 '위서(魏書)'에 실려 있고, 541년(성왕 19) 양(梁)나라 사신 육허(陸詡)가 와서 '예론(禮論)'을 강의하였으며, 무령왕 때 단양이(段楊爾)·고안무(高安茂) 등이 일본에 유학(儒學)을 전한 사실 등으로 보아 백제 한학의 수준이 매우 높았음을 알 수 있다. 1971년 무령왕릉에서 출토된 해서체의 금석문이 지석(誌

신라시대에는 치국(治國)의 이념으로서 유교사상을 그 기초로 삼았다.203) 또한 귀족사회의 질서를 유지하는 사회도덕으로서 유교를 중요시하였다. 삼국통일 이전에는 유교교육을 담당하는 학교가 정비되지 않았으나, 교육적 기능을 지닌 화랑도가 도덕적 교육에 큰 구실을 담당하였다. 화랑도가 가장 중요하게 여겼던 유교 덕목은 신(信)과 충(忠)이었는데, 원광(圓光) 법사의 세속오계(世俗五戒)나 임신서기석(壬申誓記石)에서 확인된다. 이는 무엇보다도 당시 국가가 앞장서서 유교 도덕을 널리 국민에게 권장했던 것과 관계가 있는데, 진흥왕순수비 가운데 황초령비와 마운령비에204) 충신정성(忠信精誠)해 나라를 위해 절개를 다하는 인물을 표창하겠다고 선언한 것은 그 단적인 예이다.

삼국 통일기에 들어오면 유교는 도덕정치의 이념으로서 중요한 역할을 담당하게 되는데, 이 같은 이념을 교육하는 기관으로서 국학(國學)이 설립되었다. 본래 국학은 통일 직전인 651년에 그의 설치를 위한 준비에 착수하여 사무직인 대사(大舍)를 두었으나, 682년(신문왕 2)에 예부 소속으로 정식 설치되어 경(卿) 1명을 두었다. 3과(科)로 나누어 박사와 조교의 지도하에 유교경전을 교육하였는데,205) 교과내용은 오경(五經)으로 되어 있었고, 논어(論語)·효경(孝經)을 필수로 하였다. 여기에 입학하는 학생은 주로 육두품이었는데206) 나이는 15~30세로서 수학연한은 9년이었다. 728년(성덕

---

石: 왕 523, 왕비 526)이나 사륙변려체(四六騈儷體)로 된 사택지적비 등은 이미 한문학이 널리 보급되었음을 보여준다.
203) 진흥왕 때 화랑 제도를 창설함에 있어서 "敎之以 孝悌忠信 亦理國之大要也(효제충신은 나라 다스림의 대요)"라고 하여 유교 이념을 근본으로 하였고 화랑들이 연마한 것은 임신서기석(壬申誓記石)에서 볼 수 있듯이 유교 경전이었다. 또한 진흥왕 순수비 속에 나오는 "修己以安百姓(몸을 닦아 백성을 편안케 한다)"란 논어의 구절이나, '충신정성(忠臣精誠)'·'위국진절(爲國盡節)' 등의 용어 등을 통해 확인해 볼 수 있다.
204) 이들 비문에는 유교의 왕도정치(王道政治) 이념이 강하게 드러나 있다.
205) 경덕왕 때에 국학에 박사와 조교를 두어 유학 교육에 힘썼다.

왕 27)에는 당의 국학에 신라귀족 자제들의 입학을 요청하여 그 허락을 받기도 하였다. 그리고 독서삼품과(讀書三品科)라 하여 국학생들이 졸업할 때 학력을 시험해 3등급을 매겨서 관직에 나아가게 하는 제도를 두었다(원성왕 4; 788).

성덕왕 때는 정치적 안정과 함께 사회적으로도 통일신라의 전성기라고도 할 수 있는데, 신하들에게 신하의 도리를 적은 백관잠(百官箴)을 지어 보임으로써 충군사상(忠君思想)을 강조하였다(711). 또한 죄인들을 사면하였고 자연재해를 당한 백상들을 진휼하거나 곡식의 종자를 나눠주는 등 유교적 이상에 맞는 구휼정책(救恤政策)을 적극 시행하였다.

신라의 대표적 유가(儒家)로는 설총과 최치원을 들 수 있다. 설총은 방언(方言)으로서 구경(九經)을 해석하여 후학을 양성하였다. 또한 최치원은 12세 때 당나라에 유학하여 과거에 급제하였고, 황소가 반란을 일으키자 토황소격문(討黃巢檄文)을 지어 천하에 문명을 떨쳤다. 894년에는 시무 10조를 진성여왕에게 바치며 개혁을 촉구하기도 하였다. 이러한 그의 선구적 업적은 훗날 최승로로 이어져 신흥 고려의 정치 이념을 확립하는 데 많은 영향을 주게 된다.

유교 사상의 확산은 삼국통일 이후의 체제 및 질서의 유지 그리고 일반 백성들이 실생활에서 규범생활을 하는 데에 그 지침으로서의 기능과 역할을 하였다.

---

206) 입학자격은 대사(大舍) 이하의 관등을 가진 관료이거나, 무위(無位)인 자에 한정되었다.

## 제7. 비슷한 시기의 동·서양의 법

### I. 중국의 법

"당 태종 대에 만들어진 당률(唐律),
중국(中國)에서의 법률(法律)의 초석(礎石)이 되다"

우리나라에서 고구려·백제 그리고 신라 삼국이 나름 번성하던 시대의 당시의 중국은 시기적으로 위진 남북조·수·당 시대에 해당한다. 당시 중국에서의 법률 및 법제도를 통해 당시의 사회현실 및 시대상을 짐작해 볼 수 있다. 북위(北魏)는 선비족(鮮卑族)의 탁발부(拓跋部)가 중국 화북지역에 세운 북조(北朝) 최초의 왕조이다(386~534). 비슷한 시기에 남조에 송나라(420~479)가 있었다. 명원제(明元帝) 때 남조(南朝)의 송(宋)을 공략하여 허난(河南) 지방의 땅을 빼앗았고, 태무제(太武帝) 때 하(夏)·북연(北燕)·북량(北凉)을 멸망시킴으로써 5호 16국(五胡十六國)[207]의 난을 종식시켜, 마침내 북위(北魏)는 서기 439년에 강북지역의 통일을 이루게 된다.[208] 당시

---

[207] 5호 16국(五胡十六國)은 진(晉)나라의 멸망 뒤부터 남북조 시대 사이에(304~439) 중국 북부를 중심으로 5호(흉노·갈·선비·저·강)가 세운 13국과 한족이 세운 3국이 난립하며 존재하던 시대를 일컫는 말이다.
[208] 북위의 통일 이후 선비족의 한화(漢化)가 촉진되었다. 효문제(孝文帝)가 즉위하자 국도를 뤄양(洛陽)으로 옮겼고(494), 호복(胡服; 오랑캐의 의복)·호어(胡語; 만주어나 몽골어와 같은 오랑캐의 글과 말)를 금하고 호성(胡姓; 오랑캐의 성)을 한인(漢人)과 마찬가지로 단성(單姓)으로 고치게 하였는데 황족인 탁발씨도 원씨(元氏)로 개성(改姓)하였다. 효문제는 한화정책과 함께 봉록제(俸祿制)·삼장제(三長制)·균전법(均田法) 등을 창시하여 북위의 국력과 문화를 크게 발전시켰다. 삼장제(三長制)는 호적조사, 세금징수 등을 위한 것으로, 5가(家)를 1린(隣)이라 하여 인장(隣長)이라 하였고, 5린을 1리

의 법률로 3세기 경에 위(魏)의 '신율(新律)'·진(晉)의 '태시율(泰始律)'이 편찬되었다. 남북조(南北朝)시대(420~589)에 있어서는 북조(北朝)시대에 북위(北魏)에서 '태화율령(太和律令; 492)'이, 북제(北齊)에서는 '하청율령(河淸律令; 564)'이209) 편찬되었다.

수(隋)는 581년에 북주(北周)의 정제(靜帝; 579~580)가 당시 대승상(大丞相)이자 상주국(上柱國)으로 있던 수국공(隨國公) 양견(楊堅; 541~604)에게 제위를 물려주자, 양견은 연호를 개황(開皇)으로 바꾸고 나라 이름을 수(隋)로 바꾸었다. 수(隋)는 그로부터 9년 뒤인 589년에 거의 100년 동안 분열되어 있던 중국 대륙을 통일하였다. 그러나 양제(煬帝) 양광(楊廣; 569~618)이 대규모 토목공사를 벌여 궁전을 짓고 운하(運河)를 열고, 세 차례나 고구려(高句麗) 정벌에 나섰다가 실패하면서 각지에서 농민반란이 일어났다. 결국 618년에 장군 사마덕감(司馬德戡, 508~618)과 우문화급(宇文化及, ?~619)이 쿠데타를 일으켜 양제(煬帝)를 목 졸라 죽임으로써 수나라의 짧은 역사는 끝나고 만다.210)

수(隋)나라에서는 개황(開皇: 581~600) 및 대업(大業: 605~616) 연간에 율령(律令)이 편찬되었다. '개황률(開皇律)'은 수나라 임금 문제〈文帝 楊堅 수 문제의 치세를 개황지치(開皇之治)라 함〉가 앞 시대의 가혹한 법률을 폐지하고

---

(里)라 하여 이장(里長), 5리를 1당(黨)이라 하여 당장(黨長)이라 하였는데 인장·이장·당장을 3장이라 하였다.
209) 북제(北齊)의 하청율령(河淸律令)은 율령(律令)의 기본구조를 확립하였을 뿐만 아니라 한국·일본 등 동아시아 여러 나라의 율령과 국가지배체제의 성립에 결정적 영향을 미쳤다.
210) 수(隋) 나라는 비록 38년이라는 짧은 기간에 멸망하고 말았지만, 시험을 통한 관료 선발제도를 도입하고 경제·문화 그리고 군사력을 대대적으로 발전시켰다〈수 문제 당시 대리사(大理寺)라는 사법기구가 존재하였다〉. 이렇듯 광대한 영토와 700만 명이 넘는 인구를 거느렸던 고조(高祖) 양견(문제)은 동돌궐(東突厥)의 왕이 '성인막연가한(聖人莫緣可汗)'이라는 극존칭으로 부를 정도로 위세를 떨쳤다.

새로이 만든 율령이다.

당(唐)은 618년 이연(李淵)이 건국하여 907년 애제(哀帝) 때 후량(後梁) 주전충(朱全忠)에게 멸망하기까지 290년간 20대의 황제에 의하여 통치되었다. 중국의 통일제국(統一帝國)으로는 한(漢)나라에 이어 제2의 전성기(全盛期)를 맞게 된다. 당에서 발달한 문물(文物) 및 정비된 제도는 우리나라를 비롯하여 동(東)아시아 여러 나라에 많은 영향을 끼쳐 그 주변 민족이 정치·문화적으로 성장하는 데 크게 기여하였다.

당(唐)의 법은 수(隨) 대의 '개황률(開皇律)'을 근거로 한 것이다. 당률(唐律)은 당 태종이〈당 태종의 치세를 '정관의 치(貞觀之治)라 함〉211) '개황률'을 근거로 율령을 정비하여 정관 11년(637)에 '당률(唐律)'과 '당령(唐令)'을 반포·시행한 것이다〈정관율(貞觀律)〉.212) 당(唐)의 법은 수(隨)의 법이 비교적 엄격한 데 반하여 관대하였다. 당대의 법전 형식은 네 가지로 나뉘어 율(律)·령(令)·격(格)·식(式)으로 되어 있는데, 율(律)은 법률(法律)을, 령(令)은 국가의 각종 제도상 해야 할 제 규정(規定)을, 격(格)은 각종 행정명령(行政命令)을, 식(式)은 행정 기관에서 구체적으로 사무를 처리하기 위한 세칙(細則)을 말한다. 령(令)·격(格)·식(式)은 율(律)을 기준으로 삼아 율(律)과 충돌해서는 안 되었고, 율(律)·령(令)·격(格)·식(式)이 서로서로 보완해 줌으로써 율령제도의 완비에 이르게 된다.

---

211) 당 태종의 정치를 '율령정치'라 하고, 당을 '율령국가'라고도 부른다. 당의 '율령체제'는 건국 초부터 안사의 난으로 당의 사회가 크게 변화하는 시기까지 유지되었다. 그뿐만 아니라 당의 '율령체제'는 동아시아 각국에 전파되어 각국의 법전 편찬에도 중요한 영향을 끼쳤다.

212) 당 대에 들어서의 율령(律令)의 편찬은 '무덕(武德) 율령(律令) 및 식(式)'(624), '정관 율령격식(貞觀律令格式)'(637) 그리고 '영휘 율령격식(永徽律令格式)'(651) 등으로 진행되었다. 당 고조 때 수나라의 '개황률'을 참고하여 '무덕률(武德律)'을 완성하였으나 수나라의 율(律)을 크게 바꾸지는 못하였다. 당 태종 때에 혹법(酷法; 법의 시행이 지나치게 가혹하거나 그런 법)을 삭제하고 '정관율(貞觀律)'을 제정하였다.

율령(律令)의 편찬사업과 더불어 '당률소의⟨唐律疏議; 관찬(官撰) 주석서⟩'213) · '당육전(唐六典; 관직과 관리의 임무 및 직책에 관한 법규를 모은 것)' 등도 간행되었다. 당(唐)의 율령(律令)은 기본적 근간을 유지하며 송(宋) · 명(明) · 청(靑)에로 이어지게 된다.

## II. 일본의 법

'쇼토쿠 태자의 17조 헌법(十七條 憲法) 제정'

'다이호(大宝) 율령(律令)의 반포'

일본의 고대사회는 야마토정권(大和政權)이214) 지배하는 국가가 성립되고, 뒤이어 율령제도(律令制度)에 입각한 국가체제가 유지된 4세기 초에서 12세기 말에 이르는 시대를 말한다. 4세기 초에는 긴키 내의 야마토를 중심으로 하여 기타큐슈까지를 포괄하는 통일국가가 생겨나서 점차 전국을 지배하게 되었으며, 세습제를 확립한 오키미(大君: 王)가 군림하였다. 4세기 말엽에는 백제에서 한자(漢字)와 유교(儒敎)가 전래되었고, 6세기 중엽에는 역시 백제로부터 불교가 전래되어 일본의 문화수준이 급격히 높아지

---

213) '당률소의(唐律疏義)'는 7세기 중엽의 영휘율소(永徽律疏)를 737년에 이임보(李林甫) 등이 개수(改修)한 것으로 12편 502조로 구성되어 있다. 법적 효력을 가진 관찬(官撰)의 주(소의)가 있고, 태 · 장 · 도 · 유 · 사의 5가지 형벌체계로 이루어졌다. 중국의 전통적 형법의 전형을 이루고 있다.
214) 야마토정권(大和政權)은 일본 최초의 통일 정권으로, 3세기 말에서 다이카개신(大化改新; 645)이 일어날 때까지 일본을 지배하였다. 야마토정권은 5세기에는 일본 대부분을 지배하였는데 이때부터 세습제를 확립해 국호를 야마토로 하고, 일명 대군으로 불리는 오키미(大君: 王)가 군림하게 된다. 이 시기에 한반도와 중국 대륙으로부터 많은 사람들이 왜(倭 일본)로 건너오게 된다.

게 되었다. 7세기 말에 씨족사회가 다시 편성되었는데, 당시 일본은 이미 율령제를 중심으로 하는 중앙집권적 천황 지배에 의한 통합의 길을 걷고 있었다. 아스카시대(飛鳥時代: 593~710)는[215] 원시시대(原史時代)에서 본격적인 역사시대(歷史時代)로 옮겨가는 변환기 단계에 해당한다. 이 시기에 쇼토쿠 태자는[216] 17조 헌법(十七條 憲法)을[217] 제정해 중앙집권 국가체제를 확립하는 정치적 이념을 마련하였다.

뒤이어 645년에 씨성(氏姓) 사회를 타파하고 중앙집권적인 율령국가를 수립할 것을 목적으로 다이카개신(大化改新)이 단행되었으며,[218] 이후 681년에 덴무(天武) 왕이[219] 최초로 율령 반포를 준비한 이래 당나라의 율령을 기반으로 한 일본식 율령의 본격적인 편찬이 시작되었다. 덴무(天武) 왕의 강력한 지도력으로 왕의 신성(神聖)이 강화되어 왕을 정점으로 하는 중

---

[215] 이 시대는 야마토 아스카 지방을 중심으로 해서 여황제인 스이코(推古: 재위 593~628) 때부터 시작되었으며, 같은 해(593)에는 쇼토쿠 태자(聖德太子: 574~622)가 섭정(攝政)이 되었다.

[216] 쇼토쿠태자(聖德太子)는 고구려 승 혜자(惠慈)와 백제 승 혜총(惠聰)으로부터 불교를 배운 인물로 일본의 불교를 중흥시킨 장본인이다. 현존하는 최고의 목조사원인 호류사(法隆寺)를 비롯해 각지에 사찰을 세워 일본 불교의 황금기를 이룩하였다.

[217] 17조 헌법은 쇼토쿠태자(聖德太子)가 제정했다고 하는 일본 최초의 성문법으로 관리, 귀족이 지켜야 할 정치 및 도덕 17조를 규정하고 있다. 다이카개신(大化改新)의 정치적 이념이 되었으며 천황을 중심으로 하는 국가의식이 강하게 반영되어 있다.

[218] 다이카개신(大化改新)은 고토쿠(孝德) 천황이 즉위하고, 처음으로 연호를 정해 645년을 다이카(大化) 원년으로 삼고, 646년 1월부터 본격적인 개혁정치를 단행하게 되는데 이를 말한다. 이로써 야마토정권이 막을 내리게 된다.

[219] 덴무(天武; 재위 673~686) 천황은 아스카시대의 왕으로 '임신(壬申)의 난(亂)'으로 조카인 고분(弘文)을 물리치고 제40대 왕이 되었다. 덴무(天武) 천황은 중앙의 관제(官制)를 정비하고 복색(服色)을 제정하는 등 중앙집권체제와 신분제를 강화하여 율령국가(律令國家)의 기틀을 마련하였는데, '아스카키요미하라령(飛鳥淨御原令)'이라는 율령(律令)을 제정하여 시행하였다〈키요미하라(淨御原)는 덴무천황의 별칭임〉. 그는 재위 기간에 대신(大臣)을 한 사람도 두지 않을 정도로 철저히 친정(親政)을 하였고, 황자(皇子)와 황족(皇族)을 중심으로 한 황친정치(皇親政治)를 펼쳤다. '천황(天皇)'이라는 명칭도 이때부터 사용되었다는 해석도 있다.

앙집권적 율령체제가 확립되었고, 마침내 701년(다이호 원년)에 다이호 율령(大宝律令 たいほうりつりょう)을[220] 반포함으로써 율령제도라는 법시스템이 만들어지게 된다. 712년에는 후지와라노 후히토 등에 의해 요로(養老) 율령이 만들어지게 되고(시행은 757),[221] 일본[222] 율령국가의 기본 체제는 이에 따라 정비되었다.

율령에서 규정하고 있는 통치 조직은 중앙에 신지제사(神祇祭祀)를 담당하는 신지관(神祇官)과 일반 정무를 총람하는 태정관(太政官)을 기본으로 하여, 태정관 아래에 8성(省)을 두어 각각의 업무를 분담하였다. 8성(省) 중 하나인 형부성(刑部省)에서 재판과 형벌의 업무를 담당하였고, 탄정대에서는 풍속 및 감찰업무를 담당하였다.

당시의 범죄에 있어 특히 팔학(八虐)의 경우에는 높은 관직에 있는 자라 할지라도 그 죄를 용서받지 못하였다. 팔학(八虐)이란 천황이나 국가에 대한 모반(謀反; 국가를 위태롭게 함)·모대역(謀大逆; 천황의 능이나 궁궐을 훼손함)·모반(謀叛; 나라를 배신하고 외국으로 귀화함)·악역(惡逆; 도리에 어긋나는 극악한 행위)·부도(不道; 도리에 어긋나 있거나 도리에 맞지 않는 행위)·대불경(大不敬; 왕실에 대한 불경)·불효(不孝)·불의(不義) 등의 여덟 가지 범죄를 말한다.

당시 일본에서의 형벌로는 태(笞; 10~50회의 매질)·장(杖; 60~100회의 매

---

[220] 다이호 율령(大宝律令)은 몬무(文武) 천황 시대에 당나라의 영휘율령(永徽律令, 651년 제정)을 참고하여 제정한 일본 사상 최초의 일본식 율령이다. 이 율령은 일본의 국내 사정에 합치되는 율령정치를 실현하기 위한 목적으로 편찬되었다. 율(律)은 형법(刑法)이며, 령(令)은 행정조직과 백성의 조세·노역·관리의 복무를 규정한 것이었다〈6권의 율(律)은 당나라의 것을 거의 그대로 도입하였으나, 11권의 령(令)은 당나라의 것을 모방하면서도 일본 사회의 실정에 따라 고쳐서 적용하였다〉. 다이호 율령의 반포 및 시행으로 고대 일본은 본격적인 율령제 국가로 진입하게 된다;https://ko.wikipedia.org/wiki/%EB%8B%A4%EC%9D%B4%ED%98%B8_ %EC%9C%A8%EB%A0%B9.

[221] 다이호 율령(大宝律令)과 요로율령(養老律令)은 당나라의 영휘율령(永徽律令)을 모방한 것으로 그 내용 역시 거의 동일했던 것으로 전해진다.

[222] 일본이란 국명은 7세기 후반 경부터 사용된 것으로 보인다.

질) · 도(徒; 1~3년의 징역) · 유(流; 근 · 원거리의 귀양) · 사(死; 교(絞) · 참(斬)의 사형)의 5형(刑)이 있었다. 태(笞)와 장(杖)은 때리는 수에 따라, 도(徒)는 징역 년수에 따라 5등급으로, 유(流)는 유형지의 거리에 따라 3등급으로 나뉘었다. 사(死)에는 교(絞) · 참(斬)의 두 가지가 있었다.

귀족과 관리에게는 특별한 경우를 제외하고는 실형을 부과하지 않았고, 면직(免職)이나 벌금으로 대신할 수 있는 특권이 있었다.

## III. 게르만의 법

'게르만의 부족법(Stammesrechte)'

"사적(私的)인 복수(Fehde)를 인정하였고, 복수의 주체는 씨족(Sippe)이었다"

게르만 민족은 현재의 독일 · 스칸디나비아 등 여러 국가의 선조인데, 고대 게르만족은 대체로 현재의 폴란드 서쪽에 거주하였던 서게르만족과 그 동쪽에 거주하였던 동게르만족 및 북쪽에 거주하였던 북게르만족으로 나뉜다.

고대 게르만 시대에는 부족 전체에 관계되는 중대한 정치적 · 종교적 사건의 재판은 성년 남자로 구성되는 민회에서 행하였다. 판결안은 장로(長老)들이 작성하고 민회의 찬성 여부로 결정하였으며 왕은 단지 사회자에 불과하였다. 동시에 합법적인 그리고 사적인 복수도 행하여졌으며, 금전으로 속죄하기도 하였다. 이후 왕권이 확립되면서 민회의 재판권은 왕에게로 넘어가게 되었고 왕이 최고의 재판관이 되었다. 왕이 관장하는 국왕재판소를 정점으로 영주(領主) 재판소를 비롯한 여러 재판소가 등장하게 되었다.

고대 게르만 사회는 권리침해에 대한 구제수단으로 일반적으로 사적(私

的)인 복수(復讐 Fehde)를 인정하였고, 복수의 주체는 지페(Sippe; 씨족)였다. 즉 구성원 개인에 대한 침해는 씨족 전체에 대한 침해로 인정되어 침해자에 대해서는 지페가 복수를 행하였던 것이다. 불법행위를 한 자에 대해서는 지페에서 배제하는 평화상실로 이어졌는데, 평화상실을 당한 자는[223] 비자유인인 노예로 되었으며 노예는 권리능력이 소멸되어 물건으로 다루어졌다.[224]

고대 게르만의 형법제도는 일종의 혈연공동체인 지페(Sippe)를 단위로 한 것으로 크게 세 가지로 나눌 수 있다. 즉 i) 지페 내의 가장(家長)의 징계권을 기초로 한 대내적 형법, ii) 지페 간의 범죄에 대한 복수를[225] 규정한 대외적 형법, iii) 인민 전체에 대한 범죄자를 축출하고 모든 법적 보호를 박탈하는 공통적 형법 등이다. 고대 게르만의 형벌로서, 게르만 족은 나무를 숭배한 것으로 알려지고 있는데, 누군가가 나무의 껍질을 벗긴 경우 그 범인에 대한 처벌은 잔인했다. 먼저 나무에 목을 박고 범인을 나무에 묶고 범인의 배를 갈라 창자를 후벼 파고 밖으로 꺼내 그 창자가 나무에 전부 감길 때까지 돌려야 했다고 한다.[226]

게르만 민족 고유의 법을 게르만법이라고 하고 게르만시대(기원전 1세기 경 이후)·프랑크시대(5세기~9세기 말)·중세(9세기 말~1495)를 통하여 독자적으로 발전하였다. 고대 게르만 민족은 통일적인 국가를 건설하지 못하고, 여러 부족(部族)으로 나누어져 있었으며, 각 부족에는 관습법이 행해지고 있었다. 이러한 관습법은 민중의 실생활 속에서 관행이 반복됨으로써 성숙된

---

223) 살인자·예식범죄자·대역죄인·병영이탈자·전쟁범죄자·야번도적·야간방화자 등을 예로 들 수 있다.
224) 김상용, 서양법사와 법정책, 264~271면.
225) 후에 속죄금으로 대신하였다.
226) 프레이저/김상일(역), 황금의 가지 1, 서울: 성창출판사(1989). 제9장 수목숭배; http://blog.daum.net/ nakrang/206444.

일상생활 속의 법 그리고 자연의 이치에 따른 자연법이라 할 수 있는데, 이들은 개인 상호 간의 관계를 규율하는 것보다는 단체적 성격을 갖고 있었다.

게르만법은 로마법과는 다른 상반되는 특색을 가졌는데 로마법이 법조법(法曹法)·도회법(都會法)·상인법(商人法)·성문법(成文法)주의·통일법(統一法)주의를 그 특징으로 하는 데 반해, 게르만법은 민중법(民衆法)·농촌법(農村法)·농민법(農民法)·관습법(慣習法)주의·분열(分裂)주의를 그 특징으로 한다. 특히 서게르만족의 법은 로마법과 함께 훗날 유럽에 큰 영향을 주었는데, 5세기 중엽 서게르만족의 일부(앵글로색슨족)가 영국에 이주하면서 게르만족의 법과 관습을 성문화하였고(이네 법전),227) 유럽 대륙에서는 프랑크 왕국(5~9세기) 내의 각 부족이 관습법을 채록(採錄)하여 법전(法典)을 만들었는데, 이것이 게르만 부족법(Stammesrechte)이다.228)

게르만 여러 부족 법전 중에서 가장 오래 되고 대표적인 것이 살리카 법전(Lex Salica)인데, 살리카 법전은 프랑크족의 주족(主族)인 살리족의 법전을 말한다. 프랑크 왕국(481~843)이229) 건설되면서 왕국 내의 여러 부족들은 로마의 성문법을 본받아 고대 게르만의 관습법을 성문화한 법률을 제정하게 되는데, 살리 법(Salic law)은 중세 초기의 프랑크 왕국 시대의 여

---

227) 7세기에 편찬된 이네 법전은 웨섹스 왕국(Wessex)의 이네 왕(688~694)이 편찬한 법전으로 안식일에 노동한 자에게 벌금을 부과하고, 안식일에 노예를 노동시킨 자에 대해서 그 노예를 해방해야 한다는 내용이 담겨져 있다.
228) 게르만 부족법(Stammesrechte)은 일반적으로 게르만 고법(古法)의 전통을 보유함과 동시에 로마법, 그리스도교 등 고전문화(古典文化) 및 프랑크법화의 영향을 받았다.
229) 프랑크 왕국은 서 게르만 계의 프랑크(Frank)족이 세운 서유럽 최초의 그리스도교적 게르만 통일국가로서(481~843) 피레네 산맥에서 엘베 강에 이르는 서유럽의 대부분을 포함한 대제국을 이룬다. 그리스도교 문화 및 중세 여러 제도의 모체(母體)가 됨과 동시에, 독일·프랑스·이탈리아 등의 국가가 여기에서 비롯하게 된다. 시기적으로는 전반의 메로빙거 왕조 시대(481~751)와 후반의 카롤링거 왕조 시대(751~843)로 나뉜다.

러 게르만 부족의 법을 말한다.[230] 게르만 전통법인 '살리 법(Salic law)'에는 "여성은 토지를 상속 받을 수 없다"는 규정이 있었는데, 14세기에 들어 프랑스 왕위 계승을 놓고 이 규정의 해석에 대한 논란이 벌어졌다. 당시에 아들만이 왕위를 계승한다고 해석함으로써 결국 프랑스의 왕위는 샤를 4세의 사촌인 필립 6세(Philip VI, 재위 1328~1350)에게로 이어지게 되었다.[231] 이 왕위 계승 문제는 이후 영국과 프랑스 사이에 일어난 백년전쟁(Hundred Years' War, 1337~1453)의[232] 주요 원인의 하나가 되었다.

게르만법에서 유래하는 현재에도 적용되는 법원칙과 관련한 격언을 살펴보면,

"손이 손을 지킨다"(Hand wahre Hand)는 다른 사람을 신뢰하여 물건을 준 자는 그 물건을 받은 자에게만 그 반환을 청구할 수 있다는 의미이다.

"연기나는 곳에는 반드시 불이 있다"(Wo Rauch aufgeht, muss Feur sein)는 것은 인과관계와 관련한 것으로 결과사실에서 원인을 추단하는 경험적 귀납적 사고의 전개방식과 관련한 것이다.

"오랜 관습을 깨뜨려서는 안 된다"(Alte Gewohnheit soll man nicht

---

[230] 이밖에 리부아리족의 리부아리아 법전(Lex Ribuaria)을 비롯한 여러 법전이 제정되었는데 이 법전들을 총칭하여 부족법(部族法)·종족법(種族法) 또는 만민법(蠻民法: Leges Barbarorum)이라고 한다. 부족법은 인민법(人民法), 속인법(屬人法) 중심이며 용어는 라틴 속어로 되어 있었다. 속죄금(贖罪金)에 관한 규정과 소송 절차에 관한 규정이 많고 사법적(私法的)인 규정은 적지만, 부족법전에 따라서는 교회보호(敎會保護)에 관한 규정도 다수 포함되어 있다; http://terms.naver.com/entry.nhn?docId=1059065&cid=40942&categoryId =31693(한국학중앙연구원, 한국민족문화대백과).
[231] 그는 왕이 되기 전 발루아 백작(Count of Valois)이라는 작위를 가지고 있었기 때문에 이후 그의 가문은 발루아 왕조(Valois dynasty)로 불리게 된다.
[232] 백년전쟁(百年戰爭)은 프랑스를 전장(戰場)으로 하여 1337년부터 1453년까지 116년 동안 영국과 프랑스 간에 벌어진 전쟁을 말한다. 왕위 계승 문제로 양국 간에 심각한 대립을 빚다가 전쟁으로 비화된 것인데, 전쟁의 근본적 원인은 플랑드르 지방(유럽 최대의 모직물 공업지대로서 원료인 양모의 최대 공급국인 영국이 이 지방을 경제적으로 지배하고 있었음)과 기엔 지방(유럽 최대의 포도주 생산지), 이 두 지방의 쟁탈을 목적으로 한 것이었다.

brechen)는 것은 게르만 법 상 관습법의 법으로서의 효력을 인정함을 말한다.

"재물은 피와 같이 흐른다"(Das Gut rinnt wie das Blut)는 것은 상속에 있어서 근친(近親) 내지 최근친상속의 원칙을 천명한 것이다.

"공짜로 얻은 나귀의 입속은 들여다 보지 않는다"(Einem geschenkten Gaul sieht man nicht ins Maul)는 증여자가 증여한 물건에 대해서는 하자담보책임을 묻지 않는다는 의미를 담고 있다.

### 〈게르만 법 상의 법 격언〉

"단 한 번의 행동이 관습을 만들지는 않는다"
Einmal ist keine Gewohnheit

"손이 손을 지킨다"
Hand wahre Hand

"연기가 나는 곳에는 반드시 불이 있다"
Wo Rauch aufgeht, muss Feur sein

"오랜 관습을 깨뜨려서는 안 된다"
Alte Gewohnheit soll man nicht brechen

"재물은 피와 같이 흐른다"
Das Gut rinnt wie das Blut

"공짜로 얻은 나귀의 입속은 들여다 보지 않는다"
Einem geschenkten Gaul sieht man nicht ins Maul

"위난과 죽음은 법을 모른다"
Not und Tod haben kein Gebot

# 제5장

# 고려의 법이야기

## 제1. 개 관

중서성(中書省)에서 아뢰기를,
"때는 만물이 자라는 철이온데, 3월 이래로 기후가 어긋나서 물이 맺혀
얼음이 되고, 서리가 내려 만물을 죽이며, 밤에 번개가 갑자기 쳤습니다.

경방(京房)의 '역전(易傳)'에는
'죽이는 형벌이 이치에 벗어나면, 그 재앙으로 서리가 내린다.' 하였으며,
또 '위에서 한쪽 말만 치우치게 들어서,
하정(下情; 아랫사람들의 사정)이 막혀
이해를 잘 생각하지 못하고 준엄하고 급하게만 힘쓰는 실책이 있으면,
그 재앙으로 항상 기후가 차다.' 하였사오며,
또 '군사를 일으켜서 망령되게 죽이면, 이것을 법이 없다 하는 것이온데
그 재앙으로 여름에도 서리가 내려서
오곡(五穀; 쌀·보리·콩·조·기장을 이름)을 죽인다.' 하였습니다.

처결할 때에 정상(情狀)을 밝게 살피지 못하여
구금된 자 중에는 반드시 죄 없는 이도 있었을 것이므로,
원망하는 기운이 천지에 가득하여
화기가 변해서 재앙으로 된 것입니다.

생각하옵건대, 어사대와 상서·형부에게
모든 의심되는 옥사로서 옳고 그름이 확정되지 못한 것을
빨리 정당하게 처결하여 원통하고 과람함이 없게 하시고,
사실이 아닌 것을 무고한 자는 모두 번좌(反坐)하도록[233] 하시어

하늘의 경계에 보답하시면, 민정(民情)이 서로 즐거워하여
재앙이 변하여 복이 될 것입니다."
하니, 왕이 받아 들였다.[234]

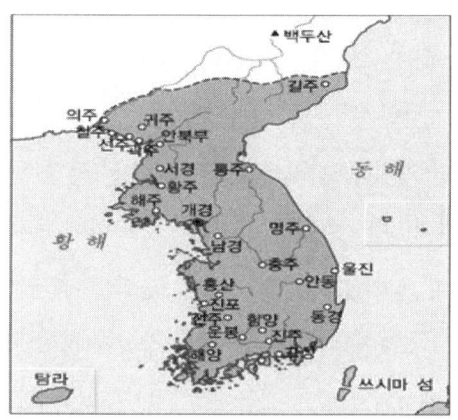

　고려는 왕건이 918년에 세운 나라로서 1392년까지 474년간 왕씨(王氏)가 34대에 걸쳐 집권했던 왕조이다. 935년 신라의 귀부(歸附)를 받고, 이듬해인 936년에 후백제를 멸망시켜 마침내 후삼국을 통일하였다. 고려는 민족의 융합과 고토 회복을 국시로 진정한 단일국가로서의 민족의식을 확립하고자 하였다. 이에 신라 이래의 불교문화에다 유교를 결합하고 거기에 도교까지 어우러지게 함으로써 민족통합의 기초를 닦았다.

　고려는 전기 시대에는 새로이 제도를 정립하여 운영체계를 정비해 나갔으며, 무신집권시기에는 국정의 전단이 행하여지긴 했으나 형식은 유지되고 있었다. 고려의 율령체제는 성종 초의 중앙집권통치체제 정비 시에 신

---

233) 번좌(反坐)란 거짓으로 고자질하여 남을 벌 받게 한 사람에게 고자질을 당한 사람이 받은 벌과 같은 벌을 주는 것을 말한다. 예를 들어, 사형에 해당한 죄로 무고(誣告)하면 무고한 자가 도리어 사형을 받고, 귀양갈 죄로 무고하면 도리어 귀양가게 하는 것을 말한다.
234) 고려사절요 제6권 숙종 1(肅宗明孝大王一) 병자 원년(1096).

라 율령에 없는 것을 보충함과 아울러 새로운 체제의 확립을 위하여 이루어지게 된다. 이 고려율은 초기에 일시 시행되었으나, 뒤에 송형통(宋刑統)과235) 송령(宋令)·송의 칙(勅)을 계수함에 따라 고려율의 개정이 불가피하였다. 그러나 고려율을 개정하지 않고 별도로 그때그때 필요에 따라 왕법(王法; 국왕이 제정한 법률)인 판(判)·제(制)·교(敎)·지(旨)·영(令)·조(詔)에 의하여 통치하였는데,236) 이는 기본법전인 율전(律典) 없이 단일 왕법으로 통치하였던 것이다. 따라서 이렇게 축적된 단일 왕법을 통한 율(律)의 체계화가 이루어졌던 것으로 보인다.237) 그러나 원나라의 간섭시기에 이르러서는 문란이 심해졌고 법제 자체의 변화를 초래하였다. 즉 관제를 뜯어고치게 되었고 노비제의 혁파 등 원의 간섭이 자행되었는데 이는 결국 왕권의 약화를 초래하게 되었고 결국에는 재판권의 축소로 연결되었다.

고려 말의 사회적 갈등은 정도전과 같은 개혁론자들을 출현케 하였다. 이들은 백성들의 호소와 정서를 내세워 여러 개혁을 시도하게 되는데, 이는 당시 왕들의 개혁 의지에도 부합하였다. 이들의 개혁적 시도는 결국에는 그 뜻을 이루지는 못하였으나 조선의 건국이라는 결과로 이어지게 된다. 당시 큰 문제를 낳아 이들에 의해 개혁의 대상이 되었던 사전(私田)은 국가 재정의 기초를 안정시키고 재정을 확충하려는 것이었고 신진 사대부(士大夫; 고려 및 조선 시대의 학자 출신 관리 또는 지배 계층에 속하는 문관 관료층을

---

235) 송형통(宋刑統)은 북송 초기(963)의 형법전으로 당(唐)의 율(律)과 율소(律疏)를 대개 답습하여 송초(宋初)의 제도에 대응하도록 부분적으로 변경한 것이다. 명례(名例)·위금(衛禁)·직제(職制)·호혼(戶婚)·구고(廏庫)·천흥(擅興)·적도(賊盜)·투송(鬪訟)·사위(詐僞)·잡(雜)·포망(捕亡)·단옥(斷獄)의 12율(律)로 구성되었다.
236) 본문에 '제하기를', '조하기를', '교하기를'이란 표현이 등장하는데, 이는 왕이 내리는 왕법(王法)을 말한다.
237) 이 시대에 편찬된 법령집으로 오늘날 그 이름이 전해오는 것으로는 '판안(判案)'·'식목편록(式目編錄)'·'의식조령(儀式條令)' 등이 있다.

일컬음) 계층의 생활 보장을 주된 목적으로 하였기에 일반 백성들의 입장에서는 무척 미흡하였다. 그러나 새로이 질서를 정비하고 소송의 범람을 극복하고자 했던 이러한 노력은 소송제도의 정비와 판결 지침 마련으로 이어지게 되었고 조선에서의 재판제도 운영에 이바지하게 된다.

고려의 중앙 정치조직은 당의 3성 6부제를 모방하여 고려의 실정에 맞게 조정하였다. 즉 2성 6부제를 토대로 하였다. 2성은 중서문하성(中書門下省; 국정 총괄)과 상서성(尙書省; 정책집행)을 말하며, 상서성에는 이부·병부·호부·형부·예부·공부의 6부를 두었다.238) 그리고 중추원(中樞院; 왕명출납)·사헌대(司憲臺; 감찰)239)·삼사(三司; 회계)를 두었다. 또한 고려의 독자성을 보여주는 관청으로는 도병마사(국방 담당; 도평의사사로 개편)와 식목도감(법 제정과 각종 시행규정의 담당)이 있다.

고려의 사법제도는 중앙에 상서형부(尙書刑部)를 최고 정점으로 하여 그 밑에 전옥서(典獄署)를 두었다. 상서형부(尙書刑部)는 안핵(按覈; 매우 자세히 조사하여 살핌)·상복(詳覆; 사죄(死罪)를 자세히 심의함)·형옥 및 노예의 결송〈決訟; 백성들 사이에 일어난 소송(訴訟)을 결정하여 판결함〉에 관한 정사를 관장하였다. 전옥서(典獄署)는 상서형부에 소속된 기관으로서 행형을 담당하였다. 또한 중앙에 사헌대〈司憲臺; 또는 어사대(御史臺)〉가 있어 백관의 비위를 적발하여 범죄의 수사 및 재판의 단서를 마련하여 주었다. 그밖에 성종 때(성종 11; 992)에 국자감(國子監)을 설치하면서 그 안에 율학(律學)을 두어 율학박사로 하여금 율령을 가르치게 하였다.240) 율학은 일종의 직업학으로

---

238) 원의 간섭 이후에 중서문하성과 상서성은 첨의부로, 중추원은 밀직사로, 이부와 호부는 전리사로, 병부는 군부사, 호부는 판도사, 형부는 전법사로 바뀌었고, 공부는 폐지된다.
239) 고려 초에는 사헌대(司憲臺)라 하던 것을 995년(성종 14)에 어사대(御史臺)로, 1014년(현종 5)에 금오대(金吾臺)로, 1015년(현종 6)에 다시 사헌대로 명칭이 바뀌었다. 원의 간접 이후에 어사대는 감찰사로 바뀌었다.
240) 율학박사의 정원은 1인이고 품계는 종8품이었다. 국가로부터 전(田) 30결과 시

법률관계 관직에 종사할 전문인을 위한 것으로 8품관 이하의 자제와 서인·8품관 이상의 원하는 자 등에게 입학자격이 있었다.

지방에서의 재판권의 제1심 관할은 각 지역의 수령, 즉 군(郡)·현(縣)의 수령의 직무상 책임이 미치는 지역과 일치한다. 상급심의 재판관할은 각 도의 안찰사(내지 안겸사)와 양 계의 병마사(兵馬使)에게 속하였다. 군·현 등의 지방관이 재판의 결과에 대한 실제의 집행을 담당하였고, 안찰사로 하여금 형정을 상시 감독케 하였다. 중앙에서는 수시 안무사를 파견하여 지방관의 남형(濫刑)을 감찰케 하였다.

고려 초기의 법제는 '고려율(高麗律)'로 대표되며, 11대 문종 때에는 고유법과 중국법을 조화한 고려의 형법체계를 완성하였다.[241] 고려시대에는 사법과 행정이 분리되지 않았고, 민사와 형사사건의 구분도 명확하지 않았다. 그러나 재판제도는 나름의 원칙 하에 운영되어 그 체계를 갖추었다. 재판을 신중하게 실시하기 위하여 합의제 재판인 삼원신수제(三員訊囚制)와 삼복제(三覆制)를 실시하였다.[242]

형벌로는 태(笞)·장(杖)·도(徒)·유(流)·사(死)의 5가지가 주된 형벌이었는데, 태형(笞刑)은 10~50대의 볼기를 치는 매질이고, 장형(杖刑)은 60~100대의 장을 치는 형을 말한다. 도형(徒刑)은 1~3년의 징역 또는 강제 노역을 말하며, 유형(流刑)은 멀리 귀양보내는 형이다. 사형(死刑)은 사람의 목숨을 빼앗는 형으로서 당시에는 교수(絞首)와 참수(斬首) 두 가지 집행방법이 있었다.

---

(柴) 10결을 지급받았다.
[241] 고려의 정책은 형정에도 많은 영향을 끼쳐 응보(應報) 위주의 형벌에서 종교적인 인애사상(仁愛思想)을 가미하였고 정형주의를 확립시켰다.
[242] 이러한 제도는 다음의 문종 임금의 형정관(刑政觀)을 통해서 잘 알 수 있다; "형정은 백성의 생명이 매인 것이고 인명은 지극히 중대하며 한번 죽은 자 다시 소생하지 못하는 것이다".

## 제2. 법의식 및 법문화의 특징

여름 4월에 조서를 내리기를,
"근래에 형옥(刑獄)을 맡은 관원이 능히 직책을 다하지 못하여, 죄가 없는 백성으로 하여금 오랫동안 옥에 있게 하고, 원통하고 억울함을 펴지 못하게 하여 천문(天文)이 위차(位次)를 잃게 되고, 절기가 고르지 못하게 되었으니, 뒷날에 장차 무슨 변고가 있을지 알 수 없다. 헌대(憲臺)에게 명하여 원통한 옥사(獄事)를 살펴 다스려 이를 모두 용서하라." 하였다.[243]

4월에, 도평의사사에서 왕께 아뢰기를,
"요즈음 안렴사와 수령들의 기강이 해이해져서, 여러 고을의 향리들이 제멋대로 욕심을 드러내어 군정(軍丁)을 점검할 때는 부잣집은 제외하고 조세를 거둘 때는 사사로이 큰 말을 쓰며, 병정에 나가야 할 서울 장정을 몰래 데려다가 제 농사를 짓게 하고, 양민들을 모아서 제 집 종을 삼는 등 백성들에게 토색(討索)질이 한이 없으니, 마땅히 어사대와 각 도의 안렴사를 시켜서 그 원악(元惡)을 찾아 내어, 죄가 중한 자는 극형에 처하고, 가벼운 자는 매를 때리고 귀양보내게 하소서." 하였더니,
왕이 이 말을 좇았다.
- 고려사절요 제26권 공민왕 1(恭愍王一) 무술 7년(1358) -

고려시대에 왕이나 관리들이 법의 집행을 어떻게 인식하고 있었는지 그리고 어떠한 자세로 형정에 임했는가는 다음의 내용을 통해 확인해 볼 수 있다.

문종(11대 왕; 재위 1046~1083)은 형벌을 매우 조심히 할 것과 억울한 옥

---

[243] 고려사절요 제12권 명종 1(明宗光孝大王一) 계축 23년(1193).

사가 없어야 함을 거듭 강조하고 있다.

"2월에 제하기를, 형정(刑政)은 왕화(王化)에 먼저 할 바이니, 준엄하면 백성이 상하고 관대하면 백성이 업신여긴다. 형벌이 적당하여야 음양이 고르고 바람과 비가 순하며, 법이 마땅함을 잃으면 원망이 쌓여서 재변이 일어나는데, 포악한 신하와 혹독한 관리는 세상에 흔히 있는 것이다. 짐은 훈고(訓誥; 선대 임금의 가르침)에 따라 형벌을 매우 조심하며, 신하가 포악하고 관리가 혹독하여 그 적당함을 얻지 못할까 항상 염려하니, 이제부터는 형부의 관원을 잘 가려 위임해서 억울한 옥사가 없도록 하라." 하였다.244)

관리들도 형정의 공정성과 중요성을 강조하며 그에 대한 신중함을 간언하고 있다.

문종 시절 문하시중 이자연은,

"하늘과 땅의 재앙과 상서는 매양 형정의 잘잘못과 서로 부합되므로 상과 벌을 신중히 하지 않아서는 안 됩니다. 삼가 생각건대 이부와 형부는 사리를 분별해 다스리기를 힘써야 하는데 날이 지나고 달이 바뀌어도 질질 끌고 판결짓지 못하는 것이 많으니, 이·형 두 부의 관리에게 사리를 정밀히 살피게 하고 그 관리가 근면한지 태만한지를 조사하여 포창하거나 깎아내리면, 성상께서 정사에 부지런하고 형벌할 때에 불쌍히 여기시는 뜻에 맞추어 하늘과 땅의 아름다운 상서를 이룩할 것입니다"라고 간언하였다.245)

---

244) 고려사절요 제4권 문종 1(文宗仁孝大王一) 신축 15년(1061).
245) 고려사절요 제4권 문종 1(文宗仁孝大王一) 을미 9년(1055).

숙종(15대 왕; 재위 1095~1105)은 법의 엄정함에 대해 강조하고 있다.

"11월에 조하기를,

짐은 민간에서 매매할 때 쓰는 미곡과 은의 품질이 매우 나쁘다고 들었다. 그러므로 전대(前代) 이후로 법을 엄하게 하여 이를 금했으나, 지금에 이르도록 아직 그 징계하는 자를 보지 못하였다. 대개 간사하고 교활한 무리들이 법으로 금함을 두려워하지 않고 오직 이익만을 구해서이다. 모래를 쌀에 섞고 구리와 철을 은에 섞어서 우매한 백성을 현혹함은 매우 천지신명의 뜻이 아니다. 백성의 빈곤은 실로 이에 연유하니, 이것을 법으로써 징계할 것이나, 요(堯)·순(舜)은 의관에 그림만 그려도 백성이 법을 범하지 않았으며, 형벌이 폐지되고 쓰이지 않아 집집마다 표창할 만하였다 하니, 짐은 매우 이것을 사모하는 바이다.

중외의 군민(軍民)과 공상잡류(工商雜類)는 마음을 고쳐서 개과천선하여 죄를 멀리하면 자연히 형벌이 맑아지고 덕교(德敎)가 넘칠 것이다. 부(富)·수(壽)의 업과 태평의 풍교(風敎)를 어찌 이룩하기 어렵겠는가. 만약 이 뜻을 모르고 고의로 어기고 범하는 자가 있으면 반드시 벌하고 용서하지 않으리라." 하였다.246)

공민왕(31대 왕; 재위 1351~1374)도 형정과 관련하여 관리들의 형정에 임하는 자세에 대해 강조하고 있는데,

"12월에 왕이 이르기를,

사람의 목숨이란 지극히 중한 것이라 한 번 끊기면 다시 이어질 수 없는

---

246) 고려사절요 제6권 숙종 1(肅宗明孝大王一) 을유 10년(1105),

것이다. 듣건대 옥관들이 형벌을 자세히 살피지 않아 원통하게 죽은 이가 많다 하니, 지금부터 형벌을 그릇되게 처리하는 자가 있으면 도평의사사와 어사대에서 아뢰어 규명하여 다스리도록 하라." 하였다.247)

이러한 내용 등에 비추어 볼 때 당시의 왕이나 신료들은 형정(刑政)의 중요성을 인식하고 형정에 임하는 관리들의 자세와 백성들이 억울한 옥사로 인해 원통한 일을 당하는 일이 없도록 힘쓰고 아울러 법의 엄정함을 보이기 위해 노심초사하고 있음을 알 수 있다.

고려는 말기에 이르러 전민(田民)에 관한 소송이 전에 없이 폭주하게 되는데, 그 주된 원인은 당시의 시대적 상황, 즉 지배층의 전민겸병(田民兼併), 그에 따른 토지제도의 문란(紊亂)과 농민층의 몰락 등에서 찾을 수 있다. 아울러 이러한 범람하는 소송의 기저에는 개인 간의 분쟁 차원을 넘어선 계층 간의 갈등이 있음을 간과해서는 안 될 것이다. 이와 관련된 내용으로서, 공양왕(34대 왕; 재위 1389~1392) 3년(1391) 10월에, 낭사〈郎舍; 고려시대 중서문하성에 소속된 간관(諫官)인 정3품 이하의 관원에 대한 총칭〉에서 다음과 같이 상소(上疏)했다.

"전하께서 즉위하시자 가장 먼저 사전(私田)의 폐해를 고치시고, 과등(科等)의 차이를 명백히 세워 모든 소송의 근본 문제를 깨끗이 하시니, 이야말로 삼한(三韓)의 풍속에 있어 정말 다행한 일입니다. 다만 노비(民口)의 소유에는 본래 제한이 없고, 또 개인 재산이라 하여 온갖 쟁송이 일어나니 오히려 토지를 다투는 일보다도 그 폐해가 더 심한 것이 사실입니다.

······ (중략) ······

---

247) 고려사절요 제26권   공민왕 1(恭愍王一) 정유 6년(1357).

그러나 완악한 탐욕이 미처 제거되지 못해 쟁송이 벌떼처럼 일어나는 데다 송사를 처리하는 자도 또한 권세가에게 아첨하고 동료에 끌려 과거 판결에서 이미 금지한 사항을 무시하곤 합니다. 또 사건의 옳고 그름을 깊이 따져 보지도 않고서 저마다 고치고 바꾸느라 문서만 산더미처럼 쌓이고 쟁송이 끊이질 않습니다. 심지어 골육 지친이 도리어 원수지간이 되어 비방하고 헐뜯는 습속이 크게 유행하고 도타운 풍습은 사라지는 바람에 자연의 조화로운 기운이 끊어져 요사스런 괴변이 자주 일어나니, 이야말로 전하께서 깊이 염려하실 일입니다.

이제 도관(都官)으로 하여금 매번 조회(朝會)할 때마다 판결할 안건을 바치게 해도, 소송을 제기하는 자가 구름처럼 많아 여러 해가 지나도록 판결을 내리지 못한 것도 있으니, 도관만으로 그 억울한 송사들을 단숨에 해결할 수 없는 것이 당연합니다. 엎드려 생각하옵건대, 전하께서 분부하사 별도의 관청을 세우게 하고 재능있고 공정한 자를 택해 그 임무를 맡기며, 아울러 그 관청을 주관할 관리도 뽑은 다음 대성(臺省)의 관리 각 한 명으로 하여금 감찰하게 하십시오.

…… (중략) ……

개경이나 지방에서 소송을 제기하는 자 가운데 요행을 바라고 거짓으로 신고하는 자가 있으면, 곧 감찰하는 관리를 시켜 절도죄에 준해 민(民)의 다소(多少)와 죄질의 경중(輕重)을 따져 논죄하게 할 것이며, 송사를 처리하면서 인정에 끌려 옳고 그름을 뒤바뀌게 판결하는 자도 또한 중죄로 논죄하게 하십시오. 전국 각지에서 기한 내에 신고하지 않은 사안과 기한 내에 이미 판결을 내린 사안을 다시 심사하지 못하게 할 것이며, 이를 어기

는 자는 모두 판지(判旨)를 따르지 않는 것으로 논죄하십시오."하니 왕이 이를 허락하였다.248)

이 상소로 미루어 당시 고려 말의 시대상을 살펴볼 수 있는데, 즉 노비(奴婢)와 전민(田民)으로 인한 소송의 폐해가 얼마나 컸는지 아울러 그로 인한 임금을 비롯한 관리들의 고민이 어떠했는지를 엿볼 수 있다.

윤5월에 제하기를,

"모든 옥 중의 죄수는 참수형·교수형의 두 죄 이외에는 모두 놓아 주며, 혹 관리 중에 법을 핑계하여 까다롭고 각박하게 폐단을 일으키거나 혹은 썩은 양곡을 억지로 주고 이자를 받거나, 혹은 황폐한 전답에서 조세를 징수하며, 혹 급하지 않은 공사를 시작하는 것을 일체 금지하고 죄를 주라." 하였다.249)

## 제3. 법제도

6월에 제하기를,

"법률은 형벌의 판례이다. 법률이 밝으면 형벌에 지나침이 없고, 법률이 밝지 못하면 죄의 경중이 잘못되는 것이니, 지금 쓰는 율령이 어떤 것은 그릇된 것이 많아서 참으로 마음에 걸린다"250)

고려 초기에는 통일신라의 율령(律令)을 답습하였으나 왕권이 안정되면서 독자적인 율령을 제정하였는데 그것이 '고려율(高麗律)'이다. '고려율'은

---

248) 고려사 형법지 소송; http://terms.naver.com/entry.nhn?docId=1674091&cid=49630&categoryId=49797 (한국학중앙연구원, 한국민족문화대백과).
249) 고려사절요 제7권 예종 2(睿宗文孝大王二) 신축 16년(1121).
250) 고려사절요 제4권 문종 1(文宗仁孝大王一) 정해 원년(1047).

고려 초기에 만들어진 현존하는 우리나라 최고(最古)의 법으로서 총 502개 조로 구성된 당률(唐律) 중에서 고려 실정에 맞는 71개 조를 추려서 만든 것이다.251) '고려율'이 갖는 역사적 의미는 고대법인 신라율과 조선의 율을 잇는 교량적 위치에 있어 우리 고대법 및 중세법 연구에 절대적 비중을 차지하고 있다는 점이다.252)

'고려율'은 단순히 당률(唐律)과 당률소의(唐律疏議)를253) 모방한 것이 아니라 이후 송의 법령인 형통(刑統)·칙령격식(勅令格式)도 부분적으로 계수하였고, 뒤에는 원나라의 조격(條格)도254) 참고하거나 적용하였던 것으로 보인다.255) 다음의 내용, 즉 성종(6대 왕; 재위 981~997) 때 "도망한 노비를 숨겨 취한 자는 율문(律文)에 의해 처벌한다"는 기록이 있는 것으로 보아 독자적인 율령이 존재했음을 추정케 한다. 또한 삽면형(鈒面刑; 죄인의 얼굴이나 팔에 죄명을 문신하는 형벌)과 같은 형벌이 당시에 존재했던 것 역시 독자적인 율령의 존재를 말해주고 있다.256)

---

251) '고려사' 형법지에는 당나라 제도를 채용하여 71개의 율을 제정하였다고 되어 있는데, 여기서 옥관령(獄官令) 2조를 빼면 69조의 율이 있었음을 알 수 있다.
252) '고려율'은 몽골 침략 이후 붕괴되어 조선시대에 들어와 '고려사'를 편찬할 당시에는 대부분의 자료가 없어져, 율령의 정확한 모습을 확인하기는 힘들다. '고려사'에는 독자적인 율령 제정을 알려주는 기록이 없어 단순히 당률(唐律)을 채용한 것에 불과하지 않은가와, 그것이 신라율을 계승하여 필요에 따라 제(制)·판(判)·교(敎)의 형식으로 보완한 것에 불과하지 않은가 라는 주장이 있다.
253) 현존하는 '당률소의(唐律疏議)'는 개원 25년(헌종 737)에 개정된 '개황률'의 해석서이며, 당령(唐令)은 이듬해에 편찬된 '당육전(唐六典)'에 많이 수록되었다.
254) 지정조격(至正條格)은 원 간섭기에 시행된 원 나라의 법으로 1315년부터 공식적으로 적용되었다. 원의 지정조격과 고려의 기존질서의 가치관이 충돌하면서 급기야는, "고려의 풍습백사는 구습례에 따를 것을 허한다"는 명령이 떨어져 고려의 관습이 존중되었다. 지정조격은 고려가 멸망할 때까지 계속 유지되었다.
255) 고려율로 전해지는 71조는 당률을 첨삭한 것으로 그 편제(編制)만 보더라도 왕권, 유교적 가족제도, 집권적 질서유지를 위한 이상적 규정들이었고, '고려사 형법지(刑法志)'에 있는 율령 또한 그러하다.
256) '고려사' 형법지는 당률을 채용한다는 서문의 내용과 달리 실제로는 '원사'의 형식을 따라 명례(名例)·공식(公式)·피마식(避馬式)·공첩상통식(公牒相通式)·직제(職制)·간범(奸犯)·호혼(戶婚)·대악(大惡)·살상·금령·도적·군율·휼형(恤刑)·소송·노비 등 15개 항목으로 분류하고 있다. 항목의 명칭은 원래 율의 이

고려시대에는 식목도감(式目都監)을 두어 법령 제정을 총괄하였는데, 식목도감(式目都監)은 성종 말과 현종(8대 왕; 재위 1009~1031) 초에 걸쳐 설치되어 적어도 1023년(현종 14)에는 그 기능을 했던 것으로 보인다. 식목도감(式目都監)은 고려시대의 법제(法制) 및 격식(格式) 제정에 관한 문제를 의논한 재신〈宰臣; 재상인 신하로서 재부(宰府)에 속한 2품 이상의 재상(宰相)을 말함〉과 추신〈樞臣; 중추원의 재상급 관원으로서 군사기밀(軍事機密) 또는 군사기무(軍事機務)로 해석되는 군기(軍機)에 관한 정사를 관장하는 국가의 중요 정치 기능을 함〉의 회의기관이었다.

> 10월에, 정당문학(政堂文學) 이인복(李仁復)을 원 나라에
> 보내어 표문을 올려 사례하고 또 글을 올려 아뢰기를,
> "조그만 우리나라에 감찰사(監察司)와 전법사(典法司)가 있어서 형벌을
> 관장하고 소송을 청취하여 이치에 어긋남을 규명하며 바로잡는데, 행성의
> 관리들이 사람들의 거짓호소를 듣고는 감찰과 전법의 제사(諸司)에서
> 판결한 문권을 빼앗아 가서 옳은 것을 그르다고 하는데, 아무도 무어라
> 따지지 못하고 사람들이 이리나 호랑이처럼 그들을 미워하고 있습니다"[257]

이렇듯 고려시대에는 당률(唐律)을 모방한 71조의 법률과 보조법률이 있었으나 일상생활과 관계되는 관습법을 중심으로 자치 질서를 인정하였다. 또한 지방관의 사법권이 커서 중요 사건 이외에는 재량권을 행사할 수 있었다. 법률 외에 관습법도 실생활에 있어서 법규범으로서 많은 영향을 미

---

름과 같은 것이 있는 반면에, 변형된 것도 나타난다. 뿐만 아니라 공식·피마식·공첩상통식·금령·휼형·소송·노비 등에는 영에 속한 내용도 있다. 이처럼 형법지의 항목이 체계적이지 않고 혼재되어 여기서 고려율을 정확하게 분류하는 것이 쉽지 않아 이에 대한 견해가 분분한 상태이다; http://terms.naver.com/entry.nhn?docId=1061503&cid=40942&categoryId=31694(한국학중앙연구원, 한국민족문화대백과).
257) 고려사절요 제26권 공민왕 1(恭愍王一) 병신 5년(1356).

쳤다. 고려의 대표적인 관습법으로 훈요10조(訓要十條)를 들 수 있다. 훈요10조는 고려 태조 왕건이 자손들을 훈계하기 위해 942년(태조 25)에 몸소 지은 열 가지 유훈(遺訓)을 말하는 것으로 고려시대 최초의 관습법이다. 훈요10조는 실생활에서 왕실을 비롯하여 일반인들의 생활규범 내지 행위규범으로서 주요 생활지침으로서 기능하였다.

고려 태조가 남긴 '훈요십조'의 내용은 다음과 같다.[258]

1. 제1조: 국가의 대업이 제불(諸佛)의 호위와 지덕(地德)에 힘입었으니 불교를 잘 위할 것

"국가의 대업은 여러 부처의 호위를 받아야 하므로 선(禪)·교(敎) 사원을 개창한 것이니, 후세의 간신(姦臣)이 정권을 잡고 승려들의 간청에 따라 각기 사원을 경영, 쟁탈하지 못하게 하라"

2. 제2조: 사사(寺社)의 쟁탈(爭奪)·남조(濫造)를[259] 금할 것

"신설한 사원은 (신라 말의) 도선(道詵)이 산수의 순(順)과 역(逆)을 점쳐 놓은 데 따라 세운 것이다(즉『도선비기(道詵秘記)』에 점쳐놓은 산수순역에 의하여 세운 것이라는 뜻). 그의 말에, "정해놓은 이외의 땅에 함부로 절을 세우면 지덕(지력)을 손상하고 왕업이 깊지 못하리라" 하였다. 후세의 국

---

258) http://terms.naver.com/entry.nhn?docId=571599&cid=1591&categoryId=1591;http://terms.naver.com/ entry.nhn?docId=891115&cid=2711&categoryId=2711(한국학중앙연구원, 한국민족문화대백과).
259) 남조(濫造)의 사전적 의미는 품질 따위를 생각하지 않고 마구 만들어 내는 것을 말한다.

왕·공후(公侯)·후비(后妃)·조신 들이 각기 원당(願堂)을 세운다면 큰 걱정이다. 신라 말에 사탑을 다투어 세워 지덕을 손상하여 나라가 망한 것이니, 어찌 경계하지 아니하랴"

3. 제3조: 왕위계승은 적자적손(嫡者嫡系)을 원칙으로 하되 장자가 불초(不肖; 못나고 어리석은 사람을 이르는 말)할 때에는 인망 있는 자가 대통을 이을 것

"왕위 계승은 맏아들로 함이 상례이지만, 만일 맏아들이 불초할 때에는 둘째 아들에게, 둘째 아들이 그러할 때에는 그 형제 중에서 중망을 받는 자에게 대통을 잇게 하라"

4. 제4조: 거란과 같은 야만국의 풍속을 배격할 것

"우리 동방은 예로부터 당(唐)의 풍속을 숭상해 예악문물(禮樂文物)을 모두 거기에 좇고 있으나, 풍토와 인성(人性)이 다르므로 반드시 같이할 필요는 없다. (더욱이) 거란(契丹)은 금수(禽獸)의260) 나라이므로 풍속과 말이 다르니 의관제도를 본받지 말라"

5. 제5조: 서경(西京)을 중시할 것

"나는 우리나라 산천의 신비력에 의해 통일의 대업을 이룩하였다. 서경

---

260) 모든 짐승을 이르는 말로서 행실이 아주 더럽고 나쁜 사람을 비유적으로 이르는 말이다.

(西京: 평양)의 수덕(水德)은 순조로워 우리나라 지맥의 근본을 이루고 있어 길이 대업을 누릴 만한 곳이니, 사중(四仲: 子·午·卯·酉가 있는 해)마다 순수(巡狩; 임금이 나라 안을 두루 살피며 돌아다니던 일)하여 100일을 머물러 안녕(태평)을 이루게 하라"

6. 제6조: 연등회(燃燈會)·팔관회(八關會) 등의 중요한 행사를 소홀히 다루지 말 것

"나의 소원은 연등(燃燈會)과 팔관(八關會)에 있는 바, 연등은 부처를 제사하고, 팔관은 하늘과 5악(岳)·명산(名山)·대천(大川)·용신(龍神) 등을 봉사하는 것이니, 후세의 간신이 신위(神位)와 의식절차의 가감(加減)을 건의하지 못하게 하라. 나도 마음속에 행여 회일(會日)이 국기(國忌: 황실의 祭日)와 서로 마주치지 않기를 바라고 있으니, 군신이 동락하면서 제사를 경건히 행하라"

7. 제7조: 왕이 된 자는 공평하게 일을 처리하여 민심을 얻을 것

"임금이 신민의 마음을 얻는다는 것은 매우 어려우나, 그 요체는 간언(諫言)을 받아들이고 참소(讒訴; 남을 헐뜯어서 죄가 있는 것처럼 꾸며 윗사람에게 고하여 바침)를 멀리하는 데 있으니, 간언을 좇으면 어진 임금이 되고, 참소가 비록 꿀과 같이 달지라도 이를 믿지 아니하면 참소는 그칠 것이다. 또, 백성을 부리되 때를 가려 하고 용역과 부세를 가벼이 하며 농사의 어려움을 안다면, 자연히 민심을 얻고 나라가 부강하고 백성이 편안할 것이다. 옛말에 "향긋한 미끼에는 반드시 고기가 매달리고, 후한 포상에

는 좋은 장수가 생기며, 활을 벌리는 곳에는 새가 피하고, 인애를 베푸는 곳에는 양민이 있다"고 하지 아니하였는가. 상벌이 공평하면 음양도 고를 것이다"

8. 제8조: 차현(車峴) 이남의 공주강외(公州江外)는 산형지세(山形地勢)가 배역(背逆)하니 그 지방의 사람을 등용하지 말 것

"차현(車峴) 이남, 공주강(公州江) 외(外)의 산형지세가 모두 본주(本主)를 배역(背逆)해 인심도 또한 그러하니, 저 아랫녘의 군민이 조정에 참여해 왕후(王侯)·국척(國戚)과 혼인을 맺고 정권을 잡으면 혹 나라를 어지럽히거나, 혹 통합(후백제의 합병)의 원한을 품고 반역을 감행할 것이다. 또 일찍이 관노비(官奴婢)나 진·역(津驛)의 잡역(雜役)에 속했던 자가 혹 세력가에 투신하여 요역〈徭役; 나라에서 정남(丁男)에게 구실 대신 시키던 노동〉을 면하거나, 혹 왕후·궁원(宮院)에 붙어서 간교한 말을 하며 권세를 잡고 정사를 문란하게 해 재변을 일으키는 자가 있을 것이니, 비록 양민이라도 벼슬자리에 있어 용사하지 못하게 하라"

9. 제9조: 백관의 녹복을 공평히 정해줄 것

"무릇 신료들의 녹봉은 나라의 대소에 따라 정할 것이고 함부로 증감해서는 안 된다. 또 고전에 말하기를 "녹은 성적으로써 하고 임관은 사정으로써 하지 말라"고 하였다. 만일 공적이 없는 사람이거나 친척과 가까운 자에게 까닭 없이 녹을 받게 하면 백성들의 원성뿐만 아니라 그 사람 역시 복록을 오래 누리지 못할 것이니 극히 경계해야 한다. 또 이웃에 강폭한

나라가 있으면 편안한 때에도 위급을 잊어서는 안 되며, 항상 병졸을 사랑하고 애달피 여겨 요역을 면하게 하고, 매년 추기(秋期) 사열(査閱; 조사하거나 검열하기 위하여 하나씩 쭉 살펴봄) 때에는 용맹한 자에게 마땅히 (계급을) 승진시킬지어다"

10. 제10조: 널리 경사(經史)를 보아 지금을 경계할 것

"국가를 가진 자는 항상 무사한 때를 경계할 것이며, 널리 경사(經史)를 섭렵해 과거의 예를 거울로 삼아 현실을 경계하라. 주공(周公)과 같은 대성도「무일(無逸)」(안일, 방심하지 말라는 글) 1편을 지어 성왕(成王)에게 바쳤으니, 이를 써서 붙이고 출입할 때마다 보고 살피라"

훈요10조(訓要十條) 외에 최승로의 시무 28조는 관습법이라고 할 수는 없으나 국가정책에 있어서의 기본지침이 무엇인지를 보여주는 것으로 강력한 의미의 규범적 성격을 갖는다. 시무28조(時務二十八條)는 최승로(崔承老)가 6대 임금 성종에게 건의한 28개조의 시무책(時務策)으로서, 성종이 경관 5품 이상으로 하여금 각기 시정의 득실을 논해 봉사(封事; 임금에게 올리는 글)를 올리도록 하자, 최승로가 새로운 고려 사회를 만드는 데 필요한 내용을 담아 올린 것이다. 즉 태조의 정치를 이상으로 하고, 광종의 왕권 강화책을 반성하여 유교 사상이 중심이 되는 그리고 임금이 백성들을 위한 정치를 해야 하고 아울러 스스로 모범을 보여야 한다는 내용이 담겨 있다. 현재 전해져 오는 조문은 22개 조문이며,[261] 그 내용을 주제 별로 살펴보면, 국방 · 불교의 폐단 · 사회문제 · 왕실 관련 · 중국 관련 · 신앙과 관련한

---

[261] http://ko.wikipedia.org/wiki/%EC%8B%9C%EB%AC%B4_28%EC%A1%B0.

사안 등이다. 구체적으로 살펴보면,

1) 국방비를 절감해야 할 것
2) 공덕재(功德齋)를262) 왕이 직접 베풀지 말 것
3) 왕실을 호위하는 군졸 수를 줄일 것
4) 관리를 공정히 선발할 것
5) 중국과의 사사로운 무역을 금지할 것
6) 사찰의 고리대업을 금지할 것
7) 지방관을 파견할 것
8) 승려 여철을 궁궐에서 내보낼 것
9) 신분에 맞추어 복식을 입게 할 것
10) 승려가 역관에 유숙하는 것을 금지할 것
11) 예악(禮樂)을 비롯한 유교 도리는 중국 문물을 본받더라도 의복 등은 우리(고려) 풍속에 따를 것
12) 섬사람들의 공역을 줄여 줄 것
13) 연등회(燃燈會)·팔관회(八關會)의 규모를 줄이고, 의식에 사용하는 인형을 만들지 못하게 할 것
14) 왕은 신하를 예로써 대우할 것;
"임금께서는 스스로 교만하지 말고 아랫사람을 공손히 대하고 죄 지은 자는 모두 법에 따라 벌의 경중을 결정하소서〈만약 성상이 마음을 겸양하게 가지고 항상 경외하게 신하를 예우하시면, 신하는 반드시 마음과 힘을 다하여 나아가서는 꾀를 구하고 물러가서는 바르게

---

262) 공덕재(功德齋)는 미래의 성불(成佛)을 위하여 행하는 불교 의식을 말한다. 공덕(功德)은 현재에 착한 일을 많이 함으로써 현재와 미래를 좋게 하는 선업(善業)을 말하며, 공덕재는 이를 위하여 재(齋)를 올리는 것을 말한다.

보필하기를 생각할 것입니다. 이것이 이른바 임금이 신하를 예로써 쓰고, 신하는 임금을 충(忠)으로 섬긴다는 것입니다〉"

15) 궁궐에서 일하는 노비 수를 줄일 것
16) 사찰을 마구 짓지 못하게 할 것
17) 신분에 따라 가옥의 규모를 맞추게 할 것
18) 불상에 금·은을 입히지 못하게 할 것
19) 삼한 공신의 자손에게 벼슬을 줄 것;
"공신의 등급에 따라 그 자손을 등용하여 업신여김을 받고 원망하는 일이 없도록 하소서"
20) 불교는 몸을 닦는 근본이고, 유교는 나라를 다스리는 근원이므로 불교의식인 공덕과 유교 통치 행위인 정사를 균형 있게 할 것
21) 음사〈淫祀; 내력이 바르지 아니한 사신(邪神; 재앙을 내리는 요사스런 귀신)을 섬기고 제사지내는 일〉를 제한할 것
22) 노비의 신분을 엄격히 규제해서 미천한 자가 윗사람을 욕하지 않게 할 것 등이다.

## 제4. 민사 및 형사 사법제도

### I. 수사 및 재판 담당 기구

고려시대에는 형사사건이나 민사 분쟁이 발생하였을 경우 이를 국가를 통하여 해결하는 체계화된 일반적인 구조를 갖추고 있었다. 사회경제적 기저가 흔들리면서 불화가 생길 수밖에 없었고 이는 우선 마련되어 있는 소

송제도에 따르게 마련이었다. 고려 말기에는 소송의 범람이 크게 우려되는 상황이었고 이는 법제의 동요로 나타나게 되었다.

고려의 재판제도는 조선의 재판제도 발전에 이바지하였고 조선의 재판제도와 연계성을 가지며 그 발전의 연속선 상에 있다 하겠다.

## 1. 수사기관

고려시대의 수사기관(형옥기관으로서의 역할도 포함)으로는 가구소(街衢所)·야별초(夜別抄) 그리고 순군만호부(巡軍萬戶府)를 들 수 있다.

1) 가구소(街衢所)

가구소(街衢所)는 가구옥(街衢獄)이라고도 하였으며 1076년(문종 30) 수도인 개경에 설치된 기구인데, 기록상으로는 "가구사(街衢使)·가구별감(街衢別監)263) 등의 관직을 둠"이라는 사실 기록을 찾아볼 수 있다.264) 가구소는 단순히 죄인을 잡아가두는 기능을 넘어서 재판과 처단까지도 담당하였고,265) 또한 도적의 퇴치라는 군사적 성격을 지니고 있었다는 점에서 매우 중요한 형옥기관(刑獄機關)이라고 할 수 있다.266)

---

263) 정중부(鄭仲夫) 등이 가구소에 이르러 별감 김수장(金守藏) 등을 죽였다는 사실로 보아 별감이라는 직제가 있었음을 알 수 있다.
264) 관원으로는 가구사(街衢使)·가구부사(街衢副使)·가구별감(街衢別監) 등이 있었으며, 감행장교(監行將校) 2인, 나장(螺匠) 11인, 도전(都典) 11인, 군인(軍人) 40인이 배치되었던 것으로 보인다('고려사' 제사도감각색조(諸司都監各色條)). 조선 태조 원년(1,392) 7월에 폐지되었다; http://terms.naver.com/entry.nhn?docId=78650& cid=41826&categoryId=41826(한국학중앙연구원, 한국민족문화대백과).
265) 충렬왕 때 찬성사(贊成事) 차신(車信) 등을 가둔 것으로 보아 잡범보다는 비중 있는 인물들을 재판하고 처단하며, 직접 고문도 한 것으로 보인다.
266) 무신의 난 당시에 보현원(普賢院)에서 난을 일으킨 정중부(鄭仲夫) 등이 수도

## 2) 야별초(夜別抄)

야별초(夜別抄)는 고종(23대 왕; 재위 1213~1259) 때의 집권자 최우(崔瑀)가 도성(都城) 안에 도둑이 많아 이를 막기 위하여 설치한 기구이다. 처음에는 개성에서 밤에 성안을 순찰하게 하였으나, 나중에는 도둑의 무리가 전국에서 발호하므로 각 도로 확대하였다. 점차 기능과 권한이 확대되고 인원도 많아져 이를 좌·우별초로 나누어 편성하였다. 좌·우별초는 도둑 잡기뿐만 아니라, 몽골의 침입이 있자 몽골군과도 싸워 공을 세웠다. 또한 몽골군과 싸울 때 포로가 되었다가 탈출하여 온 자들을 모아 또 하나의 별초로 신의군(神義軍)을 조직하고, 이를 좌·우별초와 합하여 삼별초(三別抄)라 하였다.

## 3) 순군만호부(巡軍萬戶府)

1277년(충렬왕 3) 개성의 방도(防盜)와 야간경비를 담당하게 하기 위해 몽골의 제도를 본떠 순마소(巡馬所)를 설치한 것을 1300년에 확대 개편하여 순군만호부(巡軍萬戶府)라 하였다. 처음에는 순라군(巡邏軍)으로 편성된 단순한 치안기구였으나 도둑 체포와 금란(禁亂) 사무를[267] 관장하였고 차

---

개경에 이르러 맨 먼저 습격한 곳이 가구소인 것을 보면 단순한 형옥기관이 아니라 권력기관으로서도 중요한 위치에 있었던 것으로 짐작된다.

267) 금란(禁亂)이란 나라의 금법(禁法)·금제(禁制)를 어기고 어지럽히는 것을 금지하는 것 또는 그 법을 말한다. 예로서는 풍습의 교화·궐내 잡인(雜人)의 통제·시전(市廛)의 소요 금지·임금의 궐외 행차시의 소요 금지·국상의 발인에서의 통제·분경(奔競)의 금지·관리의 감찰·금주(禁酒) 및 야간 통행의 금지 등에 대한 규찰·왜관(倭館)·북평관(北平館)·태평관(太平館)에서의 무역 및 소란 금지·범인의 체포 등을 들 수 있다.

차 변질되어 후에는 민간인이 서로 다투는 사건과 소나 말 살해사건은 물론 실제로 권한을 넘어서 전토(田土)·노비에 관한 소송(奴婢訟)까지도 관장하였다. 금군(禁軍)·근위(近衛), 또는 출정군(出征軍)으로도 활동하였고, 형옥(刑獄)까지 담당하여 조선시대 의금부(義禁府)로 발전하게 된다.268)

4) 기 타 : 경찰 기구

금오위(金吾衛)는 고려 시대 육위(六衛)의269) 하나로 수도 개경을 순찰·점검(檢點)하는 경찰 임무를 맡은 기구이다. 장터나 번화가 또는 우범지대에는 검점군(檢點軍)이 순검토록 하였는데, 이같이 정기적인 순검의 임무를 띠고 있는 군단이 금오위였을 것으로 추정된다.

역령(役領)은 금오위에 소속된 조직인데270) 복역 중의 죄수를 지키는 감

---

268) 관원으로는 도만호(都萬戶)·상만호(上萬戶)·만호(萬戶)·부만호(副萬戶)·진무(鎭撫)·천호(千戶)·제공(提控) 등이 있었으며, 하부 군인으로 도부외(都府外) 약 1,000명, 나장(螺匠) 약 500명이 있었다. 1369년 사평순위부(司平巡衛府)로 고쳐 제조(提調) 1명, 판사(判事) 3명, 참상관(參詳官) 4명, 순위관(巡衛官) 6명, 평사관(評事官) 5명을 두었으나 우왕 때 다시 순군만호부로 환원되어 조선에 이어졌다; http://terms.naver.com/entry.nhn?docId=1116124&cid=40942&categoryId=31667(한국학중앙연구원, 한국민족문화대백과).
269) 6위(六衛)는 고려 전기의 중앙군 조직을 말한다. 당시 고려의 중앙군은 2군과 6위의 조직으로 편성되었는데, 이 중 6위는 좌우위(左右衛)·신호위(神虎衛)·흥위위(興威衛)·금오위(金吾衛)·천우위(千牛衛)·감문위(監門衛)를 일컫는다. 2군 〈응양군(鷹揚軍)과 용호군(龍虎軍)〉이 친위부대인 데 비해 6위(六衛)는 주로 전투부대로서 경군의 핵심을 이룬다. 이 중에서도 좌우·신호·흥위의 3위가 경군의 핵심이 되는 주력부대로서, 그 군사 수가 32령(領; 32,000명)으로 전체 중앙군 45령(45,000명)의 70% 이상을 차지했다: http://terms.naver.com/ entry.nhn?docId=918515&cid=42957&categoryId=42957(한국학중앙연구원, 한국민족문화대백과).
270) 역령(役領)은 고려 시대 금오위(金吾衛)에 소속된 부대의 하나인데 명칭으로 보아 특정한 역(役)을 진 부대임을 알 수 있다. 금오위가 경찰 부대로서 개경의 치안 유지를 주요 임무로 하였음을 볼 때, 역령은 죄수를 지키거나 다루는 일을 전담하였던 부대라 여겨진다: http://terms.naver.com/entry.nhn?docId=102222 &cid=41826&categoryId=41826(한국학중앙연구원, 한국민족문화대백과).

독군(監督軍)이 아닌가 추정된다.

또한 위아(尉衙)는 고려시대에 현위(縣尉; 현령(縣令)의 보좌관)를 장(長)으로 하는 지방기구인데, 현(縣; 고려시대 현령(縣令)을 우두머리로 하는 지방행정구역의 최하위 단위) 내의 비행(非行)·범죄의 방지와 그 처리 그리고 치안불안지역에서의 질서회복 및 유지임무를 담당하였다.271)

### 2. 재판기관

1) 중앙의 재판기관

고려 시대에는 태조 때부터 중앙의 재판기관으로서 의형대(義刑臺)를272) 두어 법률에 관한 사항과 재판을 관장하도록 했다. 이후 상서성에 형부(현재의 법무부에 해당)를 두었는데 형부는 법률·사송(詞訟)·형옥(刑獄)·노예에 관한 일을 맡아 보았으며273) 종1품의 판사(현재의 법무부 장관)가 관장하였다. 이는 추관(秋官)·형관(刑官)·전법사(典法司) 등으로 고쳤다가 후에 형조(刑曹)로 바뀌었고 조선조까지 계승되었다. 또한 어사대(御史臺)를 두어 감찰 및 풍기단속의 업무를 행하였다.

---

271) 이 기구의 성격과 관련하여 이를 현재의 경찰서, 현위를 경찰서장이라고 보는 입장도 있다.
272) 의형대(義刑臺)는 고려 태조 때 태봉(泰封)의 제도를 따라 설치한 관아로 뒤에 형관(刑官)으로 고쳤다가 성종 14년(995)에 상서형부(尙書刑部)로 이름을 바꿨다.
273) 고려에서도 지금의 형사재판에 해당하는 것은 옥송(獄訟), 민사재판에 해당하는 것을 사송(詞訟)이라 하여 구분하였다. 그러나 사송(詞訟)을 심리하다가도 사해(詐害) 등의 범법사실이 드러나게 되면 옥송(獄訟)으로 전환될 수도 있었고 상대방의 처벌을 원하는 것이 대개의 경우였으므로 옥송(獄訟)이라 하면 여기에는 사송(詞訟)도 포함하였을 것이라 추정된다.

(1) 형 부

가을 7월에 상서형부가 아뢰기를,
"서울과 지방에서 참형·교형 두 가지 죄수가 1백 3명입니다." 하니,
제하여 참죄(斬罪)는 매를 때려 무인도로 귀양 보내고,
교죄(絞罪)는 매를 때려
사람 사는 섬으로 귀양 보내도록 낮추었다.274)

　형부(刑部)는 고려시대 법률(法律)·사송(詞訟: 민사소송)·상언(詳讞: 범죄자에 대한 심의·형사소송)에 관한 사무를 관장했던 중앙관청이다. 육부(六部)의 하나로서 태조가 태봉(泰封)의 제도를 본받아 의형대(義刑臺)를 형관(刑官)으로 고치고, 어사(御事)·시랑(侍郎)·낭중(郎中)·원외랑(員外郎)을 두었던 데서 비롯한다. 이후 형부는 1275년(충렬왕 1)에 전법사(典法司)로 개칭되었고, 관직의 명칭도 상서는 판서(判書)로, 시랑은 총랑(摠郎)으로, 낭중은 정랑(正郎)으로, 원외랑은 좌랑(佐郎)으로 바뀌었다. 역할은 종래의 형부와 같았지만 왕과 권력자들의 횡포로 인하여 법 집행이 남용되는 경우가 많이 발생하였다. 1298년(충선왕 즉위)에는 다시 형조(刑曹)로 바뀌면서 판서는 상서 1인으로 하고, 총랑은 시랑으로 고치고 인원도 3인으로 늘렸고 그 중 하나는 타관(他官)이 겸하도록 하였다. 1308년(충선왕 복위)에는 다시 언부(讞部)로 고치고 동시에 감전색(監傳色)·도관(都官)·전옥서(典獄署)를 병합하였다. 그 관원으로는 전서(典書) 2인, 그 아래에 의랑(議郎) 2인, 직랑(直郎)·산랑(散郎) 각 3인이 있었다. 뒤에 다시 전법사로 고쳤다가 1356년(공민왕 5)에 문종 때의 구제(舊制)에 따라 형부로 복구되었다. 1362년

---

274) 고려사절요 제4권　정종(靖宗容惠大王) 무인 4년(1038).

(공민왕 11)에 다시 전법사로, 1369년(공민왕 18)에 이부(理部)로, 1372년(공민왕 21)에 다시 전법사로, 1389년(공양왕 원년)에 형조로 고쳤다.

5월에 왕이 형조판서 조면(趙勉) 등을 불러 이르기를,
"지금 천변이 자주 일어나고 가뭄이 더욱 심하니, 이것은 반드시 원통한 옥사가 있기 때문이다. 모든 옥에 갇힌 죄수로서 마땅히 죽일 사람은 목 베고, 마땅히 사면할 사람은 사면하여, 속히 결단해서 보내고 오랫동안 지체시키지 말아서 하늘의 마음을 순응하라." 하였다.275)

(2) 어사대

어사대에서 상주(上奏)하기를,
"지금 옥이 텅 비었으니 '옥공(獄空)' 두 글자를 써서 법사(法司)의 남쪽 거리에 걸어, 거룩한 조정의 형조(刑措)의 아름다움을 보이시기 바랍니다." 하였다. 재상이 표문을 올려 하례하였다.276)

5월에 어사대에서 아뢰기를,
"불교는 본래 밝고 깨끗한 것을 숭상하는데, 그 무리들이 죄받고 복받는다는 말로써 과부와 부모 없는 딸들을 속여 유인하며, 머리를 깎고 중이 되게 하여 잡거하고 분별이 없어, 그들의 음탕한 욕심을 맘대로 누리며, 심지어는 사대부와 종실의 집까지 다니며 불공하기를 권하고, 산속에 유숙시켜 추한 소문이 때때로 있어 풍속을 더럽게 물들이오니, 지금부터는 이런 짓을 일체 금하여, 어기는 자는 죄를 주소서. 향리나 공노와 사노들이 부역을 피하기 위하여 불문(佛門)에 자취를 숨기고,

---

275) 고려사절요 제35권 공양왕 2(恭讓王二) 신미 3년(1391).
276) 고려사절요 제6권 숙종 2(肅宗明孝大王一) 을유 10년(1105).

> 손에는 불상을 가지고 입으로는 중의 노래를 외며 여염집에 횡행해서
> 백성들의 재산만 소모하여, 그 죄가 가볍지 않사오니, 이들도 함께
> 체포하여 모두 그들 본래의 신분으로 돌려보내소서." 하니,
> 왕이 이 말을 좇았다.277)

어사대(御史臺)는 고려시대 시정을 논하고 풍속을 교정하며, 백관을 규찰하고, 탄핵하는 일을 맡아보던 관청이다. 이와 같은 사정기관(司正機關)은 신라 진흥왕 때인 544년에 처음 설치되었는데, 고려의 어사대는 이러한 신라의 전통 위에 당나라·송나라의 영향을 받아 고려의 정치 실정에 맞도록 재정비·조직된 것이다.

어사대의 법제상 주된 기능은 "시정을 논하고 풍속을 교정해 백관의 부정과 비위를 규찰하고 탄핵하는 일"로 되어 있다〈고려사 백관지(百官志)〉. 그러나 실제로는 어사대의 독자적인 활동보다는 중서문하성의 간관(諫官)인 낭사(郎舍; 고려시대 중서문하성에 소속된 정3품 이하의 관원에 대한 총칭)와 상호불가분한 관계에서 직무가 수행되었다. 즉 본래의 임무에 봉박(封駁; 왕명 및 조칙의 합당하지 않은 것을 봉함하여 되돌려 반박 의견을 시달한 제도)·간쟁(諫諍; 임금에게 옳지 못하거나 잘못된 일을 고치도록 간절히 말함)·시정논집(時政論執; 그 당시의 정치나 행정에 관하여 자기의 주장을 논술하여 고집함)·서경(署經; 관리의 임명이나 법령의 제정 등에 있어 대간(臺諫)의 서명을 거치는 제도) 등의 간관임무가 더해져 그 기능은 광범위하고 다양했다. 이러한 기능을 수행하기 위해 어사대의 관원에게는 불체포·불가범(不加犯)·면계(面戒: 면전에서 충고함) 등의 특권과 여러 은전이 부여되었다.

---

277) 고려사절요 제26권 공민왕 1(恭愍王一) 신축 10년(1361).

1196년(명종 26)에 최충헌이 명종에게 올린 봉사10조에 따르면,
"어사대의 신하는 언론을 맡기 때문에 임금이 혹 못 미치는 것이 있으면 곧 과감하게 간하여 도끼로 죽이는 형벌이나 큰 솥에 삶아 죽이는 형벌을 받더라도 마음에 기쁘게 여겨야 합니다. 지금은 모두 머뭇거리며 아래 위를 살펴 구차하게 영합할 것만을 생각합니다. 오직 폐하께서는 적임자를 선택하시어 조정에서 직언하게 하시고, 일에 임해서는 얼굴을 대고 간하게 하십시오 라고 하니 왕이 즐겁게 받아들였다"라는 구절이 있다.

여기에 "도끼로 죽이는 형벌이나 큰 솥에 삶아 죽이는 형벌을 받더라도 ……"라는 문구가 있는데 무신정권 당시의 어사대의 역할과 관리에게 내려지는 형벌을 추정할 수 있는 대목이다.[278]

어사대는 1275년(충렬왕 1)에 감찰사(監察司; 고려 후기 어사대의 기능을 이어 받아 설치되었던 관청)로[279] 그 명칭을 바꿨는데 그 기능은 어사대와 같았다. 감찰사의 관원인 대관(臺官)은 낭사(郞舍)의 관원인 간관(諫官)과 더불어 대간(臺諫)을 구성하여 청요직(淸要職; 주요 보직)으로서 중요시되었다. 감찰사는 그 뒤 1298년(충렬왕 24)에 충선왕이 선위(禪位)를 받아 사헌부(司憲府)로 고쳤지만, 곧 충렬왕이 복위하여 감찰사로 환원하였다. 1308년에 충선왕이 다시 정권을 잡게 되자 또 사헌부로 고쳤다. 1356년(공민왕 5)에 다시 어사대로, 1362년에 다시 감찰사로, 1369년(공민왕 18)에 다시 사헌부로 개칭을 되풀이하였지만, 조선시대에는 사헌부로 일관하였다.

---

278) 고려사 129, 열전 42 최충헌.
279) 이 때 관직은 어사대의 대부(大夫)를 제헌(提憲)으로, 중승(中丞)을 시승(侍丞)으로, 시어사(侍御史)를 시사(侍史)로, 감찰어사(監察御史)를 감찰사(監察史)로 고쳤다.

봄 정월에,
주부 이경택(李景澤)의 아내 김씨가 그 지아비의 계모를 죽이고자
계집종을 시켜 밥에 몰래 독을 넣어서 올리게 하였더니, 어미가 알고
어사대에 고발하였으나, 김씨는 자백하지 않았다. 어사대에서 다시
국문하기를 청하니 왕이 이르기를,
"죄상이 이미 명백하니 곧 처결함이 마땅하다." 하였다.

김씨는 선조(先朝)의 외척(外戚)이므로 사형에서 감등되어 안산현(安山縣
경기 시흥)에 귀양보내고 경택은 옥중에서 죽었다.
- 고려사절요 제6권 숙종 I(肅宗明孝大王一) 신사 6년(1101),

(3) 도 관

"전해 오는 명확한 문권이 없으면서 소송을 제기하는 행위를
일절 금지해야 합니다"

"판결을 내린 뒤에도 계속 고집을 부리는 자와 면천(免賤)한 뒤에도
풀어주지 않는 자는 형조(刑曹)로 하여금 관련 문서를 상세히 조사해
법에 따라 엄격히 조치하도록 해야 합니다"

도관(都官)은 노비문서(簿籍)와 노비관련 소송을 관장하였던 기구로 형부의 속사(屬司; 어느 관청에 딸린 하급 관청)이다. 도관에 대해서는 '신당서'[280]와 '송사'에[281] 기록이 남겨져 있다.[282] 도관(都官)이 행한 당시의 역할과

---

280) "都官郎中員外郎 各一人 掌浮隸簿錄 · · · "('신당서' 권46, 백관1, 형부).
281) "都官郎中員外郎 掌徒流配隸"('송사' 권163, 직관3, 형부).
282) 고려에서는 현종 원년(1010)에 도관원외랑 노전(盧戩)과 현종 2년 10월에 도관

관련한 기록을 소개해 보면, 도관(都官)에서는 쟁송(爭訟)의 문제점을 적시하고 소송의 남폐, 특히 노비와 관련된 송사의 문제점과 송사를 줄이기 위한 방책으로서 다음과 같은 내용의 건의를 한다.

"나라에서 각종 제도와 법을 만들고 관청을 설치해 직책을 분담하면서부터 각 업무를 담당한 관청들이 모든 복잡한 일들을 사리에 맞게 처리해 왔습니다. 그러나 많은 세월이 지나다 보니 자연히 일에 따라서 폐단이 생겨났는 바, 그 폐해 중에서도 가장 큰 것이 쟁송(爭訟) 문제입니다. 현재 관아에 들어온 문서들을 살펴보면 근거로 제시된 것이 모두가 수백 년 전에 일어났던 아득한 일들을 끌어 댄 것으로서 소송의 발단이 오래 된 것임을 알 수 있습니다.

　근래에 사람들이 법을 공부하지 않아 선왕(先王)이 정한 법과 제도를 까마득히 모르는 형편이니 소송을 제기하는 자는 이로 말미암아 법리(法理)에 어긋나게 되고, 그것을 처리하는 사람은 이 때문에 의심하게 됩니다. 만약에 조령(條令)을 새롭게 고쳐 사람들의 이목(耳目)에 익숙하게 하지 않을 경우 쟁송의 폐단이 쉽사리 고쳐지지 않을 것입니다. 이제 선왕이 내린 판지(判旨)에 담긴 취지에 따라 한 두 가지 제 견해를 첨부해 다음과 같이 조목별로 적어 올리고자 합니다.

　쟁송하는 자들이 혹은 서로 다투고 혹은 양민임을 호소하는 사안은 많을 경우 십년이 넘고 적을 경우 5~6년에 지나지 않습니다. 관청에서 아무리 정당하게 판결을 내렸다고 해도 강한 자는 계속 고집을 부려 그대로 권리

---

랑중 김숭의(金崇義)의 사례가 보이는 것으로 보아, 송제를 수용한 것으로 추정된다. 성종 14년에 당제를 받아들인 이후 현종 2년에 고부(庫部)를 비롯한 탁지금부(度支金部)·창부(倉部) 등의 여러 속사가 혁파되는 과정을 거쳐, 문종 조에는 송제를 수용하여 고려의 모든 제도가 정비되었기 때문에 그렇게 이해되는 것이다.

를 행사하면서 듣지 않으며, 약한 자는 원망과 억울함에 다시 소송을 제기하는 통에 쟁송이 날로 번잡해지고 간특한 거짓말이 날로 기승을 부립니다. 바라옵건대 금후로는 판결을 내린 뒤에도 계속 고집을 부리는 자와 면천(免賤)한 뒤에도 풀어주지 않는 자는 형조(刑曹)로 하여금 관련 문서를 상세히 조사해 법에 따라 엄격히 조치하도록 해야 합니다.

서로 쟁송하고 양민임을 호소하는 자들의 관련 문건들(契券)이 어찌 모두 정확히 들어맞을 수가 있겠습니까? 필시 하나는 옳고, 하나는 옳지 않은 것으로 구별이 될 터인데, 간혹 교활하고 욕심 많은 무리들이 거짓으로 오판(誤判)이라고 주장하며 원래의 소장을 돌려 받은 다음, 1, 2년이 못되어 말을 꾸며 다시 소장을 올려 쟁송을 하는 바람에, 옳고 그름을 다투는 악순환이 계속되고 있습니다. 바라옵건대, 금후로는 소송을 종결한 뒤, 그 옳지 못한 관련 문건은 헌사(憲司)로 하여금 조사시켜서 불필요한 분쟁을 막아야 합니다.

요즘 들어 탐학스런 풍조가 그치지 않고 다투어 남의 재물을 빼앗는 일이 기승을 부리면서 오랜 옛날의 일을 끌어대다가 온갖 음모를 꾸미는 일이 늘고 있습니다. 쟁송하는 자가 관아의 뜰에 가득하니 처리하는 자는 미처 다 판결을 내릴 수가 없으며, 문서가 방을 가득 채우니 보는 자는 다 볼 수도 없어서, 사건을 올바르게 분변하지 못하고 자연 소송도 제대로 해결되지 않는 것입니다. 바라옵건대 금후로는 고소장의 제출 날짜가 오래된 것을 가려서 한 부서에서 각각 10건씩 모여 의논해 그 내용을 방(榜)으로 게시함으로써 소송 절차를 간결하게 하며, 방으로 게시해 이미 판결이 난 사안은 논의에 회부해 그 수를 채우게 하십시오.

신축년(공민왕 10; 1361) 겨울, 홍건적이 수도를 함락시켰을 당시 공사(公私)의 문서가 거의 망실해버리자 간특한 자들이 그 틈을 타 분쟁의 단초를 만들어내고 있습니다. 당초 관계 문권을 가지지 못했던 자가 함부로 승인 문서를 받기도 하고 때로는 실제 문권을 가지고 있던 자가 도리어 문권이 없는 것으로 되어버리는 바람에 그 진위를 밝히기 어려워져 정당한 판결을 내리지 못하게 되었습니다. 바라옵건대, 금후로 신축년의 명확한 쟁송 문건(明文)이 없는 경우 고소를 불허해야 합니다.

가짜 왕이 다스리던 16년간에 각급 관원들이 혜택을 바라고 권세있는 간신들에게 증여했던 노비를 다시 그 일족(一族)들이 되돌려 달라고 하며 거짓으로 합집(合執; 유산을 상속할 때 다른 상속권자의 몫까지 혼자 차지하던 일)이라 일컬으면서 대성(臺省; 고려시대 어사대(御史臺)의 대관과 중서문하성의 성랑(省郞)의 합칭)에 여러 차례 소송을 제기한 바 있습니다. 금후로는 전해 오는 명확한 문권이 없으면서 소송을 제기하는 행위를 일절 금지해야 합니다.

노비 관련 쟁송의 발생은 대부분 합집(合執)에서 기인하는 것이니, 바라옵건대, 금후로는 그 주인이 합집(合執)한 노비를 나누지 못한 경우나 혹은 나누어 가지되(分執; 종, 땅, 집 따위를 나누어 가짐) 공평히 분배되지 못했을 경우에 관청에 신고하는 것을 허락하십시오.

조부나 부친의 노비가 남의 소유로 되어 있을 경우, 그 자손이 소송을 제기해 승소하면 전부를 갖는 것(全執)이 이치에 맞습니다. 금후로 함께 해당 소송에 참여하지 않은 그 외의 사손(使孫; 자손이 없는 사람의 유산을 계승할 수 있는 4촌 이내의 근친)이 노비를 분할받으려고 소송을 제기하는 일을 일절 금하십시오.

자식이 없는 자가 일시의 감정으로 인해 자기의 노비를 가지고 이리저리 증여한 것이 결국 뒷날 쟁송의 원인이 되는 경우가 많습니다. 금후로 자식이 없는 자가 이미 다른 사람에게 주기로 허락한 노비를 다시 제삼자에게 줄 경우, 자세한 사정을 적어 관청에 신고한 뒤에야만 관련 문서의 작성을 허락하십시오.

　노비를 빼앗긴 자가 소송을 제기하면 빼앗은 자는 노비를 부려 이익을 챙길 작정으로 여러 이유를 들어 재판에 나오지 않고 있습니다. 금후로 아직 소송 당사들이 재판정에서 마주 변론하지 않았을 경우, 개경은 3개월, 지방은 5개월을 기한으로 원고에게 말미를 부여함으로써 상대방이 간특한 행위를 하는 것을 막을 수 있도록 하십시오.

　관청에서 소송이 제기되면 양측의 문권을 읽어보고 상세히 신문해 양측이 말을 다하고 옳고 그름이 명백히 밝혀진 연후에 판결을 내려 방(榜)을 써 붙이게 됩니다. 그런데 개중에 간악한 자는 구원을 받을 욕심으로 관원의 면전에서 온갖 비방을 합니다. 금후로 이와 같은 행위를 하는 자가 있으면 헌사(憲司)로 하여금 양측의 문권으로 시비를 따져보게 하여 그것이 정당한 판결이면 비방하는 자를 엄중히 징벌하고, 만약 판결에 잘못이 있으면 담당 관리를 문책하십시오." 하니 왕이 이를 허락하였다.283)

### (4) 기 타

　노비와 관련된 소송을 해결하기 위해 공양왕 3년(1391)에 인물추변도감(人物推辨都監)을 두었는데284) 이는 노비의 해방·면천소송 따위의 일을

---

283) 고려사 형법지 소송; http://terms.naver.com/entry.nhn?docId=1674091&cid=49630&categoryId=49797(한국학중앙연구원, 한국민족문화대백과).
284) 인물추변도감(人物推辨都監)은 인물추고도감(人物推考都監)의 전신으로 고려 시대에 관청. 노비에 관한 업무를 맡아 본 기구이다. 주로 노비의 방량(放良), 면천(免賤), 쟁소(爭訴) 등을 주된 업무로 하였다. 인물추고도감(人物推考都監)의 정확한 설치 연대는 알려지고 있지 않으나 고려 후기에 설치된 것으로 보인다. 이 기구는 충렬왕 7년(1281)에는 회문사(會問司)로, 공양왕 3년(1391)에는 인물추변도감(人物推辨都監)으로 개칭하였다가 공양왕 4년(1392)에는 폐지되어 도관(都官)으로 사무를 위임하였다; http://terms.naver.com/entry.nhn?docId=107191&ref=y&cid=41826&categoryId=41826(한국학중앙연구원, 한국민족문화

맡아보던 관청이다.285) 그밖에 특별기구로서 1269년(원종 10)의 전민변정도감(田民辨正都監), 1281년(충렬왕 7)의 인물추고도감(人物推考都監), 1320년의 화자거집전민추고도감(火者據執田民推考都監), 1365년(공민왕 14)의 형인추정도감(刑人推正都監) 등이 있었다.

2) 지방의 재판기관

먼저 고려시대의 행정조직을 살펴보면, 기본적으로 전국을 경기(京畿)·5도(道)·양계(兩界)·3경(三京)·4도호부(四都護府)로 나누고 그 밑에 8목(牧)과 군(郡)·현(縣)·진(鎭)을 설치하여 운영하였다. 5도(道)는 서해도·교주도·양광도·전라도·경상도이고, 5도에는 안찰사를 파견하였다.286) 도(道) 밑에는 지방관이 파견되는 주군과 주현이 있었고, 지방관이 파견되지 않고 향리가 통할하는 속군·속현을 두었다. 양계(兩界)는 외부 침입에 대비하기 위한 군사조직의 성격이 강한 조직으로서 동계(東界; 강원·함남지방)와 북계(北界; 평안도 지방)로 이루어졌다. 3경(三京)은 개경(開京; 개성)·서경(西京; 평양)·동경(東京; 경주)을 말한다. 4도호부(四都護府)는 고려시대 실질적인 최고행정기관으로서의 역할과 기능을 하였던 것으로 보이는데, 안동(安東: 경주)·안서(安西: 해주)·안남(安南: 전주)·안북(安北: 안주) 도호부를 두었다. 목(牧)은 성종 때에 12목(牧)을 설치하여 목사(牧使)를 파견하였고, 현종 때에 5도·양계·4도호부·8목(牧) 체제를 완성하게 된다. 당시의 8목(八牧)은 광주목(廣州牧)·충주목(忠州牧)·청주목(淸州牧)·

---

대백과).
285) 고려사 형법지 소송; http://terms.naver.com/entry.nhn?docId=1674091&cid=49630&categoryId=49797(한국학중앙연구원, 한국민족문화대백과).
286) 안찰사는 6개월 임기의 임시직으로 파견되었고 지방의 감찰 업무를 맡았다.

전주목(全州牧) · 나주목(羅州牧) · 상주목(尙州牧) · 진주목(晉州牧) · 황주목(黃州牧)이다.

지방의 특수 행정구역으로 향리(鄕吏)가 통할하는 향(鄕) · 소(所) · 부곡(部曲)이[287] 있었는데 여기에 거주하는 이들은 양인의 하층부로서 과거응시 · 국학 입학이 제한되었고 승려가 될 수도 없었다.

고려시대에 지방에서 재판을 담당했던 기구를 살펴보면, 당시에는 사법과 행정이 분리되지 않았기 때문에 일반 행정관청이 민사 · 형사사건을 재판하였다. 서울인 개성에서는 개성 부윤이 공양왕 때부터 모든 민사사건을 재판하였다.[288] 서경은 분대(分臺)가[289] 행하였고 그 외의 지방은 유수관 · 부사 · 지주 · 현령 · 감무 등이 그리고 동서의 주진(州鎭)에서는 각계의 병마사(兵馬使)가 제1심 재판을 했으며, 안염사(안찰사) · 관찰사 그리고 양계의 병마사(兵馬使)는 제2심 재판기관이었다. 각 도에 파견되는 안무사[290] 또는 순무사[291] · 염문사[292]도 민사사건의 상급법원 역할을 했다.

---

287) 고려시대의 향(鄕)과 부곡(部曲)은 전쟁 포로의 집단적 수용지나 또는 본래 군현이었던 곳이 반역 및 적에 투항하는 등의 중대한 범죄로 인해 그 격이 강등되어 생겨나게 되었다. 주민들은 대부분 농경에 종사하였고 국가에 일정한 역과 조세를 부담하였다. 소(所)는 공물의 부담을 위해 특정한 물품(수공업이나 광물)을 생산하던 촌락을 말한다. 그 생산물의 종류에 따라 금소, 은소, 동소, 철소, 자기소 등이 있었다. 주민은 장인과 장인의 물품 생산을 돕기 위해 각종의 역을 부담하던 사람들이었고, 특정 물품을 생산하기 위해 요역(徭役)의 형태로 동원되었다.

288) 고려도경에는, "개성부(開成府)가 성(城)과 40리 거리에 있는데, 모든 백성들의 혼인 · 전답(田畓) · 투송(鬪訟; 다투어 송사를 일으킴)하는 일을 총괄한다"고 기술하고 있다(선화봉사 고려도경 제16권 관부(官府); http://db.itkc.or.kr/index.jsp?bizName=MK.

289) 분대(分臺)는 고려시대에 서경(西京) 및 양계(兩界) 지방에 두었던 감찰 기구인데. 어사대(御史臺)의 분소(分所)라는 의미를 지닌 분사어사대(分司御史臺)의 약칭으로 행대(行臺)라고도 불렸다.

290) 안무사(按撫使)와 관련해서는, 1012년(현종 3)에 절도사제(節度使制)를 폐지하고 75도(道)에 안무사를 파견하였으나 1018년에 폐지되었다. 이때에 안무사는 75도가 아니라 양주 · 광주 · 충주 · 청주 · 진주 · 길주 · 황주 등의 7주에 파견된 것이라는 설도 있다. 1107년(예종 2)에 백성의 질고와 수령의 전척(殿最 : 관리의 근무태도를 조사하여 고과를 매기는 일)을 살피는 것을 그 임무로 하는 안무사를

계수관(界首官)은293) 관내 수령의 형정을 감독함과 동시에 제2심의 재판기관이었고 성종 때는 각 도의 전운사(轉運使)도294) 형정(刑政) 사무를 관장하였다.

지방관들은 향리(鄕吏)의 도움을 받아 재판업무를 행하였고, 지방관이 파견되지 않은 속군 등에서는 향리가 재판업무 등도 담당하였을 것으로 보인다.

---

여러 도에 보냈다. 이때부터 안무사는 일이 생기면 파견하고 그 일이 끝나면 파하는 임시관직으로 되었다. 후기의 안무사는 실제로는 지방에 민요와 같은 변란이 일어났을 때에 흔히 파견되었으며 지방 군현(郡縣)의 떠돌아다니는 백성을 안집(安集)하는 것을 임무로 하였다. '고려사(高麗史)' 백관지(百官志)는 1276년(충렬왕 2)에 안무사를 고쳐 순무사(巡撫使)로 하였다고 기록하고 있으나 그 뒤에도 여전히 안무사가 파견되었다.

291) 순무사(巡撫使)의 임무는 현종 때 이후의 안무사(安撫使)의 임무와 유사한 것으로 추정된다. '고려사(高麗史)' 백관지에는 1276년(충렬왕 2)에 안무사를 고쳐 순무사로 하였다고 기록하고 있으나, 그 이후에도 안무사는 계속하여 파견되고 있는 것으로 보아 이는 일시적인 사실로 보인다. 1330년(충숙왕 17) 평양도 존무사를 순무사로 고쳤다는 것도 역시 일시적인 일이었을 것으로 추정된다.

292) 염문사(廉問使)는 공양왕 3년(1391)에 설치되었는데 주로 경기 지방을 관할한 듯하다. 임무는 지방 관리의 재판행정 감독, 전곡(錢穀), 군정(軍情) 및 관리의 근무 상태, 민간의 사송(詞訟)까지 전반적으로 수행하였다. 봉익(奉翊) · 통헌(通憲) 등 2품관으로 임명되었는데, 양부(兩府)를 도염문사(道廉問使)로 하여 상위에 두고 도염문부사(道廉問副使)를 두어 보좌케 하였다.

293) 고려 및 조선 초기에 있었던 지방제도의 한 형태로 지방의 중심이 되는 대읍(大邑)과 그 대읍의 수령을 의미하는 말로서, 고려의 경(京) · 목(牧) · 도호부(都護府)와 조선 초기의 부(府) · 목 · 도호부가 그것이다. 최근에는 지방관이 파견된 진(鎭)이나 현령관급 이상의 관부를 의미하는 것으로 이해하기도 한다.

294) 전운사(轉運使)는 고려 전기에 지방에서 징수한 조세를 개경으로 운송하기 위해 파견된 관리이다.

## II. 민사재판 절차

### 1. 재판절차의 진행

고려시대에는 형사 사건과 민사사건이 서로 맞물려 있는 경우가 많아 오늘날과 같이 순수한 민사재판을 상정하기는 어려웠을 것이다. 그러나 많지 않은 기록이지만 전토(田土)와 노비(奴婢)와 관련한 사적인 소송이 있었음을 알 수 있다. 고려 말기에는 전토(田土) 및 노비(奴婢)와 관련한 소송을 처리하기 위해 도관(都官)을 다시 설치하게 되었고 전민변정도감(田民辨正都監)·인물추변도감(人物推辨都監)·정치도감(整治都監) 등의 특별기구를 설치하였다.

> "2월에 인물추변도감(人物推辨都監)에서 노비결송법(奴婢決訟法)을 정하였다"[295]

> "9월에 언부(讞部)에서 왕의 명령으로 주·군의 노비를 선발하고, 사람들이 서로 노비를 쟁송하되 양편이 모두 정당하지 못하여 어느 한 쪽에 돌려주기 어려운 자는 왕의 처소로 보냈다"[296]

> "왕이 전민(田民)의 송사가 여러 해를 두고 해결되지 않는다 하여, 좌사의 권단(權㫜)과 장군 최유엄(崔有渰), 감찰전법사(監察典法司)에 명하여 지체 없이 조사하여 판결하게 하였다"[297]

---

295) 고려사절요 제35권 공양왕 2(恭讓王二) 임신 4년(1392).
296) 고려사절요 제23권 충선왕(忠宣王) 기유 원년(1309).
297) 고려사절요 제20권 충렬왕 2(忠烈王二) 기묘 5년(1279).

소송의 주체로서 원고와 피고가 당사자가 되었다. 원고는 원고인(原告人)이라고도 불렸고, 원고와 피고를 같이 부를 때에는 양조(兩造) 또는 양변(兩邊)이라고 하였다. 노비소송이 많았던 것으로 보아 노비도 소송에서 당사자가 되었던 것으로 보인다.

소송은 원고의 고소에 의해 진행되는데 그 방식은 서면, 즉 소장을 제출하는 것이다. 당시 소장을 조선시대와 마찬가지로 소지(所志)라 불렀을 것으로 추정된다. 소송에서 가장 큰 문제거리 중의 하나가 바로 피고를 재판정으로 불러오는 것이 었다. 따라서 피고가 자진해서 응하지 않을 경우에 대비해서 피고의 소환을 강제하는 규정도 두었던 것으로 보인다. 재판관할과 관련해서도 문제가 많았다. 본래의 재판관할이 아닌 서울로 와서 소송을 하려 하는 자가 많았기 때문이다. 따라서 이를 금하는 임금의 명이 내려지기도 하였는데 충렬왕 12년(1290) 3월에 다음과 같은 교지를 내린다.

"지방에서 노비문제를 두고 송사(訟事)를 벌이는 자들은 관례상 마땅히 수령과 안렴사(按廉使)를 찾아가 재판을 받아야 한다. 그런데도 간특한 자들이 권세가에 기대어 송사를 경관(京官; 서울에 있는 관아)으로 옮겨달라고 청탁하여, 송사(訟事)의 상대편으로 하여금 양식을 싸 가지고 멀리까지 오게 한다. 금후로는 해당 지역의 수령 및 안렴사가 모든 관련 송사를 맡아서 처리하게 하고, 소임(所任) 외의 별함(別銜; 국왕의 특별 명령을 받은 관리)이 처결하는 것을 금지한다."[298]

재판의 진행은 먼저 당사자들이 법정에서 모든 증거를 제시하고 자신의 주장을 뒷받침하는 변론 및 증거조사절차를 행하는 것이다. 이후에는 판결

---

298) 고려사 형법지 직제; http://terms.naver.com/entry.nhn?docId=1674081&cid=49630&categoryId=49797(한국학중앙연구원, 한국민족문화대백과).

절차에 들어가게 되는데 판결이 내려지기 전에 당사자로부터 판결결과에 승복하겠다는 의미의 감결(甘結; 판결을 수락하여 준수하겠다는 서약서)을 받는다. 그리고 그간의 사실을 바탕으로 하여 판결이 내려지게 된다. 판결문 안은 두 부를 만들어 하나는 승소자에게 주고 다른 하나는 관청에서 보관하도록 하였다. 판결이 내려지면 그것을 방(榜)에 걸기도 하였다.

고려도경에서는 당시의 재판정의 모습을 다음과 같이 전하고 있는데,

"고려의 정사(政事)가 간편한 것을 숭상하므로 소송의 문서 같은 것은 간략하게 하여 글로 기록하지 않는다. 관부에서 일을 다스릴 적에도 앉아서 책상에 의지하지 않고, 다만 걸상에 앉아서 지휘할 따름이다. 아전이 안독(案牘; 공문서. 한 건의 서류를 말함)을 받들어 무릎 꿇고 앞에서 아뢰면, 윗 사람은 듣고 즉시 비결〈批決; 관부의 판결문. 조선의 경우는 공문서 끝에 판결문을 쓰고, 해당관이 수결(手決)을 하게 되어 있으니, 고려도 이러한 절차를 밟았을 것임〉하되, 뒤에 상고하기 위하여 남겨 놓는 일이 없고 일이 끝나면 버리고 문서창고를 마련하지 않는다"고 기술하고 있다.[299]

## 2. 민사재판의 기본 원칙

### 1) 서증(書證)의 중시

"양민이라며 소송을 제기하는 경우, 비록 양민으로서의 적(籍)이 없더라도 그 천인으로서의 적(籍)이 불분명하면 양민으로 인정한다.

본래의 주인에게 천적(賤籍)이 없더라도 조상 대대로 부린 것이 명백한

---

299) 선화봉사 고려도경 제22권 잡속(雜俗) 1 치사(治事); http://db.itkc.or.kr/index.jsp?bizName=MK.

경우 그대로 판결을 내리며, 과거의 적(籍)에 등재되어 있더라도 문서를 판별할 수 없을 때도 또한 마땅히 양민으로 인정해 준다"

고려시대에는 일반인들도 문서의 중요성을 인식하고 있었던 것으로 보인다. 따라서 계약서를 신중히 작성하였고 이러한 문권(文券)이 재판에서는 중요한 자료가 되었다. 당시에는 문권에 쓰인 바대로 시행하는 것을 원칙으로 하였다.

'고려사 형법지 소송'에서는 문권의 중요성을 기술하고 있다. 다음의 구절, 즉 "헌사(憲司)로 하여금 양측의 문권(文券)으로 시비를 따져보게 하여······ ", "부조전(父祖田; 조상으로부터 전래하는 밭)으로서 관계 문서(文契)가 없을 경우 적장자(適長子)에게 우선적으로 주게 하였다", "전해 오는 명확한 문권이 없으면서 소송을 제기하는 행위를 일절 금지해야 합니다" 등을 통해 이를 확인할 수 있다.

공양왕 4년 2월에 인물추변도감(人物推辨都監)에서 소송을 판결하는 지침을 정하고 있는데, 그 주된 골자는 노비의 신분 인정과 관련하여 입증은 문서와 증거를 통해 엄격히 판정하도록 하고 있다. 지침에서 정하고 있는 내용은 다음과 같다.

"요 몇 년 이래 호구법(戶口法)에 다음과 같은 폐단이 있었다. 호구를 소유했던 자가 병란 통에 잃어버린 것을 권력을 쥔 간악한 무리들이 그 사실을 간파하고서 양민을 잡아다가 제 것으로 만들고는 조상 대대로 전해온 노비라고 거짓말을 하고 있다. 잡힌 사람이 양민이라고 소송을 제기해도 입증할 근거가 없으니 관청에서도 또한 밝혀내지 못한 채 세월만 자꾸 흘러가 원망과 억울함이 더욱 심해져 자연의 조화마저 손상시키고 있다. 금후로는 양민이라며 소송을 제기하는 경우, 비록 양민으로서의 적(籍)이 없더라도 그 천인으로서의 적(籍)이 불분명하면 양민으로 인정한다. 본래의 주인에게 천적(賤籍)이 없더라도 조상 대대로 부린 것이 명백한 경우 그대로 판결을 내리며, 과거의 적(籍)에 등재되어 있더라도 문서를 판별할 수 없을 때도 또한 마땅히 양민으로 인정해 준다.

- 공사(公私) 노비문제에 대한 판결 문안은 2본을 작성해 1본은 그 주인에게 주고, 1본은 관청에서 보관해 차후 사실을 판단할 증거로 삼는 것을 규식으로 한다.
- 병신년(공민왕 5 : 1356) 이전 쟁송에 관한 명백한 문건이 없는 것과, 정미년(충렬왕 33 : 1307) 이전의 사안 및 무진년(우왕 14: 1388) 이후에 변정도감(辨正都監)이나 도관(都官)이 이미 판결을 내린 사안은 신고할 수 없다. 다섯 번 심리할 것은 세 번으로 하고 세 번 심리할 것은 두 번으로 하게 한 결정 사항은 판지(判旨)에 따른 것이므로 바꿀 수 없다. 다만 심리한 횟수가 아무리 많더라도 원고와 피고 쌍방의 문서와 증거를 엄밀하게 조사하지 않고서 임시로 결정한 것은 예외로 한다. 거짓으로 신고한 자는 반좌(反坐; 사람을 무고(誣告)한 자에게 무고를 입은 사람에게 과(科)한 죄만큼 과죄(科罪)하는 것을 말함)한다.
- 노비 관련 송사를 관청에서 제기할 경우 반드시 도감(都監)의 지시에 따라서 진술하고, 개인 집에서는 전과 같이 송사를 하지 못하며 이를 어긴 자는 처벌한다."

2) 소송의 제한

소송의 폐단 중 심한 것이 같은 사건을 여러 번 되풀이 하는 것이었다.

이를 정리하기 위해서 공민왕 5년에 5결종3도(五決從三度), 3결종2도(三決從二度)의 원칙이 만들어졌다. 5결종3도(五決從三度)는 다섯 번 내려진 판결 가운데 승소가 세 번인 쪽을 따르라는 것이다. 3결종2도(三決從二度)는 세 번 내려진 판결 가운데 승소가 두 번인 쪽을 따르라는 것이다. 이로써 소송이 무제한으로 반복되는 것을 금하였다.

## III. 수사 및 형사재판절차

가을 7월에 회경전에서 조하기를,[300]
"을해년에 악역(惡逆)을 범하여 유배한 자는 마땅히 각각 죄를 참작하여 가까운 곳으로 옮기고 서용(敍用)할 것이며, 연좌되어 재산이 몰수되고 노예가 된 자는 이를 면제하고, 노예에 속하지 않은 자도
아울러 돌보아 주라.
또 승도(僧徒)로 간음을 범하면 영구히 향호(鄕戶)에 충당하여 사면령이 내려도 용서되지 않음은 가혹한 법에 가깝다.
마땅히 유사(有司)에게 시켜 조사하고 살펴서
아울러 군역(軍役)에 충당하라.

또 중외의 법사(法司)에서 죄를 신문할 때 비록 명확한 증거가 있더라도 반드시 세 번 고문하는 것을 상례로 삼았기 때문에, 범법 행위가 더 무겁지 않은 자도 이로 인하여 죽음에 이르는 수가 있으니, 옛글에 '그 죄없는 사람을 죽이는 것보다는 차라리 법대로 다하지 못하는 실수를 하라.'고 한 뜻에 어긋나지 않는가. 이제부터 법사(法司)는 짐의 형벌을 조심하고 불쌍히 여기는 뜻을 알아서, 이미 죄상을 자백한 자는 죄의

---

300) 고려사절요 제7권 예종 1(睿宗文孝大王一) 병술 원년(1106).

가볍고 무거움을 논할 것 없이 반드시 고문하지 말라."

## 1. 수사절차

수사절차의 개시는 형사재판절차의 개시와 일치한다. 수사 과정에서부터 고신(拷訊; 고문)이 행하여졌는데 이는 또한 형벌의 집행과도 연결된다. 증거에 의한 재판이 강조되었으므로 증거가 중요하였다. 그러나 자백을 받아 내는 것이 손쉬웠기에 자백을 강요하기 위한 고신이 자행되었다. 고려시대 중앙 및 지방에서의 수사과정에 있어 비록 명확한 증거가 있더라도 반드시 세 번 고신하는 것을 상례로 삼았던 것으로 보인다. 이로 인해 자백을 한 경우이더라도 고신에 의해 죽는 경우가 생기게 되자 이에 왕이 이러한 폐단을 시정하기 위해 이미 죄상을 자백한 경우에는 죄의 가볍고 무거움을 논할 것 없이 더 이상의 고신을 하지 못하도록 엄명하였다.301)

고려시대 행하여졌던 불법적인 고신(拷訊)의 예는 다음과 같다.302)
- 두 손의 엄지를 같이 묶어 그 곳에 큰 돌을 걸고 대들보에 매달고 약 한 자 남짓 떨어지게 한 뒤 밑에서는 숯불을 때면서 두 사람이 그 좌우에 서서 허리 치기.
- 발을 찢어 기름을 붓고 단근질하기
- 돌을 가득 채운 가죽 주머니로 입과 귀를 마구 때리기303) 등이다.

이러한 고신들로 인해 수인(囚人)들은 그 고통을 이기지 못하고 무복(誣服; 강요에 의하여 하지 않은 것을 했다고 거짓으로 자백함)하기도 하였다.

---

301) 고려사절요 제7권 예종 1(睿宗文孝大王一) 병술 원년(1106).
302) 고려사 열전(列傳) 35 혹리(酷吏) 669~670면.
303) 이로 인해 이빨이 다 부러져 떨어져 내리기도 하였다.

"모든 옥을 살피는 관리들은 먼저 5청(五聽)을 갖추어 모든 증거사정을 조사하고 사실을 말하는 것이 아니라는 의심이 드는 연후에 고문(拷掠)을 하되 신문마다 서로 20일 간격을 둔다"[304]

신문(訊問)은 5청(五聽)에 의해 행하여지는데, 즉 피고의 말(辭聽), 안색(色聽), 호흡(氣聽)을 살피고, 정황을 들어보고(耳聽), 눈으로 보는(目聽) 등의 방법으로 신문하였다. 먼저, 사청(辭聽)은 그 말하는 것을 살피는 것으로, 정직하지 않으면 말이 번잡스러울 것으로 판단하였다(觀其出言 不直則煩). 색청(色聽)은 안색을 살피는 것으로, 정직하지 않으면 부끄러워 얼굴을 붉힐 것이라고 보았다(觀其顏色 不直則赧然). 기청(氣聽)은 기식(氣息; 숨을 쉼)을 살피는 것으로, 정직하지 않으면 숨이 차서 헐떡거릴 것이라고 보았다(觀其氣息 不直則喘). 이청(耳聽)은 듣는 것을 살피는 것으로, 정직하지 않으면 이치를 잘 알지 못하고 의심할 것이라고 보았다(觀其聽聆 不直則惑). 목청(目聽)은 그 눈동자를 살피는 것으로, 정직하지 않으면 눈동자가 흐릴 것이라고 보았다(觀其眸子視 不直則眊然).

사건의 정상(情狀)에 혐의가 있는데도 자백하지 않는다면 그 후에 고문(拷掠)하도록 하였다. 신문(訊問)할 때마다 20일의 간격을 두되, 만약 신문이 끝나기 전에 다시 다른 관사로 옮길 경우에는 반드시 국문한 자가 본안(本案)을 연사(連寫)하여 이송하며, 곧 앞의 신문을 포함하여 세 차례로 계산하는데, 만약 혐의가 없으면 반드시 세 차례를 채울 필요가 없었다. 신문 도중 혐의자가 사망할 경우에는 모두 문서를 갖추어 보고하여, 해당 관서의 장관이 규탄관(糾彈官)과 함께 검증토록 하였다.[305]

---

304) '고려사 형법전 직제' 중 841면.
305) 고려사 형법전 직제; http://terms.naver.com/entry.nhn?docId=1674081&

신문할 때에는 반드시 3원(員)을 갖추도록 하였는데, 이는 독단을 배제하고 신중을 기하라는 의미가 담겨있는 것이었다. 아울러 불법한 신문이나 세력 또는 금력에 의해 왕법(枉法; 법을 부정하게 적용함)이 자행되는 것을 막아보려는 의도도 있었을 것이다. 살인죄를 범한 자에게는 세 단계로 나누어 심문토록 하였는데, 처음 단계에서는 9가지 단서를 명확히 심문하고, 21일의 사이를 두어 둘째 단계에서는 12가지 단서를 명확히 심문하며, 28일의 사이를 두어 셋째 단계에서는 15가지 단서를 명확히 심문하도록 하였다.306)

또한 고한(辜限)이라 하여 다른 사람을 구타하여 상해를 입혔을 때 가해자가 일정 기간 동안 그 구타와 상해에 관하여 책임져야 하는 기한을 두었다. 이 기한을 벗어나면 가해자는 책임에서 벗어날 수 있었다.

- 손과 발로 사람을 때려 다치게 한 자는 10일을 기한으로 한다.
- 다른 물건으로써 사람을 때려 다치게 한 자는 20일을 기한으로 한다.
- 칼이나 끓는 물이나 불로써 사람을 다치게 한 자는 40일을 기한으로 한다.
- 남의 팔과 다리(支體)를 부러뜨리나 어긋나게 하고 뼈를 부스러지게 한 자는 50일을 기한으로 한다.307)


## 2. 형사재판절차

고려시대 형사재판절차의 기저에는 다음의 특징이 담겨 있다. 즉 천벌사

---

cid=49630&categoryId=49797(한국학중앙연구원, 한국민족문화대백과).
306) 고려사 형법전 직제; http://terms.naver.com/entry.nhn?docId=1674081&cid=49630&categoryId=49797(한국학중앙연구원, 한국민족문화대백과).
307) 고려사 형법지; http://terms.naver.com/entry.nhn?docId=1674074&cid=49630&categoryId=49797(한국학중앙연구원, 한국민족문화대백과).

상(天罰思想)·형조불용(刑措不用) 그리고 월령(月令)에 따른 형정(刑政) 등이다.

1) 형사재판절차의 특징

가을 7월에 조하기를, "맹추(孟秋; 음력 7월을 달리 이르는 말로서 이른 가을을 이름)는 백곡이 무르익는 때인데, 남은 더위가 기승을 부리고 가뭄이 아직도 심하니, 이것은 반드시 형벌에 잘못이 있어서 원통함과 억울함이 재변을 부른 것이다. 짐이 밤낮으로 염려되어 편안히 있을 수 없으니, 중외의 모든 관원은 형벌을 심리하고 옥사를 살필 때에 원통함과 지나침이 없도록 하라"308)

먼저, 천벌사상(天罰思想)이다. 임금이나 백성들 간에는 내면적으로 천벌사상(天罰思想)이 깔려 있어 벌(罰)은 하늘이 내리는 것으로 여겨309) 하늘의 뜻에 어긋나는 형정이 이루어질 경우 징표를 마타내어 경고한다고 여겼다. 때문에 가뭄이나 홍수가 닥치면 임금은 서둘러 형정을 살펴서 소송의 지체를 없애고 죄수를 풀어주거나 사면을 단행하였다.

숙종의 다음의 구절, 즉 "맹추(孟秋; 음력 7월을 달리 부르는 말)는 백곡이 무르익는 때인데, 남은 더위가 기승을 부리고 가뭄이 아직도 심하니, 이것은 반드시 형벌에 잘못이 있어서 원통함과 억울함이 재변을 부른 것이다", "비법(非法)을 금하고 신문을 공평히 하도록 옥을 다스리고 드러난 해골을 덮고 묻어서 하늘의 꾸지람에 빨리 보답하게 하라"는 엄명은 당시의 천벌사상(天罰思想)이 백성을 다스림에 있어 얼마나 커다란 의미를 지녔는지를

---

308) 고려사절요 제4권 문종 1(文宗仁孝大王一) 병오 20년(1066).
309) 부여의 경우 가뭄 등의 재해가 발생하면 왕이 책임을 졌고, 제천행사 때에는 형옥을 중단하고 죄수들을 풀어주었다고 전해진다.

짐작케 한다.

숙종이 4월에 조하기를,

"지금 농사철에 오랫동안 비가 내리지 않으니, 아마도 주·군의 관리가 나의 뜻을 받들지 아니하고 은혜스러운 명령을 중간에서 정체시켜서 백성은 면세의 혜택을 입지 못하였거나, 혹 억울하게 옥에 갇힌 죄수들을 오랫동안 판결하지 아니하였으며 굶주려 죽은 자를 장사지내지 않고 해골(骸骨)이 노출된 그대로 버렸거나, 공사(公私)로 세를 거둠이 매우 무거워서 백성이 원망하여 화기(和氣)를 손상하게 하였는가. 유사는 나의 은혜스러운 명을 선도하여 비법(非法)을 금하고 신문을 공평히 하도록 옥을 다스리고 드러난 해골을 덮고 묻어서 하늘의 꾸지람에 빨리 보답하게 하라" 하였다.310)


"형옥(刑獄)이란 사람에게 중대한 일이니 《서경(書經)》에 이르기를,
'형벌은 형벌 없기를 기약하는 것이다' 하였다.
그러므로, 사실을 조사하고 정상을 살펴서 전말을 자세히 따져야만 거의 형벌을 지나치게 하는 일이 없을 것인데, 짐의 우매함으로 인하여
원왕(冤枉; 억울한 죄)한 일이 있을까 의심스러워서
짐의 마음이 측은하도다.
너희들 형옥을 맡은 관원은 자비심을 갖고 형옥을 처결하도록 하라"
- 고려사절요 제6권 숙종 명효대왕 2(肅宗明孝大王一) 을유 10년(1105) -

형조불용(刑措不用)이란 형벌(刑罰)을 제정하기는 하였으나 그 형벌을 쓰지 않는다는 의미로, 천하(天下)가 잘 다스려져 죄를 짓는 사람이 없다는

---

310) 고려사절요 제6권 숙종 1(肅宗明孝大王一) 신사 6년(1101).

의미로 해석된다. 줄여서 형조(刑措)라고도 한다.311) 이는 "형벌은 형벌 없기를 기약하는 것이다"라는 표현과 일맥상통하는 의미로, 사실을 조사하고 정상을 살펴서 전말을 자세히 따진다면 형벌을 받지 않을 수 있으니 형옥을 맡은 자들이 더욱 힘쓰라는 의미이다.

봄 정월에 교하기를,
"2월부터 10월까지는 만물이 나서 자라는 시기이니, 산과 들에 불 놓는 것을 금한다. 이를 어기는 자는 죄를 줄 것이니, 일정한 법으로 삼는다."
하였다.312)

월령(月令)에 따른 형정(刑政)은 자연 질서와 조화를 이루는 형정이 집행되도록 하자는 것이다. 월령(月令)이란 농가나 국가의 정례적인 연간 행사를 월별로 구별하여 기록한 표를 말하는데, 만물이 소생·성장하는 봄·여름에는 화기(和氣)를 상하지 않도록 휼형〈恤刑; 재판이나 형의 시행에서 죄인을 사면하거나 처벌 형량을 감면해 줌으로써 피고나 죄인을 위무(慰撫)하는 일〉을 베풀고, 가을, 겨울에 형의 집행을 하도록 하는 것을 주된 내용으로 한다.

이러한 관념은 결송기한(決訟期限; 소송을 결정하여 판결하는 기한)과 정송(停訟; 소송을 멈춤)에도 담겨져 있다. 決訟(決訟)과 관련하여 소사(小事)는 5일, 중사(中事)는 10일, 대사(大事)는 20일로, 도죄(徒罪) 이상 옥송(獄訟; 형사상의 송사)의 처리는 30일 만에 하도록 기한을 정하고 있었다.313)

---

311) 어리석은 백성들이 법에 저촉된 것을 모를까 걱정하여 이에 담당관청에게 명령하여 장차 대명률을 우리말로 번역하여 많은 사람들로 하여금 쉽게 알도록 하고, 무릇 처결함에 모두 이 율을 사용하도록 하였으니, 위로는 황제의 법을 받들고 아래로는 백성들의 목숨을 중하게 여긴 때문이다. 장차 백성들이 금지하는 것을 알고 범하지 않음에 형조불용을 보게 될 것이다; "又慮愚民無知觸禁 爰命攸司 將大明律譯以方言 使衆易曉 凡所斷決 皆用此律 所以上奉帝範 下重民命也 將見斯民 知禁而不犯 刑措而不用矣"(조선경국전 하 헌전 헌전총서).
312) 고려사절요 제2권 성종(成宗文懿大王) 정해 6년(987).

형집행정지 및 정송(停訟)의 구체적인 기간은 고려 전기에 이미 춘분에서 추분까지로 정해져 있었다.

이와 관련하여 고려 광종에서 헌종 때 사람으로 유진(劉瑨)이란 분이 있었는데, 그는 헌종에게 월령(月令)에 따른 형정(刑政)을 행할 것을 건의하였다.

"백성들이 역병(疫病)에 걸리고 음양의 조화가 깨어지는 것은 형법의 적용이 시기에 맞지 않았기 때문입니다. 월령(月令)을 살펴보면 '삼월의 절기에는 감옥을 살펴서 죄수들의 괴로움을 덜어주고 고문과 약탈을 하지 않으며 송사를 정지한다. 사월의 중기(中氣)에는 중죄인의 형벌을 경감해 주며 죄가 가벼운 사람은 석방한다. 칠월의 중기에는 감옥을 손질하고 형구를 갖추며 가벼운 형벌은 집행하고 작은 범죄는 처결한다.'고 하였습니다.

또한 옥관령(獄官令)을 살펴보면 '입춘부터 추분까지는 사형을 보고해 판결하지 못하지만, 극악무도한 죄를 범한 죄인의 경우는 이 법령에 구애받지 않는다.'고 하였습니다. 그러나 법을 집행하는 관리가 모두 상세히 살피지 못할까 두려우니, 엎드려 청하옵건대 오늘 이후로는 안팎의 해당 관청이 모두 법령에 따라 시행하게 하소서." 하니 왕이 그 건의를 좇았다.

2) 형사재판의 기본원칙

고려시대에 형사재판의 기본원칙은 합의제(合議制)·삼복제(三覆制)·행

---

313) 숙종 원년(1096)에 다음과 같이 하교(下敎)하였는데, "옛 제도에 관리가 송사(訟事)를 판결함에 있어 소사(小事)는 5일, 중사(中事)는 10일, 대사(大事)는 20일, 도죄(徒罪) 이상의 옥안(獄案)47은 30일로 기한을 앞서 정해 두었으니, 전국의 해당관청으로 하여금 정확히 시행하도록 하라." 하였다: 고려사 형법전 직제; http://terms.naver.com/entry.nhn?docId=1674081&cid=49630&categoryId=49797(한국학중앙연구원, 한국민족문화대백과).

위시법주의(行爲時法主義)·속지주의(屬地主義)·증거(證據) 재판주의·신속(迅速) 재판주의·의심스러울 때에는 경(輕)하게·충(忠)과 효(孝)를 중시하는 재판 등을 들 수 있다.

<blockquote>
2월에 제하기를,
"형정(刑政)이란 것은 백성들의 목숨이 달려 있으므로, 옛날 철왕(哲王; 현명하고 어진 임금)은 오직 형정을 신중히 하였다.
짐이 훈고에 따라서 형관(刑官)을 신중히 선임하나 오히려 적당한 사람을 얻지 못하여 억울함이 있게 될까 두려우니,

이제부터는 반드시 형관 세 사람 이상이 갖추어진 뒤에야 죄수를 국문하도록 정제(定制; 제도를 정함 또는 그 제도 )로 삼으라." 하였다.314)
</blockquote>

형사재판의 기본원칙으로, 먼저 합의제(合議制)를 들 수 있다. 합좌에 관한 원칙인 이른바 '3원신수법(三員訊囚法)'은 1062년(문종 16)에 만들어졌다. 이는 재판을 함에 있어 관원 3인 이상으로 하여 심판을 하는 합의제를 원칙으로 한 것으로 범죄에 대한 재판이 공정히 이루어지도록 하기 위한 조치였다.

<blockquote>
8월에, 형부가 사형을 복주(覆奏; 다시 아뢰다)하니, 왕이 이르기를,
"사람의 목숨은 지극히 중하니, 죽은 자는 다시 살아날 수 없다.
과인이 사형수를 판결할 때마다 반드시 삼복(三覆)을 하고도 오히려 그 실정에 어긋나지는 않나 염려하는데
혹시나 원통하고 억울함이 있어서 하소연할 길이 없이 한을 품게 되면 애통하지 않을 수 있겠는가. 그러니 살피고 조심하라"315)
</blockquote>

---

314) 고려사절요 제4권 문종 1(文宗仁孝大王一) 임인 16년(1062).

둘째로는 삼복제(三覆制)이다. 고려시대에는 형사재판에 있어 일반범죄의 경우는 단심(單審)제를 원칙으로 하였으나, 문종 대(문종 1; 1047)에는 사죄(死罪)를 범한 옥수(獄囚)에 대해서는 반드시 세 번 왕에게 아뢰도록 하고 있는데(死囚三覆啓法) 이를 삼복제〈三覆制; 초심(初審)·재심(再審)·삼심(三審)으로 심리 한 후 결정하는 재판제도〉라 한다. 여기에는 인명존중(人命尊重)의 사상이 베어 있다고 하겠다.316)

셋째로는 행위시법주의(行爲時法主義)이다. 고려에서는 원칙적으로 행위시법주의를 취하였다. 행위시법주의란 행위 시와 재판 시 사이에 형법 법규의 변경이 있는 경우에는 행위 시의 형법 법규를 적용하자는 입장을 말한다. 이와는 달리 재판시법주의(裁判時法主義)란 행위 시(行爲時)와 재판 시(裁判時) 사이에 형벌 법규의 변경이 있을 경우에, 행위 시의 법을 적용하지 않고 재판시의 법, 곧 신법(新法)을 적용하려는 입장을 말한다. 고려시대에도 예외적으로 재판시법주의를 취하기도 하여 법률이 가벼운 형량으로 개정된 경우에는 재판 시의 법률을 적용하는 경우도 있었다.

넷째로 속지주의(屬地主義)이다. 고려시대에는 속지주의(屬地主義)를 기본 원칙으로 하였다. 속지주의(屬地主義)란 본인(本人)의 국적(國籍)에 관계없이 사건이 발생한 곳이나 토지를 기본으로 하여 법률의 지배관계를 정하는 주의를 말한다. 따라서 고려 영토 내에서 발생한 범죄에 대해 고려의

---

315) 고려사절요 제4권 문종 1(文宗仁孝大王一) 정해 원년(1047).
316) 조선시대에 대벽삼복지법(大辟三覆之法)이란 제도가 있었는데 이는 사죄(死罪)에 해당하는 죄인을 신중히 처결하기 위하여 세 차례나 거듭하여 죄상을 조사하던 법을 말한다. 즉 초복(初覆)·재복(再覆)·삼복(三覆)의 삼심(三審)을 거쳐 임금에게 보고하여 최종 결정을 짓는 제도이다. 조선 시대의 대벽삼복법(大辟三覆法)은 고려시대의 삼복제(三覆制)가 그대로 전승된 것으로 보여지는데 태조 대에 (원년 윤12월; 1392) 정립되어 '경제육전(經濟六典)'에 명시되었으나 잘 지켜지지 않다가 태종 대에(13년 8월; 1413) 다시 정립되었다. 이후 세종 때(3년 12월; 1421)부터는 사죄삼복(死罪三覆)을 보다 철저히 하게 되었으며, 이러한 원칙은 '경국대전(經國大典)'에 담기게 된다.

관할로 하여 고려의 국법을 적용하는 것이 기본원칙이라 할 수 있다. 그러나 고려는 예외적으로 속인주의(屬人主義)도 인정하였던 것으로 보인다. 속인주의(屬人主義)란 그 나라의 국적을 가진 사람이라면 자국에 있든지 타국에 있든지 그 소재 여하를 불문하고 자국의 법이 적용되어야 한다는 원칙이다.

다음의 사건이 이를 잘 보여주는 하나의 예이다.

> '교화 밖(化外)의 여러 사람들은 저희끼리 서로 죄를 범한 경우 각각 제 나라 풍속대로 처리한다.'

5월에 동계병마사(東界兵馬使)의 보고에, "위계주(威鷄州)에 있는 여진의 구둔(仇屯)·고조화(高ㄱ化) 두 사람이 그 도령(都領)인 장군 개로와 재물을 다투다가 개로의 취한 틈을 타서 때려 죽였습니다." 하였다. 대신에게 의논하게 하니, 문하시중 서눌 등이 의논하여 아뢰기를, "여진이 비록 다른 종족이나 이미 귀화하여 이름이 우리 호적에 올라서 일반 백성과 같으니 본래 우리나라 법대로 따라야 할 것이고 이제 재물을 다투는 일 때문에 그의 윗사람을 때려 죽였으니 그 죄를 용서해서는 안 됩니다. 법대로 처리하소서." 하였다. 내사시랑 황주량 등은 의논하여 아뢰기를, "이들이 비록 귀화하여 우리의 번리(藩籬)가 되기는 하였으나 겉만 사람이고 속은 짐승 같아서 사리를 알지 못하고 풍교에 익숙하지 않으니, 형벌을 가해서는 안 됩니다. 또 법조문에, '교화 밖(化外)의 여러 사람들은 저희끼리 서로 죄를 범한 경우 각각 제 나라 풍속대로 처리한다.' 하였고, 더구나 그 이웃에 사는 늙은이들이 이미 저희의 풍속대로 범인 두 집의 재물을 내다가 개로의 집에 보내주어 그 죄를 갚았으니, 어찌 다시 죄를 논하여 처단하겠습니까."

하니, 왕이 황주량 등의 의논을 따랐다.317)

다섯째로는 증거(證據) 재판주의이다. 고려시대의 경우 재판을 할 때에 증거에 기초하여 재판을 행하는 것이 원칙이었다. 그러나 당시에 증거에 의한 재판을 원칙으로 하다 보니 범인의 자백을 받기 위해 고신(拷訊)이 행하여졌고 이로 인해 사람이 죽는 결과도 상당수 있었다. 또한 당시에는 비록 명확한 증거가 있더라도 반드시 세 번 고신(拷訊)하는 것을 상례로 삼았다, 이로 인해 자백을 한 경우이더라도 고신에 의해 죽는 경우가 생기게 되자 이에 왕이 이러한 폐단을 시정하기 위해 이미 죄상을 자백한 경우에는 더 이상의 고신을 하지 못하도록 엄명하였다.

증거가 드러나지 않았음을 믿고 자신의 살인을 감추려했으나 결국 발각되고 만 끔직한 사건이 있었다. 1183년에 발생했던 당시의 살인 사건의 전말을 살펴보면, 양현고(養賢庫; 예종 14(1119)년에 설치된 국자감의 재정을 충당하던 장학기관)의 기관(記官; 고려 시대에 기록 또는 수정의 일을 맡아보던 구실아치)이 고(庫)의 은그릇을 빌려서 낭장(郎將; 고려시대의 정6품 무관직) 이윤평(李允平)의 집에 맡겨 두었다. 며칠 뒤에 기관(記官)이 그릇을 찾으러 갔다가 돌아오지 아니하므로, 그의 아내가 기다리다가 상자에 넣은 시체가 길가에 있다는 말을 듣고 가보니, 바로 그의 남편이었다. 아내는 마음 속으로 낭장 이윤평이 자기 남편을 죽인 것이라 생각하고 담당 관사에 고소하였고 관사에서는 이를 살인 혐의로 다스렸다. 그러나 이윤평이 승복하지 않았고, 오랫동안 옥에 구금됨으로 인해 그 집안사람들과 기관(記官)의 친구들 중에 고문을 당하여 죽은 자가 여러 명이나 되었다.

나라 사람들이 모두 말하기를, "이윤평이 정말 기관(記官)을 죽인 것인데, 법관이 고의로 늦추고 있다." 하였다. 그때 중군(中軍; 고려 시대에 둔 오

---

317) 고려사절요 제4권 문종 1(文宗仁孝大王一) 병오 20년(1066).

군(五軍)의 하나)에서 전마(戰馬; 전쟁에 쓰는 말)를 점검하였는데, 주부(注簿; 고려 시대에 사헌부·춘추관·전교시 등의 여러 관아에 둔 육품에서 팔품까지의 벼슬) 조영인(趙永仁)이 옷차림과 안장과 말을 극히 깨끗하고 화려하게 하고서 신기반(神騎班)318)에 입적하기를 청하였다. 이에 병마부사 백임지(白任至)가 말하기를, "조영인은 집이 본래 가난하였는데 지금 갑자기 부자가 되었으니 까닭이 있을 것이다." 하고 체포하여 법사(法司)에 넘겼다.

조영인은 드러난 증거가 없음을 믿고 조금도 두려워하는 빛이 없는데, 갑자기 한 소년이 와서 고하였다. "나는 조영인의 집 하인입니다. 나의 주인은 기관과 평소에 친하였는데, 하루는 기관이 은그릇을 싸 오니 주인이 그 물건을 탐내어서 독약을 먹여 죽이고, 나의 어머니가 그때 마침 앞에 있었으므로 주인이 일의 누설을 두려워하여 함께 죽여서 후원(後園)에 묻어 말이 나지 않게 하였고, 은그릇도 어느 곳엔가 묻었습니다. 법사에 고발하여 원수를 갚고자 하였으나, 해를 당할까 두려워서 그렇게 하지 못하였습니다." 라고 고하였다. 이에 담당 관원이 이른 곳으로 가서 파내어 이를 모두 찾아내었다.319)

"살피건대 형부에서 참형과 교형을 주언(奏讞; 법관이 죄를 논고하여
임금의 재가를 청함)한 줄거리가 법으로는 반드시 죽여야 하나
죄가 의심스러울 때는 가볍게 처리하고,
형벌할 때는 불쌍히 여기는 것이 옛 임금들의 훌륭한 법이다.
종이면서 상전을 때렸거나 또는 죽이려고 음모한 자와 살인 강도는
매를 때려 무인도로 귀양보내고,

---

318) 별무반에 속한 기병(騎兵) 조직을 말한다. 윤관은 여진족과 싸우기 위해 별무반(別武班)을 조직하여 말이 있는 자를 신기반에 속하게 하였는데, 말은 스스로 준비하게 하였으므로 신기반은 대체로 부유층의 자제들로 조직되어 있었다.
319) 고려사절요 제12권 명종 1(明宗光孝大王一) 계묘 13년(1183),

비록 강도짓을 했더라도 막대기로 사람을 상하게 한 데 그친 것이나
그 이하의 죄는 사람 사는 섬으로 귀양보내라." 하니,
이에 경옥(京獄)에서 죽을 죄가 감해진 사람이 69명이나 되었다.320)

여섯째로는 신속(迅速) 재판주의이다. 임금은 형옥과 송사에 있어 지체 없는 처리를 거듭 강조하였다. 특히 형옥의 경우 재판 진행이 더뎌서 옥에서 병으로 사망하는 사람들도 자주 생겨나고 관원들이 돈을 받는 등 부정한 방법을 통해 재판을 지체하는 경우도 생기게 되므로 형옥의 지체는 백성들의 원성의 대상이 되었다.

9월에 교하여 거듭 경계하기를,
"백성을 다스리는 관원은 형옥과 송사를 지체하지 말고 ······
일 처리를 공평하게 하라." 하였다.321)

일곱째로는 의심(疑心)스러울 때에는 경(輕)하게 처벌한다는 것이다. 형사재판에서의 기본 원칙 중 하나는 범죄의 정황에 비추어 진위(眞僞)가 의심스러운 경우에는 경(輕)하게 처벌하라는 것이다. 법에 반드시 죽이도록 되어 있지만 죄가 의심스러운 경우이거나 강도짓을 했으나 크게 사람을 상하게 하지 않은 경우 등에는 경형(輕刑)을 적용하라는 명이 내려지기도 했다(덕종 3년 7월).

아버지를 위하여 사람을 죽인 자가 있었는데, 형조에서 죄를 헤아려 곤장 80대를 치기로 결정하니, 도당에서 아뢰기를,

---

320) 고려사절요 제4권 덕종(德宗敬康大王) 갑술 3년(1034).
321) 고려사절요 제2권 성종(成宗文懿大王) 병술 5년(986).

"비록 어버이를 위하여 사람을 죽였지마는 그 죄가 가볍지 않습니다."
하였다.
왕이 이르기를, "어버이를 위하여 사람을 죽였으니 그 죄를 사면할
만하다." 하면서, 마침내 이를 용서하였다.322)

형부에서 아뢰기를,
"주부동정(主簿同正) 조준명(趙俊明)은 아비가 죽은 지 4년이 되었는데도
그 어미를 봉양하지 아니하고 그 아우와 우애하지 아니하여 모두 의지할
곳을 잃게 하였으니 법에 따라 논죄하기를 청합니다." 하니, 왕이
이르기를, "짐이 정사를 함에 있어 효제(孝悌)를323) 우선하고 있는데 이런
사람이 있느냐." 하고 그 아룀을 윤허하였다.324)

마지막으로 충(忠)과 효(孝)를 중시하는 재판이다. 재판을 함에 있어 충(忠)과 효(孝)를 중시하였는데 명종 임금이 "요사이 백성의 습속이 야박하여져서 심지어 부모에게조차도 살아서는 봉양하지 않고, 죽은 뒤에는 추원(追遠; 제사지냄)하지 않고 있다. 만약 충(忠)·효(孝)·우(友)·공(恭)하는 자가 있거든, 귀천을 묻지 말고 특별히 표창하여 장려하도록 하라"라고 한 구절은325) 당시의 세태를 그대로 표현한 것이라 할 수 있다. 이러한 내용 역시 형정(刑政)에 반영되었다.

---

322) 고려사절요 제35권 공양왕 2(恭讓王二) 신미 3년(1391).
323) 효제(孝悌)란 부모에 대한 효도와 형제에 대한 우애를 통틀어 이르는 말이다.
324) 고려사절요 제6권 숙종 1(肅宗明孝大王一) 신사 6년(1101).
325) 고려사절요 제12권 명종 1(明宗光孝大王一) 을미 5년(1175).

## Ⅳ. 범죄와 형벌의 종류

"고려 이후에는 태(笞)·장(杖)·도(徒)·유(流)·사(死)의 5형(刑) 제도가
확립되었고, 그 적용은 구체적인 범죄에 따라 세분하여 행하여졌다."

범죄의 종류는 모반죄·대역죄·악역죄·불효죄·살인죄·상해죄·구타죄·강도죄·절도죄 등이 있었고, 그 중 모반죄·대역죄·악역죄·불효죄를 중죄로 다스렸으며, 관리의 독직(瀆職; 공무원이 그 지위나 직권을 남용하여 뇌물을 받는 따위의 부정한 행위를 저지르는 것을 이름)은 과전(科田)을 몰수하고 장·도형에 처하였다.

또한 대악(大惡; 아주 못된 짓)이라 하여 이는 중죄로 다스렸고 형벌 또한 엄하였다.[326] 주친(周親; 매우 가까운 친족)의 손위 어른(尊長)이나 외조부모나 시부모 및 처부모를 살해하려고 모의했다면 미수에 그쳤다 하더라도 참형에 처하였다.

조부모(祖父母)나 부모를 구타한 자는 참형, 고발하거나 욕질을 한 자는 교수형, 과오로 상해하거나 과실(過失)로 욕질을 한 자는 도형 3년, 과실로 구타한 자는 유배 3천리에 처하였다. 친형이나 친누이에게 욕질을 하면 장형 100대, 구타하면 도형 2년 6개월, 상해하면 3년, 부러뜨린 상해라면 유형 2천리, 팔다리를 부러뜨렸으면 교수형, 사망하게 했으면 참형에 처하였고 과실로 상해했으면 각각 본래의 상해죄에서 2등급을 감해 처벌하였다.

처나 첩이 남편의 조부모나 부모에게 욕질을 하면 도형 2년, 구타하면 교수형, 상해를 입히면 참형, 과실로 상해를 입히면 도형 2년 6개월, 과실

---

326) 고려사 형법지 대악조(大惡條).

로 살해하면 3년에 처하였다.

남편이 처를 구타하여 상처를 입히거나 다른 기물로 상처를 입히면 장형 80대, 치아 1개 이상을 부러뜨리면 90대, 치아 2개 이상은 100대, 힘줄을 끊어지게 하는 이상의 상해는 도형 1년, 팔다리를 부러뜨리는 이상의 상해는 2년, 두 가지 이상이 병합되면 3년, 사망하게 하면 교수형, 고의로 살해하면 참형, 두발을 뽑는 것 이상의 범죄는 장형 60대에 처하였다. 과실로 살해한 것은 논죄하지 않았으며, 처가 첩을 구타한 것도 동일하였다.327)

"환천(還賤)한 노비가 다시 양인이 되겠다고 소송을 제기할 경우,
장형(杖刑)에 처하고 얼굴에 자자(刺字)해 주인에게 돌려준다"
- 현종 4년(1010) -

"공사(公私) 노비로서 세 차례 도망친 자는
얼굴에 자자(刺字)해 주인에게 돌려주라"
- 문종 3년(1049) -

고려시대의 형벌은 고려 형법에 규정된 5형(五刑)이 근간을 이루었는데 고려 이전부터 이런 종류의 형벌이 없었던 것은 아니지만 이를 정비하여 하나의 입법으로 확립한 것은 고려 때부터라고 할 수 있다. 즉 고려는 고려율을 제정하여 오형(五刑)의 정형제를 채택하였으나, 한편으론 형의 면제나 감경의 길을 열어 놓았고 또 한편으로는 오형 외의 각종 부가형을 인정하였다. 기본적인 형벌은 태(笞) · 장(杖) · 도(徒: 징역) · 유(流: 귀양) · 사

---

327) 고려사 형법지 대악조; http://terms.naver.com/entry.nhn?docId=1674084&cid=49630&categoryId=49797(한국학중앙연구원, 한국민족문화대백과).

(死: 사형)의 5형이고, 주요 5형 외에도 부가형이라고 할 수 있는 경면형
〈黥面刑(刺字; 자자); 얼굴이나 팔뚝의 살을 따고 홈을 내어 먹물로 죄명을 찍어 넣던
형벌〉과 제명(除名) · 수직첩(收職牒)이란 형을 두었다. 제명(除名)이란 관직
과 관품을 모두 박탈하고 서민〈과역(課役)을 담당하는 양민〉에 편입한다는 것이
고,328) 수직첩(收職牒)은329) 고신(告身; 관품과 관직의 임명장)을 환수한다는
것으로 제명(除名)과 뜻이 같다.330)

　당시에는 절장법(折杖法)이란 제도가 있었는데, 이는 5형(五刑) 가운데
사형(死刑)을 제외한 태형 · 장형 · 도형 · 유형 등 4종의 형벌을 장형(杖刑)
으로 환산하여 집행하는 것을 말한다. 노역형(도형)과 추방형(유형)을 신체
형으로 단순화하는 한편 형량을 대폭 줄여 집행하는 방식이라 하겠다. 예
를 들어 태형 10대는 절장(折杖) 7대, 속죄금은 동(銅) 1근(斤), 장형 60대
는 절장(折杖) 13대에 속죄금(贖罪金)으로 동(銅) 6근(斤), 도형 1년은 절
장(折杖) 13대에 속죄금은 동(銅) 20근(斤), 2천리 밖으로 보내는 유배형은
절장(折杖) 17대에 배역(配役; 강제 노역) 1년, 속죄금은 동(銅) 80근(斤)으
로 하는 식이다.

> 이의방이 평두량도감(平斗量都監)을 설치하여 말질이나 되질에 모두
> 평두목(平斗木)을 쓰게 하고 위반하는 자는 자자(刺字)331)하여 섬에
> 귀양보냈으나 한 해를 넘기지 못하여 다시 처음과 같게 되었다.332)

---

328) '고려사 형법지 직제조'에 왕법장죄를 규정한 조문의 말단에 왕법장물이 1필 이
    상이면 제명한다고 규정하고 있다.
329) '고려사 형법지 직제조 관리임감자도조(官吏臨監自盜條)'에 수직첩, 귀향이라는
    말이 있다.
330) 같은 의미로 몰관(沒官)이라는 말이 있는데 몰관은 입관(入官)과 동일한 말로
    범장물(犯贓物)을 비롯하여 범금물(犯禁物)을 몰수한다는 별개의 말이다.
331) 죄인의 살갗에 상처를 내고 먹물로 글자를 새겨 전과를 표시하는 표징형(表徵
    刑)이다.
332) 고려사절요 제12권 명종 1(明宗光孝大王一) 계사 3년(1173).

기본 오형(五刑)의 내용을 좀 더 구체적으로 소개하면, 먼저 태형(笞刑)은 5형 가운데 가장 가벼운 형벌로 초목(楚木) 또는 형목(荊木)으로 만든 형구 중 가는 것을 이용하여 매를 때리는 것을 말한다. 죄의 경중에 따라 10대에서 50대까지 5등급으로 나누어 집행하였다.[333]

장형(杖刑)은 큰 장(杖)으로 등줄기·볼기 등을 치는 형벌로, 태형보다는 더 굵은 형구를 이용하는 것으로 태형보다는 한 단계 무거운 형벌이다.[334] 죄의 경중에 따라 60대에서 100대까지 5등급으로 나누어 집행하였다. 장형(杖刑)은 하나의 큰 나무를 가로질러 놓고 두 손을 그 위에 묶어 죄인으로 하여금 땅에 엎드리게 한 다음에 치는데, 태장형(笞杖刑)은 백 대에서 열 대까지를 죄의 경중에 따라 가감(加減)한다. 대역죄(大逆罪)와 불효죄(不孝罪) 다음 가는 죄에 대해서는 뒤로 결박하여 넓적다리 뼈(髀骨)와 가슴이 서로 맞닿도록 하여 피부가 터지게 되어야 그만두었다. 사죄(死罪)에 해당되는 자에 대해서만 오랫동안 형을 가하는데, 심한 경우에는 넓적 다리 뼈가 으스러지고 가슴팍의 살갗이 터지기도 하였다.[335]

고려시대의 형장(刑杖)의 종류는 척장(脊杖)·둔장(臀杖)·태장(笞杖)의 세 가지가 있었다. 먼저, 척장(脊杖), 즉 등줄기를 치는 매의 길이는 5척(1척: 30.3cm)으로, 대두(大頭 : 매의 굵은쪽)의 둘레는 9푼(分 1푼; 0.33cm)이고 소두(小頭 : 매의 가는쪽)의 둘레는 7푼으로 한다.

둔장(臀杖), 즉 볼기를 치는 매의 길이는 5척으로, 대두의 둘레는 7푼이

---

[333] 고려사 형법지 태형; http://terms.naver.com/entry.nhn?docId=1674068&cid=49630&categoryId=49797(한국학중앙연구원, 한국민족문화대백과).
[334] 태형과 장형의 차이점은 형구(刑具)의 규격에 차이가 있다는 것과 태죄(笞罪)의 경우는 수금(囚禁; 죄인을 잡아 가두어 둠)하지 않지만 장죄(杖罪) 이상의 경우는 수금(囚禁)한다는 차이가 있다.
[335] 해동역사 제24권 형지(刑志) 형제(刑制); http://db.itkc.or.kr/index.jsp?bizName=MK.

고 소두의 둘레는 5푼으로 한다.

태장(笞杖), 즉 회초리나 죽판으로 치는 매의 길이는 5척으로, 대두의 둘레는 5푼이고 소두의 둘레는 3푼으로 한다

곤장은336) 버드나무로 넓죽하고 길게 만들어 죄인의 볼기를 치는 데 사용하는데, 장(杖)보다 더 길고 굵은 것이 특징이다.337)

도형(徒刑)은 개인의 자유를 일정한 기간 제한하고 강제 노역시키는 형벌을 말한다. 형기를 1년 · 1년 6개월 · 2년 · 2년 6개월 · 3년 등 5등급으로 나누었다.338)

유형(流刑)은 죄인을 먼 섬이나 벽지의 배소(配所 : 죄인을 유배할 곳)에 거주를 제한하는 형벌을 말한다.339) 고려시대의 유형은 2천리 · 2천 5백리 · 3천리의 세 등급이었지만, 지리적 여건상 근지(近地) · 원지(遠地) · 섬 등으로 구분하여 시행되었다. 근지보다는 원지가 형량이 높은 유형이었지만, 배도(配島)보다는 나은 상태였다. 유배 중 가장 무거운 죄목은 모반 · 반역 · 불효였으며, 반인륜적인 행위나 뇌물 수수 및 간죄(奸罪) 등으로 유배되기도 하였다. 정쟁(政爭)을 비롯한 특수한 정치상황에 기인하여 유배형에 처한 경우도 있었다. 해당자의 신분에 따라 똑같은 범죄라도 서로 다른 형량이 내려졌고, 때로는 사노(私奴) 등이 대신 유배되기도 하였다.340)

사형(死刑)은 대벽〈大辟; 중국 주(周)나라 때 행하던 오형(五刑) 가운데 하나로서 죄인의 목을 베던 형벌〉이라고도 하며 범인의 생명을 빼앗는 형벌이다. 고려시

---

336) 곤장은 아무 죄인에게나 사용하는 것이 아니고 군무(軍務)에 관한 사건과 도둑 및 궁궐에 난입한 자에게만 사용한다.
337) 고려사 형법지 장형.
338) 고려사 형법지 도형.
339) 유배 · 귀양 · 정배(定配) · 부처(付處) · 안치(安置) · 정속(定屬) · 충군(充軍) · 천사(遷徙) · 사변(徙邊) 등으로도 표현된다.
340) 고려사 형법지; http://terms.naver.com/entry.nhn?docId=1674071&cid=49630&categoryId=49797(한국학중앙연구원, 한국민족문화대백과).

대에는 교형(絞刑; 목을 죄어 질식시켜 죽이는 형벌)과 참형(斬刑; 형칼이나 도끼로 목을 베어 죽이는 형벌)의 두 종류가 있었다. 사형은 법조문에 명기되어 있는 경우에만 과해지며, 공개된 장소에서 집행하는 것을 원칙으로 하였다. 지위가 높은 신분이나 부인(婦人)에 대해서는 예외가 인정되었다.341) 교형(絞刑)과 참형(斬刑)의 속죄금은 동(銅) 120근으로 하였다.

상고시대나 삼국시대에 횡행했던 화형·사지해형·갱형 등과 같은 잔혹한 사형방법은 고려에서는 거의 찾아볼 수 없게 되었다. 그러나 기록을 살펴보면 기시(棄市)·효수(梟首)·거열(巨裂)·지해(支解) 등의 사형이 부분적으로 행하여졌던 것으로 보인다. 기시(棄市)란 '기시우시(棄尸于市)'라 하여, 죄인의 시신을 토막내어 시장에 전시하여 예방효과를 거두고자 하는 형벌이다.342)

효수(梟首)는 효시(梟市)라고도 하는데, 현수목상(懸首木上)이라고 하여 참수하여 머리를 나무에 매달거나 높은 데 올려 놓아 일반에 공개 전시하는 형벌을 말한다.343)

거열(巨裂)은 시신의 사지를 수레에 묶어 찢어서 조각내어 공개하고 혹은 지방에 회람하는 형벌을 말한다.344)

지해(支解)는 체해(體解)라고도 하는데, 시신을 토막내어 전시하거나 순시(徇示)케 하는 형벌로서 능지(凌遲)나 다름없는 형벌이다.345)

---

341) 고려사 형법지; http://terms.naver.com/entry.nhn?docId=1674072&cid=49630&categoryId=49797(한국학중앙연구원, 한국민족문화대백과).
342) 태조 1년에 반역죄에 기시한 이래 구모(毆母)·불효·시부모(弑父母) 등에 기시형을 가한 예가 있다.
343) 서경(평양)에서 난을 일으켰던 묘청이 목이 잘린 뒤 저잣거리에 효수되었으며(인종 13년) 의종 14년에 어머니를 죽인 자를 '참수 효시 3일'이라고 하였고, 공민왕 12년에 모역한 석기(釋器)를 참하고 '전수우경효시(傳首于京梟市)'하였다.
344) '고려사' 형법지에 원악향리(元惡鄕吏)를 거열에 처하였다는 예가 보일 뿐이다.
345) 공민왕이 간신 김횡(金鐄)을 '지해이순제도(支解以徇諸道)'라 하여 시신을 각 도에 돌려 전시하였고, 공양왕 2년에 김종연(金宗衍)을 지해에 처하고 각 도에 돌

고려의 독자적인 형벌로서는 일종의 부가형인 충상호형(充常戶刑)과 귀향형(歸鄕刑)이 있었다. 이들 형벌은 녹(祿)을 받는 관리가 스스로 공물을 훔쳤거나 뇌물을 받은 경우, 승려가 소속 사원(寺院)의 미곡(米穀)을 훔친 경우 등에 적용되었다. 먼저, 충상호형(充常戶刑)은 경면형(黥面刑)과 유사한 형벌로서 얼굴에 입묵(入墨; 먹물로 살 속에 글씨나 그림을 새겨 넣음)을 가한 뒤 향(鄕)으로 보내는데 이와 함께 해당자를 향(鄕)의 호적에 등록함으로써 신분적 강등을 꾀해, 사면의 대상에서 제외하는 일종의 종신형(終身刑)이었다. 이는 귀향형(歸鄕刑)과 밀접한 연관을 가지고 있으며, 고려사회의 특수성을 짐작할 수 있게 해준다. 유형(流刑)·귀향형으로 유배된 자 중에 특정 죄를 범했던 자에게 부가된 것이지만, 사면(赦免)의 대상에서 제외되는 등 다른 것에 비해 가혹했다.346)

귀향형(歸鄕刑)은 본관〈本貫; 본인의 조상들이 살던 지방을 일컫는 것으로서 원적(原籍)이라고도 함〉 지역으로 유배하는 형벌인데, 이는 특정범죄에 대한 부가형(附加刑)으로서 시행되었으며, 일체의 기득권을 박탈하여 서인(庶人; 아무 벼슬이나 신분적 특권을 갖지 못한 일반 사람)으로 떨어뜨려 본관에 편호(編戶; 호적에 편입함)시키는 형벌이다.347)

---

려가며 전시하였다는 예가 있다.
346) 고려사 형법지 간비; http://terms.naver.com/entry.nhn?docId=1674082&cid=49630&categoryId=49797(한국학중앙연구원, 한국민족문화대백과).
347) 처벌방법은 제명(除名; 출사한 이래의 일체의 관직과 작위를 삭제하는 것을 말함) 및 직전(職田)을 몰수해 관리로서의 지위와 특권을 박탈하는 것인데, 일종의 특수층에 대한 우대조처라 할 수 있다. 그런데 귀향(歸鄕)의 의미와 관련하여 다른 주장도 있는데 귀향(歸鄕)의 형벌은 원칙적으로 관인에 대한 형벌이나 간혹 노비에게도 귀향의 형벌이 있었던 것으로 볼 때, 귀향을 고향에 돌려보내는 것이라는 해석은 잘못된 것이고 향·소·부곡의 향(鄕)으로 추방되어 유주(留住)를 강제당하는 것을 의미하는 것이라는 주장이다. 귀향에 충향호(充鄕戶)를 병과하여 향호에 편입되면 더욱 가혹한 형벌이 되었던 것이다(http://terms.naver.com/entry.nhn?docId=527879&cid=46625&categoryId=46625)(한국학중앙연구원, 한국민족문화대백과).

그밖에 모반·대역죄에 따른 노비몰입(奴婢沒入)·가재몰수(家財沒收) 등이 있었다.

당시에는 속전(贖錢)제도가 있어서 일정한 범위 내에서 속전을 내고 형을 대신할 수 있었다. 그 대표적인 예가 수속법(收贖法)인데, 수속법(收贖法)은 형벌을 재화로 때우는 제도로서 형벌의 중요도에 따라 소정의 재화를 납부함으로써 실형의 집행에 갈음하여 형을 면제받는 것을 말한다. 예를 들면 태 10은 속동(贖銅) 1편, 장 60은 속동 6편, 도 1년은 속동 20편 등으로 사형에 이르기까지 그 액수가 정해져 있었다.

또한 관당법(官當法)이라 하여 법을 어겨서 장물(臟物)을 취득한 범죄에 대하여 장물 1척이면 장 100, 1필이면 도 1년, 8필이면 유 3,000리, 15필이면 교(絞)와 같이 장물의 다과에 따라 형을 대신토록 하는 것을 말한다.348) 관당법은 당률에 있는 그대로를 도입한 것인데 관당(官當)과 수속(收贖)이 관리의 범죄에 대해서만 적용된 것은 이 제도가 관료 우대에 목적을 두었기 때문이다.

---

348) 다만, 범인이 유관품자(有官品者)인 경우에는 관당도 할 수 있고 수속도 할 수 있으며, 장물이 1필 이상일 때에는 제명할 수 있었다.

## V. 행형제도

### 1. 형의 집행

형의 집행은 중앙에서는 개성부(開城府) 또는 전옥서(典獄署)에서 감옥사무를 관장하였다. 큰 죄를 범한 자는 형부(刑部)에서 구금(拘禁)하며, 한 해 동안 판결이 나기를 기다리게 하였다. 성종 때(성종 14)에 전옥서(典獄署)를 대리사(大理寺)라 고치고, 문종 때 다시 전옥서(典獄署)로 바꿨다. 충선왕 때 없앴다가 공민왕 11년에 다시 설치하였다. 지방에서는 각 관아에서 감옥사무를 관장하였고 수령과 안찰사가 이를 감독하였다.

형의 집행은 전옥서(典獄署)나 감옥에서 한 것은 물론, 관청에서도 체포·감금·신문·수금고문(囚禁拷問)349) 및 어느 정도의 행형까지도 수행하였다. 관청에서 행형의 일부를 맡게 된 것은 삼권이 분립되지 않았던 당시의 시대적 특징이라 하겠다.

고려도경(高麗圖經)에는350) 당시 고려의 감옥에 대하여, "영어(囹圄; 감옥)의 만듦새가 담장이 높아 모양이 환도〈環堵; 사방이 한 발쯤 되는 방 또는 담장(울타리)〉와 같고 중앙에 집이 있으니, 대개 옛날 환토(圜土)의351) 뜻이다.

---

349) 가장 고통스러운 것 중 하나로서 팔뚝을 구부려서 교체시킨 다음 묶는 것인데, 죄를 헤아려서서 아홉 번까지 하였고, 또 죄의 경중을 보아서 시각을 조절해서 풀어주기도 하였다.
350) 고려도경(高麗圖經)은 1123년(인종 1) 송나라 사람 서긍(徐兢)이 사절로 고려에 다녀가면서 경험한 당시의 고려의 문물 등에 대해 지은 견문록으로 정식명칭은 선화봉사 고려도경(宣和奉使 高麗圖經)이다. 서긍은 이를 송나라 휘종에게 바쳤다고 한다.
351) 환토(圜土)란 뇌옥(牢獄)을 말하는데, 흙으로 담장을 둥글게 쌓은 것이다. 《주례(周禮)》 지관(地官) 비장(比長)에, "만약 증명서나 정절(旌節)이 없이 나다니는 행인이 있을 경우에는 환토에다 가두고서 심문한다." 하였는데, 정현(鄭玄)의 주(注)에, "환토란 옥성(獄城)이다." 하였다.

지금 관도(官道; 국가의 관리 하에 놓여있는 도로)의 남쪽에 있어 형부(刑部)와 마주하고 있다. 가벼운 죄인은 형부로 보내고, 도둑 및 중죄인은 옥(獄)으로 보내는데, 포승으로 잡아 묶어 한 사람도 도망갈 수가 없고, 또한 가뉴〈枷杻; 가(枷)는 목에 씌우는 칼을 말하고, 뉴(杻)는 손에 채우는 수갑을 말한다〉352)를 채우는 법도 있다. 그러나 옥사를 지체시킨 채 판결을 내리지 아니하여 철을 넘기고 해를 넘기게 되기까지 하는데, 오직 금(金)으로 속(贖)바쳐야만 풀려나게 된다"고 기술하고 있다.353)

고려시대는 중세적 전제왕국의 체제를 확립하는 시기였기에 국법이 아주 엄하였고 또한 형벌의 집행 역시 원칙에 따라 행하였다. 예를 들어 장을 치거나 매를 때리는 경우에 두건과 옷은 벗기지 않고 단지 포(袍; 물건을 싸거나 씌우기 위하여 네모지게 만든 천)와 속대(束帶; 관을 쓰고 띠를 맨다는 뜻)만을 벗긴 채, 매우 가볍게 때리며, 형장(刑杖)을354) 묶은 다발을 던져서 스스로 고르게 하고, 패(牌)로써 곤장을 치는 숫자를 기록한다. 또한 밤에는 형벌을 가하지 못하게 하였다.

형의 집행은 다음의 경우에는 금지되었다. 즉 국가의 기일(國忌日)·십치(十直)·명절날(俗節)·신일(愼日)의 경우 형의 집행을 금지하였다(禁刑).355)

---

352) '가(枷)'는 목에 씌우는 칼을 말하고, '뉴(杻)'는 손에 채우는 수갑을 말한다.
353) 선화봉사고려도경 제16권 관부(官府); http://db.itkc.or.kr/index.jsp?bizName=MK.
354) 고려시대의 형장(刑杖)의 종류는 척장(脊杖)·둔장(臀杖)·태장(笞杖)의 세 가지가 있었다. 척장(脊杖)은 등줄기를 치는 매로서 그 길이는 5척(자; 한 자는 30.3 cm), 대두(大頭 : 매의 굵은 쪽)의 둘레는 9푼(分; 1/10), 소두(小頭 : 매의 가는 쪽)의 둘레는 7푼이다. 둔장(臀杖)은 볼기를 치는 매로 그 길이는 5척이고, 대두의 둘레는 7푼, 소두의 둘레는 5푼이다. 태장(笞杖)은 회초리나 죽판으로 치는 매로 그 길이는 5척, 대두의 둘레는 5푼, 소두의 둘레는 3푼이다: 고려사 형법지; http://terms.naver.com/entry.nhn?docId=1674073&cid=49630 &categoryId=49797(한국학중앙연구원, 한국민족문화대백과).
355) 고려사 형법지 금형; http://terms.naver.com/entry.nhn?docId=1674075&cid=49630&categoryId=49797(한국학중앙연구원, 한국민족문화대백과).

먼저, 국기일(國忌日)은 국가의 제삿날로, 왕과 왕후(추존 포함)가 사망한 날을 말한다. 국기일에는 전국적으로 가무(歌舞)·음주(飮酒)·잡희(雜戲)·도살(屠殺) 등이 금지되었다.

십치(十直)는 살인을 금하는 날로서 형벌에서는 사형을 집행하지 않는 열흘의 날짜를 말한다〈초1일·초8일·14일·15일·18일·23일·24일·28일·29일·30일〉.

명절날(俗節)은 설날·정월보름·한식(寒食)·삼짇날(3월 3일)·단오(端午)·중구(重九; 9월 9일)·동지(冬至)·팔관(八關)356)·추석(秋夕) 등이다.

신일(愼日)은 근신하여 경거망동을 삼가는 날로서, 정초의 자일(子日)과 오일(午日), 2월 초하루 등이다.

또한 고려시대에는 효를 특히 중시하여 귀향형(歸鄕刑)을 받은 사람이 부모상을 당하였을 경우이거나 유배 또는 이배(移配; 귀양살이하는 곳을 다른 곳으로 옮김)되는 사람이 유배지에 도착하기 전에 고향에 있는 조부모나 부모의 상을 당했을 경우에는 7일간 휴가를 주어 발상(發喪; 죽은 사람의 혼을 부르고 나서 상제가 머리를 풀고 슬피 울어 초상난 것을 알림 또는 그런 절차)을 하고 장례 절차를 밟게 하였다. 승중손〈承重孫; 아버지와 할아버지를 대신(代身)하여 제사(祭祀)를 받드는 맏손자〉도 동일하였다.

수감 중인 사형수로 대악(大惡; 가족윤리를 저해한 아주 못된 범죄행위를 말함)이나 반역(反逆) 이상의 죄가 아닐 경우 부모상·남편상·조부모상·승중상(承重喪)을 당한 자는 7일간 휴가를 주어 발상하게 하고, 유배죄와 도형죄는 30일 간 휴가를 주되 보증인을 세우는 조건으로 출옥시켰다.

70세 이상의 노부모를 두고 봉양할 가족이 없을 때에는 그대로 집에 머

---

356) 팔관은 팔관회를 말하는 것으로, 팔재계(八齋戒)라는 여덟 가지의 계율을 엄격히 지키면서 불교에 입문하는 불교 의례의 하나이다.

물러 봉양토록 함으로써 형벌의 집행을 보류하기도 하였다.

유배지나 이배지로 가는 도중에 그 부인이 해산하는 경우, 가족과 함께 20일 휴가를 주고, 그 딸과 여종에게는 7일 간 휴가를 주었다. 수감 중인 부인이 해산이 임박할 경우에는 보증인을 세우는 조건으로 출옥을 허락하였는데, 사형죄는 산후(産後) 만 20일로 하고, 유배죄 이하는 만 30일로 하였다.357)

## 2. 사면과 감형

"외방 고을에서는 형살(刑殺; 사형을 집행함)을 시행하지
아니하고 모두 칼을 씌워 왕성(王城)으로 보내는데, 해마다 8월에
여수(慮囚; 죄상을 참작하여 가벼운 죄수를 석방하는 것)한다.

오랑캐들의 성격이 본디 인자하여, 죽을 죄라도 거의 용서하여
산골이나 섬으로 유배(流配)하고, 사면해 주는 것은 세월의 다소와 죄의
경중을 헤아려 용서하여 준다"358)

사면이나 감형은 농사철에 비가 오지 않거나 심한 가뭄이 들어 백성들의 원성이 높아지면 행하여졌다. 이러한 자연 재해로 인해 민심이 동요되는 것을 막는 의미도 있지만 임금이 형정(刑政)이 잘못된 것에 대해 하늘의 노여움을 알고 백성들의 마음을 위로하기 위한 뜻도 있었다.

기록을 보면 시기적으로는 농사철이 주요 시기였던 것으로 보이는데, 5월에 사면령(赦免令)이 많이 내려졌다.

357) 고려사 형법지 휼형; http://terms.naver.com/entry.nhn?docId=1674090&cid=49630&categoryId=49797(한국학중앙연구원, 한국민족문화대백과).
358) 선화봉사고려도경 제16권 관부(官府); http://db.itkc.or.kr/index.jsp?bizName=MK.

"5월에 이죄(二罪)359) 이하에게 사면령을 내렸다",360)

"5월에 한재(旱災)가 들었으므로 죄가 가벼운 죄수를 석방하였다",361)

"가뭄으로 2죄(二罪) 이하에게 사면령을 내렸다",362)

"윤 5월에 오랜 가뭄 때문에 여러 망(望; 각 지방의 진산(鎭山)·대천(大川))에 비오기를 빌게 하고, 원통한 죄수를 사면하였다",363)

"봄부터 여름까지 제때 비가 내리지 않았고 더위가 심하여 농작물이 타들어가 말랐는데, 이것은 대개 과인의 덕이 박하여 이런 재앙을 불러들인 것이다. 몸을 조심하여 하늘의 꾸지람에 응답하기를 생각하니, 오늘부터 내외의 잡범과 공죄(公罪)로 귀양간 자, 사죄(私罪)로 도형(徒刑)을 받은 자 이하는 모두 용서하라."364)

이밖에도 사면 및 감형에 대한 기록은 쉽게 찾아볼 수 있는데,

"수 년 이래로 홍수와 가뭄이 고르지 못하고 재변이 여러 차례 나타났으니, 이것은 모두 형정(刑政)이 잘못되어 원망과 분노가 재변을 부른 것이다. 만약 위로 하늘이 내린 꾸지람에 보답하고 아래로 백성의 마음을 위로하려면, 반드시 죄를 용서하여 형벌을 너그럽게 하고 자신을 반성하여 덕을 닦아야 할 것이니, 양경(兩京)의 문·무·남반(南班) 관리로서 죄를 범하여 강등되었거나 내쳐진 자와 여러 주(州)·부(府)·군(郡)·진(鎭)의 장리(長吏)와 장교(將校)로서 죄 있는 자는 주사(主司)가 그 죄의 경중을 참

---

359) 2죄(二罪)란 극형인 일죄(一罪)에 해당하는 십악(十惡) 이외의 경죄(輕罪)로서, 강도와 절도를 일컫는다.
360) 고려사절요 제15권 고종 2(高宗安孝大王二) 무인 5년(1218).
361) 고려사절요 제4권 문종 1(文宗仁孝大王一) 무술 12년(1058).
362) 고려사절요 제15권 고종 2(高宗安孝大王二) 기축 16년(1229).
363) 고려사절요 제12권 명종 1(明宗光孝大王一) 기유 19년(1189).
364) 고려사절요 제4권 문종 1(文宗仁孝大王一) 무신 22년(1068).

작하여 본래대로 서용할 것이나, 아첨하고 간사하며 사죄를 두 차례나 범한 자는 이 예에 해당되지 않고, 공죄로서 도형(徒刑)받은 자와 사죄로서 장형(杖刑) 받은 죄 이하는 용서하라.",365)

"어제 형부(刑部)가 참형과 교형을 받을 죄수에 대해 주언(奏讞; 옥사를 평의하고 죄를 결정하여 임금에게 아룀)한 것을 보았다. 짐이 지금 상중에 있고 여러 차례 변괴가 일어나니, 살리기를 좋아하는 덕을 베풀어 백성을 불쌍히 여기는 마음을 보이고자 한다. 참죄와 교죄를 범한 자는 형벌을 면제하여 무인도로 귀양보내고 비록 그 두 가지 죄를 범한 자일지라도 사정이 불쌍한 자는 사람 사는 섬으로 귀양보내라 하니, 이에 죽음을 면한 사람이 160명이었다"366) 등이다.

조정 관료가 부모상을 당했을 경우 휴가를 주는 규칙을 정하니,
기일(忌日)은 3일, 매달 삭망(朔望)367)은 1일,
대상(大祥; 사람이 죽은 지 두 돌 만에 지내는 제사),
소상(小祥; 사람이 죽은 지 1년 만에 지내는 제사)의 제일(祭日)은 7일,
대상 뒤 60일을 지나서 담제(禫祭)를368) 지낼 때는 5일을 주기도
하였다.369)

---

365) 고려사절요 제4권 문종 1(文宗仁孝大王一) 무술 12년(1058).
366) 고려사절요 제4권 정종(靖宗容惠大王) 병자 2년(1036).
367) 삭망(朔望)은 음력 초하룻날과 보름날을 아울러 이르는 말로서 상중(喪中)에 있는 집에서 매달 초하룻날과 보름날 아침에 지내는 제사를 일컫는다.
368) 담제(禫祭)는 대상(大祥)을 치른 다음 다음 달 하순의 정일(丁日)이나 해일(亥日)에 지내는 제사를 말한다. 초상(初喪)으로부터 27개월 만에 지내나, 아버지가 생존한 모상(母喪)이나 처상(妻喪)일 때에는 초상으로부터 15개월 만에 지낸다.
369) 고려사절요 제2권 성종(成宗文懿大王) 병신 15년(996).

## 제5. 개별적인 법생활 및 법문화

### I. 토지제도 및 토지의 소유권

#### 1. 토지제도의 변천

고려는 공신과 관직에 있는 사람에게 토지의 수조권 또는 소유권을 주어 생계를 유지할 수 있게 하였다. 고려의 토지제도는 그 시기에 따라 역분전(役分田)과 전시과(田柴科 시정전시과·개정전시과·경정전시과)로 나눌 수 있다. 먼저, 역분전(役分田)은 고려 태조 왕건이 공신에게 그 공의 차에 따라 일정한 면적의 토지를 나누어주던 토지제도이다〈태조 23; 940〉.

전시과(田柴科)의 경우, 이를 실시한 근본 목적은 국가가 토지의 관리 및 처분권을 가짐으로 수조권 분급에 의한 지배 질서를 확립하고자 하는 목적에서 였다. 먼저, 시정전시과(始定田柴科)는 최초의 전시과로서 급전대상자(給田對象者)의 신분을 사색공복제(四色公服制)에 의해 사계팔층(四階八層)으로 나누고 관품(官品)과 인품(人品)을 병용(併用)해서 토지를 지급했던 제도이다〈경종 1(976); 전·현직 관료를 그 대상으로 함〉.[370] 문반(文班)은[371] 물론 무반(武班)에게도[372] 토지를 지급하였으나 많은 차이가 있었고, 한외과(限外科)라 하여 급전(給田) 규정에서 누락된 자들을 위해 별도의 조처를

---

[370] 직관(職官: 실직을 가진 벼슬)과 산관(散官: 실직이 없는 벼슬)의 사색공복제에 따라 토지 분배의 차등을 계정(計定)하였으나 역분전의 정신을 계승하여 인품(人品)도 급전의 기준으로 고려하였다.
[371] 문반(文班)이란 고려부터 조선 말까지 국정을 주도한 문관(文官) 반열의 양반 계층을 이름.
[372] 무반(武班)이란 고려부터 조선 말까지의 무관(武官) 반열의 양반 계층을 이름.

취하였다.

개정전시과(改定田柴科)는 시정전시과를 개편한 전시과로서(목종 1; 998) 전시과 수급자(受給者)의 과등(科等)을 모두 18과(科)로 나누어 제1과로부터 제18과에 이르기까지 각기 차등(差等)을 두어 각 과등(科等)에 맞는 전시(田柴)의 수령액(受領額)을 규정하고(전·현직 관료를 그 대상으로 함), 또 그 밑에 수급할 자의 해당 관직명을 자세히 기록하였다.[373]

경정전시과(更定田柴科)는[374] 일반적으로 전시과라 하면 이 경정전시과를 말하는데, 개정전시과의 체제를 그대로 이어받아 기본적으로는 18과등제(十八科等制)를 채택하였으나(현직 관료를 그 대상으로 함), 과등에 따르는 전시(田柴)의 결수(結數)는 상당한 차이를 보였다.[375]

그러나 이후 귀족들의 토지 독점과 세습 확대로 무신정변 이후 전시과는 붕괴되었다. 전시과 제도의 붕괴 이후 관리들의 생계를 위해 일시적으로 녹과전을 지급하였으나 이 역시 권문세족의 토지 독점 폐단을 방지하지는 못하였다. 권문 세족은 권력을 이용해 대규모 토지와 몰락한 농민을 모아 대농장을 형성하였는데, 이는 국가 재정 파탄의 중요한 원인이 되었다. 결국 고려의 토지제도는 신진사대부들에 의한 사전(私田) 개혁(혁파) 그리고 귀족들의 대토지 소유 개혁을 위해 토지의 재분급을 꾀한 과전법(科田法)으

---

[373] 시정전시과보다 규정 내용이 퍽 간편하고 체계화되었으며, 문·무 양반(兩班)을 중심으로 하여 오직 관직과 위계(位階)의 높고 낮음만을 표준으로 삼았다. 특기할 것은 군인층(軍人層)이 전토(田土)의 수급 대상자로 나타나 있으며, '한외과'에 속했던 여러 잡직(雜職)이 제18과로 편입되었다. 그러나 문·무 관직 사이에는 많은 차이가 있었다.

[374] 경정전시과는 기존의 개정전시과가 덕종 3년(1034)에 재편되고 그 후 문종 30년(1076)에 전면적인 재편성을 한 결과로서 등장한 제도이다.

[375] 경정전시과는 개정전시과에 비하여 전시의 액수가 일반적으로 감소한 대신 무관(武官)에 대한 대우가 현저히 상승되었다. 그 내용을 보면 제1과의 중서령·상서령·문하시중에게는 전(田) 100결(結)·시지(柴地) 50결을 주었으며, 그 밑으로는 등급에 따라 줄여서 제18과의 한인(閑人)·잡류(雜類)에게는 전(田)만 17결을 지급하였다.

로 이어지게 된다(공양왕 3; 1391).

## 2. 토지의 소유권

토지의 소유관계는 공전(公田)과 사전(私田)으로 구분된다. 왕실 소속의 내장전(內莊田; 왕실이 소유하여 직접 경영하던 직속지)이나 관청의 땅인 공해전(公廨田; 국가기관·왕실·궁원의 경비를 충당하기 위해 설정된 토지)과 같은 국·공유지는 공전에 속했고, 일반 국민이 소유한 민전은 사전이라 하였다. 그러나 국민의 사유지도 국가에 수확의 10분의 1을 조세로 납부했으므로 공전이라고도 불렀다. 이것은 모든 토지가 국유라는 관념에서 나온 것으로, 민전은 소유권 상으로는 사전이지만 수조권(收租權) 상으로는 공전인 셈이었다.

그리고 직역을 담당한 관리·향리·군인 등에게 반대급부로서 토지를 분급했는데, 그것은 민전의 수조권을 준 것이었다. 이들 과전(科田; 직책 수행과 관련된 토지로서 직전(職田)이라고도 함)[376]이나 공음전(功蔭田; 고려시대 5품 이상 고위 관리에게 지급한 토지로서 자손에게 상속 가능한 영업전), 그리고 향리전(鄕吏田)·군인전(軍人田) 등은 사전이라 일컬어지나, 실은 토지의 소유권을 준 것이 아니고, 다만 민전에서 국가에 납부하는 조세의 수조권만을 이양(移讓)받은 데 불과하였다. 민전의 소유자로서는 국가에 바치는 10분의 1의 조세를 대신 관리·향리·군인에게 납부했을 따름이었다.

원래 토지국유제란 고대로부터의 왕토사상(王土思想)에서[377] 나온 산물

---

376) 과전(科田)은 국가가 국정 운영에 참여한 대가로 문무 양반 등 직역자(職役者)에게 그 직책의 품(品)을 기준으로 한 과(科)에 따라 일정한 특권을 갖도록 지정한 토지이다.
377) 왕토사상(王土思想)은 "천하의 토지는 왕의 토지가 아닌 것이 없고, 천하의 신하는 왕의 신하가 아닌 것이 없다"라는 '시경(詩經)'에 나오는 구절에서 비롯하고 있다.

에 불과하고 실제로는 사적 지배가 강하였다. 예를 들어 과전(科田)은 세습이 허용된 것이 아니었으나, 현실적으로 그 아들이 다시 관리가 됨으로써 세습적으로 보유하게 되었다. 특히 공음전(功蔭田)은 법제적으로 자손에게 상속이 허용된 영업전〈永業田; 고려시대 양반(兩班)·서리(胥吏)·군인(軍人) 등에게 지급했던 상속 가능한 토지〉으로 사유전(私有田)과 다를 바가 없었다. 향리의 외역전〈外役田; 지방 향리(鄕吏)의 직역 부담에 대한 대가로 지급한 토지〉과 군인의 군인전(軍人田)도 역의 세습에 따라 자손에게 상속할 수 있는 영업전이었다. 더욱이 공전이라 일컬어지는 민전의 실체가 일반농민이 조상 대대로 물려받은 사유지였음은 고려시대 토지소유관계의 실상을 말하는 것이다.

## II. 가족제도

2월에 제하기를,
"무릇 후사가 없는 자로서 형이나 동생에게도 양자로 삼을 만한 자식이 없으면, 3세 전에 버려진 남의 아이를 거두어 길러서 자식으로 삼아 즉시 그 성을 따르게 하여 호(戶)를 잇고 호적에 붙이는 것은
이미 정해진 법이 있다.
자손이나 또는 형제의 자식이 있으면서 성이 다른 아이를 거둬 기르는 것은 일체 금한다"고 하였다.[378]

고려시대에는 친족혼·동성혼·일부일처제가 일반적으로 행하여졌는데, 고려 초 왕실에서는 친족 간의 혼인이 성행하여, 중기 이후 금령을 내렸음에도 불구하고 존속되어 사회 문제로 대두되기도 하였다. 혼인 연령으로는

---

378) 고려사절요 제6권 숙종 1(肅宗明孝大王一) 병자 원년(1096).

여자는 18세 전후, 남자는 20세 전후에 혼인을 하였다. 혼인 후에는 남자가 처가(妻家; 여자의 집)에서 사는 것이 일반적이었기에 필요한 것은 모두 처가의 몫이었다. 따라서 당시에는 장인·장모의 은혜를 부모의 은혜와 같이 생각하였다. 또한 포괄적 혈연의식이 있어 친가 및 외가의 구분 없이 음서제(蔭敍制)와379) 상피제(相避制)가 적용되었다.

## III. 신분제도

고려사회는 신분의 세습을 원칙으로 하는 양반 관료와 중인·평민(농민)·천민으로 구성되었다. 왕족과 귀족으로 편성된 상류층은 족벌세력을 형성하였고, 과전(科田)·공음전(功蔭田)·공신전(功臣田)을 소유하여 경제적 부(富)를 독점했을 뿐만 아니라 정권에 참여하여 출세의 길도 독점하였다. 특히 5품 이상의 귀족에게 음서(蔭敍; 부·조(父祖)의 음덕(蔭德)에 따라 그 자손을 관리로 서용하는 제도)나 공음전(功蔭田)과 같은 특권을 부여한 것을 보더라도 특권계급을 공공연히 인정하였음을 알 수 있다.

중류층은 남반관리(南班官吏)·기술관·하급관리·하급장교로 지배층의 말단을 이루었다. 특히 남반(南班)은 국왕을 시종하는 업무를 맡았던 관리로, 고려에만 있었다. 남반은 궁궐에 숙직하면서 왕명을 전달하는 등 국왕을 시종하는 주변적인 업무를 담당하였다.380)

하류층인 평민은 일반 주·군·현에 거주하며 주로 농업에 종사하며 생산을 담당하는 농민들이었다. 이들을 백정(白丁)이라고 하였는데, 이는 특

---

379) 음서제(蔭敍制)란 공신 또는 현직 당상관의 자손이나 친척을 과거에 의하지 않고 관리로 채용하는 제도를 말한다.
380) 남반은 신분적 한계로 인하여 정치의 중심에 참여하지는 못하는 대신 왕을 가까이 시중하며 특권을 누리는 부류였다.

정한 직역(職役)이 없었기 때문이었다. 이들은 국가에 대한 조세(租稅)·부역(賦役)·역역(力役) 등을 부담하였으며, 제도적으로는 과거에 응시하여 관인(官人)으로 출세할 수 있는 길이 보장되어 있었으나 실제로는 거의 불가능하였다. 이는 이들이 국학에 입학할 수 없었던 것을 보아서도 알 수 있다.381)

천민층은 화척(禾尺: 조선시대 백정)·재인(才人) 및 공·사의 노비 등으로, 노비들은 신분을 세습하였고 매매의 대상이 되었다.382) 고려의 노비 관련 법으로는 일천즉천법(一賤則賤法; 부모 중 한 사람이라도 노비이면 그 자식도 노비라는 법)과 천자수모법(賤者隨母法; 노비 상호 간의 혼인으로 생긴 소생의 소유권을 노비의 주인에게 귀속시킨다는 법)가383) 있다.

고려시대의 신분, 특히 양인과 천인을 구별할 수 있는 것이 호적관련 문서인데 현재까지 원본 상태로 남아 있는 유일한 호적 관련 문서로 '고려 말 호적 관련 문서(高麗末戶籍關聯文書)'(국보 제131호)가 있다.384) 고려시대에는 호적법이 있어서 양반의 경우 3년마다 호적 2본(本)을 작성하여, 하나는 관서에 두고 하나는 본인이 보관하게 되어 있었다. '고려 말 호적 관련 문서'에는 호주(戶主)의 세계(世系; 조상으로부터 대대로 내려오는 계통)·동거하는 자식·형제·조카·사위의 족파(族派; 집안에서 가지쳐 나누어진 것)·노비

---

381) 중앙 관청에서 근무하는 중류 층을 서리(胥吏)라 하였고, 고려의 일반 농민은 백정(白丁)이라 불렀다.
382) '고려사 형법지 노비조'에서는 다음과 같은 엄격한 처벌규정을 두고 있다. 즉 노(奴)가 양민의 딸에게 장가든 경우 주인이 정황을 사전에 알았으면 장형 100대에, 그 딸 집은 도형 1년에 처하였다. 노(奴)가 스스로 장가들었으면 도형 1년 6개월, 양민이라고 사칭했으면 2년에 처하였다. 공·사(公私) 노비를 유인하여 도망시키거나 다른 사람에게 팔아 넘긴 경우, 초범은 귀향형에 처하고 재범은 충상호형에 처하였다. 공천(公賤)은 나이 60이 차면 천역(賤役)에서 풀어주었다.
383) 정종(靖宗) 5년(1039)에 천자수모법(賤者隨母法)을 정했다.
384) 이 문서는 조선 개국 2년 전인 고려 공양왕(恭讓王) 2년(1390)에 이성계의 고향인 함경도 화령(和寧)(지금의 함경남도 영흥)에서 작성된 것으로 이성계의 노비 및 이성계와의 관계가 확실하지 않은 40호의 호적이 포함되어 있다.

가 전래된 종파〈宗派; 종가〈宗家〉의 계통〉 및 소생의 이름과 나이·노처〈奴妻; 남자 종의 아내〉와 비부〈婢婦; 여자 종의 남편〉의 양인·천인 여부' 등이 상세하게 기재되어 있다.385) 호마다 큰 글씨로 '호(戶)'라는 단어를 표기하거나 양인(良人) 호에서 처(妻)의 이름이 기록되어 있는 것은 조선시대의 호적문서와 다른 점이라 할 수 있다.

고려는 호족들이 연합하여 건국되었기에 고려 초기의 왕권은 상대적으로 매우 불안정하였다. 4대 광종 임금은 이러한 호족 세력을 억압하고 왕권을 강화하기 위한 제도적 조치로서, 광종 7년(956)에 노비안검법을 시행하였다. 이는 노비의 신분을 조사하여, 본래 양인이었던 자를 해방시켜 환량(還良; 양인으로 되돌림)한 것을 말한다.386) 노비는 호족들의 경제적, 군사적 기반인 까닭에 호족이 소유한 노비의 수를 줄임으로써, 그들의 경제·군사적 기반을 약화시키고 왕권을 더욱 안정시키려는 조처였다. 광종이 호족들의 눈치를 살피지 않고 노비안검법을 단행할 수 있었던 것은 어느 정도 왕권이 성장했음을 보여주는 것이다.

교하기를,
"무릇 도망해 온 남의 노비를 숨겨 점유한 자는, 1일에 생초(生綃) 3척을 내는 율문의 예(例)에 따라 날마다 베 30척을 거두어 본 주인에게 주고, 날수가 비록 많더라도 원래 값을 넘게 하지 말라." 하였다.387)

이와 같이 편제된 고려사회는 평민으로부터 상류 귀족에 이르기까지 종

---

385) http://navercast.naver.com/contents.nhn?rid=92&contents_id=21886.
386) 고려사절요(광종7년)에 노비안검법과 관련하여 다음과 같은 글귀가 있다; "…… 명하여 노비를 안검하여 시비를 분별하게 하니, 종이 그 주인을 배반한 자가 이루 헤아릴 수 없었다. 이로 말미암아 윗사람을 능멸하는 기풍이 크게 행하니 사람들이 모두 원망하였다"
387) 고려사절요 제2권  성종(成宗文懿大王) 병술 5년(986),

(縱)으로는 5대, 횡(橫)으로는 8촌까지 포함하는 친족공동체를 이루고, 다시 가장이 통솔하는 몇 개의 가족단위로 분화되었는데 이러한 단위로 편제된 이유는 세(稅)·역(役)·공물(供物)의 편리한 운영을 하기 위함이었다.

고려시대에 이르러 성(姓)이 보편화되자 출신지를 본관(本貫)으로 정하고, 본관을 세력평가의 표준으로 삼기도 하였다.

## IV. 재산상속제도

고려시대에는 부모가 생전에 유산을 분재(分財)하는 생전분재(生前分財)가 원칙이었으며, 그렇지 않거나 누락재산이 있는 경우에는 부모 사후에 자손이 분재(分財)하는 것이 관습이었다. 고려시대의 상속법의 기본원칙은 자녀에게 똑같이 재산을 나누어주는 자녀균분상속법(子女均分相續法: 상속재산을 자녀에게 같은 몫으로 나누어 하도록 하는 상속법)이었다. 이는 유교문화권 하에서의 독특한 고유법인 것으로 보인다. 아들이건 딸이건 결혼 여부에 관계없이 고르게 나누는 것이 법률이고 관습이었다. 만약 부모의 사후에 형제자매 중 유산을 고르게 나누지 않고 독점하는 자가 있는 경우에는 기간의 제한 없이 제소할 수 있었다. 소가 제기된 경우에 재판관은 부모를 대신하여 똑같이 나누어 주었다. 상속재산은 토지·노비·가옥과 동산(動産) 등이었고, 그 중 노비가 주된 분쟁의 대상이 되었다.

상속인의 순서와 범위는 다음과 같은데, 먼저. 직계 자녀로서, 딸도 출가 여부를 불문하고 아들과 함께 상속하였다. 자녀가 사망한 경우는 손자녀가 대습상속(代襲相續)하였다. 자녀에는 수양자녀(收養子女)·시양자녀(侍養子女)도 포함되었다.

둘째로는, 자손이 없는 경우의 배우자인 남편 또는 아내인데, 아내의 유산은 남편이, 남편의 유산은 아내가 개가(改嫁)하지 않을 것을 조건으로 모두 종신(終身) 동안 상속하였다. 사망 전에 계후자(繼後子)나388) 수양자녀·시양자녀를 입양하면 이들이 상속하게 되나, 그렇지 않은 경우는 남편과 아내의 유산으로 분리되어 각자의 본족(本族)이389) 상속하였다.

이와 관련해서는 고려 고종 때에 성품이 강직하고 재판 잘하기로 소문난 손변이란 사람이 경상도 안찰부사(按察副使) 시절 남매 간의 유산(遺産)에 관한 분쟁을 잘 처리함으로써 칭송을 받게 된 사건을 소개해 본다390).

일남 일녀를 두고 일찍이 처와 사별한 사람이 자녀에게 재산을 나누어 주면서, 나이 어린 아들에게는 자기가 입었던 검은 옷과 관(冠) 한 벌·짚신 한 켤레 그리고 종이 한 권을 주고, 나머지 전 재산은 결혼한 딸에게 주는 것으로 재산을 나누도록 하는 유언문서를 작성하고 사망하였다. 후에 아들이 장성하여 유산이 누이에게 다 물려진 것을 이유로 관에 제소하게 되었는데 오랫동안 결론이 나지 아니 하였다. 그러던 차에 손변이 이 사건을 맡게 되었던 것이었다.

동생인 아들이 손 부사에게 고하기를, "사또, 너무도 억울합니다. 어찌하여 다 같은 부모의 자식인데 출가한 딸이 부모의 유산을 독점하고 저에게는 아무런 몫도 주지 않는 것입니까?"

이에 손 부사가 딸에게, "너는 어찌하여 동생의 몫까지도 네 차지로 하였느냐?"라고 물었다.

---

388) 계후자(繼後子) 문제는 아들이 없어 양자를 맞아들였다가 후에 친자(親子)가 생겼을 경우 일어나는 문제이다. 이 경우 시대에 따라 친자(親子)가 조상의 제사를 받들게 하기도 하였고, 양자를 장자(長子)로 친자를 차자(次子)로 대우하기도 하였다.
389) 본족(本族)은 사손(使孫)이라고도 하는데, 조부(祖父)를 공통 조상으로 하는 4촌 이내의 자손이다. 사손(使孫), 즉 상속인이 없으면 유산은 국가에 귀속되었다.
390) 박병호, 134면 이하.

"사또, 소인은 아비가 그렇게 하도록 한 유언문서에 따라 그대로 따랐을 뿐입니다. 저에게는 아무런 잘못이 없습니다."라며 딸이 읍소하였다.

그런데 증거라고는 유언문서밖에 없었으므로 동생이 패소할 것은 불 보듯 뻔하였다. 그러나 손 부사는 그 아비가 왜 하필이면 어린 아들에게 검은 옷과 관(冠) 한 벌, 짚신 한 켤레 그리고 종이 한 권 만을 주었을까하는 점에 대해 의구심을 갖고, 그 아비의 진정으로 의도하는 바가 과연 무엇인지를 밝혀내기 위해 노심초사하였다.

얼마 지나지 않아 손 부사는 마침내 아비의 진정한 뜻이 무엇인지를 알아내었고 남매가 더 이상 다투지 않고 이를 슬기롭게 해결할 수 있는 방안을 제시하였다.

"내 너희 아비의 진정한 뜻이 무엇인지를 곰곰이 생각해 보았다. 아비가 자식을 사랑하는 마음은 아들이나 딸에게나 한결같이 같은 것이다. 그런데 어찌하여 장년 하여 결혼한 딸에게는 후하게 주고 어머니 없는 어린 아들에게는 박하게 한단 말이냐! 자기가 죽은 후에 어린 아들이 의지할 사람은 오직 장성한 딸뿐이므로 딸이 유산을 모두 물려받아 아우를 성심껏 사랑하고 잘 길러주도록 그리 한 것이다."고 말문을 열었다.

그리고 다시 말을 이어가기를, "그러나 혹 아우에 대한 사랑이나 양육이 소홀할 경우를 예상해서 또 다른 준비를 해 놓은 것이다. 너희는 정녕 아비가 검은 옷과 관(冠) 한 벌·짚신 한 켤레 그리고 종이 한 권 만을 물려준 까닭을 짐작하지 못하겠느냐?"

남매는 손 부사에게, "저희는 아비가 그리한 까닭을 전혀 모르겠습니다."라고 답하였다.

이에 손 부사가, "내가 너희 남매에게 그 답을 알려주겠다. 너희 아비는 만약에 아들에게 아비가 예상한 그러한 일이 발생할 경우에 자기가 물려

준 종이로 소장을 작성하여 검은 옷을 입고 관을 쓰고 짚신을 신고 관사에로 가 제소하면 능히 그 문제를 해결할 수 있을 것이라 생각하여 그리한 것이다. 어린 아들에게 네 가지 물건만을 남기고 죽은 아비의 뜻이 바로 여기에 있다. 이런 아비의 깊은 뜻을 헤아려 너희 남매는 서로 싸우지 말고 의지하며 잘 살도록 하라!"고 하였다.

이 말을 들은 남매는, "너무도 부끄럽습니다. 돌아가신 아비의 깊은 뜻을 깨달았습니다. 앞으로 저희 두 남매가 서로 싸우지 않고 열심히 잘 살도록 하겠습니다." 라며 서로 얼싸안고 울었다.

이에 손 부사는 두 남매에게 똑같이 유산을 나누어 주었다.

## V. 여성들의 지위

고려시대에는 남녀를 크게 차별하지 않았고 여성의 가정 내 지위가 높았다. 비록 여성에 대한 작위 수여가 고려 말(1390년 이후로 추정)에 폐지되기는 하였으나,[391] 고려시대에는 여성의 사회적 활동이 비교적 자유로웠다. 여성들도 남성과 마찬가지로 말을 타기도 했고, 격구 시합을 하기도 하였으며, 상업 활동에 참여할 수 있었고 재산권도 가질 수 있었다. 고려는 일부일처제를 중시하던 사회였고 족보에도 여성이 기재되었는데 호적에 올릴 때에는 나이 순으로 기재하였다. 고려사 열전에 민훤이 충선왕비의 개가(改嫁)를 요청하는 표문(表文; 마음에 품은 생각을 적어서 임금에게 올리는 글)이 기록되어 있는데[392] 당시에는 여성의 재가(再嫁)가 비교적 자유로웠고 재가를

---

[391] 고려사에 권근이 승려와 여성에 대한 작위 수여 금지를 건의한 기록이 있다; 九年 二月 左司議 權近言, "女封宅主, 僧封諸君, 及府外封君, 皆繫官爵輕賤, 並許禁斷."(고려사 1383년 2월).

[392] 고려사 열전에 "민훤이 원(元) 중서성에 충선왕비의 개가(改嫁)를 요청하는 표

통해 낳은 자녀 또한 차별이 적었다.

또한 딸이 제사를 지내는 것도 가능했으며 아들과 딸이 번갈아 가며 제사를 지냈다. 아들이 없을 경우에는 양자를 들이지 않고 여성이 가문의 대를 이어갈 수도 있었다. 상속의 경우에 있어서도 남자와 동일하게 나누었으며 아내에게도 재산분배권이 인정되었다.


## VI. 분경(엽관운동)과 상피제

"요사이 분경〈奔競; 엽관운동(獵官運動)〉이 풍습을 이루고, 형정이 함부로
되고 어긋나, 공평한 문을 열고 사사로운 길을 막아 어진 이를 받아들이는
길을 넓게 하지 못하고 있다.
상과 벌은 임금의 권한인데, 요사이 권력 있는 신하가 조정에 있어서, 벌을
주고 복을 주는 일이 사삿집의 문에서 나오게 되어,
상도를 문란하게 하고 질서를 상실하게 되었도다.
이러한 풍습을 고치지 아니하면 국가를 손상함이 있을 것이니,
지금 이후로 만약 이러한 일이 있으면 담당 관원은
법을 들어 논죄하도록 하라"[393]

분경(奔競)은 엽관운동(獵官運動)이라고도 하는데, 관원이 전조〈銓曹; 고려 시대 문관(文官)의 선임과 훈봉(勳封)에 관한 업무를 담당하던 관청〉의 대신(大臣)이나 권문세가(權門勢家)를 분주하게 찾아다니며 승진 운동을 하던 것을 말한다. 고려시대에는 왕이 이러한 분경을 묵인할 정도로 사회적으로 일상화되어 큰 문제가 되었던 것으로 보인다. 이는 다음의 기록을 통해 확인 된다.

---

문을 바치다"라는 기록이 있다.
393) 고려사절요 제12권 명종 1(明宗光孝大王一) 을미 5년(1175).

즉 왕이 무릇 사람을 쓸 때에는 다만 폐신(嬖臣; 윗사람으로부터 사랑을 받는 신하 또는 아첨하여 임금의 신임을 받는 신하)과 환자(宦者; 환관이라고도 하며 내시를 말함)들과 의논하니 이로 말미암아 분경(奔競)이 풍속을 이루고 뇌물이 공공연히 행해져 어진 사람과 어리석은 사람이 뒤섞였다. 폐신과 환자가 청탁하는 일이 있으면 왕이 묻기를, "뇌물을 얼마나 얻었느냐?" 하여, 뇌물이 많다고 하면 기뻐하면서 그 청을 따르고 그렇지 않으면 시일을 미루면서 뇌물이 많기를 바랐으니 그런 까닭으로 근신(近臣; 임금을 가까이에서 모시던 신하)들이 권력을 행사함이 전왕 때보다 심하였다고 한다.394)

고려에서는 상피제(相避制)라 하여 인정(人情)에 의한 권력의 집중을 막기 위해 일정 범위의 친척 사이에는 동일 관사(官司) 또는 통속관계의 관사에 서로 같이 근무하는 것을 금지하였다(고려사 형법지 상피조). 이 제도는 1092년(고려 선종 9)에 제정되었으나 시간이 지날수록 잘 지켜지지 않는 경우가 많았다. 적용되는 친족의 범위는 본족〈本族; 부계(父系)의 친속(親屬)·친족〉과 모족(母族)·처족(妻族)의 4촌 이내와 그 배우자로 규정하였다. 뿐만 아니라 대성〈臺省; 고려시대 어사대(御史臺)의 대관과 중서문하성의 성랑(省郞)을 합하여 부르는 명칭〉의 경우 사돈 간에도 상피(相避)가 적용되었다. 고려의 상피제는 외족과 처족은 모제(母制)인 송나라 제도와 비슷했지만, 본족(本族)에 있어서는 그 적용 범위가 크게 축소되었던 점이 특징이라고 할 수 있다.395)

상피제가 재판관에게 적용될 경우에는 오늘날의 제척(除斥)에 해당하여 해당 재판관의 재판관여가 허용되지 않았다.396)

---

394) 고려사절요 제12권 명종 1(明宗光孝大王一) 갑진 14년(1184).
395) 고려사 형법지 상피; http://terms.naver.com/entry.nhn?docId=1674077&cid=49630&categoryId=49797(한국학중앙연구원, 한국민족문화대백과).
396) 제척(除斥)이란 재판권 행사의 공정을 기하고 재판에 대한 국민의 신뢰를 지키기 위하여 법관이나 사무관 등이 특정사건의 피해자이거나 또는 피해자나 피고

## VII. 종교가 규범생활에 미친 영향

### 1. 불교의 영향

고려시대의 불교는 정치·사회적 이념이자 종교로 사회 통합에 긍정적인 기여를 하였다. 사상적으로는 불교가 백성들의 일상생활 뿐 아니라 정치적으로 큰 영향을 끼치고 있었기 때문에 사실상의 국교라고 해도 과언이 아닐 정도였다. 고려 초기 불교의 종파는 5교(五敎: 敎宗)와 9산(九山: 禪宗)이 양립, 존재하면서 대립 침체된 상태에 있었다. 교·선종의 대립으로 침체된 불교를 통합 발전시킬 의도에서 문종의 아들인 대각구사(大覺國師) 의천(義天)은 송나라에서 화엄교리와 천태교리를 배우고 돌아와 교선일치(敎禪一致)를 주장하였고, 숙종 때 천태종을 창설하여 교관겸수(敎觀兼修)를 주장하였다. 천태종은 무신의 난 이전까지 왕실과 귀족의 보호로 육성되었다. 이 후 보조국사(普照國師) 지눌(知訥)이 조계종(曹溪宗)으로 개창함으로써 고려의 불교는 양종으로 분리되었다. 조계종은 좌선(坐禪)을 주로 하여 마음에 경전을 깨닫도록 하는 돈오점수(頓悟漸修)의 수도방법으로 수행을 강조하였다. 조계종은 한때 무신정권의 사상적 근거로 이용되기도 하였다.

태조 이래 불교를 국교로 숭상함으로써 신하뿐 아니라 왕가에서도 출가하여 승려가 되는 일이 많았고 한편으론 사찰이 광대한 사원전(寺院田)을 차지함으로써 세속적인 부와 지위를 누렸다. 또한 사원전(寺院田) 외에도 왕실 귀족들의 희사로 토지와 노비가 증가되어 대장원(大莊園)을 소유하였고, 광종 때는 승과제도(僧科制度)를 마련하여 승과에 합격하면 교·선종을

---

인의 가족·친척관계일 때는 그 사건의 집행에서 제외시키는 것을 말한다.

막론하고 대선(大選)이란 첫 단계의 법계(法階)를 주었으며, 왕사(王師)·국사(國師) 제도를 두어 승려들을 우대하였다. 문종 때에는 승려 개인에게도 별사전(別賜田)을 지급하였고, 사원에는 면세·면역의 특전까지 부여하였기에 많은 승려들이 배출되었다.397)

불교는 민간신앙인 풍수지리설·도참사상 그리고 중국에서 유입된 도교 등과 결합하여 민심을 좌우했으며 교화사업과 구호사업에 나서기도 하였다. 고려 시대에는 장례와 제사에 관한 의례는 유교적 규범을 시행하려는 정부의 의도와는 달리 대개 토착 신앙(무격신앙)과 융합된 불교의 전통 의식과 도교신앙의 풍속을 따랐다. 불교는 신앙생활과 관련한 수신의 도로서 국가의 정치적·사상적·문화적 바탕이 되었고 따라서 일반 백성에게는 불교와 전통 신앙이 생활 규범으로 여전히 큰 의미가 있었던 것이다. 그러나 몽골의 간섭 시기에 미신적인 면이 강한 라마 불교가 들어오면서 폐해가 커졌고 불교행사, 사탑의 건립 등으로 재정의 낭비 또한 커졌다. 또한 승려들의 토지 겸병과 고리대금업·상업행위·군역도피의 소굴 등 복합적으로 불교의 폐단이 집적되면서 고려가 기울어지게 된 하나의 빌미를 제공하기도 하였다. 불교는 결국 고려 말 신흥 사대부 층의 성리학자들로부터 배척을 받기에 이른다.

## 2. 유교의 영향

고려시대는 유교적 정치사상을 기반으로 자주적이며 주체적인 국가 체제를 확립하였다. 주자학의 도입으로 유교적 도덕규범이 생활화되었고 거제

---

397) 고려시대의 고승으로는 균여대사(均如大師)·혜거(惠居)·탄문(坦文)·제관(諦觀)·의통(義通) 등을 들 수 있다. 특히 제관(諦觀)은 오월(吳越)에 건너가 '천태사교의(天台四敎義)'를 저술하여 천태종(天台宗)의 기본교리를 정리하였고, 의통(義通) 또한 오월(吳越)에서 중국 천태종의 13대 교조(敎祖)가 되었다.

도의 도입으로 유교적 소양은 관료로서의 사회적 출세를 보장하였다. 국가의 차원에서 정치·교육·윤리적 측면과 경사(經史)와 문장을 중심으로 하는 유교 문화의 발달은 매우 밀접한 관계에 있었다. 따라서 고려 전기(태조~의종)를 유교문화의 진흥기요 융성기라 한다면, 고려 후기(명종~공양왕)는 유교문화의 퇴락·침체기를 거쳐 주자학 시대가 열리는 전환기라고 볼 수 있다. 시기적으로 살펴보면, 태조 대에는 서경(西京)에 학교를 세웠고, 성종 대에는 동 6년(987)에 경학박사 1인과 의학박사 1인을 12목에 두도록 하였고 성종 11년에는 중앙에 국자감(國子監)을 창설하였다. 국자감은 일종의 종합대학으로 국자학(國子學; 3품관 이상 고관의 자제만 입학하던 전문 학과)·태학(太學; 5품 이상 벼슬아치들의 자제만 입학하던 전문 학과)·사문학(四門學; 7품 이상 벼슬아치들의 자제와 일반 백성 가운데서 우수한 사람만 입학하던 전문 학과) 등을 두었고 유교경전을 기본교재로 교육하여 유교문화를 진흥하는데 앞장섰다.

11대 문종 대(1046~1083)에는 사숙(私塾)의 발달을 들 수 있는데 최충(崔沖)의 9재(九齋)와[398] 12공도(公徒; 교육기관)를 통해 구경삼사(九經三史)[399]를 익혀 한문 문장을 자유롭게 쓸 수 있게 되었고, 시문·사장에 능하게 되었기 때문에 과거를 보아 출사(出仕)하기도 하였다. 당시 최충은 '해동공자(海東孔子)'라 일컬을 정도로 그 문명이 높았고, 사학의 발달에 맞추어 국가에서도 관학을 진흥시키기 위해 노력하였다. 16대 예종(1105~1122)은 국자감에 7재를 두었는데, 그 중 6재는 유학재(儒學齋)라 하여 각기 경전을 가

---

398) 최충(崔冲)의 문헌공도(文憲公徒)가 가장 규모가 컸고 관학을 압도해 그 기능을 대신할 정도였다. 최충의 9재(齋)는 우리나라 사학의 효시로서 역사적 의의를 가진다. 재(齋)는 전통적 교육기관에 딸린 학생들의 숙소 또는 학습장소를 말한다.
399) 구경(九經)은 유학에서의 경전(經典) 분류법으로 당(唐)나라 때부터 비롯되었다. '구경고(九經庫)'를 쓴 곡야율(谷耶律)은 '역(易)'·'서(書)'·'시(詩)'·'예(禮)'·'악(樂)'·'춘추(春秋)'·'논어(論語)'·'효경(孝經)'·'소학(小學)'을 구경(九經)이라고 하였다.

르쳤다.

인종 대(17대 왕; 1122~1146)에는 학교 교육을 더욱 공고히 하여 학제를 상정(詳定)하는 한편, 과거제도 역시 확장·보완해 내실을 기하였다. 경내(京內)의 국자감에는 육학〈六學 : 국자학(國子學)·태학(太學)·사문학(四門學)·율학(律學)·서학(書學)·산학(算學)〉을 두고, 지방의 주·군·현에는 향학(鄕學)을 두었다.

그러나 이후 무인집권시대와 몽고의 정치적 지배기를 거치면서 고려의 유교는 쇄락의 길을 걷게 된다. 그러던 중 1289년(충렬왕 15) 안향〈安珦; 1243(고종 30)~1306년(충렬왕 32)〉이 고려에 처음으로 성리학을 들여오게 되는데 이를 통해 주자학을 기본으로 하여 경사(經史)를 널리 탐구하는 학문전통이 뿌리내리게 된다. 이후 이색(李穡)이 국학(國學)을 중심으로 하여 정몽주·정도전·하륜·길재 등의 신진학자들을 배출하게 된다.

## 제6. 비슷한 시기의 동·서양의 법

### I. 중국의 법; 송(宋)·원(元)

'광명정대(光明正大)'·'공평무사(公平無私)'

"작두를 사형집행의 도구로 사용"

고려와 밀접한 관계를 맺으며 교류하였던 당시의 중국의 왕조는 송(宋)과 원(元)이다. 또한 시대적으로는 유럽의 중세시대 및 이슬람시대와도 연결된다. 이들과의 법제도 비교를 통해 당시 우리 법문화의 수준을 가늠해 볼 수 있을 것이다. 먼저, 송(宋)은 중국 역사상 당(唐)·오대십국(五代十國)에400) 이어지는 왕조(960~1279)이다. 처음 카이펑(開封)에 도읍하였으나 1126년 정강(靖康)의 변(變)으로 강남(江南)으로 옮겨 임안(臨安: 杭州)에 천도하였다. 카이펑 시대를 북송(北宋), 임안시대를 남송(南宋)이라 한다.

송나라의 사법기구로는 태조 조광윤(927~976)이 송을 건국할 당시엔 형부와 대리사(大理寺)만이 있었는데, 태종이 심형원(審刑院)이라는 기구를 새로 추가하였다.401) 송 대 관제에서 가장 주목되는 것은 특수 감찰기관의 발달이었다. 태조 때는 무덕사(武德司)가 있어 관리나 백성을 감시하였으나, 태종은 이를 황성사(皇城司)로 고쳐 확장·정비하고 그 간부에는 외척(外戚)이나 환관(宦官) 등 심복 몇 명을 임명하였다. 그 밑에 수천 명의 밀정을 두어 수도(首都)뿐만 아니라 전국으로 파견하여 관료의 행동을 감시시켰으므로 황제의 독재권이 훨씬 강화되었다.

지방행정구역인 각 노(路)에는402) 감사(監司)를 두고 후에는 따로 제거상평사(提擧常平司)를 설치하여 상호 감시하게 함으로써 권력의 집중을 방

---

400) 오대십국(五代十國)은 중국에서 당(唐)나라가 멸망한 907년부터 송(宋)이 전 중국을 통일하게 되는 979년까지의 약 70년에 걸쳐 흥망한 여러 나라와 그 시대를 일컫는다. 그 중 5대는 화북(華北)의 중심지대를 지배하고 정통왕조(正統王朝)의 계열로 볼 수 있는 양(梁: 後梁)·당(唐: 後唐)·진(晉: 後晉)·한(漢: 後漢)·주(周: 後周)의 5왕조이다. 사가(史家)들이 그 이전에 존재하였던 같은 이름의 왕조와 구별하기 위해 앞에 후(後)자를 붙였다. 10국은 화남(華南)과 기타 주변 각 지방에서 흥망한 지방 정권으로, 오(吳)·남당(南唐: 江西·安徽·福建)·오월(吳越: 浙江)·민(閩: 福建, 뒤에 南唐에 병합)·형남(荊南, 또는 南平)·초(楚: 湖南·남한(南漢: 廣東·廣西)·전촉(前蜀)·후촉(後蜀: 四川)·북한(北漢: 山西) 등을 말한다; http://terms.naver.com/entry.nhn?docId=1127880&cid=40942&categoryId=33405(한국학중앙연구원, 한국민족문화대백과).
401) 형벌도 형부에서 심사한 다음 심형원(審刑院)에서 다시 심사하였는데, 이는 재상(宰相)의 권한을 약화시키고, 다른 한편으론 황제권 강화의 일환이었던 것으로 보인다.
402) 노(路)는 송(宋)나라 및 금(金)나라의 지방행정구역 중 최고단위의 기구이다. 장관으로서 경략안무사(經略安撫使)를 두었다. 남송(南宋)에서는 16로를 설치하였고, 금나라도 송나라의 제도를 그대로 받아들여 19로를 설치하였다.

지하고, 주(州)에는 지주(知州: 도지사)를 두는 한편 그 밑에 통판(通判)을 두어 지주의 권한을 제한시켰다. 이렇게 하여 어떤 특정인에게 권한이 집중되는 것을 막고 모든 권한은 오로지 천자 한 사람에게로 집중시키는 조직이었다. 다만 이 같은 제도 하에서는 천자가 모든 정무에 관여하여 중요한 정무와 일반 정무와의 구별이 어려웠으므로 신종(神宗)의[403] 원풍(元豊) 연간에 당(唐)의 육전(六典)을 본떠 관제의 개혁을 단행하였다.

송나라 때(진종~인종) 정치가이며 판관(判官)이었던 포증(包拯; 명판관의 대명사로 포청천(包靑天)으로 잘 알려짐, 999~1062)이란 사람이 있었다. 당시 그는 '광명정대(光明正大)', '공평무사(公平無私)'한 추상같은 판결로 이름이 높았다.[404] 부패한 정치가들을 엄정하게 처벌하였고, 소박하고 검소한 생활을 함으로써 청백리(淸白吏; 청렴하고 근면한 관리)의 상징이었다. 당시 재판에서는 황제가 하사한 작두를 사형집행의 도구로 사용하였는데 작두 앞 대가리 형상에 따라 그 쓰임이 달랐다. 이는 신분에 따라 죽을 때에도 품위를 지켜준 것이라 하겠다. 죽을 죄를 지어 처벌할 때에 개 모양의 작두는 일반 백성에게, 관료에게는 호랑이 작두, 황족이나 황족의 피를 이어받은 자에게는 용(龍) 작두를 썼다.

원(元)은 13세기 중반부터 14세기 중반에 이르는 약 1세기 사이, 중국 본토를 중심으로 거의 동(東)아시아 전역을 지배한 몽골족의 왕국이다(1271~1368). 몽골의 초원에서 비롯한 몽골 부족은, 고대 몽골 부족(900년대~1207)·몽골제국(1206~1271)·원 제국(1271~1368)·북원 제국(1368~1691)·할 하(1388~

---

403) 신종(神宗)은 중국 북송(北宋)의 6대 황제(재위 : 1068~1085)로서 왕안석(王安石)을 재상으로 뽑아 신법을 시행하는 등 개혁을 꾀하기도 하였다.
404) 포청천은 1990년대 국내에서 크게 인기를 끌었던 대만 드라마 '포청천'의 주인공이다. 드라마의 한 장면을 보면 역모죄를 저지른 귀족이 호랑이 작두를 받게 되자 자신은 불세출의 영웅이라며 용 작두를 요구한다. 이에 포청천은 간웅(奸雄)에게는 용 작두가 어울리지 않는다며 개 작두로 처형한다.

1635) · 오이라트(1399~1636; 서몽고) · 중가르(1635~1758)의 순서로 시대적으로 변천의 길을 걷는다.405)

13세기에 칭기스칸이 대제국을 건설한 후 오랜 유목민 관습의 토대 하에 성문법인 자사크(대야사)을 만들었고, 1640년에는 오이라트 법전을 완성하였다. 성문법을 만들기 이전에는 관습법이 유목민의 주된 규범이었는데, 이러한 관습법은 거친 자연환경을 극복하며 그 속에서 살아남기 위한 유목민의 생존 투쟁과 무관하지 않다. 몽골군이 대제국 건설을 위해 장기간 정복전쟁에 나서면서 수간(獸姦; 동물과 간음하는 것을 말함)을 했던 흔적이 나타나는데, 이를 경계하고자 수간(獸姦)하는 자는 사형에 처하였다(제2조). 아울러 물과 관련하여 엄한 터부(Taboo)나 규정을 두고 있었는데, 예를 들어 물이나 재에 방뇨한 자의 경우는 사형에 처하였다(제4조). 또한 물에 손을 담그는 것을 금하였고 물을 뜰 때에는 반드시 그릇으로 뜨도록 하였다(제14조).

원나라에서의 중앙의 주요한 정치기구는 당시 성(省) · 원(院) · 대(臺)로 약칭되었던 3대 관청인 중서성(中書省) · 추밀원(樞密院) 및 어사대(御史臺)였다. 이 중 중서성은 황제의 명령인 법령을 입안(立案) · 기초하는 기관으로 그 아래에 이(吏) · 호(戶) · 예(禮) · 병(兵) · 형(刑) · 공(工)의 행정 6부를 두고 그 법령의 시행을 맡았다. 어사대는 관료기구의 숙정과 쇄신을 이루기 위한 감찰기관으로, 장관인 어사대부(御史大夫), 차관인 중승(中丞) 아래에 많은 감찰어사를 두어 끊임없이 여러 행정기관들을 순찰해서 부정을 적발하고 또한 민간의 풍기 유지 · 교육의 진흥을 담당하였다. 성(省) · 원(院) · 대(臺)의 3관청은 원래 상도(上都) · 대도(大都)를 포함한 직례지(直隸

---

405) 오이라트의 연합 부족이 만든 중가르는 이후 청의 건륭제에 의해 1758년에 멸망하게 되고 청에 복속케 된다.

地)를 직접 관할하였으며, 그 밖의 지역에는 이를 대행할 출장기관으로 행중서성(行中書省: 약칭 행성(行省)이라 함)·행추밀원(行樞密院: 약칭 행원(行院)이라 함)·행어사대(行御史臺: 약칭 행대(行臺)라 함)를 두었다. 지방의 행성(行省) 및 행대(行臺)는 비록 중앙의 성(省)·대(臺)에 비해서 지위는 낮았으나,406) 모두 황제에 직속되는 관청으로서 절대적인 권한이 부여되어 있었다. 지방에는 또한 노(路)·부(府)·주(州)·현(縣)·사(司)의 지방행정관청을 두었으며, 지방행정관청의 수령은 대개 그 지방의 지식인을 임명하였으나 지방행정을 점검하는 정치 감찰관으로 다루가치라는 관직을 두었다.407)

## II. 이슬람의 법; 샤리아(sharī'a)

"샤리아(sharī'a)는 알라(Allāh)가 사도를 통하여 인간에게 계시한 구원에 이르는 가르침을 의미한다"

"코란(Koran) 과 순나(Sunna)"

이슬람법(Islamic law)은 이슬람의 종교법으로서 사라센법·회교법이라고도 하며, 이슬람 신학과 함께 이슬람교도의 생활을 전통적으로 지배하여 왔다. 이슬람법은 코란(Koran)과 예언자 무함마드의 언행, 즉 수나(Sunna)를 바탕으로 만들어졌다. 그러나 수나의 해석과 이의 적용을 둘러싸고 법학파(法學派)가 나뉘게 된다.408) 샤리아(sharī'a)의 원래의 뜻은 아랍어

---

406) 대관청의 아래에 소속되는 지방행정 관청으로 선위사(宣慰司), 지방재무청으로는 전운사(轉運司), 지방감찰청으로는 숙정염방사(肅政廉訪司)를 두었다.
407) 다루가치는 반드시 몽골인이나 색목인(色目人)을 임명하였는데, 이는 현지 출신 관리를 감시하기 위한 것으로 정복왕조였던 원나라의 특징이었다.
408) 이슬람력(曆) 1, 2세기 경에 이미 하나피·말리키·한발리·샤피이의 네 학파

로 '수장(水場)에 이르는 길'을 의미하였으나, '알라(Allāh)가 사도를 통하여 인간에게 계시한 구원에 이르는 가르침'을 의미한다. 샤리아는 이슬람법 또는 성법이라고도 하는데 이는 '인간의 올바른 삶의 방식'의 구체적 표현이다. 샤리아는 신의 명령의 구체적이고 체계적 표현으로서 절대 불변이다. 그 체계가 정립될 때까지 200년이 소요되었다.

이슬람의 샤리아는 사도 무함마드(Mahomet; 마호메트)에게 계시된 코란과 무함마드의 언행인 순나를 말한다. 코란은 이슬람교의 경전(經典)으로, 이슬람의 예언자 무함마드가 610년 아라비아 반도 메카 근교의 히라(Hira)산 동굴에서 천사 가브리엘을 통해 처음으로 유일 신 알라의 계시를 받은 뒤부터 632년 죽을 때까지 받은 계시를 집대성한 것이다.[409] 코란은 이슬람의 토대이며 교리의 기본 원천으로 하디스(Hadīth 전승; 예언자의 언행록)와 순나(Sunnah 예언자의 모범적 관행)도 코란의 내용을 따르고 있다.

코란(Koran)은 모두 114장으로 구성되어 있고, 1장인 개경장(開經章)을 제외하고 2장부터는 내용이 긴 장부터 짧은 장의 순서로 나열되어 있다.[410] 코란을 또한 메카 장과 메디나 장으로 분류하기도 하는데, 메카 장은 대개 길이가 짧고 간결하며 서언(誓言) 형식의 운문으로 되어 있고 코란의 뒷부분에 배치되어 있다. 그 내용은 무하마드가 메카에서 활동하던

---

로 분열되었다.
[409] 코란 자체의 기록에 의하면 코란의 계시는 신의 언어 자체이나, 종교학자들에 의하면 코란은 무하마드의 종교적 체험의 기록을 말한다. 계시는 610년부터 632년 무하마드가 죽을 때까지 간헐적이고 단편적으로 나타났으며, 무하마드의 생존 시에는 구두로 전승되다가 차차 문자화되어 나무 조각이나 동물의 뼈 등에 기록되었다. 현재의 코란은 3대 할리파인 우스만(644~656) 재위 중에 편집되어 정본(正本)으로 인정된 것이다.
[410] 코란에는 어근의 동사·명사형을 합쳐서 4가지 예가 있는데, 인간에게는 따라야 할 길이 있으며, 그것은 인간의 사혹이나 생각이 아니라, 신이 계시해서 정한 진리로서 이용되고 있다. 인간은 단지 그것을 받아들여서 그에 복종함으로써 구원에 이르게 된다고 한다.

때의 계시로 이루어져 있으며, 신의 은총과 경고가 주된 내용으로 담겨 있다. 메디나 장은 무하마드가 메디나에서 정교(政敎) 일치의 지도자로 군림하던 시절의 계시 내용이 담겨 있는데, 신의 명령의 절대성·종교적 의식·사회생활의 규범 및 정치 등에 관한 것 등이다.

순나(Sunnah)는 코란을 보완해주는 자료로서 중요한 기능을 담당한다.411) 예를 들어 순나는 몇 가지 범주로 나뉘는데, 순나 알 무아카다(al-sunnah al-mu'akkadah)의 경우는 확증된 것으로 예언자의 생전에 명백히 반복된 것을 말한다. 따라서 이러한 순나를 따르는 것은 거의 의무적인 것으로 여겨졌으며 때론 이것이 종교의식, 법과 일치할 경우에는 법적 구속력을 갖게 되었던 것이다.

샤리아는 각 무슬림의 종교적 생활만이 아니라 현세적·세속적 생활도 구체적으로 규제하는 것으로서, 그 내용은 정결·참회·예배·자카트412)·단식·순례·장례 등에 관련된 의례적 규범에서 혼인·이혼·친자관계·상속·노예와 자유인·계약·매매·서약·증언·와크프(기부재산)·소송·비무슬림의 권리와 의무·범죄와 형벌·전쟁 등의 공·사 양법에 걸친 법적 규범도 포함하는 상당히 포괄적인 내용을 담고 있다.413) 이렇듯 샤리아는 특수한 사람에게 한정되는 것이 아니라 미성년자 등 일부를 제외하고 원칙

---

411) 순나에는 예언자가 다른 사람들의 행동, 판단 및 관행에 대해 이의를 제기할 수 있는 일반상황에서 무엇을 인정했고 무엇을 허락했으며, 언제 용서했는가 등의 내용이 담겨 있다. 아울러 예언자가 스스로 무엇을 삼가했고 불가하다고 했는지의 내용이 담겨 있다.
412) 자카트(زكاة)는 이슬람 교도의 기본적인 의무 중 하나로서, 경건의 징표로 하는 희사(喜捨; 기부)를 말한다.
413) 이슬람의 가족 관계는 가부장제여서 아버지는 딸이 결혼할 때 계약의 권리를 가진다. 부부 관계에서 남편은 한 번에 최대한 4명의 부인과 결혼할 수 있으며 이들을 부양할 의무가 있다. 부인은 가정 문제나 사회 문제에 있어서 남편에게 복종할 의무가 있다. 남편이 이혼을 원할 경우 비교적 용이하게 할 수 있으나 아내가 원할 경우는 훨씬 까다로웠다.

적으로 공동체 성원 모두에게 동등하게 적용되는 규범이다.414)

고대 아라비아에서는 범죄를 일종의 부정한 행위라고 보았고, 이 부정을 씻는 것이 형벌이라고 생각했다. 따라서 형벌을 받는 것은 청정화(淸淨化)를 의미하였다.415) 이슬람법에서 형벌은 크게 끼싸쓰(qiṣāṣ)·핫드(ḥadd)·타지르(ta'zir)의 세 가지로 나눠진다. 먼저, 끼싸쓰(qiṣāṣ)란 보복을 의미한다. 살인이나 상해의 경우가 이에 해당된다. 이슬람 이전에는 보복(報復; 복수)도 무제한으로 행할 수 있었으나, 이슬람 시대에는 코란의 규정에 따라 피해와 같은 정도의 보복으로 바뀌었다.416) 아울러 같은 정도의 보복을 행하는 대신에 피의 대가, 즉 일종의 배상금을 지불함으로써 책임을 지는 것을 인정하였다.417) 배상 시 그 지불은 가축(낙타를 원칙으로 함)이나 현금으로 하며, 지불액은 성별·종교·신분에 따라 달랐다.418)

핫드(ḥadd)는 사전적 의미로는 '제한'이나 '한계'를 의미하며 법이 엄정하게 제정한 형벌로서 절대적이어서 가감(加減)은 허용되지 않았다. 그 대상

---

414) 샤리아 체계화 후의 새로운 사태에 대처하기 위해서 세속법이 정해지고, 샤리아를 보완하는 관습법들도 널리 이용되었다.
415) 이슬람법에서는, 형벌을 하끄 알라(신의 권리)와 하끄 아다미(인간의 권리)로 구별하였다. 신을 거역한 범죄에 형벌을 과하는 것은 전자(신의 권리)이고, 피해자 또는 그 친족의 요구가 있어서 형벌을 과하는 것은 후자(인간의 권리)라고 보았다.
416) 이러한 보복의 하나로, 어떤 사람이 다른 사람을 고의로 또는 부당하게 살인한 경우, 가해자를 죽이는 권리가 피해자의 상속인에게 주어진다. 다른 하나는 어떤 사람이 다른 사람에게 고의로 또는 부당하게 상해를 가한 경우, 피해자는 자신이 받은 것과 동일한 정도의 상해를 입힐 권리를 받는다. 단, 이 보복은 가해자가 성인이고 충분한 지능을 갖추고 있는 자 또는 가해자와 피해자가 동등한 사람이어야 한다.
417) 어떤 사람이 고의로 또는 부당하게 살해되었는데 피해자 상속인이 보복권을 포기하면 무거운 피의 대가를, 또는 어떤 사람이 우연히 살해되면, 가벼운 피의 대가를 지불해야만 했다.
418) 예를 들면 여자가 살해되면 남자의 반액이다. 또한, 사람을 죽이면 보복을 받거나 피의 대가를 지불하는 것 이외에 한 사람의 신앙심이 깊은 노예를 해방하든지 2개월 간의 단식을 해야만 한다. 상해를 입은 자가 꼭 같은 정도의 보복을 할 권리를 포기하고 피의 대가를 청구하면 가해자는 그것에 따라야만 한다.

은 간통과 간통에 따른 중상(中傷; 근거 없는 말로 남을 헐뜯어 명예나 지위를 손상시킴)·음주·절도·노상강도 등의 범죄이다. 간통죄를 저지르는 사람의 경우는 돌로 맞던가 채찍질형에 처해지게 된다.419) 중상죄와 음주죄를 지은 사람은 채찍질형이 가해지고, 절도죄를 지은 사람의 경우는420) 손이나 발을 자르게 되는데, 초범(初犯)인 경우에는 오른손을, 재범(再犯)인 경우에는 왼발을, 삼범(三犯)인 경우에는 왼손, 사범(四犯)인 경우에는 오른발을 절단하였다. 노상강도의 경우는 코란에 따라 목매 죽임·창으로 찔러 죽임·손과 발의 절단·국외 추방형 등에 처해 졌다. 절도와 동시에 살인을 하게 되면 사형(참수)에 처해진 후 사체는 일정기간 사람들 눈에 띄도록 전시해 두도록 하였다.

타지르(ta'zir)란 징계·교정을 말한다. 코란에 명문(明文)으로 규정되어 있지는 않으며 재판관이 다양한 시각에서 객관적으로 판단하고 재량에 의해 가장 적당하다고 생각되는 형벌, 즉 견책·재산몰수·추방·투옥·채찍질 등에 처해지게 된다. 대상이 되는 범죄는 문서위조·사기·위증·공갈 등이다.

## III. 중세시대 유럽의 법사상 및 재판제도

### 1. 중세시대 법사상 및 법사상가

중세(Middle Ages)는 유럽 역사에서 서로마 제국이 멸망(476)하고 게르

---

419) 온전한 자유인인 이슬람교도로서 합법적인 혼인을 한 사람이 이 죄를 저지르면 돌로 치는 형벌이, 미성년자일 경우는 채찍질형이 가해진다.
420) 절도죄는 훔친 물건이 일정한 가격이 나가고 또한 온전하게 보관되어 있을 경우에 성립한다. 그러나 범인이 미성년자·정신병자라면 형벌은 적용되지 않는다.

만 민족의 대이동(4~6세기)이 있었던 5세기부터 르네상스(Renaissance 14~16세기)와[421] 더불어 근세(15~18세기)가 시작되기까지의 5세기부터 15세기까지의 시기이다. 좀 더 구체적으로 말하면 시기적으로 476년에서 1453년까지의 약 천년의 시기로 보는 것이 일반적인 견해이다.[422] 이 시기를 대표하는 법이라 할 수 있는 것이 캐논(Canon)법이다. 캐논법(교회법)은 가톨릭교회의 법으로, 종교회의의 결의나 법왕의 명령 등으로 이루어졌고 교회재판소에서 적용되었다.[423] 중세에는 모든 정치·경제·사회·문화가 기독교를 중심으로 하여 이루어졌으며, 오랜 동안의 기독교 지배에 의하여 국가(國家)나 법질서(法秩序)에서도 교황과 국왕의 대립 속에서 종교적인 교황권이 세속적인 왕권에 우월한 것으로 인정되었다.[424]

법사상도 마찬가지여서 중세의 법사상은 기독교(基督敎) 법사상으로 지칭된다.[425] 중세의 법사상은 기독교의 영향으로 자연법론(自然法論)이 강

---

[421] 르네상스(Renaissance)의 사전적 의미는 학문 또는 예술의 재생·부활이라는 의미로서, 14~16세기에 걸쳐 이탈리아를 중심으로 하여 전개된 문화운동. 즉 고대의 그리스·로마 문화를 이상으로 하여 이들을 부흥시킴으로써 새로운 문화를 창출해 내려는 운동을 일컫는다. 사상·문학·미술·건축 등 다방면에 걸쳐 진행되었다. 어원은 프랑스어 renaissance, 이탈리아어의 rina scenza, rinas cimento에서 찾을 수 있다.
[422] 476년은 서로마 제국이 멸망한 때이고, 1453년은 동로마 제국, 즉 비잔티움 제국이 멸망한 때이다.
[423] 15, 16세기에 걸쳐 독일에 로마법이 계수된 후에는 로마법이 압도적으로 행하여지게 되었다. 그러나 게르만법은 각 지방에 남아 있어 로마법에 우선하여 적용되었고 시간이 지나면서 로마법과 게르만법 사이에 어느 정도의 융합을 가져오게 되었다. 독일에서는 로마법의 계수와 거의 같은 시기에 독일의 세속재판소(世俗裁判所)에서도 캐논법이 적용되었다(캐논법의 계수). 그리스도 교국의 법률 중에는 현재에도 캐논법의 영향을 받은 것이 있는데, 이혼을 금지하고 있는 것을 그 예로 들 수 있다. 현재 시행되어 가톨릭교도를 구속하고 있는 가톨릭교회의 법으로는 1917년에 공포된 캐논 법전을 들 수 있다; http://terms.naver.com/entry.nhn?docId= 458309&cid=42131&categoryId=42131(한국학중앙연구원, 한국민족문화대백과).
[424] 김상용, 서양법사와 법정책, 245면 이하.
[425] 스콜라철학은 그리스도교의 교의를 학문적으로 체계화하려는 철학으로 기독교 신앙을 이성적인 사유를 통하여 논증하고 이해하려 했던 중세 철학 사조이다.

조되었는데, 그 대표적인 학자로서는 아우구스티누스(Augustinus) · 그라티안(Gratian) · 토마스 아퀴나스(Thomas Aquinas) · 오캄(Ockham) 그리고 루터(M. Luther)를 들 수 있다. 먼저, 아우구스티누스(Augustinus)는 스토아학파의 영향을 받았으며 법을 영구법(永久法; 창조된 질서의 법) · 자연법〈自然法; 인간의 의식에 의한 영구법의 모사(模寫)〉· 속세법〈俗世法; 입법자에 의한 특정시대의 요구와 금지에 대한 실정법(實定法)〉으로 구분하였다.426)

둘째로는, 그라티안(Gratian; Decretum)인데, 교회법법전(敎會法法典)과 성서에 포함된 자연법은 모든 법에 우월하고 불가침이므로 그에 저촉되는 다른 법은 무효라고 하였다.

셋째로는, 토마스 아퀴나스(Thomas Aquinas)로서 그는 그라티안의 자연법론을 확고하게 하였고 전통적인 영구법(永久法; 우주를 창조하고 지배하는 신(神)의 지혜로운 이성 그 자체로서 만물의 존재법칙과 활동목적을 말함) · 자연법(自然法; 영구법의 일부로서 인간의 이성적 판단에 의하여 발견되는 법) · 인정법(人定法; 인간에 의하여 정립된 자연법의 구체적 적용)의 구별을 이어받았다.427) 토마스 아퀴나스는 영구법이 어디에서 나온 것인지에 대해 주지적(主知的), 즉 이성 · 지성 · 합리성 따위를 중히 여기는 입장을 분명히 하였다

넷째로는, 오캄(Ockham)을 들 수 있다. 오캄(Ockham)은 실제로 존재하는 보편적 자연법칙은 없으며, 자연법론도 단지 이론 정립을 위한 것이라는 유명론(唯名論)을 주장하였다.

---

'스콜라 주의(Scholasticism)'라는 넓은 의미의 명칭으로 불리기도 하며, 대체로 그 시기를 800년경부터 넓게는 16, 17세기까지로 본다. 에리우게나, 안셀무스, 아벨라르, 알베르투스 마그누스, 토마스 아퀴나스, 로저 베이컨, 윌리엄 오컴 등이 대표적 학자이다.
426) 아우구스티누스(Augustinus)는 영구법에 의하여 지지를 받을 수 없는 부당한 실정법은 법이 아니라고 보았다.
427) 때문에 토마스 아퀴나스(Thomas Aquinas)는 자연법(自然法)에 어긋나는 인정법(人定法)은 썩은 법이기에 그 효력을 가질 수 없다고 하였다.

마지막으로는 루터(Luther)이다. 루터(Luther)는 영구법과 인정법 사이에는 어떠한 법적 연결도 없다고 보았다. 아울러 인간이 국가권력에 어느 정도 복종하여야 하는가 하는 저항권(抵抗權)의 문제를 제기하였다.

<교회법 상의 법리>
"병자는 단식 계명을 지킬 필요가 없다"
(Kranke brauchten sich nicht, an Fastengebote zu halten)

"의심스러울 때에는 피고인의 이익으로"
(in dubio pro reo)

## 2. 중세 시대 유럽의 재판제도

"뜨거운 물에 의한 시련·불에 의한 시련·끓는 기름에 의한 시련
독에 의한 시련·섭식(빵)에 의한 시련"

'마녀재판 또는 마녀사냥'

중세시대 유럽은 왕권보다는 교황권이 득세하던 시기였기에 교회재판소가 중요한 의미를 갖는다. 본래 교회재판소는 성직자들 간의 논쟁이나 성직자들 혹은 평신도들이 관계된 신앙문제를 다루기 위하여 종교단체가 세운 재판소를 말한다. 창설 초기의 교회재판소의 권한은 신앙적인 문제나 교회재산 처리 등에 대해서만 취급하도록 엄격하게 제한되었으나, 중세 이후 교황수위권(敎皇首位權)의[428] 대두 등으로 교회의 권한이 더욱 커지자

---

428) 교황수위권이란 가톨릭에서 교황이 전체 교회의 우두머리로서 전체 가톨릭 교

결혼·이혼·미망인·고아 등 세속의 일반적인 사항에도 그 관할권을 행사하게 되었다. 특히 혼인과 관련된 사항을 포함하는 성사(聖事) 문제들에 대한 사법권과 유언에 관련된 소송에 대하여도 독점적인 재판권을 갖고 있었다. 16세기경부터는 원칙적으로는 세속재판소로서의 역할을 하지 않게 되었다.

중세시대의 종교재판소는 12세기부터 운영되었는데 카톨릭사에서 가장 어두웠던 과거로 상징된다. 이단 및 도덕적 범죄 등을 단죄하기 위해 세워진 종교재판소는 참회를 받아내기 위해 고문을 서슴지 않았고 수많은 사람들을 죽음으로 내몰았다. 종교개혁시대는 공포의 대상으로 그 악명이 높았는데 교황 바오로 3세가 1542년 설립한 종교재판소는 사상가인 지오르다노 브루노(1548~1600)를 이단으로 몰아 화형에 처하기도 하였다. 또한 지동설을 주장했던 수학자 갈릴레오 갈릴레이도 종교재판에서 잘못을 시인한 뒤 "그래도 지구는 돈다(Eppur si muove)"라는 명언을 남기기도 하였다.[429]

유럽 중세시대의 재판으로서 시련재판(試練裁判; trial by ordeal) 또는 시죄법(試罪法)이 있었는데, 이는 신의 뜻에 따른 재판이라 하여 신명재판(神明裁判)이라고도 하였다. 물·불·독 등을 써서 피고에게 육체적 고통이나 시련을 가하고, 그 결과에 따라 죄의 유무를 판단하는 재판방법인데, 이러한 재판을 거부하는 경우에는 유죄로 확정되었다. 시련 재판은 중세 이후에는 배심원 재판으로 대체되었다.[430]

---

회와 신도들에 대해 가지는 권한을 말한다.
429) 16세기에 종교재판소는 수많은 사람을 이단으로 몰아 처형하였는데, 스페인의 경우 1540부터 1700년 사이에 44,700명을 이단으로 몰아 그중 1.8%인 806명을 화형에 처하기도 하였다; 동아일보 1998년 10월 31일 자 9면.
430) 중세시대에 교회재판소는 로마의 최고 교회재판소를 중심으로 통일적으로 운영되어 세속적인 문제까지 재판하였고, 규문주의(糾問主義)를 채용하여 유럽의 소송절차에 큰 영향을 끼쳤다.

시련재판을 유형 별로 살펴보면, 먼저 뜨거운 물에 의한 시련을 들 수 있다. 피고에게 가마솥의 끓는 물에서 돌 하나를 집어내도록 하고 붕대로 감은 뒤 3일이 지난 다음 화상 여부를 조사하여 그 유무에 의해 결론을 내렸다. 차가운 물에 의한 시련에서는, 피고가 양손을 묶고 미리 축성(祝聖)된 물속에 들어가는데 피고가 물위로 떠오르면 유죄, 피고가 완전히 물속에 잠기면 무죄로 인정되었다. 무죄로 된다는 것은 그대로 익사하였음을 말하는 것이고, 만약 떠올라 익사를 면한 경우라면 이는 유죄로 되어 교수형이나 화형에 처해졌다.

불에 의한 시련은 길을 불로 뒤덮고 피고로 하여금 그 위를 걷게 한 뒤, 살아남으면 무죄, 죽으면 유죄로 하였다.[431] 유사한 방법으로 뜨거운 쇠를 맨손으로 들고 일정한 거리를 걷거나 땅에 깔아 놓은 쟁기 9개 위를 맨발로 걸어도 다치지 않은 자가 이기도록 하는 방법도 있었다.

끓는 기름에 의한 시련은 펄펄 끓는 기름에 돌이나 반지 등의 물체를 넣고 손 등 신체의 일부를 집어 넣어 그 물체를 꺼내게 한 뒤, 상태가 온전하면 무죄로, 화상을 입거나 상태가 온전치 못하다면 유죄로 인정하였다.

독에 의한 시련은 칼라바르 콩(Physostigma berenosum; 알칼로이드의[432] 독을 가짐)의 추출액을 먹여 살아남으면 무죄로, 이상이 있으면 유죄가 되었다.

섭식(빵)에 의한 시련은 마른 빵을 먹고 목으로 무사히 넘기면 무죄, 토하

---

431) 1차 십자군전쟁 시 롱기누스의 창의 진위 여부를 놓고 피에르 바르톨로뮤는 불의 심판을 받게 되었는데 결국 화상으로 인해 죽고 말았다. 이는 결국 십자군 내의 분열로 이어졌다. '롱기누스의 창'은 성스러운 창을 의미하는데, 롱기누스라는 말은 성서에 기록된 '십자가에 매달린 예수의 옆구리를 창으로 찌른 로마 병사'의 이름이라고도 하고, 또 '창'을 의미하는 그리스어 '롱케'에서 온 말이라고 하기도 한다; http://terms.naver.com/ entry.nhn?docId=1697707&cid=41871&categoryId=41871(한국학중앙연구원, 한국민족문화대백과).
432) 알칼로이드는 질소를 포함하고 있는 염기성이며 대부분은 비교적 소량으로도 사람이나 동물에 현저한 약리작용을 나타내는 유기화합물을 말한다.

거나 목에 걸리면 유죄가 되었다. 섭식의 시련은 위의 경우와는 반대로 최고 위계급인 사제층이 자신들의 무죄를 입증하기 위한 수단으로 악용하였다.

결투재판은 원고와 피고에게 창과 방패를 주고 둘 중에 하나가 죽을 때까지 싸우게 해서 죽는 사람을 유죄로 하여 그 자를 교수대에 매닮으로써 끝내는 방법이다. 원고나 피고가 대신 싸워줄 사람을 돈으로 구하는 것도 가능했다.

또 다른 방법으로서, 제비를 뽑아 죄를 가리는 방법·원고와 피고가 십자가 앞에 서서 양팔을 수평으로 들게 하고 먼저 팔을 내리는 자가 지는 것으로 하는 방법·살인 용의자를 피해자의 관 옆에 세워서 피해자의 상처에서 피가 흘러나오면 범인으로 인정하는 방법 등이 있었다.

중세(14세기~17세기)에 유럽의 여러 나라와 교회가 이단자를 마녀로 판결하여 화형에 처하던 일이 있었는데 이를 '마녀재판' 또는 '마녀사냥'이라고 한다. 특히 16세기에는 종교개혁을 둘러싼 대립이 심각화 되면서 마녀에 대한 흉악한 소추(訴追)가 급증했다. 마녀재판에서 많이 등장한 것이 바로 시련에 의한 재판방법이었다. 마녀재판은 다음과 같이 진행되었는데, 먼저 피의자인 여성은 요술을 부리지 못하도록 알몸이 되어 옥에 갇혔다. 재판관은 자백을 강요하고, 그에 따르지 않는 경우에는 망으로 묶어서 고문을 가하는 식이었다. 고문에 의한 허위 자백이나 풍설에 의한 증언, 재판관에 의한 유도심문에 의해서 이단재판법정에서 유죄를 선고받게 되면 유죄인 마녀는 화형에 처해졌는데 이로 인해 많은 여성이 희생되었다. 당시에 많은 사람들이 밀고(密告)의 공포에 떨었고, 타인에게 무고(誣告)의 죄를 덮어씌우는 것이 성행하기도 하였다.

## 기요틴(Guillotine)의 탄생

프랑스에서의 프랑스 혁명 전까지의 처형 방법은 매우 잔혹한 것으로 알려지고 있는데 죽기 직전까지 고문을 가하기도 하였고, 처형방법도 화형(火刑)이나 사지(四肢)를 찢어 죽이는 거열형(居烈刑) 등이었다. 당시 참수형은 귀족의 특권이었는데 이를 일반인에게도 적용하여 참수형에 처할 일반 죄수들이 고통없이 처형될 수 있어야 한다는 기요틴(J. Guillotine)의 주장이 관철되어 기요틴이라는 기계(단두대)를 사용한 처형방법이 제도화 된 것이다(1792년 4월 25일 처음으로 사형도구로 쓰임).

그러나 기요틴이 프랑스에서 처음 사용된 것은 아니었고 13세기에 이탈리아에서도 사용되었고, 16세기 스코틀랜드에서는 '메이든(Maiden)'이라 불리는 단두대가 사용되었다.

단두대는 들보와 두 기둥으로 구성되었는데, 칼날은 사선으로 되어 있으며 칼 등을 무겁게 만들어 집행인이 밧줄을 끊게 되면 칼이 떨어져 목을 자르게 되는 구조이다. 국왕 루이 16세와 마리 앙투아네트 그리고 공포정치로 유명한 로베스 피에르 등이 단두대의 제물이 되었다.

1977년까지 쓰여지다가 1981년 9월 프랑스가 사형제도를 폐지한 이후 자취를 감추게 되었다.

## Ⅳ. 바이킹의 법

바이킹족(Viking; 8세기 말~11세기 초)은 해상으로부터 유럽과 러시아 등에 침입한 노르만족(북게르만족)을 말한다. 공포의 해적과 야만족으로 알려진 바이킹족이 오늘날의 법치(法治)를 당시에 실천하였다는 사실은 가희 놀랄만 하다. 바이킹족의 법(法)에 대한 관점은 법을 관념적 이상(理想)이나 정의(正義)를 구현하는 수단으로 보지 않고 공동체를 유지하는 질서로 여겼고, 또한 법을 주인이 아닌 노예로 여겼다. 그들은 법을 집행함에 있어 증거(證據)와 증인(證人)을 중하게 여겼고, 실용적 측면을 강조하였다.

당시의 재판은 추장이 주재하는 주민회의에서 행하여졌다. 바이킹족에게 있어 법치(法治)의 중요한 기준은 선(善)·악(惡)의 여부보다는 명예와 수치심에 두었다. 즉 범죄 당시에 정당한 행위가 있었는가 하는 것이 유·무죄를 판단하는 데 중요한 잣대가 되었던 것이다.

당시의 범죄 유형으로는 살인죄·절도죄·강도죄 등이 있었던 것으로 보인다. 살인죄(殺人罪)에 대한 처벌은 다양하게 이루어졌다. 살인자가 일정한 시한(時限) 내에 자수할 경우에는 정상을 참작하였다.433) 살인을 한 뒤 적절한 조치를 취하였을 경우엔 피살자 가족에 대한 배상을 하는 조건으로 사형(死刑)을 면해주기도 하였다. 그러나 살인을 하고도 신고하지 않거나 밤에 몰래 죽이는 행위는 용서하지 않았다. 즉 누군가가 죽어가는 것을 보고도 가족에게 알리지 않은 경우는 살인죄에 준하여 처벌하였다. 여럿이 모인 장소에서 살인이 일어났을 경우 거기에 참석했던 모든 자들은 가해자

---

433) 바이킹 법에서는 살인자는 살인을 한 뒤 만나는 첫 번째 사람에게나 세 집을 지나치기 전에 자수를 해야 한다고 규정하였다.

를 체포해야 할 의무가 있었고, 그런 의무를 다하지 않은 자는 살해당한 자의 유족들에게 배상하지 않으면 안 되었다.

  절도범을 죽인 경우에는 죄가 되지 않지만 강도를 죽여서는 안 되었다. 절도는 피해자 몰래 행하여지지만, 강도는 당사자의 면전(面前)에서 행해지게 되므로 최소한의 방어 수단은 보장되었다고 보았기 때문이다. 사소한 절도범에 대한 처벌은 절도범을 통로로 지나가게 해놓고 마을사람들이 돌을 던지는 방식이었다. 여기에 참가하지 않는 주민에겐 벌금을 물렸는데, 이는 범죄자에 대한 처벌을 공동체의 의무로 규정하였기 때문이다.

  바이킹 족의 독특한 행형 방식으로서 '피의 독수리'라는 사형(死刑) 집행의식이 있었는데, 이는 왕이나 주교 또는 추장과 같은 자가 중죄(重罪)를 범했을 때 적용하였다.[434] 집행의식은, 먼저 사형수의 등을 칼로 갈라 가죽을 벗기고 등뼈를 드러내도록 한다. 그리고는 갈비뼈를 부러뜨려 날개처럼 펼치고 상처에는 소금을 뿌렸다. 마지막으로 허파를 등 뒤로 잡아 당겨 어깨 위에 얹어 놓는다. 이 모습이 독수리와 비슷했던 것으로 보인다. 이 과정에서 사형수는 비명을 질러서는 안 되었는데, 소리를 내지 않고 버티면서 죽어야만이 바이킹 신화에 나오는 오딘 신(神)을 만날 수 있다고 믿었다. 한번이라도 소리를 질렀다가는 사후(死後)에 좋은 곳으로 갈 수 없다고 믿었다.[435]

---

[434] 잉글랜드의 노섬브리아 왕과 캔터베리 대주교 그리고 노르웨이의 왕자 등이 이를 통해 죽었다고 전해진다.
[435] http://chogabje.com/board/view.asp?C_IDX=57196&C_CC=BJ.

# 제6장 조선의 법이야기

## 제1. 개 관

　조선은 1392년 이성계가 고려를 멸망시키고 건국한 나라이다. 그 중심에는 신진사대부와 무인 계급이 위치하는데, 이들은 성리학을 국시(國是)로 하여 새로운 세계를 열고자 하였다. 그렇기에 성리학은 정치적 통치이념으로서 뿐 아니라 일반 실생활에서도 법질서를 유지하는 데에 있어서 또한 법문화를 성립·발전시키는 데 기본적인 틀을 제시하였다.

　조선의 법제는 건국 초부터의 법전의 편찬과 밀접한 관련성을 갖는다. 태조 이성계가 법치주의를 강조하면서 건국이념 및 통치이념을 담은 법전(法典)의 중요성이 강조되었다. 때문에 조선경국전(朝鮮經國典)·경국대전(經國大典)·속대전(續大典)·대전통편(大典通編) 그리고 대전회통(大典會通) 등의 법전의 편찬이 왕성하게 이루어졌다.

　조선시대에는 전·후기 시기를 걸쳐 다양한 법사상 및 법사상가들이 출현하게 된다. 이는 아마도 성리학의 영향이 컸을 것으로 보여지는데, 민본주의·흠휼사상 등은 일박 백성들에 대한 애민정신의 발로일 것이다.

　조선시대 법문화의 특징 중 하나가 바로 관찬 법률의 제정뿐만 아니라 민간에서 생성·발전된 민중법의 성립과 발전이다. 즉 향약·두레·서원 등에 의해 민중법은 실생활에서 조선에서의 일반에서의 규범질서를 정립하는 데 크게 기여하였다.

　조선시대에는 사법과 행정의 분리가 이루어지지 않았고 민사와 형사사건의 구별도 없었다. 그러나 나름의 사법 및 재판시스템을 발전시켜왔다. 재판의 담당은 중앙에서는 호조를 비롯하여 장예원·한성부 등에서 맡았고,

지방의 경우는 각 수령들에 의해서 행하여졌다. 재판에 불복하는 경우를 대비해 상소제도를 갖추는 등 나름의 합리적인 재판시스템이 존재하였다. 그리고 범죄 수사를 위해 오늘날의 경찰에 해당하는 포도청이 있었다. 특히 수사절차에서 이루어지는 검시절차는 오늘날의 그것에 견주어도 뒤지지 않은 정도로 과학적이고 합리적인 방법들이 쓰여졌다. 재판에서의 판단 또한 증거에 근거하여 이루어졌고 그 절차 역시 매우 합리적이었다.

조선 시대의 형벌은 태(笞)·장(杖)·도(徒)·유(流)·사(死)의 5가지가 주된 형벌이었으며, 부가형도 있었다. 아울러 다양한 종류의 고신(拷訊; 고문)도 행하여졌다. 그런데 10악죄(十惡罪)라 하여 특정 범죄의 경우에는 엄히 처벌하는 제도가 있었고, 8의(八議)라고 하여 특정 신분의 자에 대해서는 그 형을 감면하는 제도를 두었던 것이 특징이라 하겠다.

조선 사회는 특히 신분을 중요시 하는 사회였기에 양반과 상민 그리고 노비가 뒤엉켜 소송을 하는 것에 대해 왕은 물론 관리 및 일반 백성들도 매우 부정적인 시각을 가지고 있었다. 때문에 소송이 없는 사회를 이상적인 사회로 여겼다. 그러나 일단 시작되면 끝을 보는 성향이 강하였다. 조선에서 행하여졌던 당시의 토지·노비·상속 등 다양한 생활관계 속에서 발생하는 분쟁을 해결하는 모습은 오늘날의 그것과 그리 달라 보이지 않는다.[436]

---

[436] '제6장 조선의 법이야기'의 상당 부분은 본인이 저술한 책(류승훈, 조선의 법이야기, 한국학술정보, 2010)을 참고 및 인용하여 저술한 것임을 밝혀 둔다(이하에서는 문헌의 인용은 따로 하지 않음을 밝혀둔다).

## 제2. 법제도 및 법문화

### I. 법의식 및 법문화의 특징

### 1. 개 관

조선은 유교를 통치이념으로 하여 건국된 나라이다. 그러나 그 이전의 시기는 1000여 년간 불교가 지속되어 일반 백성들의 의식구조와 행위는 불교에 의해 지배되었기에 불교적 습속이 생활 근저에 깊이 배어있었다. 따라서 성리학적 이상국가를 실현하고자 하는 건국 초기의 이상을 실현하는 데는 그 만큼 태생적으로 한계를 안고 있었다. 이로 인해 민간에 뿌리박혀 있는 샤머니즘과 결합된 전통적인 불교적 문화의식은 통치자들의 새로운 유교적 질서체계와 마찰을 초래하게 되었다. 이러한 마찰 및 갈등은 수백 년이 지나 조선에 성리학이 자리잡게 되면서 불식케 된다.

"예(禮)는 상민(常民)에까지 내려가지 않으며,
형벌(刑罰)은 군자(君子)에까지 올라가지 않는다"

성리학이 사회 전반에 자리잡아 가게 되면서 성리학자들에 의해 주도된 '향약(鄕約)'이 전국적으로 뿌리를 내리게 되었고,[437] 점차 '예(禮)'를 중시하는 성리학적 규범관 내지 규범문화가 자리잡게 되었다. 조선의 법문화는 이렇듯 오랜 기간 일반백성이 성리학적 규범문화에 길들여지게 된 기저 하

---

[437] '향약(鄕約)'은 조선시대 향촌의 자치규약으로서, 전국 각 지역의 사소한 범법행위는 이를 통해 자체적으로 처리되었다. 이는 공적인 형사절차를 대신하는, 즉 국가권력에 의해 사형(私刑)이 공인되는 의미를 갖게 되었다.

에서 도덕적 예규범(禮規範) 질서를 주(主)로 하고 법질서(法秩序)가 이를 보완하는 형태를 지니는 것을 그 특징으로 한다(주예종법 主禮從法).438) 당시에는 일반 백성들이 성리학적 규범문화를 절대적 가치로 추구하던 시기였기에 법에 의해 처벌을 받는 것은 물론이고 사건에 연루되어 법정에 서는 것 자체도 불명예 내지 수치로 여기는 문화를 만들었다. "예(禮)는 상민(常民)에까지 내려가지 않으며, 형벌(刑罰)은 군자(君子)에까지 올라가지 않는다"는 문구가 이를 대변하는데, 법은 양반이 아닌 사회적 계층이 낮은 상민에게 적용되는 것으로 보아 사회규범으로서의 법의 기능을 경시하였다. 또한 법에 의해 규율되는 것을 인간관계가 깨뜨려지는 것으로 받아들이는 정서가 지배적이었다. 따라서 진정한 인간세상의 구현을 가치로 하여 이를 추구했던 일반 백성들의 생활 속에서는 한 치의 오차도 없는 딱딱한 법의 적용 그리고 그에 따른 각박한 현실은 받아들이기 어려운 대상이었을 것이다.

## 2. 소송제도를 통해서 본 법의식 내지 법감정

"아산(牙山)이 깨어지나, 평택(平澤)이 무너지나,
백두산(白頭山)이 무너지나, 동해수(東海水) 메워지나"

"천리에 방황하는 일이 없도록 바랍니다",

"피를 통하는 원통함을 면하도록 해주소서"

조선시대에는 개인의 인격을 기초로 하는 덕치주의를 기반으로 하였기에

---

438) 분쟁 발생으로 인해 이를 해결함에 있어 조선 역시 대부분의 사건을 고려시대와 마찬가지로 관습법에 의해 처리하였다. 즉 법적 판단을 함에 있어 반드시 성문의 법전을 근거로 하여야 한다는 인식이 일반화되지 아니하였고, 전통적 관례와 경전 그리고 예제(禮制)에서 사건해결의 기준이 제시되고 이를 통해 해결되지 않는 부분에 대해서 법전이 적용되는 불문법 중심의 시스템이었다.

재판에 있어서도 객관적인 기준인 법률에 의존하기보다는 재판을 하는 자의 구체적인 타당성의 인식에 중점을 두게 되어 점차 인치주의(人治主義)에로 흐르게 되었다. 그 결과 재판의 절차가 법으로 규정되어 있기는 했으나 그것이 충실하게 지켜지지 는 못했으며, 권세(權勢)와 금력(金力)에 의해 재판결과가 좌지우지되는 경우가 많았다.439)

그렇다면 당시에는 소송제도의 존재의의를 어디에 두었을까! 조선시대의 소송제도는 분쟁에서 이기고 지느냐의 관점이 아니라 절차의 진행을 통해 자신의 억울함이 풀렸는가의 관점에서 다루어졌던 것으로 보인다. 이는 원고의 소지(所持; 현재의 소장)에서 잘 드러나고 있다.

소지의 첫머리에는, 소를 제기하는 이유를 구체적으로 열거하기에 앞서,

'지극히 원통한 일은',

'분하고 원통한 일은'에서 시작하여,

말미에는,

"소리 높여 바라옵니다",

"불쌍한 백성이 억울한 일이 없도록 바랍니다",

"천리에 방황하는 일이 없도록 바랍니다",

"피를 토하는 원통함을 면하도록 해주소서"로 끝을 맺고 있다.

즉 소송에서 시시비비의 가림 그 자체를 지향하는 것이 아니라 이를 통해 억울함을 푸는 것을 이상(理想)으로 여겼던 것이다.440)

또한 소송이 일단 관청에 제기되면 이미 그 때부터는 관련 당사자 간의 인간관계가 파탄된 것으로 보아야 했다. 일반 백성들의 입장에서는 법 및 그 연장으로서의 소송 그 자체가 꺼려지는 대상이었고, 그와 연루된 당사

---

439) 서원우, 한국법의 이해, 서울: 두성사, 1996, 7면.
440) 임상혁, 조선전기 민사소송과 소송이론의 전개. 서울대 대학원 박사학위논문. 2000, 160면.

자들은 서로 원수가 되었다. 따라서 사람을 지칭하는 경우에도 지체가 비등(比等)하거나 낮을 경우에는 성이나 이름 밑에 '漢(놈)' 자를 붙여 '아무게란 놈이' 와 같이 표현하며 서로 상대방의 약점 내지 흠을 들추었는데, 본인뿐 아니라 그 조상·가문에 이르기까지 헐뜯는 것이 예사였다.441)

다음의 소지 내용이 이를 잘 확인해 주고 있다.

"제가 지극히 원통한 일은 … 김00란 놈이 본래 간사하고 멋대로 처신하는 자이며 나의 조부가 늙고 병들어 있음을 업신여기고 또한 내가 나이 어리고 외로운 것을 말보고 업신여겨 … 하였으니

…… (중략) ……

…… 하여 주심으로써 이 세력 없는 불쌍한 백성이 살아갈 수 있도록 해 주소서"와 같은 투이다.

이렇듯 극단적인 관계로까지 치닫게 된 또 다른 원인으로서 당사자와 관사(官司; 관아) 사이에서 이러한 다툼을 중재할 수 있는 적절한 제도나 관습이 없었음을 들 수 있다. 이로 인해 결국 분쟁이 극단적인 파탄관계로까지 이어졌을 것으로 보인다.

분쟁의 당사자는 송사는 패가망신이라는 것을 알면서도 "아산(牙山)이 깨어지나, 평택(平澤)이 무너지나"·"백두산(白頭山)이 무너지나, 동해수(東海水) 메워지나"하며 한번 끝까지 해보자 할 정도로 벼르곤 하였다. 겉으로 드러난 이러한 현상, 즉 거의 모든 권리분쟁이 소송으로 제기되는 외관만을 보고 구한말 개화기에 우리나라에 들어 왔던 일본인 재판보좌관들이

---

441) 박병호, 한국의 전통사회와 법. 서울; 서울대학교 출판부. 1985, 252~253면.

"한국인은 권리의식이 매우 높다"라고 평가하였다는 우스개 소리도 전해지고 있다.442)

그렇다면 조선시대에 왕이나 관료들은 송사(訟事)를 어떠한 시각에서 보았고 이를 어떻게 인식하였을까! 당시의 기록을 통해 송사에 대한 의식과 그에 대한 부작용이 어떠하였는지 살펴보기로 하자.

먼저 송사에 대한 왕과 관리들의 인식에 대해 살펴보면,

호조(戶曹)의 급전사(給田司: 조선 초기에 벼슬아치나 관아에 땅을 나누어주는 일을 맡은 호조에 딸린 관아.)에서,

"고려 왕조의 말기에 기강이 문란하여 전제(田制)가 먼저 무너지니, 권세가 있는 자가 다른 사람의 토지를 빼앗아 합치고, 부자와 형제 간에 서로 송사(訟事)하여 국가와 백성이 모두 어려운 처지에 놓이게 되었습니다."라고 아뢰었다(태조 7; 1398).443)

헌부(憲府; 司憲府)에서 상소하기를,

"형조와 장예원에서 삼촌과 조카 간의 송사(訟事)를 심리하여 판결하였습니다. 이를 그대로 두고서는 풍교(風敎: 교육이나 정치의 힘으로 백성을 착하게 가르침)를 바로잡을 수 없으니, 청컨대 해당 관리와 관청을 함께 엄히 심문하소서."하니, 임금이 그대로 따랐다(숙종 7; 1680).444)

---

442) 박병호, 253면.
443) 태조실록 11, 태조 7년 7월26일(기해) [원전] 1집 130면.
444) 숙종실록 14, 숙종 7년 3월18일 [원전] 38집 524면: 이에 의해 삼촌숙질 간에 송사를 판결하는 한 풍교를 바로잡을 수 없다고 하여 이러한 재판을 담당한 관여자를 처벌하였다.

이조참의(吏曹參議) 조명교가 상소하기를,

"신이 역괘〈易卦: 길흉(吉凶)의 상(象)〉를 가지고 말씀드리겠나이다. 지금의 당론은 곧 주역(周易)의 송사입니다. 송사(訟事)라는 것은 아름다운 일이 아닙니다. 그래서 두려워하는 가운데 분수를 지켜 송사를 끝까지 하지 않는 것이 길(吉)하다고 하였습니다. 또한 엉큼하고 불량하게 일을 행하여 것을 꾸미고 힘이 있음을 믿고 이기기를 요구하면 흉(凶)하다고 하였습니다. 이는 사람들에게 송사하는 일이 없도록 힘쓰고 노력하게 하기 위해 이와 같이 한 것입니다.

신이 지금 가당치도 않은 것을 주장하는 것이 아닙니다. 마음이 굳세어 송사하기를 좋아하는 사람은 번번이 화를 당하는 경우가 많지만, 마음이 온유하여 송사하기를 즐겨하지 않는 사람은 그 때문에 재앙이 있은 적이 없다는 성인의 말씀이 참으로 옳습니다. 만일 송사가 없게 하기를 문왕(文王)이 우(虞)·예(芮)의 임금을 감동시킨 것처럼 한다면 이는 진실로 최상일 것입니다. 그러나 지금은 그렇지 않아서 갑과 을이 서로 다툴 때에 둘 다 옳다고도 하고 둘 다 그르다고도 하며, 때론 갑은 하나가 그르고 을은 셋이 그른데도 이를 구별하지 않고 똑같이 그르다고 합니다. 전후가 똑같은 송사인데도 불구하고 사리의 옳고 그름에 있어 누차 결정이 되어도 확정짓지 못하기 때문에 승자는 기뻐하지 않고 패자도 겸손하게 이를 받아들이지 않습니다"(영조 16; 1739).[445]

시기적으로 차이가 있기는 하나 이러한 관리들의 상소와 왕의 답변에 비추어 볼 때 송사에 대해서 커다란 문제의식을 가졌음은 분명하다. 특히 "송사라는 것은 아름다운 일이 아니며 그래서 두려워하는 가운데 분수를

---

445) 영조실록 52, 영조 16년 8월 5일(계묘) [원전] 42집 677면.

지켜 송사를 끝까지 하지 않는 것이 길(吉)하다고 했고, 음험한 일을 행하여 표면을 꾸미고 강건함을 믿고 이기기를 요구하면 흉(凶)하다고 했다"는 대목은 시사하는 바가 매우 크다. 또한 "마음이 굳세어 송사하기를 좋아하는 사람은 번번이 화를 당하는 경우가 많지만, 유하여 송사하기를 즐겨하지 않는 사람은 그 때문에 재앙이 있은 적이 없으니"라는 내용 역시 송사가 개인적으로나 사회적으로 바람직하지 않음을 잘 표현하고 있다고 할 것이다.

송사로 인한 부작용은 어떠한 모습으로 비추어 졌을까! 기록을 통해 송사의 부작용이 어떠하였는지를 살펴보자.

임금이 정원(政院: 承政院을 일컬음. 임금의 명을 전하고 임금께 아뢰는 일을 맡던 관아)에 이르기를,
"요사이 인심과 풍속이 야박하고 악독해져 혈육(骨肉)간과 친척(親戚)간에도 원수처럼 반목하게 된 것은 반드시 송사하기를 좋아하여 그렇게 된 것인데, 근본이 순박(淳朴)하고 후(厚)해진 다음에야 풍속이 따라서 고쳐지는 것이다.

…… (중략) ……

만일에 감히 송사를 하는 자가 있다면, 이를 이치에 맞지 않은데도 송사하기 좋아하는 죄로 논한다면, 특히 송사를 심리하는 일만 덜리는 것이 아니라 민간의 풍습을 순박하고 후하게 할 수 있을 것이니, 또한 좋지 않겠는가!"(중종 21; 1526).[446]

간원〈諫院/ 司諫院: 삼사(三司)의 하나로서 왕에게 간(諫)하는 역할을 함〉에서 아뢰기를,

"힘이 있는 자는 오로지 남의 농민을 빼앗는 것을 일로 삼고 있습니다. 때론 이치에 맞지 않은데도 송사를 일으키기도 하고 혹 문서를 위조하는 등 갖가지 술책을 다부려 못하는 짓이 없습니다. 그 가운데 심한 자는 허위의 사실을 날조하여 죽을 곳에 빠뜨리기도 하고 혹 관리를 위협하여 헛말을 조작하기도 합니다. 그 때문에, 빼앗긴 자들은 죽음을 면한 것만을 다행으로 여기고 관리들은 일을 늦추어 세월 끄는 것만을 좋은 계책으로 삼아 그 도가 지나침에도 전혀 부끄러워할 줄을 모릅니다."(명종 7; 1551)[447]

대사간(大司諫) 이기양이 아뢰기를,

"형옥(刑獄) 중에 큰 것은 무엇보다도 살옥(殺獄: 살인사건에 대한 옥사)이지만 기타 모든 송사가 사실 다 민생의 고통과 즐거움에 관련되어 있습니다. 따라서 신중을 기해 결정하지 않으면 안 될 것인데 근자에 형조와 서울의 장관들이 자주 바뀌어 서리배의 농간에 좌지우지되므로 뇌물이 공공연하게 행하여져 사리(事理)의 옳고 그름이 밝혀 지지 않습니다. 또한 밖으로는 세력이 큰 감사와 추잡한 수령들이 송사의 심리를 전혀 하지 않거나 혹은 자신의 그때그때의 감정에 따라 판결하므로 사리가 바른 자는 억울해도 풀지 못하고 힘이 강하고 교활한 자는 제 멋대로 설쳐 거리낌이 없습니다. 그리하여 원성이 사방에서 터져 나와 서울과 지방이 다 마찬가지입니다. 이러고서도 백성들이 어찌 원통함이 없겠습니까!"라고 하였다(정조 24; 1799).[448]

---

446) 중종실록 56, 중종 21년 3월14일(정유) [원전] 16집 503면.
447) 명종실록 13, 명종 7년 5월7일(무자) [원전] 20집 85면.
448) 정조실록 54, 정조 24년 5월2일(계미) [원전] 47집 270면.

기록 중에 나타난 송사의 부작용을 예시하는 것으로, 인심과 풍속이 야박하고 악독해져 혈육(骨肉)간과 친척(親戚)간에도 원수처럼 반목하게 된 이유를 송사하기를 좋아하여 그렇게 된 것으로 보았다. 또한 세력이 있는 자가 오로지 남의 토지를 빼앗는 것으로 일을 삼고 있고 때론 이치에 맞지 않은 송사를 일으키기도 하고 혹 문서를 위조하는 등 갖가지 술책을 다부려 못하는 짓이 없다는 지적, 그리고 그 가운데 심한 자는 허위의 사실을 날조하여 죽을 곳에 빠뜨리기도 하고 혹 관리를 위협하여 헛말을 조작하기도 하였다는 내용은 실로 송사의 부작용이 어떠한 지를 단적으로 잘 보여주고 있다.

아울러 빼앗긴 자들은 죽음을 면한 것만을 다행으로 여기고 관리들은 일을 늦추어 세월 끄는 것만을 좋은 계책으로 삼아 날로 심각하게 하면서도 전혀 부끄러워할 줄을 모른다는 내용에서는 송사의 부작용이 송사를 일삼는 자뿐 아니라 관리들에게도 그 책임이 있음을 경고하고 그에 대한 나름의 해결책을 적극적으로 강구하여야 함을 촉구하고 있다.

도리(道理)나 이치(理致)에 어긋난 재판을 좋아한다는 의미로서 비리호송(非理好訟)이란 단어가 자주 등장하는데, 그에 대한 엄중한 대처는 다음의 당시의 기록을 통해 확인해 볼 수 있다.

사간원(司諫院)에서,

"감히 도리에 맞지 않는 것으로 송사한 자는 불목(不睦: 집안끼리 또는 형제끼리 서로 사이가 좋지 아니 함)의 죄로 처벌하여 풍속을 두텁게 하소서."라고 상소하였다. 임금이 이를 보고 정부(政府; 議政府)에 명하기를, "친척끼리 서로 다투는 경우는 의논하여 보고하도록 하는 것이 좋겠다."고 하니, 의정

부에서 아뢰기를 "심히 이치에 합당합니다."며 이를 그대로 따랐다(태종 12; 1403).449)

임금이 형조(刑曹)가 아뢴 전가입거죄조(全家入居罪條: 집안 모두를 평안북도 또는 함경북도 등의 변경으로 옮겨 살게 함)450)를 명하였는데,

"도리에 맞지 않는 이유로 송사(訟事)하기를 좋아하는 자도 변방으로 이주케 함이 마땅하다."고 하였다(중종 19; 1524).451)

임금이 정원(政院)에 이르기를,

"대체로 요즈음 도리에 맞지 않은 것으로 송사하기를 좋아하는 자가 매우 많아져서 옥송을 번거롭게 하고 있다. 증거가 뚜렷한데도 이같이 소송하기를 좋아하는 자가 있으면 법사나 형조에서는 특별히 그 죄를 다스려야 한다"(중종 31; 1536).452)

경연(經筵: 왕에게 유학의 경서를 강론함)에서 동지사(同知事: 종2품의 관직) 유득일이,

"도리에 맞지 않은 송사를 좋아하고 재판관을 모함하고 또한 거짓 호소하는 부류에 대해서는 죄를 뉘우치게 한 뒤에 율문(律文: 형률의 조문)을 자세히 참고하여 죄가 있는 것으로 판정하여 그러한 습관이 반복되지 않도록 나무람으로써 온 나라 백성들이 이를 본받게 하소서."라고 하니, 임금이 이

---

449) 태종실록 24, 태종 12년 12월6일(정사) [원전] 1집 657면.
450) 입거죄조(入居罪條) 중에는 위조한 문기를 가지고 송사한 자는 조상이 한 것일지라도 온 가족을 입거시키며, 문기를 위조하여 간사한 것이 드러난 자 그리고 비리로 송사하기를 좋아하는 자가 이에 해당되었다.
451) 중종실록 51, 중종 19년 7월27일(경인) [원전] 16집 325면.
452) 중종실록 82, 중종 31년 7월14일(정묘) [원전] 17집 669면.

를 그대로 따랐다(숙종 30; 1703).453)

이와 같이 도리나 이치에 맞지 않는 소송을 하기를 좋아하여 이를 사사로이 남용하는 자에 대한 당시의 왕과 관리들의 인식 및 그에 대한 엄중한 처벌은454) 오늘날의 소송화 경향 내지는 소송만능주의에 대한 값진 충고가 될 것이다.

이러한 역사기록 속에 담겨져 있는 당시의 소송에 대한 그리고 소송의 부작용에 대한 인식 내지 문제의식은 현재의 우리의 모습과 그리 다르지 않아 보인다. 일반 백성들의 법의식 내지 법감정은 성리학 등의 영향으로 이론적으로 그리고 논리적으로 따지는 것에 익숙했던 당시의 사회문화적 환경으로부터 많은 영향을 받았다. 아울러 어느 경우에서나 양보하거나 물러서는 것을 패배로 인정하는 정서가 저변에 깔려있었다. 이러한 것들이 현재까지 그 영향을 미쳐 무모한 소의 제기와 양보나 타협에 의해 중도에 소송을 끝내기 보다는 끝까지 해보자는 식의 극단에 이르게 한 근본 이유가 아니었을까!

---

453) 숙종실록 39, 숙종 30년 3월9일(무신) [원전] 40집 74면.
454) 숙종 때 사람 한위겸은 본래 중인 신분으로서 잡직(雜職: 사무를 담당하지 않고 잡무에만 종사하던 관직)을 지낸 자였다. 그런데 한위겸은 의금부(義禁府)가 왕에게 올린 상소에 의해 각별히 엄하게 다루어지도록 명하여졌는데, 그 이유는 한위겸이 도리에 맞지 않는 이유로 송사하기를 좋아하여 이를 업으로 삼았기 때문이었다.

## II. 법제의 변천과 법전의 편찬

### 1. 개 관

조선의 법제에 있어 그 중심에는 왕의 명령과[455] 법전이 있었다. 왕명은 교지(教旨) 혹은 수교(受教)의 형태로 신하들에게 내려져 모든 행정 사무의 기본 지침으로서 기능하였다. 태조 이성계가 법치주의를 강조하면서 건국이념 및 통치이념을 담은 법전(法典)의 중요성이 강조되었는데, 정도전(鄭道傳)의 '조선경국전(朝鮮經國典)'이 그 시초이다. 그 뒤 1388년(고려 우왕 14)부터 1397년(태조 6)까지 반포·실시된 여러 조례(條例)를 조준(趙浚) 등이 편찬한 '경제육전(經濟六典)'이 있었다. '경제육전'에 이어서 1413년(태종 13)에 하륜 등이 '경제육전속전'을, 1428년(세종 10)에 이직(李稷) 등이 '신속육전등록(新續六典謄錄)'을, 1433년(세종 15)에는 황희(黃喜) 등이 '신찬경제속육전(新撰經濟續六典)'을 편찬했으나, 지금은 모두 단편적인 내용만 전해질 뿐이다. 이상의 여러 법전 및 등록은 내용상 서로 중복되거나 또는 서로 상이(相異)한 점이 있어서, 실무자들이 실제 적용하는 데 큰 불편이 있었다. 이에 세조 때 이르러 앞의 여러 법전·등록의 내용을 망라하여 세종 조 이후에 제정·실시된 각종의 조례를 종합한 새로운 법전의 편찬에 착수하여 1471년(성종 2)에 완성한 것이 '경국대전(經國大典)'이다.

'경국대전(經國大典)'은 1474년과 1485년 약간의 개정을 거치긴 하였으나 기본적으로 조선의 기본 법전이 되었다. 그러나 끊임없이 변화해 가는 조선 사회를 규제하기 위해서는 그 내용의 보완이 불가피하였다. 이에 1492년(성종 23)에 '경국대전속록', 1543년(중종 38)에 '경국대전후속록', 1585년

---

[455] 왕명이 형식화된 것을 왕지(王旨) 또는 교지(敎旨)라 하였고 세부사항에 관한 왕명을 전지(傳旨)라 하였다. 각 관아에 하달된 왕명을 수교(受敎)라 하는데, 수교로써 법조화된 것을 조례(條例)·조획(條劃)·조령(條令)이라 하였다.

(선조 18)에 '사송유취(詞訟類聚)', 1698년(숙종 24)에 '수교집록(受敎輯錄)', 1708년에 '전록통고(典錄通考)' 등이 계속 편찬되었다.

그 뒤 1746년(영조 22)에 '경국대전' 이후의 모든 법규를 모아 '속대전(續大典)'을, 1785년(정조 9)에는 '경국대전'과 '속대전', 그리고 그 뒤에 제정된 법규를 모아 '대전통편(大典通編)'을 편찬하였다. 이어 1865년(고종 2)에 '대전통편' 이후 새로 반포·개정된 조례와 각종의 교지(敎旨) 등을 종합하여 마지막 통일법전인 '대전회통(大典會通)'을 편찬하였다.

## 2. 법전(法典) 편찬 작업

'法不可更改'
"국가의 법은 경솔하게 바꾸어서는 안 된다"

조선에서의 법전 편찬은 앞에서도 언급하였듯이 건국이념 및 통치이념을 담은 것이었다. 또한 법불가경개(法不可更改)사상 등 당시의 법사상 내지 법이념을 반영하여 일정한 원칙 하에 편찬되었다.

1) 조선경국전

'조선경국전(朝鮮經國典)'은 1394년(태조 3)에 정도전이 왕에게 지어 올린 사찬(私撰) 법전으로 상·하 2권으로 되어 있다(필사본). 태조 집권 이후 발표한 수교를 모으고, 일부는 정도전 자신이 수정·보완하여 편찬한 것으로 보인다. 이 법전은 후일 '경제육전'·'경국대전' 등 여러 법전의 효시(嚆矢)가 되었다. '경국전(經國典)'이라고도 하며 '삼봉집(三峯集)'(권 7·8)에도 수록되어 있다.

'조선경국전'의 구성을 살펴보면, 먼저 서론에서는 정보위(正寶位)·국호(國號)·정국본(定國本)·세계(世系)·교서(敎書) 등으로 나누어 국가 형성의 기본이 무엇인지에 대한 내용을 담고 있다.

본론은 치전(治典)·부전(賦典)·예전(禮典)·정전(政典)·헌전(憲典)·공전(工典) 등 6전(六典)으로 구성되어 있으며, 각각의 소관업무에 대해 언급하였다. 치전〈이전(吏典)에 해당〉은 군신의 직능과 관리 선발방법을 항목별로 제시하였고, 특히 재상의 역할을 강조하고 있다. 부전〈호전(戶典)에 해당〉은 국가의 수입 및 지출에 대하여, 예전은 외교와 학교를 비롯하여 조회·종묘·사직·문묘·제사·경연·관례·상제·가묘 등 예제(禮制)와 관련하여 규정하였다. 정전〈병전(兵典)에 해당〉은 군제·군기·상벌·숙위·공역·역전 등에 대해 규정하고 있다. 형전〈헌전(憲典)에 해당〉에서는 '대명률'을 사용할 것을, 공전에서는 궁원·창고·병기·성곽·공장제도 등에 관한 사항을 내용으로 담고 있다. 마지막에 정총이 쓴 후서가 있다.

2) 경제육전

'경제육전(經濟六典)'은 1397년(태조 6) 12월 26일 공포·시행되었으며 '경제원육전(經濟元六典)' 또는 '원육전(元六典)'이라고도 불린다. 법령의 정비와 법전 편찬업무를 관장하던 검상조례사(檢詳條例司)에서 영의정 조준의 책임 아래 1388년(우왕 14)부터 1397년(태조 6)까지의 법령과 장차 시행할 법령을 수집·분류하여 편찬하였다.456) 1407년 8월 18일에는 속육전수찬소

---

456) 오늘날 전해오지 않아 그 체재와 내용은 정확히 알 수 없으나, 조선왕조실록에 직·간접으로 인용된 부분이 있는 것으로 보아, 이전·호전·예전·병전·형전·공전의 육전(六典)과 각 전마다 여러 강목(綱目)으로 나누어져 있었던 것으로 보인다. 법조문이 추상화·일반화되어 있지 않고 이미 공포된 원문의 형태 그대로 실었기 때문에 조문의 문장에 이두와 방언이 섞여 있었

(續六典修撰所)를 설치하여 하륜과 이직으로 하여금 '경제육전'을 검토·수정하도록 하여 1412년 4월에 '경제육전원집상절(經濟六典元集詳節)' 3권을 완성하였다. 이후 이를 간결하게 고치고 문장 중의 이두를 빼고 방언은 문어(文語)로 바꾸어 '경제육전원전'이라 이름을 붙여 1413년 2월 30일에 공포·시행하였는데, 이를 '원육전(元六典)' 또는 '원전(元典)'이라고도 한다. 원래의 것은 '이두원육전(吏讀元六典)' 또는 '방언육전(方言六典)'이라고도 하였다.

3) 속육전

'속육전(續六典)'은 태종 때의 '경제육전속전(經濟六典續典)', 세종 때의 '신속육전(新續六典)'과 '신찬경제속육전(新撰經濟續六典)'을 통칭해 부르는 것으로 하륜과 이직 등이 1412년 4월에 '경제육전속집상절(經濟六典續集詳節)'을 수정·편찬한 뒤에 1413년 2월 '속육전'으로 공포·시행하였다.457)
1420년(세종 2)에 조선 건국 뒤의 법령 중, 법전에 누락된 것을 추가보완하였고 이후 1422년 8월에 육전수찬색(六典修撰色)을 설치하였다. 이직·이원·맹사성·허조 등이 편찬 작업을 수행하여 1426년 12월에 원·속육전(元·續六典)과 등록(謄錄)을, 다시 개수를 거쳐 1428년 11월에 '신속육전(新續六典)' 5권과 등록 1권을 완성하였다. 이를 1429년 3월에 인쇄·반포하였는데 이 때 편찬한 등록을 '육전등록(六典謄錄)'이라고 한다.

'신속육전'이 시행된 뒤에도 계속 이를 보완하여 1433년에 '신찬경제속육전'을 등록·인쇄하였으나, 30여 개 조문이 누락된 것이 발견되어 이를 별

---

고, 시행 연월일이 붙어 있는 형태였다.
457) '속육전'에는 1398년(태조 7)부터 1410년경까지의 법령 중 영구히 시행할 것들이 담겨 있다.

도로 인쇄하여 '속육전'의 말미에 첨부하였다. 그러나 이들 '속육전'은 현재 전해져 오지 않고 다만 조문의 일부만이 조선왕조실록에서 부분적으로 인용되고 있다.

4) 경국대전

'경국대전(經國大典)'은 조선 건국 초의 법전인 '경제육전(經濟六典)'의 원전(原典)과 속전(續典), 그리고 그 뒤의 법령을 종합해 만든 조선시대 두 번째 통일 법전이다. 1460년(세조 6) 7월에 먼저 재정·경제의 기본이 되는 '호전(戶典)'과 '호전등록(戶典謄錄)'을 완성하였는데, 이를 '경국대전 호전'이라 한다. 1461년 7월에는 '형전(刑典)'을 완성해 공포·시행했으며, 1466년에는 나머지 '이전(吏典)'·'예전(禮典)'·'병전(兵典)'·'공전(工典)'도 완성하였다. 이후 '호전(戶典)'·'형전(刑典)'도 함께 다시 전면적으로 검토해 1468년 1월 1일부터 시행하기로 결정하였으나 시행하지 못하였다.

성종 즉위 이후 '경국대전'을 다시 수정해 1471년 1월 1일부터 시행하게 되었는데, 이것이 '신묘대전(辛卯大典)'이다. 이를 다시 개수해 1474년 2월 1일부터 시행한 것이 바로 '갑오대전(甲午大典)'이다. 당시 대전에 수록되지 않은 법령으로 시행할 필요가 있는 72개 조문은 따로 속록〈續錄; 원안(原案)에 잇달아 기록하는 것〉을 만들어 함께 시행하였다. 1481년 9월에 다시 재검토할 필요가 있다는 논의가 있어, 감교청(勘校廳)을 설치하고 대전과 속록을 개수해 1485년 1월 1일에 그 시행을 보게 되었는데 이것이 바로 '을사대전(乙巳大典)'이다.458)

---

458) '조종성헌(祖宗成憲)'을 경솔하게 바꿀 수 없다는 의식(法不可輕改)은 조선왕조의 법전체제에도 그대로 반영되고 있다. '조종성헌'인 '경국대전' 이후에 제정된 법령들은 일단 '록(錄)'이라는 법령집에 수록되며, 새로이 법전을 편찬 또는 개수

'경제육전'과 마찬가지로 6분 방식에 따라 '이전(吏典)'·'호전(戶典)'·'예전(禮典)'·'병전(兵典)'·'형전(刑典)'·'공전(工典)'의 순서로 되었고 또 각 전마다 필요한 항목으로 분류해 규정하였다. 조문은 '경제육전'과는 달리 추상화·일반화하였다. '이전(吏典)'에는 통치의 기본이 되는 중앙과 지방의 관제, 관리의 종별, 관리의 임면·사령 등에 관한 사항을, '호전(戶典)'에는 재정·경제에 관련되는 사항으로서 호적제도·조세제도·녹봉·통화·부채·상업·잡업·창고·환곡·조운·어장·염장·토지·가옥·노비·우마의 매매와 입안 그리고 채무의 변제 및 이자율에 관한 사항이 규정되어 있다. '예전(禮典)'에는 문과·무과·잡과 등의 과거와 관리의 의장·외교·제례·상장·묘지·관인·공문서의 서식·상복제도·봉사·입후·혼인 등 친족법 관련 사항이, '병전(兵典)'에는 군제 및 군사에 관한 사항이, '형전(刑典)'에는 형벌·재판·공노비·사노비 및 재산상속에 관한 사항이, '공전(工典)'에는 도로·교량·도량형·식산에 관한 사항이 규정되어 있다.

### 5) 속대전

'속대전(續大典)'은 '경국대전'이 반포·시행된 뒤 260여 년이 지나 편찬에 착수해 약 8년만에 완성되었다(1746; 영조 22). '경국대전'의 시행 뒤 '대전속록(大典續錄)'·'대전후속록(大典後續錄)'이 나오고 연이어 법령이 편찬되었으나 이들 법전과 법령 간에 상호 모순되는 점들이 많아 관리들이 법을 적용함에 있어 혼란을 초래하게 되어 이러한 문제점을 수정·보완하기

---

(改修)할 때에는 '록' 중에서 영구히 시행할만한 규정들을 골라 '전(典)'에 실었다. 따라서 법(法)의 불가경개(不可輕改) 원칙은 원칙적으로 '전'에 부여되었으며, 일단 '전'에 수록된 규정들은 혹 개정되거나 실질적으로 폐지되더라도 '전'에서 삭제될 수 없었다. 이는 '속대전'·'대전통편'·'대전회통'에 이르기까지 확고한 원칙으로 지켜졌다.

위해 속대전을 편찬케 되었다. '경국대전'의 총 213항목 가운데 76항목을 제외한 137항목을 개정·증보하였고 호전·형전 등에 18항목이 새로 추가되었다. 현재 초간본이 규장각도서에 보존되어 있다.

### 6) 대전통편

'대전통편(大典通編)'은 1785년(정조 9) '경국대전'·'속대전' 그리고 그 뒤의 법령을 통합해 편찬한 법전으로 6권 5책으로 되어 있다(목판본). '대전통편'은 '경국대전' 이후 300년 만에 새로이 편찬된 통일 법전이다. 1781년 2월 당시의 법전을 통합하기로 결정하고 1784년에 찬집청을 설치하여 1786년 1월 1일 마침내 그 시행을 보게 되었다. 이전(吏典) 212개조·호전(戶典) 73개조·예전(禮典) 101개조·병전(兵典) 265개조·형전(刑典) 60개조·공전(工典) 12개조 등 도합 723개 조문이 그 전의 법전에 추가되었다.

### 7) 대전회통

'대전회통(大典會通)'은 1865년(고종 2)에 '대전통편' 체제 이후 80년간의 수교(受敎) 및 각종 조례(條例) 등을 보완하여 정리한 조선시대 최후의 통일 법전으로 6권 5책(목판본)으로 되어 있다. 조선 후기의 정치 기강의 문란과 극도의 사회 혼란 등을 수습하기 위해 사회 모든 방면에 걸쳐 과감한 개혁이 요구되었는데 이의 전제가 되는 것이 법령이었고 따라서 새로운 법전 편찬의 필요성을 느끼게 되어 교서관(校書館)에서 출판하게 되었다.

### 3. 일반 민간에서 생성·발전된 법규범

조선시대 일반 민간의 실생활에서 규범생활을 주도했던 단체로 향약·계·두레·서원·종중 등을 들 수 있다. 이들은 국가가 제정한 법에 의해서가 아닌 자체적으로 만들어진 규범을 통해 운영·유지되었다. 이렇게 생성된 법을 민중법(民衆法)이라고도 한다.[459]

향약(鄕約)은 조선 시대에 권선징악(勸善懲惡)과 상부상조를 목적으로 만들어 실시했던 향촌의 자치규약을 말한다. 이는 향촌규약(鄕村規約)의 준말로, 지방자치단체의 향인들이 서로 도우며 살아가자는 약속을 말한다. 향약은 국가질서에 기여하면서 향촌사회의 평화를 위한 윤리 및 도덕규범을 위주로 하는 향리주민들의 공동체 조직이면서 아울러 향리주민들이 실천하기로 약정한 자치규범(약)으로서 조선사회의 독특한 법의 존재형태이다.

계(契)는 농촌 주민의 필요에 따라 자생적으로 발생·유지된 집단이다. 즉 민중들의 인적결합체로서 민중을 결합시킨 사회유기체이자 협동정신의 표현형태, 즉 협동정신체라 하겠다. 계원들 간의 약속인 계규(契規)는 불문법으로 이루어졌는데, 계원의 상호부조·친목·통합·공동이익 등을 목적으로 일정한 규약을 만들고, 그에 따라 운영되었다.

서원(書院)은 조선 중기 이후 학문연구와 선현제향(先賢祭享)을 위하여 사림(士林)에 의해 설립된 사설 교육기관인 동시에 향촌 자치운영기구이다. 서원은 사림(士林)을 중심으로 하여 건설되었고 때문에 사림들의 향촌기지가 되었다. 그런데 향약은 사림을 중심으로 시행되었고 향약의 모임을 서원에서도 갖게 되었기에 서원은 향약의 시행과도 관련성을 가질 수밖에 없

---

459) 김상용, 한국법사와 법정책, 70면 이하.

없을 것이다. 서원에서는 또한 예(禮)에 대한 교육을 하였으므로 예교(禮敎)의 내용이 향약의 작성에도 기여하였을 것으로 보인다. 결국 서원의 이러한 영향력으로 인해 일반인의 규범생활에 있어서도 직·간접적으로 영향을 미쳤을 것으로 보인다.

두레는 농촌 사회의 상호 협력·감찰을 목적으로 조직된 촌락 단위의 원시적 유풍인 공동노동체 조직을 말한다. 두레가 이행하는 공동노동의 형태는 모내기·물대기·김매기·벼베기·타작 등 논농사 경작 전 과정에 적용이 되었으며, 특히 많은 인력이 합심하여 일을 해야 하는 모내기와 김매기에는 거의 반드시 두레가 동원되었다. 따라서 두레 내의 조직에서는 조직을 운영하기 위한 내부 자체규약이 있었을 것이고 이것이 생활규범으로서 기능하였을 것으로 보인다.

종중(宗中)이란 공동선조의 분묘의 보존·제사의 이행·종원(족인) 간의 친선·구조 및 복리증진을 도모하는 자연적 종족집단체를 말한다. 종중은 종중의 구성원으로 하여금 동족관계에 따르는 상장제례(喪葬祭禮)의 윤리규범인 예(禮)를 실천하도록 하는 매개역할을 하였다. 이러한 예의 실천은 종중규약(宗中規約)을 통해서도 구체화되어 일상생활에서 나타나게 되었다.

## III. 법사상 및 법사상가

### 1. 법사상

법사상이란 사전적 의미로는 '법과 법 제도에 관련되는 여러 문제에 대하여 각 시대의 사람들이 가지는 사상'이라고 정의내리고 있다. 이는 실정법의 밑바닥에 깔려 있으면서 실정법을 지탱하기도 하고 실정법을 만들게 하기도 하며, 어떤 경우에는 실정법과 대립하며 이를 비판하면서 실정법을 바꾸어가기도 한다. 또한 인간의 일반 사회·문화활동인 정치·경제·종교·예술·윤리와 같은 영역과 밀접한 관계를 맺으며 서로 어울리며 그 내용을 채워가기도 하고, 때론 외국의 문화를 수용하여 발전을 꾀하기도 한다. 결국 법사상이란 각 시대의 정신적 전체 구조 중의 한 부분이며 법규범을 통해서 본 시대정신 혹은 시대사조라고 할 수 있다.

또한 법사상은 통치계층이나 일반민중 등의 실생활 속의 언어와 행위에 의하여 외부에 드러나게 되는데 이들이 융합해서 혹은 독자적으로 시대를 움직이는 힘으로 작용하게 된다. 우리 민족도 기록상으로는 부족국가시대부터 규범생활을 해왔고 법(실정법)을 통치의 기본 수단으로서 존중하며 집행해 왔으며, 각 시대에 따라 각기 색깔이 있는 법사상을 가지고 있었다. 근대에 이르러서는 서구의 법과 법사상을 수용하였는데, 이들 법과 법사상 역시 외형적으로는 우리의 전통 법문화와는 무관해 보이지만, 실제로는 실생활 속에서 어우러져 우리의 법제도 및 법문화에 담겨져 있다.

그렇다면 우리의 현재의 사법시스템과 규범생활은 우리의 전통적 법사상 내지 법정신과 얼마나 연계성을 갖고 있는 것일까? 우리만의 관행과 전통이 계속 이어져 내려와 현재의 우리의 법문화에 어우러져 있을 것이고 우리의 법시스템을 아우르는 법사상도 전승되어 오고 있을 것인데 현재의 우리 법학교육에서 조차 이러한 부분은 감추어져 있다. 역사기록으로 검증이 가능한 대표적 시기는 조선시대인데 당시의 토지·문서 등의 실생활을 살펴보면 현재의 모습과 그리 다르지 않고 당시의 법문화를 오늘에도 그대로 엿볼 수 있다.

조선은 태조 이성계가 건국과 함께 법치주의를 강조하면서 법전의 편찬 등 법제도의 정비 및 개혁으로 연결된다. 법전의 편찬에는 당시의 법이념 및 법사상이 혼재되어 있기에 그 내용을 통해 당시 통치자 및 지배 권력이 갖고 있는 법이념과 함께 당시의 법사상이 무엇인가를 가늠해 볼 수 있다.

조선은 유가적 예치주의·덕치주의와 법가적 법치주의의 사상융합에서 형성된 법사상을 계승하였다. 조선의 법사상은 건국 초기로부터 비롯하는 조선 전기의 법사상과 임란을 전후로 한 조선 후기의 법사상으로 나누어 볼 수 있으며, 구체적으로는 법치주의(法治主義)사상·덕주형보주의(德主刑輔主義)사상·민본주의(民本主義)사상·양법미의(良法美意)사상·법불가경개(法不可輕改)사상·공기(公器)사상·변법(變法)사상·생명존중사상(生命尊重)사상 그리고 흠휼(欽恤)사상 등으로 세분화 할 수 있다.

1) 조선 전기의 법사상

'法治主義'·'德主刑輔主義'·'民本主義'
'良法美意'·'法不可輕改'·'公器思想'

조선을 개국한 태조 이성계는 여말의 사회적 혼란과 민심의 동요를 우선 안정시킬 것이 절실히 요구되었는데, 고려 말에 극도로 문란해진 법질서의 정비는 새로 건국된 조선왕조의 중요한 과제였다. 이에 태조도 건국과 동시에 내린 즉위교서(卽位敎書)를 통해 국가통치의 기본 방침으로서 통일적인 법률을 정립하여 법치주의 정치를 실현할 것을 선언하였다. 그러나 급격한 법제개혁은 오히려 민심을 불안하게 할 염려가 있기 때문에 우선 고려 말의 의장법제(儀章法制)를 그대로 계승하여 점차적으로 정비토록 하였다. 이에 따라 '경제육전(經濟六典)'·'속육전(續六典)'·'육전등록(六典謄錄)' 등이 편찬되었고 마침내 조선왕조의 통일적인 기본법전인 '경국대전(經國大

典)'이 성종 때 완성케 된다. 조선시대 전기의 법사상은 이러한 일련의 기본 법전 편찬과정에서 나타난 입법자들의 법률관(法律觀)을 통해 드러나게 된다.

조선 전기의 법사상은 법치주의사상(法治主義思想)·덕주형보주의사상(德主刑輔主義思想)·민본주의사상(民本主義思想)·양법미의사상(良法美意思想)·법불가경개사상(法不可輕改思想)·공기사상(公器思想) 등으로 나누어 볼 수 있다.

먼저, 법치주의사상(法治主義思想)인데, 태조는 건국과 동시에 국가통치의 기본 방침으로서 통일적인 법률을 정립함으로써 법치주의 정치를 실현할 것을 선언하였다.

둘째로, 덕주형보주의사상(德主刑輔主義思想)인데, 백성을 다스림에는 덕과 예로써 하여야 하고 형(刑; 법)과 정(政)은 어디까지나 덕과 예의 보조적인 방편에 지나지 않는다고 보았다.

셋째로, 민본주의사상(民本主義思想)으로 법은 민신(民信)·민지(民志)에 따라야 한다고 보았다. 즉 인정(人情)에 합치하고 민생(民生)을 평안히 하지 못하는 법은 아무리 오래된 법이라 할지라도 폐법(弊法)이라고 여겼다. 따라서 새로이 법을 제정할 때에는 시험적인 시행을 거쳐 백성들의 호오(好惡)와 편부(便否)를 살펴야 했다. 또한 아무리 훌륭한 법이더라도 그 운용에 있어 백성의 신뢰를 잃으면 행해져서는 안되며, 특히 형벌은 국가의 중대사인 만큼 관리들의 자의(恣意)에 의해 행하여지는 일이 없어야 한다고 보았다.

넷째로, 양법미의사상(良法美意思想)인데 좋은 법·훌륭한 뜻이란 곧 성왕의 제도에 합당하고 민심에 합치하는 것으로, 시행하여도 폐단이 생기지 않고 국가나 백성 모두 편안히 여기는 법을 의미하였다.

다섯째로, 법불가경개사상(法不可輕改思想)으로 일단 제정된 국가의 법은 경솔하게 바꿀 수 없다고 보았다. 백성들은 본래 변화를 싫어하고 기존의 법을 편안히 여기므로, 법을 가벼이 바꾸는 것은 백성들의 신뢰를 저버리게 되어 국가의 안정을 해치는 결과를 가져올 것이라는 것이다. 따라서 법을 개정할 때에는 현행법과 새로 만들 법의 이익과 폐단을 신중히 비교·검토하여 신법(新法)의 이익이 현행법에 비해 확실히 커야 비로소 개정할 수 있다고 하였다. '법입이폐생(法立而弊生)' 또는 '일법입일폐생(一法立一弊生)'이라는 격언은 이러한 사상의 소산으로 법의 안정성과 영구성에 대한 강한 의식의 표현이다.

여섯째로, 공기사상(公器思想)인데, 법은 천하가 함께 하는 공공의 기물(公器)이라고 보았다. 즉 실정법의 정당성은 그 자체나 군왕 자신에게서 찾아질 수 있는 것이 아니고 오로지 하늘의 뜻(天意)에 근거한다는 유교적 자연법사상에 두었다. 왕은 '기법지종(紀法之宗)'으로 국법을 체현하는 근본적 종주(宗主)로 표현되었는데, 국가의 기강확립과 백성의 교화를 위해서는 왕 스스로가 백성과 함께 조종성헌(祖宗成憲)을[460] 준수할 것이 요구되었다. 그러나 이와 같은 규범적인 의식이 항상 관철되었던 것은 아니며, 현실적으로는 왕 또는 세력자의 자의(恣意)에 의하여 법이 후퇴한 경우도 많았다.

---

460) 조종(祖宗)이란 사전적 의미로는 대대(代代)의 군주의 총칭 또는 모든 일의 근본이 되는 자리 내지 가장 으뜸 되는 가르침이나 원리를 말하며, 성헌(成憲)이란 성문법으로 정립한 헌법을 말한다. 조종성헌(祖宗成憲)이란 조종(祖宗; 대대의 군주의 총칭)께서 만들어 놓으신 법을 말한다.

## 2) 조선 후기의 법사상

### '變法思想'·'生命尊重思想'·'欽恤思想'

조선 후기의 법사상은 실학파의 법사상으로 대표된다. 그 대표적인 것이 변법사상(變法思想)·생명존중사상(生命尊重思想) 그리고 흠휼사상(欽恤思想)이다. 먼저 변법사상인데, 본격적인 변법론(變法論)은 조선 중기 선조 때에 들어오면서 등장한 것으로 보이는데 이이의 변법론이 그 대표적 예이다. 이이는 법이 오래되면 폐단이 생기게 마련이며 폐단이 생기면 마땅히 이를 고쳐야 한다고 보았다.461)

둘째로, 생명존중사상(生命尊重思想)인데, 이는 정약용의 법사상에서 잘 나타난다. 그의 저서 흠흠신서(欽欽新書)에 생명존중사상이 잘 드러나 있다

셋째로, 흠휼사상(欽恤思想)인데, '흠휼(欽恤)'이란 죄를 다스릴 때 죄는 미워하더라도 그 사람은 불쌍히 여겨야 한다는 생각으로 사건의 전말을 신중히 밝혀 억울한 형벌을 받는 일이 없도록 하자는 것이다. 이는 형정(刑政)에 대한 신중성을 요구하는 것으로 영·정조 시대를 중심으로 특히 강조되었다. '속대전' 편찬 시에 각종 악형이 제거된 사실이 이러한 흠휼사상의 구체적인 표현을 의미한다. 또한 심리록(審理錄)·추관지(秋官志) 등의 관찬법서(官纂法書)와 정약용이 편찬한 흠흠신서(欽欽新書)를 포함한 일련의 사찬법서(私纂法書)의 등장은 흠휼사상을 더욱 현실화하고 널리 보급시키고자 한 의지의 결과물로 보인다.

---

461) '경국대전' 이후 '록'으로만 수록되어 오던 각종 법령을 영조 때 '속대전'으로 편찬하고, 이어 '대전통편'·'대전회통' 등을 계속 편찬한 사실은 시대적 변화에 따른 이러한 변법론의 요청을 국가가 자체적으로 수용한 대표적인 예라 하겠다.

## 2. 조선의 대표적 법사상가

조선을 대표하는 법사상가를 연대순으로 소개해 보면 먼저, 정도전(鄭道傳; 1342~1398)을 들 수 있다. 정도전은 조선의 건국에 깊이 관여하였는데 그의 법사상은 민본주의사상(民本主義思想)으로 대변된다. 정도전은 통치권이 백성을 위해 기능할 수 있어야 한다고 보았고 따라서 통치자가 민심을 잃었을 때에는 물리적인 힘에 의해 교체될 수 있다는 역성혁명(易姓革命)을 인정했고, 실제로 혁명 이론에 입각해 왕조 교체를 이루었다. 정도전의 민본사상은 '조선경국전(朝鮮經國典) 헌전(憲典)'에 담겨있는 형법사상에도 반영되어 있다. 즉 형법이 인(仁)을 통해서 행하여져야 하고, 백성들이 피폐해지지 않기 위해서는 형벌이 관리들의 자의(恣意)에 의해 행해지지 않을 것을 강조하였다.

둘째로, 세종대왕(世宗大王; 4대왕, 재위 1418~1450)이다. 세종대왕은 즉위 초부터 법전의 정비를 포함하여 법제 정비에 힘을 기울였는데, 이러한 세종대왕의 법전편찬 및 법제에 대한 큰 업적은 세종대왕의 백성을 존중하는 민본주의 및 생명존중의 법사상에 따른 것이다. 예로서, 세종 4년에는 '속육전'의 편찬을 목적으로 '육전수찬색(六典修撰色)'을 설치하여 법전 편찬에 직접 참여하기도 하였다. 세종 8년 12월에는 '속육전(續六典)' 6책과 '등록(謄錄)' 1책을, 세종 15년에는 '신찬경제속육전(新撰經濟續六典)' 6권과 '등록(謄錄)' 6권을 완성하였다. 이후 계속적인 개수(改修)를 통해 '속육전(續六典)' 편찬사업이 완결되었다(세종 17). 세종대왕은 또한 공법(貢法)을 제정함으로써 조선의 전세제도(田稅制度) 확립에 큰 기여를 하였다. 종래의 세법이었던 답험손실법(踏驗損失法)의462) 폐해를 시정하기 위해 이를 전폐하고 공법상정소(貢法詳定所)를 설치하여 연구와 시험을 거듭하여 공법을 완성하였다(세종 26). 이는 전분육등법(田分六等法)·연분구등법(年分九等法)·결부법(結負法; 토지를 파악함에 있어서 토지의 면적과 수확량을 동시에 표시한 계량법)을 결합한 것으로 조선시대 세법의 기본이 되었다. 또한 형벌제도를 정비하고 죄수를 신중하게 심의하라는 흠휼정책(欽恤政策; 죄인을 처벌할 때 죄는 미워할지라도 그 사람은 불쌍히 여겨야 한다는 생각으로 사건의 전말을 신중히 다루어 억울한 형벌을 받지 않게끔 하라는 정책)을 시행하였다. 대표적인 예가 감옥제도에 관한 것으로 양옥(涼獄)·온옥(溫獄)·남옥(男獄)·여옥(女獄)에 관한 구체적인 조옥도(造獄圖)를 각 도에 반포하였고(세종 21), 죄수들의 더위와 추위를 막아주고 위생을 유지하기 위한 법을 반포하기도 하였다(세종 30).

셋째로, 이이(李珥; 1536~1584)를 들 수 있다. 이이의 법사상은 변법사상(變法思想)으로 대표되는데, 법이 오래되면 폐단이 생기게 마련이며 폐단이 생기면 마땅히 이를 고쳐야 한다고 보았다. 이는 그의 철학사상이라 할 수 있는, 즉 이(理)가 발현하는 형태는 개별적이고 구체적인 기(氣)에 의해 규정받는다는 것과 밀접하게 연관되고 있다. 왕도(王道)·인정(仁政)·삼강

---

462) 1391년(공양왕 3)의 토지개혁 때부터 1444년(세종 26) 전세제도(田稅制度) 개정 때까지 시행된 수세법(收稅法)의 하나로서 손실답험법이라고도 한다. 고려 말 과전법에 의한 토지개혁을 할 때 공·사전(公私田)의 조율(租率)을 1/10로 정하고 그에 따라 결당(結當) 30두(斗)의 조액을 법제화했지만, 그것은 어디까지나 하나의 기준으로 평상적인 해의 조액을 정한 것이어서 농사의 작황에 따라 다시 조절되지 않으면 안 되었다. 흉년이 들어 작황에 손실이 생기면 조를 감해주기 위해 답험손실법이 규정되었는데, 농사의 상황을 10분(分)으로 잡아 손해가 1분이면 1분의 조(租)를 감하고 손해가 8분이면 전액을 면제하도록 하는 것이었다. 이를 위해 해마다 작황을 파악해야 했는데, 공전일 경우 해당 지방수령이 시행하여 감사에게 보고하면 감사가 관리를 보내 재차 답험하고 다시 감사가 3차로 검사하도록 되어 있고, 사전일 경우에는 전주(田主)가 각자 임의로 답험하도록 했다. 이렇게 답험손실법은 경작상황을 일일이 조사한 결과에 따라 조액을 정하는 것으로 백성들에게 이로운 규정일 것 같으나, 실제로는 그 답험자가 조액을 증대하기 위해 손해보다는 이익 쪽으로 기울어질 것은 필연적이었고 따라서 농민에 대한 수탈이 과중해져 세종 때 폐지되었다.

(三綱)·오상(五常) 등은 언제나 추구해야 할 불변의 가치이지만, 그것을 실현하는 수단인 법제는 시대상황에 따라 변화할 수밖에 없다는 것이다. 이이(李珥)의 경우 '향약'을 실천하였는데(해주향약), 조선시대의 '향약'은 상부상조(相互扶助)와 권선징악(勸善懲惡)을 목적으로 한 향촌의 자치규약으로, 유교적 도의를 선양하고 지방자치의 정신을 북돋우는 데 크게 이바지한 생활규범이었다.

넷째는 이익(李瀷; 1681~1763)이다. 이익의 법사상의 핵심은 예(禮)에 기초하지 않는 법의 존재를 부정하는 데에 있었다. 즉 법의 목표와 목적은 예의 준수를 명함에 있다고 보았고, 법의 제정은 예를 강제하고 위례행위(違禮行爲)를 처벌하는 데 있다고 보았다. 또한 이익(李瀷)은 성호사설(星湖僿說)에서 "향려(鄕閭; 시골 마을)의 뭇사람은 매우 빈천하므로 얕고 깊은 생각을 다 짜내어 조석으로 생계를 꾀하매, 이욕의 테두리에서 벗어나지 못한다. 그러므로 무릇 빈천에서 벗어나려고 하는 자들은 무엇이든 못할 짓이 없는데도, 오히려 감히 멋대로 간악한 짓을 하지 못하는 것은 법이 있음을 두려워한 때문이다"라고 하여 법의 존재의의를 강조하였다. 또한 "법(法)과 이(利)는 서로 승제(乘除)가 된다"고 하여 법(法)이 무거우면 이(利)가 가벼워지고, 이(利)가 무거우면 법(法)이 가벼워지게 되는 상호 모순되는 관계에 있음을 역설하였다.[463]

다섯째는 정약용(丁若鏞; 1762~1836)이다. 정약용의 사상은 당시 조선의 정치·경제·사회·문화 등 사회 전반을 지배하던 성리학(性理學)에 대한 비판에서 출발한다.[464] 정약용의 법사상(法思想)은 흠휼사상(欽恤思想)으로

---

463) '성호사설(제8권) 인사문(人事門) 형법(刑法)'; http://db.itkc.or.kr/index.jsp?bizName=MK.
464) 정약용은 이(理)의 실제성을 부정하는데 무형의 추상물인 이가 현상의 존재근거일 수 없다는 것이다. 인성론(人性論)에 있어서도 그는 성리학의 주요 명제인 성즉리(性卽理)를 부정한다. 또한 성(性)이 기호(嗜好)라고 생각하였고, 비생산적인

서 이는 그의 저서인 흠흠신서(欽欽新書)에 잘 나타나 있다. 흠흠신서(欽欽新書)는 일종의 형법서(刑法書)로 살인사건을 조사하고 심리하고 재판하고 처형하는 과정에서의 공정성과 정확성을 기하기 위하여 집필한 것이다. 여기서의 '흠흠(欽欽)'이란, "삼가고 또 삼가라"는 의미이다. 즉 일체의 편견을 버리고 공정하게 당사자의 주장에 귀 기울이고, 몇 번이고 살펴서 실체적 진실에 접근하기 위해 끊임없이 노력하라는 가르침이다. 이 책에는 150여 건의 살인사건이 소개되어 있는데 법의학·법해석 등을 포괄하고 있고 당시의 재판제도 등을 살펴볼 수 있다는 점에서 그 의미가 크다.

다산(茶山; 정약용의 호)이 유배지에서 쓴 '목민심서(牧民心書)'는 이미 우리에게 잘 알려져 있다. 여기에서는 재판, 즉 형사 및 민사소송을 처리하는 원칙에 대해 자세하게 소개하고 있다. 이 책에서 강조하고 있는 내용을 소개하면, 먼저, 지방 수령들이 청송(聽訟)에 임하는 자세와 재판관의 수신(修身)을 강조하고 있다. 백성들의 송사를 듣는 사또의 태도는 어린 아이의 병을 살피는 부모의 마음으로 임해야지 위엄과 무단으로 임해서는 안 됨을 강조하고 있다. 아울러 재판관의 수신(修身)으로서 "청송(聽訟)의 근본은 성의(誠意)에 있고 성의(誠意)의 근본은 신독(愼獨; 홀로 있을 때에도 도리에 어그러짐이 없도록 몸가짐을 바로 하고 언행을 삼감)에 있다"고 보았다. 이는 재판관은 모름지기 매사에 언행을 삼가고 몸가짐을 바로하기에 힘써 스스로를 수양하라는 의미일 것이다.

둘째로, 다산은 모든 송사를 아전들에게 떠맡기는 사또들의 무책임함을 지적하였다. 모든 사건을 사또가 직접 살피고 처리해야 하며 친히 조사할 때라도 백성을 속이는 무리한 수사는 피해야 한다고 하였다

---

4단7정(四端七情)의 논쟁에 관심을 두지 않았다.

셋째로, 풍교(風敎; 교육이나 정치의 힘으로 풍습을 잘 교화하는 일)의 중요성을 강조하였는데 올바른 청송(聽訟)이란 처벌을 위한 수단이 아니라 풍교(風敎)의 한 방법임을 강조하였다.

마지막으로, 아예 소송 자체가 일어나지 않는 무송(無訟)사회를 이상적인 사회로 보았다.

## 제3. 민사 및 형사 사법제도

### I. 재판제도 개관

#### 1. 재판 담당기구: 중앙 및 지방의 재판기관

조선시대는 입법·사법·행정의 권력분립이 제도화되어 있지 않았기에 모든 관리는 국왕의 부하·대관이었고 재판관과 행정관의 구별도 없었다. 즉 독립된 사법기관이 존재하지 않았으므로 재판은 중앙의 몇몇 기관과 행정 관료기구의 말단으로서 직접 백성들과 접하는 지방수령인 부사(府使)·목사(牧使)·군수(郡守)·현령(縣令)·현감(縣監) 등이 담당하였다. 이들은 일체의 민사재판과 태형 이하에 해당하는 경미한 형사사건을 처리하였고, 각 도의 관찰사(감사)는 지방수령의 민사재판에 대한 상소심과 유형 이하의 형사사건을 제1심으로 처리하였다. 당시 왕이 최고의 상급 재판기관으로서 군림하였던 것은 지극히 당연한 것이었다.

중앙의 재판기관으로서는 한성부(漢城府)·의금부(義禁府)·형조(刑曹)·사헌부(司憲府)·장예원(掌隸院)을 들 수 있다. 먼저, 한성부(漢城府)는 고려의 개성부제를 답습하여 경기의 과전(科田)과 관내의 토지(土地)·호구(戶口)·농상(農商)·학교(學校)·사송(詞訟) 등을 관장하였다. 형조·의금부와 함께 사법기능을 행사하여 3법사(三法司)의 하나로도 불렸다.

둘째로는 의금부(義禁府)이다. 의금부는 조선시대 왕명을 받들어 중죄인을 잡아들여 신문(추국: 推鞫)465)하는 일을 맡아 하던 사법기관으로서 형조(刑曹)·한성부(漢城府)와 함께 삼법사(三法司)의 하나였다. 일반 범죄도 다스렸지만 특히 역모 등의 정치범이나 삼강오륜을 어겨 사회질서를 문란하게 하는 등의 중죄인을 다스리는 일을 하였다. 왕권과 직결되는 반역죄를 다스릴 때는 의정부·사헌부·사간원과 합좌하여 다스렸다.

셋째로는 형조(刑曹)이다. 고려와 조선시대 6조(六曹)의 하나로서 일명 추관(秋官) 또는 추조(秋曹)라고도 하였으며, 법률·사송(詞訟)·노비 등에 관한 사무를 관장하였다. 특히 재판관련 업무를 취급하였기 때문에 의금부·한성부와 아울러 삼법사(三法司)라고 불렸고, 한 때는 사헌부·사간원과 함께 삼성(三省)이라 하여 의금부에서 국문(鞫問)할 때 함께 동참하기도 하였다. 형조는 사법행정을 감독함과 동시에 수령이 관장하는 일반 사건의 상소심으로서 합의체 재판을 하였는데, 관찰사에 대한 항소(의송)에서 지게 되는 경우, 중앙의 형조에 상소할 수 있었다.

형조의 속사(屬司)로서 사율원(司律院)이 있었는데 이는 조선 전기 형률을 담당하였던 관서로서 죄인을 심문하여 판결할 때 죄의 등급을 매기는 역할을 맡았다. 초기에는 율학(律學)이라 칭하였으나 이를 사율원으로 하였

---

465) 추국(推鞫)은 조선시대에 의금부(義禁府)에서 왕명에 따라 중죄인을 신문하는 일 또는 그 절차를 말한다. 최근에 추안급국안(推案及鞫案)이 한글로 번역되었는데, 이는 선조 34(1601)년에서 고종 29(1892)년 사이의 추국 사건 연루자 12,000여 명의 심문 기록을 문서 12,589건에 담은 것을 풀이한 것이다. 여기에는 약 300년간의 추국청(推鞫廳)의 추안(推案; 추국한 문안)과 국안(鞫案; 임금의 명령을 받아 반란이나 강상(綱常) 등에 관련된 중죄인을 국문한 사실과 이로부터 얻어낸 자백, 판결 내용 등을 기록한 문서)들이 기록되어 있다.

다가 1466(세조 12) 관제 경정 때 다시 율학으로 개칭하여 형조에 속하게 하였다.466) 도·유형(徒·流刑) 이하의 죄에 있어서는 형조·사헌부·한성부·의금부에서 판결하는 문부(文簿; 나중에 자세하게 참고하거나 검토할 문서와 장부)를 사율원에 보내어 법률을 상고(相考; 서로 견주어 고찰함)해 논단하여 각각 해당 본사(本司)로 통보하면, 각각 그 사(司)에서는 그 상례(常例)에 따라 시행하도록 하였다.467)

넷째로는 사헌부(司憲府)이다. 감찰(監察)을 각사(各司)나 지방에 파견하여 부정을 적발하고 그에 대한 법적 조치를 취하는 등 사법권이 있다 하여 형조(刑曹)·한성부(漢城府)와 더불어 삼법사(三法司), 또는 출금삼아문(出禁三衙門)이라고도 불렀다. 또한 사헌부와 사간원(司諫院)을 함께 칭하여 그 관원을 모두 대간(臺諫)이라 불렀다.

끝으로 장예원(掌隸院)이다. 장예원은 1467년에 설립된 노비의 부적(簿籍)과 소송에 관한 일을 관장하던 곳이다. 사헌부·한성부와 더불어 사법삼사(司法三司)라 하였으며, 후에 형조에 편입되었다.

조선시대에는 지방 행정조직으로 한성부(판윤; 정2품)·8도(道; 관찰사/ 종2품)·부(府; 부윤; 종2품)468)·목(牧; 목사; 정3품)·군(郡; 군수/ 종4품)·현

---

466) 종7품 명율(明律) 1명·종8품 심율(審律) 2명·정9품 훈도(訓導) 2명·종9품 검율(檢律) 2명을 두었는데, 이것이 조선시대 형률 기관의 근간이 되었다.
467) 사율원에서는 경국대전(經國大典)·대명률(大明律)·율학해이(律學解頤) 등과 같은 법률서를 서로 조율(照律; 죄를 법률서에 대조함)하여 판결을 내렸다. 특정한 범죄에 해당하는 법조문을 정률(正律)이라고 하는데, 딱 들어맞는 정률이 없을 경우에는 가장 비슷한 법조문을 끌어다 사용하였는데 이를 비의(比依)라고 하였다.
468) 부(府)는 조선 시대에 지방 행정 구역 가운데 도(道)와 같은 등급의 고을을 말한다. 우두머리가 부윤(종2품) 또는 대도호부사(정3품)인 부는 경주·전주·함흥·평양·의주의 다섯 고을이었다. 유수부(留守府)는 부 가운데 유수(정2품)가 우두머리로 있는 곳을 말하며 강화·개성·수원·광주(廣州)에 두었다. 대도호부(大都護府)는 부 가운데 대도호부사(정3품)가 우두머리로 있는 곳을 말하며, 안

〈縣; 현령(종5품), 현감(종6품)〉을 두었으며, 부(府)·목(牧)·군(郡)·현(縣)은 지역의 중요성과 인구에 따라 나뉘었다. 그 밑으로는 면(面)·리(里)·통(統)을 두었다. 조선 역시 고려와 마찬가지로 사법과 행정이 분리되어 있지 않았는데 지방관의 사법권이 분리된 것은 갑오개혁 이후이다. 향리는 그 역할이 수령을 보좌하는 것으로 대폭 축소되었고 고려시대의 향(鄕)·소(所)·부곡(部曲)은 없어지게 된다.

지방행정 조직의 장으로는 관찰사(觀察使)·부사(府使)·목사(牧使)·군수(郡守)·현령(縣令)·현감(縣監) 등을 들 수 있다. 이들 지방수령은 원칙적으로 양반출신으로서 행정과 사법의 실제에 대한 경험과 지식을 습득하지 못한 경우가 많아, 실질적으로는 중인계급인 아전에 의해 재판이 행하여졌다.469)

이렇듯 중앙과 지방의 각층의 행정기관에서 사법권을 행사하였으므로 그 심판관이 되는 관료들에게는 법전의 기초교양이 요구되었고 과거(科擧)에도 법률과목이 들어가게 되었다. 즉 대과복시(大科覆試; 고등고시 2차 시험에 상당)에서는 경국대전(經國大典)과 가례(家禮: 가정의 관혼상제(冠婚喪祭)에 대한 예법)를 시험으로 보았다. 그 밖에 사법사무담당요원들을 선발하기 위하여 잡과(雜科)의 하나로 율과(律科)가 있었다. 그리고 법 운용의 전문적인 실무교육을 위하여 형조에는 율학청(律學廳: 법전운영의 전문적인 실무와 율학을 교육한 관청)을 두었고, 각도에는 검율(檢律)을 두었다.470)

일반 수령들의 재판은 일반 백성들의 생활과 직접적인 관련을 맺으며 그들의 실생활에 커다란 영향을 미쳤기에 재판결과는 직·간접적으로 커다란 의미를 갖는다고 하겠다. 특히 방백이나 지방수령의 경우는 권력의 눈치를

---

동·강릉·영변·창원·영흥에 두었다.
469) 서원우, 6~7면.
470) 김병화, 한국사법사(중세편), 서울: 일조각, 1992, 8~9면.

보는 경우가 많았다. 따라서 권세가들의 눈치를 보지 않고 정의와 원칙에 부합하는 재판을 하기가 상당히 어려웠으리라. 권력의 눈치를 보지 않고 소신껏 판결함으로써 그 칭송이 자자하여 오늘날에도 그 이름이 알려지고 있는 몇 사람을 소개해 본다.471) 명종·선조 때 사람으로 병조 및 형조참의·강원감사·성주 및 양주목사 등을 역임한 홍 혼(洪渾)은 성품이 강직한 분으로 알려져 있다. 그가 양주목사로 재직할 때의 일인데, 임금의 후궁인 김소용이 왕의 총애를 믿고 그의 조모(祖母)를 타인 소유의 산에 몰래 매장하는 일이 발생하였다. 이에 그 산의 주인이 제소하자 홍 목사는 즉시 법에 의해 묘를 파내도록 하였다. 이를 보고 주변에서 혹 그가 해를 당하지는 않을까 하여 크게 우려하였으나 홍 목사는 끝내 그 소신을 굽히지 아니하였다.

숙종 때 사람으로 동래부사·평안도관찰사를 역임한 이세재란 분이 있었는데, 그는 원칙과 소신에 따른 판결과 엄격한 법집행으로 널리 알려져 있다. 그가 동래부사로 재직하던 시절, 근친 간에 송사가 벌어지게 된 경우에는 두 사람을 모두 처벌하여 풍속을 어지럽히는 것을 경계하였다. 또한 산송(山訟: 묘자리를 쓰는 일로 인해 발생하는 소송)이 발생하는 경우에는 먼저 지관(地官; 풍수설에 따라 집터나 묏자리 따위의 좋고 나쁨을 가려내는 사람)을 벌하였다. 소를 몰래 죽이는 자의 경우에는 물건으로 속죄함을 허용하지 아니 하였고, 이를 치도법(治盜法; 도둑을 다스리는 법)으로 다스림으로써 소의 밀도살(密屠殺)을 근절하려 애썼다. 또한 그가 동래부사로 있는 3년 동안은 그 자신이 쇠고기를 먹지 아니 함으로써 몸소 자신이 내린 결정을 실천하려 노력하였다.472)

---

471) 박병호, 291~292면; 한국고서문학회, 조선시대생활사, 406~407면.
472) 한국고서문학회, 조선시대생활사, 406면.

이렇듯 지방의 수령들은 일반 백성들과 밀접한 관련을 맺고 있었기에 그들의 판결 하나 하나가 그리고 그들의 일거수일투족이 일반 백성들에게는 커다란 관심의 대상이었고 때론 원망의 때론 칭송의 대상으로 되기도 하였다. 오늘날에 까지도 그 이름이 알려지고 있는 이러한 수령들은 권력에 굴하지 않고 소신에 따라 재판을 하거나, 정의에 부합하는 상식에 근거한 판단을 하거나 하여 그들 나름의 원칙에 따라 재판을 하였던 것으로 보인다. 이것이 바로 백성들로부터 명 재판관으로서 칭송받게 된 이유가 아니었을까!

### 2. 임시재판기관: 암행어사

"암행어사 출도요!"

1) 암행어사를 두게 된 이유는!

암행어사제도를 두게 된 이유는 크게 다음의 세 가지로 나누어 볼 수 있다. 즉 각 지방에서의 비리와 폐해를 적발하고 이를 처리하는 것, 왕의 통치방침이 무엇인지를 전파하는 것, 그리고 백성의 원통함과 억울함을 풀어 주는 것이라 하겠다.

이러한 내용은 결국 지방수령에 대한 통제와 무관하지 않다. 조선시대의 지방수령은 자신이 다스리는 군현(郡縣)의 행정권은 물론 사법권(司法權)과 군사권(軍事權)까지 지닌 엄청난 권력을 갖고 있었다. 때문에 이러한 수령들의 위법하고 부당한 권력행사로부터 일반 백성들을 보호하는 것이 국가로서는 중요한 일이었으나, 양반사대부와 일반백성들의 신분차이를 고정불변의 법칙으로 여기던 당시의 시대적 상황에서는 그리 쉬운 일이 아니었다.

이러한 신분차이에 기인한 일반 백성들에 대한 차별은 바로 세종 2년에 제정된 금부민고소(禁部民告訴)란 법에 의해 극명하게 나타난다. 이는 군현 백성들은 종사의 안위나 불법 살인 관련이 아니면 수령을 고소할 수 없다는 것으로서 이후 많은 문제를 야기하게 된다. 이 법에 대한 폐지여론이 일자 세종은 "때로 어사나 내관(內官)을 파견해 수령들을 감찰하므로 백성들은 수령을 고소할 필요가 없다"는 논리로 그에 반대하였다.

  그렇다면 과연 어사는 백성들의 수령에 대한 고소가 필요 없을 정도로 지방 수령들의 위법·부당한 권력행사를 잘 제어할 수 있었을까? 실제로 어사우(御史雨)[473]란 말이 있는 데서 알 수 있듯이 어사는 백성들에게 단비 같은 존재였음은 분명하였다. 어사우(御史雨)란 중국 당나라 때 백성들의 억울한 옥사가 쌓여가자 극심한 가뭄이 들었는데 감찰어사 안진경이 옥사의 원한을 풀어주자 비가 내렸다는 고사에서 비롯한 것이다.

  어사제도가 절대 권력을 지닌 지방수령으로부터 백성들을 보호하기 위한 최소한의 견제장치였음은 분명하였으나, 백성들 위에 무조건적으로 군림하고자 하는 통제 받지 않는 부패한 권력에 대해서는 아무리 중앙에서 훌륭한 어사를 파견한다 해도 근본적으로 부패를 근절하기에는 역부족이라 하겠다.

2) 암행어사의 임명은!

  암행어사라는 용어가 처음으로 등장하게 된 것은 중종 때라 할 수 있는데,[474] 중종실록에 "암행어사를 각 도(道)에 보내다"라는 기록이 보인다(중

---

473) 어사우(御史雨)는 조선왕조실록에도 그 용례가 보이는 데서 알 수 있는 것처럼 동아시아 왕조정치 체제에서는 보편적인 용어이기도 하였다.
474) 조선 초기의 기록에 밀견(密遣)·잠행체찰(潛行體察)·암행규찰(暗行糾察) 등의 내용이 보이는데 아마도 이것이 암행어사의 전신이 아닌가 보여 진다.

종 4; 1509). 그러나 선조 때까지는 암행어사에 대한 비판이 강하여 별로 파견하지 못하다가, 인조 때부터 점차 제도화되었다.

암행어사는 처음에는 왕이 직접 선출하였으나,475) 영조 11년(1735)부터 암행어사 추천정책이 실현되었으며, 이때부터 국왕이 극비로 단독 임명하는 경우와 대신의 천거로 임명하는 방법이 병행되었다.

어사는 당하관(堂下官)476) 중에서 선발했으므로 그 직급이 그리 높은 편은 아니었다. 따라서 승정원·삼사(三司)·예문관 등 임금을 직접 모시는 시종신(侍從臣: 왕을 모셔 호종하던 신하) 중에서 어사를 선발해 직급 이상의 힘을 발휘토록 하였다. 어사에는 감진어사(監賑御史; 기근이 들었을 때 임금이 지방에 파견하던 특명 사신)·순무어사(巡撫御使; 지방에서 변란이나 재해가 일어났을 때 두루 돌아다니며 사건을 진정하던 특사)·안핵사(按覈使; 조선 후기에 지방에서 발생하는 민란을 수습하기 위하여 파견하던 임시 벼슬)·암행어사 등이 있었다.

조선시대에 그 이름을 떨친 대표적 암행어사 몇 분을 소개하면 먼저 어사 박문수를 꼽을 수 있다. 박문수는 훗날 경상도 관찰사와 예조·병조판서를 거쳐 우참찬까지 올랐으나 우리에겐 어사라는 호칭이 매우 익숙해 있다.477) 어사 박문수 외에 널리 인구(人口)에 회자(回刺)되는 사람으로 어사 조지서(趙之瑞)란 인물이 있다. 그의 번개 같은 행동과 변장술 때문에 그에

---

475) 왕이 추첨의 방법으로 결정하기도 하였는데 이를 추생(抽栍)이라고 한다.
476) 조선시대에는 같은 정3품이라도 통정대부 이상은 당상관(堂上官), 통훈대부 이하는 당하관(堂下官)으로 분류하여, 당상관은 중진대접을 하였지만 당하관은 그렇지 아니 하였다.
477) 박문수에 관한 각종 설화는 못된 수령을 징치하는 기본 내용에서부터 관가의 시집 못간 늙은 계집종과 동침한 후 과거에 등과한 이야기, 돈으로 신분 상승한 백정을 인정한 이야기 등 백성들의 누명을 벗겨주기 위한 이야기나 미궁에 빠진 살인사건과 귀신이 곡할 괴이한 사건들을 해결한 이야기 등이 주로 소개되고 있다. 박문수의 어사행각에 관한 설화가 '기문총화'·'계서야담'·'청구야담'·'대동기문' 등의 문헌사료에 실려 있으며, 개화기 때에는 소설 '박문수전'이 출간되기도 하였다.

대한 이야기가 당시 세간에 많이 떠돌았다. 즉 조지서는 항상 번개처럼 관부에 출입하였는데 마치 독수리(야골)와 같았다고 한다. 또한 순찰할 때는 복장의 형태를 알 수가 없어 혹은 관복(官服)하고 혹은 초라한 옷차림으로 변장하기도 하여 사람들이 그의 행동을 전혀 눈치 챌 수 없었다고 한다.

또한 어사 신응시는 호남어사 시절 명 판결로 그 이름을 떨쳤다.

### 3) 암행어사의 임무는 무엇이었을까!

암행어사는 수의(繡衣)·직지(直指)라고도 불리었다. 안핵어사(按覈御史)·순무어사(巡撫御史) 등 지방에 변고가 있을 때 왕명으로 파견하는 어사와는 달리, 이들의 임명과 임무는 일체 비밀에 붙여졌다.

초기에는 대간(臺諫)·옥당(玉堂: 홍문관을 달리 부르던 말) 등의 젊은 신하를 국왕이 직접 임명하여 봉서(封書: 누구를 무슨 도의 암행어사로 삼는다는 신분 표시와 임무의 내용이 적혀 있는 문서)·사목(事目: 암행어사의 직무를 규정한 책)·마패(馬牌: 역마(驛馬)와 역졸(驛卒)을 이용할 수 있는 증패)478)·유척(鍮尺: 검시(檢屍)를 할 때 쓰는 놋쇠의 자(尺)) 등을 수여하였다. 특히 봉서는 이들이 남대문을 나서서야 비로소 뜯어 볼 수 있었다.

암행어사는 지방을 돌아다니면서 비리감찰을 하기도 하였지만 상부에서 명령을 받고 실행에 옮기는 경우도 있었다. 이들이 행차할 때는 선문(先文: 관리가 지방에 출장할 때 그의 도착 날을 그 지방에 미리 통지하는 공문)을 사용하지 않고 남의 눈에 띄지 않게 초라한 옷차림으로 변장하여(미복: 微服) 몰래

---

478) 마패에는 1마패에서부터 5마패까지 5종이 있었는데, 암행어사에게는 2마패가 지급되었다. 마패의 소지는 봉명사신(奉命使臣)임을 입증하는 것으로 권력의 상징이었으며, 어사의 봉고(封庫)나 처분문서(處分文書)에 마패를 날인해 직인으로 대용하기도 하였다.

수령의 행적과 백성의 억울한 사정 등 민정을 자세히 살폈고, 필요할 경우에는 출도(出道: 露蹤)하여 그 신분을 밝혔다. 암행어사 출도는 황혼이 진 밤에 이루어지는 것이 보통이었으며 객사·관사에서 또는 각 지역의 문 또는 루에서 실시되었다.

암행어사 출도에 병력을 동원하였던 것은 암행어사 출도 후 수령이 도주를 할 경우가 있어 암행어사 출도를 외치게 하였다. 암행어사 출도 후 수령은 그 자리를 즉시 내놓아야 했으며, 적발된 수령은 의금부로 압송되어 의금부에서 죄를 다스리게 하였다.

암행어사는 비리를 규찰하는 것을 그 소임으로 하였으므로 형벌을 내릴 수 없었다. 그러나 비위(非違)·탐오(貪汚: 욕심이 많고 하는 짓이 더러움) 등 수령의 잘못이 밝혀지면 그 죄질에 따라 관인을 빼앗고 봉고파직(封庫罷職: 부정을 저지른 관리를 파면시키고 관고(官庫)를 봉하여 잠그는 일)하여 직무 집행을 정지시켰다. 또한 임시로 형옥(刑獄)을 심리하여 백성들의 억울함을 풀어주기도 하였다.

임무가 끝나면 서계〈書啓: 숙계(繡啓)라고도 하며, 임금의 명을 받아 무슨 일을 처리한 신하가 그 결과를 보고하여 올리던 문서〉에 수령의 행적에 대해서 상세히 기록하고 별단(別單)에 자신이 보고들은 민정과 효자·열녀 등의 미담을 적어 국왕에게 바쳐 지방행정의 개선을 촉구하였다.

4) 암행어사에 대한 견제는 없었나!

모든 암행어사들이 능력이 출중했던 것만은 아니었다. 영조 때의 제주 암행어사 홍상성(洪相聖)은 어사 임무수행 도중에 만난 기생을 데리고 함께 다니다가 파직(罷職) 당하기도 하였다.

정조 때의 호남 암행어사 이희갑(李羲甲)은 제대로 어사출도도 하지 못하고 그냥 돌아와 버렸다. 이에 정조는 암행어사가 출도도 하지 못하고 남몰래 갔다가 남몰래 돌아온 것은 예전에 미처 듣지 못하였다는 꾸중과 함께 이후 서용(敍用)이 금지되는 벌을 받기도 하였다.

어떤 수령들은 무엄하게도 어사를 우습게 보기도 하였다. 암행어사는 국왕 직속의 비리감찰임무를 수행하는 터라 암행어사에게 반하는 행동을 한다는 것은 결국은 국왕에 반하는 것과 같았으므로 그에 반하는 행동을 한다는 것은 생각할 수도 없는 일이어서 모반죄 또는 반역죄로 다스려 졌다. 그러나 중종 때 황해도 어사 조종경이 강녕현에 가서 어사 출도를 외쳤으나 현감 신붕년은 문을 열지도 않은 채 버틴 적도 있었다고 한다.[479] 충청도 어사 김익수도 공주지역 목사가 암행어사 출도를 눈치 채고 주막은 물론 일반 백성들에게도 모두 문을 걸어 잠그게 한 채 낯모르는 외부 사람에게는 밥을 주지 못하도록 하였다. 그리하여 며칠 동안 아무것도 먹지 못한 채 수령의 비리를 캐기는커녕 굶어 죽을 지경에 처하기도 하였다.[480]

또한 실상을 알 수는 없으나 어사가 의문사(疑問死)한 경우도 있었는데, 영조 때 전라도 암행어사 홍양한은 태인현에서 쌀 천 석의 불법사실을 탐지하고 출도 직전 점심을 먹다가 갑자기 죽음으로써 의문사 물의를 일으키기도 하였다.[481] 또한 순조 때 암행어사 임준상이 강계부에서 갑자기 구토와 설사를 하다가 급서했으나 그 진상조차 밝히지 못한 경우도 있었다.[482]

앞서 서술하였듯이 어사제도는 절대 권력을 지닌 지방수령으로부터 백성들을 보호하기 위한 최소한의 장치였으나, 백성들에게 통제 받지 않는 권

---

479) 임병준, 조선의 암행어사, 서울: 가람기획, 2003, 158면.
480) 임병준, 조선의 암행어사, 159~160면.
481) 영조 39년 4월 9일조.
482) 순조 22년 6월 26일조.

력은 아무리 중앙에서 어사를 파견해도 부패하게 마련이었다.

또한 백성들이 왕조체제에 대한 절대적인 신뢰를 갖고 있을 때는 몰라도 그렇지 못할 때에는 어사도 소용없는 존재였다. 조선의 마지막 개혁군주 정조가 죽고 순조가 즉위한 후 민란이 잇따랐던 것은 백성들이 더 이상 왕조체제의 수령제어방식을 신뢰하지 않으면서 자신들의 힘으로 직접 현안을 해결하고자 한데서 비롯된 결과라 하겠다.

결국 민의의 향배를 잘 살피는 것이 군주의 덕목이 아닌가 싶다.

백성들의 고충을 잘 헤아리고 그 부당함을 바로 고친 어사 신응시의 명판결을 소개한다. 조선 중종 말부터 선조 초에 걸쳐 예조참의(예조의 정3품 벼슬)·병조참지(병조의 정3품 벼슬)를 거쳐서 대사간〈조선시대 간쟁·논박을 맡았던 사간원(司諫院)의 으뜸인 정3품 벼슬〉에 이른 인물로서 신응시란 분이 있었다. 그가 지방수령으로 재직할 때에는 재판을 할 경우 서리들에게 종일토록 각종 장부와 서류를 들고 서 있게 하였다. 또한 소장이 들어오는 대로 신속히 재판하였고 폐스러운 법례는 과감히 없앴다. 행정과 교육에 힘썼으므로 백성이 모두 칭송하며 따랐다고 한다.

그가 호남어사로 활동하던 시절 전라도 남원에서 다음과 같은 일이 있었다. 즉 충맹(虫氓)이란 사람이 불교를 광신하여 만복사(萬福寺)란 절에 논과 밭을 포함한 그의 전 재산을 모두 시주하였으나, 이로 인해 굶어죽게 되었고 그 자식 또한 거지로 떠도는 일이 발생하였다. 이로 인해 그 부당함을 호소하며 시주한 논과 밭을 다시 돌려달라는 소송이 제기되었으나 번번이 패소하였다.

마침 어사 신응시에게 또 다시 같은 내용의 소지(所持)가 제출되었다. 소지의 내용인즉, "제 아비가 생전에 불교를 광신하여 만복사(萬福寺)란 절에 논과 밭을 포함한 전 재산을 모두 시주하였습니다. 그러나 시주한 후

가세가 기울어 아비는 굶어 죽게 되었고 저는 고아가 되어 떠돌아다니며 빌어먹는 신세가 되었습니다. 이보다 더 원통한 일이 어디에 있겠습니까! 바라옵건대 만복사에 시주한 논과 밭을 소인에게 다시 돌려주시기를 간청하옵니다."

이에 어사 신응시는 다음과 같이 판결하였다. "아비가 논과 밭을 내놓아 시주한 것은 본래가 복을 구하려 한 것인데 이로 인해 그 몸은 벌써 굶어 죽었고 그 아들 또한 고아가 되어 거리를 떠돌며 빌어먹고 있으니 이는 부처의 영험이 없음을 말하는 것이다. 고로 논과 밭은 그 임자인 아들에게 돌려주도록 하고 복은 부처에게 바치도록 하라"[483]

당시는 불교를 규탄하던 때일 뿐 아니라 경국대전(經國大典) 형전(刑典) 금제조(禁制條)에도 "사노비나 논밭을 절이나 무당들에게 시주한 자는 죄를 논한 후에 그 노비와 논밭을 국가에서 몰수한다"는 규정이 있었기에 원칙대로라면 이 사건의 논밭도 국가에서 몰수하여야 했다. 그러나 그 아들이 딱하므로 그에게 돌려주도록 한 것이었다.

이는 어사 신응시가 원칙에만 매이지 않고 구체적 타당성(妥當性)을 고려하여 나름의 융통성을 발휘한 경우라고 하겠다.

### 3. 소송 외의 분쟁해결방법: 상언(上言)과 격쟁(擊錚)

> "거동시 상언(上言)케 한 것은 경외(京外) 국민의 억울한 일이 해결되지 않음이 있을까 염려해서인데 근래 국체(國體)가 높지 못하고 사람들이 요행(僥倖)을 바라서 감사, 현감이 처결할 수 있는 일도 상언(上言)하여 번거롭게 하니 …"

---

483) 어숙권, 한고관외사(寒皐觀外史) 효빈잡기(效顰雜記) 상.

〈신문고를 두드리는 억울한 백성〉

　소송제도 이외에 억울함을 토로할 수 있는 다른 제도는 없었을까! 조선시대에 이와 관련한 대표적인 제도로 신문고(申聞鼓)제도 · 상언(上言) 그리고 격쟁(擊錚)을 들 수 있다. 신문고(申聞鼓)제도는 본시 고할 데가 없는 백성으로 원통하고 억울한 일을 당한 자로 하여금 북, 즉 등문고(登聞鼓)를 치도록 한 것인데, 이 등문고를 후에 신문고(申聞鼓)라 고쳐 부르게 한 것이다. 그런데 이 신문고 제도는 처음에 의도한 바와는 달리 사소한 일에도 이를 이용하는 자가 생겨 그 의미를 퇴색케 하므로 세조3년(1457)에 신문고를 함부로 치는 자는 먼저 율문(律文; 법률을 조목별로 적은 글)에 따라 조사하라는 명(命)에 의해 그 이용이 줄어들게 되었고 이후 유명무실해 진다.[484]

　신문고제도의 기원과 관련해서는 중국 요순(堯舜) 시대의 고사일화(故事逸話)인 '비방지목(誹謗之木)'을 참고할 만하다. 비방지목(誹謗之木)은 직역하면 '남을 헐뜯어 비방하는 나무'라는 의미이다.[485] 중국 요순(堯舜) 시대에 어질고 총명하여 백성들로부터 추앙받는 임금으로 제요도당씨(帝堯陶唐

---

[484] 명종 15년(1560)에 폐지케 되나 이후 설치와 반복을 거듭하게 된다.
[485] 사기(史記) 효문제기(孝文帝記).

氏; 요(堯)임금을 뜻함)가 있었다. 도당씨(陶唐氏)는 항상 선정을 베풀려고 노력하였는데, 항시 자신에게 허물이 있을 것을 염려하여 궁문 앞에 큰 북을 매달고 문전 다리 목에는 네 개의 나무로 만든 기둥을 세웠는데 이를 감간지고(敢諫之鼓)라 불렀다. 이는 백성들 중 누구든지 자신의 허물을 발견하면 그 북을 두드려 말할 수 있게 한 것이었다. 세워 놓은 나무는 왕의 정치에 불만을 품은 자가 원하는 것을 적어 기둥에 붙여 놓으라는 뜻이었다. 이러한 것들은 모두 당시 요임금이 백성들의 민의가 어디에 있는지를 수렴하기 해서 만들어 놓은 것이었다.

또한 일반 백성이 단시일 내에 자신의 문제를 해결하거나 억울한 피해를 보상받기 위한 방법으로 택했던 것이 바로 격쟁(擊錚)과 상언(上言)이다. 이는 임금이 행차할 때에 임금의 어가(御駕: 임금이 타는 수레) 앞에서 억울함을 호소하는 것으로 직접 임금의 귀에 들어가게 되므로 그 해결이 신속할 수밖에 없었다. 격쟁(擊錚)은 백성들이 궁궐에 직접 들어가거나 왕이 행차할 때를 포착하여 징이나 꽹과리 또는 북을 쳐서 이목을 집중시킨 다음 억울한 사연을 왕에게 호소하는 것이었다. 글로 작성할 필요가 없어 먼 시골 아이도 아비를 위해 격쟁하는 등 나이제한이나 신분에 관계없이 각계각층에서 애용되었으나, 주로 양인이나 천인이 이용하였다. 임금이 행차할 때에 격쟁을 하려는 사람들이 갈수록 늘어나 근처에서 이를 구경하려는 백성들이 많이 모여들기도 하였다.[486] 격쟁의 주된 내용은 민생관련사항·부정부패신고·부당한 처벌에 대한 항의 그리고 묘자리 관련 다툼에 관한 순으로 많았다.

상언(上言)은 백성이 왕에게 올리는 진정서인데, 문서를 이용하여 하는 것이었기에 주로 양반층에 의해 이용되었다. 그 주된 내용으로는 조상의

---

486) 추관지(秋官志) 고율부(考律部) 정제(定制) 격쟁상언(擊錚上言),

공력인정 및 가계계승 관련 사항·민생관련사항과 부정부패신고487)·부당한 처벌에 대한 항의·묘자리 관련 송사 등을 들 수 있다.

이러한 조선시대의 격쟁 및 상언은 국왕의 은전(恩典) 하에 백성의 억울한 사정을 해결해 주는 소원제도(訴冤制度)로서의 역할을 해내고 있었지만 정식의 소송절차를 대신하게 된 점이 바로 문제가 되었다. 즉 사소한 일이나 한 가지 일을 가지고 수차례 상언하기도 하였고 격쟁·상언을 동시에 하거나, 허위로 상언을 꾸미기도 하였다. 때론 혈서로 상언을 쓰는 등 과격한 양상을 띠기도 하였다.

실례로 서부 사람 김조이가 양반 정도형과의 가옥매매대금(家屋賣買代金)의 문제로 인해 한성부에 잡혀 있던 남편 이정수를 위해 격쟁하였다. 그러나 정도형이 이미 소송을 제기한 상태였고 아직 판결이 나지도 않은 상태에서 격쟁하였다고 하여 외월지죄(猥越之罪: 외람되게 절차를 뛰어 넘은 죄)가 적용되어 처벌을 받았다.488)

또한 경기도 양근 사람 이광홍은 자신이 인제에서 매입한 나무 600여 주를 총융청(摠戎廳; 조선 시대에 경기 지역의 군무를 맡아보던 오군영(5軍營) 중의 하나)의 장교(將校) 변광택과 서리(胥吏) 신세철이 빼앗자 법사(法司: 형조와 한성부를 아울러 이르던 말)에 여러 차례 소를 제기하여 승소하였다. 그러나 좀 더 받아낼 요량으로 다시 격쟁하였던 것이었다. 이것이 문제가 되어 조정에서는 이광홍의 처벌과 관련하여 논의가 진행되었는데 이광홍의 나이가 당시 80이 넘었다하여 죄를 묻지 않기로 하였다. 그러나 이러한 일로 격쟁한 것은 당시에는 위법한 것이었다.489)

---

487) 사회, 경제문제에 대한 불만이 늘어나게 되면서 조세수탈·상공업이윤수탈·토지수탈·양인의 강제적 노비화·과중한 세금부과 및 형벌권 남용에 대한 것이 이에 해당한다.
488) 승정원일기 1503, 정조 6년 2월 5일, 82권 7면.
489) 승정원일기 1505, 정조 6년 3월 2일, 82권 71면.

상언을 허위로 꾸며서 하는 경우도 있었다. 당상관이던 이사종이란 자는 처남인 신광은 등과 서로 합의하여 노비를 각각의 몫으로 나누었다. 그리고는 각각 자기의 서명을 한 다음 장예원(掌隷院)에 보내 입안(立案: 증명문서)을 지급받았다. 그런데 다시 다른 꾀를 내어 노비의 소유권과 관련한 상언을 하였던 것이다. 문제는 그 자신이 아내의 상언을 거짓으로 꾸며 그 책임을 송관의 탓으로 돌리려 하였을 뿐 아니라 나중에 밝혀진 바로는 상언을 그가 직접 승정원에 올렸다는 것이었다(중종 30; 1535).[490]

이러한 상언·격쟁은 애초에 소송과는 성격이 다른 것이었으나 점차 이 역시 소송과 마찬가지의 효과를 거두게 되었다. 그런데 당시에 상언·격쟁이 빈번하게 된 원인과 관련하여 몇 가지의 주장이 제기된다. 먼저 이러한 상언·격쟁의 증가는 청송(聽公; 재판을 하기 위하여 송사(訟事)를 들음)의 효과를 보지 못함으로 인해 발생하는 것이라 보았다. 즉 재판관이 심리를 잘하여 백성이 억울한 일이 없게 되면 어가(御駕) 앞에서의 상언·격쟁은 줄일 수 있음에도 소송이 공정치 못함으로 인해 이 같은 일이 발생하는 것이라는 지적이다.

정조 때 영의정을 지낸 서명선은 그 문제점을 다음과 같이 지적하고 있다.

"근래 임금의 거둥시 상언·격쟁이 극히 어지러우니 백성들의 그 지나침이 실로 말이 아닙니다. 그래서 지난번 경연에서 이를 금할 것을 청했으나 임금께서 백성들의 뜻이 전달되지 않을 수 있음을 염려하시고 금하지 않으셔서 신도 감히 다시 아뢰지를 못하였습니다. 국조보감(國朝寶鑑)에서 성종조의 명하심을 보면 '어가 앞에서의 고소가 증가하는 것은 관리가 송사를 듣고 판단함에 잘못이 있기 때문이다. 관을 설치하여 그에게 임무를 맡긴 뜻이 어디에 있는가! 모든 관사(官司)에 단단히 타일러 삼가게 하라. 송사

---

490) 중종실록 80, 30년 12월 21일(정미) [원전] 17집 626면.

를 처리함에 있어서는 이익이나 욕심에 끌리지 말고 위세에 두려워하지 말아서 백성의 억울함이 없게 하라'고 하였습니다.

…… (중략) ……

이러한 뜻을 전국의 수령들에게 단단히 타일러 삼가게 함으로써 거룩한 뜻을 알리시고 태만함이 없도록 하십시오."491)

또 다른 주장은 그 원인을 청송사무(聽公事務)의 적체(積滯)에 두었다.

"백성의 안위는 옥송(獄訟)의 공정함 또는 불공정함에 관계된 것이니 자세히 살피고 심판하여야 한다. 근래 격쟁(擊錚)·호원(呼冤; 원통함을 하소연함)이 분분한 것은 필시 방백이나 수령이 개인적인 뜻에 이끌려 그리된 것이다. 그릇됨을 알면서도 잘못 판결함이 이에 이르렀으니 백성들이 어찌 고통스럽지 않겠는가!"492)

그밖에 또 다른 원인으로서 상언(上言)에 의할 경우 그 목적을 이루기가 보다 수월하였다는 점을 들고 있다. 이는 궐(闕) 안팎을 지키는 것이 해이해 짐으로 인해 궐내로의 자유로운 출입이 가능하게 된 것과 함께 뇌물을 받고 이를 묵인하는 법사(法司) 벼슬아치들의 뒤봐주기가 있었던 것을 그 예로 들고 있다.

즉 "근래 사건사는 거의 드물고 태반이 그와 무관한 것입니다. 관원의 앞에서는 진술하지 못하는 자도 문득 와서 격쟁하니 이와 같은 백성을 엄히 단속하지 않을 수 없습니다. 이러한 백성들은 거의가 다 금부·형조·한성부의 벼슬아치들과 결탁하고 있는데 이들의 격쟁을 알지 못하는 벼슬

---

491) 승정원일기 1506, 정조 6년 3월 24일, 82권 114면.
492) 승정원일기 270, 숙종 5년 5월 10일, 14권 332면.

아치들은 없습니다. 그러므로 너무도 쉽게 격쟁하는 것입니다."493)

이러한 기록에 비추어 볼 때 당시에 왕과 관리들이 격쟁과 상언의 폐해가 무엇으로부터 비롯하고 있는지를 제대로 파악하고 있었음을 잘 보여주고 있다.

그러나 법이 규정하고 있는 절차적 과정을 생략한 채494) 상언이나 격쟁을 통해 절대권자인 왕의 전권행사에 의존하려는 백성들의 요구 내지 권리행사는 점점 그 한도를 넘어 그 끝을 모르게 되었다. 그러함에도 이를 법적으로 수용하는 법제도의 마련, 관련 기구의 행정적인 개선이나, 그리고 관료 지배층들의 의식전환은 전혀 변화를 보이지 아니 하였다. 결국 국왕의 예치적(禮治的) 통치방식과 이에 필요에 따라 조응(調應)하려는 백성들의 비뚤어진 권리의식의 어우러짐은 결국 법제도로서의 소송제도가 올바르게 발전하는데 있어서 커다란 걸림돌의 역할을 하게 될 것이다.

### 4. 상피제도(相避制度)와 분경금지법(奔競禁止法)

> "송관(訟官)에게 청탁(請託)을 한 경우
> 송관(訟官)과 청탁(請託)을 한 자(者) 모두에게 큰 짐이 되었고
> 급기야는 양자 모두가 피해자(被害者)가 되는 경우가 많았다"

오늘날에 있어서도 재판은 공정하게 이루어지지 않으면 안 된다. 이를

---

493) 승정원일기 1511, 정조 6년 6월 10일 을해, 82권 312~314면.
494) 추관지(秋官志) 고율부(考律部) 정제(定制) 신문고(申聞鼓); "우리 조종(祖宗: 대대의 군주의 총칭)의 법에 따르자면 억울한 사정이 있는 자는 먼저 사헌부(司憲府)에 고소하고 그래도 억울함이 풀리지 않은 뒤라야 비로소 신문고를 쳐서 상언하는 것을 허락하였습니다. 그런데 지금 억울함을 호소하는 사람은 오직 격쟁과 상언을 일삼고 사헌부를 경유하지 않습니다."는 지적이 이를 잘 확인해 주고 있다.

위해서 법률로 제척(除斥)·기피(忌避)·회피(回避)제도를 두어 만전을 기하고 있다. 제척제도(除斥制度)란 재판의 공정성 유지 및 적법한 절차의 보장을 위해 인정된 제도로서, 법관이 구체적 사건에 대해 법률이 정한 특별한 관계가 있는 때에 법률상 당연히 그 사건에 대한 직무집행을 행할 수 없도록 하는 제도이다.

조선시대에도 재판의 공정을 담보하기 위하여 현재와 같은 유사한 제도가 존재하였을까! 당시에도 오늘날의 제척제도와 유사한 상피제도(相避制度)와 재판관에 대한 청탁을 금하는 분경금지법(奔競禁止法)이 있었다.

조선시대에는 원래 특별한 관계에 있는 일정 범위의 사람들을 같은 관사(官司)에 또는 통속관계의 관사에 관리로서 같이 있지 못하도록 하는 상피(相避)라는 제도가 있었다.495) 그런데 경국대전에 상피(相避)되는 범위를 기재하면서 주석(註釋)에 청송(聽公)에서도 마찬가지로 하여 재판에서도 적용되도록 하였다. 즉 경국대전 형전(刑典) 사천조(私賤條)에서 이를 규정하였는데, 송관상피(訟官相避)는 재판을 담당하는 관서인 장예원·형조·한성부·사헌부 등을 그 대상으로 하였다.496)

상피의 범위에 있어서는 고려시대의 제도를 거의 수용한 것으로 보인다. 조선시대에는 엄격히 적용되었는데, 부계·모계는 4촌, 처족은 3촌의 범위로 하였다. 그러나 때론 그 이상으로 범위를 확대하여 적용되는 경우도 많았다. 상피의 범위에 들어서 또는 들지 않더라도 송관 자신이 공정성을 의심받을 우려가 있다고 느껴지면 스스로 재판을 회피하기도 하였다.497) 판

---

495) 시관(試官; 시험을 맡는 관리)이 되는 것도 제한을 받았고 어떤 지방에 특별한 연고가 있는 관리가 그 지방에 파견되지 못하는 것도 이에 포함된다.
496) 이기명, 조선시대 상피제의 운영실태 연구, 동국대학교대학원 사학과 박사학위 논문, 2003, 45, 52~53면.
497) 이를 피혐(避嫌)이라 하며, 소송당사자가 송관(訟官)에 대하여 기피신청(忌避申請)을 하는 경우를 귀태(鬼胎)라 하였다

결을 하는 재판관이 상피에 해당하는 경우에는 그 처리를 다른 관아로 넘겨 처리한다는 타사이송결절(他司移送決折)이 관례였다.498)

또한 조선시대에는 분경금지법(奔競禁止法)이라 하여 재판관에게 소송청탁(訴訟請託)을 하는 것을 법으로 금하였다. 그럼에도 불구하고 소송을 위해 재판관에게 청탁을 하는 경우가 많았다. 재판관에게 청탁을 한 경우 재판관 본인 및 청탁을 한 자 모두에게 큰 짐이 되었고, 급기야는 양자 모두가 피해자가 되었다.

만약 조선시대에 재판을 담당하는 관리가 사건 당사자로부터 소송과 관련한 청탁을 받았다면 이를 어떻게 처리하였는지 구체적 사례를 통해 살펴보기로 한다.499) 중종 때의 일이다. 한성부(漢城府)에서 사헌부(司憲府)로 이관된 소송사건이 있었는데, 당사자 중의 한사람이었던 허순형(許順亨)이란 자가 사헌부(司憲府) 장령(掌令: 사헌부의 정4품 벼슬)이던 황윤준이란 자의 인척이던(사촌매부의 동생) 송천동에게 황윤준을 만나 선처해 줄 것을 간청하였다.

"내 사건이 한성부에서 사헌부로 이관되었소. 내가 듣기에 당신이 사헌부 장령인 황윤준과는 잘 아는 사이라고 하니 내 소송과 관련하여 그를 만나 선처를 해주도록 청을 넣어 주시오!"

이에 송천동이, "나와 그와의 사이는 막역한 사이이니 필시 내 부탁을 들어 줄 것이요. 내 그리 하리다."며 허순형의 부탁을 승낙하였다.

그런데 송천동이 황윤준의 집을 다녀 나오다가 마침 그의 뒤를 밟으며 감시하고 있던 상대방 당사자인 박소에게 들키고 말았다. 그러자 박소는 송천동을 포박하여 황의 집으로 데리고 들어가, "너는 어찌하여 분경금지

---

498) 태종실록 4, 태종 2년 8월 경자조(庚子條); 세종실록 122, 세종 30년 10월 신유조(辛酉條); 성종실록 33, 성종 4년 8월 계해조(癸亥條).
499) 박병호, 272면 이하.

법이 있음에도 소송청탁을 예사로 아는 것이냐. 네 신분이 사헌부 장령의 위치에 있음을 잊었느냐!"라며 온갖 욕설을 퍼부으며 황을 힐난하였다. 그뿐 아니라 황을 사헌부(司憲府)로 끌고 가 사헌부 관원들이 보는 앞에서 갖은 말을 다하며 소송청탁을 받은 사실을 폭로하였다.

그로 인해 황윤준은 네 번이나 사의(辭意)를 표명하였다.

그러나 사헌부에서는, "황윤준이 장령(掌令)의 신분으로서 송천동을 만나지 않았어야 바로 허물이 없는 것입니다. 그러나 황윤준이 박소로부터 이러한 모욕을 당한 것은 실로 더 중대한 일이 아닐 수 없습니다. 황윤준의 사의(辭意)를 반려하시고 박 소를 왕명(王命)에 의하여 엄히 다스리소서!"라고 임금에게 아뢰었다.

임금이 이르기를, "소송당사자가 재판관의 허물을 들추는 것은 예사이지만 박소의 경우처럼 대관(臺官)을 능욕하는 일은 일찍이 없었다. 만약 대관(臺官)인 황윤준을 면직시킨다면 간사한 무리들이 대관(臺官)을 능욕하는 짓을 예사로 할 것이니 황윤준을 용서하도록 하라."라고 명하였다.

그러자 홍문관(弘文館)에서는, "소송청탁을 받은 황윤준을 비호하려는 사헌부(司憲府) 관리 전부를 갈아 치워야 합니다. 그리 해야 영이 바로 설 것입니다."라고 상소하였다. 이에 사간원(司諫院)에서는 "사헌부 관리 전부를 갈아 치우는 것은 말도 안됩니다. 황윤준과 송천동 둘만을 다스리시는 것으로 족합니다."라고 상소하여 이 일로 인하여 조정 내에 논쟁이 가열되었다.

이에 임금은 어쩔 수 없이 절충적인 입장을 받아들여 형조(刑曹)로 하여금 황윤준, 송천동 두 사람을 함께 처벌하도록 명하였다.

또 다른 사건으로서 장예원에서 민례(閔禮)라는 자와 한세보(韓世俌)라는 자의 처(妻)와의 사이에 노비의 소유권을 둘러싼 분쟁을 재판한 것이 있다. 이후 민례가 장예원이 내린 1심 판결에 불복하여 사헌부에 항소하자, 사헌부에서는 장령(掌令)인 윤사익(尹思翼)으로 하여금 이 사건을 담당하게 하였다.

그런데 한세보의 아들인 한비가500) 윤사익의 집을 찾게 된 것이 화근이 되었다. 즉 손님이 왔다 하여 들이라 하였더니 그가 바로 한비였던 것이었다. 이런저런 이야기를 나누던 차에 한비가 자기 어머니의 소송사건에 대하여 이야기를 꺼내자 윤사익은 이를 탐탁지 않게 여기며 말꼬리를 돌렸다. 분위기가 이상해지자 한비는 서둘러 그 자리를 뜨고 말았다.

윤사익은 이것이 분명 '분경금지령(奔競禁止令)'에 저촉되는 것이라 여겨 대사헌 박호(朴壕)를 찾아 가, "제가 법사(法司)의 관원으로서 사건의 내용을 담당·조사하고 있는 중인데, 사건 관련자인 한비가 감히 저를 찾아와 청탁을 하니 이는 잘못된 폐단이며 이런 일은 모름지기 방지하고 금지해야 할 것입니다"라고 고하였다.

이 사건은 곧 공개되었고 윤사익을 처벌할 것인가에 대해 사헌부(司憲府)와 사간원(司諫院)간에 열띤 논쟁이 계속되었다. 결국 임금이 이를 무마하기에 이르러, 한비와 윤사익을 모두 체포하여 조사하는 것으로 결정 내려졌다.

또 다른 문제는 청탁을 과감히 물리칠 경우인데, 이 경우에는 그 자리에서 물러날 것을 각오하지 않으면 안 되었다. 이와 관련한 사례를 소개하면, 세종 때 판한성부사(判漢城府事; 현재의 서울특별시장)를 지낸 허주(許周)라는 분은 명재판관으로 널리 알려져 있다. 허주는 한 번 송사(訟詞)를 들으면 이를 기억하여 잊어버리지 아니하였다고 한다. 만일에 누군가 실제의 사정을 숨기고 다시 소송하는 자가 있게 되면 이를 분석하여 사실을 하나

---

500) 당시 한비는 상의원(尙衣院)의 직장(直長: 30개의 중앙부서에 있던 종7품의 벼슬) 벼슬을 하고 있었다.

하나 들춰내 이를 따져서 적발하여 굴복시키기를 귀신과 같이 하여, 사람들이 모두 이의 없이 그의 결정에 따랐다고 한다.

또한 허주는 옳고 그름을 잘 가려내어 소송한 자에게 이치를 따져 굴복시켜 스스로 물러나게 하였다. 이에 소송에서 진 자도 그 결과에 대해 원통해하지 않았다고 한다. 그 또한 세도가로부터 청탁을 받았으나 이를 물리침으로써 미움을 사 그 자리에서 파직되기도 하였다. 이에 사람들이 이를 무척이나 한탄하였다고 한다.[501]

또 다른 사례로, 18세기 말엽 영·정조 때 사람으로 한성판윤을 거쳐 병조판서를 지낸 사람으로 권 엄이란 분이 있었는데, 그는 위세에 굴하지 않고 원칙대로 재판한 재판관으로도 널리 알려져 있다. 그가 한성판윤으로 재직하던 때의 일이다.

당시 어의(御醫)이던 강명길이 왕의 총애을 믿고 방자하기 이를 데 없었다. 그러던 차에 강이 그의 부모의 묘를 이장하기 위하여 서대문 밖에 산지를 구입하였는데 그 곳에 살고 있던 마을 주민들과 마찰이 생기게 되었다.

강명길은 한성부에, "제 부모의 묘를 이장하기 위하여 서대문 밖 인근에 산지를 매입하였습니다. 산지를 매입하면서 산 아래에 살고 있던 민가 수십 채도 함께 사들이게 되었는데, 당시 이들로부터 10월 추수가 끝나면 집을 비워주고 나가겠다는 약조를 받았습니다. 그러나 약조한 시일이 한참이나 지났음에도 이들은 그 약조를 지키지 않고 있습니다. 부디 이들을 제 땅에서 쫓아 내 주시기 바랍니다."라는 내용의 소지를 제출하였다.

권 판윤이 이를 잘 살펴보니, 민가에서 집을 비워주고 나가기로 약조한 그 해에 전국적으로 흉년이 들어 민가에서는 그 약조를 지킬 수가 없었던 것이었다. 이에 권 판윤이 이들의 사정이 딱하여 강명길의 요구를 들어주

---

501) 세종실록 91, 세종 22년 12월 8일(정축) [원전] 4집 327.

지 아니한 것이었다.

이에 강이 왕에게 이러한 사실을 고하고 선처를 부탁하였다. 왕이 승지(承旨) 이익운(李益運)을 불러 이르기를, "어의 강명길이 다시 한성부에 제소하면 한성부의 관리들을 시켜 민가의 사람들을 몰아내게 하도록 권 엄에게 이르라"고 명하였다.

다음날 강이 왕의 부탁을 믿고 다시 제소했으나 권 판윤은 전과 마찬가지로 "민가의 사람들을 몰아내는 것을 허락하지 아니 한다"며 이를 받아들이지 아니 하였다.

왕이 그 사실을 듣고 노하여 이 승지를 불러들여 "어찌 이런 일이 있을 수 있는가! 과인의 이야기를 감히 권 엄이 듣지 않는단 말인가!"하며 꾸짖었다. 왕의 노여움이 어찌나 대단했던지 그 자리에 있던 사람 모두가 벌벌 떨기만 하였다.

이에 이 승지가 권 판윤에게 가서 "전하의 노여움이 극에 달하였습니다. 어찌하여 자꾸 전하의 노여움을 사려고 그리 하십니까!"라며 왕의 불편한 심기를 전달하였다. 이에 권 판윤은 "그들이 흉년으로 말미암아 당장 주리고 추위가 뼈에 사무치는데, 만약 지금 쫓아낸다면 모두 길에서 죽게 될 터이니 내가 죄를 지을지언정 차마 내어 쫓아 백성들로 하여금 나라를 원망하게 할 수는 없소이다."라고 답하였다.

그 다음날 강이 다시 제소하였으나 전과 마찬가지로 결정하여 조금도 변동이 없으니 이를 전해들은 사람들은 권 엄이 이로 인해 반드시 화를 당할 것이라 확신하였다.

며칠이 지나 왕이 이 승지를 불러, "내가 가만히 생각해 보니 지난 번 권 판윤의 처사가 참으로 옳았던 것 같다. 권 판윤은 얻기 어려운 인재이다."라고 하였다. 후에 이 말을 전해들은 권 판윤은 너무도 감격해서 눈물

을 감추지 못하였다.502)

위의 사례들에서 알 수 있듯이 소송에 대한 청탁은 법에 의해 금지되고 있었으나 정리(情理) 상 근절되기는 어려웠다. 그러면서도 당사자인 관원은 의당 사의(辭意)를 표명하는 것이 관례였고 또 그것이 당시에는 당연한 것으로 여겨졌음을 알 수 있다.

### 5. 외지부(外知部) – 오늘날의 변호사

> "무뢰배들이 송정(訟庭)을 배회하면서 고용되어
> 소송(訴訟)을 대신하기도 하고
> 혹은 사람들이 기송(起訟)하도록 유도하면서 법을 농간(弄奸)하고
> 시비(是非)를 어지럽게 합니다"

조선시대에는 합법적으로 인정된 지금의 법률가 집단이라고 할 만한 것이 존재하지 않았기 때문에 당사자들이 소송에 있어서 조력을 받기가 쉽지 않았다. 그러나 기록상으로는 현재의 변호사에 비견할 만한 '외지부(外知部)'라는 사람들이 존재하였음이 확인되고 있다. 외지부(外知部)란 장예원이 이전에는 도관지부(都官知部)라고 불려졌던 연유에서 속칭하게 된 것으로, 이들은 관사주변을 서성거리면서 민사적 분쟁사건으로 난처한 상황에 빠진 사람이나 사송(詞訟)을 제기하러 온 사람들에게 소지(所持)의 작성 또는 소송기술을 가르쳐 주기도 하였고, 때론 의뢰한 사람에게 고용되어 소송대리인으로서 소송을 대신하는 것을 업으로 삼기도 하였다. 이들은 자신의 도움으로 의뢰인이 승소하였을 때에는 약정에 따라 감정료나 변호료를 받기도 하였다.

---

502) 한국고서문학회, 조선시대생활사, 405~406면.

그러나 외지부는 당사자를 대리하여 법정에 설 수 없었을 뿐만 아니라 후에는 소송을 조장하는 무리로 여겨져 정부로부터 극심한 탄압을 받게 된다. 이들이 이렇게 취급당하게 된 것은 이들이 승소를 위해 증거의 위조는 물론 상대방을 곤경에 빠뜨리게 하기 위해 각종 소송기한을 교묘한 방법으로 연장하거나 절차를 지연시키곤 하였고, 또한 거짓 서명(手決: 수결)을 하거나 관인을 도용하여 소송문서를 작성하면서 불법적인 방법으로 소송에 간섭하기도 하였기 때문이었다.503)

또한 외지부들은 임금이 관리들에게 내리는 글과 선대의 임금들이 공신에게 훈작을 봉할 때에 내리던 명령문서(책명: 策命) 그리고 병조(兵曹)의 관인을 가짜로 만들었을 뿐만 아니라 대간(臺諫)이 왕에게 올린 글 및 공문(公文) 등의 문서까지도 가짜로 만들어 백성을 속이고 뇌물을 받기도 하였다.504) 일 예로 무과출신인 양상언과 박승창은 비록 선비의 집안 또는 그 자손은 아니었으나 양반가의 일파로 일반 서민과는 그 신분이 달랐다. 그런데 이들 두 사람이 김중명이란 자와 일당이 되어 문서를 위조하고 노비들을 마구 팔아치웠다. 또한 서로 한편이 되어 소송을 대신해 주면서 한 사람이 두 번 이상 소를 제기할 수 없다는 규정을 피해가며 서로 번갈아 소송에 관여하였고 승소하면 이익을 나누어 가졌다. 이들의 이름이 법조문서에 나타난 것이 거의 십여 차례라는 지적이 있었던 것으로 보아 이들이 소송대리 업무를 거의 업으로 하였던 것으로 보인다.

강원도 삼화부의 정대량이란 자는 협잡인과 서로 교류하면서 겉으로는 백성을 위하는 일을 한다고 사칭하였다. 그러나 실제로는 다툼을 꼬드기고 또한 계책을 만들어 인근 동네에 여러 차례에 걸쳐 소를 제기함으로써 '장

---

503) 율례요람(律例要覽) 58, 도용인신(盜用印信).
504) 숙종실록 17, 숙종 12년 8월27일 (기묘) [원전] 39권 75면.

립아문쟁송위업자 장 1백 유 3천리(長立衙門爭訟爲業者杖一白流三千里)'의 율(律)에 의해 처벌되기도 하였다.505)

외지부들의 이러한 행위는 국가의 통치나 체제유치 측면에서는 볼 때에는 직접적인 문제가 되는 것은 아니었으므로 굳이 이를 중벌로 처벌할 필요는 없었다. 그러나 이들 외지부들의 소송을 유발하고 이를 좌지우지하는 행위는 '소송이 없음(무송: 無訟)'을 지향하는 국가의 정책에 반하는 것으로 이를 엄하게 다룰 필요성이 있었기에 소송관련 행위 자체를 못하도록 하기 위해 먼 곳으로 귀양을 보낸 것이었다.

이렇듯 외지부들은 공개적으로 활동할 수가 없었고,506) 급기야 성종 9년 (1478) 8월부터는 외지부를 붙잡아 장 100 형에다 전 가족을 변경으로 이주하도록 하는 형에 처하도록 하였다. 뿐만 아니라 이를 붙잡아 신고한 자에게는 강도를 붙잡은 예에 따라 1인당 면포 50필을 상으로 주도록 하는 법령을 공포하기에 이르렀다.507) 이때부터 외지부들은 차차 그 자취를 감추게 되었고 결국 하나의 직업적 법조인의 싹이 끊기게 되었다.

당시 외지부를 어떻게 보았는가와 관련하여 그 기록을 살펴보면,

"간세한 무리들이 내수사(內需司: 왕실의 사유재산을 관리하는 곳)의 노비를 불법으로 차지하고 개인소유의 노비로 하고자 하는 자가 있다. 가난하고 세력 없는 노비가 내수사(內需司)에 몸을 맡기려고 몰래 선두안(宣頭案: 내수사에 속해 있는 노비들의 원적부)에 등록하면 (간세한 무리들이) 외지부와 결탁

---

505) 대전통편(大典通編) 형전(刑典) 청리조(聽理條).
506) 임상혁, 121면.
507) 대전후속록(大典後續錄) 형전(刑典) 잡령(雜令): "항시 결송아문(決訟衙門: 송사를 처결하는 관청)을 배회하면서 남에게 소송을 교사, 유도하는 것을 업으로 하고 있는 자는 그 관청으로 하여금 수소문하여 형조에 보고하게 하고 죄상을 문초하여 사실을 밝힌 다음 장 일백과 변방으로의 이주(전가사변)에 처한다. 또 그러한 자에 대하여는 다른 사람이 체포하여 관에 신고하는 것을 허용하고 잡아온 자에게는 강도를 붙잡아 온 예에 따라 일인 당 면포 50필을 상으로 지급한다."

하여 외지부로 하여금 이러한 사실을 들추게 한다. 이런 경우 내수사(內需司) 노비를 개인소유의 노비로 해주는 송관들도 간혹 있다. 혹은 이러한 사실을 고하는 자의 술수에 빠져

…… (중략) ……

내수사로부터 질책을 받을 것임을 알면서도 흰 것을 검다고 하는 자가 많다.

…… (중략) ……

상을 받는 것을 이롭게 여겨 거짓으로 티무니없는 일을 있는 것처럼 꾸며 송사를 일으키는 등 정상이 심히 나쁜 자는 외지부율로 그 죄를 묻는다."[508]

형조에서 아뢰기를,

"지단 날 이르시기를, '무뢰배들이 항상 재판정에 와서 품을 받고 대신 소송을 하기도 하고 혹은 사람들이 소송을 하도록 유도하여 송사를 일으키게 한다. 또한 법조문을 마음대로 해석하여 법을 남용하여 옳고 그름을 변경하고 어지럽게 한다. 이들을 민간에서 속칭 외지부라고 하는데 쟁송의 어지러움이 실로 이러한 무리들로부터 말미암는 것이다. 마땅히 엄하게 징계하여 간사하고 거짓됨을 없애야 할 것이다'라고 하셨습니다. 형조에서 외지부라 일컫는 자들에게 죄를 물어 전 가족을 변방으로 옮겼으나, 아직도 전부 없애지는 못하여 예전에 비해 나아진 바가 없습니다."[509]

---

508) 사송유취(詞訟類聚) 금제(禁制), 명종 9년 4월 2일 교명(敎名).

조선시대에는 유교적인 가치가 중시되었기에 소송이 없는 사회를 이상사회(理想社會)로 보았다. 때문에 소송에 대한 인식이 부정적일 수밖에 없었고, 올바른 소송문화를 애초부터 인정할 수 없었던 지배층의 의식에서는 소송에 관계하는 이들 외지부를 쟁송을 교사한 자(쟁송교사자: 爭訟敎唆者)로 인식하였던 것으로 보인다.

## II. 소송의 종류 – 옥송과 사송

'옥송(獄訟)과 사송(詞訟)'

"모든 결옥(決獄)의 처리시한(處理時限)은
대사(大事 : 사형)는 30일, 중사(中事 : 도형과 유형)는 20일,
소사(小事 : 태형과 장형)는 10일 동안으로 한정(限定)하였다"

송사(訟事)라 하면 사인간의 생활관계에서 발생하는 분쟁의 해결을 위해 관청에 판결을 호소하는 것을 말하며, 옥사(獄事)는 강도·살인·반역 등의 중대 범죄를 다스리는 일로서 국가사회의 공권력유지를 위한 형사사건으로서 고발 또는 적발·수색하여 처벌하는 것을 말한다.[510] 이 중 송사는 다시 옥송(獄訟)과 사송(詞訟)으로 구별할 수 있다. 옥송(獄訟)은 상해 및 인격적 침해(양반이 상민에게 능욕을 당했다든지 상민이 양반을 침범하여 포악하게 한 경우 등) 등을 이유로 하여 원, 척간에 형벌을 요구하는 송사를 말한다. 이에 반해 사송(詞訟)은 원·척 간에 재화의 소유권에 대한 확인(確認)·양도(讓

---

509) 성종실록 95, 성종 9년 8월15일 (갑진) [원전] 9집 642면.
510) 오갑균, 251면.

渡)·변상(辨償)을 위한 민사관련 송사를 말한다. 당시는 토지(土地)와 노비(奴婢) 중심의 경제사회였으므로 주로 상속·토지·노비·소비대차 및 신분과 관련한 소송이 사송(詞訟)의 중심을 이루었다.511)

조선시대에는 비록 재판의 기능·관리의 처결태도 그리고 일반 백성들의 권리의식과 준법정신이 미흡한 상태에 머물러 있었던 것은 사실이나 사송(詞訟)은 엄청나게 많은 수가 제기되었고 오늘날과 비교해 보아도 별로 손색이 없을 만큼 절차에 따라 잘 운용되었던 것으로 보인다.

재판의 처리기한은 어떠하였을까! 경국대전에 따르면, 사송(詞訟)의 처리기한과 일반 결옥기한(決獄期限)이 동일하였다. 모든 결옥(決獄: 형사사건의 재판)은 대사(大事: 사형)는 30일·중사(中事: 도형과 유형)는 20일·소사(小事: 태형과 장형)는 10일 동안으로 한정하였다. 그러나 이와 같이 법적으로는 판결의 기한을 정해 놓고 있었으나 여러 차례 수령이 교체되는 동안에도 해결되지 않은 것도 있을 정도로 오랫동안 계속되는 것도 있었다.

당시에는 일정한 기간이 지나거나 거듭되는 사송은 심리하지 않는다는 것을 원칙으로 하였다. 예를 들어 논밭 및 가옥에 관한 송사는 5년이 지나면 수리(受理)하지 않았다. 정송(停訟: 송사를 중지함)이라 하여 지방관아에서는 농업에 지장을 주지 않으려고 춘분일(春分日)을 무정(務停: 농사일이 한창 바쁠 때에 잡송의 청리를 하지 않음)으로 하고 추분일(秋分日)을 무개(務開: 농사철에 심리를 쉬었다가 농사일이 거의 끝난 추분부터 다시 직무를 시작함)로 하여 무정(務停)에서 무개(務開)의 기간 사이에는 반역죄(反逆罪)나 강상죄(綱常罪: 삼강

---

511) 사송(詞訟)의 유형을 좀 더 구체적으로 살펴보면, 인륜에 관한 소송〈친자의 확인(確認)을 구하는 소송〉·논밭 및 가옥에 관한 소송·소와 말에 관련한 소송(牛馬訴訟)·재물에 대한 소유권 분쟁 소송(財帛訴訟)·묘지(墓地)에 관한 소송·노비(奴婢)소송·소비대차와 관련한 채권·채무소송·군역부담(軍役負擔)과 관련한 소송 등을 들 수 있다.

(三綱)과 오상(五常)에 어긋난 죄를 말하며, 부모 또는 남편을 죽이거나 노비로서 주인을 죽인 경우 및 관노(官奴)로서 관장(官長)을 죽인 경우 등이 이에 해당한다)에 해당되는 범죄가 발생한 경우를 제외하고는 일반 사송업무는 다루지 아니 하였다.

## III. 민사재판절차

소송심리(訴訟審理)의 개시(開始)는 오늘날의 소장(訴狀)에 해당하는 소지(所持)를 작성하여 제출(提出)함으로써 비롯된다.

"피고(被告: 元隻)는 원고(原告: 元告)가 데려 오도록 하라"

〈동헌의 모습; 소지를 제출하고 아뢰는 백성〉

### 1. 소송절차의 개시

먼저 조선시대 법정의 모습은 어떠하였을까! 법정은 관부의 앞마당(전정: 前廷)에서 열렸으며 판관(수령 등)은 대청 정좌(丁坐: 정방을 등진 왼쪽 방향)에 위치하여 변론을 들었다. 서리(胥吏: 참여주사)는 마루에 엎드려 요지를 기록하였고, 앞마당에는 나장(羅將)과 사령·형리 등이 서로 도열해 서 있는 가운데 원·피고가 진술하였다.512)

재판은 계절적으로는 춘분부터 추분 사이의 농번기를 피해서 행하여지도록 하였으며, 원고(元告: 원고)와 원척(元隻: 피고) 양 쪽 당사자를 모두 참여시켜 변론을 거쳐 재판하도록 하였다.513)

소송심리의 개시는 오늘날의 소장에 해당하는 소지(所持: 소지단자(所持單子), 양반이 직접 제출하는 소장(訴狀)을 단자(單子)라 함)를 작성하여 제출함으로써 비롯된다. 소지를 올리면 접수한 관청은 그에 대한 처분을 내리게 되는데, 대개 올린 소지의 여백에다 직접 써주게 된다. 이를 제김(題音) 또는 제사(題辭)라 한다.

조선시대에서의 소지(所持)의 내용은 민사적인 면과 형사적인 면을 겸하는 경우가 많았던 것으로 보인다. 이와 관련한 소지의 내용을 일례로 살펴보면 다음과 같다.514)

---

512) 김병화, 13~14면.
513) 김홍규, 민사소송법, 서울: 삼영사, 2004, 43면; 오갑균, 조선시대사법제도연구, 서울: 삼영사, 1995, 251면 이하.
514) 오갑균, 172~173면.

### 소지(所持) 작성의 예

　ㅇㅇ洞에 사는 한량 ㅇㅇㅇ 아룁니다. 삼가 소장을 올리는 것은 이 사람이 ㅇㅇ洞에 사는 ㅇㅇ漢에게 마땅히 받아야 할 작은 돈을 받아야 하기 때문에 오늘 아침에 가서 독촉을 한즉 처음부터 가부 간에 말 한마디 없이 이 사람을 때리고 의관을 부셨으니 ㅇㅇ의 소행이 가히 이러하니 이치에 어긋난 것을 추구하면 오히려 이해가 어려우니 이와 같이 말에 조리가 없고 거리낌이 없는 자를 개인의 힘으로서 막기가 불가능하므로 분하고 억울함을 이기지 못한 탓으로 감히 소장을 올리니 법으로 살펴주기를 바랍니다.
　고대하는 것은 잘 살핀 후 同某漢을 잡아다 먼저 무단히 구타한 죄를 다스리고 이 사람이 마땅히 받아야 할 돈을 꼭 받도록 처분하실 일
　某部 處分　　　　ㅇㅇㅇㅇ 년 ㅇㅇ 월 ㅇㅇ 일　　所持
　題音　엄히 다스리기 위하여 잡아와야 마땅한 일

　그러나 소지를 제출하였다고 하여 바로 소송이 시작되는 것은 아니었다. 원고만으로는 절차가 진행될 수 없으므로 피고를 재판정으로 데려와야만 하였다. 소지에 대한 일반적인 제김에서는 그저 "피고를 데려 오라"고만 써 줄 뿐 실제 피고를 데려오는 일은 원고의 몫이었다. 이처럼 원고와 피고가 모두 재판정에 출두하여 양자로부터 소송에 성실히 임하고 결과에 승복하겠다는 시송(始訟)다짐을 받으면 비로소 소송이 계속케 되고, 판결절차

가 진행되었다.

조선 초기에 소의 제기를 억제하려는 발상은 정한법(定限法)을 거쳐 과한법(過限法: 소송을 제기할 수 있는 일정한 기간을 설정한 것으로 지금의 제척기간과 유사한 규정이다)으로 정착되었다. 즉 소가 남발되는 것을 막고[515] 소송경제 등의 목적으로 청송기간(聽公期限)이라 하여 제소할 수 있는 기한이 설정되어 있었다. 그 예로서 토지 및 가옥에 관한 소송은 분쟁이 발생한 때부터 5년이 지나면 수리심리(受理審理)를 하지 않으며 5년 내에 소송을 제기하였더라도 5년 내에 소송을 진행시키지 아니하면 역시 심리(審理)하지 않도록 하였다.[516] 이 원칙은 노비의 양도의 경우에도 적용되었다.

그러나 이러한 원칙에 무관하게 언제든지 제소할 수 있는 경우도 있었다.

즉 i) 토지나 가옥·노비를 훔쳐서 판 경우,

ii) 토지나 가옥이 소송계속 중이지만 아직 종국판결이 없으므로 원·피고 중 누구의 것인지 권리관계가 미확정상태(未確定狀態)에 있는 경우,

iii) 상속인이 부모의 유산을 분배하지 않고 독점(獨占)하고 있는 경우,

iv) 수확분반(收穫分半)의 병경소작(併耕小作)의 소작인이 농지를 자기의 것이라고 주장하거나 계약기간이 만료되어 지주의 인도요구가 있음에도 이에 불응하고 영구히 점유하려는 경우,

v) 타인의 가옥을 빌려서 거주하고 있는 자가 계약기간이 만료되거나 집주인의 인도요구가 있음에도 이에 불응하고 영구히 점유하려 하는 경우 등에는 5년의 출소기간(出訴期間: 소를 제기할 수 있는 기간)의 적용을 받지 않고 언제든지, 즉 자손 대에 가서도 소송을 제기하여 구제받을 수 있도록 하였다.[517]

---

[515] 만약 근친(近親)간의 소송일 경우에 이유 없이 소송하여 그 간사(奸邪)함이 드러날 경우에는 엄벌에 처하였다.
[516] 경국대전(經國大典) 호전(戶典) 전택조(田宅條).

## 2. 재판의 관할

조선시대의 민사소송절차의 시작은 원고가 담당 관청에 소장을 제출함으로써 비롯하게 되는데, 그렇다면 과연 어느 곳에 소장을 제출하여야 했을까! 지방에서의 토지관할(土地管轄)은 고을의 수령, 즉 부사·목사·군수·현령의 직무상 책임이 미치는 지역과 일치하였으므로, 원고는 피고가 속한 부·목·군·현의 수령에게 제소하면 되었다. 따라서 모든 소송은 피고 거주지의 관사에 제소해야 한다는 뜻으로 '척재관(隻在官)'이라는 용어가 사용되었다.

서울 지역의 경우는 한성부·형조·사헌부·장예원에 소를 제기하면 되었다. 한성부는 논·밭 및 집과 관련하여, 형조는 지방에서 올라온 민사소송과 관련하여, 사헌부는 풍속과 관련하여, 장예원은 노비와 관련하여 관할권을 가졌다.

만약 원고가 관할(管轄)이 아닌 곳에 제소하였을 경우에는 당연히 이송(移送)케 하였다. 이 경우 소장을 접수한 관청이 관할 관청으로 보내는 예도 있었으나 대개는 당사자가 다시 소지를 들고 가서 해당 관서에 접수시켜야 하였다. 문제는 담당송관이 상피(相避)에 걸리거나 하여 재판을 할 수 없게 되는 경우인데, 이 경우 송관만이 바뀌는 지금의 제도와는 달리 그 당상관이 바뀔 때까지 기다려 다시 제소하는 것이 원칙이었다.

## 3. 민사소송절차상의 심리의 원칙과 심리의 진행

조선시대 재판의 특징은 철저한 당사자주의와 변론주의라 하겠다. 즉 사

---

517) 김병화, 12~13면; 박병호, 219면.

실과 증거의 수집·제출책임이 당사자에게 맡겨졌으며, 재판의 중심은 당사자에게 두어졌다. 아울러 당사자처분권주의 또한 관철되었는데, 즉 절차의 개시·심판의 대상결정·절차의 종결도 당사자에게 달려 있었다. 심리의 진행은 당사자들이 자신의 주장을 말로써 진술하도록 하는 구술주의를 원칙으로 하였다. 재판에는 양 당사자 모두가 참여하여 당사자 쌍방을 대상으로 하여 심리하는 쌍방심리주의를 취하였으며, 양 당사자에게 공평한 기회를 부여하였다(공평주의).

심리의 진행절차는 어떠하였을까! 일반적인 송사는 이해당사자들 간에 재산을 다투는 경우인데 당시의 대표적인 심리절차방식이었던 청송식(聽訟式)에518) 따라 진행되었다.519) 절차진행을 살펴보면, 먼저 소송의 심리개시 단계인데 송사를 할 것인가의 의사를 다짐받는 단계이다. 둘째는, 사건의 실정심문 단계인데, 양측의 시시비비를 적은 글〈소지(所持)를 제출하는 사연을 발괄(白活)이라고 함〉과 관련된 문서(문기: 文記)를 제출하도록 하였다. 셋째로는 증거문서의 제출 및 조사 단계인데, 사실주장을 뒷받침 할 증거문서를 제출하도록 하고 이를 검열한 뒤에 봉인하여 원고와 피고가 그 봉함에 서명케 하였다. 이에 대해 다짐을 받은 다음에는 문서를 본 주인에게 돌려주었다. 후일 문서를 다시 제출케 할 때에는 다시 문초하여 다짐하는 글을 완성시키고 개봉하였다. 마지막으로 확인과정인데 문서의 선후(先後), 공부의 등록 여부, 관의 증명규정의 적부(適否: 틀림없이 꼭 맞음과 안 맞음), 거주처 관사(官司)의 증명 여부, 제소기간의 적부(適否) 등을 살폈다. 조사하는 문서의 비교(대조), 문서의 변조 여부, 문자의 첨삭 여부, 인적사항·서명 등을 확인하였고, 증거문서, 작성년월일, 처리한 당상관·낭청의 재판

---

518) 청송(聽訟)이란 재판을 하기 위하여 송사(訟事)의 내용을 듣는 것을 말하는데, 청송식(聽訟式)은 이러한 방법에 따른 절차진행방식을 말한다.
519) 오갑균, 259~260면.

연월일, 성명, 관인 등을 조사·확인하였다.

그러나 소송심리가 생각만큼 원활하게 진행되었던 것은 아니었던 것으로 보인다. 소송이 진행되는 도중에 당사자가 제대로 재판정에 출석하지도 않고 설사 출석하였더라도 출석한 당사가가 제대로 심리에 응하지 않으면서 소송이 지체되는 상황이 반복되면서 소송심리가 지연됨으로써 이에 대한 대책마련이 시급하였다. 이에 따라 먼저 한성부에서, 피고가 한성부에 거주하는 경우는 20일, 가까운 인접해 있는 도(隣接道)에 거주하는 경우는 1개월, 멀리 위치한 도(遠道)에 거주하는 경우는 2개월 안에 소에 응하지 않는 때에는 원고에게 승소를 언도하게 하는 법령을 시행하게 되었다(태조 6년 7월). 이후 원·피고 중에서 패소할 것을 알고 소송개시 시부터 3개월 내에 이유 없이 재판정에 출석하지 않고 30일을 경과한 경우에는 계속 출석한 자에게 승소판결을 하도록 하였다(세조 9년 11월).

경국대전(經國大典)에서는 3개월이 50일로 단축되고 계속 재판정에 출석한 자는 반드시 그 때마다 서명함으로써 출석의 사실을 입증토록 하였는바, 이러한 법을 '친착결절법(親着決折法)'이라 하였다. 이 법의 조문의 해석과 적용에 있어 그 논란이 있었는바, '속대전(續大典)'에서는 그때까지의 법령과 운용례를 다시 정리하였다.520)

---

520) 속대전(續大典)에서는, "소송개시 후 50일의 기한은 관이 개정하지 않는 일수를 제하고 계산한다. 50일 내에 출석하지 않고 30일을 경과한 경우에는 출석하여 서명한 자에게 승소하게 하는 법은 '경국대전'에 규정되어 있는바, 만 50일이 지나는 것을 기다리지 말고 판결하여야 한다. 가령 갑이 30일이 지날 때까지 출석하지 않으면 을의 출석이 만 30일이 차지 않더라도 을을 승소케 하는 것이다. 즉 을의 출석서명일수가 반드시 21일에 이르고 갑의 불출석정일이 만 30일이 된 연후에 을이 승소한다는 것이다. 을의 출석일인 21일과 갑의 불출석일인 30일은 갑·을이 다같이 출석하지 않는 일수도 합계한다. 또한 갑이 변론에서 패하여 퇴장하여 출석하지 않은 경우에 을의 출석일수가 근 21일이 되면 설사 갑이 하루 이틀 출석했더라도 그것을 을의 출석일수에서 제하지 않아야 하며 갑이 간혹 출석했더라도 출석일수로 계산해서는 아니 된다"고 규정하고 있다.

그러나 '친착결절법(親着決折法)'은 춘분일(春分日)로부터 송사를 멈춘(정송: 停訟)후 추분일(秋分日)에 속개되는 경우에는 적용되지 않았기 때문에 불리한 자가 이를 이유삼아 소송을 지연(체송: 滯訟)시키는 것을 일삼게 되었다. 이에 따라 이후부터는 추분일부터 정송인(停訟人: 송사를 멈추는 자)의 거주지의 멀고 가까움을 참작하여 출석에 소요되는 일수를 제외하고 '친착결절법(親着決折法)'을 적용하였다(명종 8년 9월).

그러나 소송을 진행시키면서 증거의 보완, 부모상 등 부득이한 사유가 있는 경우에는 관사의 허가를 얻어 기일을 연장하는 것은 얼마든지 가능했고 이러한 경우에는 '친착결절법(親着決折法)'이 적용되지 아니하였다.

### 4. 민사소송절차에서의 변론 및 증거조사

원·피고는 당사자진행주의에 따라 자유롭게 자기의 주장을 펴며 공격 및 방어를 할 수 있었다. 또한 자기의 주장을 정당화하기 위한 모든 증거를 제출하며 제한 없이 변론할 수 있었다. 분쟁이 발생하면 서로 문서로써 자기 권리의 정당성을 주장하며 재판을 하게 되는데, 서증(書證)의 유무(有無)·진위(眞僞) 여부에 따라 승패가 좌우되었다. '종문권시행(從文券施行: 서증에 따라 판결하라는 의미이다)'은 재판에 있어서 절대적 지침이었다.

증거(證據)로서 문서가 제출되면 그 내용을 확인하고 원·피고로부터 서명을 받는다. 이 경우에 문서의 진위(眞僞)는 다툼의 대상이 되지 않는 증명을 필요로 하지 않는 사실(불요증사실: 不要證事實)이 된다. 소송에서 위조문서가 제출되는 일이 잦았고, 상대방이 제출한 문서의 진위에 대한 부정은 일반적인 것이었기에 문서가 틀림없이 확실하다는 것에 대한 확인은 가장 기본적인 절차였다.521) '결송입안(決訟立案: 민사판결문)'에는 당사자가 제출한 모든 서증을 일자 순(日字 順)에 따라 그 전문을 기재하도록 되어 있으며 실제로 그렇게 하였으므로 누구나 그 판결의 객관적 정당성을 판단할 수 있도록 하였다.

서증(書證: 문서로서 하는 재판상의 증거) 외에 인증(人證: 인적 증거)도 중요하였는데, 인증의 경우는 서증을 제출하게 하고 그것이 진실이며 만약 허위인 경우에는 처벌을 감수하겠다는 다짐도 문서로서 제출해야 하였다. 이는 인증의 객관성에는 그 한계가 있고 일반적으로 객관성이 적었으므로 인증은 보충적·2차적인 의미를 가졌다. 따라서 당시에는 서증이 인증에 비해 우위를 점하였다.

### 5. 민사소송절차의 종료 및 판결

양 당사자의 변론과 증거제출이 완료되면 결송(決訟; 소송 사건을 판결하여 처리함)다짐을 하게 되는데, 이는 오늘날의 변론종결(辯論終結)에 해당하는 것이다. 이는 "저희들이 소송한 것을 각자의 다짐을 상고하여 관식(官式: 관청에서 하는 방식)에 따라 처분하여 주십시오"라는 식으로 판결을 신청하는 것을 말한다.

결송 다짐이 있은 후에는 심판의 대상을 기록한 다음 서명하여 확인한다. 결송다짐과 심판대상의 확정으로 당사자의 모든 소송행위가 끝나게 되고 판결을 위한 법원의 행위만이 남게 된다. 빠뜨리고 하지 않은 말이나 제출하지 않은 증거가 있는 경우, 판결이 내려지기 전에 진술서를 제출하기도 하였는데, 이를 추정소지(追呈所持)라 하였다.

결송다짐이 제출되면 수령이나 담당관리가 판결을 내리게 되는데, 때로

---

521) 임상혁, 57면: 재판의 세부지침으로서 이용되었던 '청송식'에는 이 서증의 위조·변조를 막고 가려내기 위한 16가지의 세칙이 적혀 있다.

는 화해를 유도하여 화해를 성사시키기도 한다. 민사판결문을 '결송입안(決訟立案)'·'결절입안(決折立案)' 또는 '단결입안(斷決立案)'이라고 하였다. 판결을 한성부나 형조에서 하는 경우 이들은 합의관청이므로 당상관과 당하관이 합의에 의하여 결정하였다(보통 3명). 지방수령의 경우는 단독으로 결정하여 먼저 언도하고 다음에 승소자가 판결문을 신청하면 법전소정의 판결을 문서로 발급하였다. 입안을 받으려면 승소자가 입안수수료인 '작지(作紙)'를 납부해야 하는데 이는 소송목적의 값〈소송물가액(訴訟物價額): 소가(訴價)〉에 따라 달랐다.

판결을 언도(言渡)한 후 입안발급(立案發給) 사이에는 시일의 간격이 있게 마련인데 언도 후 재판관이 경질되면 후임관은 전임관이 내린 판결 그대로 입안(立案)을 작성해서 발급해야 했다. 패소자가 억울함을 호소하는 경우에는 다시 처음부터 신임관에게 소송을 제기하여야 했다.

입안의 내용은 최초의 소지(소장)에서 마지막에 이르기까지 당사자가 제출한 모든 소지, 제시된 모든 서증(書證), 이들에 대한 재판관의 중간결정을 하나도 빠짐없이 원문 그대로 일자 순에 따라 모두 기재하고 마지막에 판결사항을 기재하였다. 물론 검증(檢證) 및 증인신문(證人訊問) 사항도 모두 기재하게 된다.

입안은 승소자에게 발급한 것과 같은 원본이 관사에 비치되어 있으므로 후에 승소자가 입안(立案)을 분실하였을 경우에는 등본발급신청을 하면 '등급(謄給)'을 발급해 주었다.[522]

---

522) 박병호, 267~268면.

## 6. 상소와 의송제도

"세 번까지 제소(提訴)가 가능하였는데
그 중 두 번을 승소(勝訴)하면 그 내용대로 확정되었다"

조선시대에도 역시 자신에게 내려진 판결에 불복(不服)할 경우 상급기관에 호소하여 그 시정을 구할 수 있었다. 즉 지방의 경우는 관찰사에게, 형조는 지방에서 올라온 소송에 대하여 스스로 판결하기도 하였고, 노비의 건이면 장예원으로, 전답의 건이면 한성부로 보내 심리토록 하였다. 사헌부는 억울함을 호소하는 경우에 상급심 역할을 하였고 임금에게까지 호소할 수 있는 길을 열어 놓았다.

항소심이라 할 수 있는 재판이 같은 기관 또는 같은 심급에서 이루어짐을 볼 수 있는데, 중앙에서는 판결에 불복할 경우 원칙적으로 판결한 당상관이나 방장이 교체된 뒤 2년 안에 다시 제소토록 하고 있다. 지방에서는 수령이 바뀌면 다시 제소하였다.

특히 관찰사나 경차관(敬差官: 지방에 임시로 보내어 전곡(田穀)의 손실을 조사하고 민정을 살피게 한 벼슬)에게 하는 의송(議送)은 수령에게 진정 · 청원하였으나 받아들여지지 않았을 경우 상급 관청에 호소하는 경우와 민사사건에서 항소하거나 또는 수령에게서 패소판결을 받고 이에 불복하여 다시 관찰사에게 상소하는 경우 등을 총칭하는 개념이었다. 이렇듯 의송은 소송사건 이외에도 억울함을 풀기 위한 상급관청에의 일반적인 불복방법으로 이용되었던 것으로 보인다.

의송의 경우 대체로 관찰사 등이 스스로 재판하기(자판: 自判)하기보다는 원심으로 돌려보내거나(파기환송: 破棄還送), 다른 고을의 수령에게 심리토록 하였다. 이는 관찰사는 원·피고를 불러 직접 심리하지 않고 판결의 지침만을 제시할 뿐이므로, 사실심은 수령의 단계에서 이루어지게 된 때문이다. 그 후 다시 행하여진 재판에서도 만족을 얻지 못하면 또 다시 관찰사나 경차관에게 상소하였고 이 과정은 여러 번 반복될 수 있었다.

당시에는 기판력(既判力)이라는 개념은 없었으며, 세 번까지 제소가 가능하였는데 그 중 두 번을 승소하면 그 내용대로 확정되었다(三度得伸法). 삼도득신법(三度得伸法)은 판결의 반복을 합리적으로 제한하기 위한 것으로 고려 말의 5결종3도(5決從3度)·3결종2도(3決從2度)의 원칙을 바탕으로 발전한 것이다. 그러나 초기의 3도득신(三度得伸)의 운용에 있어서는 그 통일이 이루어지지 않았었다. 즉 3도득신이 일방이 세 번 승소한 경우를 뜻하는 것인지 아니면 일방이 두 번 승소하고 타방이 한 번 승소한 경우를 뜻하는 것인지 명백하지 아니 하였다. 전자로 해석하는 경우에 패소한 타방은 상대방이 두 번 승소한 후에 한 번 제소할 수 있는 것으로 되고, 후자로 해석하면 제소하지 못하는 것으로 되기 때문이었다.

이러한 문제점은 이후 효종 2년(1651)에 통산하여 세 번의 소송에서 일방이 두 번 승소하는 것으로 하고 두 번 패소한 자는 다시는 제소할 수 없는 것으로 단정 짓게 되었다. 또한 단송(短訟), 즉 간단한 소송은 '경국대전(經國大典)'의 뜻대로 연3차 승소하는 것으로 하였다(숙종 37). 이렇게 하여 민사소송에서는 삼판양승법(三判兩勝法)이 확립되었다.

## 7. 민사재판 관련 법률

'사송유취(詞訟類聚)'·'결송유취(決訟類聚)'·'대전사송유취(大典詞訟類聚)'

조선은 고려 멸망의 원인 중 하나로 소송의 범람을 지적하였을 정도로 건국 초의 만연된 소송에 대하여 위기감을 가졌고, 이러한 소송을 단절시키고자 하는 정책을 강력하게 추진하였다. 이는 결국 법제의 발달 및 소송기술에 대한 발전으로 이어지게 된다.

그러나 육전(六典) 체제로 이루어져 있는 법전 중에는 소송에 관한 법규들이 산재하였고 이러한 법전들은 서로 모순되는 내용을 갖고 있었다. 또한 이 시대에는 법전이 국가기관별로 분류되는 체계였고 수시로 국왕의 명령형식인 수교(受敎)가 제정되는 상황이었다. 따라서 법규들이 실용적 주제를 중심으로 재정리될 필요성이 제기되었고 그에 따른 전문적인 소송법서도 편찬되었다.

그 중 대표적인 민사소송 관련 법서로서 '사송유취(詞訟類聚)'·'결송유취(決訟類聚)'와 '대전사송유취(大典詞訟類聚)' 등을 들 수 있다. '사송유취(詞訟類聚: 1585)'는 소송의 진행순서에 가장 부합하고 발달된 소송이론을 체현시켜 편집된 실무지침서의 형태를 보여주고 있다. 결송유취(決訟類聚; 1649)는 '사송유취(詞訟類聚)'의 증보판으로 그 내용은 거의 동일하다. 1707년의 결송유취보(決訟類聚補)에서는 많은 부분의 수정 및 보완이 행하여 졌다. '대전사송유취(大典詞訟類聚)'는 뛰어난 법이론과 해설을 담고 있어 완벽한 소송이론서의 모습을 보여 주고 있다.[523] 이러한 소송법서의 유통은 소송에서 조력을 받기가 쉽지 아니했던 당사자들에게 소송수행에 있어 큰

---
523) 임상혁, 167~168면.

도움이 되었다.

이러한 소송관련 법서의 내용 및 체제는 '대전속록(大典續錄)'·'대전후속록(大典後續錄)' 등과 함께 '속대전(續大典) 형전(刑典) 청리조(聽理條)'에 반영되었고, 이후에는 '대전회통(大典會通: 1865)'에로 이어지게 된다.

## Ⅳ. 수사 및 형사재판절차

"항상 형벌(刑罰)을 삼가는 마음을 지니라,
한 사람이라도 형장(刑杖)을 맞고 죽으면
반드시 측은(惻隱)해 하는 마음을 가지고,
항상 무죄(無罪)한 자(者)를 죽이는 것보다는
차라리 실형(失刑)의 책임(責任)을 받는다는 생각을 가지면 된다"

"형관(刑官)도 삼가지 않을 수 있겠는가
요즘처럼 더울 때에는 더욱 형벌(刑罰)을 삼가야 된다"

조선시대는 형벌권의 행사가 국가에 의해 주도되었던 시기였기에 사형(私刑)이 일상생활에서 완전히 추방된 것은 아니었으나 공형벌제도가 어느 정도 그 기틀을 잡은 시기였다고 할 수 있다.

당시의 형벌권행사의 목적은 사회질서를 유지하는 것이었다. 이는 당시의 사회질서가 위계질서를 가장 큰 특징으로 하고 있었고 낮은 지위에 있는 사람은 항상 높은 지위를 넘보고 도전하려는 성향을 가지게 마련이었기에 이러한 행위에 대하여 형벌을 통한 강한 응징의 필요성이 요구되었기 때문이다.[524]

## 1. 수사의 주체

수사기관으로서는 중앙에는 포도청이 있었고, 지방에서는 관찰사나 지방 수령이 그 역할을 담당하였다. 중앙에 있었던 포도청은 "도적(盜賊)과 간사(奸詐)한 짓을 하는 자를 잡으며 시각에 맞춰 순찰을 도는 업무를 관장함"이라고 기록한 속대전의 내용에 의해 그 역할이 무엇인가를 알 수 있다. 그 조직으로는 좌·우포도청이 있었으며 도성 내외를 관할하였다.525) 본래 포도청(捕盜廳)은 초기에는 상설기관은 아니었던 것으로 보인다. 도적이 많아지게 되면 그때그때 임시로 포도장(捕盜將)을 임명하여 경찰군을 편성하여 도둑을 잡아들이는 일(포도: 捕盜)에 종사케 하였는데, 진압경찰인 포도장의 임무는 순찰과 같은 예방적인 경찰업무에 비하여 그 업무가 양적으로 적었고 또한 단순하였다. 그러나 성종에서 명종에 이르기까지의 수대에 걸쳐 각처에서 일어나는 도적을 잡기 위하여 자주 포도장을 임명하게 되었고 그 설치와 폐지를 거듭하다 결국 폐지하지 못하고 존치하게 된 것으로 보인다(중종 23년경으로 추정).

포도청(捕盜廳)에는 포도대장을 비롯하여 흔히 포교(捕校)라 불려지는 부장(部將) 또는 군관(軍官)들 그리고 포졸(捕卒)의 관원이 있었다. 포도대장은 종2품 무관직으로 좌포도청·우포도청에 각각 1명씩 두었다. 그 임명은 한성부의 좌윤(左尹)·우윤(右尹)을 역임한 문관을 후보자로 추천하여 임명하였다. 포도대장은 그 직책상 자리를 비울 수 없어, 포도대장이 왕릉으로

---

524) 김성천, "형사소송절차의 역사", 법학논문집(제23호), 중앙대학교 법학연구소, 1998.
525) 좌포도청의 관할 구역은 한성의 동부·남부·중부 및 경기 좌(左)도였고, 우포도청은 한성의 서부·북부 및 경기 우(右)도였다.

거둥하는 임금을 수행할 경우에는 그 직책을 임시로 대행할 자를 전직 또는 현직의 장수 중에서 병조(兵曹)의 추천을 받아 임명하였다.

또한 여자 비밀경찰로서 다모(茶母)가 있었는데 현재의 여자경찰의 선구라 할 수 있다. 다모는 원래 일반 관아에서 차와 술대접 등의 잡일을 맡아 하던 관비(官婢)였으나 때론 그 용도가 달리 쓰였던 것이다. 다모는 포도청뿐 아니라 형조와 의금부 등에도 있었던 것으로 보인다.[526] 그 임무는 여자 도적을 잡는 다던가 양반집을 수색하는 것 등이었는데, 당시에는 내외의 법도가 엄해서 여자 범죄자를 남자가 다룰 수 없었으므로 당연히 다모의 존재가 필요하였을 것이다. 또한 남의 집 안마당은 남자가 들어가지 못하게 되어 있었으므로 여자인 다모를 활용하여 사대부의 집 내부까지 들어갈 수가 있었다. 때론 그 집의 종이나 식모를 유인해서 몰래 정탐을 하게 하는 일도 하였다. 대개의 경우 역적 모의를 하는 집에 많이 가게 하였는데 이런 경우에는 치마 속에 두 자쯤 되는 쇠도리깨와 오랏줄을 감추고 정탐하였다. 만약 틀림없이 죄가 있다고 확신이 서는 경우에는 치마 속에 숨기고 있던 쇠도리깨로 들창문을 부수고 들어가서 죄인을 묶어 올 수 있었다고 한다.

문헌에 의해 확인된 바는 아니나 다모가 되기 위한 자격조건으로는 먼저 키가 5척을 넘어야 했다. 또한 쌀 닷 말(대략 40kg) 쯤을 가볍게 번쩍 들어야 하고, 막걸리를 먹더라도 세 사발은 숨도 안 쉬고 단번에 마셔야 할 정도의 술 실력을 가져야 다모가 될 자격이 주어졌다고 한다. 조선시대의 의

---

526) 송사 김화진 선생에 의하면, 예전 포도청이나 의금부에 직제 상으로는 다모(茶母)라는 것이 없었지만, 역사상 중요한 사건에 곧잘 다모가 등장하였다고 한다. 그 예로 인조반정 때 공을 세우고 후에 영의정을 지낸 심기원이 역모를 꾀하였을 때 심기원의 집을 수색한 것이 다모였다고 한다. 또한 선조 22년(1589년)의 정여립의 난 때에 억울하게 잡혀 와서 죽임을 당한 최영경이란 사람을 문초하는 기록에 다모가 그를 잡아 왔다는 대목이 보인다.

녀(醫女) 또한 궁중이나 사대부 집안 여성에 관한 범죄를 수사하고 죄인을 체포하거나 하는 때에 함께 하였다고 전해진다.527)

조선시대의 지방수령은 그 지방의 전권을 장악하고 있었는바, 재판·세무·경찰 등의 권한은 수령의 고유 기능이었다. 이러한 수령의 경찰사무 집행에 관한 일률적인 기록은 찾아 볼 수 없으나, 다만 수령 밑에 중앙정부와 같이 이(吏)·호(戶)·예(禮)·병(兵)·형(刑)·공(工)의 육방(六房)을 두고 병방(兵房)과 형방(刑房)에 배치된 군교(軍校)·사령(使令)·나졸(羅卒) 등이 경찰사무를 취급했던 것으로 보인다.

## 2. 형사재판절차의 진행과 기본원칙

"'口訊平問(구신평문)'
조용히 말로 신문하는 것을 원칙으로 함"

"죄인의 구금은 장형(杖刑) 이상에 해당하는 자만을 그 대상으로 함"

형사재판기관은 민사재판에서와 마찬가지로 통치기구와 일치하였고 최고의 재판기관은 국왕이었다. 중앙정부의 형조와 의금부·서울의 한성부·각도의 관찰사 그리고 각 지방의 수령(부사·목사·군수·현령)이 재판업무를 수행하였다. 또한 행정관료에 의해서 사회질서 유지를 위한 행정업무의 일환으로 재판이 이루어졌기 때문에 판결이 내려지면 판결은 그 즉시 집행력을 가지게 되었다. 그러나 판결의 기판력이라는 것이 존재하지 않아서 일단 집행된 판결이라고 하더라도 언제든지 그 결정이 바뀔 수 있었다.

---

527) 태종 6년(1406)에 제생원(濟生院)에 의녀를 두었고, 여성 죄인에 대한 형의 집행 시 그리고 사약을 내릴 때에도 파견되었다.

형사절차에 있어서 신문은 조용히 말로 신문하는 것을 원칙으로 하였다 (구신평문: 口訊平問). 또한 죄인의 구금은 장형 이상에 해당하는 자만을 그 대상으로 하였다. 당시에는 규문주의(糾問主義)를[528] 취하고 있었기 때문에 피의자는 처음부터 죄인이라 불리었고 오로지 자백을[529] 얻는데 주력하였다.

조선시대의 형사재판은 기본적으로 3심의 구조를 가지고 있었다. 1심 재판은 한성부와 각 고을의 수령이 맡아서 하였다. 태(笞) 이하의 형벌이 부과될 사건은 1심에서 완결되었으나, 장(杖) 이상의 형벌이 부과되는 사건은 수령이 조사를 마친 후 자신의 의견과 함께 관찰사에게 올려 보냈다.

한성부에서 1심을 재판하는 경우 장형 이상의 사건은 곧바로 형조로 올렸다.

의금부의 경우는 고위 관료의 범죄행위 및 왕족의 범죄행위 등을 조사하여 왕에게 직접 보고하였다.

2심을 맡게 되는 관찰사는 나름대로 조사를 하여 유(流) 이하의 형에 해당하는 사건에 대해서는 독자적으로 판결을 내렸다. 그러나 사형에 처하여야 할 사건은 자신의 의견과 함께 형조로 올려 보냈다. 관찰사가 중죄인을 심문할 경우에는 관찰사가 범죄발생지를 관장하는 수령과 그 이웃수령으로 하여금 공동으로 심문하도록 명하였다〈이를 동추(同推)라고 한다〉.

형조는 관찰사와 한성부에 올라 온 사형에 처하여야 할 사건(死罪事件)을 심리하여 자신의 의견과 함께 왕에게 결재를 올렸다. 이에 대해 왕은 정승들과 의논하여 사형 여부를 결정하였다. 당시에는 사형에 처하여야 할

---

[528] 규문주의(糾問主義)라 함은 재판기관이 범죄사실을 발견하였을 때에 그 소추를 기다리지 아니하고 직권으로 범죄를 수사하여 범인을 체포·심리·재판하는 원칙을 말한다.
[529] 자백은 자복(自服)·승복(承服)·승의(承疑)라고도 하였고, 자백을 얻는 것을 취복(取服)이라 하였다.

사건은 세 번의 조사를 거쳐 국왕이 최종적으로 판결하도록 되어 있었다. 이와 관련한 일례로 세종 때에 궁인(宮人)이 궁중의 곳간에 있던 재물을 훔친 사건이 발생하였는데, 의금부에서는 율문에 따라 참수할 것을 주장하였다.

이에 지사간(知司諫: 사간원의 옛 관직으로 종3품 벼슬로 후에 사간으로 고침) 고약해가,

"신은 사람을 사형시키는 문제를 가볍게 처리해서는 안 된다고 봅니다. 옛날 성인은 비록 좌우의 여러 신하와 주변 사람들이 모두 다 죽여야 한다고 말할지라도 죽여야 할 것인지를 반드시 직접 살펴본 뒤에 결행하였습니다. 그리고 일반적인 사형수에게는 반드시 삼복법(三覆法: 세 번에 걸쳐 심판을 받도록 하는 제도)을 쓰고 있습니다."라고 아뢰었다.

이에 세종은 이를 흔쾌히 받아들여서 의금부에 삼복법(三覆法)을 제정하도록 하였다.530)

1심에서 끝나는가 아니면 2심 또는 3심까지 올라가는가 하는 것은 형의 경(輕)·중(重)에 따라 결정되었다. 사형 사건이면 3심까지, 장형 이상 유형 이하의 사건이면 2심까지 올라가게 되고, 태형 사건은 1심에서 끝나는 소송구조를 가지고 있었다. 예를 들어 이웃 사람을 때려서 관가에 끌려온 사람에게 고을의 수령이 태(笞) 30의 형을 부과하였는데 죄인이 그것이 억울하다고 하여 관찰사에 항소한다거나 의금부에 찾아가 신문고를 올린다거나 하는 일은 상상할 수 없었다. 즉 형벌은 판결과 동시에 집행되었기 때문에 근본적으로 상소하는 것이 의미가 없는 체제였다.531)

그렇다면 형사재판에 임하는 당시 왕과 관리들의 인식 내지 자세 그리고

---

530) 국조보감 제6권 세종조 2 세종 8년(병오) 1426.
531) 사안에 따라서는 국가 형벌권의 행사대상에서 벗어나 사형(私刑)의 대상이 되는 영역도 있었다.

판결을 할 때의 기본원칙은 과연 어떠하였을까! 기록에 의해 그 내용을 살펴보기로 한다.

임금이 이르기를,

"옥(獄)이란, 사람의 생사가 달려 있는 것이다. 진실로 그 실정을 캐내지 않고 매만 때려서 해결하려고 한다면 죄가 있는 자는 요행으로 면하게 될 것이고 혹 죄가 없는 자를 죄에 걸려들게 한다면, 형벌은 그 죄에 맞지 않고 원한만 쌓여서 끝내 해결할 수가 없게 될 것이다.

…… (중략) ……

계속해서 앞으로 나를 위하여 법을 집행하는 자는 정밀하고 깨끗한 상태에서 마음을 비운 다음, 자기의 사견에 구애되지 말 것이며, 선입견에 의한 말을 주장하지도 말라. 주관 없이 남의 말에 따르지도 말 것이며, 구차하게 머뭇거리지도 말라. 죄수가 쉽사리 자복(自服)하는 것을 좋아하지도 말 것이며, 옥사(獄事)가 빨리 이루어지는 것을 요구하지도 말라. 그리하여 여러 방법으로 물어보고 반복하여 찾아서 죽는 자로 하여금 억울하다는 생각이 들지 않도록 하라. 또한 살아난 자로부터도 원한을 사는 일이 없도록 하라"고 하였다.532)

사간원(司諫院) 사간(司諫) 김 심 등이,

"대저 중대한 범죄를 저지른 자를 다루는 것(옥사: 獄事)은 사람의 목숨이 매인 바이므로 한번 이루어지면 변경할 수 없기 때문에 진실로 자세히

---

532) 국조보감 제6권 세종조 2 세종 13년(1431).

살펴서 헤아리지 않으면 안 됩니다."라고 상소하였다(성종 19; 1486).533)

임금이 이르기를,

"옥사란 지극히 중대한 일이다. 꼭 추고(推考: 벼슬아치의 허물을 추문하여 고찰함)해야 할 일이라면 추고하지 않을 수 없으나 이로 인해 목숨을 잃는 자가 많이 있다. 항상 형벌을 삼가는 마음을 지니라. 한 사람이라도 형장(刑杖)을 맞고 죽으면 반드시 측은해 하는 마음을 갖도록 하라. 죄 없는 자를 죽이는 것보다는 차라리 실형(實刑)의 책임을 받는다는 생각을 가지면 된다. 형관(刑官: 형을 다스리는 관리)도 삼가지 않을 수 있겠는가. 요즘처럼 더울 때에는 더욱 형벌을 삼가야 된다"(중종 31; 1536).534)

이러한 기록에 비추어 볼 때 당시에 특히 사람의 생명과 관련이 있는 재판의 경우에는 특별히 그 결정을 함에 있어 신중을 기하고 공평함을 잃지 않도록 해야 한다는 신하들의 충심어린 고언은 생명의 존귀함에 대한 그 당시의 관료들의 인식을 잘 보여주고 있다. "법을 집행하는 자는 정밀하고 깨끗한 상태에서 마음을 비운 다음, 자기의 사견에 구애되지 말 것이며, 선입견에 의한 말을 주장하지도 말라. 주관 없이 남의 말에 따르지도 말 것이며, 구차하게 머뭇거리지도 말라. 죄수가 쉽사리 자복(自服)하는 것을 좋아하지도 말 것이며, 옥사(獄事)가 빨리 이루어지는 것을 요구하지도 말라. 그리하여 여러 방법으로 물어보고 반복하여 찾아서 죽는 자로 하여금 억울하다는 생각이 들지 않도록 하라. 또한 살아난 자로부터도 원한을 사는 일이 없도록 하라."

---

533) 성종실록 212, 성종 19년 윤1월15일(경진) [원전] 11집 298면.
534) 중종실록 81, 중종 31년 5월28일(임오) [원전] 17집 661면.

그리고 "항상 형벌을 삼가는 마음을 지니라. 한 사람이라도 형장을 맞고 죽으면 반드시 측은해 하는 마음을 갖도록 하라. 무죄한 자를 죽이는 것보다는 차라리 실형(實刑)의 책임을 받는다는 생각을 가지면 된다. 형관(刑官)도 삼가지 않을 수 있겠는가. 요즘처럼 더울 때에는 더욱 형벌을 삼가야 된다."는 기록에서 보여 지는 임금의 옥사(獄事) 및 형관(刑官)에 대한 인식 및 당부는 인간존중의 의식을 현대의 후손들에게 남겨주는 아름다운 그리고 너무도 값진 선물이 아닐 수 없다.

재판을 할 때에는 범죄를 저지른 이유가 무엇인지를 고려하였다. 특히 아비나 남편의 원수를 갚기 위해 복수한 경우에는 보통의 살인과는 달리 관대한 결정을 내렸다. 숙종 때 홍방필이란 자가 누군가에 의해 죽임을 당하였는데, 그 아내 최씨와 그 딸 홍씨가 여러 해 동안 범인을 찾아다니다가 마침내 범인을 찾게 되었다. 모녀가 기회를 엿보다가 그 범인을 직접 칼로 찔러 죽이고 관에 자수하였다. 이에 대해 숙종 임금은, "최씨·홍씨 두 여자의 그 늠름한 절의가 옛사람에게 부끄러움이 없다. 마음대로 죽인 죄를 특별히 용서한다"라고 하였다. 아울러 이들의 역(役)과 잡부금을 면제토록 하고(복호: 復戶) 이를 가상히 여기는 뜻을 일반 백성들에게 널리 알리도록 하였다.[535]

또한 정조 때 전주 사람 김화리봉(金禾里奉)이 상인 김응채와 돈 문제(채전: 債錢)로 다투다가 폭행을 가하여 그 다음날 김응채가 죽게 된 사건이 발생하였다. 2년여의 심리조사 끝에 김응채의 사인(死因)이 폭행 때문인지 또는 숙환이나 신병 때문인지 이를 확실히 단정지을 증거가 없다는 이유로 화리봉은 석방되었다. 석방된 후 화리봉은 김응채 집안의 복수가 두려워 고향을 떠나게 되었다. 이후 응채의 두 아들 계손과 성손은 아비의

---

535) 숙종 36년(1710); 증보문헌비고 제128권 형고 2(형제 2).

원수를 갚기 위해 가슴에 칼을 품고 화리봉의 종적을 수소문하여 다닌 끝에 마침내 그를 찾았다. 계손이 먼저 화리봉의 가슴과 배를 갈랐고 성손이 목을 찔러 죽인 후 "우리 형제가 아비의 원수를 갚았다"라고 크게 소리치면서 관가에 자수(自首)하였다.

이에 대해 정조는 다음과 같이 판결을 내리고 계손 형제를 즉시 석방하도록 하였다. "계손 형제는 그 원수를 살해한 뒤 형제가 함께 관가에 나와서 자수하면서 법에 따라 사형에 처해 달라고 청하였다. 옛사람이 말한바 강개(慷慨)하여 자살(自殺)하기는 쉬워도 종용(從容)히 사지(死地)에 들기는 어렵다는 것은 이를 두고 한 말이 아니겠는가! 국가가 만약 전례만 좇아서 장 60의 규정이나 감사정배의 규정을 적용한다면 이 어찌 풍속을 바로잡고 두터히 하는 정치라고 할 수 있겠는가!"

조선시대에는 부모(父母)·조부모(祖父母)·부(夫)·형(兄) 등을 위해 복수를 한 경우에는 대명률과 속대전에 따라 사형을 감하여 정배(定配)형에 처하였다.536) 그러나 이러한 특전을 받으려면 복수한 다음 즉시 관에 자수하여야 하는 것이 상례였다. 그러던 것이 특히 정조대에 와서는 사안의 정상에 따라 벌하지 않거나 오히려 호역(戶役)을 면제하는 특전을 주거나 크게 표창하기도 하였다. 아마도 자손의 효도와 처(妻)의 절의(節義)를 드높이기 위한 것으로 법률에 앞서 윤리도덕을 중시하였던 때문인 것으로 보인다.

이는 다음의 전교(傳敎)를 통해 확인이 가능하다.

정조 임금이 이르기를,

---

536) 속대전(續大典)에서는 아비가 피살되어 입건 중인데 그 원수를 마음대로 죽인 경우에 감사정배(減死定配)한다는 규정을 두고 있다.

"계손 형제들은 그 효도가 매우 감동스럽고 그 정상이 매우 측은하고 그 마음이 매우 슬프고 그 정성이 매우 가련하고 그 뜻이 매우 장려할 만하다. 이 가운데 한 가지만이라도 있으면 법률상 마땅히 용서하는 것인데 더구나 형제가 이 다섯 가지 뛰어난 행실을 지녔으니 이를 본받아 풍속을 바로 잡고 두터히 하라!"며 이러한 내용을 도내에 널리 게시토록 하였다.[537]

비슷한 사례로서 동일한 결정이 내려진 한 여인이 정절(貞節)을 지키기 위해 저지른 살인에 얽힌 사연을 소개해 본다. 조선시대 정조 때 전라도 강진에서 살인사건이 발생하였다(정조 14; 1780). 사연인 즉, 강진에 살던 안 여인이 자신의 이웃에 사는 18세 된 김은애란 여인을 두고 자기 시누이의 손자인 최정연과 중매를 섰으나, 은애의 부모가 이를 반대하여 중매가 깨어지게 되었다. 이에 안 여인은 이 혼사를 억지로라도 성사시키기 위하여 "은애와 정연이 몰래 간통하였다."라는 헛소문을 퍼뜨렸다.

아울러 최정연도 자신의 친구이던 은애의 오빠에게 "나와 은애는 서로 정을 통하였다."라고 자랑스레 말하였다. 이에 그 소식을 접한 은애가 바로 칼을 들고 이들에게 따지러 찾아갔으나 은애 조모(祖母)의 만류로 그 뜻을 이루지는 못하였다. 얼마 후 은애는 김태준이란 사람에게 시집을 가게 되었는데, 이후에도 안 여인과 정연은 은애와 관련하여 갖은 말을 다 꾸며대며 전보다 더 심하게 소문을 퍼뜨렸다. 이에 더욱 화가 치민 은애는 칼을 들고 몰래 안 여인 집을 찾아갔다.

"너는 어찌하여 온갖 거짓을 다 꾸며대며 중상 모략하여 나를 이리도 못살게 구느냐!" 라며 그의 죄를 낱낱이 들어 꾸짖고, "내 너를 죽여 나의 결백을 증명해 보이겠다!"라며 찔러 죽이겠노라고 일갈하였다.

---

[537] 정조 12년(1788); 박병호, 312~313면.

이에 안 여인이, "네가 감히 나를 찌를 수 있을 것 같으냐? 찌를 테면 한 번 찔러보아라! 너에게 그러한 사실이 없었다면 그러한 이야기가 왜 나왔겠느냐!"라며 큰소리로 대들었다. 이에 더욱 화가 치민 은애는 그 자리에서 안 여인을 난자(亂刺)하였고 결국은 죽게 하였다. 이후 은애는 바로 최정연을 찾아 죽이려 하였으나 은애 모친의 만류로 그 뜻을 이루지는 못하였다. 사정이 여기에 이르자 정연의 가족들이 은애를 찾아와, "우리가 너에게 죽을 죄를 지었다. 안 여인 그 여자는 실성한 사람이어서 이제는 아무도 그 말을 믿지 않을 것이다. 또한 이미 죽었으므로 너는 모함 받은 원한을 씻지 않았느냐! 네가 만약 정연이를 고발하면 우리 집안이 결코 용서받지 못할 것이다. 은애야! 더 이상 이 문제에 대해서는 거론하지 말아주었으면 한다"며 손 모아 간청하였다.

이후 은애는 난자치사죄(亂刺致死罪: 칼이나 창 등으로 부위를 가리지 않고 마구 찔러 죽게 한 죄)로 관에 구속되어 심문을 받게 되었다.

"네가 안 여인을 난자하여 죽게 한 사실을 인정하느냐!"

"예. 안 여인을 난자하여 죽인 것을 인정합니다. 정숙한 여인이 간통의 모함을 당하는 것보다 더한 억울한 것은 세상 그 어디에도 없을 것입니다. 하도 원하고 분하여 자결함으로써 진실을 알리려고도 하였습니다만, 그러한 죽음은 너무도 부질없는 짓이고 또한 저의 진실을 알아줄 사람도 없다고 생각하였습니다. 안 여인을 만나 자신의 잘못을 뉘우치게 할 요량으로 칼을 들고 찾아갔습니다만, 안 여인은 그 자리에서도 자신의 잘못을 뉘우치기는커녕 되려 저를 중상 모략하는 언동을 일삼았습니다. 너무도 분하여 그 분을 참지 못하고 그만 칼로 찔러죽이고 말았습니다."

은애는 흐느끼며 그러나 차분하게 자신의 심경을 밝혔다. 또한 덧붙여 말하기를, "양반의 딸로서 백주에 더러운 모함을 받고도 정연을 죽이지 못하였으니 뼈에 사무친 원한을 씻을 길은 나라에서 정연을 심판하여 죽여주는 것입니다. 부디 저의 간청을 들어주십시오."

최정연의 심문순서에 이르러 사또가, "너는 어찌하여 은애와 정을 통하였노라고 거짓을 떠들고 다녔느냐! 그것이 사실이더냐!"고 다그쳤다.

정연은 결코 그런 일은 없었노라고 부인하며 발뺌하였다. "소인은 나이도 어리고 은애의 오빠와는 같은 서당 친구입니다. 저희는 서로 내왕하면서 내외하지 않는 사이인데 실성한 안 여인이 헛소문을 퍼뜨려 이렇게 된 것입니다. 소인은 은애와 간통한 사실이 결코 없습니다. 그러한 헛소문을 퍼뜨릴 이유가 없습니다."

판결은 은애에게 사형(死刑) 아니면 감사정배(減死定配: 사형에 처할 죄인의 형을 감하여 귀양을 보냄)라 할 수 있었으나, 사건의 전말을 듣게 된 임금은 사건발생의 이유나 난자(亂刺)하게 된 원인들이 죄의 가감(加減)의 근거가 될 수 있는지 조정대신의 의견을 듣고자 하였다. 임금이 좌의정 채제공(蔡濟恭)에게 물었다.

"경은 이 사건에 대해 어찌 생각하는가!"

"제가 보기에 안 여인이 은애를 중상 모략하는 헛소문을 퍼뜨리고 다닌 것은 사실입니다만, 그렇다고 하여 안 여인의 죄가 죽을 죄는 아닙니다. 안 여인을 난자하여 죽게 한 은애를 사형(死刑)에 처해야 마땅할 것입니다."

임금은 심사숙고 끝에 무죄판결을 내려 은애를 석방하도록 하고 다음과 같이 은애의 행동을 두둔하였다.

"은애는 18세 되는 나이 어린 여인에 불과한데 안 여인이 꽃을 꺾었다고 떠들고 다녔으니 견디기 힘든 더러운 모욕을 당한 것이다. 그 원통함을 이기지 못하여 한번 죽어서 결판을 내려고도 생각하였을 것이다. 그러나 고을 사람들로 하여금 자기에게 허물이 없다는 것과 의당 원수를 갚아야 함을 분명히 알도록 하기 위해 그리한 것이다."

임금은 인륜의 상도 그리고 기개와 절조를 중히 여기는 뜻에서 그 사건의 개요와 판결문을 도내에 반포하도록 하였다.

그 글월 가운데에는,

"은애는 보통의 일반 여자들이 살인을 범하고는 일을 흐리게 하여 한 가닥 요행을 바라는 따위의 짓은 본받지 아니 하였다. 은애의 이러한 행동은 열혈장부도 해내기 어려운 것이다. 만약 이 일이 중국의 전국시대에 일어났다면 사마천이 이 이야기를 기록으로 남겼을 것이다."고 함으로써 백성들에게 이러한 것이 없다면 짐승과 다를 바 없다는 뜻을 안팎에 널리 알리도록 하였다.

이와 함께 "은애가 초지(初志)를 관철하기 위하여 정연을 죽일지도 모른다. 만약 그리되면 은애를 살리려다가 또 한 사람을 죽이게 되어 인명을 중히 여기는 뜻을 잃게 될 수도 있다. 강진 수령에게 일러 은애가 다시는 정연에게 범행하지 않겠다는 다짐을 받도록 하고 이 사실을 전라감영에 보고하도록 하라"고 명하였다.

복수살인도 살인죄에 해당하였으나 대개 정상을 참작하여 석방되거나 감사정배(減死定配)하였고, 특히 부모나 부(夫)를 위한 복수에 대해서는 매우 관대했기에 여자의 정절을 지키기 위한 복수도 그에 못지않게 관대하게 처리하였던 것으로 보인다.

형사재판을 할 때에는 더더욱 기본원칙에 충실할 것이 요구되었다. 즉 재판관에게는 무엇보다도 사안의 핵심이 무엇인가를 분명히 하고 아울러 증거에 의한 재판을 할 것이 요구되었다. 이 역시 백성들이 억울하게 범죄자가 되는 것을 방지하기 위함이리라. 이러한 형사재판에서의 기본원칙은 다음의 판결에서 분명하게 나타난다.

공산 사람 임남이는 박 여인을 강간치사케 하였다는 죄로 재판을 받게 되었다. 이에 관찰사는 심문을 마친 후 강간미수로 단정하였다. 그러나 형조판서의 견해는 달랐다. 즉 "목덜미의 손톱자국, 엉덩이와 넓적다리의 터진 살갗, 옷고름이 끊어져 있고 치마폭이 터진 점, 박 여인의 속옷에 물든 흙의 색깔과 남이의 팔꿈치에 묻은 흙의 색깔이 다같이 노란색인 점 등에 미루어 보아 강간기수로 논하는 것이 합당하다"고 주장하였다.

이에 대해서는 결국 다음과 같이 결정되었다[538]. 즉 "지금 강간사건으로 보는 근거는 손톱자국, 터진 살갗, 끊어진 옷고름과 터진 치마, 그리고 서로의 옷에 묻은 흙에 지나지 아니한다. 그러나 강간하려고 다투는 참에 엎치락 뒤치락 구르며 다툴 때에는 그 남은 흔적이 이렇게 나오는 것이 필연적인 추세이다. 강간하려 시도하였던 것은 의심할 바 없으나 강간이 이루어졌다고 하는 명확한 근거는 없다. 이것만을 가지고 어떻게 강간이 이루어진 증거로 삼을 수 있겠는가! 따라서 강간이 이루어지지 아니한 것으로 처리함이 합당하다"

이는 그 죄를 증명할 수 있는 명백한 증거가 없음에도 유죄로 인정하려 하는 것을 경계하고자 함이리라.

이러한 원칙에 철저했던 분으로 세종 때 형조판서를 지냈고 정도전(鄭道傳)의 아들로서도 유명한 정진(鄭津)이란 분이 있었다. 정진은 공무에 임해서는 서울이나 지방에서의 근무이건 가리지 않고 밤낮으로 정성을 다하여 그 소임에 최선을 다하였던 것으로 알려진다. 특히 항소심의 재판장으로 재판을 함에 있어서는 그 원통함이 없도록 재판을 함으로써 그 모범이 되었다고 한다. 그가 죽었을 때 특별히 세종 임금이 그의 죽음을 애도하여 제문을 지어 보냈는데, 그 내용 중에, "형조(刑曹)에서 옥사를 판결함에 반

---

538) 정조 5년(1781); 박병호, 326면.

드시 원통함이 없게 하여, 우리나라를 특장 있게 함으로써 거의 모범이 되게 하기에 이르렀더니"라는 구절을 통해 이러한 그의 면면을 확인해 볼 수 있다.539)

그의 재판에 관한 기록을 통해 그의 재판에 임하는 일면을 살펴보기로 하자.

최안종(崔安宗)이라는 자의 아내가 남편을 죽이고 그 시신을 첩(妾)의 집 문밖에 두는 살인사건이 발생하였다. 이에 관에서는 그 시신이 놓여 있는 것이 첩의 집이었기에 최의 첩을 살인죄로 하여 잡아들여 고문을 하였다. 매질을 견디지 못한 최의 첩은 결국 없는 죄를 있다고 자백하기에 이르렀다. 이 사건을 접한 정진이 이를 의심하여 "사람을 죽인 자가 그 흔적을 감추는 것은 보통 있는 일인데, 어찌 자기가 남편을 죽여서 자기 집 문밖에 둘 이치가 있겠는가?"라며 다시 심문하도록 하였다. 결국 최의 첩이 매질을 못 이겨 거짓으로 자백한 것임을 알아냈고, 최의 아내의 소행임을 밝혀 그 죗값을 치르게 하였다.540)

## 3. 형사절차와 형벌부과에서 특별한 대우를 받은 자 – 팔 의(八議)

"팔의(八議)에 해당하는 자가 범죄(犯罪)를 저지른 경우
그 처결(處決)에 관하여 공문(公文)으로 직접 왕에게 계(啓)하여
왕명(王命)을 받아야 하며,
자의(恣意)로 소환신문(召喚訊問)할 수 없었다"

조선시대에는 형사절차와 형벌부과에서 특별한 대우를 받은 자들이 있었

---

539) 세종실록 36, 세종 9년 4월 16일(갑술) [원전] 3집 68.
540) 세종실록 36, 세종 9년 3월 6일(갑오) [원전] 3집 64.

는데 이들에게 특전을 주는 제도를 팔의(八議)라고 하였다. 중국에서는 주(周)나라 때부터 여덟 가지의 특별한 사정이 있는 사람에게는 형사절차나 형벌에 있어 특전을 주는 제도가 있었는데, 이를 팔벽(八辟)이라고 한다. 이러한 중국에서의 팔벽(八辟)제도는 당률(唐律)에서 팔의(八議)로 되어 자리를 굳히게 되었고 명율(明律)에로 계승되었다. 이후 명율(明律)이 조선에서 일반 형법전으로서 시행됨에 따라 조선에서도 적용케 된다.

조선의 팔의(八議)는 의친(議親)·의고(議故)·의공(議功)·의현(議賢)·의능(議能)·의근(議勤)·의귀(議貴)·의빈(議賓)이다. 먼저, 의친(議親)은 왕의 동성 8촌 내의 종친과 왕의 조모 및 생모의 8촌 내의 친족, 왕비의 6촌 내의 친족과 세자비의 4촌 내의 친족이다. 의고(議故)는 왕실과 오랫동안 두터운 친분이 있고 특별한 은덕을 입은 자이다. 의공(議功)은 전쟁에서 적장을 참살하여 적의 군기를 탈취하며 만 리의 먼 곳까지 적을 추격·격파하여 적국의 군대를 항복시켜 포로로 거느리고 옴으로써 국민을 안녕하게 하였거나 혹은 변방영토를 개척하는 공로를 세움으로써 특별히 그 사실이 기록된 자이다. 의현(議賢)은 큰 덕행이 있는 현인군자(賢人君子)로서 그 언행이 나라의 본보기가 되는 자이다. 의능(議能)은 큰 재지와 지식이 있는 자로서 군사와 정사를 잘 다스려서 왕의 보좌역이 되며 인륜(人倫)의 본보기가 된 자이다. 의근(議勤)은 문무 관리로서 관직을 근실하게 수행하여 주야로 봉공하며 혹은 먼 곳에 파견되어 괴롭고 어려운 일을 능히 겪고 치름으로써 큰 공로를 세운 자이다. 의귀(議貴)는 관작이 1품인 자와 3품 이상의 문무직과 2품 이상의 산관(散官: 품계만 있고 실직이 없는 관리)인 자이다. 의빈(議賓)은 전대의 왕의 자손으로서 선대(先代)를 봉사하여 국빈(國賓)으로 된 자이다.

의죄(議罪)는 응의자(應議者) 본인뿐 아니라 그의 일정한 근친도 특전을 부여받았다. 즉 응의자의 조부모·부모·처·자·손·왕의 종친·인척 및 공신의 외조부모·백숙모부·고모·형제자매·조카 등이 이에 해당한다. 4·5품관의 경우는 그의 부모·처·자·손의 경우에도 응의자에 준하여 특전을 받았다. 그러나 팔의에 해당하는 자라도 십악(十惡)의 범죄를 범한 경우에는 의죄(議罪)의 특전을 받지 못하였다.

팔의(八議)에 해당하는 자가 범죄를 저지르면 그 처결(處決)에 대하여 공문으로 직접 왕에게 올려 왕명을 받아야 했고, 자의(恣意)로 소환하여 신문할 수 없었다. 왕명에 따라 신문하는 자는 그 죄상과 응의자(應議者: 팔의에 해당하는 자)에 해당하는지에 대하여 모두 함께 의논하여 형량을 결정하였고 이후 이를 왕에게 올려 왕의 재결을 받도록 되어 있었다.

팔의(八議)제도의 남용을 막기 위해 응의자(應議者) 본인과 그의 일정한 근친을 제외한 그 외의 친족 등이 응의자의 위세에 의지하여 양민을 침해하고 관사를 업신여겨 침범할 경우에는 일반인보다 일등(一等)을 더하도록 하였다. 즉 종친·인척·공신의 동성 사촌·6촌 형제·5촌 숙부·외숙·이모·이모부·고모부·처남·외사촌·이모의 아들 및 딸의 자(子)·조카·처조카 등과 자기 집에 있는 권속(眷屬: 식구나 가족)·사역인(使役人: 심부름꾼)·사음(舍音: 마름이라고도 하며, 지주의 위임을 받아 소작지를 관리하던 사람을 말함) 등이 이에 해당한다.

조선의 경우에는 위의 대명률 규정 이외에 이들에게 따로 특전을 베풀었는데, 의친과 공신의 경우는 십악죄(十惡罪)를 제외하고는 다섯 번 죄를 범해야 파직하였다.541) 군인인 경우는 병조가 왕에게 보고하여 처벌하였다.542) 일반형사범으로 구금할 경우에 의친·공신·당상·관사족 귀부가

---

541) 경국대전(經國大典) 이전(吏典) 고과(考課).
542) 병전(兵典) 용형(用刑).

사형에 처하는 죄에 해당할 때에는 일반인의 경우 목과 다리에 쇠사슬을 채우는 것과는 달리 목에만 채우도록 하였다.543)

조선 후기부터는 정승(政丞)은 악역죄(惡逆罪) 외에는 체포·심문하지 아니 하였다. 종친·부마·종친 정1품·부마 정1품·문관 재상·홍문관 대제학이나 정1품직·좌의정·우의정·기사인(耆社人)544) 등은 가벼운 죄이면 구금하지 못하며 왕명을 받들어 신문하였다.545)

원종공신(原從功臣)은546) 사형에 처하는 죄(死罪)가 아니면 목에 쇠사슬을 채울 수 없으며, 공신(功臣)의 자손은 강상죄(綱常罪)나547) 장도죄(贓盜罪; 재물을 절도한 죄를 아울러 이름) 외에는 장형·유형에 해당하더라도 속죄금(贖罪金)을 납부하게 하였다. 또한 그의 증손(曾孫) 이하도 왕에게 보고하여 처결하였다.

공신(功臣)의 자손은 설사 공상천예(工商賤隸; 수공업, 상업에 종사하는 자이거나 노비를 말함)라 할지라도 왕의 재가를 받아서 고문하였으며548) 배향공신 〈配享功臣: 국가에 대한 공로로 종묘(宗廟)에 신주(神主)를 모신 신하〉의 대대자손도 감(減) 1등(1等)하였다.549)

---

543) 형전(刑典) 수금(囚禁).
544) 기사인(耆社人)은 조선시대에 나이가 많은 임금이나 실직(實職)에 있는 70세가 넘는 정2품(正二品) 이상(以上)의 문관(文官)들을 말한다.
545) 속대전(續大典)·대전통편(大典通編)·대전회통(大典會通)의 형전(刑典) 수금(囚禁).
546) 원종공신(原從功臣)이란 국가나 왕실의 안정에 공훈이 있는 정공신(正功臣) 외에 왕을 수종(隨從)해 공을 세운 사람에게 준 칭호 또는 그 칭호를 받은 사람을 말한다.
547) 강상죄(綱常罪)란 강상(綱常)의 윤리를 범한 죄를 말한다. 강상(綱常)은 삼강오상(三綱五常)의 인륜으로, 삼강(三綱)은 군신(君臣)·부자(父子)·부부(夫婦)의 도를 나타내는 군위신강(君爲臣綱)·부위자강(父爲子綱)·부위부강(夫爲婦綱)을 말한다. 오상(五常)은 오륜(五倫)으로 부자·군신·부부·형제·붕우 간의 윤리로서 부자유친(父子有親)·군신유의(君臣有義)·부부유별(夫婦有別)·장유유서(長幼有序)·붕우유신(朋友有信) 등을 말한다. 이밖에도 국상(國喪) 때 기방(妓房)에 출입하거나 노비가 그 주인을 구타하거나 살해하는 경우 등이 포함되었다.
548) 속대전(續大典) 형전(刑典) 추단(推斷).

## 4. 수사절차에서의 검시제도

"독(毒)을 먹고 죽은 경우 이를 검험(檢驗)할 때에는 은비녀를 사용하여
시신(屍身)의 입에 찹쌀밥을 머금게 하였다가
닭에게 먹였을 때 닭이 죽으면 이 또한 독살(毒殺)로 여겼다"

"남자(男子)는 양기(陽氣)가 얼굴로 모이므로
얼굴이 무거워 익사(溺死)하면 반드시 엎드리고,
여자(女子)는 음기(陰氣)가 등에 모이므로 등이 무거워
익사(溺死)하면 반드시 드러 눕는다"

조선시대에는 증거를 확보하기 위한 일환으로 세 차례에 걸쳐 검시(檢屍)하였는데 이를 삼검제(三檢制)라 하였다. 이는 초검(初檢)·복검(覆檢)·삼검(三檢)으로 이루어지는데, 경우에 따라서는 사검(四檢)·오검(五檢)을 행하기도 하였다. 삼검제가 시행된 것은 세종 때부터 인 것으로 보이며, 성종 때 나온 경국대전(經國大典) 예전(禮典)에서 성문화되었다. 당시에는 부모에게서 물려받은 몸을 훼손할 수 없다는 인식이 강해 시신의 겉모습만으로 수사하지 않으면 안 되었으므로, 그만큼 그 원인을 규명하는 것이 어려울 수밖에 없었다. 따라서 주검을 해부하여 검사하는 부검(剖檢)이 어려웠던 당시로서는 검시에서 생길 수 있는 잘못을 최소화하기 위해 여러 번 검시할 수밖에 없었던 것으로 보인다.

경국대전에서 규정하고 있는 삼검(또는 사검·오검)의 내용을 살펴보면 다음과 같다.550) 첫째, 초검(初檢)은 만일 살인사건이 발생하면 사체가 있

---

549) 대전회통(大典會通) 형전(刑典) 추단(推斷).
550) 심희기, 244면 이하.

는 곳의 지방관이 제1차의 시체검험을 행한 후 무원록(無冤錄)의 형식에 의하여 검안서(檢案書)를 만들어 상부관에게 제출한다.551)

다음은 초험관인 서흥군수 이병훈이 검험의 일로 문서로 보고한 내용 중의 일부이다(광무 8년 11월 25일 진시).552)

"검험 차 죽은 이소사의 시신이 있는 민성길의 집으로 향하였다. 집은 남향의 초가 2칸의 상하방이다. 방을 이리저리 자세히 살펴보니 방의 높이는 관척(官尺)으로 6척 1촌이며 방과 방 사이를 토벽으로 막았다. 문궐(門闕)은 있으나 문자(門子)는 없다. 동쪽 벽에 소나무 선반 1개가 있고, 남쪽 벽에는 문이, 북쪽 벽에는 창이 나 있다. 방 안쪽에는 가게에서 파는 갈대 바구니 2개가 놓여 있다.

시체의 사지(四肢)는 동으로 벽에서 4척 5촌, 서쪽으로 2척 7촌, 남쪽으로 1척 9촌, 북쪽으로 1척 2촌 떨어져 있다. 시체를 덮어둔 천을 보면, 처음에 아청색(鴉靑色) 목면 이불 1채이고, 다음 백목서면 저고리 1벌, 백목치마 1벌, 백목 고쟁이 1벌, 다음 흰 목침 1개가 놓여 있다.

여기저기 오물이 어지럽게 묻어 있고 방이 너무 좁아 검시하기가 어렵다. 시신을 밝은데 판자 위로 끌어낸 후 살펴본 즉 나이는 대략 42~3세의 여인으로 보인다. 시신의 머리는 동쪽으로, 발은 서쪽으로 향해 누워 있다.

---

551) 초검 과정을 단계 별로 나누어 살펴보면, 먼저 변사자(變死者; 병사나 자연사가 아닌 시체로서 범죄로 인한 사망의 의심이 있는 시체를 말함)가 있다는 신고가 접수된다. 그리고 당해 고을의 수령이 검험관(檢驗官)으로 서리(書吏)·오작인(仵作人 : 고을 수령에 딸리어 시체를 검시하던 하인)·항인(行人: 심부름꾼) 등을 데리고 현장으로 출동하여 현장과 주검을 검사하고, 또한 관련된 자들을 조사·심문한다. 마지막으로 시장(屍帳: 검시 결과를 기록한 장부)을 작성하여 이를 상급 관청인 도(道)에 보고한다.

552) 瑞興郡 木甘坊 二里 小地名 舊津洞 致死女人 李召史 文案: 初檢(서울대학교 규장각 소장: No. 규 21306, 1책); 김 호, 「檢案」을 통해 본 100년 전의 鄕村 사회(2), 문헌과 해석, 1998 가을(통권 제4호), 168면 이하.

신장은 4척 9촌이며 전신이 모두 부어올라 있다. 목은 좌측으로 돌아가 있으며 머리는 모두 산발한 상태이다. 머리카락의 길이는 1척 5촌이며 눈과 입은 모두 벌리고 양손은 주먹을 쥐지 않았으며 양다리는 편 채로 있다. 오작(仵作) 김삼불로 하여금 법물(法物)로 전신을 씻어낸 후 손으로 자세히 검사토록 하였다.

앞면은 정수리부터 양쪽 눈 두덩이에 이르는 살색이 청흑색으로 부패하여 있다. 눈망울은 보통과 같았고 양 광대뼈 근처의 상하부위와 입술색은 청흑색으로 부패하여 있다. 상하 이빨은 평상시와 같다. 혀가 이빨을 누르고 있고 턱 아래부터 인후부(咽喉部)의 살색은 황색(黃白)이 평상과 같다. 어깨뼈로부터 가슴 위 부위는 청적색으로 피부가 일어나고 겨드랑이에서 손끝까지는 황백으로 평상과 같다. 가슴 아래부터 명치까지는 황백으로 피부가 간혹 일고 갈비뼈부터 사타구니까지는 약간 청색에 피부가 일고 있다. 음호(陰戶: 여자의 성기)는 평상과 같고 양 무릎위에서 발가락까지는 황백으로 평상과 같다.

뒷면은 뇌로부터 목 위까지는 평상과 같고 귀 뒤 밑이 청흑색으로 부패하여 있다. 목둘레 좌측에 상처가 있는데 관척(官尺)으로 4촌 4푼으로 살색이 자적색(紫赤色)이고 경직되었다.

좌우로 둘러보니 부러지고 어깨 뒤에서 팔꿈치까지 살색이 청적으로 피부가 일고 양 손등에서 손톱에 이르는 부위는 황백으로 평상과 같다. 척추부위에서 양 신장(腎臟)이 있는 곳까지는 청적색으로 피부가 약간 일고 항문은 평상과 같다. 대퇴에서 발바닥은 황백으로 평상과 같고 음호(陰戶)에 은수저로 시험하니 색이 약간 검으나 곧 물로 씻으니 희어졌다.

따라서 실제의 원인은 목이 부러진 데 따른 것이 확실하다. 시신을 옷으로 덮어 판위에 둘둘 말아 방에 두고 갈대 바구니로 덮고 회(灰)로 3군데에 뿌려 놓았다. 자물쇠로 방문을 잠근 후 밖에서 봉한 후 군인으로 하여금 잘 지키도록 하였다."

〈현장 검시 장면〉

둘째, 복검(覆檢)은 초검관(初檢官)이 인근 지방관에게 제2차의 검험, 즉 복검을 의촉하였는데, 이 역시 초검과 같은 절차로 시행되었다. 초검관은 자신의 검험 결과를 복검관에게 누설해서는 안 되며, 독자적인 검안서를 만들어 상부관에게 제출한다. 상부관에게 제출된 초검관·복검관의 검안 의견이 일치되면, 이로써 사건이 대개 결정된다. 그러나 만약 두 검관의 의견이 같지 않거나, 그들의 검험에 의혹이 있을 때는 상부관이 다시 삼검을 명하게 된다.

셋째, 삼검(三檢)·사검(四檢) 또는 오사(五査)·육사(六査)는 중앙의 형조에서 낭관(郞官)을 보내고, 지방에서는 관찰사가 적합한 인원을 차출하여 이들이 다시 점검을 행하는 경우이다. 이들은 검안 후에 초검관·복검관의 검안서를 참작하여 최후의 판정을 내리게 된다.

삼검에 따른 인명치사 판결의 책임은 1차로 중앙에서는 한성부, 지방에서는 관찰사가 졌으며, 2차 책임은 중앙의 사헌부에 있었다. 때에 따라서는 3차로 국왕에게 상소할 수 있었는데 그 수속 절차가 매우 엄격하였다.

검시에 있어서는 특별히 검험관의 마음가짐이 강조되었다. 따라서 현장에 나가기를 미루거나 현장에서 주검을 제대로 살피지 않고 오작인(仵作人; 고을 수령에 딸리어 시체를 검시하던 하인)이나 항인(行人; 심부름꾼)의 말을 그대로 받아들이는 행동을 금하였다. 또한 현장에서 밤을 지내는 경우에는 사건 관련자의 집에서 묵지 않도록 하며, 될 수 있는 대로 여러 사람의 진술을 받되 거짓말을 하는 경우가 많으므로 이를 잘 살피게 하였다.

이렇듯 인명치사(人命致死)사건에 대해 사체가 있는 곳에서 직접 삼검제도에 따른 검증을 한 다음, 그것을 재판의 근거로 이용했던 사실은 조선시대 형사법제가 나름대로는 높은 수준을 지니고 있었다는 것을 보여주는 것이라 하겠다.

## 5. 조선시대와 현재의 법의학 수준과의 비교[553]

조선시대에는 나름대로 독립적이고 객관적인 검시제도에 의해 죽음의 원인이 무엇인지를 명확히 규명하기 위해 노력하였다. 대표적인 예로서, 세종대왕은 1440년 최치운을 비롯한 신하들에게 살인사건의 검시 지침이 될 책을 쓰도록 하였는데, 이것이 바로 신주무원록(新註無冤錄)이다.[554] 이는 1308년 원나라의 왕여가 쓴 무원록(無冤錄: 무원(無冤)은 '억울함이 없게 하라'는

---

[553] 이와 관련한 내용은, 김 호(역), 신주무원록, 서울: 사계절출판사, 2003(이하 신주무원록); 이윤성, "신주무원록을 통해 본 조선시대 법의학", 과학동아 2003년 10월호를 참조하였다.

[554] 신주무원록에는 살해된 사람의 안색을 죽음의 원인에 따라 적자색·적흑색·담홍적·미적·미적황색·청자색 등으로 자세하게 분류해 놓았다. 또한 얼어 죽거나 굶어 죽은 경우, 소나 말에 밟혀 죽은 경우, 호랑이에 물려 죽은 경우 등 다양한 죽음의 원인을 규명해 놓고 있다.

뜻이다)을 바탕으로 하여 우리나라 실정에 맞게 새롭게 편찬한 것으로, 이후 영·정조 대까지 3백 년 동안 검시에 관한 지침서로써 널리 이용된다. 영조 때(1792)에 이르러 구택규가 쓴 '증수무원록'(增修無冤錄)이 출간케 된다.555)

그렇다면 당시에 쓰이던 검시방법과 법의학 지식은 오늘날의 법의학 수준에 비추어 볼 때에 과연 어느 정도의 수준이었을까! 이하에서는 '신주무원록' 또는 '증수무원록'의 내용을 근거로 조선시대 법의학 수준과 현대 법의학의 수준을 비교·검토해 보기로 한다.

1) 기본적인 검시방법

검시를 함에 있어 기본적으로 살펴야 할 것은 과연 무엇이었을까! 다음의 내용들이 신주무원록 등에서 가르치고 있는 기본사항이다. 먼저 시체의 위치를 살피고, 실내의 경우에는 사방으로부터의 거리를 측량하여야 했다. 춥고 더운데 따른 시신의 변동 상황을 살피고,556) 혹 시체가 물 속이나 좁고 어두운 곳에 있어 부득이 옮겨야 할 경우에는 그 연유를 기록하도록 하였다.

당시에는 부검을 제대로 하지 못하였으므로 시신을 외관(外觀)만으로 살피는 것이 강조되었다. 따라서 시신을 살필 경우에는 머리부터 발끝까지 차례로 내려가며 신체의 각 부위를 잘 살핀다. 조사해야 할 신체의 각 부위는 앞부분 50개 부위와 뒷부분 26개 부위 등 전체 합하여 76개의 부위이다. 살필 때에는 얼굴 색깔이 어떠하였으며, 눈을 떴는지 감았는지, 손을

---

555) 증수무원록은 신주무원록을 바탕으로 하여 우리 현실에 맞게 논리적으로 거의 새로 쓰다시피 하였다.
556) 신주무원록, 권상 227면.

쥐었는지 폈는지 하는 점 등이 강조되었다.557) 또한 상처가 있는지 없는지, 상처가 있을 때에는 그 크기·깊이·길이·넓이·색깔모양·상처의 발생시기·뼈의 검사·상처부위의 급소 여부 등을 잘 살펴야 했다.

시신이 목을 매단 경우라면 목을 맨 허공의 높낮이, 그 장소가 목을 맬 만한지, 두다리가 허공에 떠 있는지, 밟고 올라간 물건이 있는지, 목숨을 다툰 흔적이 있는지, 줄이나 끈으로 목을 맨 경우에는 줄이나 끈의 둘레나 직경을 살펴야 했다.

물에 빠져 죽은 경우에는 물의 수심의 깊이나 수면의 넓고 좁음을 측량해야 했다.

시신이 불에 탄 경우에 만약 재속에 있다면 주변의 재들을 청소한 후 시신을 뒤집어 가며 시신이 닿았던 곳에 재나 불에 탄 흔적은 없었는지를 살펴야 했다.

구타로 인해 사망한 경우에는 치명적 상흔이 있는지 또는 시신 옆에 흉기가 있는지의 여부를 살펴야 했다.558)

이러한 기본사항은 오늘날에서도 유용하게 이용될 수 있는 내용이라 하겠다. 특히 검시할 때의 조명의 활용과 관련해서는, 새로 기름칠한 비단이나, 기름칠해 반투명한 우산을 이용하여 보고자 하는 곳을 가린 후, 날이 맑을 경우에는 햇빛을 향하여 우산을 그 사이에 두고 보았다. 그러나 날이 흐리고 비가 오는 날에는 숯불로 비추어 보도록 하고 있다.559) 이러한 조

---

557) 그러나 이러한 것은 오늘날에는 그다지 과학적인 것으로 평가되지 않고 있는데, 이는 검시방법이 객관적이지 못하였고 또한 재현가능성이 낮기 때문이라 하겠다. 예를 들어 얼굴이 붉은 경우, 이를 적자(赤紫)·적흑(赤黑)·담홍적(淡紅赤)·미적(微赤)·미적황(微赤黃)·청적(靑赤) 등으로 구분하였는데, 이는 보는 사람에 따라 달리 표현할 수도 있었고 시간이 지나면서 색이 달라질 수도 있기 때문이다.
558) 신주무원록, 권상 222~223, 239면 이하.
559) 신주무원록, 권하 315면.

명의 활용은 현대의 검시요령에 비추어 볼 때에도 시신을 검사함에 있어 매우 중요한 의미를 갖는다. 가령 빛이 너무 강할 경우에는 반사되는 빛으로 인해 지장을 받게 되기도 하고, 또 너무 어두우면 잘 보이지 않아 상처의 유무를 간과하기 쉽게 된다.

따라서 적절한 조명이 주검을 검사하는 데에서는 중요한 의미를 갖는다. 당시에 새로 기름칠한 비단이나 기름칠해 반투명한 우산을 이용한 것은 빛을 가리되 너무 어둡게 하지는 말라는 뜻으로 보인다. 또 어두울 경우에는 빛을 비추되 촛불처럼 중심 부위와 주변 부위의 차이가 큰 불빛보다는 숯불처럼 넓은 부위를 비슷하게 밝게 비추는 불빛을 권한 것은 그 나름의 과학적 타당성이 있다고 하겠다.

2) 개별적 예를 통해 살펴본 법의학 수준의 비교

(1) 목을 매고 죽은 경우(이를 액사(縊死)라고 함)

가령 누군가를 살해한 뒤 시체의 목을 매달아 자살한 것처럼 꾸며 둔 경우 이를 어떻게 알아냈을까! 신주무원록에서는 스스로 목을 맬 수 있는 높이인지, 목을 매단 기둥 위에 흔적이 있는지 또는 목을 맨 끈의 상태가 어떠한지를 살피라고 명시하고 있다.560) 만약 끈이 팽팽하다면 자살이고, 끈이 느슨하다면 이는 타살인 것으로 보았다. 활투두(滑套頭: 매듭을 늦추고 조일 수 있도록 움직이는 올가미)와 사투두(死套頭: 매듭이 고정된 올가미)로 목을 맨 경우에는 발이 땅에 닿게 되고 따라서 무릎을 꿇어도 모두 죽게 된다고 보았다.561)

---

560) 신주무원록, 권상 221면; 권하 343면, 345면 이하.
561) 신주무원록, 권하 301면 이하.

또한 증수무원록에 나와 있는 인체도(人體圖)에는 신체 부위의 명칭을 자세히 적어놓아 주검을 검사할 때 비교해가며 기록하도록 하였다.

오늘날에도 일반적으로 알고 있는 것과 달리 발이 땅에 닿아도 목을 매어 죽을 수 있다고 보고 있다. 심지어 엎드린 채로 머리만 들리는 정도로도 사망할 수 있는데, 이는 숨이 막혀서라기보다는 머리로 가는 혈액이 끊겨서 죽는 경우이다. 몸 전체의 무게가 실리지 않아도 목에 있는 정맥이 막힐 수 있어 피가 흐르지 않기 때문이다.

목을 매어 사망한 경우에 얼굴이 검붉은지의 여부는 지금도 중요한 의미를 갖는다. 대들보에 목을 매 발이 공중에 매달린 채 죽은 경우는 체중이 실려 목의 동맥과 정맥이 모두 막혀 울혈(鬱血: 혈관의 일부에 정맥성 혈액의 양이 증가되어 있는 상태)이 보이지 않는다. 반면 목을 졸라 살해한 후 목을 맨 것으로 위장한 경우는 얼굴색이 검붉다. 이는 목을 조를 경우 정맥만 막히기 때문에 머리 쪽으로 피가 몰리기 때문이다.

오늘날에 있어서도 목을 맨 장소가 목을 맬 수 있는 높이인지, 목을 맨 대들보 위에 어지러운 흔적이 있는지, 끈의 길이가 적절한지, 또 매듭의 형태는 어떤지 등은 검시할 때 반드시 살펴야 할 대상으로서 중요한 의미를 갖는다.

(2) 물에 빠져 죽은 경우

가. 물의 수심

신주무원록에서는 물 깊이가 3~4척(대략 0.9~1.2m 내외: 1척은 약 30㎝)만 넘어도 죽을 수 있다고 하였다.562) 오늘날에 있어서도 실제로 물 깊이가

---

562) 신주무원록, 권하 375면.

키보다 얕아도 익사(溺死)할 수 있다. 심지어 다른 이유로 의식을 잃으면 한 뼘 정도의 얕은 물에서도 익사(溺死)하게 된다.

### 나. 흰 물거품의 발생

신주무원록에서는 물에 빠져 죽은 경우 입과 코 안에서 흰 물거품이 나온다고 보았다.563) 현대 법의학에서는 물에 빠져 호흡을 하다가 들이마신 물과 기관지에 남아 있는 공기와 점액이 사망하기 직전의 껄떡 호흡으로 인해 섞여 잘고 흰 거품이 되어 나온다고 보고 있다. 이는 물 속에서 살아 있었다는, 즉 익사(溺死)하였다는 중요한 증거가 된다.

### 다. 시신의 자세

신주무원록의 경우 남자는 양기(陽氣)가 얼굴로 모이므로 얼굴이 무거워 익사하면 반드시 엎드리게 되고, 여자는 음기(陰氣)가 등에 모이므로 등이 무거워 익사하면 반드시 드러눕게 된다고 보았다.564)

현대 법의학에서는 대개 머리와 팔다리는 부피에 비하여 뼈가 차지하는 부분이 크므로 비중이 높고, 상대적으로 몸통은 비중이 낮다고 보고 있다. 따라서 주검이 물 속에서 자유롭게 있었다면, 남녀 여부에 관계없이 머리와 팔다리가 아래로 늘어지는 엎드린 형태로 발견되므로 신주무원록의 판단은 옳지 않다고 하겠다.

### (3) 불에 타서 죽은 경우

신주무원록에서는 불에 타서 죽은 경우에는 피부가 모두 타고 살이 문드

---

563) 신주무원록, 권하 383면.
564) 신주무원록, 권상 73면; 권하 377면.

러지고, 손과 발을 모두 오그리게 된다고 보았다. 만약 입·코·귀 안에 모두 그을음과 재가 들어 있으면 이는 생전에 불에 타 죽은 것이다. 시신이 온전한 경우에는 죽기 전에 불을 피해 도망치다가 입을 벌려 재와 그을음이 들어갔을 것이므로, 곧 입과 코 안에 검은 재와 그을음이 있는지 없는지를 살핀다. 따라서 만약 그을음이 있다면 생전에 불에 타 죽은 것이고, 없다면 그렇지 않은 것으로 보았다.565)

화재 현장에서 발견된 주검이 화재 당시에 생존하였는지의 여부를 판단하는 일은 오늘날에도 매우 중요한 의미를 갖는다. 살해한 주검을 은폐하거나 사망원인을 오인하도록 하기 위하여 사후에 불을 지르는 경우가 있기 때문이다. 이때에 가장 중요한 소견은 입과 코〈부검을 하였다면 기관(氣管)이나 기관지〉에 검댕이 있는지의 여부이다. 만약 숨이 드나드는 길에 검댕이 있다면, 이는 화재 당시에 숨을 쉬었다는 증거로서 화재 당시에는 생존하였음을 말한다.

(4) 독극물 사망의 경우

가. 은비녀의 활용

신주무원록에서는 독살을 당하였는지를 판단하는 법도 소개하고 있다. 시신의 목구멍에 은비녀를 넣었다 꺼냈을 때 색이 푸르거나 검으면 독살로 보았다.566) '비상'이라는 독약의 황 성분과 은이 결합하면 검게 변한다는 사실을 응용한 것이다.

독극물에 의한 사망시 이를 검험하는 방법을 좀 더 구체적으로 살펴보

---

565) 신주무원록, 권하 477~487면.
566) 신주무원록, 권상 81면.

면, 은비녀를 조각수(쥐엄나무의 껍질을 삶은 물)로 씻은 후 죽은 사람의 입안과 목구멍에 집어넣고 종이로 밀봉하였다가, 얼마 지나서 빼내보아 그 색의 변화를 살피게 된다. 만약 청흑색(靑黑色)으로 변하는 경우라면 다시 조각수로 씻어내고 이후에도 색깔이 변하지 않으면 중독사(中毒死)로 보았다. 독기(毒氣)가 없는 경우에는 그 색깔이 선명하게 흰색으로 나타나게 된다.567)

예를 들어 오늘날에도 달걀 요리에 은수저를 넣으면 검게 변하게 되는데, 이는 달걀에 있는 유황 성분이 은과 결합하여 얇은 검은 막을 만들기 때문이다. 이런 현상은 질산염이나 비소에서도 같다. 이전에 사용하던 독극물 가운데 유황·질산염·비소 등을 포함하였다면 은으로는 이를 알 수 있었을 것이다. 그러나 이와 같은 성분이 들어있지 않은 독극물에서는 반응하지 않으므로 현대 법의학에 있어서는 완전한 방법으로 보지 않고 있다.

나. 반계법의 활용

독극물 사망인지를 살피는 또 다른 방법으로서 증수무원록에서는 반계법의 예를 소개하고 있다. 흰밥 한 덩이를 죽은 사람의 입안 목구멍 속으로 집어넣고 종이로 덮어두고 한두 시간 지난 후 밥을 꺼내 닭에게 먹여 만약 닭이 죽게 되면 이 경우를 중독사(中毒死)의 경우로 보았다.568)

현대의 법의독물학 수준에서도 중독사에 따른 원인 물질을 찾는 것은 매우 어려운 과제이다. 오늘날에 있어서도 부검 도중에 주검의 위(胃) 내용물

---

567) 신주무원록, 권하 461면.
568) 증수무원록에서 언급한 반계법(飯鷄法)은 사용한 닭을 먹고 죽는 사람이 있어서 영조 6년에 이 방법을 사용하지 않도록 지시하였다. 어쩔 수 없이 이 방법을 쓴 경우라면, 사용한 닭은 바로 폐기하도록 하였다. 반계법은 조선판 동물실험이라 하겠다.

을 실험쥐에 먹여 실험쥐가 죽으면 독극물이 있다고 보고 이를 찾아내는 정밀검사를 실시하기도 한다.

(5) 칼날 등에 의해 살해된 경우

신주무원록에서는 칼날 등의 예리한 도구에 의해 살해된 경우 상흔(傷痕) 어귀의 피육(皮肉: 가죽과 살)에 피가 있고, 내막(內膜: 체내 기관의 안쪽에 있는 막)이 뚫렸으며, 살이 넓게 벌어지고, 화문(花文; 원래는 꽃무늬 또는 꽃문양을 말하나 법의학적으로는 근육의 결을 의미함)이 밖으로 나와 있으며 손가락으로 집으면 선홍색 피가 나온다고 보았다. 그러나 만약 죽은 후에 칼날로 베어 손상을 입힌 경우라면 건조하고 희며, 피가 없으며, 손으로 누르면 맑은 물이 나온다고 하였다.569)

현대 법의학에서는 살아있을 때에 예리한 도구에 의해 손상을 입은 경우에는 반드시 피가 나와 상처의 주변에서 응고했거나 상처 속으로 스며든 피가 있다고 보고 있다. 또한 생전의 근육 수축으로 인해 상처가 넓게 벌어지게 되는데, 이는 생활반응(生活反應 vital reaction; 법의학적 용어로 인간이 살아 있기 때문에 일어나는 반응을 일컫는 말)때문인 것으로 보고 있다. 화문(花紋)은 '속살의 결 무늬'라고 하는데, 아마도 근육의 결을 의미한다고 하겠다. 만약 죽은 후에 칼로 베였다면 출혈이 없을 것이고, 눌러도 피가 섞이거나 섞이지 않은 맑은 조직액이 배어 나오기 쉽다.

(6) 상해를 입어 죽은 경우

가. 타물 및 구타에 의해 죽은 경우

---

569) 신주무원록, 권하 419면 이하.

신주무원록에서는 타물(他物; 손과 발 등 신체를 제외한 기타 흉기)에 의해 치사한 경우, 상흔은 푸른색·붉은 색·검붉은 색·매우 검은 색 혹은 검고 붓거나 한 것으로 보았다. 상처는 비스듬하고 혹은 가로지르기도 하고 수직으로 되어 있으므로 대소의 크기를 측정하고 모두 몇 군데인가를 헤아린다.

구타당한 후 죽은 경우에는 입을 벌리고 눈을 뜨고 있으며 머리털과 상투가 어지러이 흐트러져 있다. 또한 의복이 정돈되지 아니하고 두 손은 주먹을 쥐지 않았으며 소변이 속옷을 더럽히는 경우도 있다.

수족이 부러져 죽은 경우에는 상흔이 돌아가면서 있으며, 만약 피맺힌 흔적이 있다면 이는 생전에 구타당한 흔적이다.570)

나. 이빨에 물려 부상당한 경우

만약 이빨에 물려 부상을 당한 경우라면, 이빨에는 독이 있어 그 독이 창구에 들어가 사망하는 자가 많으니 살아나는 경우가 적다고 보았다. 이빨에 물려 파상(破傷)된 상처 부위에는 창구가 한 줄로 둘러져 있는데, 뼈가 부러지면 반드시 농수가 축축하게 고이고 피육이 상하여 문드러지므로, 이로 인해 치료하여도 낫지 않게 되어 죽게 된다고 본 것이다.571)

현대 법의학에서는 이빨에 물린 경우라도 이빨에는 독이 없으므로, 독에 의하여 사망하지는 않는다고 보고 있다. 만약 이빨에 물린 상처(교흔; 咬痕)로 2차감염이 되더라도 그로 인해 사망하기까지에는 상당한 시간이 소요되는 것으로 보고 있다. 오늘날에 있어서는 이빨로 물린 자국은 주로 성폭행과 관련된 상처인 경우가 많다.

이러한 조선시대에 행하여졌던 여러 가지 검시방법과 관련한 예들이 보

---

570) 신주무원록, 권하 401면 이하.
571) 신주무원록, 권하 441면.

여주듯이 당시의 검시(檢視)에서의 기본원칙은 '정확성'과 '엄격함'에 기초한 것임을 알 수 있다. 다만 당시의 과학의 수준과 발전이 지금과는 차이가 있고 부검을 제대로 할 수 없었던 상황이었던 점이 큰 제약요인이라 하겠다. 비록 당시의 검시방법이 현대의 검시절차에 그대로 적용할 수는 없다 할지라도572) '신주무원록'이나 '증수무원록'에서 강조되고 있는 우리 조상들의 인권의식과 검시에 대한 철학만큼은 높이 살만 하다 하겠다.

## 6. 형사절차에서 합법적으로 이용되었던 다양한 고문제도

"피의자(被疑者)는 처음부터 죄인(罪人)이라 불리었고
오로지 자백(自白)을 얻는데 주력하여
죄(罪)의 경중(輕重)을 따지지 않고 수금(囚禁)하여
고문(拷問)을 자행(恣行)하였다"

1) 신장(訊杖)제도

조선시대에는 인증(人證)이나 물증(物證)만으로는 유죄를 입증하기에는 충분치 않은 것으로 보았다. 유죄의 입증을 위해 절대적인 의미를 갖는 증거는 피의자의 자백〈自白: 자복(自服), 승복(承服), 승의(承疑)라고도 하였고, 자백을 얻는 것을 취복(取服)이라 함〉뿐이라고 보았다. 즉 자백이 증거의 제왕이었던 것이다. 이로 인해 자백을 이끌어 내기 위한 수단으로서의 고문〈拷問: 고신(拷訊) 또는 형추(刑推)라고도 함〉이 법률상의 제도로 인정되었고, 죄의 경중을 따지지 않고 가두어 고문을 자행하였던 것이다.

---

572) 물에 빠진 시신의 경우 남자는 엎어져 있고 여자는 하늘을 향한다는 것 또는 부모의 유골에 피를 떨어뜨려서 피가 스며들면 친자라는 내용 등은 그 근거가 희박한 예라 하겠다.

조선시대에는 장형(杖刑) 이상에 해당하는 자만을 구금하였다. 그러나 노인이나 어린아이에게까지 죄의 경중(輕重)의 구별 없이 구금하거나 고문(拷問)을 하는 것은 온당치 않다 하여 15세 이하의 어린이와 70세 이상의 노인은 살인·강도죄인경우를 제외하고는 옥에 가두지 못하게 하였다. 또한 80세 이상의 노인과 10세 이하의 어린이는 비록 사형(死刑)에 해당하는 죄를 범하였더라도 가두거나 고문(拷問)하지 못하도록 하였다(세종 12년).

법률상 인정된 고문을 할 때에는 도구로서 신장(訊杖)을 사용하였다. 신장은 버드나무로 만들었으며 길이가 3척 3촌(대략 1m)이며 손잡이 쪽이 되는 부분은 1척 3촌(대략 34cm)의 길이에 직경 7푼(대략 2.1cm)의 둥근 모양이었다.[573] 때리는 쪽은 2척(대략 60cm)에 너비 8푼(대략 2.4cm), 두께 2푼(대략 0.6cm)의 규격이며 마치 조그만 보트의 노와 흡사한 모양이었다. 신장은 한번에 30도(회)를 한계로 치도록 하였으며, 반드시 편편한 쪽으로 무릎 아래를 때리되 정강이뼈를 때려서는 안 되었다. 그러나 3일 이내의 재신장(再訊杖)은 금지되었다.[574]

죄인이 쉽게 자백하지 않는 경우에는 도수(度數: 횟수. 도(度)는 사물의 횟수를 세는 단위)를 지키지 않았을 뿐 아니라 몽둥이인 원장(圓杖)을 사용하거나 몸 전체를 가리지 않고 마구 때렸다. 이는 서울보다는 지방에서 더욱 심하여 자주 민원의 대상이 되곤 하였다.

곤장(棍杖)은 군문에서 군법위반자나 포도청 따위에서 절도범을 치는데 사용하던 것으로〈절도범을 치는 것을 치도곤(治盜棍)이라 함〉, 길이나 폭·두께에 따라 중곤·대곤·소곤이 있었다. 곤장은 버드나무로 만들었으며 두께가

---

[573] 척(尺)은 길이를 재는 단위로서 자라고도 한다. 고려 및 조선 초에는 32. 31cm, 세종12년의 개혁 시에는 31.22cm, 한말(1902년)에는 30. 303cm로 확정되었다. 촌(寸)은 치라고도 하였으며 척의 1/10의 크기였다. 푼은 한 치(촌)의 1/10 크기를 말한다.
[574] 심희기, 225면 이하.

일촌(一寸: 약 3cm)이었고 볼기를 쳤다. 치도곤보다 더 가벼운 형구로는 고문권이 없는 행정관청에서 사용하는 가죽으로 된 피편(皮鞭)이 있었다.

신장제도는 1905년의 형법대전(刑法大典)에서 채찍과 혁편(革鞭; 가죽으로 만든 채찍)제로 바뀌게 된다. 채찍은 태(笞)의 작은 것으로 볼기를 치며, 혁편은 종아리를 치는 것인데 민·형사상 신문하는 경우 실토하지 않은 자에게 1차(한번)에 30도(회)·1일 1차(한번) 행하도록 되어 있었다.

그러나 이러한 고문제도는 1907년 6월 27일 법률 제2호로 공포된 '신문형(訊問刑)에 관한 건'이란 법령에 의해 불법화되었고, 이후 1908년에 법률 제19호로써 '형법대전'이 개정되면서 고문에 대한 근거규정이 완전히 사라지게 된다575).

2) 다양한 고문방법

포　락(炮　烙)

"불로 지지는 고문으로
양발을 묶고 양손은 뒤로 묶어놓고
뜨겁게 달구어진 쇠막대기나
불이 붙은 굵은 노끈을 발가락 사이에 넣었다"

---

575) 심희기, 239면.

〈포 락〉

　법이 인정한 고문 이외에도 다양하면서도 잔인한 고문방법이 동원되었는데 현재까지 알려진 것들을 소개하면 다음과 같다.576) 먼저, 고족형은 발을 쪼개는 것으로 사가에서 노비의 죄를 다스리면서 자행하는 경우가 있었다.

　난장(亂杖)은 양쪽 엄지발가락을 한데 묶어 놓고 발바닥을 치는 것을 말하는데, 때로는 여러 명이 장으로 신체의 어느 부분도 가리지 않고 난타하는 것을 뜻하는 것으로 이해되기도 한다. 난장 시 발바닥을 치다가 빗맞아 발가락이 떨어져나가는 일이 잦아서 흔히 문헌에 '발가락 뽑는 형벌'이라고도 하였다. 상천민(常賤民)으로서 신분이 높은 여자를 범하였거나 근친상간(近親相姦) 등의 반윤리적 죄를 범한 자를 멍석으로 싸서 여럿이 몽둥이로 난타하는 사벌(私罰)로서의 난장(亂杖)이 민간의 오랜 관습으로 존재하였다고 한다. 중종 6년(1511년)에 "난장의 형은 국법이 아니므로 이를 금한다"라는 하교를 내리게 된다.577)

　단근형(斷筋刑)은 죄인의 힘줄을 끊어버리는 것으로 도적이 성할 때 이를 근절하기 위하여 임시조치로 시행된 적이 있었던 것으로 보인다.

---

576) 박병호, 321~322면.
577) 영조 46년에 다시 주장당문(朱杖撞問: 죄수를 가운데 두고 여럿이 죄수의 주위를 돌면서 때리는 것으로, 이때 사용하는 장(杖)이 붉은 색이었기 때문에 붙여진 이름)을 없애라는 하교를 내려 이를 금지시킨다; 대전통편(大典通編), 대전회통(大典會通) 형전(刑典) 추단안(推斷案).

비공입회수(鼻孔入灰水)는 사람을 거꾸로 매달아 놓고 코에 잿물을 붓는 것으로 권세가 있는 사가에서 노비나 천민의 죄를 다스릴 때 사용된 경우가 있었다고 한다.

압슬(壓膝)은 양 다리의 무릎뼈를 둥근 나무막대로 문질러 무릎 위에 압력을 가하는 것을 말한다. 실록에 따르면(태종 17년) 죄인을 신문함에 있어 압슬형을 시행할 때 1차 시행에는 2명이, 2차 시행에는 4명이, 3차 시행에는 6명이 하는데 그 범죄가 10악(十惡) 또는 강도·살인과 같은 중죄가 아니면 압슬형을 시행하지 못한다고 하였다.

월족형(刖足刑)은 단근형(斷筋刑)의 일종으로 발뒤꿈치의 힘줄을 베어버리는 것으로 이로 인해 절음발이 또는 앉은뱅이가 되는 등 매우 잔인하였다. 패륜행위를 하는 자에게 문중 혹은 마을 사람들이 사벌로서 행하는 풍습이 존재하였다. 사가(私家)에서 노비의 죄를 다스릴 때 자행하는 경우가 있어서 세종 때에 법으로 이를 금지하였다.[578]

의비형(劓鼻刑)은 코를 베어버리는 것으로 권세가 있는 사가에서 노비의 죄를 다스릴 때 자행한 경우가 있었다고 한다. 세종 때 이를 금하는 영을 내린 후, 역대 왕은 본 형을 불법행위로 엄히 단속하였다.[579]

주리는 중국의 협곤(夾棍; 죄수의 다리를 끼워 조이는 형틀)에서 비롯한 것으로 양 다리를 묶고 그 사이에 두개의 주장(朱杖; 주릿대나 무기 따위로 쓰던 붉은 칠을 한 몽둥이)을 끼워 가위를 벌리듯이 좌우로 벌리는 것인데, 여기에서 주리를 튼다는 말이 나왔다(전도주뢰: 煎刀周牢). 모반 등의 중대사건의 경우 행해졌고 일반적으로는 포도청에서 도적을 다스릴 때 사용되었다. 주리를 당하게 되면 죄를 면하고 풀려난다 하여도 불구가 되기 쉬워 그의 사용을 엄격

---

578) 대전회통(大典會通) 형전(刑典) 추단안(推斷案).
579) 대전통편(大典通編) 형전(刑典) 추단안(推斷案).

히 제한하였다.

태배(笞背)는 태(笞)로 죄인의 등을 치는 것인데 등은 오장(五臟)이 있는 곳이어서 이로 인해 많은 인명살상이 있었다.

포락(炮烙)은 양발을 묶고 양손은 뒤로 묶어놓고 쇠막대기를 뜨겁게 달구어 발가락 사이에 넣거나, 혹은 굵은 노끈을 태우기도 하여 불로 지지는 것을 말한다. 세종 때 이를 금하는 영을 내렸으나, 완전히 없어지지 않았다. 이에 영조 9년(1733년)에 다시 왕명을 내려 이를 폐지토록 하였다.[580]

이외에도 곤장의 모서리로 정강이뼈나 발뒤꿈치 치기, 형틀에 묶어놓고 곤장의 두 끝으로 문질러서 볼기의 가죽을 벗기기, 끈으로 두발의 엄지발가락을 묶어 세 모서리가 있는 막대기를 끼워 거꾸로 매달고 끈을 치기, 발목을 씨앗이(去核器)에 넣고 치기, 사각의 말(두) 속에 무릎을 꿇게 하고 양손을 뒤로 묶어놓고 막대기로 때리기, 저고리를 벗기고 양손을 뒤로 묶어 깨진 기왓장 위에 앉히고 등을 치기, 대침으로 볼기를 찌르기, 돌로 입이나 뺨을 치기, 보리가시랭이를 입에 문지르기, 목에 씌운 나무칼을 나무에 매단 채 발에 돌을 달게 하기 등등의 다양한 고문방법이 있었다.

고문은 죄인의 자백을 받기위한 것이었지만 한편으로는 관리들의 화풀이 방법으로 이용되기도 하여 더욱 잔인해 졌다. 이로 인한 폐해를 방지하기 위해 남형(濫刑)을 한 관리에게는 장 100도 3년에 처하고, 치사케 한 자는 장 100에 영구서용(永久敍用; 영구히 등용하지 않는 것)에 처하도록 규정하였으나, 거의 지켜지지 아니 하였다. 또한 법이 인정한 이외의 고문을 금하는 왕의 명령이 수시로 내려졌으나 이 역시 지켜지지 아니하였다.

---

580) 속대전(續大典), 대전통편(大典通編) 형전(刑典) 추단안(推斷案).

## 7. 형사재판 관련 법률

형사재판 및 형률을 적용하는 기본법전으로서는 '경국대전(經國大典)'과 '대명률(大明律)'이 활용되었다. 그밖에 중국의 형률서인 '당률소의(唐律疏義)'·'대관의두(對款議頭)'·'율조소의(律條疏議)' 등이 부차적인 참고서로 활용되었다. 이후 조선 후기에 들어서면서 옥송과 형률에 대한 형법서가 편찬되어 활용되었는데, '청송제강(聽訟提綱)'·'전율통보(典律通寶)'·'전율통보별편(典律通寶別篇)'·'흠휼전칙(欽恤典則)'·'추관지(秋官志)'[581]·'전률통편(典律痛編)'·'증보무원록(增補無冤錄)' 등이 바로 그것이다. 또한 범죄의 기소나 판결에 필요한 문형(文型)과 법조문을 제시해 주었던 '율례편람(律例便覽)'·'율례요람(律例要覽)' 등이 편찬되어 이용되었다.

결송유취보(決訟類聚補) 또한 지방 수령의 민사재판과 형사재판을 위한 중요한 지침서라 할 수 있는데[582] 1707년(숙종 33)에 출간되었다. '결송유취(決訟類聚)'의 조문과 함께 추가된 조문을 실었는데 총 42개 조문이 실려 있다. '대명률(大明律)'·'경국대전(經國大典)'·'수교집록(受敎輯錄; 1698)' 중 형사재판에 꼭 필요한 것만을 수록하였다.

---

[581] 추관지(秋官志)는 1781년(정조 5) 형조좌랑 박일원이 형정·재판에 관해 참고할 목적으로 국 초 이래의 각종 법례·판례·관례를 모아 5편의 '추관지'를 사찬(私撰)하였다(10권 10책).[1] 조선왕조 500년의 형정 전반에 걸친 기본 사료로서, 수록된 판례는 '심리록(審理錄)'·'흠흠신서(欽欽新書)'와 함께 당시 형사 재판의 실제와 가족제도·생활규범·가치관 등을 이해하고 연구하는 데 귀중한 자료가 된다.

[582] '결송유취보(決訟類聚補)'는 '결송유취(決訟類聚)'를 더욱 발전시킨 민사·형사 관련 법률서로서 당시에 재판을 처리하던 송관에게 큰 도움을 주었다.

## V. 범죄와 형벌의 종류

### 1. 범죄의 종류

'십 악 죄(十惡罪)'

"형법상(刑法上) 죄질(罪質)이 가장 악질적(惡質的)이고
도의적(道義的)으로도 가장 비난받아야 할
열 가지의 특별한 중죄(重罪)"

조선시대에는 과연 어떠한 범죄가 저질러졌을까! 당시의 여러 법전에 규정된 범죄의 유형으로는 살인죄(殺人罪)·상해죄(傷害罪)·절도죄(竊盜罪)·강간죄(强姦罪)·수뢰죄(受賂罪)·간범죄(刊犯罪; 남의 일에 간섭하여 그 권리를 침범하는 죄)·투구죄(鬪毆罪; 서로 다투거나 싸우며 때림으로부터 비롯하는 죄)·매리죄(罵詈罪; 남을 욕하고 꾸짖어 비롯하는 죄.)·도박죄(賭博罪)·무고죄(誣告罪)·관리(官吏)에 대한 죄(罪)583)·범간죄(犯姦罪)584)·강상죄〈綱常

---

583) 관리가 지위를 이용해 부정하게 이득을 취하는 범죄를 장오죄(臟汚罪) 또는 장죄(臟罪)라 한다. 이는 감수자도(監守自盜; 국가 재산을 보관하는 관리가 이를 착복한 경우)·왕법수장(枉法受臟; 관리가 사건과 관련하여 뇌물을 받고 위법행위를 한 경우)·불왕법수장(不枉法受臟; 뇌물은 받되 위법행위는 하지 않은 경우)·좌장(坐臟; 사건과 관련 없이 뇌물을 받은 경우) 등을 망라하는 개념이다. 조선시대에는 '장리자손금고법(臟吏子孫禁錮法)'이란 제도가 있었는데, 여기서의 장리(臟吏)란 장오죄(臟汚罪)를 저지른 관리를 말하는 것으로, 장오죄(臟汚罪)를 저지른 경우 당사자는 물론 후손들까지 벼슬길에 나가지 못하도록 제재하였다. 즉 장오죄(臟汚罪)를 저질러 장안(臟案) 또는 장오인녹안(臟汚人錄案)이라는 명부에 등재되면 본인은 물론 자손들도 벼슬길에 나갈 수 없었다. 이는 일종의 연좌제법이었던 것이다. 장오죄(臟汚罪)에 대한 처벌은 무척 엄하여서 액수가 클 경우에는 교형에 처해지기도 하였다.
584) 조선시대에는 남의 아내와 간통한 남자·사대부 여자와 간통한 자는 교수형에

罪; 삼강(三綱)과 오상(五常)에 어긋나는 죄)등이 있었다585).

또한 옛 중국에서 비롯한 것으로 형법상 죄질이 가장 악질적이고 도의적으로도 가장 비난받아야 할 열 가지의 특별한 중죄로서 십악(十惡)이란 것이 있었다. 이는 동양 전근대사회에 공통되는 국가사회의 근본도덕, 즉 신분사회의 기본질서를 중시하는 유교도덕에서 비롯한 것이라 하겠다. 상대적으로 가벼운 형벌에서 매우 무거운 형벌에 이르기까지 형벌의 경중이 다른 경우에도 이러한 죄를 지은 자에 대해서는 법률상의 은전감형(恩典減刑)이나 속전의 특전은 물론 상사〈常赦: 일상적인 사면(赦免: 죄를 면하여 줌)〉에 의해서도 면죄되지 아니 하였다. 또한 악역(惡逆)586) 이상의 범죄시에는 추분(秋分)을 기다지지 않고 사형을 집행토록 하였다.

조선시대 율(律)의 총칙 편이라 할 수 있는 명례율(明例律)에 규정되어 있던 십악(十惡)에 해당하는 범죄는 과연 어떠한 것들이었을까! 십악(十惡)에 해당하는 것으로는 모반(謀反)·모대역(謀大逆)·모반(謀叛)·악역(惡逆)·부도(不道)·대불경(大不敬)·불효(不孝)·불목(不睦)·불의(不義)·내란(內亂) 등을 들 수 있다587). 먼저, 모반죄(謀反罪)는 국가를 위태롭게 해서 멸망케 하려고 음모하는 것으로, 쿠데타나 혁명을 모의하는 죄이다.

---

처하였으며, 간음 현장을 목격하고 그 자리에서 죽여도 살인죄를 적용하지 않았다. 속대전(續大典) 형전(刑典)에 의하면 사족(士族)인 부녀가 음행(淫行)을 자행하거나 풍속(風俗)을 어지럽힌 경우에는 그 간부(姦夫)와 함께 교수형에 처하도록 하고 있다(續大典 刑典 姦犯條).
585) 조선은 중국의 명률(明律)을 이어받아 조선 형편에 맞도록 의용(依用)하는 한편 경국대전(經國大典; 1469)·속대전(續大典; 1746)·대전통편(大典通編; 1785)·대전회통(大典會通; 1865) 등의 고유법전을 제정·시행하였다. 이러한 조선 고유의 법률은 명률보다 우선적으로 시행되는 특별법의 지위를 갖고 있었다.
586) 중국 당나라 때 극악한 범죄로 규정되어 있던 행위의 하나로서 도리에 어긋나는 극악한 행위를 말한다. 예로서 부모나 조부모를 때리거나 죽이려 한 죄를 들 수 있다.
587) 이에 대해서는 박병호, 295~298면.

모대역죄(謀大逆罪)는 역대 제왕의 위폐를 모시고 봉사하는 곳인 종묘, 제왕의 능, 또는 궁궐을 파괴할 것을 음모하는 죄이다.588)

　　모반죄(謀叛罪)는 나라를 배반하고 외국과 몰래 통하여 매국할 것을 음모하는 죄를 말한다.589)

　　악역죄(惡逆罪)는 조부모· 부모· 시조부모· 시부모를 때리거나 죽이려고 음모하거나, 백숙부모· 고모· 형과 누이동생· 외조부모 및 남편을 죽인 죄 등을 말한다.590)

　　부도죄(不道罪)는 한 집에서 사형에 해당하는 죄를 지은 사람이 아닌 자 3인을 살해하거나 사람을 살해하여 사지(四肢)를 절단하거나 분해하는 경우 또는 사람을 살해하여 생담(生膽)· 이목(耳目)· 장부(臟剖)를 빼어 내는 등의 죄이다.591)

---

588) 모반죄(謀反罪)· 모대역죄(謀大逆罪)의 경우 정범(正犯)· 종범(從犯)을 가리지 않고 모두 능지처사(陵遲處死)에 처하였고, 죄인의 부(父)와 16세 이상의 아들은 모두 교형(絞刑)에 처하였다. 15세 미만인 아들과 모(母)· 딸· 처첩· 형제자매· 아들의 처첩(妻妾)들은 공신가의 종으로 만들었고 모든 재산을 몰수하였다. 80세 이상이거나 중병인 남자와 60세 이상이거나 발질에 걸린 여자는 연좌(緣坐)를 면하였다. 죄인의 삼촌(백숙부)과 조카는 호적의 이동(異同)을 불문하고 유(流) 3천리 안치형에 처하였고 이들이 죄인과 동거하고 있는 경우에는 그 재산도 몰수하였다.

589) 모반죄(謀叛罪)의 경우 공모자는 모두 참형(斬刑)에 처하였고, 처첩과 자녀는 공신가의 종으로 만들었고 또한 재산을 몰수하였다. 부모· 조부· 손자· 형제는 모두 유(流) 3천리 안치(安置)에 처하였다.

590) 악역죄(惡逆罪)의 경우 조부모· 부모· 시조부모· 시부모를 때리거나 죽이려고 음모한 경우는 구타는 참형에, 구타하여 죽게 한 경우에는 능지처사. 과실로 죽게 한 경우는 장 100 유(流) 3천리에, 과실로 부상을 입게 한 경우에는 장 100 도(徒) 3년에 처하였다. 모살(謀殺)의 경우에는 참형에, 살해하면 능지처사에 처하였다. 백숙부모· 고모· 형과 누이동생· 외조부모 및 남편을 죽인 경우에는 참형에 처하였다.

591) 부도죄(不道罪)의 경우, 한 집에서 사형에 해당하는 죄를 지은 사람이 아닌 자 3인을 살해하거나 사람을 살해하여 사지(四肢)를 절단하거나 분해하는 경우는 능지처사에 처하였으며 죄인의 재산을 몰수하여 죽은 자의 집에 주도록 하였다. 죄인의 처자(妻子)는 유(流) 3천리 형에 처하였다. 사람을 살해하여 생담(生膽)· 이목(耳目)· 장부(臟剖)를 빼어 내는 경우는 죄인은 능지처참하였고 재산을 몰수하여 죽은 자의 집에 주도록 하였다. 처자(妻子)와

대불경죄(大不敬罪)는 왕실의 대묘(시조묘·종묘·태묘)나 능묘의 제사에 사용하는 물건과 왕이 타는 수레·가마·왕이 입는 옷이나 쓰는 물건을 훔치는 경우, 옥쇄(玉碎)를 훔치거나 위조하는 경우 또는 왕이 복용하는 어약을 잘못하여 처방대로 조제하지 않거나 약봉지의 제목을 잘못 쓰는 경우 등의 죄이다.592)

불효죄(不孝罪)는 조부모·부모·시조부모·부모를 고소하거나 악담·욕설하는 경우, 조부모·부모가 생존해 있는데도 호적을 달리하여 재산을 분재하는 경우, 조부모·부모를 봉양할 능력이 있음에도 불구하고 봉양을 소홀히 하는 경우, 부모의 상(喪) 중에 혼인하거나 풍악을 즐기거나 상복을 벗고 평상복을 입는 경우 등의 죄이다.593)

불목죄(不睦罪)는 8촌 이내의 근친을 살해하려고 음모하거나, 남편과 4촌 이내의 존속과 연장자 및 6촌 이내의 존속을 구타하거나 고소하는 등의 죄이다.594)

---

동거가족은 그 정을 몰랐더라도 유(流) 3천리 안치에 처하였다.
592) 대불경죄(大不敬罪)의 경우, 왕실의 대묘(시조묘·종묘·태묘)나 능묘의 제사에 사용하는 물건과 왕이 타는 수레·가마·왕이 입는 옷이나 쓰는 물건을 훔치는 경우, 옥쇄(玉碎)를 훔치거나 위조하는 경우에는 참형에 처하였다. 왕이 복용하는 어약을 잘못하여 처방대로 조제하지 않거나 약봉지의 제목을 잘못 쓰는 경우는 장 100에 처하였다.
593) 불효죄(不孝罪)의 경우, 조부모·부모·시조부모·부모를 고소하거나 악담·욕설하는 경우에는 고소하면 장 100 도(徒) 3년이며, 무고(誣告)하면 교형에 처하였다. 악담·욕설하는 경우는 피해자가 이를 직접 고소하는 경우에 한하여 교형에 처하였다. 조부모·부모가 생존해 있는데도 호적을 달리하여 재산을 분재하는 경우는 장 100에, 상(喪)중에 호적을 달리하여 재물을 취하면(別籍理財) 장 80에 처하였다. 조부모·부모를 봉양할 능력이 있음에도 불구하고 봉양을 소홀히 하는 경우에는 장 100에 처하였다. 부모의 상(喪) 중에 혼인하거나 풍악을 즐기거나 상복을 벗고 평상복을 입는 경우 에는 장 80십 내지 100에 처하였다.
594) 불목죄(不睦罪)의 경우, 8촌 이내의 근친을 살해하려고 음모한 경우는 모살(謀殺)이면 장 100 유(流) 2천리이며, 옷어른의 항렬이 낮거나 나이가 어린 사람(卑幼)에 대한 죄는 경감하였다. 남편과 4촌 이내의 존속과 연장자 및 6촌 이내의 존속을 구타하거나 고소한 경우, 남편을 구타하면 남편이 고소한 경우에 한하여 장 100에 처하고 이혼을 원하면 허가하였다. 남편을 고소하면 장 100 도(徒) 3년이며, 무고하면 교형에 처하였다. 기타 근친인 경우에는 4촌 이내 친(親)을 구

불의죄(不義罪)는 관내의 인민이 부·주·현 등의 관장을 살해하는 경우, 군사가 직속상관을 살해하는 경우 또는 하급관리나 군졸 등이 소관 5품 이상의 관원을 살해하는 것 및 자기가 수업한 스승을 살해하는 경우 등의 죄이다.595)

내란죄(內亂罪)는 6촌 이내의 근친·부(父)나 조(祖)의 첩(妾)을 범간(犯姦)하거나 화간(和姦)한 죄이다.596)

### 2. 형벌의 종류

> "피의자(被疑者)는 아무 권리(權利)가 없는 상태에서
> 수사(搜査)와 재판(裁判)의 객체(客體)가 되어야 했고
> 고문(拷問)은 합법적(合法的)인 조사수단(調査手段)으로 인정되었으며
> 코를 베어버리는 형벌로서 권세가 있는 사가(私家)에서
> 노비의 죄를 다스릴 때 자행한 경우가 있었다"

조선시대에는 국가에 의한 형벌권 행사가 그 뿌리를 내린 시기라 하겠다. 물론 사벌(私罰)도 병행해서 행하여졌던 것으로 보인다. 그러나 범죄인에 대한 형벌권의 행사는 국가가 독점하였고 나름의 절차를 통해 범죄인에 대한 재판절차가 진행되었다. 조선시대의 형사재판절차는 지금의 재판절차와 다른 규문주의(糾問主義)를597) 취하였다. 그런데 규문주의 절차를 따를

---

타하면 장 70 도(徒) 1년 반 내지 장 80 도(徒) 2년에 처하였다. 만약 고소하면 장 90 내지 100에 처하였다. 6촌 이내의 직계 또는 가까운 친척(親)을 구타하면 장 60 도(徒) 1년 내지 장 70 도(徒) 1년 반에 처하였다. 만약 고소하면 장 80에 처하였다.
595) 불의죄(不義罪)의 경우는 대개의 경우 장 100 도(徒) 2년에 처하였으나, 만약 부상을 당하게 되면 교형에, 죽게 된 경우에는 참형에 처하였다.
596) 내란죄(內亂罪)의 경우, 강간(强姦)한 경우에는 참형, 화간한 경우에는 교형에 처하였다. 첩(妾)인 경우에는 일등(一等)을 감하였다.
597) 규문주의(糾問主義)란 형사소송절차의 개시와 심리가 일정한 소추권자(訴追權

경우 필연적으로 형벌권의 자의적 행사라는 결과를 가져오게 된다. 이는 형벌권행사를 통제할 수 있는 장치가 전혀 없는 제도였기에, 이렇게 통제되지 않는 권력이 남용되는 것은 당연한 일이었다. 혐의를 주장하는 기관과 이를 판단하는 기관의 구별이 없었으므로 탄핵기관이 곧 재판기관이었고 재판기관이 바로 탄핵기관이었다. 이러한 절차 하에서 피의자는 아무 권리가 없는 상태에서 수사와 재판의 객체가 되어야 했다. 따라서 피의자를 조사의 객체로만 생각하였으므로 고문은 합법적인 조사수단으로 인정되었다. 피의자가 자신을 방어할 수 있는 방법이 전혀 없는 상태에서 조사와 재판과정에서 고문까지 하게 되는 경우 형벌권의 행사는 자의적으로 흐를 여지가 많았다.

이처럼 형벌권이 자의적으로 행사되면서 형벌권 행사를 담당하는 관리가 이를 돈벌이에 이용하는 현상이 나타나게 되었고, 이를 통해 축재(蓄財)하는 일이 빈번해 졌다. 이러한 형벌권의 지배계층에 의한 독점과 자의적인 행사는 피지배계층에 대해 막대한 피해와 반발을 초래하게 된다.

그렇다면 조선시대의 범죄자에 대한 형벌제도로는 어떠한 것이 있었을까! 기본적인 형벌과 부가적인 형벌로 나누어 소개해 본다.

1) 기본 형벌 – 태형 · 장형 · 도형 · 유형 · 사형

기본적 형벌로서는 다음의 형벌이 있었다.

---

者)의 소추에 의하지 않고 법원의 직권에 의하여 행해지는 주의로서 원고(原告)의 소추를 기다려서 소송절차를 개시하는 탄핵주의(彈劾主義)에 대응하는 개념이다. 규문절차에서는 비공개의 비밀심리로써, 서면심리주의(書面審理主義)로 이루어지며, 법정증거주의(法定證據主義)가 채택되고 있다.

〈태 형〉　　　　　　〈장 형〉

(1) 태 형(笞 刑)

태형(笞刑)은 작은 가시나무 회초리인 형장(刑杖)으로 죄인의 볼기를 때리는 형벌이다. 10도 · 20도 · 30도 · 40도 · 50도의 5등급이 있으며, 매 10도를 기준으로 형을 1등씩 가감하였다. 태형의 집행은 죄수를 형대에 묶은 다음 하의를 내리고 둔부를 노출시켜 대수를 세어가면서 회초리로 때렸다. 부녀자의 경우는 옷을 벗기지 않음이 원칙이나, 간음한 여자에 대해서는 예외적으로 옷을 벗기고 집행하였다. 나이가 70세 이상이거나 15세 이하인 자와 폐질에 걸린 자는 태형을 집행하지 않고 대신 속전을 받았으며, 임신한 여자도 70세 이상인 자에 준하여 처리하였다.

태형은 조선말 장형이 폐지된 뒤에도 오랫동안 존속되다가 1920년에 와서야 완전히 폐지되었다.

(2) 장 형(杖 刑)

장형(杖刑)은 큰 가시나무 회초리로 죄인의 볼기를 치는 형벌이다. 장형에 사용되는 회초리는 태와 마찬가지로 옹이와 나무눈을 깎아 버려야 했다. 관제교판(官製較板)을 사용하여 법대로 규격심사를 하여야 하며, 힘줄이나 아교 등 물건을 덧붙여 장식하지 못하도록 하였다. 장형에는 60도·70도·80도·90·100도까지 5등급이 있으며, 매 10도마다 1등씩 가감한다. 장의 규격은 대두경이 3푼 2리(대략 0.9cm), 소두경이 2푼 2리(대략 0.6cm), 길이가 3척 5촌(대략 1m 5cm)으로서 비교적 굵은 회초리이다. 태형과 마찬가지로 가는 소두경 쪽으로 죄인의 볼기를 쳤다.

장형은 그것만 별도로 집행하는 경우도 있었지만 대체로 도형과 유형에 대하여 이를 함께 부과하는(竝科) 것이 보통이었다.598) 장형은 실제로는 그 행형에 있어서 남형의 폐해가 매우 많았다. 즉 집행관의 자의가 개재될 가능성이 매우 높았기 때문에, 이를 방지하기 위하여 장의 규격과 집행방법을 엄격히 지키도록 법제화 하였다. 장형은 속죄금에 의해 대체할 수도 있었는데, 즉 장 60대는 5승포(升布) 18필(疋)599)·장 70대는 5승포 21필·장 80대는 5승포 24필·장 90대는 5승포 27필·장 100대는 5승포 30필로 대체하였다(대명률직해 기준).

장형은 갑오경장 이듬해인 1895년 행형제도를 개혁하면서 폐지되었다.

(3) 도 형(徒 刑)

도형은 약간 중한 죄를 범한 경우에 관에 붙잡아 두고 소금을 굽거나 쇠를 달구게 하는 등 온갖 힘들고 괴로운 일을 시키는 형벌이다. 구금하여 강제노역에 종사시키는 점에서 오늘날의 징역형과 유사하다. 그러나 장형을 병과(竝科)하였기 때문에 지금의 징역형과는 다르다고 하겠다. 도형의

---

598) 화간(和姦; 부부가 아닌 남녀의 육체관계)의 경우에는 남녀 모두 장 80대에 처하였고, 강간 미수의 경우 장 100대에 유 3000리에 처하였다.
599) 5승포(升布)란 품질(品質)이 중간 쯤 되는 다섯 새(새는 피륙의 날을 세는 단위로서 한 새는 날실 여든 올이다)의 베나 무명을 말한다. 필(疋)은 일정한 길이로 말아 놓은 피륙을 세는 단위를 말한다.

집행은 군·현 등의 관아에서 행하였으며, 전국의 도형수에 대하여는 형조에서 총괄 관리하였다. 노역(勞役)에 처하는 기간은 죄질에 따라 정하되 1년에서 3년까지 6개월 기준으로 5등급이 있으며 반드시 장형이 병과(倂科)되는 점이 특이하다. 즉 장 60을 치고 도 1년에 처하는 것·장 70에 도 1년 반·장 80에 도 2년·장 90에 도 2년 반·장 100에 도 3년의 5등급이 있었다.

또한 귀휴(歸休) 및 병가(病暇)제도도 있었는데, 정배죄인(定配罪人)이 친상(親喪)을 당하였을 때 역모(逆謀)에 관계된 죄인이 아니면 말미를 주어 다녀올 수 있게 하였다〈형전사목(刑典事目)〉. 또한 도형수(徒刑囚)가 복역 중 병이 났을 때 도형수(徒刑囚)에게 병가(病暇)를 주었다가 병이 완쾌되면 병가의 일수를 계산하여 다시 병가 중 쉬었던 노역을 보충하게 하였다〈대명률직해(大明律直解)〉.

### (4) 유 형(流 刑)

우리나라는 조선시대부터 중국의 대명률(大明律)을 일반형법으로서 의용하면서부터 유형이 정형으로서의 자리를 굳히게 되었다. 유형(流刑)은 황무지나 해변의 고을에 보내어 배치(配置)시키는 것이며, 도형과 함께 자유형에 속하여 조선시대 전반에 걸쳐 널리 행하여지던 형벌로서 도형과는 달리 노역을 가하지 않았고 또한 기간이 정하여 지지도 않았다. 그러므로 임금의 사령(使令; 명령하여 일을 시킴) 또는 소결(疏決; 죄수를 너그럽게 처결함) 등의 왕명에 의해서만 특별히 석방될 수 있었다. 특히 조선시대 정치의 주도권을 둘러싸고 전개된 당쟁은 많은 정치범을 낳게 하였는데 사형을 면한 대부분의 정치범들은 유형으로 처벌되었다. 즉 유형제도는 극형으로서의 사형에 대한 감형 또는 완화조치의 의미를 지니고 있었던 것이다.

유형에 처하여진 자는 형조의 장부에 등재하게 되는데 타 관사(官司)에서 정배(定配: 배소를 정하여 귀양을 보내는 것)할 경우에는 이를 형조에 보고하여야 했다. 유형 시 그 비용은 죄인 스스로 부담하는 것이 원칙이었기에 그 비용을 대는 것 또한 엄청난 부담이 아닐 수 없었다. 정치적 이유로 귀양을 가는 경우 가던 도중에 고을 수령과 인연이 있던 자들의 경우는 고기나 술을 대접받는 경우도 있었다. 유형수(流刑囚)가 배소(配所)에 도착한 후에는 배소 내에서는 자유로이 생활할 수 있었다. 또한 처첩(妻妾)이 원할 때에는 같이 따라가는 것도 허용되었기에 유배수(流配囚)의 처첩(妻妾)이 유배소(流配所)에서 시중을 들기도 하였다.

우리나라는 땅이 좁아서 중국과 같이 대명률의 규정을 그대로 적용할 수는 없었다. 따라서 세종 12년(1430년)에는 팔도 감영을 기점으로 하여 2천리·2천 5백리·3천리에 해당하는 지역을 구체적으로 열거하였다. 경우에 따라서는 극악괴귀범인(極惡怪鬼犯人)일 경우 고통을 주기 위해 멀리 돌도록 하여 3천리를 우회시킨 예도 있었으며 때로는 법대로 정배(定配)하지 않고 인근의 도(道)에 귀양보내는 예도 있었다. 그러나 대체로 1,000리를 넘는 것을 원칙으로 하였다. 이것의 예시로는 부처(付處)·안치(安置)·전가사변(全家徙邊)을 들 수 있다. 먼저, 부처(付處)는 중도부처(中途付處)라고도 하며 유형의 거리 이내의 근처에 가족과 함께 머물러 살 것을 명하는 것으로 관인 계급의 가벼운 범죄에 대한 형벌이었다.[600]

안치(安置)는 유삼등(流三等) 이상의 유형의 집행을 의미하며, 왕족이나

---

600) 부처(付處)에도 여러 종류가 있는데, 비교적 무거운 순서로 나열하면, 중도부처(中途付處)·부처본관(付處本貫)·부처본향(付處本鄕)·사장부처(私莊付處)·원방부처(遠方付處)·외방부처(外方付處)·자원부처(自願付處)·자원류(自願流)·외방종편(外方從便)·경외종편(京外從便) 등이다. 위 순서 중 자원부처(自願付處) 이하는 머물러 사는 강제성이 희박하므로 형벌이라기보다는 근신 격리 정도의 뜻이 있는 것이었다.

고위관원에 대한 대접으로 유형에 갈음하여 안치를 명한 것이다.601) 배소에서의 유거(幽居 : 속세를 떠나 그윽하고 외딴 조용한 곳에 묻혀 삶)를 강제당한 것이므로 두문불출이라고도 하였다. 안치는 처첩과 미혼자녀와 동거할 수 있었고, 부모와 기혼자녀의 왕래상봉이 허락되었다. 하급관리나 서민의 경우는 안치의 대상에서 제외되었다.

안치의 배소는 보수인(保授人)의 감시를 받으므로 보수지가(保授之家)라고도 하는데, 보수지가(保授之家)의 주위를 탱자나무로 위리(圍籬; 유배된 죄인이 거처하는 집의 둘레에 가시로 울타리를 치던 일)하는 것을 위리안치(圍籬安置; 유배된 죄인이 거처하는 집 둘레에 가시로 울타리를 치고 그 안에 가두어 두던 일)라고 한다. 역모를 꾀하거나 인륜을 어긴 죄인 등에게 내렸던 천극(栫棘)이나 가극(加棘)도 가시나무로 위리(圍籬)하는 것을 말하므로 비슷한 의미라 하겠다.602) 안치죄인이 기거하는 방을 위리하는 것 자체가 남형(濫刑)이었다.

전가사변(全家徙邊)은 전가입거(全家入居)라고도 하였는데 죄인으로 하여금 전 가족과 함께 변경지방으로 옮겨 살게 하는 일종의 유형이라 할 수 있다. 주로 인적이 드문 미개척지인 함경도 경원·영북(寧北) 등 북방지역의 개척을 위하여 백성을 이주시키는 것인데, 조선 초기에는 단순한 이주정책의 일환이었으나, 이것이 형벌의 성격을 가지게 되어 중종 대 이후에 형벌로 고정되었다. 일단 이주한 후에는 일반 양민과 동등한 생활을 유지할 수 있었으나 주거지를 임의로 벗어나면 도주의 율(律)에 의해 다스려졌다.

---

601) 안치(安置)도 그 종류가 많은데 무거운 순서대로 나열하면, 가극안치(加棘安置)·천극안치(荐棘安置 : 배소 내에서 기거하는 방을 다시 또 위리하는 것)·위리안치(圍籬安置)·절도안치(絶島安置)·극변안치(極邊安置)·본향안치(本鄕安置)·안치사장(安置私莊)·안치농장(安置農莊)·자원안치(自願安置) 등이다. 이중 위리안치·천극안치·가극안치는 모두 혼용되고 있어서 실질적으로 같은 명칭이라 하겠다.
602) 조선 말기 순조 때에 안치죄인이 기거하는 방을 가시나무로 다시 위리하는 방법을 고안하여 이를 천극(栫棘)이라고 하였는데 위리안치보다 무거운 형벌로 생각하였다. 가극(加棘)안치를 천극(栫棘)안치보다 더 무거운 것으로 보았다.

유형의 부가형으로서 정속(定屬)·충군(充軍)이 있었다. 정속은 영속(永屬)·정역(定役) 등과 같이 모두 유배지의 관노비로 삼는 것이다. 충군은 변방에 유배하여 군역에 충당하는 것을 말하는데 명률의 변원충군과도 같은 형벌이다. 당시에는 군역(軍役)이 천역(賤役)으로 생각되던 시대였으므로 충군은 엄한 형벌로서의 뜻을 가졌던 것으로 보인다.

조선시대에는 당파 싸움이 치열하였는데, 특히 15·16세기에는 관직에 있던 사람들 4명 가운데에 1명 꼴로 유배(流配)를 갈 정도였고, 유배 기간은 짧게는 20일에서 길게는 27년까지였다고 한다. 그런데 개인적으로는 고통스러운 시간이었겠지만 이러한 유배지에서 비롯한 유형수(流刑囚)들에 의한 유배문학(流配文學)은 현대의 국문학사에서 중요한 위치를 점하고 있다. 유배문학(流配文學)의 대표적 인물을 살펴보면, 먼저, 송강(松江) 정철(鄭澈; 1536~1593)을 들 수 있다. 정철은 시가와 산문의 중간 형태인 가사문학(歌辭文學)의 대가로 손꼽힌다. 정철이 유배지 전라남도 담양에서 지은 '사미인곡(思美人曲)'과 '속미인곡(續美人曲)'은 널리 알려진 작품이다.

시조문학(時調文學)의 대가로 꼽히는 고산(孤山) 윤선도(尹善道; 1587~1671)는 '어부사시사(漁父四時詞)'와 물·돌·소나무·대나무·달을 벗에 비유하여 노래한 '오우가(五友歌)'를 남겼다.

'사씨남정기(謝氏南征記)'로 잘 알려져 있는 서포(西浦) 김만중(金萬重; 1637~1692)은 당파 싸움에 휘말려 여러 차례 유배를 가야 했는데, 홀로 계신 어머니를 위로하기 위해 유배지에서 '구운몽(九雲夢)'을 쓴 것으로 알려지고 있다.

다산(茶山) 정약용(丁若鏞; 1762~1836)은 유배지에서 지낸 18년 동안 500여 권의 저서를 지었다. 그가 쓴 '목민심서(牧民心書)'·'흠흠신서(欽欽新書)'는 익히 잘 알려진 저술이다. 정약용의 형 정약전(丁若銓; 1758~1816) 또한 신유박해 때 흑산도로 유배되어 15년 동안 흑산도 근해의 어류·해초·바다새 등 227종의 이름과 분포 등을 기록한 '자산어보(玆山魚譜)'를 저술하였다.

(5) 사 형(死 刑)

〈교 형〉

사형(死刑)은 사람의 목숨을 빼앗는 최고형으로서 교수형(絞首刑)과 참수형(斬首刑)의 두 가지로 나눌 수 있다. 교수형(교형: 絞刑)은 죄인의 두 손과 두 발목을 묶고 높은 데에 매달아 목을 졸라 죽이는 것을 말한다. 참수형(참형: 斬刑)은 죄인의 목을 큰 칼로 베어 죽이는 것을 말한다. 반역이나 살인, 십악죄 등 사죄(死罪)에 해당하는 죄를 지었을 경우 사형에 처하였고, 강간죄의 경우에도 사형에 처하였다(교형). 유아나 아동 강간의 경우, 절도하다 강간한 경우, 근친 강간의 경우에는 참형에 처하였다. 강간죄의 경우 여성이 그 상대방을 살해하였을 경우라도 여성들의 정당방위를 적극 인정하여 감형하거나 무죄 방면하기도 하였다.

사형은 3차례의 재판(삼복제: 三覆制)을 거치도록 하여 신중을 기하도록 하였다. 때문에 사형의 확정은 반드시 임금의 재결을 받아야만 하였다. 그리고 특별히 사형을 집행하지 못하는 금형일(禁刑日)을 법으로 제정하였는데, 이는 천지(天地)의 이법(理法)을 중시하는 음양(陰陽)의 사상에 따른 것으로 시절(時節)과 형옥에 관한 령(令)을 부합시키려는 것이었다. 사형집행의 시기는 대시집행(待時執行)과 불대시집행(不待時執行)의 두 가지로 나뉘었다. 대시집행(待時執行)은 사형이 확정된 후에도 일정기간 대기하였다가 추분 이후부터 입춘 이전에 날짜를 정하여 사형을 집행하는 것으로 일반사형수에게 적용하였다. 불대시집행(不待時執行)은 사형이 확정되면 때를 기다리지 아니하고 즉시 사형을 집행하는 것으로 보통 10악(十惡)의 범죄에 적용되었다.

사형의 집행방법과 관련해서는 교(絞)·참(斬)·능지처사(陵遲處死)라고만 되어 있을 뿐 더 자세한 규정은 살펴볼 수 없다. 밧줄로 목을 매어 달아 죽이는 교형(絞刑)과 목을 잘라 죽이는 참형(斬刑)의 경우에는 그 집행방법이 간단하였다. 그러나 능지처사(陵遲處死)의 경우에는 대역사건의 국사범이나, 특히 일반에게 경계할 필요가 있는 반도덕적 범죄인에게 행하여졌으므로603) 백성들에 대한 위협의 목적을 달성하기 위해 오살(五殺)·육시(戮屍)·거열(車裂)604) 등 여러 가지 잔인한 방법으로 집행이 행하여졌다. 이러한 사형방식은 1894년 칙령 제30호에 의하여 참형과 능지처사를 폐지함

---

603) 사형과 관련하여 능지처사(陵遲處死) 또는 능지처참(陵遲處斬)이란 단어가 자주 언급되곤 하는데, 이는 모반대역죄(謀反大逆罪)나 친부모살인죄(親父母殺人罪)와 같은 최고의 반도의범(反道義犯)에 대하여만 적용되었다. 능지처사(陵遲處死)는 죽을 때까지 칼로 살을 베는 형벌로서 10세기 요나라 때부터 시작되어 이후 송·원·명나라를 거쳐 청나라 말기까지 지속되었다.
604) 오살(五殺)·육시(戮屍)는 죄인의 머리를 벤 다음 팔·다리·몸둥이를 자르는 극형으로서 사람들은 형명만 들어도 몸서리를 칠 만큼 끔찍한 형벌이어서 오늘날까지도 저주를 뜻하는 말로서 전해오고 있다. 거열(車裂)은 죄인의 팔과 다리를 네 방향으로 우마(牛馬)에 묶어 동시에 우마(牛馬)를 몰음으로써 죽게 하는 형벌을 말한다.

으로써 일반인의 사형은 교(絞), 군인의 사형은 총살(銃殺)로 행하였다. 이후 1900년 형률명예에서 참형을 부활시켰다가 1905년 형법대전을 제정하면서 참형을 다시 폐지하였다.605)

그밖에도 사사(賜死)·부관참시(剖棺斬屍)·효수(梟首)·팽형(烹刑)이 있었다. 사사(賜死)는 형전(刑典)에 근거를 둔 것은 아니고 특히 왕족이나 집권층의 범죄자에게 국왕이 독약을 내려서 자살을 강요하는 것으로 하사(下賜) 받은 약(藥), 즉 사약(賜藥)이라는 미명(美名)하에 조금은 덜 잔인하고 덜 비참하게 죽도록 한 것이다. 사약(賜藥)의 주성분은 비소(砒素)산화물인 비상(砒霜)이었고, 투구꽃이라 불린 초오(草烏; 한약명)도 함께 쓰였다. 초오를 먹게 되면 위장 안에 점막 출혈이 생겨 피를 토하면서 죽게 된다. 생꿀·생금(生金)·부자(附子)·게의 알 등도 혼합해서 사용하였는데, 특히 부자(附子)의 경우는 그 양을 많이 쓸 경우 독성과 열성이 매우 강하여 부정맥·혈압 강하·경련·의식 장애를 일으키는 것으로 알려져 있다. 조선시대 사약의 희생자로는 희빈 장씨(장희빈)·조광조·송시열 등이 잘 알려져 있다.

부관참시(剖棺斬屍)는 이미 죽은 자의 무덤을 파헤쳐 시체를 꺼낸 다음 참형(斬刑) 또는 능지처사(陵遲處死)를 행하는 것을 말한다. 이는 연산군시대 무오사화(戊午士禍)606)·갑자사화(甲子士禍)에607) 연루된 자에 대해 행하여졌는데, 즉 무오사화때에는 죄의 근원이 김종직에게 있다 하여 김종

---

605) 사형의 집행은 관아의 최하위직이라 할 수 있는 이예(吏隷)·나장(羅將)들에 의해 행하여졌으며, 죄수의 목을 자르는 것을 업으로 하는 자를 '회자수(劊子手)' 또는 '망나니'라 불렀다.
606) 1498년(연산군 4) 유자광(柳子光)을 중심으로 한 훈구파(勳舊派)가 김일손(金馹孫) 등 신진사류(新進士類)에게 화를 입힌 사건으로서 사초문제(史草問題)가 발단이 되었다.
607) 1504년(연산군 10) 연산군의 어머니 윤씨(尹氏)의 복위 문제에 얽혀서 윤씨 복위에 반대한 선비들 과 그들의 가족을 처형한 사건이다.

직의 묘를 파헤쳐 김종직의 시신에 대해 부관참시하였다. 갑자사화 때에는 남효온·한명회·정창손·한치형 등이 부관참시에 처해졌다.

효수(梟首)는 기시(棄市)라고도 하는데 사형을 집행한 다음 죄수의 머리를 매달아 일반 백성에게 보이거나 시체를 길거리에 내버려 사람들로 하여금 참혹한 죽음을 볼 수 있도록 하여 범죄에 대한 일반 예방의 효과를 거두고자 한 것이다. 이 제도는 고대로부터 있어 왔으나 조선시대에 이르러서는 거의 그 자취를 감추었다. 그러나 역모(逆謀) 등이 발생하였을 때 간혹 시행되었는데, 계유정난 때 참살된 김종서·황보인 등도 모두 저자에 그 목이 내걸렸고(단종 1년 1453), 단종 복위 운동에 연루된 이개·성삼문 등도 3일 간 목이 내걸렸다(세조 2년 1456). 또한 조선 말 갑신정변에 실패한 개화파 요인들도 사형집행 후 효수(梟首)되었다.

팽형(烹刑)이라 하여 큰 가마솥에 사람을 넣고 끓여 죽이는 형도 있었다고 전해지는데, 실제로 집행되었는지는 확인되지 아니 한다.

조선시대에 사형의 집행은 어디에서 행하여졌을까? 조선의 첫번째 공식 처형장은 서소문 밖 10리였다.608) 당시의 사형장으로 오늘날에도 잘 알려져 있는 곳으로는, 서소문 밖(지금의 중구 의주로 2가)·양화진(楊花津; 지금의 마포구 합정동)·당고개(지금의 용산구 신계동·문배동)609)·와현(瓦峴; 지금의 용산구 한강로 3가)·새남터(지금의 용산구 이촌동) 등으로 대체로 서소문을 기준으로 10리 안팎에 자리하고 있다. 능지처참형은 저잣거리에서 집행하는 것을 원칙으로 하였기에 반역모반죄의 대역죄인은 주로 성문 안 군기감(軍器監; 지금의 중구 태평로 1가)610) 앞길에서 집행하였다.

---

608) 1416년(태종 16년)에, 예조(禮曹)가, "사형장을 서소문 밖 성밑 10리 양천 지방, 예전의 공암 북쪽으로 정하소서."라고 아뢰었다(태종실록).
609) 당고개에서는 주로 참형이 집행되었다.
610) 조선 초기 병기(兵器) 등의 제조와 보관에 관한 일을 맡아 보던 관청이다. 태조(太祖) 원년(1392)에 설치되어 세조 12년(1466)에 그 이름을 군기시(軍器寺)로

## 2) 부가형벌 – 자자형·몰 관

조선의 형벌에는 기본형인 5형 이외에도 여러 종류의 부가형이 있었다. 그 중 중요한 것으로 자자(刺字)·노비몰수(奴婢沒收)·재산몰수(財産沒收)·피해배상(被害賠償) 등을 들 수 있다. 연좌제도(緣坐制度)도 일종의 부가형의 성질을 띠고 있다. 그 중 자자형과 몰관에 대해 살펴보기로 한다. 자자(刺字)형은 신체의 어느 부위에 먹물로 글씨를 새겨 넣는 형벌로서 주로 강도죄와 절도죄의 경우 행하여졌으며 장·도·유형에 처하여진 자에게 부과되었다. 경국대전에 의하면 강도로서 사형에 처해지지 아니한 자에게는 율에 따라 논죄한 후 '강도(強盜)'라는 두 글자를 얼굴에 새기도록 하고 있다[611].

이렇듯 자자형을 부과하는 목적은 전과자임을 알려 수치심을 갖게 하는 동시에 요시찰인물로 관리하기 위한 것이었다. 그런데 팔뚝에 자자를 하게 되면 외관상 바로 문신이 드러나지 않아 소기의 성과를 거둘 수 없었기에 얼굴에 자자(刺字)하는 제도가 생겨났는데 이를 경면(黥面)이라 하였다. 경면형(黥面刑)은 도적의 창궐을 막기 위한 방편으로 사용되었으나 실제 시행된 경우는 그리 많지 않았던 것으로 보인다. 중종 20년 실록에서는 "경면(黥面)형으로 다스려진 죄인은 다만 2명뿐이다"라고 기록하고 있다.

자자(刺字)형은 평생 동안 전과자라는 낙인을 찍고 살아야 하는 가혹한 처벌이었기에 그 시행에 있어 신중을 기하였다. 따라서 영조 16년(1740)에

---

바꾸었으며, 고종(高宗) 21년(1884)에 폐쇄되었다.
611) 경국대전(經國大典) 형전(刑典) 장도죄(臟盜條): 대명률직해(大明律直解)에 따르면 팔목과 팔꿈치 사이에 매자를 각 1촌 5분의 네모 안에 매 획의 넓이를 1분 5리로 하여 글자를 새겨 넣도록 하였다.

이르러서는 자자(刺字)의 도구를 소각시키고 다시 사용치 못하도록 전국에 엄명을 내림으로써 완전히 폐지하였다.

또한 몰관(沒官)이라는 부가형이 있었다. 몰관이란 대역죄인의 가족이나 그 재산을 몰수하는 것을 총칭하는 개념이다. 몰관에는 몰수(沒收)·적몰(籍沒) 그리고 추징(追徵)의 세 가지 종류가 있었다. 중죄인의 재산을 몰수하는 경우를 특히 적몰(籍沒)이라 하였는데, 이는 관련자의 가족을 노비로 몰입시켜 폐가시키는 처벌도 뒤따랐다. 몰수(沒收)의 특이한 형태로서 범인의 재산을 강제로 징발하여 피해자 측에 피해의 배상으로 돌려주는 제도가 있었다. 즉 살아있는 사람의 이목(耳目)이나 지체(肢體) 등을 끊어 내어 약으로 파는 흉악범에 대해서는 능지처사의 형에 처하였다. 또한 그의 재산은 몰수하여 피해자의 가족에게 주었다[612].

또한 처나 첩이 외간 남자와 간통하는 장면을 목격한 남편이 형장에서 간부(姦夫)만을 살해한 경우에는 이를 불문에 붙이고, 처나 첩은 율(律)에 의해 처리한 뒤 그 후에는 남편 마음대로 다시 데리고 살거나 또는 팔거나 할 수 있었다[613].

3) 그 밖의 형벌 - 윤형(閏刑)·재산단부(財産斷付)·강읍호(降邑號)·금고형(禁錮刑)·이이(離異)

그 밖의 형벌로서 윤형(閏刑)·재산단부(財産斷付)·강읍호(降邑號)·금고형(禁錮刑)·이이(離異) 등을 들 수 있다. 먼저 윤형(閏刑)은 관리나 승려

---

612) 대명률직해(大明律直解) 형률(刑律) 중(中) 인명편(人命編) 채생절할인조(採生折割人條).
613) 대명률직해(大明律直解) 형률(刑律) 중(中) 인명편(人命編) 치사간부조(殺死姦婦條).

등 일정한 신분을 가진 사람이 범법행위를 한 경우에 그의 관작을 박탈하는 등의 명예형을 말한다.

둘째로, 재산단부(財産斷付)는 범죄인의 재산의 전부 또는 일부를 강제로 빼앗아 피해자 또는 피해자의 가족에게 급부(給付)하는 재산적인 급부(給付)형을 말한다.

셋째로, 강읍호(降邑號)의 경우는 부·목·군·현 등에서 강상(綱常) 죄인이 나오거나 수령을 능욕하고 읍에 대하여 반란을 일으킨 경우에 읍을 강등함으로써 읍 전체에 연대책임을 부과하는 형이었다. 강호(降號)하면 10년이 지나야 원래의 등수에로 복귀할 수 있었다.614)

넷째로, 금고형(禁錮刑)은 조선시대 특유의 형벌로서 관리로서 뇌물을 취하거나 관물을 횡령하는 자에게 과하였던 것으로 관리로 되는 길을 막는 형을 말한다. 명예형의 일종이다. 이는 자손에게까지 미치는 연좌형(緣坐刑)이었고, 서인(庶人)으로 하는 것 역시 마찬가지였다.615)

마지막으로 이 이(離異)는 이이귀종(離異歸宗; 남녀의 연을 끊고 혼인 전의 상태로 강제로 환원하는 것)이라고도 하였는데 강제로 이혼시키고 여자를 친정으로 돌려보내는 것으로 여자에 대한 일방적인 처벌이었다.

4) 속전제도(贖錢制度)

조선시대의 신분에 의한 차별 및 유교국가적 통치이념이 잘 드러나 있는 제도이다. 특별히 정한 범죄를 제외하고는 형 대신 금전으로 납부할 수 있

---

614) 친족에 대한 연좌형(緣坐刑)이 아니라 연좌형(連坐刑)이라고도 하였다. 한 때 충청도를 공충도(公忠道)로 강호한 일도 있었다.
615) 다시는 관리로 채용하지 않는 영불서용(永不敍用), 사족(士族)을 서인(庶人)으로 만드는 폐위서인(廢位庶人)이라고도 하였다.

도록 한 것으로 그 요건은 법률로 정하였다. 속전은 오늘날의 벌금과 유사하다고 할 수 있으나, 벌금은 재산형인데 반해, 속전은 신체형(태형·장형)·자유형(도형·유형)·생명형을 선고받은 후 본형을 재산형으로 대신한다는 점에서 그 차이가 있다.

속전은 형의 집행기관에서 징수하였는데 중앙에서는 형조·한성부·사헌부에서 담당하였고, 지방에서는 각 아문(衙門)의 수령이 담당하였다. 징수된 속전은 호조로 이송하여 국가재정에 충당하기도 하였으며, 관아에 소속된 관리들의 급료와 건물유지비 등으로도 사용하였다.

영조 때는 속전(贖錢)에 관한 사무를 전담시켜 공정한 관리를 하기 위하여 보민사(保民司)라는 기관을 설치하기도 하였다.616)

## Ⅵ. 행형제도

'양계(陽界)의 귀부(鬼府)'

"모든 옥사(獄舍)의 외벽은 토벽(土壁)을 쌓되 그 주위에는 벽을 가리는
장목(長木)을 다섯줄로 심어 나무가 무성해 지면
문(門)을 만들어 여닫을 수 있게 하였다"

'옥중오고(獄中五苦)'
"가계(枷械)의 고(苦)·토색(討索)의 고(苦),
질통(疾痛)의 고(苦)·동뇌(凍餒)의 고(苦)·체류(滯留)의 고(苦)"

---

616) 보민사(保民司)는 10년 동안(영조 40~50년) 존속하면서 중앙의 각 기관의 속전 징수에 관한 업무를 통합하여 시행하였으나, 영조 50년(1774년)에 폐지되었고 형조에 이 업무가 귀속되었다.

〈옥중에서의 생활〉

조선시대의 감옥은 범죄의 혐의가 있는 자에 대하여 수사 및 재판의 형사절차를 거쳐 형을 집행할 때까지의 수용을 위주로 하는 구금시설이었다. 중앙에는 의금부·형조·한성부·사헌부·병조·승정원 등이 직접 관장하는 아문(衙門; 관원들이 정무를 보는 곳을 통틀어 이르는 말)에도 감옥시설이 있었으며 그 중 형조의 전옥서(典獄署)는 구금만을 전담하는 기관이었다.617) 지방에도 역시 도옥(道獄)·부옥(府獄)·군옥(郡獄) 등이 있었다.

조선시대에는 경국대전 형전을 비롯한 대부분의 형사법전에 수금(囚禁: 죄수를 가둠)조항을 두어 구금할 수 있는 기관 및 구금요건 등에 대해 상세히 규정하였다. 이는 죄수들의 구금에 신중을 기하고 구금자의 인권을 최대한 보호하기 위한 조치였다.

그렇다면 일반 감옥의 모습은 어떠했을까! 감옥의 구조나 시설은 세종대에 이르러 확정된 것으로 보인다. 세종 8년에 옥도(獄圖)를 만들어 서울

---

617) 고려의 제도를 계승한 것으로 조선 개국 초부터 형조에 소속하였고 갑오경장 이후 경무청 감옥서로 변경되었다. 1907년 감옥사무가 법부로 이관된 후 경성감옥으로 바뀌게 되었고, 이후 서대문 현저동으로 신축 이전하면서 종래의 시설은 경성감옥 종로출장소로 운영되다가 1912년에 폐지되었다. 구금되어 있던 인원은 대략 40~100명 정도였던 것으로 추정된다〈비국등록(備局謄錄) 형옥편(刑獄篇)〉. 형조의 서쪽에 위치해 있었고 남옥(男獄)과 여옥(女獄)을 분리하여 담을 쌓고 감옥의 바닥에는 판자를 깔았다. 물·음식과 신선한 공기가 통하도록 판자벽을 설치하였고 나무문을 만들어 큰 쇄(쇠사슬이나 자물쇠)를 채워두었다〈육전조례(六典條例) 전옥서조(典獄署條)〉.

과 지방의 모든 관사가 도면대로 감옥을 축조하도록 하였는데(제대로 실행되지는 아니함), 모든 옥은 평지보다 높게 짓도록 하였고, 모든 옥사의 외벽은 토벽(土壁)을 쌓되 그 주위에는 벽을 가리는 장목을 다섯줄로 심었다. 나무가 무성해 지면 문을 만들어 여닫을 수 있게 하였고 무성하기 전에는 임시로 나무나 대나무로 사슴뿔처럼 얽혀 짜서 세워놓았다. 문벽은 두꺼운 판자로 막고 옥사의 외벽에는 창을 내어서 통풍이 잘되게 하였다. 실내에는 판자를 덮고 사면의 처마에는 모두 차양을 달아 죄수들이 더울 때에 낮에는 처마 밑에서 앉아 있거나 누워 있을 수 있게 하였다.

감옥은 냉옥(冷獄)·온옥(溫獄)·남옥(男獄)·여옥(女獄)·경옥(輕獄)·중옥(重屋)으로 나누어 두었다. 냉옥과 온옥의 거리와 장벽담의 거리나 너비는 지형에 따라 적절하게 조정함으로써 죄수들이 넘나들 수 없도록 하였다.

조선시대 감옥에서도 근대적인 감옥에서와 유사한 입출옥(入出獄)의 절차·계호(戒護)·수용·처우·접견·위생 및 의료에 관한 내용이 기록에 의해 확인되고 있다.

그 중 입출옥(入出獄)과 관련한 내용은 다음과 같다[618].

"죄수를 입옥시킴에 있어 처음에는 호패를 헌납시키고 성명을 자세히 문초한 뒤 입옥(入獄)시키고 수도(囚徒: 감옥에 갇혀 있는 죄수)에 대하여 관련 조(曹) 및 사(司)에 통보한다. 죄수의 성명 밑에는 상자를 써 붙이거나 방자를 써서 빙신(憑信: 남을 믿고 의지함)의 표로 한다. 죄수를 석방할 경우에는 전옥서에서 석방하는 사실을 직접 형조, 사헌부 또는 경조에 보고한 후 전옥서에서 대기하는 군사가 인솔해 가게 한다. 아직 미결(未決)의 죄인으로서 다시 감옥으로 드릴 경우에도 앞의 예에 따라 입옥한다. 매일 수감되

---

[618] 육전조례(六典條例) 형전(刑典) 총례(總例)에 입출옥(入出獄)과 관련된 규정이 있다.

어 있는 죄인 중에 가수(枷囚: 죄인의 목에 칼을 씌워서 가둠)하거나 석방해 내보낼 경우에는 서류를 구비하여 형조에 제출한다. 그리하면 삼당상관(三堂上官) 및 입직하는 낭관(郞官: 각 관아의 당하관을 말함)이 형방낭청(刑房郎廳)[619]과 더불어 이를 처리한다."

죄수가 감옥에 들어오게 되면 밤낮으로 이를 지키게 되는데, 군사는 주간에는 문을 지키고, 야간에는 일편(一便)이 지날 때마다 순찰하였다. 계호(戒護)를 담당하는 사령은 서리 4명·쇄장 5명·군사 10명이다. 죄수들은 매일 낮에 일광욕을 한 후 점검을 받았다. 밤에는 죄수들을 옥에 들어가게 하여 문 벽에 있는 출입문의 자물쇠를 채우도록 하였다. 입방 후에는 계구 및 옥문의 열쇠는 입직하는 관원이 보관하였다.

순경(巡更: 밤에 도둑이나 화재 따위를 경계하기 위하여 순찰을 도는 일)은 5명이 각 1경(更: 하루의 밤을 5등분한 시각의 이름)씩 맡아 감옥 안팎을 돌면서 이상 유무를 확인한다. 다음날 아침에 입직관원에게 이를 보고하고, 당직 사령이 열쇠를 다시 받아 주간의 업무를 개시하였다[620].

날씨가 추운 겨울철에는 고석(자리, 거적)을 두껍게 하여 제공하도록 하였고 뚫린 구멍과 틈 사이는 바르고 막도록 조치가 취해졌다. 추국죄수의 감옥에 들이는 홰(갈대나 싸리 따위를 묶어 밤길을 밝히거나 제사 때 화톳불을 놓는데 쓰는 물건)와 숯은 9월부터 2월까지는 죄수가 10명 미만일 경우에는 10일마다 숯 1석씩, 10명이상일 경우에는 5일마다 숯 1석씩 제공하였으나 3월부터 8월까지는 제공되지 아니하였다. 홰는 봄, 여름을 가리지 아니하고 매달 3동씩 제공토록 하였다[621].

---

619) 낭청(郎廳)은 조선 후기 비변사·선혜청·준천사(濬川司)·오군영 등의 실무담당 종6품 관직을 말한다.
620) 추관지(秋官志) 및 육전조례(六典條例) 형전(刑典)의 전옥서조(典獄署條).
621) 전록통고(田錄通考) 공전(公典) 잡령(雜令).

부모 또는 형제가 아니면 면회를 허가하지 아니하였고 전옥서의 벼슬아치라 할지라도 출입은 허가되지 않았다. 특히 여자들이 수감된 옥(女獄)에 있어서는 더욱 엄격하였는데 물이나 불 또는 음식이라 할지라도 파수를 보는 사람으로 하여금 전달하게 하고 함부로 접근하는 것을 금하였다622). 수감되어 있는 죄수 중에서 병이 위독한 자가 있을 경우에는 월령의(月令醫: 전의감, 혜민서에 딸린 당번의사로서 최하급의 의원(醫員)을 일컬음)가 자신이 병의 증상을 직접 기록한 문서를 형조에 제출·보고하여야 했다. 만약 병든 죄수가 가벼운 죄를 지었을 경우에는 보석(保釋)에 의해 석방하도록 하고, 중죄인일 경우에는 내부에서 약물로써 치료하도록 하였다. 사망한 경우에는 서울에 문의토록 하고 서울에서는 담당 관원이 직접 살피어 검험한 뒤 당해 부(府)에 내어 주도록 하였다623).

죄인들의 생활에 대해 가장 잘 표현한 것은 아마도 '옥중오고(獄中五苦)'라는 단어일 것이다. 정약용이 쓴 목민심서에 등장하는 '옥중오고(獄中五苦)'란 옥중생활에서의 다섯 가지 고통으로 '가계(枷械)의 고(苦)'·'토색(討索)의 고(苦)'·'질통(疾痛)의 고(苦)'·'동뇌(凍餒)의 고(苦)'·'체류(滯留)의 고(苦)'를 말한다. 먼저, '가계(枷械)의 고(苦)'는 밤낮으로 목에 도리개칼을 채우고 사형수에게는 수갑과 발에는 족쇄를 채워 놓음으로 인해 옥중에서 이루 말할 수 없는 행동의 제약을 가져오게 되는데 이에 따른 고통을 말한다.

'토색(討索)의 고(苦)'는 옥의 관리나 옥에 먼저 들어온 자들(노수: 弩手)로부터 돈이나 뇌물을 강요받고 그에 응하지 못할 경우에는 말할 수 없는 정신적·신체적 고통을 당하게 되는 것을 말한다.

'질통(疾痛)의 고(苦)'는 옥내(獄內)가 말할 수 없이 불결하여 이·벼룩·

---

622) 육전조례(六典條例) 형전(刑典) 옥수조(獄囚條).
623) 육전조례(六典條例) 형전(刑典) 직수아문(直守衙門) 및 전율통보(典律通報) 수금조(囚禁條).

빈대를 비롯한 갖가지 흡혈해충으로 인해 피부병이나 전염병에 걸리게 됨에도 이를 제대로 치료받을 수 없음을 말한다.

'동뇌(凍餒)의 고(苦)'는 추운 겨울 엄동설한의 추위로 인한 고통과 굶주림의 고통을 당하는 것을 말한다.

'체류(滯留)의 고(苦)'는 사건의 심리가 지체(遲滯)되면 될수록 오랜 기간 구금될 수밖에 없었고, 또한 심리를 받을 때마다 자백이 강요되었으므로 이에 불복할 때에는 고문용 신장(訊杖)을 맞지 않으면 안 됨을 말한다.

정약용은 다섯 가지의 고통에 시달리는 감옥을 '양계(陽界; 인간 세상을 말함. 수중세계에 대응하는 육지세계)의 귀부(鬼府; 귀신의 집)', 즉 '인간 세상에 있는 귀신의 집'이라 표현하였는데, 감옥에서의 생활이 얼마나 고통스러운 것인지를 가히 짐작케 한다.

이러한 감옥에서의 고통은 결국 임금에게도 알려지게 되었는데 이는 다음의 내용을 통해 확인되고 있다.

세종 임금이 형조(刑曹)에 이르기를,

"감옥이란 죄가 있는 자를 징계하는 곳이지 본래 사람을 죽게 하는 곳은 아니다. 그런데 감옥을 담당한 관원이 옥에 갇힌 죄인을 보살피는 데 태만히 하여서 극심한 추위와 찌는 듯한 더위에 혹은 병에 걸리고 혹은 굶주려서 간간이 비명에 죽게 하는 경우가 있다. 모든 관리들은 나의 지극한 뜻을 깨달아 실천하여 감옥 안을 깨끗이 청소하고 질병을 치료해 주도록 하라. 만약 돌보아 줄 사람이 없다면 관아에서 옷과 먹을 것을 주도록 하라. 만약 게으름을 피우고 내 명을 잘 이행하지 않는 자가 있을 때에는 엄하게 다스리도록 하겠다"고 명하였다[624].

---

624) 국조보감 제6권 세종 7년(을사; 1425).

세종 임금의 명에 따라 감옥에서의 고통을 최소화하기 위한 여러 가지 대책이 강구되어 시행되었다. 그 한 예로서 매년 4월부터 8월까지는 냉수를 옥중에 넣어 주어 자주 갈아주고, 5월부터 7월까지는 열흘에 한차례 목욕할 수 있게 하며 매월 한차례 머리를 감을 수 있도록 하였다. 또한 10월부터 동짓달까지는 감옥에 볏짚을 두텁게 깔아주도록 하였다[625].

## 제4. 개별적인 법생활 및 법문화

### I. 토지제도 및 토지의 소유권

#### 1. 토지제도

　조선 초기의 토지제도의 기본은 과전법(科田法)이었으나 이후 직전법(職田法)·관수관급제(官收官給制)·녹봉제(祿俸制)로 그 변화를 꾀하게 된다. 과전법(科田法)은 고려 공양왕 때부터 시작하여 조선에게 이어진 제도로 전·현직 관료를 그 대상으로 하였다. 과전(科田)은 경기 지방의 토지를 그 대상으로 하였는데 일단 관직에 진출해서 과전을 받으면 사망할 때까지는 계속 과전을 보유할 수 있었다. 그러나 받은 사람이 죽으면 국가에 다시 반환해야 하는 것이 원칙이었으나, 과전 가운데 일부는 수신전(守信田; 관리의 미망인을 대상으로 세습을 허락한 토지)·휼양전(恤養田 : 관리의 어린 유자녀를 대상으로 세습을 허락한 토지)이라는 이름으로 세습되기도 하였다. 이로 인해 토지 부족 현상이 발생하게 되었고 이는 결국 직전법 시행의 단초가 되었다.

---

625) 세종 30년의 옥중위생관리법 참조.

직전법(職田法)은 세조 때부터 시작한 제도로 현직 관료를 그 대상으로 하였다. 관수관급제(官收官給制)는 성종 때부터 시작한 제도로 국가가 수조권을 대행하는 방식이다. 이는 국가가 거두고 국가가 다시 나누어 준다는 뜻으로 이 제도가 시행되기 전에는 수조권을 가진 관리가 직접 농민에게 조세를 거두었으나, 시행된 후에는 국가가 농민에게서 조를 거두고, 다시 수조권을 가진 관리에게 이를 전달해 주었다. 농민과 관리 사이에 국가가 개입한 형태로, 국가가 토지에 대한 지배권을 보다 강력히 행사하는 제도이다.

녹봉제(祿俸制)는 명종 때부터 시작한 제도로 직전제를 폐지하고 시행한 것이다. 토지를 소유한 사람이 누구든 간에 국가가 조를 거두고, 관리에게 그 일부를 녹봉으로 나누어주는 방식이다.

그러나 조선 초기의 과전법과 직전법은 15세기에 사실상 붕괴되었고 양반지주들에 의한 토지겸병과 관아와 왕실에 의한 토지소유가 자행되었다. 임진왜란과 병자호란을 거치면서 토지는 극도로 황폐화되었고 17세기부터는 특권적인 양반지주를 비롯한 사적 지주들이 토지겸병을 확대하였으며 농민들은 소작인으로 전락하였다. 또한 관청소유의 아문둔전(衙門屯田)과 왕실 소유의 궁방전(宮房田)이 급속히 확대되었다. 이와 같은 토지 문란은 소작인들이었던 민중의 삶을 더욱 핍박하게 하였고 이를 개혁하기 위해 실학자들에 의해 여러 방법론이 모색되었다. 실학자 반계 유형원〈1622(광해 14)~1873(현종 14)〉은 균전론(均田論)을,[626] 성호 이익〈1681(숙종 8)~1763(영조 39)〉과 연암 박지원〈1737(영조 23)~1805(순조 5)〉은 한전론(限田論)을,[627] 다산 정약용〈1762(영조 38)~1836(헌종 2)〉은 여전론(閭田論)을 주장하였다. 그러나

---

[626] 모든 농민에게 토지를 균일하게 배분하고 그 토지에 군역과 세부(稅賻)를 일률적으로 적용하자는 것이다.
[627] 그러나 양자의 한전론(限田論)은 그 내용이 서로 달랐다.

이러한 실학자들의 주장은 현실적·구체적으로는 실행되지 못하였다.

## 2. 토지의 소유권

　토지의 소유와 관련하여, 양반 관료와 지방의 토호들은 매매·겸병·개간을 통해 보다 넓은 토지를 소유하게 되었다. 이는 사적 소유권의 확대를 의미하는데, 이로 인해 대부분의 농민들은 토지를 잃고 양반의 토지를 경작하는 소작농으로 전락하게 된다. 이는 소작인이 민전을 소유할 때와는 달리 병작반수제(並作半收制)에 따라 수확량의 반을 지주에게 바쳐야 했기 때문이었다. 직전제가 없어진 다음에는 토지에 대한 사적 소유권과 병작반수제가 적용되는 지주전호제(地主佃戶制)가 더욱 확산케 되었다.

　그런데 민간에서는 땅의 소유권을 두고 분쟁이 끊이지 않았는데, 자기 땅이면서도 땅을 놀리는 자와 자기 땅은 아니지만 실제로 경작한 자 중 누가 진정한 토지의 소유자가 되느냐가 주된 관심사였다. 이는 아마도 경작지에서의 산출물의 소유권과 관련한 분쟁과도 연결되었을 것으로 보여진다. 농지를 경작하지 않고 그대로 방치하는 자를 처벌하는 적극적인 정책은 과전법(科田法)시대부터 본격적으로 비롯하게 된다.

　　　　　　　태조 3년 4월에,
"첫째, 질병 때문에 경작할 수 없는 경우에는 이웃이나 친척으로 하여금 도와주게 함으로써 농사짓는 때를 잃지 않도록 한다. 둘째, 많은 농지를 가지고 있으면서 놀리며 남이 경작하려 하는 것을 금하는 자는 그 놀리는 땅이 10부(負)이면 태(笞) 10으로 처벌하고 매 10부(負)마다 장(杖) 80형(刑)의 한도로 한 등(等)씩 가벌(加罰)토록 한다. 그리고 그 농지는 농지가 없는 무전자(無田者)나 영세농(零細農)에게 주도록 한다. 셋째, 수령은 농사를 권장하는 일에 힘쓰고 수령의 업적평가(전최: 殿最)는 농지개간의 다소(多少)에 따라 3등으로 나누어 평가한다. 무능한 자는 파면토록 하고 유능한 자를 등용시키는 데 참고로 한다."라는 법령을 반포(頒布)함으로써, 이러한 정책을 강화하게 된다.

"농지(農地)는 갈아야 진정한 내 땅이 된다."

이후 이것이 계승되어 경국대전 호전(戶典)에는 무농조(務農條)를 두어, "농사는 경종(耕種)을 모름지기 빨리하고 제초를 부지런히 하여야 한다. 수령은 모든 농민에게 권유하여 조기에 갈고 매게 하고 부족함을 도울 것이다. 농사철에는 부역이나 징발을 하지 말 것이며 관찰사는 수령의 근태 상황으로써 업적을 평가한다. 권농관은 부지런하고 착실한 자를 임명함으로써 권농에 힘써 경지가 황폐되지 않도록 하여야 한다. 질병으로 인하여 경작할 수 없는 집의 농지는 그의 친척과 이웃으로 하여금 갈게 함으로써 황폐시키지 말아야 한다. 관둔전(官屯田)은 촌민의 부역으로 경작해서는 안 된다"라고 규정하게 된다.

대전통편(大典通編) 호전(戶典) 수세조(收稅條)에서는 백근법〈白根法: 놀리고 있는 농지를 백근(白根)이라 하고, 백근지를 신고경작할 수 있는 법을 백근법(白根法)이라 함〉에 의한 경작자는 3년 후에 비로소 국가에 납세하게 하며 혹시 땅주인이 와서 자기가 경작할 테니 내어 놓으라고 다투면 수확의 3분의 1을 땅주인에게 주고 10년이 지나면 절반씩 나누도록 하였다.

위와 같은 법 하에서는 땅은 실제로 자기가 이용하지 않으면 남의 땅이 될 가능성이 많았고 더욱이 힘의 강약에 의하여 좌우되기도 하였으니 힘없고 배경 없는 자는 땅을 놀릴 수 없었던 것이다. '갈아야 내 땅'이란 의식은 '경작강제법(耕作强制法)'에서 비롯한 것이며 이러한 의식은 오늘날까지도 계승되고 있다고 하겠다.

조선 정조 때에 발생한 토지분쟁 사건을 소개해 본다. 이 사건은 토지 소유권이 누구에게 있는가와 관련하여 의미를 갖는 사례이다[628].

여름(정조 15; 1791)에 대홍수로 말미암아 한 생원이라는 자의 논이 냇가의 모래로 뒤덮혀 경작할 수 없게 되었다. 이에 한 생원은 그 해 8월에 다음과 같은 내용의, 즉 "누구든지 이 곳의 논을 경작한 자는 3년 후에 반드시 반환한다"는 증명(입안: 立案)을 경작자들로부터 받아 놓았다. 3년이 지나서 한 생원이 경작자들에게 증명서를 근거로 하여 논을 돌려줄 것을 요구하자, 경작자들이 이에 불응하였다(정조 18년 10월). 한 생원은 이들을 상대로 소송을 제기하게 되었고 결국 승소하였다.

그러나 경작자 중 김 생원이란 자가, "이 땅은 물 속의 땅이며 물 속은 용왕의 나라요. 용왕이 이 땅을 내어주라면 내가 내어 줄 수 있으나 관에서 내어주라고 하면 나는 죽어도 그렇게는 못하겠소!"라며 생떼를 쓰고 나왔다. 다시 한 생원은 김 생원을 상대로 소송을 제기하게 되었고 이번에도 역시 승소하였다(정조 19년 윤2월). 그러나 김 생원이 여전히 그 땅을 돌려주기를 거부하자 다시 김 생원을 상대로 하여 소송을 제기해 재차 승소하였다(정조 20년 8월).

그런데 기존에 땅을 경작하던 자 중에 이 생원이란 자가 있었는데, 이 자가 말하기를, "내 땅의 일부가 한 생원의 증명문서 안에 들어 있으니 그 땅은 내 소유의 땅이요. 그 땅을 돌려줄 수 없으니 맘대로 하시요."라며 논을 돌려주지 않았다. 이에 한 생원은 이 생원을 상대로 하여 빼앗긴 땅

---

[628] 박병호, 231~232면.

을 되돌려 받기 위해 소를 제기하였다(정조 21년 2월).

사또가 두 사람을 불러 이르기를, "두 사람은 그 동안 서로 친하게 지내온 이웃 사이이니 서로 양보하여 화해하도록 하라."라며 화해를 권유하였다. 사또의 권유로 두 사람은 서로 양보하여 화해키로 하였는데, 이로 인해 두 사람 간의 문제는 원만히 해결되는 듯 보였다. 그런데 같은 해 5월에 이생원이 밤에 몰래 한 생원에게 양보했던 땅에 들어 와 그곳에 심어져 있던 밀을 모두 베어가 버리는 일이 발생하였다.

이에 한생원은 격분하여, "이렇듯 법도 모르고 상식이 통하지 않는 무지한 자와는 더 이상 화해할 수 없습니다. 제가 이 생원에게 양보한 논과 그 논의 수확물도 모두 되찾을 수 있도록 해 주십시오!"라며 소송을 제기하였다. 이에 이 생원이, "어찌 내가 심어놓은 밀을 내가 베어 가는 것이 잘못된 일이란 말입니까! 자기가 경작한 땅에서 난 수확물을 자신이 수확하는 것은 당연한 이치가 아니요!"라며 한생원의 주장을 반박하였다.

사또는 다시 두 사람을 불러, "두 사람의 사정을 내가 충분히 알고 있다. 이 토지를 두 사람이 반반씩 나누어 경작하도록 하라!(분반경작: 分半耕作)"는 결정을 내렸다629).

홍수 때문이기는 하였으나 한생원은 스스로 땅을 경작하지 않음으로 인해 실제 경작하던 자들로부터 자기 땅을 찾는데 4년이라는 세월을 허송하였고 또한 소송하느라 많은 비용을 지출하여 큰 손해를 입지 않으면 안 되었다. 이는 결국 "땅은 갈아야 비로소 내 땅이다"라는 당시의 토지 소유권 관념을 무시한 데서 비롯한 결과가 아니었을까. 토지 소유권과 관련한 이

---

629) 대전통편(大典通編) 호전(戶典) 수세조(收稅條)에서는 백근법〈白根法: 놀리고 있는 농지를 백근(白根)이라 하고, 백근지를 신고 경작할 수 있는 법을 백근법(白根法)이라 함〉에 의한 경작자는 3년 후에 비로소 국가에 납세하게 하며 혹시 땅주인이 와서 자기가 경작할 테니 내어 놓으라고 다투면 수확의 3분의 1을 땅주인에게 주고 10년이 지나면 절반씩 나누도록 하였다.

러한 백성들의 의식과 실제 법규범은 어느 정도의 차이를 보이고 있을까! 우리의 전통적인 법의식을 드려다 보면 농촌의 경우에는 하나의 전통으로서 사실상(事實上)의 지배권을 중시하여 왔다. 즉 사실적인 지배관계를 중시하는 특유의 소유권 의식이 나름의 규범력(規範力)을 발휘하였던 것이다.

그러나 경국대전 이후 논밭과 가옥을 매매한 경우 계약체결일로부터 100일 이내에 소관 관서에서 매매에 대한 공증인 입안을 받는 것이 원칙화되었다. 그런데 문제는 이러한 입안을 받기 위한 절차가 당시의 상황에 비추어 볼 때에 여러 가지로 번잡하였다는 점이다. 즉 매도인(賣渡人)·매수인(買受人)·증인(證人)·필집(筆執; 증인으로서 증서를 쓴 사람) 등 최소 4명이 동시에 관사(官司)에 출두하여야 했는데, 당시의 교통환경에 비추어 볼 때 하루에 도보로 먼 거리에 있는 관사에 함께 가는 일이 쉬운 일은 아니었으리라! 더구나 매도인 외에는 선뜻 나서는 자도 거의 없었을 것이다.

또한 입안을 받으려면 법률로 정해진 수수료(작지: 作紙)를 납부하여야 했는데, 농지나 가옥의 면적에 따른 일정액의 백지나 쌀을 지불하여야 했다. 그런데 이러한 수수료의 부담이 과중할 뿐만 아니라 관에서도 규정을 벗어나 마구 징수하는 경우가 많이 발생하였다. 이러한 이유로 인해 입안(立案)제도는 잘 이용되지 않게 되었고 조선 중기와 후기에 들어 내우외환(內憂外患)이 자주 발생함으로 인해 더욱 꺼려지게 되었다. 결국 조선 후기에는 특히 필요한 경우이거나 경제적으로 여유 있는 자만이 입안을 받게 되었다[630].

---

630) 박병호, 238~239면.

## 3. 부동산 담보제도

　조선시대에도 토지와 가옥을 담보로 하여 금전을 융자하는 방법이 활용되었는데, 그 하나는 매매(賣買)의 형식을 통한 담보방법이었고 다른 하나는 대차(貸借)의 형식에 의한 담보방법이다. 먼저, 전자의 경우는 매매의 대상에 따라 세 가지로 나눠볼 수 있는데, i) 소유권과 점유를 함께 이전하는 환퇴(還退)의 방법,[631] ii) 소유권은 유보하고 사용수익권만을 매도하는 퇴도지매매(退賭地賣買), iii) 소유권은 이전하되 사용수익권을 매도인에게 유보하는(오늘날의 양도담보와 같은) 방법이다.

　후자의 경우로 대표적인 것이 전당(典當)이다. 전당은 단기의 자금을 빌리는 경우에 이용되었는데 대차(貸借)의 형식을 취하면서 당사자 간에 채권채무관계가 존재하고 그 채권의 담보로서 목적물의 점유를 이전받아 그 목적물을 지배하는 방법이다(점유질). 이러한 전당은 부동산은 물론 동산의 경우에도 이용되었고, 토지문권(土地文券)만의 이전에 의한 권리질(權利質)로도 또한 점유를 이전하지 않는 비점유질(非占有質)의 형태로도 이용되었다.

---

631) 환퇴(還退)는 장기로 돈을 빌리고자 할 때에 이용되었다.

## II. 서명 및 문서제도

### 1. 서명제도

"수결(手決) 또는 화압(花押)이라 하여
모든 공·사 문서에는 이 수결(手決)을 사용하였다"

얼마 전까지만 해도 우리 생활에 있어 인장은 문서생활의 필수적 요소이었으나, 최근에 들어서는 싸인제도가 일반화되어 가는 추세이다. 과연 조선시대에는 어떠한 방법을 통해 계약서나 그밖의 문서에 자신의 관련성을 표시하였을까! 조선시대의 일반적인 생활관행은 인장(印章)을 사용하지 아니하고 오늘날의 싸인에 해당하는 수결(手決) 또는 수촌(手寸)을 사용하였다. 이는 위로는 국왕으로부터 아래로는 서민에 이르기까지 일반화 되었던 것으로 보인다. 이러한 관행이 있었음은 현재의 우리들에게 큰 놀라움을 안겨 준다. 당시에도 지금과 같은 싸인제도가 있었다니!

당시 보통 성명(姓名)을 가지고 있는 상민 이상의 남자들은 자기의 이름자를 초서로 풀거나 혹은 좌우상하로 글자체를 뒤바꾸거나 변을 떼어 흘림으로써 남이 알아보지 못하는 고유의 싸인을 가지고 있었다. 때론 '일심(一心)'을 독특하게 그리기도 하였다. 이를 수결(手決) 또는 화압(花押)이라고 하며 모든 공사문서에는 이 수결(手決)을 사용하였다.

한편 글씨를 모르는 상민이나 천민은 수결(手決)을 사용하지 못하였고 수촌(手寸)이라는 독특한 싸인을 사용하였다. 남자는 왼손의 중지 모양을 그렸는데 예컨대 계약서를 작성할 경우에는 매도인으로서 이름을 쓰고 이름 밑에 먼저 짤막한 수평의 기선을 긋는다. 거기에 중지의 기저를 대고 손가락 끝에 손가락 넓이의 선을 기선과 평행으로 긋고 손끝의 최정점을 찍는다. 그런 다음 손가락의 양 옆을 따라 상하로 직선을 긋는다. 첫째 마디와 둘째 마디의 폭을 점으로 표시한 다음 손가락을 지면에서 뗀다. 그러면 이름 밑에 자기 손가락 크기의 기다란 제형이 그려지는데 그 제형 중간에 좌촌(左寸)이라고 써 넣는다.632) 여자의 경우는 오른손 중지를 그리고 우촌(右寸)이라 썼다. 좌(左)는 양(陽)을, 우(右)는 음(陰)을 표시하므로 수촌도 남좌(男左)·여우(女右)로 하였다633).

그렇다면 조선시대에는 인장을 사용하지는 않았던 것일까! 당시에 인장은 오직 관아와 각 관방·단체〈예; 종중(宗中), 계(契), 기타의 결사(結社) 등〉와 서화의 낙관(落款)용 그리고 양반부인에 한하여 사용되었다. 관아(官衙)에서 쓰는 관인(官印)은 각기 관아의 물질에 따른 규격이 법전에 규정되어 있었다. 처음 관인을 만들거나 또는 관인을 바꿀 경우에는 그 인영(印影)을 예조(禮曹)에 등록하였다634).

양반부인도 유독 인장(印章)을 사용하였는데 각기 품질에 따른 인장의 규격이 역시 법률로 규정되어 있었다635). 원래 인장에는 모관모씨인(某貫某氏印; 예컨대 전주 이씨 인)으로 새기게 하였으나, 동성동본끼리 빌려 쓰는 예가 많아지자 모처모씨인(某妻某氏印; 예컨대 박○○씨의 처 김씨 인)으로 새기게 하여 이것이 관례로 되었다.

인장이 없는 부인은 오른손에 먹물을 발라 손바닥을 찍거나 오른손의 둘

---

632) 심희기, 34~35면.
633) 박병호, 203~204면.
634) 현재 '인신등록(印信謄錄)'이라는 예조의 기록이 규장각도서로 전해 오고 있다.
635) 2품 이상의 처는 방이 1촌 7푼(대략 5.1cm), 6품 이상은 1촌 4푼(대략 4.2cm), 7품 이하는 1촌(대략 3cm)으로 된 방인(方印)을 이용하였다: 경국대전(經國大典) 예전(禮典) 용인조(用印條).

례를 그리고 가운데에 우수장(右手掌)이라 쓰기도 하였다.

　조선후기에 들어서면서는 수촌법(手寸法)이 문란해짐으로 인해 원칙대로 그려지지는 않게 되었으며 양반부인의 인장도 별로 사용되지 않았다. 그러나 관인은 규정대로 엄격히 지켜졌으며 반드시 기수(基數: 하나에서 아홉까지의 정수)로 날인하였다. 평상시에는 붉은색으로 찍었으나 국상(國喪)인 때에는 먹물로 검게 찍도록 하였다.

### 2. 문서제도

'上 言'·'擊錚原情'·'所 持'·'單 子'
'告 目'·'文 券'·'通 文'

1) 실생활에서 주로 이용되던 문서

　오늘날 이어져 내려오는 조선시대의 다양한 종류의 문서들을 살펴보건대 당시에도 문서생활이 매우 활발히 이루어졌던 것으로 보인다. 당시의 문서생활의 실상 및 문서가 가지는 의미를 짐작케 할 수 있는 자료로서 조선후기의 것으로 추정되는 '유서필지(儒胥必知)'라는 책을 들 수 있다. 이 책에서는 유가(儒家; 공자의 학설과 학풍 따위를 신봉하고 연구하는 학자나 학파)나 서리(胥吏; 관아에 속하여 말단 행정 실무에 종사하던 구실아치)[636] 모두가 반드시 알아두어야 할 문서형식 등을 기록하고 있는데, 이를 통해 당시에 다양하고도 충실한 문서활동이 있었음을 가히 짐작케 한다.

　문서의 형식은 크게 7가지로 나누어 볼 수 있다. 먼저 효자를 선양하기

---

636) 고려 시대에는 중앙의 각 관아에 속한 말단 행정 요원만을 가리켰으나, 조선 시대에는 경향(京鄕)의 모든 이직(吏職) 관리를 뜻하였다.

위해서 또는 충신을 현양하기 위하여 국왕에게 직접 청원하는 상언(上言)·원통한 일을 당했을 경우 국왕이 거동할 때에 직접 면전에서 징을 치며 올리는 격쟁원정(擊錚原情)·일반적으로 지방수령에게 올리는 소장(訴狀)인 소지(所持)·제수(祭需)를 올리거나 부의(賻儀)를 올리는 단자(單子)·서리(胥吏)와 같은 아전(衙前)이 수령 등에게 올리는 고목(告目)·계약서인 문권(文券)637)·어떤 사실을 알리는 통문(通文)638) 등이다.639)

### 2) 매매계약서가 권리의 상징이다!

"엿을 먹었는데" 하면 "일이 끝났다"·"증거가 있다"는
것을 의미하게 되었다

조선시대에는 부동산을 매매할 때에 매매계약서(文記; 明文) 자체가 권리증(權利證)이었으므로 여러 차례 계속하여 매매가 이루어진 경우에는 그간의 계약서를 연대순으로 붙이거나 철해져 있었기 때문에 거래의 수만큼 부피가 커지게 되었다. 따라서 자기의 권리를 입증하기 위해서는 권리가 이어져 내려온 유래를 입증할 수 있는 일체의 각종 문서를 가지고 있어야 했다.

여말선초(麗末鮮初)의 과전법(科田法) 시행 당시에는 농지의 매매가 금지되었으나, 조선시대에 들어서는 합법적인 매매가 허용되었다(세종 6년 3월부터). 처음에는 공증(公證)에 관한 법적 기초가 없었으나 세종 7년 8월에 매매의 진위에 관해서 이웃 동네사람이 보증하면 '입안(立案: 토지나 가옥

---

637) 농지매매계약서, 대차계약서, 노비 매매계약서, 산지매매계약서 등을 들 수 있다.
638) 특정인에 대한 증직 또는 서원건립을 위한 경우에 이용되었다.
639) 박병호, 209~211면.

의 매매에 있어 권리가 이어져 내려온 유래를 증명하는 문서가 소실된 경우 관에서 발급받는 증명서)'을 발급받을 수 있도록 하고, 만약 이를 받지 않으면 그 농지를 관청에서 거두어들이도록 하였다.640)

이후 세종 23년부터는 입안을 받지 않아도 관청에서 거두어들이지 않게 되었고, 세종 27년부터는 매매 후 3년 내에 입안을 받도록 하였다. 이러한 제도는 경국대전에 이르러 자리를 잡게 되는데, 논밭과 가옥을 매매한 경우에는 15일이 지나면 계약을 해제할 수 없었으며, 계약체결일로부터 100일 이내에 소관 관서에서 매매에 대한 공증인 입안을 받도록 한 것이다.

그런데 만약 이러한 문서가 분실(紛失) 등으로 인하여 없어지게 된 경우에는 어찌되었을까! 이러한 경우 자기 것이라 하더라도 마음대로 처분할 수 없었을 것이고 사기를 원하는 자 역시 사기를 꺼리게 마련일 것이다. 혹 다른 사람이 권리를 주장하면 진정한 소유자는 문서가 없으므로 당장 곤경에 빠질 수밖에 없었다. 따라서 이러한 경우에 대처하기 위해서 이를 구제하는 제도가 마련되었다.

즉 문서를 분실(紛失)·도실(盜失)·소실(燒失)하였거나, 또는 오래되어 문서의 일부가 썩었거나 쥐가 갉아 먹었기 때문에 내용이 불분명한 경우에는 관할 수령에게 그 사실을 확인하는 입지(立旨: 신청서 끝에 신청한 사실을 입증하는 뜻을 부기하는 관부의 증명)를 청구하여 권리를 보전(保全)할 수 있도록 한 것이었다.641)

입지(立旨)는 권리관계가 불안한 모든 경우에 확장하여 발급됨으로써 17세기 이후 소유 및 거래질서에서 아주 중요한 역할을 하게 된다.642) 그렇

---

640) 경제육전(經濟六典) 속전등록(續田謄錄)(세종 8년).
641) 입안(立案)제도는 임진왜란 당시까지는 입안(立案)이라고 하였고, 이후부터는 입지(立旨)라고 불리어 지게 된다: 박병호, 224면.
642) 박병호, 224~225면.

다면 입지청구의 절차는 어떠하였을까? 입지의 발급은 다음의 단계를 거쳐 진행되었다. 먼저, 소지(所持)의 작성 및 제출 단계인데, 구체적으로 관련 사실을 적어 입지를 발급해 줄 것을 청구하는 단계이다. 둘째로는 사실확인 단계인데, 수령은 신청자의 거주지를 관할하는 면집강(面執綱; 면장)이나 이정(里正: 이(里)의 공무에 종사하는 사람)에게 그것이 사실인지를 보고하라는 전령(傳令)을 내렸다. 셋째로는 사실확인의 다짐 단계인데 틀림없다는 보고가 있으면 신청자와 가장 가까이 살고 있는 3인의 증인을 불러서 사실과 틀림없으며 위증하면 처벌받겠다는 다짐을 받아두었다. 마지막으로 입지를 발급하는 단계인데 소지(所持) 자체의 끝에 '입지성급향사(立旨成給向事: 입지를 발급한다)'라고 쓰고 연월일을 기입하고 관인을 날인하여 신청자에게 교부하였다. 입지가 발급되면 이 입지(立旨) 한 장만으로 문서를 대신하게 되고 거래할 때에도 문서 대신 이 입지(立旨)를 상대방에게 주면 되었다.

만약 처음부터 자기의 부동산에 대한 문서가 존재하지 않았을 경우에는 어찌되었을까! 일예로 당시 서울의 왕십리에는 강원도지방에서 번(番: 백성이 맡은 바 역(役)을 치르는 일) 서기를 위해서 상경한 군인들이 많이 살고 있었는데, 초기에는 움막을 짓고 살다가 차차 형세가 늘면서 초가집을 짓고 살게 되었다. 그런데 이들 중 상당수가 후에 집을 사고 팔면서 매매계약서인 문기(文記; 名文)를 작성하지 않고 서로 말로써 행하는 것이 관행화 되면서 계속되는 매매에도 불구하고 권리의 존재를 증명할 수 있는 권원문서(權原文書)가 존재하지 아니 하였다. 즉 집문서가 없는 집이었던 것이다.

그런데 언제부터인가 말로써 매매계약을 체결한 뒤 동네아이들을 그 집으로 불러 아이마다 엿을 나누어 주면서 "이 집은 얼마의 값에 누구에게 팔았다. 앞으로 집주인은 아무개다"라는 것을 알려 주는 관행이 생겨나게 되었다. 아이들은 매매된 집에 와서 매도인과 매수인으로부터 엿을 얻어먹은 사실과 그 인상을 통하여 집주인이 바뀐 사실을 기억하게 됨과 동시에 그 매매와 관련한 증인이 되었던 것이다.

따라서 가옥의 매매사실·권리관계에 관하여 분쟁이 발생하면 엿을 먹은 아이들의 입을 통하여 집주인이 합법적으로 바뀐 사실이 전파되어 공시되고 사람들은 그 사실을 인정하게 되었던 것이었다. 이렇게 해서 "엿을 먹었는데"하면 "일이 끝났다"·"증거가 있다"는 것을 의미하게 되었고, 결국 이를 근거로 하여 입지(立旨)를 얻는 것이 가능해 지게 되었던 것이다.643)

노비매매의 경우엔 어떠하였을까? 노비의 매매 역시 토지의 매매와 마찬가지로 문기(文記)를 작성하고 매매계약 후 100일 이내에 관청에 신고하여 입안(立案)을 받도록 하였다. 매매계약 후 15일이 경과하면 그 노비매매계약을 해제하거나 취소할 수 없었다.

---

643) 박병호, 284~285면; 이 이야기는 1964년 6월 19일 당시의 HLKY 라디오에서 고 김화진 옹(翁)과 이상노씨의 대담으로 엮어 연속된 '이야기의 샘'에서 청취된 것을 각색한 것이다. 여기에서 성인(成人)인 이웃사람의 입회 하에 매매해도 될 것을 어린아이를 이용한 것은 그럴만한 이유가 있었다. 성인의 경우에는 그렇게 많은 수를 동원하기가 어려웠거니와 위증의 가능성이 많았기에 거짓말을 할 줄 모르는 순진하고 사실을 오래 기억할 수 있는 어린아이를 이용한 것이었다. 또한 당시에 어린아이의 일상적 군것질로서는 엿이 거의 유일한 것이었다 할 수 있는데, 그렇다고 해서 아이들이 날마다 엿을 먹을 수 있는 처지는 아니었기에 어린아이와 엿을 택하였음은 매우 현명한 생활의 지혜가 아니었나 싶다

## III. 가족제도

"조선시대 집안 가장(家長)의
지위와 권한은 가히 절대적이었다"

조선은 가족을 중심으로 형성·운영되어 온 사회라 할 수 있다. 조선시대의 가부장적 가족제도는 근본이념으로 채택된 유교에 의해 엄격하게 통제되었으며, 모든 생활의 규범과 의식은 유교의 가르침에 따르지 않으면 안 되었다. 조선시대에 들어와서 주자학이 숭상됨에 따라 가례도 처음에는 사대부들 사이에서만 성행하였으나, 뒤에 유교적인 윤리 관념이 보편화되면서 사회 전반에 영향력을 미쳐 가족제도의 변천을 가져오게 되었다.644)

조선시대 가족제도의 특징은 종족을 하나의 단위로 하여, 즉 대가족제도를 유지·발전시켜 왔다는 점이다. 여기에서 동족 간의 결합이 촉진되어 족보(族譜)가 생겼으며, 이로 말미암아 동족에 대한 관념이 더욱 발달하게 되었다. 조선시대에는 엄격한 족외혼이 행하여졌는데,645) 혼인은 남녀 모두 조혼(早婚)이 특징이어서 법적으로 남자는 15세, 여자는 14세 이상이면 혼인할 수 있었다.646)

조선시대 가족제도에서 집안 가장(家長)의 지위와 권한은 가히 절대적이

---

644) 일예로 사람이 죽으면 신분의 고저(高低)와 촌수의 근원(近遠)에 따라 복상(服喪)의 기간을 다섯으로 나누는 오복제도(五服制度)를 시행하였다. 제사(祭祀)의 경우에는 고려 말기의 주자학(朱子學)의 영향으로 가묘(家廟)제도가 생기게 되었는데 조선 중기에 이르러서는 대부분의 사대부(士大夫) 집안에는 모두 가묘가 세워졌다고 한다.
645) '속대전'에서는 동성동본은 물론이요, 동성이본(同姓異本)도 서로 혼인할 수 없다는 규정을 두었다.
646) 특별한 경우에는 12세만 되어도 혼인이 허가되었다.

라 할 수 있었다. 가장은 집안 내에서는 조상 제사의 주재·가정의 관리·가족의 부양·분가(分家) 또는 입양(立養)·자녀의 혼인·교육·징계 등에 관한 모든 사항에 대해 전권을 가지고 집안을 통솔하였다. 밖으로는 가장의 서명 없이는 사적인 계약은 성립될 수 없었고, 관청에서도 가장을 상대로 모든 일을 처리하였다.

조선시대에 가장(家長)은 형사 상 특별한 대우를 받기도 하였는데 예를 들어 자손·처첩·노비가 모반·반역 이외의 죄상(罪狀)으로 부모나 가장을 관청에 고소하는 경우 오히려 극형을 받기도 하였다. 심지어는 가장의 반역 음모를 고발하였다가 인륜을 해치는 죄도 반역죄에 못지않다 하여 먼저 사형시킨 일까지도 있었다.647)

## IV. 신분제도

"조선의 신분제도는
양반(兩班)·중인(中人)·상인(常人)·천인(賤人)의
네 계급(階級)으로 구성되었다"

조선의 신분제도(身分制度)는 일반적으로 양반·중인·상인(민)·천인(민)의 네 계급으로 대변될 수 있다. 이는 고려 때부터 내려오는 사회적인 전통에 따른 것으로 조선시대에 들어 점차 확고하게 자리잡게 되었고 이러한 네 가지의 신분계급을 바탕으로 조선사회의 지배체제가 형성 유지되었다. 임진왜란 이후에는 평민이나 천인으로서도 전공(戰功) 또는 납속(納贖; 곡식

---

647) 조선시대에는 반역죄(反逆罪)와 동등하게 강상죄(綱常罪)에 대해서도 이를 엄중하게 다루었다.

을 바친 사람에게 벼슬을 내리거나 죄를 면제해 주던 제도) 등의 수단을 통하여 당상(堂上)·당하(堂下)의648) 위계(位階)나 직명(職名)을 얻는 경우도 많았다.649) 그러나 이와 같이 엄격한 신분체제는 1894년(고종 31) 갑오경장 이후 신분계급의 타파가 제도화됨으로써 소멸케 된다.

조선의 신분제도에 대해 구체적으로 살펴보면, 먼저, 양반(兩班)은 문반(文班)과 무반(武班)을 총칭하던 개념으로 조상의 혈통을 기준으로 해서 사대부(士大夫)출신을 말한다. 이들 조선의 신흥귀족(新興貴族)들은 고려의 귀족을 대신하여 지배계급으로 성장하면서 양반계급을 형성하였다. 양반은 농(農)·공(工)·상(商)에 종사하지 않고 유학만을 공부하여 과거를 거쳐 아무 제한 없이 고급 관직으로도 승진할 수 있는 특권을 가졌다. 또한 관료가 되면 토지와 녹봉(祿俸)등을 국가에서 받게 되므로 지주계급(地主階級)을 형성하기도 하였다.650) 같은 양반이라도 문관은 무관보다 높은 대우를 받았는데 일반적인 요직은 물론, 군사 요직까지도 문관 밑에 무관을 그 아래 두었던 일이 많았다.

둘째로, 중인(中人)은 양반(兩班)과 양인(良人)의 중간 신분의 계급층을 말한다. 중인과 양반의 서얼 출신자를651) 합하여 중서(中庶)라고도 하였는

---

648) 당상(堂上)이란 조선 시대 문무관의 18품계 중에서 정3품 상계(上階)인 문관의 통정대부(通政大夫)·무관의 절충장군(折衝將軍)·종친(宗親)의 명선대부(明善大夫)·의빈(儀賓)의 봉순대부(奉順大夫) 이상의 자급(資級) 또는 그 자급의 벼슬아치를 말한다. 당하(堂下)란 조선 시대 관리들의 품계 가운데 정3품 이하 종9품까지를 일컫는 말이다.
649) 특전이란 군역을 면제받는 정도에 불과하였으며, 그것도 일신(一身)에만 국한되었다.
650) 이들 양반 가운데서도 광대한 토지를 점점 세습·사유함으로써 대지주가 되었으며, 이런 경제적인 기반을 토대로 삼아 권문세가(權門勢家)의 문벌을 이룬 양반도 생기게 되었다. 한편 양반 신분의 세습에 따른 그들의 수적(數的) 팽창은 한정된 국가 정치기구에의 참여를 둘러싸고서 서로 이권과 이념을 달리하는 파벌을 짓게 하여 사화(士禍) 및 당쟁(黨爭) 등 피비린내 나는 항쟁을 일으키게도 하였다.
651) 조선시대에는 적(嫡)·서(庶)의 차별이 무척이나 심했는데 일부다처(一夫多妻)를

데 그 명칭은 서울의 중앙부에 거주 지역을 삼은 데서 비롯하였다. 이들 중인은 양반 이외의 관료가 될 수 있는 계급이었으나 한품서용(限品敍用)이라 하여 법으로 높은 관직에 오를 수 없도록 제한하였기 때문에 대부분 낮은 관직에 그치고 말았다. 이들의 전통이나 교양은 양반계급에 못지않았으나, 관직은 의(醫)·역(譯)·주산(籌算)·관상(觀象)·율(律)·혜민(惠民)·사자(寫字)·도화(圖畵) 등 기술사무직에 한정되었다.

중인보다 하위(下位)의 신분층으로 이서(吏胥)·역리(驛吏)·군교(軍校) 등이 있었는데 이들은 말단(末端)의 행정·경찰사무를 담당하며 직접 평민들을 지배하는 실권을 가짐으로써 사회적으로 하나의 큰 세력을 형성하였다.

셋째로, 상인(常人)은 백성·상사람 또는 양인(良人) 등으로 불리었으며, 농(農)·공(工)·상(商)에 종사하였는데 그 대부분이 농민이었다. 이들은 국가에 대하여 조세(租稅)·공부(貢賦)·군역(軍役) 등 각종의 의무를 부담하였다. 그러나 이들의 생활은 녹녹치 않았는데 지방관이나 향리 등의 착취와 핍박의 대상이 되어 몹시 비참하였다. 이러한 생활 속에서도 농촌공동체를 만들기도 하고, 상호부조를 목적한 다양한 계(契)도 조직하기도 하며 서로 돕는 가운데에 생활의 안정을 꾀하고자 노력하였다.[652]

---

공인하면서도 첩(妾)의 소생은 차별 대우하였다. 이는 태종 때에 만들어진 서얼금고법(庶孼禁錮法)에서 비롯한 것으로 같은 첩자(妾子)라도 양첩자(良妾子)·천첩자(賤妾子)의 구별에 따라 신분·재산상속 등에 있어 차별이 있었다. 양반의 서얼(庶孼) 출신자에게는 문과에 응시할 자격을 주지 않았던 반면에, 무과에는 천인만 아니면 누구든지 응시할 자격을 준 결과 적서(嫡庶)의 차별과 문(文)을 숭상하고 무(武)를 얕잡아 보는 사회적인 인습이 만들어지게 되었다. 중기 이후에 들어서는 서얼들의 한품서용(限品敍用)에 대한 제한을 철폐하려는 기운이 싹트기도 하였으나, 그 성과를 거두지는 못하였다. 서얼들은 후에 출세의 길이 막힌 것에 불만을 품고 서로 무리를 지어 반역이나 도둑의 주동자가 되기도 하여 사회의 여러 가지 파문을 던지기도 하였다.

652) 조선 말기로 내려오면서 더욱 더 심해지던 관리들의 수탈에 대한 반항으로 민란이 발생하기도 하였는데, 농민들은 홍경래(洪景來)의 난, 철종 때의 민란, 동학혁명(東學革命) 등에 참여하면서 민란의 주체가 되기도 하였다.

마지막으로, 천인(賤人)은 천역에 종사하는 가장 낮은 신분으로서 공업과 상업에 종사하였는데 노비(奴婢)가 거의 그 주류를 이루었다. 조선시대에 있어서 노비는 신분이 세습되었고 부모 중 한 사람이 노비이면 그 자식은 노비였고, 노비종모법(奴婢從母法)에 따라 부(父)가 양반일지라도 그 모(母)가 노비이면 그 자식 역시 노비였다. 노비는 특히 재산의 중요 일부분이었기에 매매·상속 등의 대상이 되었다. 당시 노비는 토지를 소유하기도 하였고 소송의 당사자로서 소송을 수행할 수도 있었다. 때론 노비가 노비를 소유하기도 하였고 그 노비를 매매하기도 하였다.

노비는 크게 관청에 딸린 공천(公賤)과 매매나 양도로 개인에게 소속된 사천(私賤)의 둘로 나눌 수 있는데, 창기(娼妓)·무당·광대 등도 천인에 속하였으며, 승려도 천인의 대우를 받았다. 천인 중에서도 특히 천대를 받은 계층이 백정(白丁)이었는데, 고려 때의 양수척(楊水尺)·수척(水尺)·화척(禾尺) 등을[653] 1423년(세종 5)에 고친 이름으로서, 이들은 인간 이하의 대우를 받았으며 특수부락(特殊部落)을 이루어 일반인과도 격리된 채 도살(屠殺) 등의 업을 세습하며 살았다.

노비의 소유권이 누구에게 있느냐와 관련하여 분쟁이 잦았는데 특히 가족이나 친척 간에서도 빈번하게 발생하였다. 한 사례를 통해 당시의 노비 관련 소송의 면면을 들여다보기로 하자.[654]

서얼 언니이긴 하였으나 언니의 시댁과 그 동생 간에 발생한 사건으로서, 동생인 이씨 부인이 자신이 소유하던 노비의 소유권 문제로 분쟁이 발

---

[653] 양수척(楊水尺)은 후삼국으로부터 고려에 걸쳐 떠돌아다니면서 천업(賤業)에 종사하던 무리를 말하며, 수척(水尺)·화척(禾尺)·무자리라고도 불렀다. 유래와 관련한 정확한 사료는 없으나 일반적으로 여진의 포로 또는 귀화인의 후예들이라고 알려져 있다. 변경지대에 주로 많이 살았고 수초(水草)를 따라 떠돌아다니면서 사냥과 유기(柳器)를 만들어 파는 것으로 업을 삼았다.
[654] 안승준, "1556년 이씨 부인이 경상도관찰사에게 올린 의송", 문헌과 해석(2000년 겨울호; 통권 제13호), 56쪽 이하.

생하자 관할 관청에 소를 제기하였던 것이다. 그러나 이 씨 부인이 뜻하는 바대로 결론이 나지 않자 경상도 관찰사에게 억울하다 하여 의송(議送: 수령에게서 패소판결을 받고 이에 불복하여 다시 관찰사에게 상소하는 것)한 것이었다.

소지(所持)에 담겨있는 이씨 부인의 주장은 다음과 같다.

"제 아비는 슬하에 적자(嫡子)와 천첩(賤妾) 소생의 서얼(庶孼: 서자와 그 자손) 자식을 두었는데, 천첩 소생 중 한명이 바로 저의 서얼(庶孼)언니인 조을이입니다. 그런데 조을이가 시집갈 때에 저의 아비가 조을이에게 노비 1명도 붙여주지 못하고 죽고 말았습니다. 때문에 조을이는 자기 곁에 자신을 거들어 줄 노비 1명도 두지 못하고 시집에서 매우 불편한 생활을 하였습니다.

그러던 차에 조을이가 근방에 살고 있던 저에게 자신의 사정을 호소하며 노비 한 명을 보내 줄 것을 애걸하였던 것입니다. 이는 조을이의 친 동기간이 모두 머나먼 다른 지역에 살고 있어 직접 상의하거나 도와줄 입장이 되지 못하였기 때문입니다. 저는 천첩자식인 조을이를 배려하지 못하고 돌아가신 아비의 뜻을 헤아려 제가 아비로부터 물려받은 여종 선비를 조을이에게 보내주게 되었던 것입니다.

그러나 이는 어디까지나 임시로 빌려준 것이었지 영원히 소유권을 넘겨준 것은 아니었습니다. 그럼에도 권덕충이란(조을이 시양자의 아들) 자는 제가 이 문제의 해결을 위해 보낸 노비를 붙잡아 이야기를 들어보려고 하기는커녕 곤장을 때리고는 집 안에 발도 들여놓지 못하게 하고는 내쫓아 버렸습니다. 그런데 더욱 가관인 것은 권덕충이 제가 빌려 준 노비를 돈을 주고 샀다고 주장하며 거짓 문서를 내보이며 그 자식들을 숨기고 내주지 않는다는 것입니다."

이씨 부인의 소지에 나타난 사실관계를 다시 정리해 보면, 당시 이씨 부인이 여종 선비를 조을이에게 보낸 것은 어디까지나 임시로 빌려준 것이었지 영원히 그 소유권을 넘겨준 것은 아니었다. 세월이 흘러 여종 선비가 자식을 낳을 때까지도 이씨 부인과 언니 조을이 사이에는 여종 선비의 소유권이 누구에게 있는가에 대한 문제가 여전히 해결되지 아니 한 상태였다. 그러던 중 여종 선비가 점차 나이를 먹게 되자 이씨 부인은 가능한 빨리 자기 여종을 되찾아 와야겠다는 결심을 굳히게 되었던 것이었다. 이는 여종 선비보다도 그가 낳은 자식들에 대한 재산권을 지켜야 할 필요성이 있었기 때문이었다.

마침 여종 선비가 죽게 되자 이씨 부인은 그 즉시 자기의 종을 파견하여 그 소유권을 주장하였던 것이다. 당시 선비와 그 자식들을 현실적으로 점유하고 있던 사람은 조세동(조을이의 남편)의 시양자(侍養子: 곁에서 시중을 들며 봉양하는 아들) 권처중의 아들 권덕충이라는 사람이었다(조세동이 후세를 이을 자식이 없어 시양자를 들인 것으로 보인다). 권덕충의 생각은 이씨 부인의 생각과는 달랐다. 그는 서조모(庶祖母)인 조을이가 시집을 때 정식 분재(分財)를 통해 받은 것은 아니었으나 어쨌든 서조모의 적(嫡)동생으로부터 한 명의 여종을 받았기에, 이 종은 서조모(庶祖母)만 죽으면 자연히 그들 소유가 되는 것으로 여기고 있었다(아마도 조세동이 살아있었다면 이 같은 일은 결코 일어나지 않았을 것이다).

이씨 부인은 이와 같은 내용을 정리하여 노비가 살고 있는 청하현에 소지를 제출하였다. 그러나 청하현에서는 노비에 대한 그녀의 소유권이 인정되지 않자 의송(議送)으로서 경상감영에 이 같은 민원을 다시 제기하게 된 것이었다.

이씨 부인은 자기의 주장이 정당하다는 것을 당시의 정황과 함께 매우 설득력 있게 주장하였는데, 조사의 중점 내용을 다음의 2개 항목으로 구분하여 주장하였다.

"제가 두 가지로 나누어 말씀드리고자 합니다. 먼저, 권덕충이 임시로 빌려준 저의 노비를 돈을 주고 샀다고 주장하고 있습니다만, 이는 사실이 아닙니다. 권덕충은 자신이 돈을 주고 노비를 샀다는 사실을 주장하기 위해 조상으로부터 전해져 내려온 문서와 매매계약서를 위조하기 까지 하였습니다. 뿐만 아니라 이 위조된 문서를 가지고 관의 증명까지 받아두었으니 이는 강도죄에 해당하며 이는 형률로 다스려 징계하여야 할 것입니다.

두 번째로 아룁니다. 법에 의하면 비록 친부모의 문서라 할지라도 공정하지 않으면 70세 이상을 노장으로 취급한다고 하고 있습니다. 이는 노인의 진술을 사실로 인정하지 아니하여 법령을 적용하지 않는다는 것입니다. 그런데 권덕충 등은 눈멀고 귀먹은 90세의 여종 선비를 사주하여 매매계약서를 작성한 것으로 보입니다. 따라서 그 계약서는 진정한 사실에 근거한 것이 아닐 수 있습니다. 그러므로 계약서상의 증인 및 문서작성자를 함께 조사 심문해 철저히 사실을 밝혀야 할 것입니다."

이에 대해 권덕충은, "이씨 부인의 주장은 사실이 아닙니다. 저희 집안에서는 여종 선비를 정당한 계약을 통해 돈을 주고 산 것입니다. 결코 일시적으로 빌린 것이 아닙니다. 전래되어 오는 노비문서와 매매계약서를 보시면 그 진위 여부를 아실 것입니다. 이씨 부인이 매매계약서가 진정한 것이 아니라고 하나 그것은 거짓입니다. 그것이 사실이기에 관에서 증명까지 해 준 것이 아닙니까! 어찌 거짓을 아뢰겠습니까!"라며 이씨 부인의 주장을 조목조목 반박하였다.

이러한 양 쪽의 주장을 접한 경상도 관찰사의 판단은 매우 원칙적이었다. 관찰사는, "이씨의 소지(所持) 내용에 따르면 바르지 못한 듯하다"라며 다소 애매한 표현으로 판결의 서두를 꺼냈다. 이 의미는 해석하기에 따라서는 이씨 부인의 주장을 받아들여 권덕충의 행위가 올바르지 않다고 판단한 것으로 보여 지기도 한다.

그러나 관찰사의 판단은 그것이 아니었다. 어디까지나 이씨 부인이 보낸 문장의 내용에 따르면 바르지 못하다는 것이지, 전체적으로 볼 때에 권덕충이 바르지 못한 것은 아니라고 보았던 것이다. 관찰사의 판단은 오로지 전해져 내려온 문서 혹은 시비(是非)가 되고 있는 계약서의 진위(眞僞) 여부에 따라 시행하라는 것이었다.

경상관찰사는 이씨 부인의 사건을 원래의 관할 관청인 청하현으로 돌려보내 다시 심판하도록 하였다. 결국 소송은 이씨 부인의 설득력 있는 주장이 있었음에도 불구하고 조상으로부터 전해져 내려온 문서의 존부(存否) 여부와 시비(是非)가 되고 있는 계약서의 진위(眞僞) 여부에 의해 결정될 수밖에 없었기에 이씨 부인의 패소로 끝나게 되었다.

## V. 재산상속제도

> "성종 때에 유산(遺産)을 균분(均分)하지 않는다 하여
> 아들이 아버지를 구타하여 제소된 사건이 있어
> 사회적으로 문제가 되었다"

조선시대의 상속법의 기본원칙은 고려시대와 마찬가지로 자녀에게 똑같이 재산을 나누어주는 자녀균분상속법(子女均分相續法: 상속재산을 자녀에게 같은 몫으로 나누어 하도록 하는 상속법)이었다. 이는 유교문화권 하에서의 독특한 고유법인 것으로 보인다[655]. 아들이건 딸이건 결혼 여부에 관계없이 고르

게 나누는 것이 법률이고 관습이었다.

상속의 대상은 크게 세 가지로 나눌 수 있다. 첫째가 가옥·토지·노비 내지는 가재도구 등을 포함하는 재산상속(財産相續)이다. 둘째는 식구를 관리하는 가장권(家長權)을 상속받는 신분상속이다(身分相續). 셋째가 제사(祭祀)에 관한 권리·의무를 상속받는 제사상속(祭祀相續)이다. 이 중 후에 커다란 재산분쟁의 중심에 서게 되었던 것이 토지와 노비의 상속과 관련한 분쟁이었다.

조선은 부와 모의 재산은 각자의 고유재산으로 상속될 때에도 구분되어, 부변(父邊)전래·모변(母邊)전래 등으로 표시되었다. 고려와 마찬가지로 생전분재(生前分財)가 원칙이어서, 부모가 생전에 연로하였을 때나 자녀의 혼인·과거급제 등의 경우 수시로 분재(分財)를 하였는데, 그때마다 상속문서인 분재기(分財記)를 작성하였다.656) 생전분재(生前分財)를 하지 않았거나 이에 누락된 재산에 대해서는 자녀들은 부모 3년 상이 끝난 후에 협의로 분재하였다.657) 만약 부모의 사후에 형제자매 중 유산을 고르게 나누지 않고 독점하는 자가 있는 경우에는 일반적인 5년의 제소기간에 불구하고 기간의 제한 없이 제소할 수 있었다. 소가 제기된 경우에 재판관은 부모를 대신하여 똑같이 나누어 주어야 했다.

상속 순서는 먼저, 자녀로서 적자녀·첩자녀·양자녀이며, 남녀를 차별하지 않았다. 아울러 부모보다 먼저 사망한 자녀의 자손, 즉 (외)손자녀에게 대습상속이 인정되었다.658) 둘째로, 자녀가 없는 경우에는 생존 배우자이다. 남편은 처(妻) 사후에 처의 유산을 상속한 후 친자녀에게 다시 상속

---

655) 심희기, 92~93면.
656) 이를 '허여(許與)'라고 한다.
657) 이를 '화회(和會)'라고 한다.
658) 적자녀(嫡子女)에는 제사를 승계하는 계후자(繼後子)가, 양자녀(養子女)에는 3세 전의 수양자와 3세 후의 시양자가 포함되었다.

하였다. 처(妻) 역시 개가(改嫁)하지 않으면 남편과 같았다.659) 만약 친자녀가 없는 경우라면 그들의 본족(本族)이 상속하였다. 그러나 유교가 보급되면서 제사가 중요해짐에 따라 자녀 없이 사망한 처의 재산은 그의 본족(本族)보다는 봉사자가 상속하는 경우가 후대로 갈수록 늘어났다.660)

상속분은 친자녀 여부·자녀의 신분 그리고 제사 승계의 유무에 따라 달랐으나 적자녀(嫡子女) 사이에는 균등하였다.661) 그러나 적서(嫡庶) 간에는 상속에 있어 차별이 있었는데, 특히 서얼(庶孼) 중에서도 천첩(賤妾) 소생의 자녀는 양첩(良妾) 소생의 자녀에 비해 많은 차별을 받았다.662)

---

659) 배우자의 상속은 종국적인 것이 아니라 처분권이 제한된 종신수익권(終身受益權)이었다.
660) 배우자나 자녀가 없는 경우에는 4촌 이내의 혈족인 본족, 즉 사손(使孫)이 상속을 하였는데, i) 형제자매, ii) 3촌 조카, iii) 4촌 형제, iv) 3촌 숙부·숙모·고모·이모, v) 4촌 형제자매 등의 순이었다. 만약 이러한 상속인이 없다면 상속재산은 국가로 귀속되어야 했다. 그러나, 대개의 경우 자녀가 없으면 양자를 들여 재산을 물려주거나, 마을에 재산을 귀속시켜 그 재산으로 제사를 지내도록 하였다.
661) 다만 제사를 승계하는 승중자(承重子)는 봉사조로 1/5을 더 받았으며 아울러 가묘(家廟)가 있는 집과 제사용 재산을 독점적으로 상속했다. 제사는 단독으로 승계하기 때문에 제위토(祭位土)도 대개는 승중자가 관리·수익하였다.
662) 양첩자녀는 적자녀와 1 : 6, 천첩자녀는 1 : 9의 비율로 상속을 받았으나, 실제로 부(父)는 첩자에 대해 법정비율 이상으로 증여를 하였다. 다만 적자(嫡子)가 없어서 첩자(妾子)가 제사를 승계할 때에는 봉사조로 2분을 가급(加給)하여 적녀와 각각 1 : 2, 1 : 3의 비율이었다. 적자녀가 없는 경우에는 양첩자녀와 천첩자녀는 4 : 1의 비율로 상속을 받았으며, 제사승계인에 대한 봉사조는 적자(嫡子)와 같았다.
　적모(嫡母)와 혈연관계가 없는 양첩자녀는 전체의 1/7, 천첩자녀는 노비 3구 이내에서 1/9을 상속하고 승중첩자에게는 각각 2분을 가급하였다. 나머지는 적모의 본족이 상속하였다.
　전모(前母)·계모(繼母)와 후처·전처의 자녀는 혈연이 없는 의자녀(義子女)로 원칙적으로 상속을 할 수 없었다. 다만 전모 등에게 자녀가 없으면 의자녀는 본족과 1 : 4의 비율로 상속하였고, 승중의자는 1 : 1로 상속하였다. 또 자녀가 있어도 부의 승중의자는 자녀와 1:8의 비율로 상속하였다.
　자녀가 없을 때 수양자녀는 친자녀와 같았고, 시양자녀는 전체의 1/6을 상속받았으며, 나머지는 본족이 상속하였다. 적자녀가 있으면 각각 1:6, 1:9로, 양첩자녀와는 6:1, 천첩자녀와는 3:2, 수양자녀와 시양자녀는 6:1의 비율로 상속을 받았다. 계후자는 친자와 같게 상속하였으며, 환관(宦官)이 법률상의 균분강제주의(均分强制主義)가 실행되었음에도 부모의 의사를 절대적으로 구속할 수는 없었다. 따라서 부모의 의사에 의해 고르게 나누지 아니한 예도 적지 않았다. 이럴 경우, 즉 차별이 심하지 않거나 합리적인 때에는 자녀들은 부모의 의사에 순종하는 것이 상례였다.

실례로 조선 성종 때에 유산을 균분하지 않는다 하여 아들이 아버지를 구타하여 제소된 사건이 있어 상속법에 대한 재논의가 진행된 적이 있었다. 재산을 똑같이 나누지 않음으로 인한 부자·형제간의 쟁송을 방지하는 방법으로서 재산을 나누는 것은 법률에 따라 엄격히 실시하고 부모에게 재량권을 주지말자는 것이었다. 이는 부모·자녀 사이에 처음에는 재산을 고르게 나누려는 뜻이 있더라도 노쇠(老衰)하면 자녀 중에 부모의 환심을 사려는 자가 있어 자연히 편애(偏愛)하게 되므로 고르게 나누는 것이 어렵게 되기 때문이었다. 그러나 이러한 의견은 받아들여지지 아니 하였다.

이후 유교적 종법적(宗法的)663) 가족제도의 확립과 남녀균분상속의 문제점이 지적되면서 17세기에는 종손(宗孫)과 지손(支孫)을 차별하면서 적장자(嫡長子) 우위상속제와 남녀차별이 나타나게 된다. 이에 따라 균분상속제는 차츰 무너지게 되었고 재판으로 다투는 일도 드물게 되었다.664) 결국 18세기에 이르러서는 재산도 적장자(嫡長子)에게 집중적으로 상속케 되고665) 여자는 상속에서 배제되기에 이른다.

또 다른 조선시대 상속제도의 특징으로는 철저한 분할주의(分割主義) 상

---

환관(宦官)을 양자녀로 하였으면 수양자와 동일하게 상속하였다; http://terms.naver.com/entry.nhn?docId=573661&cid=46635&categoryId=46635(한국학중앙연구원, 한국민족문화대백과).
663) 종법(宗法)이란 친족조직에서 제사의 계승과 종족의 결합을 위한 친족제도의 기본이 되는 법을 말하는 것으로, 종법적(宗法的)이란 그런 종법에 따른 혈통적 관련성을 말한다.
664) 조선 중기에 들면서 점차 부계중심의 성리학적 가족제도가 정착되면서 장자(長子) 우대와 남녀 차등상속(差等相續)의 현상이 나타나게 된다.
665) 이는 맏아들인 적장자가 빈번한 제사비용을 부담해야 했던 때문으로 보인다.

속을 들 수 있다. 이는 재산을 매개로 하여 가문이 결속할 수 있도록 하기 위한 취지로 보인다. 남녀균분과 분할주의는 상호 견제하고 균형을 이룰 수 있는 효과가 있어 부와 권력의 집중을 예방하는 효과를 가졌다.

## VI. 여성의 법적 지위

### 1. 불합리한 이혼제도 – 남편이 아내를 내쫓을 수 있는 합법적인 방법이 있었다!

> "보통 여자들은 칠거지악(七去之惡) 이라는
> 일곱 가지 죄목(罪目)에 해당할 경우
> 일방적(一方的)으로 이혼(離婚)을 당하였다"

조선시대에는 유교사상이 지배하던 시기였으므로 부부가 헤어지는 것, 즉 이혼(離婚: 이이(離異)라고도 하였으며, 기처(棄妻)·출처(出處) 혹은 기별(棄別)이라고도 함)에 대해서는 매우 부정적인 인식을 가지고 있어서, 한 번 결혼하면 검은 머리가 파뿌리가 되도록 백년해로(百年偕老)하는 것을 미덕으로 여겼다. 그러나 그렇다고 하여 이혼이 없었던 것은 아니었다. 다만 이혼의 경우 개인의 의사와 무관하게 이루어지곤 했다는 점 그리고 이혼에 대한 합법적인 법률조항이 존재하지 않았다는 점이 지금과 다를 뿐이었다. 특히 양반들은 아내와 이혼하려면 먼저 왕의 허락을 받아내야 했기 때문에 이혼 그 자체를 생각한다는 것이 그리 쉬운 일이 아니었다.

평민이나 천민 등의 사이에서는 자신의 옷섶을 잘라 상대방에게 줌으로써 혼인관계를 끝맺는다는 의미로 "수세(休書: 이혼증서) 잘라준다" 혹은 "수서(休書) 베어내다"라는 표현이 일반화 되었는데, 이는 민간에서 이혼을 뜻하는 것으로 쓰였다.

조선시대에는 원칙적으로 여자가 남자에게 이혼을 요구할 수 없었으므로 이혼이라는 말을 "처를 내 쫓는다"고 표현하거나, 버린다는 의미의 '휴기(休棄)'라고 표현하였다. 이는 남자 쪽에서 일방적으로 여자를 내쫓는 경우가 많았음을 보여 준다. 반면, 일반적인 경우는 아니었으나 남자가 이혼당할 수 있는 경우도 있었다. 즉 처(妻)를 팔았을 경우, 장인·장모를 구타하거나, 장모(丈母)와 간통(姦通)했을 경우 등이다.

또한 이혼은 아니지만, 소박(素朴)이라 하여, 즉 집안에서 사실상 별거상태로 지내는 경우가 있었다. 현재에도 "소박맞았다"는 표현을 쓰기도 하는데, 이는 남편의 사랑을 받지 못함을 의미한다. 이러한 소박의 원인은 대개의 경우 부인의 외모가 추녀(醜女)인 경우에 많이 발생하였는데, 당시에 남녀가 얼굴도 보지 않고 결혼하던 결혼풍습이 빚어낸 불행이라 할 수 있다.

조선시대 가족제도의 기본은 부부관계로서 이는 당시에 매우 중시되었다. 그러나 이러한 부부관계의 중시에도 불구하고 부인을 합법적(合法的)으로 내쫓을 수 있는 경우가 있었다. 보통 여자들의 경우 칠거지악(七去之惡)이라는 일곱 가지 죄목에 해당할 경우 일방적으로 이혼으로 내몰렸다. 후에 조선 말기에 이르러서는 이 중 자식이 없는 무자(無子)와 질투(嫉妬)를 빼고 오출(五出)로 하였다. 그러나 설사 칠거지악에 해당하는 경우더라도 아내를 함부로 내쫓지 못하는 경우도 있었는데, 삼불거(三不去)·사불거(四不去) 등이 바로 그것이다. 삼불거는 i) 조강지처(糟糠之妻: 곤궁할 때부터 어려움을 함께 한 본처), ii) 부모의 3년 상(三年喪)을 같이 치른 아내, iii) 늙고 의탁(依託)할 데 없는 여자는 버릴 수 없음을 뜻한다. 또한 자녀가 있는 경우에도 이혼을 금함으로써 사불거(四不去)로 규정하면서 오출사불거(五出四

不去)라는666) 제도를 탄생시켰다.

조선 초기에 보급된 대명률(大明律)에서는 이혼할 상황이 아닌데도 불구하고 이혼한 경우에는 장(杖) 80대의 형에 처하였다. 칠거지악을 범하였지만 삼불거(三不去)에 해당하는 아내와 이혼한 경우에는 죄 2등을 감하고 다시 살게 하며, 칠거지악을 범했는데도 이혼하지 않은 경우에는 장 80대의 형에 처하였다.

---

666) 조선 말기에는 자식이 없는 무자(無子)와 질투(嫉妬)를 빼고 오출(五出)로 하였으며, 자녀가 있는 경우에도 이혼을 금함으로써 사불거(四不去)로 규정하면서 오출사불거(五出四不去)라는 제도를 탄생시켰다. 그러나 이제도는 1908년에 폐지되었다.

대대례기(大戴禮記) 본명(本命)에 보면, 남편이 아내를 내쫓을 수 있는 일곱 가지의 경우로서 칠거지악(七去之惡)을 소개하고 있다.667)
그렇다면 칠거지악(七去之惡)이란 과연 무엇일까!

| 명 칭 | 내 용 |
|---|---|
| 불순부모(不順父母) | 시부모를 잘 섬기지 않음 |
| 무 자(無子) | 아들을 낳지 못함 |
| 부 정(不貞) | 음탕한 짓을 함 |
| 투(妬) | 질투(嫉妬)를 일삼음 |
| 악 질(惡疾) | 못된 병에 걸림 |
| 다 언(多言) | 말이 많음 |
| 절 도(竊盜) | 물건을 훔침 |

이 같은 제도가 출현하게 된 연유는 봉건적 가족제도를 유지하기 위함에 있다고 하겠다. 즉 시부모를 잘 섬기지 않는 것은 불효라 할 것이요, 자식이 없다는 것은 가계의 단절을 뜻한다. 아내가 부정이 있다면 이는 혈통의 순수성을 지킬 수 없게 됨을 말하며, 질투는 애첩의 수효를 늘리는 축첩에 방해가 되므로 이는 곧 자손 번창에 방해가 됨을 방지코자 함을 말한다. 못된 질병은 자손의 건강에 해롭게 됨을 방지하기 위함이며, 말이 많다 함은 가족 간의 불화를 조장 시킨다고 보았기 때문이다. 절도는 그로 인해 기본적인 사회질서를 파괴하게 되므로 범법자가 됨을 경계코자 함이었다.

그러나 이 제도는 1908년에 이르러 폐지된다.

---

667) 이 제도는 2500여 년 전 공자로부터 비롯하였다고 전해지는데 그의 언행 및 제자와의 의론(議論)을 적었다는 '공자가어 본명해편'에 보면 부인에 대한 여러 가지 규정을 두고 있다.

## 2. 서러운 과부들

> "여자의 삼종지도(三從之道)나 정절(貞節)이 매우 중시되었으며, 특히 3번 시집가는 것(三嫁)을 큰 잘못으로 생각하였다"

역사적으로 고려시대에는 신분에 관계없이 과부의 재가(再嫁; 改嫁)가 자유로웠으나, 고려 말기에 유학(주자성리학)을 받아들이면서 재가 문제는 큰 논란의 대상으로 등장하게 되었다.

조선시대에는 유학이 국가의 통치이념이 되면서 여자의 삼종지도〈三從之道; 여자가 따라야 할 세 가지 도리로서, 여자는 어려서 어버이께 순종(順從)하고 시집가서는 남편(男便)에게 순종(順從)하고, 남편(男便)이 죽은 뒤에는 아들을 따르는 도리를 말함〉나 정절(貞節)이 매우 중시되었다. 특히 3번 시집가는 것(三嫁)을 큰 잘못으로 여겼다. 처음에는 재가에 대한 별다른 금지 조처가 없었으나, 과부재가금지법(寡婦再嫁禁止法: 조선시대에 과부의 재혼을 금지하는 법)이 입법·시행〈성종 8년(1477) 7월〉되면서부터 법적인 규제가 행하여졌다.

성종이 관제를 개혁할 당시 과부의 재가에 대한 논의가 활발하였는데, 대체로 재가를 허용해야 한다는 의견이 많았다. 그러나 결국은 재가반대론(再嫁反對論)으로 기울게 되었는데,[668] 이는 유교 입장에서 대의명분(大義名分)을 세우고, 풍속(風俗)을 바로잡기 위한 결정이었던 것으로 보인다. 이후 여자는 한번 시집가면 평생 재가하지 말아야 하며, 재가한 사대부 여자들의 자손을 관리로 쓰지 않음으로써 풍속을 바로잡아야 한다는 내용의 전교(傳敎; 임금이 명령을 내림 또는 그 명령)를 내려 과부재가금지법(寡婦再嫁禁止法)을 강화하게 된다.[669]

---

668) 재가(再嫁) 반대론은 임원준(任元濬) 등에 의해 주장되었다.

이와 관련하여 성종실록에서는, "경전에 이르기를 '믿음은 부인의 덕이며, 한번 남편과 결혼하면 평생토록 고치지 않는다.'고 하였다. 이 때문에 삼종(三從)의 의가 있고, 한 번이라도 어기는 예가 없는 것이다. 세상의 도덕이 날로 나빠진 뒤로부터 여자의 덕이 정숙하지 못하여 양반가의 딸이 예의를 생각지 아니하여, 혹은 부모 때문에 절개를 잃고 혹은 자진해서 개가하니 한갓 자기의 가풍을 파괴할 뿐 아니라, 실로 성현의 가르침에 누를 끼친다. 만일 엄하게 금하여 영을 세우지 않으면 음란한 행동을 막기 어렵다. 이제부터 재가한 여자의 자손들은 관료가 되지 못하게 풍속을 바르게 한다."라고 기록하고 있다. 그러나 개가한 여자의 자식을 정직(正職: 사족(士族) 이상의 신분에만 임용되는 관직)에 쓰지 못하도록 한 법은 서민에게 해당되는 것이 아님에도,670) 귀천(貴賤)에 관계없이 절개를 지키며 심지어 목숨을 끊는 사람마저 생기게 되었으므로 이에 대한 비판이 행해지지도 하였다.

당시의 사회풍조와 과부재가금지제도를 완곡히 비판하면서 당시 사회의 한 단면을 실감나게 그려낸 내용도 소개되고 있는데,671) 그 내용인 즉, "일찍 부모를 여의고 조부모 밑에서 자라난 박씨는 정혼한 뒤 남편 될 사람이 중병에 든 것을 알았으나 물리치지 않고 시집을 갔다. 남편이 성혼한 뒤 반년 만에 죽었으니 초례를 치렀으나 빈 옷만 지킨 셈이었다. 박씨는 남편의 초상

---

669) 이러한 내용은 경국대전(經國大典) 이전(吏典) 경관직조(京官職條)와 형전(刑典) 금제조(禁制條)에 실려 있다.
670) 이와 관련하여 회자되는 일화로서, "일찍 과부가 된 한 여인이 모진 고생 끝에 두 아들을 잘 성장시켰는데, 어느 날 아들들이 어떤 사람의 벼슬길을 막으려 하자 어머니가 그 연유를 묻게 되었다. 이에 아들들이 답하기를 그의 선조 중에 훼절(毁節: 절조(節操)를 깨뜨림)한 과부가 있다는 소문을 들었다고 답하자, 어머니는 아들들을 꾸짖으며 자신의 품속에서 닳고 닳은 동전을 꺼내 보여주었다. 그리고 그 자신 또한 고독을 이기기 위해 힘들 때마다 동전을 굴리며 참아왔었노라고 고백하자 그 말에 모자가 서로 부둥켜안고 울었다"는 이야기가 있다.
671) 열녀함양박씨전(烈女咸陽朴氏傳)으로서 연암집(燕巖集)의 연상각선본(烟湘閣選本)에 실려 있다.

을 예법대로 치르고 시부모를 극진히 섬기다가 상기(喪期)가 끝나는 날 스스로 목숨을 끊었다."는 내용이다. 이는 당시의 과부재가금지제도의 폐해 및 문제점을 적나라하게 보여주는 의미 있는 이야기라 하겠다.

이혼과 재혼이 남성의 전유물이던 시대인 조선. 성종의 재가금지법(再嫁禁止法) 제정 이전에도 '일부종사(一夫從死)'를 강요하던 제도가 있었는데 이것이 바로 태종 6년 왕명으로 제정된 '자녀안(恣女案)'이라는 것이다.[672] 이는 양반가의 여성으로 행실이 방자하거나 세 번씩이나 시집을 가 양반의 품위를 손상시킨 자의 경력을 기록하여 관리하던 문건이었다. 문제는 이 문건에 이름이 오르는 그 순간부터 그 가문과 후손의 장래는 이미 결정된 것이라 보았는데, 그 이유는 이로 인해 대대손손(代代孫孫) 입신양명(立身揚名)의 길이 차단됨으로써 가문의 몰락이 불 보듯 뻔했기 때문이었다. 이러한 문제점이 많았던 재가금지제도가 그 끝을 보게 된 것은 1894년(고종 31년) 갑오개혁 때부터이다. 이때로부터 법률로 재가의 자유가 인정되었던 것이다. 그러나 실제로 재가하는 경우는 거의 없었으며, 그 영향력은 오랫동안 지속되었다.

조선시대의 이러한 엄격한 재가금지제도의 시행은 과연 어떠한 문제점을 초래하였을까! 이는 결국 보쌈이라고 하는 탈법수단을 탄생케 한다. 보쌈은[673] 약탈혼(掠奪婚; 전쟁 및 기타 방법을 통해서 붙잡아온 여자를 아내로 삼는 혼인형태)의 일종으로 정식 결혼을 하지 못한 가난한 하층민이나 재가가 허용되지 않은 과부들 또는 양반가 자녀들의 액땜을[674] 위해 부녀자나 남자를

---

672) 고려시대에는 '자녀안(恣女案)'이라 하여 양반의 여자로 부정한 일을 하거나 3번 이상 개가한 여성의 소행을 적어 그 자손의 관직등용을 제한하였다.
673) 속담에 "보쌈에 들었다"고 하면 남의 꾀에 걸려들었다는 뜻으로 쓰이기도 한다.
674) 양반가 처녀의 팔자가 세어서 두세 번 시집가는 사주가 나오면 이를 막기 위해 미리 외간남자와 통정하게 하여 이를 방지하였는데, 이 경우에도 보쌈의 형식으로 행하여 진 것으로 보인다.

약탈하는 것을 말한다. 그러나 보쌈은 이뿐만 아니라 명문가의 청상과부를 탈법행위나 사회적 물의 없이 재혼시키기 위해 또는 정력이 왕성한 권력가가 첩실을 들이기 위한 방편이기도 하였다.

보쌈은 크게 과부약탈과 남자약탈로 나뉜다. '과부업어가기'라고도 하는 과부보쌈은 '합의'와 '강제'의 방식 가운데에서 양자택일되었다. 합의보쌈의 경우는 '체통'의 손상 없이 청상과부가 된 며느리를 처리하는 '편법'으로 이용되었다. 양가의 합의 하에 과부가 된 며느리나 딸을 보쌈의 형식을 갖추어 재혼시키기도 하였으며, 또한 소박맞은 여성의 경우에도 재혼이 허용되지 아니 하였으므로 이 같은 방법이 이용되었다.

약탈혼(掠奪婚)의 전형이었던 강제보쌈은 과부나 휴서(休書: 이혼증서)인 이혼장을 받은 소박녀로 국한되었고, 액땜을 위한 남성보쌈이 있었을 뿐이어서 인신매매의 차원은 아니었다. 약탈혼(掠奪婚)은 '보부상(褓負商)' 보쌈에서도 나타나는데, 전국을 떠도는 장돌뱅이가 현지처 조달방식으로 선택한 보부상 보쌈은 장터 이동시 현지처를 버리고 감으로써 사회문제화 되기도 하였다. 이에 고종 32년에 보부상의 과부보쌈을 금지하는 영을 선포하기에 이른다.

남자보쌈은 남자를 보쌈하는 것으로, 권문세가의 과부가 성욕을 채우기 위해 나이 어리고 귀여운 유생을 납치해 하룻밤을 보낸 뒤 제거하거나, 과부가 될 팔자를 지닌 처자의 액땜용으로 '하루살이 남편'을 보쌈하기도 하였다.[675]

그러나 보쌈은 일상적으로 행하여졌던 것은 아니었고 여성이나 남성이나 어려운 상황에 이르러서야 비로소 행하여졌다. 당시에는 노총각·노처녀는 죽어 몽달귀신이나 원귀(冤鬼)가 되므로 날이 가물거나 흉한 일이 생긴다는

---

675) 광해군 때 유몽인이 저술한 '어우야담(於于野談)'에 총각보쌈 이야기가 등장한다.

이야기가 소문으로 나돌기도 했는데 이 또한 보쌈이 사회적으로 용인되는 한 사유가 되었을 것으로 보인다. 그러나 보쌈의 문제점은 여성의 역할이 지극히 수동적이란 데 있었다. 즉 재혼결정권과 지아비 선택권이 모두 시아버지와 장래 남편으로서의 남성에 국한되었기 때문이다. 이는 결국 당시의 여성의 열악한 사회적 지위 그리고 여성의 인권이 얼마나 무시되었는가를 보여주는 대표적인 예이다.

## VII. 종교가 규범생활에 미친 영향

### 1. 불교의 영향

조선 시대의 불교는 고려 말기의 불폐(佛弊)로 인해 억불숭유(抑佛崇儒) 정책이 강조되면서 많은 법난을 겪었다. 이에 따라 한창 번성하고 있던 불교의 모든 종단이 위축되었고 급기야는 5교 양종이 선교양종(禪敎兩宗)으로 바뀌게 되었다. 즉 세종(世宗) 6년(1424)에 7종을 폐합하여 선교양종으로 바꾸었다.[676] 아울러 사찰수도 대폭 줄어들게 되었고 토지와 노비도 몰수됨으로 인해 불교의 사원경제는 약화되었다. 도첩제(度牒制; 승려가 출가했을 때 국가가 허가증을 발급하여 신분을 공인해 주던 제도)의 실시를 통해 승려 수 역시 제한되었다. 그러나 국가와 왕실의 안녕을 축원하는 종교행사는 그대로 존속시키면서 불교경전을 새로이 간행하고 언해(諺解)에 힘썼다.[677]

이 후 명종 때에 문정왕후(文定王后)가 불교 보호에 힘쓰면서 보우(普雨)

---

676) 조계종·천태종·총남종(摠南宗)을 선종으로, 화엄종·자은종·중신종·시흥종을 합하여 교종으로 폐합하고, 흥천사(興天寺)를 선종도회소(禪宗都會所)로, 흥덕사(興德寺)를 교종도회소(敎宗都會所)로 삼았다.
677) 세조 때의 간경도감(刊經都監)은 불경을 언해(諺解)하기 위하여 설립한 기구이다.

가 그 부흥을 꾀하였고,678) 임진왜란 때 휴정(休靜; 서산대사)·유정(惟政; 사명당) 등이 교세를 확장하고 의병운동에 참여하여 호국불교로 인정받기도 하였으나679) 점차 그 세력이 약화되어 민간 부녀자 층에 의해서 겨우 명맥이 유지되었고, 사림(士林)들에 의한 배척이 강화되면서 점차 산간 불교로 밀려나게 되었다.

이렇듯 불교는 오랜 시기를 거치면서 부침을 거듭하였으나 일반 백성들의 실생활 속에 깊숙이 파고들어 인간 사회의 갈등이나 모순을 보다 높은 차원에서 해소하는 데에 기여하였고 일반인들이 규범생활을 하는 데에 있어서 지침을 제시하는 기능과 역할을 하였다.

### 2. 유교의 영향

조선왕조는 개국하면서 성리학이라는 새로운 유교를 지도이념으로 내세우고, 불교와 도교를 배척했다. 성리학은 인간 개개인이나 우주만물 하나하나가 주체성을 가지고 있음을 인정하는 동시에 공동체의 결속을 강조하는 사상체계이다. 조선 유교의 특징을 살펴보면, 먼저 문신우위의 양반유교라는 점이다. 양반은 지배계층(중소지주층)으로 병역면제 등의 특권을 가지며, 관직 이외에는 농공상의 어떤 직업에도 종사하지 않았다. 그들은 향리에서도 강한 지배력을 지녔는데 그 기반은 농장과 서원 그리고 향약이었

---

678) 승 보우(普雨)는 명종(明宗)때 문정왕후(文定王后)의 도움으로 불교 부흥의 꿈을 실현시키려 추진하였는데 판선종사(判禪宗師)가 되어 도승법(度僧法)과 승과(僧科)를 시행하였다.
679) 조선 시대에서도 많은 고승이 나타나 계속 법맥(法脈)을 유지시키며 발전시켰는데, 무학(無學) 자초(自超, 1327~1405)를 비롯하여 호불론(護佛論)의 하나인 현정론(顯正論)을 제시한 함허(涵虛)·기화(己和, 1376~1433) 등이 있다. 또한 서산대사 휴정(休靜, 1520~1604)과 사명대사 유정(惟政, 1544~1610)이 등용되어 각각 선·교 양종의 판사(判事)가 되었다.

다. 양반(사대부)들은 농촌에 생활과 사회기반을 가지며, 조정을 오가며 폭넓은 활동을 하였다.

조선의 유교의 또 다른 특징은 엄격한 신분제도(양반·중인·상민·천민)와 가족제도(적서의 차별 등)를 반영하고, 그들을 규율하는 예제(禮制)의 실천과 연구를 중시하는 예학유교였다는 점이다. 관혼상제(冠婚喪祭)를 중심으로 생활양식이 유식(儒式化)되고, 양반가정에서의 '주자가례〈朱子家禮; 송나라 주자(朱子)가 저술한 책으로 가정에서 지켜야 할 예의 범절, 즉 관혼상제 등의 예법에 대하여 자세히 수록하였다〉'나 농민의 '향약(鄕約)'의 장려를 통해서 유교는 사회생활규범으로서 깊이 뿌리를 내리게 되었다. 성리학의 발전은 15세기에는 중앙집권 강화와 부국강병에 중점을 두었고, 16세기에는 도덕정치 구현과 향촌 자치에 역점을 두는 왕도주의가 강조되면서 주자 성리학이 발달하게 되는데, 이 시기에 이황(李滉)과 이이(李珥)가 성리학의 토착화에 기여하였다.

임진왜란과 병자호란을 겪으면서 국가를 재건하는 과정에서 지배층의 도덕성 회복·부국강병·민족에 대한 자아 각성이 필요했다. 성리학은 이러한 시대적 요청에 따라 불교, 도교, 양명학 그리고 서양의 천주교 등에서 도덕 수양의 장점을 받아들이는 한편 각종 기술학(技術學)에서 실용 지식을 흡수코자 하는 실학(實學)이라는 새로운 학문으로 발전하게 된다. 이어 조선 후기의 실학은 18세기 중엽까지는 농촌문제의 해결에 중심을 두었고, 18세기 후반부터는 상공업의 육성과 기술 발전을 강조하는 북학(北學)으로 발전하게 된다. 19세기 이후에는 북학이 고증학(考證學)으로 발전하면서 학문의 전문성이 한층 높아지게 된다. 그리고 상공업 발전의 가속화와 함께 근대화 초기에 개화사상을 싹틔우는 데 기여하게 된다.

## VIII. 민간 규범의 기능과 역할

조선시대 일반 민간의 실생활에서 규범생활을 주도했던 단체로 향약·계·두레·서원·종중 등을 들 수 있다. 이들이 만들어 실천에 옮긴 자체 규범들은 이른바 민중법으로서 실생활에서 행위의 준칙으로서 중요한 기능과 역할을 담당하였다.

### 1. 향 약

조선시대의 향약(鄕約)은 11세기 중국 송나라의 여씨향약(呂氏鄕約)을 모방한 것으로 조선 중기 이후 지방의 양반·토호·유림 등의 상류계급에 의하여 전개되어 영·정조 때에는 전국적으로 실시하게 되었다. 향약은 국가질서에 기여하면서 향촌사회의 평화를 위한 윤리규범, 도덕규범을 위주로 하는 향리(鄕里) 주민들의 공동체 조직이면서 아울러 향리주민들이 실천하기로 약정한 자치규범(약)으로서 조선사회의 독특한 법의 존재형태이다.[680]

향약의 핵심적 내용은 그 4대 강령에 잘 나타나 있다. 먼저, 덕업상권(德業相勸)으로 주민들의 선행(善行)을 장려하고 생업(生業)에 충실하게 하자는 것이다. 둘째로는 과실상규(過失相規)로서 서로 간에 잘못이 있으면 이를 지적하여 고치도록 하자는 것이다. 셋째로는, 예속상교(禮俗相交)로서 예의범절이나 미풍양속을 잘 지키고 이에 따라 흐뭇한 인관관계를 가지자는 것이다. 마지막으로, 환난상휼(患難相恤)로서 병환이나 재난 등의 어려

---

[680] 당시 향약 임원이나 향촌 어른이 소송에 이르기 전에 분쟁을 조정한 제도로서 '사화(私和; 법으로 처리할 송사(訟事)를 개인끼리 서로 좋게 풀어 버림)'라는 제도가 있었다.

운 처지에 놓일 때는 서로가 돕도록 한다는 것이다.

향약은 대부분의 사소한 범법행위를 자체적으로 처리하였는데 이때의 사형(私刑; 개인이나 사적 단체에 의해 행하여진 사적 형벌)은 국가권력에 의해 공인된 것으로 보인다. 즉 향약의 자치권은 국가권력의 연장선 상에서 기능하였던 것이다. 향약은 후에 그 본래의 취지에서 벗어나 상류계급이 서민계급을 지배·착취하는 수단으로 변질되기도 하였으나 그 내용에 담겨져 있는 상부상조의 협동정신과 사회복지 사상은 높이 평가된다.

## 2. 계

계원들 간의 약속인 계규(契規)는 불문법으로 이루어졌다. 즉 계(稧)는 계원의 상호부조·친목·통합·공동이익 등을 목적으로 일정한 규약을 만들고, 그에 따라 운영되었다. 우리나라의 계는 지역사회 내부에 존재하는 특정한 이해 또는 여러 가지 이해를 공동으로 추구하기 위하여 조직된 하나의 집단인 기능집단의 일종으로 볼 수 있다.

계는 그 목적에 따라서 계의 유형이 결정되었다. 계의 목적은, i) 납세(호포계·군포계), ii) 공익사업(학계·서당계·식림계·보계·제언계), iii) 상호부조(혼인계·상여계·마계·어망계·소작계), iv) 사교(동갑계·노인계), v) 금융(저축계·이자계·식산계) 등을 목적으로 하여 조직되었다.

## 3. 서 원

우리나라의 경우는 1543년(중종 38) 풍기군수 주세붕(周世鵬)이 고려 말 학자 안향(安珦)을[681] 배향(配享; 학덕이 있는 사람의 신주를 문묘나 사당, 서원 등

---

[681] 우리나라에 최초로 성리학을 도입한 고려 후기의 문신이자 학자이다(1243~1306).

에 모시는 일)하고 유생을 가르치기 위하여682) 경상도 순흥에 백운동서원(白雲洞書院)을 창건한 것이 서원(書院)의 효시이다.683)

서원(書院)은 사림(士林)을 중심으로 하여 건설되었고 때문에 사림들의 향촌기지가 되었다. 그런데 향약은 사림을 중심으로 시행되었고 향약의 모임을 서원에서도 갖게 되었기에 서원은 향약의 시행과도 관련성을 가질 수밖에 없었을 것이다. 서원에서는 또한 예(禮)에 대한 교육을 하였으므로 예교(禮敎)의 내용이 향약의 작성에도 기여하였을 것으로 보인다. 결국 서원의 이러한 영향력으로 인해 일반인의 규범생활에 있어서도 직·간접적으로 영향을 미쳤을 것으로 보인다.

### 4. 두 레

두레는 촌락 단위의 공동노동체 조직으로서 우두머리를 좌상(영좌)이라 하고,684) 두레를 표시하는 기(旗)가 있었다.685) 두레가686) 이행하는 공동

---

682) 서원의 교육활동을 위한 중요한 재원의 하나는 서원전(書院田)이었는데, '속대전(續大典)'에 의하면 사액서원(賜額書院; 조선시대에 왕으로부터 서원명현판과 노비·서적 등을 받은 서원)에는 각각 3결을 지급하도록 하고 있다. 그 밖에 서원은 유지들이 기증하는 원입전(願入田), 면역을 위하여 납상하는 면역전(免役田), 자체에서 사들이는 매득전(買得田), 관찰사 또는 지방관에 의한 공전의 급속 등 여러 가지의 형식을 통하여 광대한 농장을 소유하였고 이를 학전(學田)으로 이용하였다. 현물경제로는 관찰사 또는 지방관에 의하여 어물·식염 등이 막대하게 지급되어 교육활동을 위한 필요잡비를 충당하였다. 서원은 토지와 노비를 소유하고 면세, 면역의 특전을 누렸으며 향촌 사람들의 세력기지가 되어 갔다.
683) 서원(書院)의 기원은 중국 당나라 말기부터 찾을 수 있지만 정제화(定制化)된 것은 송나라에 들어와서이며, 특히 주자가 백록동서원(白鹿洞書院)을 열고 도학 연마의 도장으로 보급한 이래 남송·원·명을 거치면서 성행하게 되었다. 조선의 서원은 그 성립과정에서 중국의 영향을 받기는 하였으나 기능과 성격 등에 있어서 큰 차이를 보이고 있다.
684) 두레의 임원은 자작 농가 가운데에서 덕망과 능력이 있는 사람 중에서 전체 통솔자인 행수(行首)를 1명 선발하고, 행수의 보좌격으로 도감(都監) 1명, 작업 진행을 지휘하는 수총각(首總角) 1명, 규약에 따라 두레꾼의 행동을 감시하는 조사총각(調査總角) 1명, 기록과 회계를 맡은 유사서기(有司書記) 1명, 방목지(放牧

노동의 형태는 모내기·물대기·김매기·벼베기·타작 등 논농사 경작 전(全) 과정에 적용되었으며, 특히 많은 인력이 합심하여 일을 해야 하는 모내기와 김매기에는 거의 반드시 두레가 동원되었다. 또한 마을의 공동잔치로 풋굿이나 호미씻이와 같은 논농사 이후의 놀이도 함께 하였다.

따라서 두레 내의 조직에서는 조직을 운영하기 위한 내부 자체규약이 있었을 것이고 이것이 생활규범으로서 기능하였을 것으로 보인다.

### 5. 종 중

종중(宗中)이란 공동선조의 분묘의 보존·제사의 이행·종원(족인) 간의 친선·구조 및 복리증진을 도모하는 자연적 종족집단체를 말한다.[687] 종중은 종중의 구성원으로 하여금 동족관계에 따르는 상장제례(喪葬祭禮)의 윤리규범인 예(禮)를 실천하도록 하는 매개역할을 하였는데, 이러한 예의 실천은 종중규약(宗中規約)을[688] 통해서도 구체화되어 일상생활에서 나타나게 되었다.

종중과 관련한 법제도는 현대에도 중요한 의미를 갖는데, 관련된 법적

---

地)의 가축을 돌보며 가축으로부터 논밭을 보호하는 방목감(放牧監) 1명 등이 있다. 그러나 이러한 조직은 지역에 따라 달랐기 때문에 전국적으로 공통된 형식은 아니었다.

685) 두레의 종류는, i) 성별에 따라 남자두레와 여자두레, ii) 선후에 따라 선생두레와 제자두레, 또는 형두레와 아우두레, iii) 세대별로 청년두레·장년두레·노인두레, iv) 농악의 유무에 따라 농악 있는 두레와 농악 없는 두레로 나뉘었다.

686) 두레 중에서 작은 두레는 6~10명 정도로 대개 경제적 여건이나 농지 소유 규모가 비슷한 이웃 사람들끼리 하는 경우가 많았고, 큰 두레는 마을 전체가 소속원이 되어 조직되기도 하였다. 한 마을의 경지 분포 상 큰 두레를 만들 수 없는 경우에는 몇 개의 작은 두레를 만들기도 하였다.

687) 일 종족 전체를 총괄하는 대종중 안에 대소의 분파에 따른 종중이 있는데, 지류 종중을 일컬어 문중이라고 한다.

688) 종중규약(宗中規約)은 종중회의에서 결정한 규약으로 제사(祭祀)·양로(養老)·처족(處族)·대빈(待賓)·경독(耕讀) 등의 사항을 설정하고, 시행방침을 담고 있다〈종약절목(宗約節目)〉.

문제로는 종중 대표자의 법적 지위·종중구성원의 자격·종손권의 인정 여부·종중재산의 소유형태 등을 들 수 있다.

## 제5. 비슷한 시기의 동·서양의 법

"법은 만들어지는 것이 아니라 역사적으로 민족과 함께 발달하고 민족과 함께 멸망하는 민족정신의 표현이다"[689]

### I. 대륙법계와 영미법계의 법

법계(法系) 내지 법체계(法體系)는 법의 체계를 구분하는 기준을 말한다. 법계를 구분하는 기준으로는 법의 존재형식인 법원(法源)·인종·법규범의 내용·이데올로기 등이 이용되는데, 대개의 경우에는 법원(法源)을 기준으로 다음의, 즉 대륙법계·영미법계·관습법계[690]·종교법계[691]의 4개 주요 법계로 나누고 있다.[692]

그 중 대표적인 법계의 예로서는 대륙법계와 영미법계를 들 수 있다. 먼저, 대륙법계(大陸法界; Continental law)는 독일·프랑스를 중심으로 하는 유럽 대륙의 법을 말하며,[693] 로마법, 특히 유스티니아누스 1세(Justin

---

689) 독일의 법학자 사비니(Savigny, Friedrich Karl von; 1779~1861)는 1814년에 간행된 '입법 및 법률학에 대한 현대의 사명에 대하여'란 저서에서 법형성의 주체를 민족정신에서 구하여야 한다고 주장하였다.
690) 이에 해당하는 국가로는 몽골·스리랑카 등을 들 수 있다.
691) 이에 해당하는 국가로는 사우디아라비아·이란·수단·시리아·바티칸 시국 등을 들 수 있다.
692) 대륙법과 영미법의 혼합 법계도 나타나고 있는데, 남아프리카공화국·필리핀·아르헨티나·스코트랜드·푸에르토리코·스와질란드·짐바브웨 등의 국가이다.
693) 대륙법은 주로 독일·프랑스의 법을 대표적으로 말하는 것으로 러시아·이탈리

ian I) 황제의 시민법(Corpus Juris Civilis)에 기초하고 있다. 대륙법계 국가들은 다음의 세 가지 부류로 나눠볼 수 있는데, 먼저, 프랑스계로서 프랑스 · 베네룩스 국가들 · 스페인 · 포르투갈 그리고 이들의 식민지였던 국가들을 들 수 있다. 둘째로는 독일계인데 독일 · 대한민국694) · 오스트리아 · 스위스 · 그리스 · 터키 · 일본 · 타이완 등을 들 수 있다. 셋째로는 스칸디나비아 계로서 덴마크 · 스웨덴 · 핀란드 · 노르웨이 · 아이슬란드 등의 국가들이다.

"형벌(刑罰)은 어디까지나
범죄의 경중(輕重)과 균형(均衡)을 이루어야 하고,
그 균형은 법률로써 정해야 한다"695)

대륙법계의 경우 게르만법과 로마법이 혼합되어 있으나, 로마법이 지배적이어서 그 성격이 개인주의적이고 분석적 · 논리적이다. 또한 법전주의(法典主義) · 성문법주의(成文法主義)를 표방한다. 형사절차에 있어서는 규문주의(糾問主義)라고696) 불리는 방식을 통하여 사안을 규명한다. 때문에 직권

---

아 · 스칸디나비아 3국 등 의 법은 약간의 특이성이 있어 보통 대륙법이라 할 때에는 이들 나라의 법은 제외된다.
694) 우리나라는 대륙법(주로 독일법)을 계수하여 왔기 때문에 대륙법계에 속하나, 형사소송법 상의 당사자주의(當事者主義) · 구속적부심사제도(拘束適否審査制度) · 사법상(私法上)의 신탁제도(信託制度) 등 영미법계의 법제도가 부분적으로 계수(繼受)되었다.
695) 이탈리아의 형법학자인 베카리아(Beccaria, Cesare Bonesana Marchese di, 1738~1794)가 주창한 내용이다. 베카리아는 1764년에 발간된 '범죄와 형벌(Dei delitti e delle pene)'의 저자로서 잘 알려진 인물로서 죄형법정주의(罪刑法定主義) 사상과 고문 및 사형폐지론 등을 주창하였다.
696) 규문주의(糾問主義)는 원고(原告)의 소추를 기다려서 소송절차를 개시하는 탄핵주의(彈劾主義)에 대응하는 개념으로서, 형사소송절차의 개시와 심리가 일정한 소추권자(訴追權者)의 소추에 의하지 않고 법원의 직권에 의하여 행해지는 주의를 말한다.

주의적인 성향이 강하다.

영미법계(英美法界; Anglo-American law)는 영국에서 발생해 영어를 쓰는 나라와 영국 식민지 국가로 펴져 나간 법체계로서, 보통법 혹은 코먼로(common law)라고도 한다. 영국법의 경우 현재도 커먼웰스(commonwealth) 국가(영연방 국가)에선[697] 자국법의 기초로 하고 있다. 영미법계는 게르만법의 관습법을 토대로 한 보통법에 의거하여 개개의 판결로 이루어진 판례법이 법의 근간을 형성하고 있으며(판례법·불문법주의), 사건 속에서 보편적인 법 원칙을 발견하는 원리를 따른다. 영미법계는 구두변론에 의존하는 그리고 당사자주의(當事者主義)적인[698] 성향이 강하다.[699]

> "법의 정신은 인간의 자유(自由) 및 본성(本性)과
> 조화(調和)를 이루어야 한다"
> - 몽테스키외의 '법의 정신' 중에서 -

대륙법계와 영미법계의 대표적인 국가인 독일·프랑스·영국에서의 법의 발전과정을 살펴보는 것이 법계를 이해하는 데에 도움이 될 것이다. 이들 법의 연원과 발전과정에 대해 살펴보기로 한다. 먼저, 게르만 부족법에서 유래한 독일법은 중세 봉건시대의 법서(法書) 및 1495년 독일 왕실재판소(王室裁判所)의 조례(條例)를 통해 대폭적으로 로마법의 계수(繼受)가 진행되었다. 지방 분권적으로 미약한 제권(帝權)은 통일 사법(私法)을 결여하고

---

697) 영연방 국가는 영국과 과거 대영제국의 일부이던 국가들로 구성되어 있으며, 대표적인 국가로는 오스트레일리아·뉴질랜드·캐나다·인도 등을 들 수 있다.
698) 당사자주의(當事者主義)란 형사소송에 있어 법원에 소송의 주도권을 인정하는 직권주의(職權主義)와 대립하는 개념으로서, 소송당사자에게 소송의 주도적 지위를 주어 당사자 상호 간에 공격·방어를 중심으로 심리가 진행되고 법원은 제3자적 입장에서 양 당사자의 주장과 입증을 판단하는 주의를 말한다.
699) http://ko.wikipedia.org/wiki/%EB%8C%80%EB%A5%99%EB%B2%95.

있었기 때문에 계수 로마법이 보통법으로서 시행되었다. 당시의 주목하여야 할 입법으로서는 카롤리나 형법전(1532)과 프로이센 보통국 법전(일반란트법; 1794)을 들 수 있다.

카롤리나 형법전은 1532년 독일 카알 5세가 제정한 것이다. 서양의 경우 15세기까지 사형이나 신체형이 주를 이뤘는데 카롤리나 형법전을 통해 사형·신체형과는 다른 징역형을 공식화하였다. 이처럼 징역형(자유형)을 두게 된 것은 죄수들에게 강제 노역을 시키기 위함이었다. 이후 1595년 암스테르담에 최초의 남자 수형시설(현대적 의미의 최초의 수형시설)이 생기면서 이 처벌이 널리 퍼지게 되었다. 카롤리나 형법전은 자살에 대해서는 불명예스러운 매장에 처할 형으로 다스리는 범죄로까지 규정했다. 배임죄는 카롤리나 형법전에서 최초로 입법되었는데, 이는 당시의 봉건영주가 신하의 대리권 남용을 막기 위해서 만든 것이었다.

프로이센 보통국 법전(일반란트법)은 1794년 2월 5일에 공포되어 6월 1일부터 시행된 프로이센의 법전을 말한다.[700] 그 내용은 민법·상법·행정법으로 되어 있다.[701] 이 법전을 시행하기 전에는 계승된 로마법이 보충적으로 시행되었으나, 자연법사상의 영향으로 이성(理性)과 란트의 법률사정을 반영한 대법전의 편찬이 이루어졌다. 이 법전이 시행된 지역에서는 로마법은 그 효력을 잃게 되었고 프로이센 국내에서는 각 지방의 특별법이 일반란트법에 우선하여 적용되었다. 1900년 1월 1일 독일 전국에 걸쳐서 통일민법전(統一民法典)이 시행되면서 일반란트법은 효력을 잃었으나, 개개의 조문 가운데는 현재까지 그 효력을 가진 것도 있다.

---

700) 프로이센의 프리드리히 대왕의 명에 의하여 1780년 이후 J.H.K.카르머가 중심이 되어 편찬에 착수하였다.
701) 이민이나 혼인지참금 기타 사유로 인한 국부유출에 대해 해당 재산의 10%를 국가에 헌납하는 것을 원칙으로 약 40여개의 조문을 두고 있다.

독일 통일법전은 1871년 제국(帝國)이 통일됨에 따라 그 기운(機運)이 고조되면서 기르케 등의 반(反)로마법론자의 반대에도 불구하고 1896년 공포되었다. 독일 법학의 법문화사상(法文化史上) 빛나는 기념비(記念碑)로서 각국의 모범이 되고 있는 독일 민법전(Bürgerliches Gesetzbuch; BGB)은 1881년에 제정에 착수하였고 1900년 1월 1일에 발효되었다(5편 2,385개 조로 구성).

대륙법계의 또 다른 축인 프랑스의 경우 프랑스혁명 전에는 북부에서는 관습법, 남부에서는 로마법이 주로 활용되었으나 단일 사법체계는 존재하지 않았다. 그러나 프랑스혁명으로 엄청난 양의 새 법령이 도입됨에 따라 법전 집대성의 필요성이 대두되었고, 나폴레옹의 주도로 프랑스 변호사들이 나폴레옹법전을 편찬하였다.

프랑스법의 대명사로 통하는 나폴레옹법전(Code Napoléon)은 1804년 나폴레옹 1세(Napoléon I; 1769~1821)가 제정·공포한 프랑스의 민법전을 말한다.[702] 근대 법전의 기초가 되는 법전으로 알려지고 있는 세계 3대 법전(유스티니아누스법전·함무라비법전·나폴레옹법전) 중의 하나이다. 법 앞에서 평등·취업의 자유·신앙의 자유·사유재산의 존중·계약자유의 원칙·과실책임주의·소유권의 절대성 등 근대 시민법의 기본 원리가 반영되어 있으며 총 3편 2,281개조로 구성되어 있다.[703]

나폴레옹법전은 유럽의 많은 나라에서 시행되었고 각국의 민법전 제정의 기반이 되었다. 나폴레옹의 몰락 후에도 이탈리아, 벨기에, 네덜란드 등의 법제에 많은 영향을 미쳤다.

---

[702] 경우에 따라 나폴레옹의 상법·민법·민사소송법·형사법·형사소송법을 모두 일컫는 용어로 사용되기도 한다.
[703] 개인주의와 자유주의를 바탕으로 개인의 자유·균분 상속·신앙과 계약의 자유 등 기본권을 보장하였다.

### 법이 없을 때에는 격언(格言)이 이를 대신한다
(Regula pro lege, si deficit lex :
In default of the law, the maxim rules)

영미법계는 같은 게르만법에서 유래하였으면서도 앵글로 색슨 부족법에 기원하는 영국법(英國法)이 대륙법만큼 로마법의 영향을 받지 아니하고 보존되었기에 영미법은 앵글로 색슨법이라고도 불린다. 영미법계의 근거라 할 수 있는 영국법은 크게 네 시기의 단계로 구분해 볼 수 있는데, 먼저, 제1기는 켈트인 민족 시대, 로마 지배 시대를 거쳐 노르만 정복 때(1066)까지의 앵글로 색슨법 시대이다. 이 시기에는 대륙의 속인주의적(屬人主義的)인 게르만 부족법의 영향을 받았다.

제2기는 노르만 왕의 사법 중앙 집권화에 의하여 왕국 전체에 공통되는 관습법인 코먼 로가 판례법으로서 형성된 시대이다. 이 시기에 정복자 윌리엄공(1066~1087)이 영국을 정벌하여 강력한 중앙집권적 봉건 제도를 형성하기 위한 정책으로 사법권을 중앙 집권화하고 법을 통일하게 되었다. 고래의 관습을 기초로 삼아 왕국 전체에 공통의 관습법을 법관법(法官法: judge-made-law)으로서 생성·발전시켰는데 이것이 판례법이다.[704]

제3기는 경직화(硬直化)된 코먼 로(Common Law)에 대립해서 에퀴티(Equity)가 생긴 시대이다. 코먼 로는 보통법(普通法; Common Law)으로 번역되는 데 영국의 보통법원에서 적용하는 판례법으로서의 일반 국내법을 말한다.[705] 코먼 로는 법관에 의한 해석의 여지가 있고 이에 따라 시대의

---

[704] 영국은 섬나라로 앵글로 섹슨 족의 고유 제도를 기초로 로마법의 영향을 직접 받은 유럽대륙과는 다른 독자적인 제도를 형성해 갔다. 예를 들어 순회판사 제도를 만들었는데 순회판사는 전국을 돌아다니며 재판을 하고, 일정 시기에 모두 모여 판례를 교환하였다. 제대로 성문법이 존재하지 않던 시기에, 이 판례들은 바로 법으로 효력을 가지게 되었고, 이것이 바로 영국법의 시초이다.

요청에 적응할 수 있는 탄력성·계속성을 가지고 있음을 그 특색으로 한다. 에퀴티(Equity)는 본래 형평(衡平)·구체적 정의(正義)를 의미하는데 오늘날에는 형평법(衡平法)으로 번역된다. 영국법 상으로는 영장(슈狀)의 형식주의에 따라 경직화한 코먼 로에 대신해서 14세기 경 대법관이 양심과 형평에 의한 소송 구제를 시작하여 이것에 의하여 형성된 판례법을 말한다.706) 코먼 로와 에퀴티의 양 법원(法源) 간의 항쟁·대립은 법원(法源)의 통일 시까지(1873) 계속되었다.

제4기는 코먼 로와 에퀴티를 통합하여 통일법원이 성립된 시대이다(1873년 이후).

"법의 생명은 논리에 있는 것이 아니라 경험에 있다"
- 홈 즈(Oliver Wendell Holmes)707) -

위와 같은 과정을 거쳐 성립한 영미법은 법의 지배(rule of law; 사람에 의한 자의적 지배를 부정하고 법에 의한 지배를 강조하는 원리)를 그 원칙으로 하여, 처음에는 왕권에 대한 사법권 우위(優位)로, 후에는 왕권에 대한 국회 우위의 형태로 나타나게 된다. 영미의 성문법은 일반적 입법이 아니고 특정 사항에만 한정된 입법으로서 엄격한 문리(文理)해석을 원칙으로 한다.

---

705) 코먼 로는 선례(先例) 속의 판결 이유의 부분이 유사한 후례(後例)를 구속한다는 방법으로 형성되는데, 로마법에 통효(通曉)한 법학자에 의하여 이론이 구성됨과 동시에 법관 양성의 길드인 법조원(法曹院)에서 전수(傳授)되어 영국 법조의 애국심과 서로 어울려서 로마법의 완전지배에 복종하는 일 없이 지켜져 왔다.
706) 봉건적 토지소유권의 보호에 중점을 둔 코먼 로에 반해 에퀴티는 신탁 예약에 기초를 둔 채권을 보호하고, 또 특정 이행이나 금지 명령에 의하여 채무를 이행시키는 방도를 열어 영국 채권법의 발달을 촉진시켰다.
707) 홈즈(1841~1935)는 미국 연방대법원의 판사로서 활약하였으며, 진보적인 소수의견을 내면서 '위대한 반대론자'라고 불리었다. 미국에 있어서의 기본적 인권과 사회정책의 발전을 이룩케 한 공이 큰 것으로 평가된다.

The law of nature are unchangeable.
자연법은 불변의 것이다.

All men are equal as far as the natural law is concerned
모든 사람은 자연법에 관한 한 평등하다.

When laws imposed by the state fail,
we must act by the law of nature.
국가에 의하여 주어진 법이 없을 때에는
자연법에 의해 행동하여야 한다.

The law of the forum governs
법정지법(法廷地法)

An accessory follows its principal.
종물은 주물의 처분에 따른다.

The risk lies upon the owner of the subject.
위험은 그 물건 자체의 소유자에게 있다.

The agreement of the parties overrides the law.
당사자의 합의는 법률을 무시한다.

Prevention is better than cure.
예방은 구제보다 낫다.

Like for like, unlike for unlike.
같은 것은 같게, 다른 것은 다르게

**사비니**(Friedrich Karl von Savigny 1779~1861)는 19세기 독일의 대표적 법학자이다. 그는 '입법과 법리학을 위한 우리시대의 사명에 대하여'란 책을 통해 여러 개의 란트(Land)로 분할되어 있는 독일 내의 법과 관습을 통일시켜 법전화하는 일이야말로 이미 나폴레옹민법전을 완비한 프랑스에 대한 도전 및 방어라고 보았다. 사비니는 통일 독일의 통일 법전을 편찬하기 위해서는 모든 란트(Land)를 아우르는 민족정신이 필요하다고 보았다. 유명한 티보(Anton Friedrich Justus Thibaut) 교수와의 논쟁을 통해 법은 입법자의 자의나 계획에 의해 제정된 산물이 아니라 민족에 내재되어 있는 힘의 산물이어야 한다고 주장하였다.

사비니는 "법이란 민족의 과거에 깊이 뿌리내리고 있는 역사적 산물이며 그 진정한 근원은 사람들의 말처럼 믿음·관습·국민의 공동의식에서 찾아야 하며 언어·조직·국민의 예법처럼 법도 해당국가 국민의 독특한 성격, 즉 국민정신에 의해 결정되는 것이다. 따라서 법은 국민으로부터 분리된 별도의 실체라기보다는 국민들의 전체생활 중의 일부로 보아야하고 국민과 함께 성장하고 국가가 망하면 함께 사라진다"고 보았다.

이러한 사비니의 정신이 역사법학파를 창설하게 하였고, 역사법학파는 이를 통해 게르만법과 로마법 그리고 당시의 독일법 전반에 걸친 심도 있는 연구를 하기에 이른다.

**메인**(Henry James Sumner Maine, 1822~1888)은 19세기 영국의 법학자로서 1847년부터 1854년까지 케임브리지 대학 사법(私法) 교수를 역임했고, 법학원(Inns of Court)에서 로마법을 강의했다. 〈고대법 Ancient Law(1861)〉은 그의 대표적인 역사법학의 고전적 저작이다. 그의 주장에 따르면, "종래 신분사회에서는 그 자체가 개인이 아닌 집단 속에 형성된 하나의 사회질서이기 때문에 모든 개인은 가족과 집단 유대에 얽매일 수밖에 없는 질서체계였지만, 계약사회에서는 신분으로부터 벗어난 개인이 자유로운 의사에 의한 계약을 통해 권리·의무·책임의 자발적 향유자가 될 수 있게 된 것은 인간의지의 결과"라는 것이다.

또한 메인은 '법의 역사적 발전과정'에 대하여, "법은 종교지도자에 대한 맹목적 복종 단계와 관습법의 시기, 자각한 시민들의 사회투쟁 결과 관습법이 성문화되는 시기(로마의 12표법의 제정을 예로 들 수 있음) 등을 거쳐, 진보해 가는 사회에 법을 조화시키는 수단으로 만들어진 의제·형평·입법 등의 방법을 통해 엄격한 고대 법률들을 수정하는 단계로 역사적 발전단계를 거쳤다"고 주장하였다.

메인은 "신분에서 계약으로(from status to contract)"라는 유명한 명언을 남기기도 했다.

## II. 중국의 법

### 明·靑 時代 약 500년간 적용된 基本 法律, '대명률(大明律)'

명(明)은 한족(漢族)이 몽골족이 세운 원(元)나라를 멸망시키고 세운 통일왕조(1368~1644)이다. 명은 중앙행정관청인 이(吏)·호(戶)·예(禮)·병(兵)·형(刑)·공(工)의 6부를 각각 독립시켜 이를 황제 직속으로 하였고, 군사는 오군도독부(五軍都督府), 감찰은 도찰원(都察院)을 거쳐 황제에 직결되도록 하는 등 3권을 분립시켰다.

명나라의 사법제도는 중앙에 형부(刑部)를 두었고 감찰 및 사법을 총괄하는 기관으로 도찰원(都察院)을 두었다. 또한 대리사〈大理寺 대리사의 수장; 경(卿)〉를 두어 상급법원으로서의 기능과 역할을 하였다.[708]

지방에 있어서도 행정은 포정사사(布政使司), 군사는 도지휘사사(都指揮使司), 사법·재판(형·옥)·감찰은 제형안찰사사(提刑按察使司)가 관장하게 하여 3권이 동등한 권한으로 중앙에 직속되었다. 제형안찰사사(提刑按察使司)의 장은 안찰사(按察司)이며 주로 도찰원과 형부에서 명령을 받았다.[709]

송(宋)나라 이래의 황제 독재권은 명나라에서 더욱 강화되었고 율령(律令)도 모두 이러한 방향으로 개정되었다. 명의 홍무제(洪武帝)는[710] 당률(唐律)을 이상으로 하여[711] 1367년 명률을 제정하고 이듬해 이를 공포하였다

---

708) 이들을 삼법사(三法司)라 칭하기도 한다.
709) 명나라 때에는 신명정(申明亭)이라는 정자에서 이장(里甲老人)이 주재하는 분쟁해결절차를 거쳐야 관청에 소송을 제기할 수 있었고, 사형판결을 받은 사람은 황제에게 직접 판결을 요구할 수도 있었다.
710) 명의 태조이며 이름은 주원장이다. 재위기간은 1368년부터 1398년까지이다.

〈형부상서(刑部尙書) 유유겸(劉惟謙)이 편찬〉. 이것이 바로 대명률(大明律)인데 이는 중국 명(明)나라의 기본법전을 말하며 명률(明律)이라고도 한다. 대명률의 기본원칙은 당률과 유사하나 형벌의 엄격성·소급처벌의 인정 등의 점에 있어 그 차이를 보인다.712) 즉 당률의 형벌체계가 태(笞)·장(杖)·도(徒)·유(流)·사(死)의 오형(五刑)이며 사형(死刑)의 경우 교(絞)와 참(斬)으로 나누어져 있는 데 반해, 대명률에서는 자자(刺字)의 형을 추가하였고 사형에도 능지처사(凌遲處死)와 같은 극형을 새로 추가하였다. 법률의 적용에서도 당률은 범죄 당시의 법을 적용하는 것을 원칙으로 하는 데 반해, '대명률'은 재판 당시의 법을 그 이전의 행위에 대해서까지 적용하는 소급 처벌을 행함으로써 전단적(專斷的) 성향을 지녔다. 또한 중국에서는 당률을 비롯하여 일찍부터 실형주의를 전제로 하였으나, '대명률'에서는 원(元) 대의 배상주의(賠償主義)의 영향을 받아 살인·상해죄의 경우 매장은(埋葬銀 장례비로 거두는 은전)을 징수하였다는 점에서 그 차이가 있다.

대명률(大明律)은 명·청시대의 약 500년간을 통하여 형률(刑律)의 근본(根本)으로서 조선·일본·안남(安南)의 법률에 많은 영향을 끼쳤다. 총 30권으로 구성되었고 행정 관청인 이(吏)·호(戶)·예(禮)·병(兵)·형(刑)·공(工)에 따라 율(律)도 6부로 나눈 뒤에 명례(名例)를713) 더하여 7율(律)로 하였다. 대명률(大明律)은 조선 초에 '대명률직해(大明律直解)'라는 이름으로 번역(이두문; 吏讀文)되어714) 조선의 기본법인 '경국대전(經國大典)'을 제정하

---

711) 당(唐)나라 때 집대성된 율령을 고쳐 '명률(明律)'·'명회전(明會典)'을 제정·공포하였다.
712) 대명률의 특징으로는 i) 반란(反亂)행위를 중죄로 다스렸고, ii) 탐욕과 부패에 대해서는 무거운 징벌(懲罰)을 원칙으로 하였고, iii) 탐관오리(貪官汚吏)의 불법행위에 대해서는 엄히 다스렸다.
713) 명례(名例)란 법(法)의 총칙적(總則的)인 규정을 일컫는다. 명(名)은 오형(五刑)의 죄명(罪名)을, 예(例)는 오형(五刑)을 적용하는 법례(法例)를 뜻한다.
714) 대명률의 주석서로는 하광(何廣)의 율해변의(律解辯疑)·장해(張楷)의 율조소의(律

는 데에 많은 영향을 미쳤다. 특히 '경국대전'의 '형전(刑典)'을 운용하는 데에 큰 영향을 미쳤는데 해당하는 조문이 없을 경우 456개조로 되어 있는 '대명률'의 '형률'을 적용하도록 하였다.

대명회전(大明會典)은 명나라의 종합 행정 법전으로〈효종(孝宗) 때[715] 서부(徐溥) 등이 편찬하여, 무종(武宗) 5년(1510)에 수정을 거쳐 반포함; 정덕회전(正德會典)이라고도 함〉모두 180권으로 구성되었다. 명나라 초기부터 사용해 오던 모든 행정 법규를 이부(吏部)·예부(禮部)·병부(兵部)·공부(工部)·호부(戶部)·형부(刑部)의 관제로 집대성한 것이다. 이후 신시행(申時行) 등이 개수(改修)하여 '중수대명회전(重修大明會典)'으로 간행되었다〈'만력회전(萬曆會典)'이라고도 함; 1587년(만력 15)〉. 청(淸)나라 때에도 계속해서 사용하였다.

청(靑)(1636~1912)은 명(明)나라 이후 만주족 누르하치(努爾哈赤)가 세운 정복왕조(征服王朝)로서, 중국 최후의 통일왕조이다.[716] 청은 명나라의 제도를 거의 그대로 이어받았는데 중앙에 6부의 행정기구를 두었고 그 중 형부(장관; 상서)가 사법업무를 관장하였다. 도찰원에서는 감찰 및 사법업무를 통괄하였다. 대리사(大理寺)는 이미 판결이 난 사건을 재검토하는 기관으로 이미 판결이 난 사건을 하급관청이나 상급관청으로 다시 보내 재판결

---

條疏議)·명률집해부례(明律集解附例) 등이 있다. 조선에서도 대명률직해(大明律直解) 30권이 편찬되었다. 대명률직해는 고사경(高士褧)·김지(金祗) 등이 대명률의 이해를 용이하게 하기 위하여 이두(吏讀)로 대명률을 해석한 것인데 이는 1389년의 율(律)에 기초한 것이어서(오늘날 중국에는 1397년 율만 전해지고 있다) 귀중한 자료로 평가된다; http://terms.naver.com/ entry.nhn?docId=1080880&cid=40942&categoryId=31720(한국학중앙연구원, 한국민족문화대백과).

715) 명(明)나라의 제9대 황제(재위 1487~1505)로서 '대명률(大明律)'을 개정하여 '문형조례(問刑條例)'를 반포하였다.

716) 당시 조선 사회는 임진왜란과 병자호란을 겪는 동안에 '숭명배청(崇明排淸)'의 모화사상(慕華思想)이 팽배해 있었다. 이는 중국 본토의 '중화(中華)'만이 문화며 가치이고 일본·베트남·거란·몽골·흉노 및 여진은 야만의 '이(夷)'이니 비문화며 비가치(非價値)라는 화이론적(華夷論的) 세계관의 소산이라 하겠다.

을 명령하기도 하였다.

지방에는 제형안찰사사〈提刑按察使司; 안찰사(按察使)〉를 두어 지방의 사법사무를 관장케 하였는데 주로 형사재판을 관장하였다. 또한 포정사(布政司; 각 성(省)의 행정 사무를 감독하던 장관)는 민사재판을 담당하였다.717)

청은 명의 대명률을 그대로 이어받아 형법의 근간으로 삼았기에 범죄와 형벌의 적용에 있어서 새로운 변화를 가져오지는 아니 하였다.

청나라에서의 또 다른 특징으로는 창위(廠衛) 제도를 들 수 있다. 창위(廠衛)는 청 황제의 절대적인 철권 통치를 위해 반드시 필요한 친위 조직이었다. 창위(廠衛)란 환관(宦官; 조선 시대의 내시에 해당)으로 구성된 동창〈東廠; 동집사창(東緝事廠)의 약칭〉· 서창〈西廠; 서집사창(西緝事廠)의 약칭〉· 대내행창〈大內行廠; 내창(內廠) 또는 내행창(內行廠)이라고도 함〉과 황제의 친위부대인 금의위(錦衣衛)를 아울러 일컫는 말이다.718) 이 창위는 황제의 관리·감독 하에 있었고 오로지 황제의 명령에만 따랐다. 이들은 누구든지 체포·구금·처벌할 수 있는 독자적인 사법권을 행사할 정도로 막강한 권력을 휘둘렀다. 동창은 환관을 중심으로 한 만일에 있을지도 모를 역모(逆謀)에 대비하기 위한 첩보조직이었으나 점차 그 세력이 확대되어 금의위(錦衣衛)까지를 포섭하는 방대한 조직으로 성장하였다. 이에 그 업무를 분산하여 서창을 만들게 되었고, 동창과 서창을 감시하기 위한 조직으로서 대내행창(大內行廠)을 두었다.

---

717) 청나라에는 찻집 주인이 분쟁 당사자들에게 차를 마시면서 합의를 권하고 그에 따른 수입을 얻기도 하였다고 한다(일명 '흘강차'제도).
718) 원래 이들 기구는 명(明) 대에 만들어진 것이나, 청(靑) 대에 들어서도 그 역할과 기능이 계속 유지되었다.

## III. 일본의 법

"에도(江戶) 시대에 범죄에 대한 형벌로서
생명형(사형)·추방형·신체형·구속형 신분형·명예형 등이 행하여졌다"

일본에서의 중세시대는 가마쿠라 막부(鎌倉幕府; 1192~1333)와[719] 무로마치 막부(室町幕府; 1336~1572)[720] 그리고 에도막부(江戶幕府; 1603~1867)의[721] 시대로 대표된다. 가마쿠라 막부 이래의 일본의 실적적인 정권의 담당자는 거의 대부분이 군인인 무사였다. 즉 무인 정권의 시대였다.

가마쿠라 막부 시대의 주변 정세는 원나라가 중국 대륙을 통일하면서 고려를 정복하고 일본을 침공하였다. 가마쿠라막부는 두 차례의 몽골 침입으로 위기를 맞게 되는데, 두 번 모두 태풍에 의해 위기를 모면하게 된다.

---

[719] 가마쿠라 막부는 일본 최초의 무사정권으로 1185년경 미나모토노 요리토모가 수립하였다. 가마쿠라는 오늘날의 도쿄의 바로 옆에 위치해 있다. 즉 무로마치 막부와 달리 서쪽의 교토에서 멀리 동쪽에 자리하고 있었다.

[720] 무로마치 막부는 1336년 일본의 아시카가 다카우지(足利尊氏)가 겐무정권(建武政權)을 무너뜨리고 정권을 잡은 때부터 1573년 아시카가 막부(足利幕府)가 오닌(應仁)의 난이 일어나 무로마치 막부가 패망하고 전국시대(戰國時代)로 접어드는 시기까지를 무로마치시대라고 한다. 즉 오다 노부나가(織田信長)에게 멸망될 때까지의 약 240년간의 시대를 말한다. 무로마치시대는 교토를 중심으로 하여 발전하였는데, 문화적으로는 기타야마문화(北山文化; 교토 기타야마(北山)에 세운 금각사(金閣寺)를 중심으로 함)와 히가시야마문화(東山文化; 히가시야마(東山)에 세운 은각사(銀閣寺)를 중심으로 함)로 대표되며, 아울러 서민계급의 대두에 따른 서민문화가 형성되었다. 또한 당시에는 왜구(倭寇)가 가장 많이 발호하던 시기로 일본 서해안의 무사(武士)나 어민들이 선단을 만들어 우리나라와 중국 연안에서 해적행위를 자행하던 시기이다.

[721] 에도막부는 도쿠가와 이에야스(德川家康)가 천하통일을 하고 에도(江戶 : 현 도쿄)에 수립한 일본의 무가정권(武家政權)을 말하며 '막번체제(幕藩體制)'라는 집권적 지배체제를 확립하였다. 직할영토의 보유와 함께 금·은 등의 화폐를 발행하였고 이러한 경제적 기반 하에서 5, 6만명에 달하는 군사력을 지녔다.

무로마치 막부는 귀족화한 무사계급에 의해 기타야마 문화(北山文化)·히가시야마문화(東山文化)로 불리는 새로운 문화가 발흥하게 된다. 이 시기에는 화폐경제의 발전에 따라 도시의 상공업자들이 경제력을 키우게 되었고 이를 바탕으로 새로운 문화의 발전을 이루게 된다.722) 17세기 초 일본은 오랜 전쟁을 마치고 에도막부(江戸幕府; 1603~1867)의 탄생을 맞이하면서 지금의 도쿄인 에도(江戸)를 중심으로 태평시대가 전개된다. 즉 에도시대는 정치적으로는 중앙집권체제를 완비하였고, 경제적으로는 상공업이 눈부신 발전을 보였는데 그 배경으로는 교통망의 정비·화폐주조·상품경제 및 화폐경제의 발전을 들 수 있다. 아울러 유교를 수용함으로써 사농공상(士農工商)이라는 세습적 신분제도를 정립하였다.

이러한 에도(江戸)시대의 사회, 경제적 분야에서의 발전에 발맞추어 사법제도도 정착되었다. 8세기 경 태(笞)·장(杖)·도(徒)·유(流)·사(死)의 5형(刑)이 국법으로 제정된 이후 에도시대에 이르러서는 다양한 종류의 범죄에 대응하는 다양한 형벌도 생겨나게 되었다. 에도시대의 범죄 유형으로는 살인죄·폭행죄·상해죄·사기죄·공갈죄·횡령죄·절도죄·강도죄·매춘죄·간통죄·도박죄 등을 들 수 있다. 이러한 범죄에 대한 형벌로는 생명형(사형)·추방형·신체형·구속형·신분형·명예형 등이 가해졌다.

이들 형벌에 대해 구체적으로 소개하면,723) 먼저, 에도시대 법령 상 생명형(사형)의 종류에는 시자이(死罪; 교수형 또는 참수형)·게슈닌(下手人; 참수형)·고쿠몬(獄門; 효수형)·하리쓰케(磔刑; 책형)·가자이(火罪; 화형)·노코기리히키(鋸引; 목에 톱질하는 형벌) 등의 6종류가 있었다. 시자이(死罪; 사죄)는 평민을 대상으로 하며 눈을 가려 감옥부지 내의 지정형장에서 행하는

---

722) 그 대표적인 예로 다도(茶道)·가도(華道: 꽃꽂이)·노가쿠(能樂; 중세 시대에 행해졌던 가무극의 일종)·수묵화(水墨畵) 등을 들 수 있다.
723) 임명수, 에도시대의 고문 형벌, 서울: 어문학사, 2009.

것으로 이에는 재산몰수형을 부가하였다.

게슈닌(下手人)은 평민을 대상으로 눈을 가려 감옥부지 내의 지정형장에서 행하는 것이다. 싸움 등 고의가 아닌 살인에 적용되었고 감옥에서 처형된 뒤 시체는 가족들에게 돌려주었다.

하리쓰케(磔刑; 책형)는 주인이나 부모를 살해한 자·관문을 파괴한 자 그리고 중상모략자에 대해 행하였다. 이러한 자가 자살한 경우에는 사체에 형을 시행하였다. 죄인을 나무 십자가에 묶고 좌우에서 히닌(非人)이 창으로 20~30회 정도 옆구리에서 어깨까지 찌르고 마지막으로 목을 찔러 숨통을 끊는 형벌이다.

노코기리히키(鋸引; 거인)의 경우는 주인이나 부모를 살해한 자 또는 시역죄(弑逆罪; 신하가 임금을 죽이는 죄)와 같은 대죄에 대해 내려진 극형이다.

가자이(火刑; 화형)는 방화범에게 하는 형벌이다.[724]

셋푸쿠(切腹; 할복)는 무사계급 이상을 그 대상으로 하며 특별지정 형장에서 눈을 가리지 않고 집행하였다. 삼단기리(三段切)는 참수에 있어 목만 자르는 것이 아니라 허리와 목을 순서대로 베는 것을 말한다. 가나자와 지역에서 행하여진 방법이다.

추방형은 사형보다 한 단계 아래의 형벌로서 원칙적으로 무기한으로 시행되었다. 엔토(遠島)는 섬으로 유배 보내는 것으로 재산몰수를 부가하였다. 중추방(重追放)은 지정된 추방지로 유배보내는 것으로 재산을 몰수하였다. 중추방(中追放) 추방과 함께 문신형 또는 태형 등의 추가형이, 경추방(輕追放)은 근거리로의 추방과 함께 문신형 또는 태형 등의 추가형이 행하여졌다. 에도바라이(江戸拂)는 에도(江戸) 십리 사방 또는 근처로 추방하는

---

[724] 이러한 형벌과 함께 대중들에게 죄수를 공개하는 히키마와시(引回し)가 부가되었던 것으로 추정된다. 또한 다메시기리(試し切り; 칼이 잘 드나 시험하기 위해서 짐승이나 사람을 베어 봄)나 후와케(腑分け; 해부) 등도 행하여졌다.

것이다. 그밖에 도코로바라이(所拂; 거주지추방)과 봉행소 문전에서 추방하는 문전 추방이 있었다.

신체형으로서, 이레즈미(入墨; 문신형)는 절도를 저지른 자의 몸에 문신을 새겨 넣는 형이었다. 추방형과 태형의 부가형으로 행해지던 것으로 지역마다 무늬가 다양하였다. 재범의 경우에는 무늬를 추가하였다. 주로 팔상박부에 하거나 일부 지역에서는 이마에 하기도 하였다.

다타키(敲)는 태형으로 서민 성인 남성에게만 적용되었고 50대에서 100대까지 시행되었다. 또 다른 태형의 일종으로 로니와다타키(牢庭敲)도 행하여졌다.

가타이로샤(過怠牢舍)는 여성과 15세 미만의 남자에게 적용된 것으로 태형에 해당하는 죄를 지었을 경우 한 대 당 하루로 계산하여 시행되었다.

구속형으로서, 찌쿄(ちっきょ塾居)는 귀족·무사에게 적용되었다. 이는 저택의 문을 닫고 은둔하는 것으로 본인 외에 가족의 외출은 자유로웠다.

헤이몬(閉門)은 근신할 것을 벌로 하는 형으로 귀족·무사·승려에게 적용되었다. 저택의 문과 창문을 막고 사람의 출입을 금하며, 기간은 50일에서 100일 동안 시행되었다.

힛소쿠(逼塞)는 무사·승려에 과하던 형벌의 하나로서 문을 잠그고 낮에 출입을 금하는 형이다.

오시코메(押込)는 신분에 관계없이 경범죄에 적용되었으며 외출은 불가하며 기간은 20일·30일·50일·100일의 4종류가 있었다

인쿄(隱居)는 귀족·무사에게 적용된 것으로 관직에서 물러나 당주의 자리를 적자나 친족에게 양보하게 된다.

오아즈케(御預け)는 죄인을 영주·절·친척 집 등에 맡겨서 감독하게 하는 형이다.

데구사리(手鎖)는 일정 기간 쇠고랑을 채웠던 형벌로서, 즉 손에 철제 족쇄를 차고 근신케 하는 형으로 기간은 30일·50일·100일 동안 시행되었다.

　신분형으로는, 무가(武家; 무관의 집)의 당주(當主; 집안의 주인)와 적자에게 적용되는 것으로 가문을 단절시키는 형(改易), 승려에게 적용되는 것으로 승적을 박탈당하고 대중 앞에서 창피를 당하게 하는 형(追院), 승려에게 적용되는 것으로 승적을 박탈하는 형(退院), 승려에게 적용되는 것으로 소속된 교단에서 추방하는 형(一派構い), 삭발형으로 자살 미수를 저지른 여인에게 적용하는 형(剃髮), 본적에서 삭제되고 노예가 되며 요시와라 이외에서 창녀가 발견되면 3년간 요시와라에서 형을 받는 형(奴), 서민에게만 적용되며 최하층 신분으로 떨어지게 되는 형(非人手下) 등이 있었다.

　명예형으로는, 서민·승려 등에게 적용되는 형으로 사람의 왕래가 많은 장소에 3일간 노출되는 형(사라시; 晒し), 무사 등에게 적용되었던 것으로 근무하고 있던 직책에서 파면하는 형(役儀取り上げ), 서민에게만 적용되었던 것으로 관청이나 봉행소 등의 공공장소에서 범죄행위에 대한 꾸지람을 받는 형〈시카리(叱り),急度叱り(きっとしかり)〉 등이 있었다.[725]

　당시에 행하여졌던 고문으로는, 회초리로 때리는 고문인 무치우치(笞打), 무릎에 돌을 쌓는 고문인 이시다키(石抱),[726] 몸을 새우처럼 꺾어 두 손을

---

725) 당시 사람들은 이를 매우 수치스럽게 생각했기 때문에 범죄 억제 효과가 있었다.
726) 이시다키(石抱)는 5장부터 시작했는데 보통 5, 6장을 올려놓으면 대부분 기절하거나 바로 자백하였다. 고문 시간은 대개 3, 4시간 정도였고 때론 그 시간을 연장하기도 하였다. 만약 자백을 하지 않으면 하루 걸러서 고문을 하였고 그때마다 돌을 한 장씩 추가하여 올렸다. 이런 식으로 5장, 7장, 10장까지 올리는데 시간이 경과되면 온몸이 파랗게 변하고 입에서 거품이 나오다가 피를 토하기도 하였다. 끝내 자백을 하지 않을 경우에는 돌을 흔들게 되는데. 이 경우 다리의 살이 나무에 패어 들어가 뼈가 부서질 정도의 고통을 주었다고 한다. 고문 담당자는 수시로 죄인의 호흡 상태를 확인하고 돌의 추가 여부를 결정했다.

뒤로 묶는 고문인 에비제메(海老責), 줄에 매달아 늘어뜨리는 고문인 쓰리제메(釣責), 사토즈메(察斗詰) 등이 행하여졌다.

## Ⅳ. 기 타 – 이슬람의 법

19세기 들어 무슬림 사회는 서구의 영향으로 민법·상법·형법 등의 법률에서 많은 변화를 맞게 된다. 샤리아의 형법과 민법이 대부분의 무슬림 국가에서 폐지되었고 또한 유럽형 세속법으로 개정되었다. 20세기에 들어서는 많은 국가에서 샤리아법의 적용에 법정(法廷)에의 기소(起訴)와 증거와 관련한 내용을 법제화하였다. 샤리아는 20세기에 들어와 사회 현실의 변화, 특히 급격한 도시화와 여성 해방 운동 등에 기인하여 그 존재가 유명무실하게 되었다. 일 예로 터키에서는 1926년 샤리아법의 전면 폐지를 가져오면서 스위스식의 가족법을 채택하기에 이르렀다.

# 제7장  근대의 법이야기

"법은 최소한도의 도덕이다"
- G. Jellinek -

"힘 없는 정의는 실효성이 없는 것이며,
정의 없는 힘은 압제이다"
- B. Pascal -

## 제1. 근대법의 형성과 발전


 중세의 봉건제가 무너지고 근대 시민국가가 성립하는 과정에서, 봉건주의 신분제 제약으로부터 해방된 자들의 자유로운 경제활동을 보장하는 것이 강하게 요구되었다. 이러한 시대적 사조를 흔히 넓은 의미에 있어서 자유주의라고 한다. 이같은 자유주의적 사상을 바탕으로 하여 자유로운 인간들 사이에는 경제적 관점에서 가능한 한 국가의 개입을 배제코자 하였다. 이처럼 국가의 개입을 받지 않는 경제적 사회영역을 이른바 시민사회라고 부르게 되었다.[727)]

 서양 근대 사회의 성립에 영향을 미친 주요 계기로서 프랑스 시민혁명과 산업혁명을 들 수 있다. 즉 1789년의 프랑스혁명을 비롯한 시민혁명에 의하여 시민들에 의해 근대국가가 수립되었고, 근대법은 그러한 국가의 법으로서 탄생하게 된 것이다. 이처럼 상공업을 통해 경제적으로 성장한 시민계급은 시민혁명을 통해 자유주의 및 민주주의를 발전시킬 수 있었다. 또한 산업혁명을 통해 종래의 가내 수공업적 생산방식에서 벗어나 기계에 의한 공장제 생산방식으로 바꿈으로써 생산력의 비약적 증대를 가져오게 되었고 이를 통해 자본가와 노동자 계급이 성장할 수 있는 토대가 구축되었다.

 이렇듯 근대법은 고전적 자본주의 경제를 배경으로 하여 개인주의·자유

---

727) 여기서 말하는 시민사회라 함은 정치적인 세계인 국가와는 직접적인 관련을 가지지 않게 되는 비정치적인 사회, 즉 국가의 개입을 배제시키고 시민사회의 구성원들이 자유로운 사회관계를 형성하는 것이 인정된 사회라 할 수 있다.

주의·민주주의 등을 원칙으로 하는 근대 시민사회를 규율하는 법으로 근대 시민법이라고도 불린다. 근대법의 기저인 근대 법사상에 영향을 미친 당대의 사상가로는, 로크(John Locke 1632~1704)·몽테스키외(Montesquieu, Charles De 1689~1755)·루소(Jean Jacques Rousseau 1712~1778)·토마지우스(Christian Thomasius 1655~1728) 등이 있다. 로크는 인간은 자연 상태에서는 자유롭지만, 무정부상태에서는 일정한 위험이 따르므로, 자유의 일부를 신탁하고 권력을 구축하여 자연권(自然權)을 지켜야 한다고 주장하였다. 몽테스키외는 권력을 분할함으로써 자유를 보장하라는 권력분립론(權力分立論)을 주장하였다. 루소는 자연상태를 이상적인 모습으로 보았고 사회계약(社會契約)에 근거한 정당한 국가 설립을 추구하였다. 아울러 국민주권 원칙을 주장하였다. 토마지우스는 독일 계몽주의 선구자 중 한 사람으로 합리적인 자연법을 제창하였고 국가권력이 개인의 내면에 개입하지 말 것을 주장하였다.

근대법은 형식적으로는 자유와 평등을 보장했으나, 그 자유는 실제로는 자본주의 경제에 있어서의 강자인 부르조아지(bourgeoisie; 자본가 계급 혹은 유산계급)에게 유리하게 작용하였다.[728] 자유와 평등을 기반으로 한 근대 사법의 기본 원칙들은 자본주의제도의 법적 지주가 되어 근대 자본주의 경제를 발전시키는 원동력이 되었다. 그러나 근대 재산법의 기본원칙은 추상적·형식적으로 평등한 법 주체를 전제로 하는 것이었으나, 이는 현실적으로 인간세계에 경제적·사회적 불평등이 존재하고 있다는 사실을 간과하였던 것이다. 따라서 새로운 사회·경제·노동정책에 관한 입법이 이루어지면서 공정거래법·경제법·사회보장법·노동법 등의 영역이 형성되었다.

---

728) 더욱이 19세기 말부터 자본의 통합과 독점화가 진행되면서 사인(私人)과 소기업(小企業)과는 비교가 안 되는 거대한 힘을 가진 대기업이 등장하게 되었다.

이를 통해 결국 근대 사법(私法) 초기의 사상적 발로인 소유권의 절대성·계약자유의 원칙 그리고 과실책임주의 등의 내용은 수정되지 않으면 안 되었다.729)

근대법은 로마법의 영향을 크게 받았으며 18세기 들어서는 계몽주의 사상의730) 영향을 받아 형사법에 있어서도 커다란 변화를 꾀하게 된다. 근대적인 형벌제도가 점차 정착케 되었고, 특히 1810년의 프랑스 형법은 그러한 성과를 집대성하여 이후의 유럽 각국 형사입법에 있어 모범이 되었다. 근대에 들어서는 자유형(自由刑)의 등장이 하나의 특징이라 할 수 있는데, 자유형은 수형자의 신체적인 자유를 박탈하는 것으로 징역형과 금고형으로 대표된다.731)

18세기 말에서 19세기 초에 걸쳐 유럽에서는 근대적인 대법전이 편찬되

---

729) 류승훈·장병일, 민법기초I, 선문대학교 출판부, 2010, 4~5면; 근대법에는 다음과 같은 내용이 담겨있는데, 먼저 헌법에서는 국민주권의 원칙, 의회제도, 권력분립제, 기본적 인권의 보장 등을, 민법에서는 소유권의 절대성, 계약의 자유, 과실책임의 원칙 등을, 형사법에서는 죄형법정주의, 형사피고인의 인권보장(무죄추정의 원칙) 등을, 형사소송법에서는 당사자주의 등을 들 수 있다.
730) 계몽주의는 17세기 후반에 시작되어 18세기 프랑스에서 전성기를 이룬 사조(思潮)이다. 신(神)이 아닌 인간의 이성(理性)에 의해 의식이 형성되어야 한다는 사상이며, 프랑스혁명의 사상적 배경이 되었다. 그 원류(源流)는 홉스, 로크를 비롯하여 17세기의 영국에서 시작된다. 이후 레싱, 헤르더를 비롯한 독일의 여러 사상가에게까지 그 영향을 미치게 된다. 프랑스의 계몽사상은 1734년에 출판된 볼테르의 '철학서간(哲學書簡)'에서부터 비롯된다. 이어 몽테스키외가 '법의 정신'(1748)을 지어 삼권분립의 원칙을 주장하였고, 디드로, 달랑베르, 뷔퐁, 콩디야크, 돌바크 등에 의해서 18세기 중엽부터 '백과전서(百科全書)'가 발간되어 그 사상적 토대를 쌓아나갔다.
731) 자유형이 등장하게 된 배경으로는, 인도주의가 대두됨에 따라서 사형과 신체형이 가혹한 것이며 따라서 억제되어야 한다는 의식이 확산되었고, 징역형 기간을 선택하는 것에 의해 형벌의 경중을 비교적 용이하게 할 수 있다는 편리성이 강조되었기 때문이다. 또한 산업혁명에 따른 산업구조의 변화로부터 수형자들을 공장 노동력으로 사용하는 길이 열리게 되었다는 점도 자유형이 자리잡게 된 배경 내지 이유 중의 하나라고 할 수 있다. 자유형은 현재에도 세계 여러 나라의 형벌체계에 있어 중심적인 형벌작용을 영위하고 있으며 그런만큼 가장 광범위하게 운용되고 있다; http://terms.naver.com/entry.nhn?docId=1069495&cid=40942&cate goryId=31721(한국학중앙연구원, 한국민족문화대백과).

었다(지방법전의 편찬). 그 대표적인 예를 소개하면, 먼저 막시밀리안의 바이에른 시민법전이다. 1756년에 크라이트 마일(Kleight Meil)이 기초하였으며(Land 법전) 로마법적 요소가 강하고 고유법도 고려하였다. 둘째로는 프로이센 일반 분방법이다. ALR(Allgemeines Landrecht)이라고도 불려지며 1794년부터 시행되었다. 셋째로는 일반 Land 법전으로 1794년 공포되었다. 이는 근대 최초의 체계적인 법전으로서 로마법의 영향을 받지 않은 최초의 독일 법전이다. 이는 후에 독일 민법전(Buergerlichesgesetzbuch; BGB)에 의해 대체되었다.

또한 각 국가 별로 근대적인 민·상법전도 편찬되었는데, 먼저 오스트리아의 경우는, 1812년 짜일러(Franz von Zeiler)의 주도 하에 일반민법전 〈Allgemeines Buergerliches Gesetzbuch(ABGB); 민·상법 포함〉이 제정되었다. 자연법을 중심적 내용으로 하였고, 재판관에게 재량의 여지를 주고 인격의 윤리적 자치를 승인한 것이 특징이다. 프랑스의 경우, 프랑스 민법전이 1804년 공포되었으나 1807년에 나폴레옹 법전이라 개칭되어 공포되었다. 소유권절대·계약 자유 등의 이념에 기초하였고 자연법적 성격을 띠었다. 명료하고 세련된 용어를 사용한 점이 특징이다. 작센의 경우 1863년에 작센왕국 민법전이 편찬되었다(총칙·물권·채권·친족·상속의 순으로 편찬). 로마법적 성격을 띠었고 독일 민법전(BGB)의 편찬이 이에 따르고 있다. 스위스의 경우는 1883년에 문찡어(Munzinger)에 의해 기초된 스위스 채무법이 공포되었다(독일의 드레스덴 초안 참조). 또한 후버(Eugen Huber)가 스위스 민법(ZGB; Zivilgesetzbuch)을 기초하였다. 1907년 연방의회에서 스위스 민법을 만장일치로 통과시켰고, 1911년 스위스 채무법(Obligationsrecht: OR)이 추가되었다. 이는 판덱텐 체계에[732] 따른 것으로

---

732) 판덱텐 체계(Pandektensystem)란 로마법을 계승하여 법전 편찬작업을 독일

독일 민법전보다 우수한 것으로 평가되고 있다. 고도의 정신적·기술적 능력과 강력한 시민적 감각을 갖춘 것으로 평가된다. 마지막으로 독일의 경우는 1871년 독일 연방제국의 성립과 비스마르크 헌법에 의해 제국 전체의 통일 민법의 입법이 가능해 지게 되었다. 독일 민법전(BGB)은 1896년에 공포되어 1900년부터 시행되었다. 당시의 독일 민법전은 최신·최근대적 법으로 평가되었는데 세계에서 가장 진보적인 민법전으로 인정받았다. 독일 상법전(Handelsgesetzbuch; HGB)은 1897년 공포되어 1900년에 독일민법전(BGB)과 동시에 시행되었다.733)

---

역사법학자들의 법률 해석 태도와 법인식방법론 및 역사주의적 입장에 따른 것으로, 독일 민법전이 총칙·물권·채권·친족·상속의 5편으로 구성한 것과 같이 법전 편찬 체계 상 맨 앞부분에 일반적인 내용을 담은 총칙을 두고 있는 것이 대표적인 특징이다. 판덱텐 체계와는 달리 각 대상, 즉 사람(인)·물건(물) 등의 순서에 따라 법전 편찬의 체계를 갖춘 것을 인스티투치오네스 체계(Institutionessystem)라 한다. 각 대상 별로 총칙 규정을 두고 있는 것이 특징이며 대표적인 예가 프랑스 민법전이다.
733) 류승훈·장병일, 민법기초I, 8면.

**베카리아(Cesare Beccaria, 1738~1794)**는 근대 형법 사상의 기초를 마련한 이탈리아의 법학자이다. 영국·프랑스의 계몽사상가들로부터 많은 영향을 받았다. 밀라노의 귀족 집안에서 출생하였고, 1768년에는 밀라노대학의 경제학·법률학 교수가 되었다. 그의 형법이론의 중심은 사회계약설에 의한 국가형벌권의 근거설정에 있었다. 이에 근거하여 형벌은 범죄의 경중과 균형을 이루어야 하고, 범죄와 형벌은 입법자에 의하여 법률로 엄밀히 규정되어야 한다는 죄형법정주의의 사상과 고문·사형의 폐지론 등에 커다란 영향을 미쳤다. 대표적 저서로서는 '범죄와 형벌'(Dei delitti e delle pene; 1764)이 있는데, 이 책을 통해 중세의 주관주의적 형법사상에 대해 근대적 객관주의의 형법사상이 확립되는 계기가 되었고, 유럽의 여러 나라에서 번역되어 출간되면서 형법의 근대화를 이루는데 큰 기여를 하였다.

**포르탈리스(Jean Etienne Marie Portalis, 1746~1807)**는 프랑스 민법전(나폴레옹 법전)을 기초한 사람으로 그 중 혼인법(婚姻法)과 상속법(相續法)은 직접 그에 의해 만들어졌다. '프랑스 민법전 초안'의 앞에 부가된 '민법전 서론(Discours préliminaire)'을 작성한 것으로도 유명하다. 이성의 발현으로서의 자연법(自然法)을 승인하고 이를 실정법(實定法)을 통해 구체화 한 점이 업적으로 인정되고 있다.

## 제2. 근대에 들어서의 한국 사법제도의 변천

"우리나라에서의 근대적 사법제도는
갑오개혁을 기점으로 진행되었고
그 출발점은 1895년 제정된 '재판소구성법'이다"

### I. 개 관

우리나라에서의 서구 근대법의 계수(내지 수용)는 1880년 대 이후의 급변하는 세계 및 중국·일본의 주변 정세 그리고 국내의 사회·경제적 변화에 대응하기 위해 갑오개혁을 기점으로 진행되었다. 갑오개혁(甲午改革)은 1894년(고종 31) 7월부터 1896년 2월까지 추진되었던 일련의 개혁운동을 말하는 것으로 갑오경장(甲午更張)이라고도 한다. 갑오개혁(甲午改革)은 크게 세 단계로 나누어 진행되었다. 먼저, 제1차 개혁은 군국기무처(軍國機務處)의[734] 주도 하에 추진되었는데(1894. 7. 27.~12. 17.) 이 기간에 약 210건의 개혁안을 제정·실시하였다. 중심적 목표는 정치제도의 개편이었다.

제2차 개혁은 김홍집·박영효의 연립내각에 의하여 추진되었다(1894. 12. 17.~1895. 7. 7.). 당시 고종은 청나라와의 절연(絶緣), 국왕의 친정(親政)과 법령의 준수, 왕비와 종친의 정치 간여 배제, 내정개혁의 실시 등을 골자로 한 '홍범십사조(洪範十四條)'를 반포하게 된다. 또한 이 기간 동안 총 2

---

[734] 군국기무처(軍國機務處)는 갑오개혁 이후 중앙 관제와 지방행정을 비롯한 행정·사법에 관한 규칙과 교육·재정·상업에 관한 일체의 사무를 심의하던 곳이다.

13건의 개혁안이 제정·실시되었는데, 상당수는 앞서 군국기무처에서 의결된 개혁안을 수정·보완하는 것이었다.

제3차 개혁은 제3차 김홍집 내각에 의하여 추진되었다(1895. 8. 24.~1896. 2. 11.). 내정개혁을 추진하여 140여 건에 달하는 법령을 의결, 공포하였는데, 그 가운데는 '소학교령(小學校令)'·'상무회의소규칙(商務會議所規則)'·'건원(建元)에 관한 건'·'연호를 의정(議定)하는 건'·'태양력의 채용(1896. 1. 1.)' 등의 개혁안건이 들어 있었다.

그러나 을미사변(乙未事變)의[735] 사후 처리에 있어 김홍집 내각이 보여준 친일적 행태와 단발령의 무리한 실시로 인해 급기야 보수유생층(保守儒生層)과 일반 국민들의 반발을 초래하였다. 결국 고종의 아관파천(俄館播遷)이[736] 단행되었고 이는 김홍집 내각의 붕괴로 이어지게 된다.

근대법의 계수를 시기적으로 구분해 보면, 한말 근대법령 시기·통감부 시기·조선총독부 시기·군정 시기 그리고 대한민국 정부수립 이후 시기로 나눠 볼 수 있다. 이 시기의 대부분이 일제 강점기이다 보니 우리의 근대법의 계수는 주로 일본화된 서유럽의 근대 성문법, 특히 독일법의 수용과정을 통해서 이루어졌다고 볼 수 있다.

우리나라에서의 근대적 사법제도는 1895년의 '재판소구성법'을 그 출발점으로 한다. 그 이전까지는 전통적인 법체계에 의하여 입법·사법·행정이 구별되지 않았다. 우리나라의 경우는 19세기 말의 개화기에 형벌제도가 정비되기 시작하여 그 뒤로 9종으로[737] 정립되었다. 제도적 변화로는, i) 전근대사회에 있었던 형구를 없애고, ii) 구치소나 교도소 내에 구금하며

---

[735] 을미사변(乙未事變)은 1895년 10월 8일 새벽에 일본의 공권력 집단에 의해 자행한 명성황후 시해사건을 말한다.
[736] 아관파천(俄館播遷)은 1896년 2월 11일 친러 세력과 러시아 공사가 공모하여 비밀리에 고종을 약 1년간 러시아 공사관으로 옮긴 사건을 말한다.
[737] 사형·징역·금고·자격상실·자격정지·벌금·구류·과료·몰수이다.

수갑을 채우고 포승으로 묶으며, iii) 그 이상의 신체의 자유를 구속하는 형벌이나 형구는 사용할 수 없으며, iv) 고문을 금지하는 것 등이다.

갑오개혁 기간 동안 형사재판제도는 급격한 변화를 겪게 되는데, i) 형사정책상 국민동등권적 원리의 등장, ii) 연좌제의 폐지, iii) 신분 차별적인 재판 절차의 폐지, iv) 사법권의 분리·독립 등이다.[738] 그러나 개화파 정부의 단명과 정부 재정의 부족으로 인해 아관파천 이후 다시 과거와 유사한 구조로 돌아가게 되었다. 즉 i) 고등재판소에서의 칙임관·주임관 등 고급 관료의 범죄·국사범에 대한 단심 재판 및 일반민이 제기한 상소심 관장, ii) 개항장재판소·지방재판소에서의 일반 민인의 재판을 담당하는 관할구조의 형성, iii) 이들 재판소의 재판업무를 감독하고 총괄하는 기관으로서 법부(法部)의 사법권 장악 등이다.

## II. 연대 별로 본 사법제도의 변화

우리의 고유한 사법제도는 20세기로 접어들면서 외세의 물결 속에서 타력에 의해 서구의 법제도를 급히 도입하게 됨으로써 오늘에까지 온전히 계승 발전되지는 못하였다. 근대에 있어서의 사법제도의 변화는[739] 1894(갑오)년의 근대적 군주제 통치제로의 개혁에[740] 있어서 사법제도와 관련한

---

738) 이 시기에 사법권이 독립되었다고는 하지만 아직은 행정 권력으로부터 완전히 독립한 것은 아니었다. 일본에 의한 한국 사법권의 침탈은 영사재판권이라는 불평등조약 상의 특권에 따른 것이었지만, 당시 재판제도가 안고 있었던 여러 가지 문제점, 특히 군수·관찰사의 탐학(貪虐)과 각급 재판소의 불공정한 판결 등에 기인한 측면도 간과할 수 없을 것이다.
739) 류승훈, 로스쿨 신민사소송법, 한국학술정보(2010), 87면.
740) 이러한 개혁의 일환으로 행하여진 것 중 대표적인 것이 홍범14조(弘範十四條)이다. 이는 우리나라 최초의 헌법으로 갑오개혁 이후의 신정부에서 내정개혁과 자주독립의 기초를 확고히 하려는 목적으로 만들어졌다(고종 32년; 1895).

개혁으로부터 비롯한다. 즉 사법권을 행정기구로부터 분리하여 재판에 관한 것은 재판소에서 독립적으로 취급토록 하였던 것이다.741) 1894년 하반기부터는 동학농민군에 대한 재판이 폭주함에 따라 형조와 의금부를 통합·개편하여 법무아문 산하에 '법무아문권설재판소'를 두고 재판사무만을 전담하게 하였는데, 이것이 우리 역사상 최초로 재판소라는 기구가 생겨나게 된 유래이다.

1895년 3월 25일 법률 제1호로 제정·공포된 '재판소구성법'에 의해 제1심 법원으로 지방재판소와 한성742) 및 개항장 재판소를 두게 되었고, 제2심 법원으로서 순회재판소가 설치되었다. 그리고 제3심 최고재판기관으로 고등재판소를 두게 되는 등 5종의 재판소를 두게 되었다.

1895년 4월 29일 법부령 제3호로 재판절차법규로서 '민·형사소송규정'이 제정되었는바, 이는 민사소송 관련 25개 조문·형사소송 관련 19개 조문으로 구성되었다. 이를 통해 또한 변호사의 전신인 '대인제도(代人制度)'가 창설되었다.

---

741) 갑오개혁 당시 그 중추 기관인 군국기무처는 형식상 사법권을 행정권으로부터 분리시켰는데, 즉 군법 위반자를 제외하고는 각 관청·군문·궁에 의한 범인 체포를 금지하고 사법기관에 의한 재판 절차에 의해서만 형벌을 과하도록 하였다.
742) 이에 따라 1895년 최초의 근대적 재판기관인 한성재판소(한성부 중부 등천방 혜정교 변에 위치)가 설치되었다.

## 홍범 14조(弘範十四條)

1. 청에 의존하는 생각을 버리고 자주 독립의 기초를 세운다.
2. 왕실 전범(典範)을 제정하여 왕위 계승의 법칙과 종친과 외척과의 구별을 명확히 한다.
3. 임금은 각 대신과 의논하여 정사를 행하고, 종실(宗室)·외척의 내정 간섭을 용납하지 않는다.
4. 왕실 사무와 국정 사무를 나누어 서로 혼동하지 않는다.
5. 의정부(議政府) 및 각 아문(衙門)의 직무·권한을 명백히 규정한다.
6. 납세는 법으로 정하고 함부로 세금을 징수하지 아니한다.
7. 조세의 징수와 경비 지출은 모두 탁지아문(度支衙門)의 관할에 속한다.
8. 왕실의 경비는 솔선하여 절약하고 이로써 각 아문과 지방관의 모범이 되게 한다.
9. 왕실과 관부(官府)의 1년 회계를 예정하여 재정의 기초를 확립한다.
10. 지방 제도를 개정하여 지방 관리의 직권을 제한한다.
11. 총명한 젊은이들을 파견하여 외국의 학술·기예를 견습시킨다.
12. 장교를 교육하고 징병을 실시하여 군제의 근본을 확립한다.
13. 민법·형법을 제정하여 인민의 생명과 재산을 보전한다.
14. 문벌을 가리지 않고 인재 등용의 길을 넓힌다.

1899년 5월 30일 법률 제3호로 '재판소구성법'이 개정되었는데, 그 주된 내용은 종래 법부에서 임시로 개정하였던 고등재판소를 상설 특설기관으로 하여 그 명칭을 '평리원(平理院)'으로 하였다. '평리원(平理院)'은 각 지방재판소 및 한성 및 인천 기타 개항장재판소의 판결에 대한 상소 및 특지하부(特旨下付)한 죄인을 심판하는 당시의 최고재판기관인 동시에 종심 재판기관이었다. 그러나 이는 이름뿐인 제도화에 불과하였고, 실제적으로는 각도에 설치된 지방재판소의 경우 관찰사가 판사를 겸임하였다. 제주군 재판소 판사는 제주군수가 겸임하였으며 각 개항장재판소는 각 부청(府廳)에 겸설하고 판사는 부윤이, 검사는 참사관이 겸임하였다. 순회재판소는 설치하지 아니하였다.743) 1899년 8월 17일에는 대한국국제(大韓國國制)가 반포되었는데,744) 국제(國制)는745) 대한제국이 자주 독립국가임을 내외에 알리고, 정체가 전제정치임과 황제가 막강한 제권(帝權)을 가진다는 것을 천명하기 위해 제정·선포된 것이다(9개 조문).

 1905년(광무 9)에 들어서부터 일본은 소위 '시정개선(施政改善)'이란746) 명목 하에 한국 정부의 사법권을 빼앗는 작업을 하게 되는데, 한국 인민들이 억울한 사정이 있으면 인근 일본 영사관 또는 공사관에 와서 직접 호소하라고 한 것이다. 또한 한국주둔 일본군 사령부는 한국 정부와 사전협의도 거치지 않고 군사작전 상 필요하다는 명목 하에 1905년 1월 이후 서울과 그 인근 지역에서 집회·결사·언론의 자유를 제한했으며 이를 위반하는 행위는 한국 경찰과 재판기관이 아니라 일본군 헌병대가 처벌하도록 하

---

743) 박병호, 한국법제사고, 311면 이하.
744) 1896년 독립협회·만민공동회(萬民共同會) 등이 중심이 되어 자주독립운동을 활발하게 전개하자, 이에 정부에서는 1897년 연호를 '광무(光武)'로 정하고, 같은 해 10월 국명을 '대한제국(大韓帝國)'으로 고쳐 내외에 자주국가임을 선포하였다.
745) '헌법'이 아닌 '국제'라는 명칭을 사용한 것은 국회에서 제정된 것이 아니라 황제명으로 제정, 반포되었기 때문이다.
746) 시정개선(施政改善)의 사전적 의미는 정치(政治)를 좋게 고친다는 의미이다.

였다. 2월에는 한국 정부와 '경무고문용빙계약(警務顧問傭聘契約)'을 체결한 후 각도에 일본인 경무보좌관을 파견하여 각종 범죄에 관한 건을 관장하게 하였다. 또한 4월 29일(법률 제2호)에 형법대전(刑法大全; 대한제국의 일반형법전)이 제정·공포되었다. 이는 근대적 형식을 갖춘 최초의 형법전으로 일본의 형법전을 계수하지 않고 이전의 대전회통·대명률과 갑오개혁 이후의 형사법령을 참고하여 제정되었으며747) 총 680개조를 두었다.748) 또한 법률 제5호(11. 8.)로 '변호사법' 및 법부령 제3호(11. 17)로 '변호사시험규칙'이 공포되어 우리나라에 비로소 '변호사'라는 명칭과 "민사당사자나 형사피고인의 위임에 의하여 통상 재판소에서 대인의 행위와 변호권을 가지는" 변호사제도가 확립케 되었다.749)

---

747) 과거부터 내려 온 동양의 객관주의적인 형법사상에 입각하여 만들어졌으며 동아시아 최초로 고문을 금지하는 조항을 두었다. 편장절(編章節)로 나누고 조문의 형식에 따라 국한문을 혼용함으로써 내용을 간략 평이하게 표현하고 체계화하였다.
748) 1906년 2월 2일(법률 제1호)에 제1차 개정이 행하여졌고 1908년 7월 23일(법률 제19호)에 제2차 개정이 이루어졌다. 2차에 걸친 개정으로 100개조를 개정하였고 252개조를 삭제하여 417개 조문만 남게 되었다. 1910년에 '한국법전'에 '형법'으로 이름을 바꾸어 삽입되었다.
749) 1905년 4월에 공포 시행된 '형법대전'에서는 외지부와 같은 직업의 절대적 금지를 완화하는 규정을 두게 되었다. 따라서 다만 당사자가 우매하여 능히 자기 주장을 할 수 없는 경우에 사실대로 교도하거나 소장 작성에 있어서 사실의 고의적인 증감이 없는 자는 처벌하지 않도록 하였다; 박병호, 한국법제사고, 264면.

「대한국국제(大韓國國制)」

제1조 대한국은 세계 만국의 공인되온 바 자주 독립하온 제국(帝國)이니라.

제2조 대한제국의 정치는 이전으로 보면 500년 전래하시고 이후로 보면 만세에 걸쳐 불변하오실 전제정치이니라.

제3조 대한국 대황제께옵서는 무한하온 군권(君權)을 향유하옵시나니 공법에 말한 바 자립정체이니라.

제4조 대한국 신민(臣民)이 대황제의 향유하옵신 군권을 침손할 행위가 있으면 그 이미 행한 것과 아직 행하지 않은 것을 물론하고 신민의 도리를 잃은 자로 인정할지라.

제5조 대한국 대황제께옵서는 국내 육해군을 통솔하옵셔 편제를 정하옵시고 계엄·해엄을 명하시나니라.

제6조 대한국 대황제께옵서는 법률을 제정하옵셔 그 반포와 집행을 명하옵시고 만국의 공공(公共)한 법률을 효방하사 국내법률도 개정하옵시고 대사(大赦)·특사·감형·복권을 명하옵시나니 공법에 말한 바 자정율례(自定律例)이니라.

제7조 대한국 대황제께옵서는 행정 각 부부(府部)의 관제와 봉급을 제정 혹은 개정하옵시고 행정상 필요한 각항 칙령을 발하옵시나니 공법에 말한 바 자치행리(自治行理)이니라.

제8조 대한국 대황제께옵서는 문무관의 출척(黜陟)·임면을 행하옵시고 작위·훈장 및 기타 영전(榮典)의 수여 혹은 체탈을 하옵시나니 공법에 말한 바 자선신공(自選臣工)이니라.

제9조 대한국 대황제께옵서는 각 유약국(有約國)에 사신을 파송·주찰(駐紮)케 하옵시고 선전(宣戰)·강화 및 제반 조약을 체결하옵시나니 공법에 말한 바 자견사신(自遣使臣)이니라.

1906년 통감부정치가 시행되고 통감이 한국의 외교사무뿐 아니라 내정 전반에 간섭하게 되면서 사법제도도 변화되었다. 통감부는 일본인 판·검사를 한국의 법무보좌관으로 초빙하게 해 각급 재판소의 재판 실상을 조사·보고하게 하였다. 또한 죄인 신문 시 고문을 폐지하고 그간의 재판의 폐해를 없애는 조치를 취했다. 재판제도는 일본의 재판시스템을 도입해 3심제의 확립 및 사법·행정의 분리가 이루어지게 되었다. 1906년 6월 법률 제5호 '한국에 있어서 재판사무에 관한 제도'를 공포하여 통감부 아래에 법무원(法務阮)과 이사청(理事廳)을 설치하여 재판사무를 관장하도록 하였다. 법무원에는 원장(院長)·평정관(評定官)·검찰관(檢察官)을 두었다. 원장은 사법사무에 관하여 이사관을 지휘·감독하고, 평정관은 사법사무를 관장토록 하였다. 검찰관은 법무원장의 명을 받아 검찰 및 감옥에 관한 사무를 관장하였다.

이사청에서는 원래 일본공사가 하던 재한 일본인의 재판사무를 취급하고 있었는데 그 관할구역 내의 소송사건의 시심(始審) 및 비송사건(非訟事件)을 이사관 또는 부이사관이 단독으로 재판하였다. 이사관은 이사청 직원으로 하여금 이사청의 검찰사무에 대한 검사 직무를 행하게 하였다. 이사청의 재판에 대한 상소사건은 법무원이 종심(終審)으로 재판하였는데 재판은 평정관 3인으로 구성된 부에서 심문·재판하되, 평정관 중 상석에 있는 자를 재판장으로 하였다.750)

1907년 통감부는 행정·사법 및 사무가 분리되지 않은 것이 한국에서의 정치 폐단의 원인이라 보고 이를 개정하기로 하였다. 이에 따라 1907년 12월 27일 '재판소구성법'(법률 제8호)·'재판소구성법 시행법'(법률 제9호)·'재판소설치법'(법률 제10호)을 각 공포하였고, 1908년〈융희(隆熙) 2〉 1월 1일부터

---

750) 김병화, 80면 이하.

시행하였다. 그 내용은 종래의 3심제를 4계급 3심제로 개정하여 대심원(大審院)·공소원(控訴院)·지방재판소(地方裁判所) 및 구재판소(區裁判所)를 설치하여 이를 법부(法部)의 소관으로 하였고 종전의 왕족에 대한 특별법원을 폐지하였다.751)

1909년 초반 이후 일본의 대한정책이 '병합' 노선으로 확정됨에 따라 '신재판소'제도는 식민주의를 구체화하는 구조로 진행되었다. 7월 12일에는 통감부고시 제66호에 의하여 한국의 사법 및 감옥사무를 일본정부에 위탁하는 건에 관한 각서를 교환하게 되었다. 이로 인해 한국의 사법권이 외형상으로는 대한제국에 속하고 있지만, 실제적으로는 일본 정부에 이양된 것과 같게 되었다.

1909년 10월 21일 통감부령 제28호 통감부재판소 설치의 건에 의거 재판소는 통감의 직속으로 하고, 대심원을 고등법원으로 변경함과 동시에 고등법원 아래에 공소원·지방재판소 및 구재판소를 설치하여 4계급 3심제의 재판소를 두었다. 10월 28일 법률 제28호에 의거 1907년에 개혁된 '통감부 재판소구성법'이 폐지됨으로써 대한제국의 사법제도는 폐지되었다.

11월에 '통감부 재판소령'·'통감부 재판소 사법사무취급령'·'한국인에 대한 사법에 관한 건'·'한국에 대한 범죄즉결령' 등 일련의 재판기관 관련 법규가 반포되면서 한국 법부의 업무는 통감부 사법청에 이관되고 각급 재판소 사무 역시 통감부재판소로 넘어가게 되었다.752)

---

751) 김병화, 94면.
752) 이러한 변화는 일본의 재판제도를 거의 그대로 옮겨 놓으면서 몇 가지 특례를 두는 방식으로 행하여 졌다. 즉 i) 최고법원의 명칭을 고등법원으로, ii) 재판 담당 판사를 피고인의 국적에 따라 차별적으로 규정하였고, iii) 일본에서는 예심판사만이 가질 수 있는 예심 권한을 통감부 경부·경시 등 사법경찰관도 행사할 수 있게 해 무제한적 인권 유린을 가능하게 하였으며, iv) 벌금형·과료형에 처할 죄에 대해 정식 재판을 거치지 않고 통감부 경부·경시 등 경찰관이 즉결 선고를 할 수 있게 한 점 등이다. 이러한 특례들은 1910년 일본의 한국 합병 이후에도 그대로 유지되었다.

1910년 8월 22일 한국정부와 일본정부는 '한일합병조약'을 체결하게 되었는바, 이로써 대한제국은 멸망하게 되었고 일본의 식민지로서 지배받게 되었다. 이후 일본은 1910년 8월 28일 조선총독부관제를 공포하였는데 총독이 입법·행정·사법 및 군대통수권을 행사하는 절대권력자가 되었다.

1911년 법률 제30호로서 '조선에 시행하여야 할 법령에 관한 법률'을 공포·시행하여 식민지지배법제의 기초를 만들게 되었다. 이에 따르면 조선에 있어서 법률을 필요로 하는 사항은 조선 총독의 명령에 의해서 일본의 민법·상법·민사소송법·형법·형사소송법 등을 '제령(制令)'의 형식을 취하여 시행하였다. 이 제령 중 대표적인 것이 1912년 3월 18일 제령 제7호 및 제11호로 제정된 '조선민사령'과 '조선형사령'이다.

이로써 조선총독의 명령, 즉 제령에 의해서 절차법을 포함한 일본의 민사 및 형사법이 한국에 의용·시행되었다(조선민사령·조선형사령). 초기의 '조선민사령'의 경우 조선인 상호 간의 법률행위에 대하여는 공공질서에 관한 것을 제외하고는 조선의 관습에 따르고, 민법 가운데에서도 능력·친족 및 상속에 관한 규정은 조선인에게는 적용되지 아니하는 종래의 관습에 따르도록 하였다. 또한 부동산에 관한 물권의 종류 및 효력에 대해서는 민법에 정한 물권을 제외하고는 관습에 따르도록 하였다. 그러나 조선인에 대한 규정은 향후의 17차례에 걸친 개정에 따라 차츰 감소되어 일본 법률의 적용범위가 확대되었다.[753]

일제강점기에는 한일합방조약(1910)에 의하여 총독 정치가 시작됨에 따라 사법제도도 고등법원·복심법원·지방법원의 3급 3심제로 바뀌었다(1912).[754] 일본에 의한 총독 정치는 사법부를 지배 수단으로 이용하여 우리

---

753) 김홍규, 44~47면; 류승훈, 로스쿨 신민사소송법, 87~92면.
754) 한국인 판사의 경우 민사에서 원고와 피고 모두 한국인인 경우, 그리고 형사에서 피고인이 한국인일 경우에만 재판할 수 있고, 일본인에 대한 재판은

민족을 억압하였기에 일반인들은 법원(재판소)을 기피하고 두려워하는 경향이 컸다.

1945년 8월 15일 일본의 패망과 함께 한국은 해방되었고, 남한에서는 미국에 의한 군정이 시작되었다. 미 군정 하의 남한에서는 1948년 한국정부가 수립될 때까지 법의 공백상태를 피하기 위하여 1945년 11월 2일 미 군정법령 제21호에 의해 동년 8월 9일 현재의 법령의 존재를 선포함으로써 해방 이전과 마찬가지로 일본의 법률이 의용되었다. 따라서 1945년 8월 9일 현재 조선총독부가 반포하여 법률적 효력을 가졌던 규칙이나 명령 또는 고시 기타 문서는 그간에 폐지된 것을 제외하고는 미 군정에서 특수명령으로 폐지될 때까지 효력이 지속되었다.

1948년 5월 4일 과도정부 법령 제192호로 '법원조직법'을 제정·공포하여 1945년 8월 15일 이후 군정청 사법부에서 관장하던 법원행정을 대법원으로 이관하고 법원조직을 재조직하여 법원을 대법원·고등법원·지방법원 및 간이법원755)으로 하여 민사·형사·선거소송 및 기타 일체의 법률적 쟁송을 심판하고, 비송사건 및 기타 법률에 정하는 바에 의한 사건을 관장하게 하였다. 지방법원의 사무의 일부를 처리하기 위해 지방법원 관할구역 내에 지원을 설치할 수 있도록 하였고 그 수를 40개 이내로 한정하였다. 또한 지방법원 합의부에서 지방법원 및 동 지원의 단독판사의 판결과 간이법원의 판결에 대한 공소사건을 취급토록 하였다.756)

이후 1949년 9월 26일 법률 제51호로 '법원조직법'을 제정하였는데, 이는 한국의 독자적 사법제도의 기틀을 마련한 것으로 큰 의미를 갖는다. 동

---

제한되었다.
755) 간이법원은 제1심 하급법원으로 경찰서 소재지 단위로 가급적 조속히 설치하기로 되었었으나 설치되지 못하였다.
756) 김병화, 22면.

법의 주된 내용으로서는 간이법원제도의 폐지와 주재판사제도의 설치 등을 들 수 있다. 주재판사제도는 실제로는 주재판사가 임명될 때까지 치안관으로 하여금 동법에 의한 주재판사의 직무를 계속 취급하게 하다가 1956년 12월 26일 법률 제409호에 의해 판사로 하여금 순회 즉결심판하게 하는 순회심판제도로 대치토록 하였다.757)

## 제3. 각 제도 및 분야 별 변화

### I. 변호사제도

"변호사의 전신인 '대인제도'의 창설

1905년 '변호사법' 및 '변호사시험규칙'이 공포됨으로써
변호사제도가 확립됨"

그렇다면 외지부를 대신한 현대 변호사제도(辯護士制度)의 토대가 되는 근대 변호사제도의 연원은 어디에서 비롯하는 것일까? 1895년 4월 29일 법부령 제3호로 재판절차법규로서 '민·형사소송규정'이 제정되었는데, 이는 민사소송 관련 25개 조문·형사소송 관련 19개 조문으로 구성되었다. 이를 통해 또한 변호사의 전신인 '대인제도'가 창설되었다.758) 1905년 법

---

757) 김홍규, 48면; 류승훈, 로스쿨 신민사소송법, 87~92면.
758) '대인(代人)'은 당사자가 스스로 소송을 수행할 수 없는 경우에 당사자의 위임에 의하여 소송을 진행하며 대인에게 위임할 경우에는 재판소의 허가를 받아야 하고 법정위임장을 작성하여야 했다. 또한 당사자는 재판소의 허가를 받아 '보좌인'을 동반할 수 있었다.

률 제5호(11. 8)로 '변호사법' 및 법부령 제3호(11. 17)로 '변호사시험규칙'이 공포되어 우리나라에 비로소 변호사라는 명칭과 '민사 당사자나 형사 피고인의 위임에 의하여 통상 재판소에서 대인의 행위와 변호권을 가지는' 변호사제도가 확립케 된다.759)

먼저 우리나라 변호사제도의 첫 출발점이 된 당시의 '변호사법'의 내용을 살펴보면 다음과 같다. 먼저, 변호사는 민사 당사자나 형사 피고인의 위임에 의하여 재판소에서 대리인의 행위와 변호권을 행함을 업으로 하는 자로서, 법관 전고(銓考; 사람을 선발할 때에, 대상자를 이모저모 따져 합당한 사람을 고름) 또는 시험에 합격한 자·변호사시험에 급제한 자·변호사시험위원을 경(經)한 자·평리원(平理院)과 한성재판소 또는 법관양성소에서 만 1년 반 이상 계속하여 판·검사 또는 교관의 직무를 행한 자 중 법무대신의 허가를 받은 자라야 하며 법부와 각 재판소에 비치된 명부에 기록하여야 했다.760) 그러나 일정한 죄를 짓고 복권되지 않았거나 파산선고를 받은 자는 변호사가 될 수 없었다.

변호사는 변호사회를 경성(京城) 내에 설립하고, 각 지방재판소에 지회를 설립하여야 했다. 이 회들은 법무대신이 감독하였으며 변호사업을 하려면 이 회에 가입하지 않으면 안 되었다. 변호사회장은 일정한 경우에 회원의 징계사유를 법무대신에게 보고하고, 동 대신은 이 보고에 의하여 또는 직권으로 징계처분을 할 수 있었다. 이러한 경우의 징계 종류는 견책(譴責)·50원(圓) 이하의 과료(過料)·6개월 이하의 정직(停職)·제명(除名) 등

---

759) 1905년 4월에 공포 시행된 '형법대전(刑法大典)'에서는 외지부와 같은 직업의 절대적 금지를 완화하는 규정을 두게 되었다. 따라서 당사자가 우매하여 능히 자기 주장을 할 수 없는 경우에 사실대로 교도하거나 소장작성에 있어서 사실의 고의적인 증감이 없는 자는 처벌하지 않도록 하였다; 박병호, 한국법제사고, 264면.

760) 변호사법에 따른 등록에 관한 절차는 변호사명부기록규칙(광무 9년 11. 14.자 법부령 제4호)에 의하였다.

네 종류였다.761)

　변호사시험규칙에 따르면, 변호사시험은 매년 1회씩 행하되, 만 25세 이상의 제국 남자로서 내외국의 법률 혹은 정치전문학교 졸업자·각 재판소의 전임 판·검사로 재직 1년을 넘은 자·평리원 및 한성재판소의 주사로 재직의 계속이 4개년 이상에 달한 자라야 수험자격이 인정되었다. 수험과목으로 필기는 민법·민사소송법·형법·형사소송법·상법·행정법·국제공법·국제사법이다. 필기시험에 합격해야 구술시험에 응시할 수 있었으며, 구술시험은 민법·민사소송법·형법·형사소송법으로 되어 있었다.762)

　변호사의 업무로는, 위임한 당사자의 이익을 위하여 변론하는 일·소송서류를 열람하며 등사하는 일·재판에 대하여 의견을 진술하는 일·위임 당사자의 동의 하에 신소(申訴) 및 소원(訴願)을 행하는 일·하시라도 위탁한 피고인과 면회할 수 있는 일 등을 그 직권으로 할 수 있었다. 그러나 쌍방대리사건·판검사 재직 중에 관리한 사건·중재인으로 관리한 사건에 대해서는 직무를 행할 수 없었다.763)

---

761) 김병화, 66면.
762) 김병화, 65~66면.
763) 류승훈, 로스쿨 신민사소송법, 88~89면.

## II. 경찰제도

"1895년 고종 칙령에 의한 경무청(警務廳)의 설립

한성부와 5부 내의 경찰 업무를 포함하여
소방·감옥 업무도 통할"

조선의 경찰청, 포도청은 이후 어떤 모습으로 변신을 꾀하였을까? 조선 말에 이르러 포도청은 경찰제도의 도입으로 없어지게 되고 경무청이 만들어지게 된다. 경무청은 1894년 갑오경장으로 중앙관제가 6조에서 8아문으로 개편됨에 따라 내무아문에 소속된 조선 말기의 경찰업무를 관장하던 관청으로서 종래의 좌·우 포도청을 합쳐 설립한 것이다. 경무청은 당시의 일본 제도를 모방하여 만들어졌는데 내부대신의 지휘와 감독을 받았다(1895년 고종칙령 제85호로 '경무청관제' 제정). 경무청은 한성부(漢城府)와 5부(五部) 내의 경찰업무를 관장하였으며, 관원으로는 경무사(警務使) 1인·부관(副管) 1인·경무관(警務官) 12인 외에 서기관·총순(總巡)·순검(巡檢)을 두었다. 소속 각 사(司)로는 좌·우포청, 좌·우순청(左右巡廳)과 5부를 두었다. 총책임자인 경무사(警務使)는 내부대신의 지휘·감독을 받아 한성부와 5부 내의 경찰업무를 포함하여 소방·감옥 업무도 통할하였다(서울의 형무소도 관할).

지방의 경우에는, '지방관제'(1895) 및 '지방경찰규칙'(1896)을 제정하여 체제를 정비하였다. 각 도마다 관찰사 휘하에 경찰부를 두었으며 경찰부에는 관찰사의 지휘를 받는 경무관(1인)·경무관보(1인)·총순(2인 이하)을 배치하였다. 당시의 경찰서는 경무서라 하였고 그 휘하에 경무분서를 두었다. 일반 경찰관은 순검이라 불렀다.

경무청은 1900년(광무 4)에 고종 칙령 제20호 '경부관제'의 반포로 경부(警部)로 확대 개편되었다. 경부에는 대신을 두어 국내의 모든 경찰사무를 관리케 하였고, 한성 및 각 개항장의 경찰사무와 감옥서를 통할하고 경찰관리를 감독케 하였다. 그러나 얼마 되지 않아 1902년에 다시 내부(內部) 휘하의 경무청(警務廳)으로, 이어 1907년에 다시 경시청(警視廳)으로 개칭된다.

## III. 행형제도

"1894년의 갑오개혁을 시작으로
태·장·도·유·사의 5형 중심의 행형에서
자유형으로의 변화를 꾀하였다.

감옥서의 관할이 내부(內部)에서 법부(法部)로 이전되고
감옥관제(監獄官制)가 새로 제정되었다"

끔찍했던 조선의 행형제도(行刑制度)는 그대로 유지되었을까? 조선의 행형제도는 1894년의 갑오개혁을 시작으로 그 개혁을 꾀하게 되는데 종래의 태·장·도·유·사의 5형 중심의 행형에서 자유형(自由刑)으로의 변화이다. 또한 죄수들의 처우개선 및 인권보호를 위한 규정들이 만들어지면서 근대적인 행형제도로의 변화가 시작된다.

대표적인 법제정으로서는 1894년 만들어진 행형의 기본법이라 할 수 있

는 '감옥규칙'을 들 수 있다. '감옥규칙'에서 처음으로 판·검사의 감옥순시 제도를 정하여 감옥 안에서의 인권탄압을 감독하도록 하였다. 실제적인 시행 여부는 분명치 않으나 죄수들의 처우와 관련하여 감옥체계를 확립하고 인권을 보호하는 제도를 만들었다는 점에서 자못 그 의의가 크다.

1896년 4월에 제정된 '형률명례'에서는 형구의 종류와 사용범위를 명확히 하였다. 즉 형구는 나무칼·쇄체·편추(가죽으로 만든 매)의 3종으로 하였고 사용의 범위도 나무칼과 쇄체는 성질이 포악하여 도주의 염려가 있는 자에 한하여 사용하고, 편추는 신문할 때 필요한 경우 재판장의 허가를 얻어서 사용케 하였다.764)

1898년 1월 12일 칙령 제3호로 '감옥규칙'을 개정하여 수형자의 작업에 관한 규정을 만들었다. 죄수의 작업은 체력에 따라 부과하였고, 정역(定役)에 임하는 죄수는 100일이 경과하면 그 때부터 공전을 정하여 지급하였는데 공전의 10분의 8은 감옥비용으로 충당케 하고 10분의 2는 만기석방 시에 지급하도록 하였다.

1898년 1월 19일 제정된 '감옥세칙'(내부령 제11호)은 주로 수감자에 대한 처우와 관련하여 규정한 것이다. 즉 지급물품에 대한 급여기준·위생과 청결유지·운동시간(1시간)·질병예방과 환자에 대한 치료·접견실시기준·상여자에 대한 우대·징벌 등의 내용으로 되어 있다. 이러한 처우규정은 종전에도 있었지만 구체적이고 실제적인 처우기준을 상세히 정한 것은 이 때부터이다.

1907년 12월 13일 칙령 제52호로 감옥서의 관할이 내부(內部)에서 법부(法部)로 이전되고 감옥관제(監獄官制)가 새로 제정되었다. 이에 따라 감

---

764) 이전에 도형 이상의 죄를 범한 모든 자에게 가(枷)를 채우고, 사죄(死罪)의 경우에는 나무로 만든 수갑(杻)까지 채우고, 신문할 때 일률적으로 행하였던 고신(拷訊) 등의 제도를 대폭 개선하였다.

옥조직이 경무청에서 분리·독립되고 그 기구도 크게 확장되었다.

1907년 12월 27일 법부령 제1호로 '경성감옥서를 설치하는 건'을 포고하였다.

1908년 4월 11일 법부령 제2호로 전국 8개의 감옥의 명칭과 위치를 정하여 반포하였다. 이때 경성감옥서의 명칭을 경성감옥으로 개칭하였다.

1908년 5월 12일 법부령 제4호로 '간수 및 여감취체직무규정'을 제정하였다.765)

1908년 10월 21일 법부고시 제8호 '경성감옥이전'에 의해 경성감옥은 종로의 구 전옥서 자리에서 현재의 자리(서대문구 현저동; 당시 독립문 밖 금계동)에 신축한 감옥으로 이전하였다.

1908년 11월 20일 법부령 제19호로 '감옥분감의 설치령'을 제정하여 경성감옥 인천분감·경성감옥 춘천분감·공주감옥 청주분감·함흥감옥 경성분감·함흥감옥 원산분감·평양감옥 의주분감·진주감옥 부산분감·광주감옥 전주분감의 8개소의 분감이 전국에 설치되었다.

---

765) 이와 함께 감옥직원급여령(1908. 5. 25), 재감인영치금품처리규정(1908. 6. 15), 감옥관복제(1908. 6. 17), 간수채용규칙(1908. 6. 18), 감옥직원정원(1908. 6. 19), 감옥고용인급여규정(1908. 6. 20), 감옥관복제규정(1908. 6. 23), 간수이하 급여품지급규정(1908. 7. 23), 영치·구류 및 형벌집행시행(1908. 7. 31) 등의 규정이 만들어 졌다.

- **공법회통**(公法會通; Das moderne Volkerrecht der civilisierten Staaten als Rechtsbuch dargestellt)은 블룬칠리(Bluntschli, J. K.)가 쓴 책으로 1880년에 한국어로 간행된 최초의 서양 국제법서이다. 1899년 대한제국 국제(國制)를 제정하는 데 큰 영향을 미쳤다.

- **서학범**(西學凡)은 서양교육 및 학술개론서로서 예수회 선교사인 알레니(Aleni, J.)가 저술하였다. 서양법학을 처음으로 국내에 소개한 책으로 의미가 있다.

- **장도**(張燾)는 서양법학을 최초로 배운 선구적 법률가로서 법관양성소 교수를 지냈으며 형법 중심의 근대 법사상을 도입하였다.

- **김홍섭**(金洪燮)은 카톨릭 법사상을 형벌과 재판에 결부시킨 법관이며 학자이다. 사도법관(使徒法官)이라고도 불리어진다.

# 에필로그

　본서에서 다룬 원시시대부터 조선에 이르기까지의 법 이야기는 과거 우리 역사의 한 분야이긴 하나 미래 사회를 이해하고 발전시켜 나가는데 훌륭한 밑거름이 되리라 확신한다. 법의 발전과정을 통한 역사의 발전사를 통해 당시의 국내외의 사회상 그리고 법문화의 차이를 살펴볼 수 있는 계기가 되었으면 한다. 당시의 우리의 법생활에 있어 중국의 영향을 무시할 수 없었을 것이다. 당나라로부터의 당률의 계수가 대표적인 것인데 어찌 보면 이를 통해 우리나라의 법체계가 정립되었다고 할 수 있을 것이다.

　그러나 이렇듯 중국의 발전된 제도를 수용하였다는 것이 중국과의 관계에서 그 나라의 일부이거나 혹은 종속적 내지 예속적인 것을 의미하지는 않을 것이다. 그 당시의 주변국에서의 변화를 수용한 것이고 현실에 대응하는 전략과 전술적 측면이 나름 내포되어 있기 때문이다. 수용한 제도를 그 나라의 현실에 맞게 발전시키면서 자신의 고유한 제도로 유지·발전시켰다면 이는 자주적인 것이지 이를 예속되었다고 할 수는 없을 것이다. 우리의 법제 속에는 우리 현실에 맞는 고유의 법제도가 녹아 있고 이를 시대별로 적응시켜 유지·발전시켜왔기 때문이다.

　중국에 의해 행하여지고 있는 동북공정의 결론이 우리에게 미치는 영향은 실로 위험수준을 넘은 것 같다. 우리의 현실적 지배력이 미치지 않고 있을 뿐 아니라 당시의 실정을 기록한 문헌도 거의 없다 보니 우리네 입장에서는 속만 태울 뿐이다. 동북공정의 결론은 부여·고구려·동예·삼한 등의 한반도를 중심으로 성장·발전했던 고대국가의 독립성을 부정하고 중국역사의 일부로 보겠다는 것이다. 이러한 중국의 주장에 대해 마땅히 대응할 만한 자료가 축적되어 있지 않은 것이 안타깝다. 그러나 이러한 열악한 여건 하에 있긴 하지만 우리 학자들도 우리 역사 찾기에 힘을 보태고 있다.

근대 이후 우리의 법제도는 서구의 법문화와 법제도에 의해 상당 부분 잠식되었으나 법문화와 법의식에는 전통의 영향이 강하게 스며들어 있기에, '법'과 '현실' 사이에 존재하는 괴리감을 떨쳐내기 힘들었던 것이 사실이다. 전통이란 모름지기 우리 문화의 저변에 살아 숨 쉬며 문화의 토양으로 작용한다. 오랜 기간 동안 우리네 삶의 준거가 돼 온 전통법 역시 우리 고대로부터의 법문화의 저변에 자리잡고 있으면서 현재의 우리의 법의식에 영향을 미치고 있는 것이다. 이렇듯 전통 법규범과 원칙들을 살펴보는 것은 우리의 전통적 법문화와 법의식의 근간이 무엇인지를 밝힐 수 있다는 점에서 중요한 의미를 갖는다.

흔히 역사는 반복된다고 하고 과거의 역사는 미래를 예측하는 주요한 잣대라 하기도 한다. 그만큼 우리 조상들이 살아온 역사 내지 과거의 행적은 중요한 의미를 갖는다. 보다 면밀한 역사에 대한 이해를 통해 우리의 미래를 가늠해 볼 수 있을 것이다.

## [주요 참고문헌]

### 〈단행본 및 논문〉

고 준 환(1992). 하나되는 한국사. 서울: 범우사.
권 인 호(1973). 행형사. 서울: 국민서관.
김 병 화(1992). 한국사법사(중세편). 서울: 일조각.
김 상 용(2014). 한국법사와 법정책. 서울: 피앤씨미디어.
김 상 용(2014). 서양법사와 법정책. 서울: 피앤씨미디어.
김 선 경(1992). 민장치부책을 통해서 본 조선시대의 재판제도. 역사연구(창간호).
김 성 천(1998). 형사소송절차의 역사. 법학논문집(제23집). 중앙대학교 법학연구소.
김 양 수(2003. 3) 17, 18세기 형조의 재원과 보민사. 조선시대학보(제24집). 조선시대사학회.
김　　호(역)(2003). 신주무원록. 서울: 사계절출판사.
김　　호(1998). 「검안」을 통해 본 100년 전의 향촌사회(2). 문헌과 해석, 1998 가을 (통권 제4호).
김　　호(1998. 3). 규장각소장 '검안'의 기초적 검토. 조선시대학보(제4집). 조선시대사학회.
김 홍 규(2004). 민사소송법. 서울: 삼영사.
류 승 훈(2005). 민사소송법. 서울: 신　화.
류 승 훈(2005. 12). 한국 민사소송법제의 과거, 현재 그리고 미래. 대한민사법학. 대한민사법학회.
류 승 훈(2006). 소송아, 게 물렀거라!. 서울: 아이엠북.
류 승 훈(2010). 조선의 법이야기. 한국학술정보.
류승훈·장병일(2010). 민법 기초I, 선문대학교 출판부.
류 승 훈(2011). 민사소송법. 한국학술정보.
류 영 박(2004). 한국사의 탐구. 서울: 푸른사상.
문형진(2001. 12). 조선초 절도범 처벌실태와 그 부가형. 조선시대학보(제19집). 조선시대사학회.
**박 병 호**(1987). 한국법제사 교. 서울: 법문사.
**박 병 호**(1985). 한국의 전통사회와 법. 서울; 서울대학교 출판부.
**박 병 호**(1998). 조선 초기 법제정과 사회상. 국사관논총(제80집). 과천: 국사편찬위
 원회
서울특별시(1978). 서울6백년사.
서 원 우(1996). 한국법의 이해. 서울: 두성사.
서 일 교(1968). 조선왕조형사제도의 연구. 서울: 한국법령편찬회.
송 상 현(2004). 민사소송법. 서울: 박영사.
심 재 우(2003). 조선 후기 형벌제도의 변화와 국가권력. 국사관논총(제92집). 과천:
 국사편찬위원회.
심 희 기(1983). 조선후기의 형사판례연구. 법사학연구(제7호). 서울: 한국법사학회.
심 희 기(1997). 한국법제사강의. 서울: 삼영사.
연 정 열(1984). 조선 초기 쟁송에 관한 연구; 노비쟁송을 중심으로. 사회과학논집
 (제2집). 한성대학교 사회산업연구소.
오 갑 균(1995). 조선시대사법제도연구. 서울: 삼영사.
유 성 국(2001. 10). 삼국시대 재판제도. 법사학연구(제24호).
윤 국 일(1998). 경제육전과 경국대전. 서울: 신서원.
윤 백 남(1973). 조선형정사. 한국학연구총서 6. 서울: 성진문화사.
윤 세 영(2007), 삼국시대 사회생활사. 서울: 서경문화사.
이 기 명(2003). 조선시대 상피제의 운영실태 연구. 동국대학교대학원 사학과 박사
 학위논문.
이 기 백(1992). 한국사신론. 서울: 일조각.
이덕일/ 이희근(2002). 우리 역사의 수수께끼 1. 서울: 김영사.
이 승 구 외(1977). 한국법제사 연구(조선조편). 원광대 논문집(제10호).
이승휴 저/ 박두포 역(1987), 제왕운기, 서울: 을유문화사,
이 시 윤(2004). 신민사소송법. 서울: 박영사.
이 정 찬(1984). 한국행형사. 서울: 선민출판사.
일 연 저/ 이민수 역(1987), 삼국유사, 서울: 삼성미술문화재단.
**임 명 수**(2009). 에도시대의 고문 형벌. 서울: 어문학사.
**임 병 준**(2000). 암행어사이야기(상, 하). 서울: 전예원.
**임 병 준**(2003). 조선의 암행어사. 서울: 가람기획.
**임 상 혁**(2000). 조선 전기 민사소송과 소송이론의 전개. 서울대 대학원 박사학위

논문.

임승국 역(1987). 한단고기, 서울: 정신세계사.

전 경 목(1996). 조선 후기 산송연구 - 18·19세기 고문서를 중심으로 -. 전북대학교 대학원 박사학위논문.

전 경 목(1997). 산송을 통해 본 조선후기 사법제도 운용실태와 그 특징. 법사학연구 18.

정긍식·임상혁(1999). 16세기 사송법서 집성. 한국법제연구원.

정 동 윤(2001). 민사소송법. 서울: 법문사.

정 연 식(2003). 일상으로 본 조선시대 이야기 2. 서울: 청년사.

조 우 영(2000. 10). 한서지리지에 나타난 고조선의 법. 법사학연구(제22호).

조 윤 선(2002). 조선후기소송연구. 서울: 국학자료원.

지 철 호(1985). 조선전기의 유형. 한국법사학회(제5호).

최 종 고(1980). 법사와 법사상. 서울: 박영사.

한국고문서학회(2002). 조선시대생활사, 서울: 역사비평사.

한국역사연구회(1992). 한국역사. 서울: 역사비평사.

한 상 권(1996). 조선후기 사회와 소원제도 - 상언, 격쟁연구 -. 서울: 일조각.

中橋政吉(1934). 朝鮮舊時の刑政(조선구시의 형정). 경성조선총독부 법무국 치형법전.

### 〈관련 싸이트〉

경국대전 http://www.koreaa2z.com/klaw/index.html
경상대학교 문천각 http://www.nmh.gsnu.ac.kr
국가전자도서관 http://www.dlibrary.go.kr
국가지식정보통합검색시스템 http://www.knowledge.go.kr
국립중앙도서관(원문정보 DB) http://www.nl.go.kr
국사편찬위원회 http://kuksa.nhcc.go.kr/front/dirservice/dirFrameSet.jsp
국역 조선왕조실록 http://korea5000.com/bin/dbindex.cgi?dbgrp=BON
국회도서관 http://www.nanet.go.kr
규장각(서울대) http://kyujanggak.snu.ac.kr
대전회통 http://www.koreaa2z.com/klaw
민족문화추진회 http://www.minchu.or.kr
역사문화학회 http://www.hiscul.or.kr

조선시대사학회 http://chosun.or.kr
한국고문서학회 http://www.hisa.or.kr
한국고전번역원 http://www.itkc.or.kr
한국국학진흥원 http://www.koreaastudy.or.kr
한국교육학술정보원 http://www.riss4u.net/index.jsp
한국사사료연구소 http://www.clepsi.co.kr
한국사서지검색 http://www.hongik.ac.kr/hhc-bin/khc_kor
한국역사연구회 http://www.koreanhistory.org/
한국역사정보통합시스템 http://koreanhistory.or.kr/front/index.jsp
한국전통민족문화의 광장(동국대 김재문교수 홈페이지) http://www.dongguk.ac.kr/~kjm/
한국학전자도서관(장서각) http://lib.aks.ac.kr
한국학중앙연구원 http://www.yoksa.aks.ac.kr
한림대 역사학과 오수창교수 홈페이지 http://www.hallym.ac.kr/~changa/

# [용어정리]

## [ㄱ]

**가구소(街衢所)** 고려시대인 1076년(문종 30) 수도인 개경에 설치된 기구로서 가구옥(街衢獄)이라고도 하였다. 단순히 죄인을 잡아가두는 기능을 넘어서서 재판과 처단까지도 담당하였고, 또한 도적의 퇴치라는 군사적 성격을 지니고 있었다는 점에서 당시에 매우 중요한 형옥기관(刑獄機關)이라고 할 수 있음.

**가 뉴(枷杻)** 가(枷)는 목에 씌우는 칼을 말하고, 뉴(杻)는 손에 채우는 수갑을 말함.

**가 례(家禮)** 가정의 관혼상제(冠婚喪祭)에 대한 예법.

**가마쿠라 막부** 일본 최초의 무사정권으로 1185년경 미나모토노 요리토모가 수립함. 가마쿠라는 오늘날의 도쿄의 바로 옆에 위치함. 즉 무로마치 막부와 달리 서쪽의 교토에서 멀리 동쪽에 자리하고 있었음.

**가 수(枷囚)** 죄인의 목에 칼을 씌워서 가둠.

**간 원(諫院)** 후에 사간원(司諫院)이라 불리게 됨. 삼사(三司)의 하나로서 왕에게 간(諫)하는 역할을 함.

**간 쟁(諫諍)** 임금에게 옳지 못하거나 잘못된 일을 고치도록 간절히 말함.

**감 결(甘結)** 판결을 수락하여 준수하겠다는 서약서.

**감사정배(減死定配)** 사형에 처할 죄인의 형을 감하여 귀양을 보냄.

**감찰사(監察司)** 고려 후기 어사대의 기능을 이어받아 설치되었던 관청.

**갑오개혁(甲午改革)** 1894년(고종 31) 7월부터 1896년 2월까지 3차에 걸쳐 추진되었던 일련의 개혁운동을 말하는 것으로 갑오경장(甲午更張)이라고도 한다.

**강상죄(綱常罪)** 삼강(三綱)과 오상(五常)에 어긋나는 죄를 말함. 부모 또는 남편을 죽이거나, 노비로서 주인을 죽인 자 및 관노(官奴)로서 관장(官長)을 죽인 자 등을 말함.

**강 역(疆域)** 강토의 구역.

**강읍호(降邑號)** 부·목·군·현 등에서 강상(綱常) 죄인이 나오거나 수령을 능욕하고 읍에 대하여 반란을 일으킨 경우에 읍을 강등함으로써 읍 전체에 연대책임을 부과하는 형.

**거 수(渠帥)** 우두머리란 뜻으로 고대국가로 발전하기 이전 단계의 집단의 수장이나 유력자를 뜻하는 말.

**거열형(車裂刑)** 고대에 쓰던 혹형(酷刑)으로, 말 다섯 마리에다 사람의 사지와 머리를 잡아매고 내달리게 하여 시체를 찢는 형벌.

**검 시(檢屍)** 사람의 사망이 범죄로 인한 것인가를 판단하기 위하여 수사 기관이 변사체를 조사하는 일.

**격(格)** 우리나라의 고대국가, 즉 삼국시대의 칙(勅; 조서)의 명령을 모은 법전으로서 율령을 보충, 변경하는 역할을 함.

**격 쟁(擊錚)** 민인들이 궁궐에 직접 들어가거나 왕이 행차할 때를 포착하여 징이나 꽹가리 또는 북을 쳐서 이목을 집중시킨 다음 억울한 사연을 왕에게 호소하는 것.

**견 굴(見屈)** 소송에서 패소하는 것.

**결 득(決得)** 승소판결을 얻음. 득결이라고도 함.

**결부법(結負法)** 토지를 파악함에 있어서 토지의 면적과 수확량을 동시에 표시한 계량법.

**결송(決訟)다짐** 변론종결.

**결 옥(決獄)** 형사사건의 재판.

**결 절(決折)** 재판·판결을 확정함: '결송입안(決訟立案)'·'결절입안(決折立案)' 또는 '단결입안(斷決立案)' 등으로 불림.

**경(更)** 하루의 밤을 5등분한 시각의 이름.

**경국대전(經國大典)** 세조 때부터 편찬이 시작되어 성종 때 반포된 것으로 조선 초기의 법전인 경제육전과 그 뒤의 법령을 종합적으로 체계화 한 법전이다. 조선 사회의 기본 통치방향과 이념을 제시하였으며, 이로써 조선은 통치체제가 확립되어 유교적 법치국가로 발전할 수 있게 됨.

**경 면(黥面)** 얼굴에 자자(刺字)하는 형벌.

**경 연(經筵)** 왕에게 유학의 경서를 강론함으로써 유교의 이상정치를 실현하는 것이 그 목적이었다. 시기에 따라서는 학문토론과 정치문제에 대한 기능이 강화되기도 함.

**경제육전(經濟六典)** 우리 역사 최초의 성문 통일법전으로서 태조 6년(1397) 12월에 영의정 조준 등이 완성하여 공포함.

**경차관(敬差官)** 지방에 임시로 보내어 전곡(田穀)의 손실을 조사하고 민정을 살피게 한 벼슬.

**계(契)** 경제적인 도움을 주고받거나 친목을 도모하기 위하여 만든 전래의 협동 조직으로 낙찰계·상포계·친목계 따위가 있음.

**계 권(契券)** 계약서 또는 토지증명서를 일컬음.

**계몽주의** 17세기 후반에 시작되어 18세기 프랑스에서 전성기를 이룬 사조. 신(神)이 아닌 인간의 이성(理性)에 의해 의식이 형성되어야 한다는 사상이며, 프랑스혁명의 사상적 배경이 됨. 그 원류(源流)는 홉스, 로크를 비롯하여 17세기의 영국에서 시작되며. 이후 레싱, 헤르더를 비롯한 독일의 여러 사상가에게까지 그 영향을 미치게 된다. 프랑스의 계몽사상은 1734년에 출판된 볼테르의 '철학서간(哲學書簡)'에서부터 비롯. 이어 몽테스키외가 '법의 정신'(1748)을 지어 삼권분립의 원칙을 주장하였고, 디드로, 달랑베르, 뷔퐁, 콩디야크, 돌바크 등에 의해서 18세기 중엽부터 '백과전서(百科全書)'가 발간되면서 그 사상적 토대를 쌓아나감.

**고대법(古代法)** 고대법은 고대사회에서 시행되었던 법을 말함<고대동방법(古代東方法)·이집트법·그리스법·설형문자법(楔形文字法)·로마법 등을 포함>. 주로 관습법(慣習法)이나 노예의 소유에 관한 법 등이 그 주를 이룸. 고대법에는 제정법도 있었으나 일반적으로는 관습법이 큰 역할을 함. 로마 이전의 고대법에는 원시사회에 있어서의 공동체적 사적 소유의 제도가 잔재로 남아 있으며, '탈리오' 형도 유지되고 있음.

**고려율(高麗律)** 고려시대에 '당률(唐律)'과 '송형통(宋刑統)'을 참작해 고려의 실정에 맞도록 제정한 고려의 독자적인 성문형법임. '고려사' 형법지에는 당나라 제도를 채용하여 71개의 율을 제정하였다고 되어 있으나 옥관령(獄官令) 2조를 빼면 69조의 율이 있었음을 알 수 있음

**고 목(告目)** 서리(胥吏)와 같은 아전(衙前)이 수령 등에게 올리는 문서.

**고 신(告身)** 관품과 관직의 임명장.

**고 신(拷訊)** 오늘날의 고문.

**고율사(考律司)** 율령과 유죄 인지의 여부를 자세히 조사하여 밝혀내는 역할을 함.

**고 음(제음)** 관에 대하여 다짐(맹세·증언)하는 문서. 대체로 소송결과 패소한 사람이 관의 판결대로 이행할 것을 다짐하는 문서. 따라서 승소자가 보관하게 되는 문서이며 관의 휘필과 압(수결), 관인을 찍게 되어 있다. 개인 간에 주고받는 고음도 있음.

**고족형** 발을 쪼개는 형벌인데 사가에서 노비의 죄를 다스리면서 자행하는 경우가 있었다.

**고 한(辜限)** 고려시대에 다른 사람을 구타하여 상해를 입혔을 때 가해자가 일정 기간 동안 그 구타와 상해에 관하여 책임져야 하는 기한.

**공덕재(功德齋)** 미래의 성불(成佛)을 위하여 행하는 불교 의식을 말함. 공덕(功德)은 현재에 착한 일을 많이 함으로써 현재와 미래를 좋게 하는 선업(善業)을 말하며, 공덕재는 이를 위하여 재(齋)를 올리는 것을 말함.

**공법회통(公法會通)** 블룬칠리(Bluntschli, J. K.)가 쓴 책으로 1880년에 한국어로 간행된 최초의 서양 국제법서.

**공음전(功蔭田)** 고려시대 5품 이상 고위 관리에게 지급한 토지.

**공해전(公廨田)** 국가기관·왕실·궁원의 경비를 충당하기 위해 설정된 토지

**과 전(科田)** 직책 수행과 관련된 토지로서 직전(職田)이라고도 함.

**과전법(科田法)** 고려의 문란한 토지제도를 바로잡기 위하여 1391년(공양왕 3)에 사전(私田) 개혁을 단행하여 새로운 전제(田制)의 기준으로 삼은 토지제도로서 국가 재정과 신진 사대부들의 경제 기반 확보를 위해 시행하였다. 국내의 토지를 측량하여 파악한 다음, 토지를 결 수로 계산하여 그 중 얼마를 상공전(上供田), 국용전(國用田), 군자전(軍資田), 문무역과전(文武役科田)으로 분배함. 한량으로 서울에 거주하면서 왕실을 호위하는 자이거나, 과부로서 수절하는 자, 향역(鄕驛)이나 도진(渡津)의 관리, 또는 서민과 공장(工匠)으로서 공역(工役)을 맡은 자에 이르기까지 모두 토지를 분배해 주었음.

**과한법(過限法)** 소송을 제기할 수 있는 일정한 기간을 설정한 것으로 지금의 제척 기간과 유사한 규정.

**관당법(官當法)** 고려시대에 형벌을 관품(官品)으로 때우는 제도로서 도·유형에 갈음하여 관품을 삭탈하는 것을 말함.

**관둔전(官屯田)** 각 지방의 관아에 딸렸던 논과 밭.

**관 부(官府)** 관청(官廳)을 일컬음.

**관 식(官式)** 관청(官廳)에서 하는 방식(方式).

**광명이세(光明理世)** 밝은 빛으로 세상을 다스린다는 의미.

**교수형(絞首刑)** 교형(絞刑)이라고도 하며 죄인의 두손과 두 발목을 묶고 높은 데에 매달아 목을 졸라 죽이는 것을 말함.

**구경삼사(九經三史)** 구경(九經)은 유학에서의 경전(經典) 분류법으로 당(唐)나라 때부터 비롯함. '역(易)'·'서(書)'·'시(詩)'·'예(禮)'·'악(樂)', '춘추(春秋)', '논어(論語)', '효경(孝經)', '소학(小學)'을 구경(九經)이라고 함. 삼사(三史)는 사마천의 '사기(史記)'·반고의 '한서(漢書)'·법엽의 '후한서(後漢書)'를 말함.

**국 상(國相)** 고구려 초기의 최고 관직.

**국 안(鞫案)** 임금의 명령을 받아 반란이나 강상(綱常) 등에 관련된 중죄인을 국문한 사실과 이로부터 얻어낸 자백과 판결한 내용 등을 기록한 문서

**국자학(國子學)** 고려시대 국자감의 삼품관 이상 고관의 자제만 입학하던 전문학과.

**궁 벽(宮辟)** 죄인의 생식기를 거세하는 형벌로서 탁형(椓刑), 부형(腐刑)이라고도 함.

**귀향형(歸鄕刑)** 고려시대에 본관<本貫; 본인의 조상들이 살던 지방을 일컫는 것으로서 원적(原籍)이라고도 함> 지역으로 유배하는 형벌.

**규문주의(糾問主義)** 형사소송절차의 개시와 심리가 일정한 소추권자(訴追權者)의 소추에 의하지 않고 법원의 직권에 의하여 행해지는 주의로서 원고(原告)의 소추를 기다려서 소송절차를 개시하는 탄핵주의(彈劾主義)에 대응하는 개념.

**극기복례(克己復禮)** 스스로의 욕망을 제어하여 예(禮)로 돌아간다는 의미.

**근대법(近代法)** 근대법은 근대 시민사회를 규율하는 법으로서 고전적인 자본주의 경제를 배경으로 하여 개인주의·자유주의·민주주의 등을 그 원칙으로 함. 1789년의 프랑스혁명을 비롯한 시민혁명에 의하여 시민에 의해 만들어진 근대국가가 수립되었고, 근대법은 그와 같은 국가의 법으로서 등장하게 되었음.

**금부민고소(禁部民告訴)** 군현 백성들은 종사의 안위나 불법 살인과 관련한 것이 아니면 수령을 고소할 수 없음을 말함.

**급전사(給田司)** 조선 초기에 벼슬아치나 관아에 땅을 나누어주는 일을 맡은 호조에 딸린 관아.

**기 관(記官)** 고려 시대에 기록 또는 수정의 일을 맡아보던 구실아치.

**기시형(棄尸刑)** 시장 또는 길거리에서 사람들이 보는 가운데 공개적으로 처형하는 형.

## [ㄴ]

**낙 형(烙刑)** 쇠를 불어 달구어 몸을 지지는 형벌이다. 대적죄인의 신문에 사용되었다고 하며 권문사가에서는 노비의 죄를 벌할 때 행하는 경우도 있었음.

**난자치사죄(亂刺致死罪)** 칼이나 창 등으로 부위를 가리지 않고 마구 찔러 죽게 한 죄.

**난 장(亂杖)** 여러 명이 장으로 신체의 어느 부분도 가리지 않고 난타하는 형벌로서 주로 고문의 일종으로 사용된 것으로 보임.

**남 조(南朝)** 420년에 동진(東晉)이 망한 후 진(陳)나라가 망한 589년까지의 남방에 차례로 세워진 송(宋)·제(齊)·양(梁)·진(陳)의 네 왕조를 아울러 이르는 칭호.

**납 속(納贖)** 곡식을 바친 사람에게 벼슬을 내리거나 죄를 면제해 주던 제도.

**낭 관(郎官)** 조선시대 각 관아의 당하관(조선 시대 관리들의 품계 가운데 정3품 이하 종9품까지의 관원을 말함)을 말함.

**낭 사(郎舍)** 고려시대 중서문하성에 소속된 간관(諫官)인 정3품 이하의 관원에 대한 총칭.

**낭 청(郎廳)** 조선 후기 비변사·선혜청·준천사(濬川司)·오군영 등의 실무담당 종6품 관직.

**내수사(內需司)** 궁중에서 쓰는 곡식·피륙·잡물 및 노비에 관한 사무를 맡아 보던 관사.

**내장전(內莊田)** 왕실이 소유하여 직접 경영하던 직속지.

**능지처사(陵遲處死)** 능지처참(陵遲處斬)이라고도 하며, 모반대역죄(謀反大逆罪)나 친부모살인죄(親父母殺人罪)와 같은 최고의 반도의범에 대하여 만 적용되었다. 즉 죄인의 머리·양팔·양다리·몸체를 찢어 각지로 보내 여러 사람에게 보이거나 신체의 특정된 수개 처에 칼질하여 상처를 내고 목을 베는 형벌임.

# [ㄷ]

**다이카개신(大化改新)** 고토쿠(孝德) 천황이 즉위하고, 처음으로 연호를 정해 645년을 다이카(大化) 원년으로 삼고 646년 1월부터 본격적인 개혁정치를 단행하게 되는데 이를 말함. 이로써 야마토정권이 막을 내리게 됨.

**단근형(斷筋刑)** 죄인의 힘줄을 끊어버리는 형벌로서 도적이 성할 때 이를 근절하기 위하여 임시조치로 시행된 적이 있는 것으로 보여 짐.

**단 송(斷訟)** 소송에 대해 판결하는 것.

**단 자(單子)** 제수(祭需)를 올리거나 부의(賻儀)를 올릴 때 쓰는 문서.

**담로제(擔魯制)** 백제 웅진 시대 행하여진 지방에 왕족을 파견한 지방통치 정책으로 22 담로를 두었다.

**당 율(唐律)** 중국 당 태종이 수(隋)의 '개황률'을 근거로 율령을 정비하여 정관 11년(637)에 '당률(唐律)'과 '당령(唐令)'을 반포, 시행한 것임. <정관율(貞觀律)>이라고도 함.

**당률소의(唐律疏義)** 7세기 중엽의 영휘율소(永徽律疏)를 737년에 이임보(李林甫) 등이 개수(改修)한 것으로 12편 502조로 구성됨. 법적 효력을 가진 관찬(官撰)의 주(소의)가 있고, 태·장·도·유·사의 5가지 형벌체계로 이루어짐. 중국의 전통적 형법의 전형을 보여줌.

**당상관(堂上官)**  정3품 이상의 고급관리로서 왕과 함께 정치의 중대사를 논의하고 정치적 책임을 졌다. 종3품 이하의 관리는 당하관(堂下官)이라 했으며 주로 행정실무를 담당하였음.

**대 간(臺諫)**  사헌부와 사간원(司諫院)을 함께 칭하여 그 관원을 이같이 부름.

**대명률(大明律)**  중국 명(明)나라의 기본법전으로서 명률(明律)이라고도 함.

**대 벽(大辟)**  중국 주(周)나라에서의 5형 중 가장 무거운 형벌인 사형(死刑)을 총칭하는 개념.

**대 성(臺省)**  고려시대 어사대(御史臺)의 대관과 중서문하성의 성랑(省郞)을 합하여 부르는 명칭.

**대사간(大司諫)**  조선시대 간쟁·논박을 맡았던 사간원(司諫院)의 으뜸인 정3품 벼슬.

**대 언(代言)**  조선시대의 승지(承旨; 조선시대 승정원에 두었던 정3품 관직)를 일컬음.

**대전통편(大典通編)**  1785년(정조 9)에 '경국대전(經國大典)'과 '속대전(續大典)' 및 그 후에 간행된 법령집을 통합하여 편찬한 법전으로 6권 5책으로 이루어짐.

**대전회통(大典會通)**  1865년(고종 2)에 '대전통편(大典通編)' 체제 이후 80년간의 수교(受敎)·각종 조례(條例) 등을 보완하여 편찬한 조선시대 최후의 통일 법전으로 6권 5책으로 이루어짐.

**대한국국제(大韓國國制)**  1899년 8월 17일에 반포되었고 대한제국이 자주 독립국가임을 내외에 알리고, 정체가 전제정치임과 황제가 막강한 제권(帝權)을 가진다는 것을 천명하기 위해 제정, 선포한 것임.

**덕주형보(德主刑補)**  '덕(德)'을 주(主)로 하고 '법(法)'을 보조적 수단으로 삼는다는 유가(儒家)의 형치(刑治) 원리.

**데마고그(demagogue)**  그리스 시대에 자극적인 변설(辯舌)과 글을 바탕으로 감정적·정서적으로 대중을 기만하여 정치적으로 동원하는 웅변술이 좋은 선동가.

**덴무(天武)왕**  일본 아스카시대의 왕(재위 673~686)으로 '임신(壬申)의 난(亂)'으로 조카인 고분(弘文)을 물리치고 일본의 제40대 왕이 됨. 덴무(天 武) 왕은 중앙의 관제(官制)를 정비하고 복색(服色)을 제정하는 등 중앙집권체제와 신분제를 강화하여 율령국가(律令國家)의 기틀을 마련함. '아스카키요미하라령(飛鳥淨御原令)'이라는 율령(律令)을 제정하여 시행함<키요미하라(淨御原)는 덴무왕의 별칭임>. 그는 재위 기간에 대신(大臣)을 한 사람도 두지 않을 정도로 철저히 친정(親政)을 하였고, 황자(皇子)와 황족(皇族)을 중심으로 한 황친정치(皇親政治)를 펼침. '천황(天皇)'이라는 명칭도 이때부터 사용되었 다는 해석도 있음.
**도 관(都官)** 고려시대에 노비문서(簿籍)와 노비관련 소송을 관장하였던 기구로 형부에 속해 있던 관서.
**도불습유(道不拾遺)** 길에 떨어진 것을 줍지 않는다는 고사(故事).
**도 수(度數)** 횟수. 도(度)는 사물의 횟수를 세는 단위.
**도첩제(度牒制)** 승려가 출가했을 때 국가가 허가증을 발급하여 신분을 공인해 주던 제도. 고려 말부터 시행되었고 조선 초기에 더욱 강화됨.
**도 형(徒刑)** 사람이 약간 중한 죄를 범한 경우에 관에 붙잡아 두고 소금을 굽거나 쇠를 달구게 하여 온갖 힘들고 괴로운 일을 시키는 형벌. 구금하여 강제노역에 종사시키는 점에서 오늘날의 징역형과 유사함.
**동 추(同推)** 관찰사가 중죄인을 심문할 경우에 관찰사가 범죄발생지를 관장하는 수령과 그 이웃수령으로 하여금 공동으로 심문하도록 하는 것.
**두락제(斗落制)** 고대 국가 시대에 파종량을 기준으로 하는 토지 측량단위.
**두 레** 농촌 사회의 상호 협력·감찰을 목적으로 조직된 촌락 단위의 공동노동체 조직.

# [ㄹ]

**령(令)** 우리나라의 고대국가, 즉 삼국시대의 행정법 규정.
**르네상스** 르네상스(Renaissance)의 사전적 의미는 학문 또는 예술의 재생·부활이라는 의미로서, 14~16세기에 걸쳐 이탈리아를 중심으로 하여 전개된 문화운동. 즉 고대의 그리스·로마 문화를 이상으로 하여 이들을 부흥시킴으로써 새로운 문화를 창출해 내려는 운동을 말함.

# [ㅁ]

**마 패(馬牌)** 역마(驛馬)와 역졸(驛卒)을 이용할 수 있는 증패.
**매장은(埋葬銀)** 장례비로 거두는 은전.
**맹 추(孟秋)** 음력 7월을 달리 이르는 말로서 이른 가을을 말함.
**메 인** 메인(Henry James Sumner Maine, 1822~1888)은 19세기 영국의 법학자로서 1847년부터 1854년까지 케임브리지 대학 사법(私法) 교수를 역임했고, 법학원(Inns of Court)에서 로마법을 강의했다. <고대법 Ancient Law(1861)>은 그의 대표적인 역사법학의 고전적 저작이다. '신분에서 계약으로(from status to contract)' 라는 유명한 명언을 남기기도 했다.

**면 계(面戒)** 면전에서 충고함.

**명 례(名例)** 죄명(罪名)과 형벌례(刑罰例), 즉 법(法)의 총칙적(總則的)인 규정을 말함. 명(名)은 오형(五刑)의 죄명(罪名)을, 예(例)는 오형(五刑)을 적용하는 법례(法例)를 뜻함.

**명 문(明文)** 매매계약서.

**몰 관(沒官)** 대역죄인의 가족이나 그 재산을 몰수하는 것을 총칭하는 개념이다. 이에는 몰수(沒收)·적몰(籍沒), 그리고 추징(追徵)의 세 가지 종류가 있음.

**무 개(務開)** 농사철에 재판 심리를 쉬었다가 농사일이 거의 끝난 추분부터 다시 직무를 시작함.

**무로마치 막부** 1336년 일본의 아시카가 다카우지(足利尊氏)가 겐무정권(建武政權)을 무너뜨리고 정권을 잡은 때부터 1573년 아시카가 막부(足利幕府)가 오닌(應仁)의 난이 일어나 무로마치 막부가 패망하고 전국시대(戰國時代)로 접어드는 시기까지를 무로마치시대라고 함. 즉 오다노부나가(織田信長)에게 멸망될 때까지의 약 240년간의 시대를 말함. 무로마치시대는 교토를 중심으로 하여 발전하였는데, 문화적으로는 기타야마문화<北山文化; 교토 기타야마(北山)에 세운 금각사(金閣寺)를 중심으로 함>와 히가시야마문화<東山文化; 히가시야마(東山)에 세운 은각사(銀閣寺)를 중심으로 함>로 대표되며, 아울러 서민계급의 대두에 따른 서민문화가 형성됨. 또한 당시에는 왜구(倭寇)가 가장 많이 발호하던 시기로 일본 서해안의 무사(武士)나 어민들이 선단을 만들어 우리나라와 중국 연안에서 해적행위를 자행하던 시기임.

**무 복(誣服)** 강요에 의하여 하지 않은 것을 했다고 거짓으로 자백함.

**무 소(誣訴)** 없는 일을 있는 것처럼 꾸며서 소송을 일으키는 것.

**무 정(務停)** 농사일이 한창 바쁠 때에 잡송의 청리를 하지 않음.

**묵 벽(墨辟)** 죄인의 얼굴(이마) 살을 따고 흠을 내어 먹물로 죄명을 찍어 넣는 형벌(刺字)로서, 이를 묵경(墨黥)·묵형(墨刑) 또는 경형(黥刑)이라고도 함.

**문 권(文券)** 계약서.

**문 부(文簿)** 나중에 자세하게 참고하거나 검토할 문서와 장부.

**문사낭청(問事郎廳)** 조선시대의 사법(司法) 기관인 의금부(義禁府)가 설치된 1414년 (태종 14) 이후에 있었던 관직으로 정6품에서 종9품 가운데서 죄인을 문초한 조서를 작성하여 읽어주는 일을 맡아본 임시 관직으로서 문랑(問郞)이라고도 하였다. 지금의 법원이나 검찰청 서기(書記)와 비슷한 일을 맡아보았다고 할 수 있음.

**민며느리제**  고대 옥저(沃沮)의 독특한 제도로서 여자가 남자 집에 미리 가서 살다가 결혼하는 것으로 예부제(豫婦制)라고도 함.

## [ㅂ]

**반 상(班常)**  상위의 지배계층인 양반과 중간계층인 중인(中人), 일반 피지배계층으로서의 농민(農民: 常人)과 최하층의 노비(奴婢)로 이루어진 지배 계급구조를 말함.

**반 좌(反坐)**  사람을 무고(誣告)한 자에게 무고를 입은 사람에게 과(科)한 죄만큼 과죄(科罪)하는 것을 말함.

**배 소(配所)**  죄인을 유배할 곳.

**배 향(配享)**  학덕이 있는 사람의 신주를 문묘나 사당·서원 등에 모시는 일.

**백 근(白根)**  놀리고 있는 농지.

**백근법(白根法)**  놀리고 있는 농지(백근지)를 신고 경작할 수 있는 법.

**백년전쟁(百年戰爭)**  프랑스를 전장(戰場)으로 하여 1337년부터 1453년까지 116년 동안 영국과 프랑스 간에 벌어진 전쟁.

**백문매매(白文賣買)**  입안을 받지 않은 명문을 백문(白文)이라 하며 관인이 찍히지 않은 문서를 가지고 사사로이 매매하는 것을 말함.

**번(番)**  백성이 맡은 바 역(役)을 치르는 일.

**법 가(法家)**  중국 춘추전국시대(기원전 770~221)의 제자백가(諸子百家; 중국 춘추전국시대에 활약한 학자와 학파의 총칭)의 주요 유파 중의 하나. 보다 엄격한 법치주의가 근본이라고 주장함. 대표적인 법가(法家) 사상가로는 상앙(商鞅)·신불해(申不害)·한비(韓非)·이사(李斯) 등이 있었음.

**법 사(法司)**  형조와 한성부를 아울러 이르던 말.

**법의 지배(rule of law)**  사람에 의한 자의적 지배를 부정하고 법에 의한 지배를 강조하는 원리.

**베 다(Vedas, véda)**  브라만교의 성전(聖典)을 총칭하는 말로도 쓰이며, 고대 인도의 종교 지식과 제례 규정을 담고 있는 문헌을 말함. 사전적 의미로는 넓게는 '기록될 가치가 있는 지식 전체'를, 좁게는 '성스러운 지식이나 종교적 지식'을 의미함.

**베카리아**  베카리아(Cesare Beccaria, 1738~1794)는 근대 형법 사상의 기초를 마련한 이탈리아의 법학자임. 대표적 저서로서 '범죄와 형벌'(Dei delitti e delle pene; 1764)이 있음.

**별 함(別銜)** 국왕의 특별 명령을 받은 관리.

**병조참지(兵曹參知)** 조선시대 병조(兵曹)의 정3품 벼슬.

**보(寶)** 신라와 고려 시대에 나라에서 사업의 기금을 마련하고자 돈이나 곡식 따위를 백성에게 꾸어 주고 그 변리(邊利)를 이용하던 재단(財團)을 말함. 신라 때에는 점찰보·공덕보 따위가 있었고, 고려 시대에는 학보·광학보·제위보·팔관보 등이 있었음.

**보부상(褓負商)** 생산자와 소비자를 연결해 주는 데 큰 역할을 한 행상으로서 지역 간의 장날의 차이를 이용하여 일정 지역을 순회하여 활동하거나 전국을 무대로 활동한 상인을 말함.

**보 상(褓商)** 비교적 값비싼 필묵·금·은 및 동제품을 보자기에 싸서 들고 돌아다니며 판매하는 봇짐장사를 말함.

**보 쌈** 약탈혼(掠奪婚)의 일종으로 정식 결혼을 하지 못한 빈한한 하층민이나 재가가 허용되지 않은 과부들·양반가 자녀들의 액땜을 위해 부녀자나 남자를 약탈하는 것을 말함.

**보통법(普通法; Common Law)** 영국의 보통법원에서 적용하는 판례법으로서의 일반 국내법을 말한다. 보통법은 법관에 의한 해석의 여지가 있고 이에 따라 시대의 요청에 적응할 수 있는 탄력성·계속성을 가지고 있음을 그 특색으로 함.

**복검제(覆檢制)** 검시(檢屍)를 두 번 시행하는 제도를 말함.

**복 시(覆試)** 초시에 합격한 사람이 2월 서울의 해당 관사에서 보는 시험으로서 문과의 경우 초장에서는 강경(講經), 중장에서는 제술(製述), 종장에서는 책(策)을 부과함.

**본 관(本貫)** 본인의 조상들이 살던 지방을 일컫는 것으로서 원적(原籍)이라고도 함.

**본 족(本族)** 부계(父系)의 친속(親屬)·친족.

**봉고파직(封庫罷職)** 암행어사 등이 부정을 저지른 관리를 파면시키고 관고(官庫)를 봉하여 잠그는 일.

**봉 박(封駁)** 왕명 및 조칙의 합당하지 않은 것을 봉함하여 되돌려 반박 의견을 시달한 제도

**봉 사(封事)** 임금에게 올리는 글

**봉 서(封書)** 누구를 무슨 도의 암행어사로 삼는다는 신분표시와 임무의 내용이 적혀 있는 문서.

**부관참시(剖棺斬屍)** 이미 죽은 자의 무덤을 파헤쳐 시체를 꺼낸 다음 참형 또는 능지처사를 행하는 경우를 말함.

**부 상(負商)** 나무그릇이나 토기 등 일용상품을 지게에 지고 다니던 등짐장수를 말함.

**부 처(付處)** 중도부처(中途付處)라고도 하며 유형의 거리 이내의 근처에 가족과 함께 머물러 살 것을 명하는 것으로 관인 계급의 가벼운 범죄에 대한 형벌.

**북조(北朝)** 중국 남조(南朝) 당시 북방은 북제(北齊)·북위(北魏)·북주(北周) 등의 왕조가 통치하고 있었는데 이를 구별하여 북조(北朝)라 함.

**분 대(分臺)** 고려시대 서경(西京) 및 양계(兩界) 지방에 두었던 감찰 기구. 어사대(御史臺)의 분소(分所)라는 의미를 지닌 분사어사대(分司御史臺)의 약칭으로 행대(行臺)라고도 불림.

**분 집(分執)** 종·땅·집 따위를 나누어 가짐.

**브라흐마나(梵書 Brāhmaṇas)** 인도 힌두교 성전(聖典)인 '베다'의 해설서로서 네 가지 '베다'에 나오는 제식(祭式)을 설명함.

**비 결(批決)** 관부의 판결문.

**비 벽(剕辟)** 월형(刖刑)이라고도 하며 발뒤꿈치를 쪼개는 형벌

**비공입회수(鼻孔入灰水)** 사람을 거꾸로 매달아 놓고 코에 잿물을 붓는 일종의 고문방법인데 권세가 있는 사가에서 노비나 천민의 죄를 다스릴 때 사용된 경우가 있었다고 함.

**비리호송(非理好訟)** 이유 없이 이치에 어긋나는 소송을 일으키기를 좋아하는 것.

**비방지목(誹謗之木)** 남을 헐뜯어 비방하는 나무라는 의미.

**비 의(比依)** 딱 들어맞는 특정 범죄에 해당하는 법조문(正律)이 없을 경우 가장 비슷한 법조문을 끌어다 사용하는 것을 일컬음.

## [ㅅ]

**사구부(司寇部)** 백제 제8대 고이왕 때(250년 전후) 상좌평(上佐平)에 소속되어 외관(外官)의 하나로 형벌관계의 업무를 담당한 관서.

**사대부(士大夫)** 고려 및 조선 시대의 학자 출신 관리 또는 지배 계층에 속하는 문관 관료층을 일컬음.

**사 령(使令)** 명령하여 일을 시킴.

**사 목(事目)** 암행어사의 직무를 규정한 책.

**사문학(四門學)** 고려시대 국자감의 칠품 이상 벼슬아치들의 자제와 일반 백성

가운데서 우수한 사람만 입학하던 전문 학과.

**사 비 니** 사비니(Friedrich Karl von Savigny 1779~1861)는 19세기 독일의 대표적 법학자이다. 통일 독일의 통일 법전을 편찬하기 위해서는 모든 란트(Land)를 아우르는 민족정신이 필요하다고 주장하였다. 즉 법은 입법자의 자의나 계획에 의해 제정된 산물이 아니라 민족에 내재되어 있는 힘의 산물이어야 한다고 주장하였다.

**사 사(賜死)** 왕명으로 독약을 마시게 하여 죽게 하는 것으로 왕족이나 현직자로서 역모에 관련되었을 때 주로 행하여짐.

**사 손(使孫)** 자손이 없는 사람의 유산을 계승할 수 있는 4촌 이내의 근친.

**사 송(詞訟)** 민사소송을 말함. 원, 척간에 재화의 소유권에 대한 확인(確認)·양도(讓渡)·변상(辨償)을 위한 송사.

**사 신(仕臣)** 신라 때 지방의 특별행정구역인 소경(小京)에 파견한 지방장관.

**사 인(舍人)** 신라 때 궁중의 일을 맡아보던 하급 관리.

**사약형(賜藥刑)** 왕이 독약을 보내 자살하게 하는 사형 방법.

**사액서원(賜額書院)** 조선시대에 왕으로부터 서원명 현판과 노비·서적 등을 받은 서원. 최초의 사액서원은 주세붕(周世鵬)이 세운 백운동서원(白雲洞書院)임.

**사 족(士族)** 조선 후기 향촌사회에서 농민을 지배하던 계층.

**사지해형(四肢解刑)** 사지를 베어 죽이는 형.

**사 출(斜出)** 땅·집 등의 소유권이나 또는 어떤 권리를 증명하는 문서를 관아에서 작성하여 내어 줌.

**사 화(私和)** 판결에 의하지 않고 소송당사자끼리 화해하는 것.

**사헌부(司憲府)** 헌부·백부(柏府)·상대(霜臺)·오대(烏臺)라고 불리워지기도 함. 감찰을 각사(各司)나 지방에 파견하여 부정을 적발하고 그에 대한 법적 조치를 취하는 등 사법권을 가졌다. 형조(刑曹)·한성부와 더불어 삼법사(三法司) 또는 출금삼아문(出禁三衙門)이라고도 불리움.

**사 형(私刑)** 개인이나 사적 단체에 의해 행하여진 사적 형벌.

**사 형(死刑)** 사람의 목숨을 빼앗는 최고형으로서 교수형(絞首刑)과 참수형(斬首刑)의 두 가지가 대표적인 사형방법임.

**산 관(散官)** 품계만 있고 실제의 관직이 없는 관리를 일컬음.

**산 송(山訟)** 묘자리를 쓰는 일로 인해 발생하는 소송.

**살 옥(殺獄)** 살인사건에 대한 옥사.

**삼 강(三綱)** 유교의 도덕에서 기본이 되는 세 가지 강령. 임금과 신하·부모와 자식·남편과 아내 사이에 마땅히 지켜야 할 도리로 군위신강(君爲臣綱)·부위자

강(父爲子綱)·부위부강(夫爲婦綱)을 이름.

**삼도득신(三度得伸)** 세 번의 제소 가운데 두 번을 승소하면 그 내용대로 확정됨을 말함.

**삼 방(三方)** 중국에서 말하는 네 오랑캐(사이; 四夷) 가운데 동이(東夷)를 제외한 서융(西戎)·남만(南蠻)·북적(北狄)을 말함.

**삼법사(三法司)** 재판관계 업무를 취급하기 때문에 형조·사부부·한성부 또는 사헌부·장예원(掌隷院)·한성부를 이같이 부름.

**삼 성(三省)** 고려 시대에 최고의 의정 기능을 하던 세 기관. 중서성, 문하성, 상서성을 이름. 또는 조선시대에 사헌부·사간원·형조를 함께 일컫기도 함. 조선 후기에는 주로 의정부·사헌부·의금부를 가리키는 경우가 많았음.

**삼종지도(三從之道)** 조선시대에 여자가 따라야 할 세 가지 도리를 말하는 것으로, 여자는 어려서 어버이께 순종(順從)하고, 시집가서는 남편(男便)에게 순종(順從)하고, 남편(男便)이 죽은 뒤에는 아들을 따르는 도리를 일컬음.

**삽면형(鈒面刑)** 죄인의 얼굴이나 팔에 죄명을 문신하는 형벌.

**상 고(相考)** 서로 견주어 고찰함.

**상 복(詳覆)** 사죄(死罪)를 자세히 심의함,

**상복사(詳覆司)** 형조(刑曹)의 속사(屬司)로서, 사형에 해당하는 죄를 상세히 심의하여 잘못 적용되는 것을 막음.

**상 사(常赦)** 일상적인 사면(赦免; 죄를 면하여 줌).

**상 언(詳讞)** 범죄자에 대한 심의 및 형사소송.

**상 언(上言)** 백성이 왕에게 올리는 진정서로 격쟁과 같이 국왕에게 직소하는 소원제도.

**상의원(尙衣院)** 임금의 의대(衣帶)와 대궐안의 재물을 맡아보던 관아.

**상 피(相避)** 친족 기타 긴밀한 관계에 있는 자가 같은 곳에서 벼슬하거나 청송(聽訟)·시관(試官)하는 것을 서로 피하는 것.

**생 구(生口)** 고대 시대의(동예) 노예를 일컬음.

**생활반응(生活反應 vital reaction)** 법의학적 용어로 인간이 살아 있기 때문에 일어나는 반응을 일컫는 말

**샤리아(sharī'a)** 이슬람법·회교법이라고도 하는데 이 말은 '인간의 올바른 삶의 방식'의 구체적 표현이다. 이슬람의 샤리아는 구체적으로 사도 무함마드(Mahomet; 마호메트)에게 계시된 코란과 무함마드의 언행 순나를 말함.

**서 경(署經)** 관리의 임명이나 법령의 제정 등에 있어 대간(臺諫)의 서명을 거치는 제도이다. 관리를 처음 임명할 때에 사헌부와 사간원에서 심사하여 동의

해 주는 절차로 부당한 인사나 업무처리를 막는 한편, 왕권에 대한 견제의 기능을 함.

**서 계(書啓)** 숙계(繡啓)라고도 하며, 임금의 명을 받아 무슨 일을 처리한 신하가 그 결과를 보고하여 올리던 문서.

**서 리(胥吏)** 중앙관청의 하급관리를 말하며, 이서(吏胥)·아전(衙前)이라고도 함.

**서 원(書院)** 조선 중기 이후 학문 연구와 선현제향(先賢祭享)을 위하여 사림(士林)에 의해 설립된 사설 교육기관인 동시에 향촌 자치운영기구를 말함.

**서 파(庶派)** 서자(庶子)의 자손.

**서학범(西學凡)** 예수회 선교사인 알레니(Aleni, J.)가 저술한 책으로 서양법학을 처음으로 국내에 소개함.

**선두안(宣頭案)** 내수사(內需司)에 속하는 노비를 20년 마다 자세히 조사하여 명부를 새로이 만들어 임금에게 바치던 원적부(原籍簿).

**선 문(先文)** 관리가 지방에 출장할 때 그의 도착 날을 그 지방에 미리 통지하는 공문.

**세 계(世系)** 조상으로부터 대대로 내려오는 계통.

**세속5계(世俗五戒)** 신라 진평왕 때 원광(圓光)법사가 화랑 귀산(貴山)과 추항(箒項)에게 일러 준 다섯 가지 계율을 말함. 사군이충(事君以忠: 충성으로써 임금을 섬김)·사친이효(事親以孝: 효도로써 어버이를 섬김)·교우이신(交友以信: 믿음으로써 벗을 사귐)·임전무퇴(臨戰無退: 싸움에 임해서는 물러섬이 없어야 함)·살생유택(殺生有擇: 산 것을 죽임에는 가림이 있어야 함).

**소 결(疏決)** 죄수를 너그럽게 처결함.

**소 도(蘇塗)** 천신(天神)을 제사지낸 지역.

**속대전(續大典)** 1746년(영조 22)에 '경국대전' 시행 이후에 공포된 법령 중에서 시행할 법령만을 추려서 편찬한 통일 법전으로 6권 5책으로 이루어 짐.

**속 사(屬司)** 어느 관청에 딸린 하급 관청.

**속전(贖錢)제도** 조선시대에 특별히 정한 범죄를 제외하고는 형 대신 금전으로 납부할 수 있는 제도가 있었는데 이것이 바로 속전제도이다. 속전은 오늘날 벌금과 유사하다 할 수 있으나, 벌금은 재산형인데 비해 속전은 신체형(태·장·자유형(도·유)·생명형을 선고받은 후 본형을 재산형으로 대신한다는 점에서 구별된다. 그러나 모든 형벌을 대신할 수 있었던 것은 아니었으며 속전할 수 있는 요건을 법률로 정해 놓음.

**속 형(贖刑)** 돈이나 물품으로 죗값을 대신 치르던 형벌.

**송형통(宋刑統)** 북송 초기(963)의 형법전으로 당(唐)의 율(律)과 율소(律疏)를 대개 답습하여 송초(宋初)의 제도에 대응하도록 부분적으로 변경한 것임. 명례(名例)·위금(衛禁)·직제(職制)·호혼(戶婚)·구고(廐庫)·천흥(擅興)·적도(賊盜)·투송(鬪訟)·사위(詐僞)·잡(雜)·포망(捕亡)·단옥(斷獄)의 12율(律)로 구성됨.

**쇼토쿠태자(聖德太子)** 고구려 승 혜자(惠慈)와 백제 승 혜총(惠聰)으로부터 불교를 배운 인물로 일본의 불교를 중흥시킴. 현존하는 최고의 목조 사원인 호류사(法隆寺)를 비롯해 각지에 사찰을 세워 일본 불교의 황금기를 이룩함.

**수 결(手決)** 수촌(手寸)이라고도 하며 오늘날의 싸인에 해당.

**수 금(囚禁)** 죄수를 가둠.

**수 도(囚徒)** 감옥에 갇혀 있는 죄수.

**수 사(殊死)** 고대 중국에서 목을 베는 형을 일컬음.

**수속법(收贖法)** 고려시대에 형벌을 재화로 때우는 제도로서 형벌의 중요도에 따라 소정의 재화를 납부함으로써 실형의 집행에 갈음하여 형을 면제받는 것을 말함.

**수직첩(收職牒)** 고려시대에 고신(告身; 관품과 관직의 임명장)을 환수한다는 것으로 제명(除名)과 같은 뜻임.

**수트라** 고대 인도에서 '베다'의 이해를 위한 보조학의 강요(綱要)를 암송용으로 압축한 독특한 산문체에 의한 단문의 규정 및 그와 같은 문체로 편찬된 강요서(綱要書).

**순 경(巡更)** 밤에 도둑이나 화재 따위를 경계하기 위하여 순찰을 도는 일.

**순군만호부(巡軍萬戶府)** 고려·조선 시대에 순작(巡綽)·포도(捕盜)·금란(禁亂) 등의 일을 맡아 보던 관아.

**스콜라철학** 스콜라철학(Scholasticism)은 그리스도교의 교의를 학문적으로 체계화하려는 철학으로 기독교 신앙을 이성적인 사유를 통하여 논증하고 이해하려 했던 중세 철학을 말함.

**승중손(承重孫)** 아버지와 할아버지를 대신(代身)하여 제사(祭祀)를 받드는 맏손자 시양자(侍養子) 곁에서 시중을 들며 봉양하는 양아들.

**시무28조(時務28條)** 고려시대인 982년(성종 1)에 최승로(崔承老)가 성종에게 당면한 과제들에 대해 자신의 견해를 밝힌 정책건의문으로서 28개의 개혁안을 제시하였음.

**시정논집(時政論執)** 그 당시의 정치나 행정에 관하여 자기의 주장을 논술하여 고집함.

**시종신(侍從臣)** 왕을 모셔 호종하던 신하.

**식(式)** 우리나라의 고대국가, 즉 삼국시대의 율령을 시행하는 데 필요한 세칙(細

則을 정한 규정.

**식목도감(式目都監)** 고려시대의 법제(法制) 및 격식(格式) 제정에 관한 문제를 의논한 재신(宰臣)과 추신(樞臣)의 회의기관. 고려 성종 말과 현종 초에 걸쳐 설치되어 적어도 1023년(현종 14)에는 그 기능을 했던 것으로 보임.

**신 독(愼獨)** 홀로 있을 때에도 도리에 어그러짐이 없도록 몸가짐을 바로 하고 언행을 삼감.

**신불해(申不害; ?~기원전 337년)** 한(韓)나라의 명재로서 형명지학(刑名之學)의 대가였으며 법가 사상 중 술(術)을 강조하였다. 사기(史記)에 "신자(申子: 신불해를 높여 부른 말)의 학문은 황로<黃老: 黃帝·老子 등을 교조(敎祖)로 하는 도교(道敎)>에 근거를 두고 형명(刑名: 한비가 주장한 설로 형벌의 종류와 명칭을 말함)을 주로 하였다"라는 기록이 있음.

**십삼경(十三經)** 유가(儒家)에서의 13종의 경서(經書)를 총칭하는 말로서, '역경(易經)'·'서경(書經)'·'시경(詩經)'·'주례(周禮)'·'예기(禮記)'·'의례(儀禮)'·'춘추좌씨전(春秋左氏傳)'·'춘추공양전(春秋公羊傳)'·'춘추곡량전(春秋穀梁傳)'·'논어(論語)'·'효경(孝經)'·'이아(爾雅)'·'맹자(孟子)' 등의 13종을 말한다.

**십 악(十惡)** 불가에서 말하는 10가지의 악행을 말한다. 이에 해당하는 범죄로는 모반(謀反)·모대역(謀大逆)·모반(謀叛)·악역(惡逆)·부도(不道)·대불경(大不敬)·불효(不孝)·불목(不睦)·불의(不義)·내란(內亂) 등을 들 수 있음.

## [O]

**아관파천(俄館播遷)** 1896년 2월 11일 친러 세력과 러시아 공사가 공모하여 비밀리에 고종을 약 1년간 러시아 공사관으로 옮긴 사건.

**안 독(案牘)** 공문서. 한 건의 서류를 말함.

**안 치(安置)** 배소(配所)에서의 유거(幽居 : 속세를 떠나 그윽하고 외딴 조용한 곳에 묻혀 삶)를 강제당한 것으로 두문불출이라고도 함. 처첩·미혼 자녀와 동거할 수 있었고, 부모와 기혼자녀의 왕래상봉이 허락됨. 하급 관리나 서민의 경우는 안치의 대상에서 제외됨.

**안 핵(按覈)** 매우 자세히 조사하여 살핌.

**압슬형(壓膝刑)** 무릎 위에 압력을 가하는 고문의 일종임.

**야마토정권(大和政權)** 일본 최초의 통일정권으로, 3세기 말에서 645년 6월 다이카개신(大化改新)이 일어날 때까지 일본을 지배함. 야마토정권은 5세기에는 일본 대부분을 지배하게 되는데 이때부터 세습 제를 확립해 국호를 야마토로

하고, 일명 대군으로 불리는 오키미(大君: 王)가 군림하게 됨. 야마토정권 시기에 한반도와 중국 대륙으로부터 많은 사람들이 왜(倭 일본)로 건너오게 되었고, 특히 4세기 말에 백제에서 한자(漢字)와 유교가 전래되었고, 6세기 중엽에는 백제로부터 불교가 전래됨.

**야별초(夜別抄)** 고려시대(고종 때)에 집권자 최우(崔瑀)가 도성(都城) 안에 도둑이 많아 이를 막기 위하여 설치한 기구. 처음에는 개성에서 밤에 성안을 순찰하게 하였으나, 나중에는 도둑의 무리가 전국에서 발호하므로 각도로 확대하여 설치.

**약탈혼(掠奪婚)** 전쟁 및 기타 방법을 통해서 붙잡아온 여자를 아내로 삼는 혼인 형태.

**양 계(陽界)** 인간세상을 말함. '양계(陽界)의 귀부(鬼府)'란 '인간 세상에 있는 귀신의 집'을 말함.

**양법미의(良法美意)** 좋은 법, 훌륭한 뜻이란 곧 성왕(聖王)의 제도에 합당하고 민심에 합치하는 것으로, 시행하여도 폐단이 생기지 않고 국가나 백성 모두 편안히 여기는 법을 의미함.

**양 조(兩造)** 원고와 피고를 의미하며 조(造)는 송정(訟庭)에 이른다는 지(至)의 뜻.

**양현고(養賢庫)** 고려 예종 14(1119)년에 설치된 국자감의 재정을 충당하던 장학 기관.

**어사대(御史臺)** 고려시대 시정을 논하고 풍속을 교정하며, 백관을 규찰하고, 탄핵하는 일을 맡아보던 관청.

**에쿼티(Equity)** 본래 형평(衡平)·구체적 정의(正義)를 의미하며 오늘날 형평법(衡平法)으로 번역됨.

**여 수(慮囚)** 죄상을 참작하여 가벼운 죄수를 석방하는 것.

**영 어(囹圄)** 감옥을 말함.

**영업전(永業田)** 고려시대 양반(兩班)·서리(胥吏)·군 인(軍人) 등에게 지급했던 상속 가능한 토지.

**역 괘(易卦)** 길흉(吉凶)의 상(象).

**연좌제(緣坐制)** 범죄를 저지른 자와 특정한 관계에 있는 자에게 연대책임을 지도록 하고 함께 처벌하는 제도를 말함.

**에도막부** 도쿠가와 이에야스(德川家康)가 천하통일을 이루고 에도(江戶 : 현 도쿄)에 수립한 일본의 무가정권(武家政權)을 말함. '막번체제(幕藩體制)'라는 집권적 지배체제를 확립하였음. 직할영토의 보유와 함께 금·은 등의 화폐를 발행하였고 이러한 경제적 기반 하에서 5, 6만명에 달하는 군사력을 지녔음.

**예조참의(禮曹參議)** 조선시대 예조(禮曹)의 정3품 벼슬.
**예주법종(禮主法從)** 법은 예치(禮治)를 위한 보조수단이라는 법원칙.
**예주형종(禮主刑從)** 자율적 준수를 전제로 하는 예제(禮制)로 다스리는 것을 원칙으로 하고 예제(禮制)로 규율하기 어려운 범법행위의 경우에 형벌로서 다스린다는 법원칙.
**오 륜(五倫)** 사람이 지켜야 할 다섯 가지 도리로서 오상(五常)이라고도 함. 부자유친(父子有親)·군신유의(君臣有義)·부부유별(夫婦有別)·장유유서(長幼有序)·붕우유신(朋友有信)을 일컬음.
**5호 16국(五胡十六國)** 진나라(晉)의 멸망 뒤부터 남북조 시대 사이에 (304~439) 중국 북부를 중심으로 5호(흉노·갈·선비·저·강)가 세운 13국과 한족이 세운 3국이 난립하며 존재하던 시대를 말함.
**옥 당(玉堂)** 홍문관을 달리 부르던 말.
**옥 송(獄訟)** 형사소송을 말함. 옥송(獄訟)은 상해 및 인격적 침해(양반이 상민에게 능욕을 당했다든지 상민이 양반을 침범하여 포악하게 한 경우 등) 등을 이유로 원·척 간에 형벌을 요구하는 송사를 말함.
**옥중오고(獄中五苦)** 옥중 생활에서의 다섯 가지 고통을 말함.
**왕 법(枉法)** 법을 부정하게 적용함.
**왕제국가(王制國家)** 세습 군주가 다스리는 나라.
**외월지죄(猥越之罪)** 외람되게 절차를 뛰어 넘은 죄.
**외역전(外役田)** 지방 향리(鄕吏)의 직역 부담에 대한 대가로 지급한 토지.
**외지부(外知部)** 장예원을 도관지부(都官知部)라고 불렀던 데서 유래한 것으로 법에 대한 지식을 가지고 있으면서 이를 필요로 하는 사람에게 대가를 받고 소송을 이기게 끔 해주는 사람. 조선후기에는 이들을 쟁송위 업자·쟁송교사자(爭訟敎唆者)로 불림.
**요 역(徭役)** 국가가 백성의 노동력을 무상으로 징발하는 수취제도.
**요 참(腰斬)** 고대 중국에서 작두판 위에 눕혀 놓고 허리를 자른 잔혹한 형.
**용 작(傭作)** 품팔이를 고용하여 농사 짓는 것을 통칭하는 말.
**용형아문(用刑衙門)** 형벌을 행사할 수 있는 형조, 의금부, 한성부 등의 관아.
**우르 남무 법전(Code of Ur-Nammu)** 현존하는 가장 오래된 법전으로서 바빌로니 아의 함무라비 법전보다 약 300년 앞선 기원전 2100년에서 2050년 사이에 수메르어로 기록·편찬된 것으로 보임.
**우파니샤드(Upanisad)** 고대 인도의 철학서로서 브라만교의 성전 '베다'의 4부문 중 최종 부문에 해당하기 때문에 '베단타<Vedānta(베다의 말미)>'라고도 불리기도 함. 우파니샤드는 주로 대화·문답형식으로 쓰여져 있으며 우파니샤드의 중심 사상으로 후세에 가장 큰 영향을 미친 것은 '범아일여(梵我一如)'의 사상임.

**울 혈(鬱血)** 혈관의 일부에 정맥성 혈액의 양이 증가되어 있는 상태.

**원 고(元告)** 소(訴)를 제기하는 자.

**원시법(原始法)** 미개사회에서의 생활을 법적으로 질서있게 하는 사회규범을 원시법이라 함. 원시사회에 있어서의 인간의 사회생활은 모든 사회규범의 복합체에 의하여 규제되고 있었고, 대개의 경우 도덕·종교·주술 등의 사회규범과는 미분화된 상태임. 여러 계층 집단이 법적으로 규제된 장소를 가지며, 선례(先例)와 관습(慣習)에 따라 질서를 유지. 대부분 강제적 형벌에 의하기보다는 공동의식에 바탕을 둔 전통의 힘으로 분쟁을 해결·처리함.

**원 정(原情)** 원고와 피고가 서로 각자의 주장을 정당화하는 소지를 제출하는 것.

**원 척(元隻)** 원고와 피고를 같이 뜻하기도 하고 피고만을 지칭하기도 함.

**월 령(月令)** 농가나 국가의 정례적인 연간 행사를 월별로 구별하여 기록한 표.

**월령의(月令醫)** 조선시대 전의감, 혜민서에 딸린 당번의사로서 최하급의 의원(醫員)을 일컬음.

**월 소(越訴)** 소송을 할 때에 심급관할을 지키지 아니하고 바로 상급 기관에 직소하는 것.

**월족형(刖足刑)** 단근형의 일종으로 발뒤꿈치의 힘줄을 베어버리는 형인데 월족형을 하게 되면 절음발이 또는 앉은뱅이가 되는 매우 잔인한 형벌임.

**위 리(圍籬)** 유배된 죄인이 거처하는 집의 둘레에 가시로 울타리를 치던 일.

**위리안치(圍籬安置)** 유배된 죄인이 거처하는 집 둘레에 가시로 울타리를 치고 그 안에 가두어 두던 일.

**유 가(儒家)** 공자의 학설과 학풍을 신봉하고 연구하는 학자나 학파를 일컬음. 인(仁)을 그 근본으로 하며 공자·맹자 등이 대표적 인물.

**유위자(有位者)** 높은 관직에 있는 사람을 이름.

**유 척(鍮尺)** 검시(檢屍)를 할 때 쓰는 놋쇠의 자(尺).

**유 형(流刑)** 죄인을 먼 곳으로 보내 그곳에 거주하게 하는 형벌로서 유배(流配)라고도 함. 도형과 함께 자유형에 속하며 조선시대 전반에 걸쳐 널리 행하여지던 형벌로서 도형과는 달리 기간이 정하여 지지 아니 함.

**육시형(戮屍刑)** 묘에서 시체를 파내어 다시 참수하는 형.

**윤 형(閏刑)** 관리나 승려 등 일정한 신분을 가진 사람이 범법행위를 한 경우에 그의 관작을 박탈하는 등의 명예형을 과하는 경우임.

**율(律)** 우리나라의 고대국가, 즉 삼국시대의 형벌에 관한 법규

**율령(律令)** 중국 당나라의 율령을 계승한 것으로 우리나라의 고대국가, 즉 삼국시대의 형벌·행정에 관한 법규를 말함.

**율학청(律學廳)** 법전운영의 전문적인 실무와 율학을 교육한 관청.

**을미사변(乙未事變)** 1895년 10월 8일 새벽에 일본의 공권력 집단에 의해 자행한 명성황후 시해사건을 말함.

**음 사(淫祀)** 내력이 바르지 아니한 사신(邪神; 재앙을 내리는 요사스런 귀신)을 섬기고 제사지내는 일.

**음 호(陰戶)** 여성의 생식기.

**읍 락(邑落)** 고대 부여(夫餘)국에서 국가구조에 있어 기본 단위였던 촌락(村落).

**응보주의(應報主義)** 형벌의 본질을 범죄에 대한 정당한 응보(應報)라고 이해하는 사상.

**의경지정(疑輕之政)** 의심스러운 점이 있으면 경죄로 처벌한다는 형법 상의 대원칙임.

**의 고(議故)** 왕실과 오랫동안 두터운 친분이 있고 특별한 은덕을 입은 자.

**의 공(議功)** 전쟁에서 적장을 참살하여 적의 군기를 탈취하며 만 리의 먼 곳까지 적을 추격·격파하여 적국의 군대를 항복시켜 포로로 거느리고 옴으로써 국민을 안녕하게 하였거나 혹은 변방영토를 개척하는 공로를 세움으로서 특별히 그 사실이 기록된 자.

**의 귀(議貴)** 관작이 1품인 자와 3품 이상의 문무직과 2품 이상의 산관(품계만 있고 실제의 관직이 없는 관리를 일컬음)인 자.

**의 근(議勤)** 문무관리로서 관직을 근실하게 수행하여 주야로 봉공하며 혹은 먼 곳에 파견되어 괴롭고 어려운 일을 능히 겪고 치름으로써 큰 공로를 세운 자.

**의금부(義禁府)** 조선시대 왕명을 받들어 죄인을 추국(推鞫)하는 일을 맡아 하던 사법기관으로서, 금부(禁府)·금오(金吾)·왕부(王府)라고도 하였다. 형조(刑曹)·한성부(漢城府)와 함께 삼법사(三法司)의 하나였음.

**의 능(議能)** 큰 재지와 지식이 있는 자로서 군사와 정사를 잘 다스려서 왕의 보좌역이 되며 인륜의 본보기가 된 자.

**의 벽(劓辟)** 의형(劓刑)이라고도 하며 죄인의 코를 베는 형벌

**의비형(劓鼻刑)** 코를 베어버리는 형벌로서 권세가 있는 사가에서 노비의 죄를 다스릴 때 자행한 경우가 있었음.

**의 빈(議賓)** 전대의 왕의 자손으로서 선대를 봉사하여 국빈으로 된 자.

**의 송(議送)** 민사사건에서의 항소. 수령에게서 패소판결을 받고 이에 불복하여

다시 관찰사에게 상소하는 것.
**의 친(議親)** 왕의 동성 8촌 내의 종친과 왕의 조모 및 생모의 8촌 내의 친족, 왕비의 6촌 내의 친족과 세자비의 4촌 내의 친족.
**의 현(議賢)** 큰 덕행이 있는 현인군자로서 그 언행이 나라의 본보기가 되는 자.
**이 굴(理屈)** 소송하는 과정에서 주장하는 이치가 정당치 않아 패소하는 것.
**이도여치(以道與治)** 도(道)로써 세상을 다스린다는 의미.
**이 배(移配)** 귀양살이하는 곳을 다른 곳으로 옮김.
**이 사(李斯; ?~기원전 208년)** 유학자였으나 법치주의에 그 사상적 기반을 두었고 도량형의 통일·분서(焚書; 책을 불살라 버림) 등을 실시하여, 진시황을 도와 진(秦)의 법치주의 기반을 확립하는 데 큰 기여를 함.
**일책12법(一責12法)** 절도를 할 경우에는 12배로 배상하게 한 부여의 법.
**일천즉천법(一賤則賤法)** 부모 중 한 사람이라도 노비이면 그 자식도 노비라는 법.
**입 묵(入墨)** 먹물로 살 속에 글씨나 그림을 새겨 넣음.
**입 안(立案)** 토지나 가옥의 매매에 있어 권리가 이어져 내려온 유래를 증명하는 문서가 소실된 경우 관에서 발급받는 증명서.
**입 지(立旨)** 사전적 의미로는 신청서 끝에 신청한 사실을 입증하는 뜻을 부기하는 관부의 증명을 말한다. 문서를 분실·도실(盜失)·소실하였거나, 오래 되어 문서의 일부가 썩었거나 쥐가 갉아 먹었기 때문에 내용이 불명한 경우에는 관할수령에게 그 사실을 확인하는 공적 문서를 청구하여 권리를 보전할 수 있었는데, 이 때의 공적 확인문서(증명서)를 말하기도 함.

## [ㅈ]

**자 백(自白)** 자복(自服)·승복(承服)·승의(承疑)라고도 하였고, 자백을 얻는 것을 취복(取服)이라 함.
**자 속(自贖)** 배상(賠償)을 일컬음.
**자연법(自然法)** 자연(自然) 내지 이성(異性)을 전제로 하여 존재하는 법.
**자연법론(自然法論)** 자연법론(自然法論 theory of natural law, Naturrechtslehre)은 자연법(自然法)이 실정법(實定法)의 기반이 되어야 한다는 법이론을 말함.
**자자(刺字)형** 신체의 어느 부위에 먹물로 글씨를 새겨 넣는 형벌인데 주로 도적으로서 장·도·유형에 처하여진 자에게 부과함.
**자진형(自盡刑)** 스스로 목숨을 끊도록 하는 형
**작 지(作紙)** 문서를 만드는데 쓰이는 종이 값. 입안을 받는데 드는 수수료.

**장 령(掌令)** 사헌부의 정4품 벼슬.
**장 리(長利)** 곡식을 대출해 주고 그 이자로 절반을 받는 고액의 이율.
**장생고(長生庫)** 고려 시대에 사찰에 설치한 서민 금융 기관. 사전(寺田)의 소득을 자금으로 하였으며, 민간의 편의와 사찰 자체의 유지·발전을 목적으로 하였으나, 차츰 본래의 취지가 변질되어 고리대로 운영되면서 불교의 문란을 초래함.
**장예원(掌隸院)** 1467년에 설립된 노비의 부적(簿籍)과 소송에 관한 일을 관장하던 정3품 관청. 사헌부·한성부와 더불어 사법삼사(司法三司)라 함. 후에 형조에 편입됨.
**장 형(杖刑)** 큰 가시나무 회초리로 죄인의 볼기를 치는 형벌.
**재세이화(在世理化)** 세상에 있으면서 다스려 교화(敎化)시킨다는 의미.
**재 신(宰臣)** 고려시대 재상인 신하로서 재부(宰府)에 속한 2품 이상의 재상(宰相)을 말함.
**적 몰(籍沒)** 중죄인의 재산을 몰수하는 경우를 말하며, 이 경우 관련자의 가족을 노비로 몰입시켜 폐가시키는 처벌도 뒤따름.
**전가입거죄조(全家入居罪條)** 집안 모두를 평안북도 또는 함경북도 등의 변경으로 옮겨 살도록 하는 규정.
**전 고(銓考)** 사람을 선발할 때에 대상자를 이모저모 따져 합당한 사람을 고름.
**전국(戰國)시대** 기원전 403년부터 진(秦)이 중국을 통일한 기원전 221년까지의 시기이며, 진·초·제·한·위·조·연 등을 전국 7웅이라 함.
**전 장(典章)** 제도와 문물을 아울러 이르는 말.
**전 조(銓曹)** 고려 시대 문관(文官)의 선임과 훈봉(勳封)에 관한 업무를 담당하던 관청.
**전 최(殿最)** 관리의 근무태도를 조사하여 고과를 매기는 일.
**절장법(折杖法)** 고려시대에 5형 가운데 사형(死刑)을 제외한 태형·장형·도형·유형 등 4종의 형벌을 장형(杖刑)으로 환산하여 집행하는 것을 말함.
**정 률(正律)** 특정 범죄에 해당하는 법조문을 말함.
**정 속(定屬)** 영속(永屬)·정역(定役) 등과 같이 모두 유배지의 관노비로 삼는 것을 말함.
**정 송(停訟)** 송사를 중지함.
**정 원(政院)** 승정원(承政院)을 일컬음. 임금의 명을 전하고 임금께 아뢰는 일을 맡던 관아.
**정 제(定制)** 제도를 정함 또는 그 제도.

**정 직(正職)** 사족(士族; 조선 후기 향촌사회에서 농민을 지배하던 계층) 이상의 신분에만 임용되는 관직.

**제 가(諸家)** 부여의 관직명인 마가(馬加)·우가(牛加)·저가(豬加)·구가(狗加) 등을 통틀어 이르는 말.

**제 음(題音; 題辭)** 소송에 대한 관부(官府; 관청을 일컬음)의 판결.

**조 율(照律)** 죄(罪)를 법률서에 대조함.

**조정좌평(朝廷佐平)** 백제시대의 관직으로 6좌평 가운데 하나로서 1품 관원임. 형벌과 송사에 관한 업무를 관장함.

**족 파(族派)** 집안에서 가지쳐 나누어진 것.

**족 형(族刑)** 범죄인의 친족까지도 연대 처벌하는 형.

**종문권시행(從文券施行)** 재판을 함에 있어 서증(書證)에 따라 판결하라는 의미.

**종 법(宗法)** 종족 내의 조직규정을 말함.

**종 성(種姓)** 인도의 세습적 계급 제도인 카스트를 일컬음.

**종 중(宗中)** 공동 선조의 분묘(墳墓)의 보존, 제사(祭祀)의 이행, 종원(족인) 간의 친선·구조 및 복리증진을 도모하는 자연적 종족 집단체.

**종 파(宗派)** 종가(宗家)의 계통.

**주례(周禮)** 주(周)나라의 모든 관직 명칭과 그 직무의 범위를 총망라해 놓은 책. 유가(儒家)에서 중시하는 십삼경(十三經) 중의 하나로 '의례(儀禮)'·'예기(禮記)'와 함께 삼례(三禮) 중의 하나.

**주 리 형** 사람의 양다리를 함께 결박하여 그 중간에 2개의 주장을 넣어 가위 벌리듯이 좌우로 벌리게 하는 것으로 일종의 고문방법으로 사용한 것이다. 모반 등의 중대사건에서 행해졌고 일반의 경우는 포도청에서 도적을 다스릴 때 사용됨.

**주 언(奏讞)** 옥사(獄事)를 평의(評議)하고 죄를 결정하여 임금에게 아룀.

**주자가례(朱子家禮)** 중국 송나라의 주자(朱子)가 저술한 책으로 가정에서 지켜야 할 예의범절, 즉 관혼상제(冠婚喪祭) 등의 예법에 대하여 자세히 수록함.

**중세법(中世法)** 중세법(中世法)은 시기적으로는 13~18세기에 걸치는데, 15~16세기에 정점에 달함. 지역별로는 남·서 독일과 스위스·오스트리아를 포괄. 예로부터 전승해 온 관습법을 마을 원로의 증언에 따라서 재판집회의 참심원(參審員)들이 발견하는 모양으로 유지되었음.

**지 관(地官)** 풍수설에 따라 집터나 묏자리 따위의 좋고 나쁨을 가려내는 사람.

**지사간(知司諫)** 사간원의 옛 관직으로 종3품 벼슬임. 후에 사간으로 고침.

**직 장(直長)** 조선시대 30개 중앙부서에 있던 종7품의 벼슬.

집 필(執筆)　토지나 노비의 매매 문권을 직접 작성해 주는 사람.

### [ㅊ]

**차열형(車裂刑)**　수레에 머리와 사지를 묶어 몸을 찢어 죽이는 형. 거열형(車裂刑)이라고도 함.
**참 소(讒訴)**　남을 헐뜯어서 죄가 있는 것처럼 꾸며 윗사람에게 고하여 바침.
**참수형(斬首刑)**　참형(斬刑)이라고도 하며 죄인의 목을 큰 칼로 베어 죽이는 것을 말함.
**책 화(責禍)**　고대 동예(東濊)지역에서 행해진 법속으로서, 한 부락 사람이 다른 부락의 경계를 침범하면 여러 가지 재물로 배상하도록 함.
**척재관(隻在官)**　피고가 있는 지역의 지방관.
**천자수모법(賤者隨母法)**　노비 상호 간의 혼인으로 생긴 소생의 소유권을 노비의 주인에게 귀속시킨다는 법.
**청 리(聽理)**　소송을 맡아 진행함.
**청 송(聽訟)**　수령이 백성의 송사를 심리하는 일.
**추 고(推考)**　벼슬아치의 허물을 추문하여 고찰함.
**추 국(推鞫)**　조선시대에 의금부(義禁府)에서 왕명에 따라 중죄인을 신문하는 일 또는 그 절차.
**추 신(樞臣)**　고려시대 중추원의 재상급 관원으로서 군사기밀(軍事機密) 또는 군사기무(軍事機務)로 해석되는 군기(軍機)에 관한 정사를 관장함.
**추 안((推案)**　추국(推鞫)한 문안(文案).
**추안급국안(推案及鞫案)**　선조 34(1601)년에서 고종 29(1892)년 사이 추국 사건 연루자 12,000여명의 심문 기록을 문서 12,589건에 담은 것임. 약 300년간 최고 검찰이자 법원인 추국청의 추안(推案; 추국한 문안)과 국안(鞫案; 임금의 명령을 받아 반란이나 강상(綱常) 등에 관련된 중죄인을 국문한 사실과 이로부터 얻어낸 자백, 판결한 내용 등을 기록한 문서)들이 기록되어 있음.
**추 원(追遠)**　제사지냄.
**춘추결옥(春秋決獄)**　'경의결옥(經議決獄)'이라고도 함. 전한(前漢) 시대 중기인 한 무제 시대에 동중서(董仲舒)에 의해 비롯한 것으로 유학자인 동중서는 어려운 안건들을 잘 해결하기로 유명하였는데, 유가의 경전인 '춘추'에 있는 죄와 형량을 정하는 원칙을 인용해 판결한 것을 정리해서 모아 놓은 것을 말함.
**춘추(春秋)시대**　주(周)가 수도를 옮긴 기원전 770년부터 기원전 403년 사이의 시기이며, 제·진·초·오·월 등을 춘추 5패라 함.
**춘추전국시대(春秋戰國時代)** 중국 역사상 가장 오랜 기간의 분열기였으나, 철기가 보급되고 제자백가(諸子百家)의 사상이 만개했던 시기이기도 함.
**충 군(充軍)** 변방에 유배하여 군역에 충당하는 것을 말함.
**충상호형(充常戶刑)** 고려시대에 경면형(黥面刑)과 유사한 형벌로서 얼굴에 입묵(入墨; 먹물로 살 속에 글씨나 그림을 새겨 넣음)을 가한 뒤 향(鄕)으로 보내는데 이와 함께 해당자를 향(鄕)의 호적에 등록함으로써 신분적 강등을 꾀해, 사면의 대상에서 제외하는 일종의 종신형(終身刑)임.
**친착결절법(親着決折法)** 계속 재판정에 출석한 자가 반드시 그 때마다 서명함으로써 출석 사실이 입증가능토록 한 법.

# [ㅌ]

**타 물(他物)** 손과 발 등 신체를 제외한 기타 흉기.
**탐 오(貪汚)** 욕심이 많고 하는 짓이 더러움.
**태배형(笞背刑)** 태로써 등을 난타하는 형벌로서 고문의 방법으로 사용됨.
**태 학(太學)** 고려시대 국자감의 5품 이상 벼슬아치들의 자제만 입학하던 전문학과.
**태 형(笞刑)** 사람이 죄를 범한 경우에 작은 가시나무 회초리인 형장(荊杖)으로 죄인의 볼기를 때리는 형벌.
**토 색(討索)** 금품을 억지로 달하고 하는 것을 말함.
**통 문(通文)** 어떤 사실을 알리는 문서.
**퇴도지매매(退賭地賣買)** 조선시대에 부동산을 담보로 하여 금융 조달을 하기 위한 방법으로서 부동산의 소유권은 유보하고 사용수익권만을 매도하는 방법
**퇴 상(退狀)** 관아에서 소장(訴狀)을 받지 않고 물리치는 것.

## [ㅍ]

**팽 형(烹刑)**  죄인을 물에 삶아 죽이는 형벌.
**편 호(編戶)**  호적에 편입함.
**평리원(平理院)**  근대에 설치된 지방재판소 및 한성 및 인천 기타 개항장재판소의 판결에 대한 상소 및 특지하부(特旨下付)한 죄인을 심판하는 최고 재판기관인 동시에 종심재판기관.
**폐 신(嬖臣)**  윗사람으로부터 사랑을 받는 신하 또는 아첨하여 임금의 신임을 받는 신하를 말함.
**포르탈리스**  포르탈리스(Jean Etienne Marie Portalis, 1746~1807)는 프랑스 민법전(나폴레옹 법전)을 기초한 사람으로 그 중 혼인법(婚姻法)과 상속법(相續法)은 직접 그에 의해 만들어짐. '프랑스 민법전 초안'의 앞에 부가된 '민법전 서론(Discours préliminaire)'을 작성한 것으로도 잘 알려짐.
**표 문(表文)**  마음에 품은 생각을 적어서 임금에게 올리는 글.
**풍 교(風敎)**  교육이나 정치의 힘으로 백성을 착하게 가르침.
**필 집(筆執)**  증인으로서 증서를 쓴 사람

## [ㅎ]

**한 비(韓非; 기원전 280년?~기원전 233년)**  일찍이 형명과 법술을 익혀 중앙집권적 제국의 체제를 적극적으로 창도한 법가 이론의 집대성자 정도로 알려져 있음.
**한성부(漢城府)**  고려의 개성부제를 답습하여 경기의 과전과 관내의 토지·호구·농상·학교·사송 등을 관장했던 기관. 형조·의금부와 함께 사법기능을 행사하여 3법사(三法司)의 하나로도 불림.
**함무라비 법전(Code of Hammurabi)**  현존하는 법 체계 가운데 가장 완성된 형태의 법전으로 유명한데, 이는 고대 바빌로니아 제1왕조의 제6대 왕인 함무라비왕(Hammurabi; 기원전 1792~기원전 1750)이 그의 말년인 기원전 1750년에 만든 성문법임.
**합 집(合執)**  유산을 상속할 때 다른 상속권자의 몫까지 혼자 차지하던 일.
**향 려(鄕閭)**  시골 마을.

향 리(鄕吏)　　지방관청의 하급관리.
향 약(鄕約)　　조선 시대에 권선징악과 상부상조 등을 목적으로 만든 향촌의 자치 규약.
형 장(刑杖)　　죄인을 신문할 때 쓰는 몽둥이로 신장이라고도 함.
형 조(刑曹)　　조선시대 6조(六曹)의 하나로서 일명 추관(秋官) 또는 추조(秋曹)라고도 하였으며, 법률·사송(詞訟)·노비 등에 관한 사무를 관장하였음.
형조불용(刑措不用)　　형벌(刑罰)을 제정하기는 하였으나 이 형벌을 쓰지 않는다는 의미로, 천하(天下)가 잘 다스려져 죄를 짓는 사람이 없다라는 의미로 해석됨.
형조정랑(刑曹正朗)　　조선시대 형조의 정5품의 관직.
호 민(豪民)　　호민은 고대 국가 시대에 촌락에 거주하던 유력한 민(民)을 의미하는 말임.
호 역(戶役)　　집집이 다 나와서 하던 부역(賦役).
호종적형(怙終賊刑)　　믿는 데가 있어 다시 범행하는 경우에는 도적으로 다스려 처형한다는 뜻임.
호 패(號牌)　　조선시대에 16세 이상의 성인 남성이 반드시 휴대하도록 하였던 일종의 신분증명서.
홍범14조(弘範14條)　　고종 32년(1895)에 국문·국한문·한문의 세 가지로 반포한 14개 조의 개혁 강령(綱領).
홍익인간(弘益人間)　　널리 인간세상을 이롭게 한다는 뜻으로 우리 민족의 사상적 뿌리이자, 대한민국의 건국이념이기도 함.
화 백(和白)　　진골(眞骨) 귀족 출신의 대등(大等)으로 구성된 신라의 합의체 회의 기구.
화 척(禾尺)　　조선시대의 백정을 일컬음.
환 도(環堵)　　사방이 한 발 쯤 되는 방 또는 담장(울타리).
환 량(還良)　　양인(良人)으로 되돌림.
환 자(宦者)　　환관이라고도 하며 내시를 말함.
환 퇴(還退)　　조선시대에 장기로 돈을 빌리고자 할 때에 이용되었던 담보방법 중의 하나로 부동산의 소유권과 점유를 함께 이전하는 방법에 의함.
홰　　갈대나 싸리 따위를 묶어 밤길을 밝히거나 제사 때 화톳불을 놓는데 쓰는 물건.
효 수(梟首)　　기시(棄市)라고도 함. 사형을 집행한 다음 죄수의 머리를 매달아 일반 백성에게 보이거나 시체를 길거리에 내버려 사람들로 하여금 참혹한 죽음을 볼 수 있도록 하는 경우임.

**훈 고(訓誥)** 선대 임금의 가르침.

**훈요10조(訓要十條)** 고려 태조 왕건이 942년(태조 25)에 자손들을 훈계하기 위해 몸소 지은 열 가지 유훈(遺訓).

**휴 서(休書)** 이혼증서.

**휼 형(恤刑)** 재판이나 형의 시행에서 죄인을 사면하거나 처벌 형량을 감면해 줌으로써 피고나 죄인을 위무(慰撫)하는 일.

**흠 휼(欽恤)** 죄수(罪囚)를 신중(愼重)하게 심의(審議)함.

**흠휼정책(欽恤政策)** 죄인을 처벌할 때 죄는 미워할지라도 그 사람은 불쌍히 여겨야 한다는 생각으로 사건의 전말을 신중히 다루어 억울한 형벌을 받지 않게끔 하라는 정책.

**흠 흠(欽欽)** 삼가고 또 삼가라는 의미임.

■ 류 승 훈

한국외국어대학교에서 법학을 전공하고 동 대학원에서 법학석사 학위를 받았다. 독일 Koeln 대학교 법대에서 '한국과 독일 민사법에서의 증명책임에 관한 연구'로 법학박사 학위를 받았다. 귀국 후 1996년부터 선문대학교 법학과 교수로 재직하고 있으며, 독일 Koeln 대학교 법대 절차법연구소 객원교수·법학연구소장·법대학장·각종 자격시험과 사법시험·변호사시험 등의 출제 및 채점교수 등을 역임하였다.

현재는 선문대학교 법학과 교수·한국비교법학회 회장 등으로 활동하고 있다.

■ 논 문

「Cyberspace 상에서의 법적 분쟁과 재판관할」
「국제관련 사적 분쟁과 관련한 현재의 제 문제」
「민사관련 분쟁해결에 있어 ADR이 갖는 의미」
「민사소송의 목적을 통해 살펴 본 민사재판의 현대적 의미」
「소비자집단분쟁해결을 위한 집단분쟁조정절차의 운영실태 및 개선방안과 관련하여」
「자동차 급발진사고에 대한 민사소송 상의 입증과 관련하여」
「한국과 독일 민사법에서의 증명책임에 관한 연구」 등 다수.

## ■ 저 서

『교통사고 분쟁해결과 보험제도』

『교통사고와 법』

『로스쿨 판례 민사소송법』

『로스쿨 신민사소송법』

『민법의 기초 Ⅰ·Ⅱ』

『법학의 이해와 기초』

『자동차사고와 손해배상 Ⅰ·Ⅱ·Ⅲ』

『자동차사고 손해배상책임론』

『조선의 법이야기』 등 다수.

法으로 풀어 가는 역사기행

2016년 5월 25일   1판 2쇄 인쇄
2016년 6월  1일   1판 2쇄 발행

저    자  류 승 훈
발 행 인  김 용 성
발 행 처  법률출판사
서울시 동대문구 휘경동 187-20 오스카빌딩 4층
☎ 02)962-9154    팩스 02)962-9156
등록번호  제1-1982호
E-mail : lawnbook@hanmail.net

정가 25,000원         ISBN 978-89-5821-266-9   03900
본서의 무단전재·복제를 금합니다.